Wege zu einer Kohärenz der Rechtsquellen
im Europäischen Kollisionsrecht der Verbraucherverträge

Studien zum vergleichenden und internationalen Recht -
Comparative and International Law Studies

Herausgeber: Bernd von Hoffmann und Erik Jayme

Band 64

PETER LANG
Frankfurt am Main · Berlin · Bern · Bruxelles · New York · Oxford · Wien

Bernd Ehle

Wege zu einer Kohärenz der Rechtsquellen im Europäischen Kollisionsrecht der Verbraucherverträge

PETER LANG
Europäischer Verlag der Wissenschaften

Die Deutsche Bibliothek - CIP-Einheitsaufnahme

Ehle, Bernd :

Wege zu einer Kohärenz der Rechtsquellen im europäischen Kollisionsrecht der Verbraucherverträge / Bernd Ehle. - Frankfurt am Main ; Berlin ; Bern ; Bruxelles ; New York ; Oxford ; Wien : Lang, 2002
(Studien zum vergleichenden und internationalen Recht ; Bd. 64)
Zugl.: Heidelberg, Univ., Diss., 2001
ISBN 3-631-38927-2

D 16
ISSN 0930-4746
ISBN 3-631-38927-2

www.peterlang.de

Meinen lieben Eltern

und meiner lieben Anne

in Dankbarkeit gewidmet

Vorwort

Die vorliegende Arbeit wurde von der Juristischen Fakultät der Ruprecht-Karls-Universität Heidelberg im Wintersemester 2000/2001 als Dissertation angenommen. Für die Veröffentlichung konnten spätere Entwicklungen im Europäischen Kollisionsrecht sowie später erschienene Literatur bis Anfang September 2001 berücksichtigt werden.

Sehr herzlich danke ich meinem Doktorvater, Herrn Professor Dr. Dr. h.c. mult. Erik Jayme, der die Bearbeitung des Themas dieser Arbeit angeregt und ihre Entstehung mit steter Gesprächsbereitschaft sowie wertvollen Ratschlägen zuvorkommend betreut hat. Herrn Prof. Dr. Gert Reinhart sage ich Dank für die zügige Zweitkorrektur, Herrn Prof. Dr. Christian Kohler für die Ermöglichung eines Forschungsaufenthalts in der Bibliothek des Europäischen Gerichtshofs in Luxemburg.

Ferner danke ich allen, die mich beim Fortgang der Arbeit auf vielfältigste Weise unterstützt haben. Meinem Doktorvater und Herrn Prof. Dr. Bernd von Hoffmann bin ich für die bereitwillige Aufnahme der Arbeit in die „Studien zum vergleichenden und internationalen Recht“ sehr verbunden. Ich widme die Arbeit meinen Eltern und Anne, ohne deren Unterstützung und liebevolle Begleitung die Arbeit nicht entstanden wäre.

Basel/Freiburg i.Br., im September 2001 *Bernd Ehle*

Inhaltsverzeichnis

Einleitung

Zweiter Teil

Quellenkonflikte und die Notwendigkeit eines kohärenten Rechtsquellensystems

A. Spannungsverhältnis zwischen den Rechtsquellen im Bereich des Europäischen Kollisionsrechts der Verbraucherverträge

Dritter Teil

Kompetenzen zur Herstellung der Kohärenz

Abkürzungsverzeichnis

a.A.	anderer Ansicht
ABl.EG Nr. C	Amtsblatt der Europäischen Gemeinschaften (Mitteilungen)
ABl.EG Nr. L	Amtsblatt der Europäischen Gemeinschaften (Rechtsakte)
Abs.	Absatz
AcP	Archiv für die civilistische Praxis
a.F.	alte(r) Fassung
AGBG	Gesetz zur Regelung des Rechts der Allgemeinen Geschäftsbedingungen vom 9.12.1976
AJP/PJA	Aktuelle Juristische Praxis
Alt.	Alternative
AnwBl.	Anwaltsblatt
a.M.	am Main
Art.	Artikel
Aufl.	Auflage
BB	Betriebs-Berater
BGB	Bürgerliches Gesetzbuch
BGBl.	Bundesgesetzblatt
BGH	Bundesgerichtshof
BGHZ	Entscheidungen des Bundesgerichtshofs in Zivilsachen
BR-Drucks.	Bundesratsdrucksache
BRAK-Mitt.	Mitteilungen der Bundesrechtsanwaltskammer
BT-Drucks.	Bundestagsdrucksache
BVerfG	Bundesverfassungsgericht
bzw.	beziehungsweise
CML Rev.	Common Market Law Review
CR	Computer und Recht
DB	Der Betrieb
ders.	derselbe
dies.	dieselbe
d.h.	das heißt
Diss.	Dissertation
DNotZ	Deutsche Notarzeitschrift
Dok.	Dokument
DZWir	Deutsche Zeitschrift für Wirtschaftsrecht
EEA	Einheitliche Europäische Akte
EEC	European Economic Community
EFTA	European Free Trade Association
EG	Europäische Gemeinschaften (bei Rechtsvorschriften: EG-Vertrag)
EGBGB	Einführungsgesetz zum BGB
EGMR	Europäischer Gerichtshof für Menschenrechte
EGV	Vertrag zur Gründung der Europäischen Gemeinschaft
ELR	European Law Reporter

EMRK	Europäische Menschenrechtskonvention
EU	Europäische Union (bei Rechtsvorschriften: EU-Vertrag)
EuGH	Europäischer Gerichtshof
EuGVÜ	Brüsseler EWG-Übereinkommen über die gerichtliche Zuständigkeit und die Vollstreckung gerichtlicher Entscheidungen in Zivil- und Handelssachen vom 27.9.1968
EuR	Europarecht (Zeitschrift)
EUV	Vertrag über die Europäische Union
EuZW	Europäische Zeitschrift für Wirtschaftsrecht
EVÜ	Römisches EWG-Übereinkommen über das auf vertragliche Schuldverhältnisse anwendbare Recht vom 19.6.1980
EWIV	Europäische Wirtschaftliche Interessenvereinigung
EWG	Europäische Wirtschaftsgemeinschaft
EWGV	Vertrag zur Gründung der Europäischen Wirtschaftsgemeinschaft
EWR	Europäischer Wirtschaftsraum
EWS	Europäisches Wirtschafts- & Steuerrecht
f.	folgende (Seite)
FernAbsG	Gesetz über Fernabsatzverträge und andere Formen des Verbraucherrechts sowie zur Umstellung von Vorschriften auf den Euro
ff.	fortfolgende (Seiten)
Fn.	Fußnote
FS	Festschrift
GD	Generaldirektion
GEDIP	Groupe Européen de droit international privé/Europäische Gruppe für IPR
gem.	gemäß
h.M.	herrschende Meinung
Hrsg.	Herausgeber
I.C.C.L.R.	International Company and Commercial Law Review
I.C.L.Q.	International and Comparative Law Quarterly
i.d.F.	in der Fassung
i.e.S.	im engeren Sinn
IPR	Internationales Privatrecht
IPRax	Praxis des Internationalen Privat- und Verfahrensrecht
IPRG	IPR-Gesetz
i.S.d.	im Sinne des/der
i.V.m.	in Verbindung mit
JbJgZivRW	Jahrbuch Junger Zivilrechtswissenschaftler
JI	Justiz und Inneres
jur.	juristisch
JURA	Juristische Ausbildung
JuS	Juristische Schulung
JZ	Juristenzeitung

KOM	Dokumente der Kommission
K&R	Kommunikation & Recht
LG	Landgericht
lit.	Buchstabe
LugÜ	Luganer Übereinkommen über die gerichtliche Zuständigkeit und die Vollstreckung gerichtlicher Entscheidungen in Zivil- und Handelssachen vom 16.9.1988
m.E.	meines Erachtens
m.w.Nachw.	mit weiteren Nachweisen
MDR	Monatsschrift für Deutsches Recht
MMR	MultiMedia und Recht
n.F.	neue(r) Fassung
NILR	Netherlands International Law Review
NJW	Neue Juristische Wochenschrift
NJW-RR	NJW-Rechtsprechungs-Report Zivilrecht
Nr.	Nummer
NZZ	Neue Zürcher Zeitung
OLG	Oberlandesgericht
ÖJZ	Österreichische Juristen-Zeitung
RabelsZ	Rabels Zeitschrift für ausländisches und internationales Privatrecht
REDC	Revue Européenne de droit de la consommation
Rz.	Randziffer
RefE	Referentenentwurf
Rev.crit.d.i.p.	Revue critique de droit international privé
RIW	Recht der Internationalen Wirtschaft
Rs.	Rechtssache
Rspr.	Rechtsprechung
S.	in Rechtsvorschriften: Satz; sonst: Seite
SJZ	Schweizerische Juristenzeitung
Slg.	Sammlung der Rechtsprechung des Gerichtshofs der EG
sog.	sogenannt/e
SZW/RSDA	Schweizerische Zeitschrift für Wirtschaftsrecht
Tz.	Teilziffer
TzWrG	Gesetz über die Veräußerung von Teilnutzungsrechten an Wohngebäuden (Teilzeit-Wohnrechte-Gesetz) vom 20.12.1996
u.a.	unter anderem/und andere
v.	von/vom
VersR	Versicherungsrecht
vgl.	vergleiche
Vol.	Volume
VuR	Verbraucher und Recht

WM	Wertpapier-Mitteilungen (Zeitschrift für Wirtschafts- und Bankrecht)
z.B.	zum Beispiel
ZBJI	Zusammenarbeit in den Bereichen Justiz und Inneres
ZeuP	Zeitschrift für Europäisches Privatrecht
ZfRV	Zeitschrift für Rechtsvergleichung, Internationales Privatrecht und Europarecht
ZfVR	Zeitschrift für Versicherungsrecht
Ziff.	Ziffer
ZIP	Zeitschrift für Wirtschaftsrecht und Insolvenzpraxis
ZRP	Zeitschrift für Rechtspolitik
ZSchweizR	Zeitschrift für Schweizerisches Recht
ZVglRWiss	Zeitschrift für vergleichende Rechtswissenschaft

Einleitung

I. Einführung in den Gegenstand der Untersuchung

Im Zuge der fortschreitenden europäischen Integration gewinnt das lange Zeit eine untergeordnete Rolle spielende Europäische Internationale Privatrecht eine stärkere Bedeutung[1]. Es ist im Laufe der Zeit ein Rechtsgebiet entstanden, das unter den Begriff des „Europäisches Kollisionsrechts“ gefaßt werden kann. Auffallend bei diesem wachsenden Rechtsgebiet sind dessen Quellenpluralismus, Fragmentierung und Inhomogenität. Diese Charakteristika werden noch weiter verstärkt durch die Tendenz der europäischen Gesetzgebung in den letzten Jahren, neben der privatrechtlichen Sachrechtsharmonisierung durch EG-Richtlinien auch die „dazugehörigen“ Kollisionsregeln zu harmonisieren. Diese sind, insbesondere auf dem Gebiet des Verbrauchervertragsrechts, in Form von „Annex“-ähnlichen kollisionsrechtlichen Regelungsgeboten in die privatrechtsangleichenden Richtlinien aufgenommen[2].

Zu dem staatsvertraglich vereinbarten[3] und primärrechtlichen[4] Kollisionsrecht tritt – nach erfolgter nationaler Umsetzung der genannten Regelungsgebote – in sekundärem Gemeinschaftsrecht enthaltenes Kollisionsrecht[5]. Das Nebeneinander der Rechtsquellen bei der Europäisierung des Kollisionsrechts erweist sich als problematisch. So paßt sich insbesondere das neuere kollisionsrechtliche Richtlinienrecht nicht der Struktur und den Zielsetzungen des wichtigen kollisionsrechtlichen Konventionsrechts[6] an. Die in mitgliedstaatliches Recht umgesetzten Richtlinienkollisionsregeln überlagern zudem das staatsvertraglich vereinheitlichte Internationale Privatrecht des „Römischen EG-Übereinkommens über das auf vertragliche Schuldverhältnisse anzuwendende Recht“ vom 19.6.1980 (EVÜ)[7], indem sie zumeist Sachverhalte regeln, die dessen sachlichen Anwendungsbereich betreffen.

---

1 Statt vieler *Junker*, RIW 1998, S.741, 743 f.

2 Vgl. hierzu *Jayme/Kohler*, IPRax 1994, S.407; *dies.*, IPRax 1996, S.377, 378.

3 Von Bedeutung sind das EuGVÜ vom 27.9.1968 und das EVÜ vom 19.6.1980.

4 Hier sind das allgemeine Diskriminierungsverbot (Art. 12 EG), die Grundfreiheiten (Art. 29, 43 i.V.m. 48, 49 i.V.m. 55 EG) und die Grundfreiheiten-Rechtsprechung des EuGH zu nennen.

5 Statt aller *Taupitz*, Europäische Privatrechtsvereinheitlichung heute und morgen, S.60 ff. und *Jayme*, Ein internationales Privatrecht für Europa, S.7 ff.

6 Die Untersuchung beschränkt sich auf das Kollisionsrecht im engeren Sinne, das heißt auf das EVÜ. Fragen des EuGVÜ werden wegen seines ausschließlich verfahrensrechtlichen Inhalts weitgehend ausgeklammert.

7 Römisches EWG-Übereinkommen über das auf vertragliche Schuldverhältnisse anzuwendende Recht (EVÜ) vom 19.6.1980, BGBl. 1986 II S.810 = ABl.EG (19.6.1980) 1980 Nr. L 266; *Jayme/Hausmann*, Ordnungsziffer 70. Das EVÜ ist für die Bundesrepu-

Folge dieser Entwicklung sind Kohärenzprobleme. Diese sind im Europäischen Internationalen Privat- und Verfahrensrecht hingegen kein Einzelfall[8]. Durch die Internationalität der Materie und eine auffallende Mehrschichtigkeit der Quellen erreicht dieses Normengefüge eine Komplexität, die immer wieder zu neuen Situationen führt, in denen eine Koordinierung verschiedener Rechtsquellen notwendig wird. So wurde beispielsweise bei der Verhandlung des Lugano-Übereinkommens (LugÜ)[9] vom 16.9.1988, das als Parallelübereinkommen zum Brüsseler Gerichtsstands- und Vollstreckungsübereinkommen (EuGVÜ)[10] vom 27.9.1968 konzipiert ist, zusätzlich ein „Luganer Konvergenzsystem" vereinbart, um die Parallelität der beiden Konventionen aufrechterhalten zu können. Ein weiteres Konkordanzproblem tauchte jüngst auf, als der Europäische Gerichtshof (EuGH) für seine Entscheidung in der Sache „Krombach" vom 28.3.2000[11] zur Auslegung des ordre public im Rahmen des Art. 27 Nr. 1 EuGVÜ die Europäische Menschenrechtskonvention (EMRK) und die Rechtsprechung des Europäischen Gerichtshofs für Menschenrechte (EGMR) herangezogen hat.

Vorliegend interessiert eine ganz bestimmte Situation der Inkohärenz, die deutlich zwischen Art. 5 EVÜ (Art. 29 EGBGB) und dem verbraucherschützenden Richtlinienkollisionsrecht zu Tage tritt. Hierzu ein Beispiel: Am 1.1.1997 ist in Deutschland das neue Teilzeit-Wohnrechte-Gesetz (TzWrG)[12] in Kraft getreten.

---

blik am 1.4.1991 in Kraft getreten, ABl.EG 1991 Nr. L 52, 1; BGBl. 1991 II S.871 und seit dem 1.1.1999 in der konsolidierten Fassung gültig, BGBl. 1999 II S.7 = ABl.EG (26.1.1998) Nr. C 27/24. Zum Ratifikationsstand vgl. *Jayme/Kohler*, IPRax 2000, S.463.

8 *Jayme/Geckler*, IPRax 1993, S.132.

9 Luganer Übereinkommen über die gerichtliche Zuständigkeit und die Vollstreckung gerichtlicher Entscheidungen in Zivil- und Handelssachen, ABl.EG 1988 Nr. L 319/9; BGBl. 1994 II S.2660; vgl. *Jayme/Hausmann*, Ordnungsziffer 160.

10 Brüsseler EWG-Übereinkommen vom 27.9.1968 über die gerichtliche Zuständigkeit und die Vollstreckung gerichtlicher Entscheidungen in Zivil- und Handelssachen (EuGVÜ), BGBl.1972 S.774. Das EuGVÜ gilt in der Bundesrepublik seit dem 1.1.1999 in der Fassung des 4. Beitrittsübereinkommens vom 29.11.1996, BGBl.1999 II S.419; Zustimmungsgesetz und Übereinkommen sind abgedruckt in BGBl. 1998 II S.1411; *Jayme/Hausmann*, Ordnungsziffer 150. Das EuGVÜ ist inzwischen in die Verordnung (EG) Nr. 44/2001 des Rates vom 22. Dezember 2000 über die gerichtliche Zuständigkeit und die Anerkennung und Vollstreckung von Entscheidungen in Zivil- und Handelssachen, ABl.EG 2001 Nr. L 12/1 ff. (EuGVVO oder „Brüssel I-Verordnung") überführt worden, die am 1.3.2002 in Kraft tritt.

11 Rs. C-7/98 v. 28.3.2000, Dieter Krombach gegen André Bamberski, siehe insbesondere Erwägungsgründe 25 ff., 44. Urteilstenor auch abgedruckt in EWS 2000, S.456 f. Siehe vor allem *Jayme*, Nationaler ordre public und europäische Integration – Betrachtungen zum Krombach-Urteil des Europäischen Gerichtshofs, Wien 2000; *Jayme/Kohler*, IPRax 2000, S.456.

12 Abgedruckt im BGBl. 1996 I S.2156.

Es beruht auf der Timesharing-Richtlinie 94/47/EG[13], die den Teilbereich des Verbraucherschutzes bei internationalen Teilzeitnutzungsverträgen harmonisiert. Der kollisionsrechtlich bedeutsame Art. 9 der Richtlinie[14] weist die Mitgliedstaaten an, bei der Umsetzung die erforderlichen Maßnahmen zu ergreifen, damit der in der Richtlinie verankerte Erwerberschutz[15] – vorausgesetzt, die Immobilie liegt auch in der EU – auch dann wirksam wird, wenn der Timesharing-Vertrag einem Drittlandrecht untersteht. Die Regelung verfolgt demnach das Ziel, in dem angeglichenen Rechtsgebiet zur Realisierung binnenmarktkonformer Lösungen beizutragen[16]. Den Mitgliedstaaten wird die Ausgestaltung einer einseitigen Kollisionsregel vorgegeben, welche das Recht der EG gegenüber dem gewählten Recht eines Drittlands durchsetzt und von ihm abgrenzt. Die Bundesrepublik Deutschland war diesem Auftrag mit Schaffung der Kollisionsregel in § 8 TzWrG nachgekommen[17].

Das Vorsehen einer kollisionsrechtlichen Bestimmung im Bereich der Timesharing-Verträge hat bereits insofern verwundert, als es sich dabei um Verbraucherverträge handelt, für die Art. 5 EVÜ (Art. 29 EGBGB) bereits eine abschließende[18], in der EU vereinheitlichte Sonderanknüpfung zwingender verbraucherschützender Vorschriften vorsieht[19]. Darüber hinaus haben sich so-

---

13 Art. 9 der Richtlinie 94/47/EG des Rates vom 26.Oktober 1994 zum Schutz der Erwerber im Hinblick auf bestimmte Aspekte von Verträgen über den Erwerb von Teilzeitnutzungsrechten an Immobilien, ABl.EG (29.10.1994) Nr. L 280/83.

14 Dieser regelt: „*Die Mitgliedstaaten treffen die erforderlichen Maßnahmen, damit dem Erwerber unabhängig von dem jeweils anwendbaren Recht der durch diese Richtlinie gewährte Schutz nicht vorenthalten wird, wenn die Immobilie in dem Hoheitsgebiet eines Mitgliedstaates belegen ist.*"

15 Diese Formulierung ist insofern unklar, als die Richtlinie selbst keinen direkten Schutz gewährt, sondern nur die Mitgliedstaaten anweist, durch ihre Normen ihr Schutzniveau entsprechend den Vorgaben der Richtlinie anzugleichen und sicherzustellen. Ansonsten würde es sich um eine auszuschließende horizontale Direktwirkung der Richtlinie handeln; vgl. *Sonnenberger*, ZVglRWiss, 1996, S.37.

16 Vgl. etwa *Roth*, IPRax 1994, S.165; *von Hoffmann*, ZfRV 1995, S.45, 47.

17 Diese Kollisionsnorm ist inzwischen durch die Einführung des Art. 29 a EGBGB im Zuge des „Gesetzes über Fernabsatzverträge und andere Fragen des Verbraucherrechts sowie zur Umstellung von Vorschriften auf den Euro (FernAbsG)" v. 29.6.2000, BGBl. 2000 I S.25, ebenso wie § 12 AGBGB ersetzt worden und außer Kraft getreten. Art. 29 a EGBGB wird in einem späteren Teil der Arbeit detailliert besprochen.

18 Siehe z.B. *Baumert*, Europäischer ordre public und Sonderanknüpfung zur Durchsetzung von EG-Recht, 1993, S.227. Trotz des abschließenden Charakters ist die Regelung *planmäßig lückenhaft* (so die überwiegende Meinung), vgl. hierzu *Graf von Westphalen*, EWS 1993, S.167.

19 Möglicherweise geschah die Einführung dieser Vorschrift unter dem Gesichtspunkt, daß Art. 5 EVÜ in Fällen der Teilzeit-Wohnrechte nur bedingt Verbraucherschutz entfaltet, nämlich dann, wenn es sich auch um einen Vertrag über die Lieferung beweglicher Sachen und über Dienstleistungen handelt und die Ausnahme in Art. 5 Abs. 4 lit.b EVÜ (Art. 29 Abs. 4 Nr. 2 EGBGB) nicht eingreift. Näher hierzu *Mäsch*, DNotZ 1997, S.205 f.; *ders.*, EuZW 1995, S.13. Umfassend zur gesamten Problematik auch *Otte*, RabelsZ 62 (1998), S.405 ff.

wohl der Richtliniengeber als auch beispielsweise der deutsche Umsetzungsgesetzgeber bei ihren Formulierungen nicht an die Vorgaben des Art. 5 EVÜ gehalten. Die Regeln des EG-Schuldvertragsübereinkommens beruhen auf einer standardisierten Grundentscheidung zugunsten einer weiten Zulassung einer freien parteiautonomen Wahl des Vertragsstatuts, Art. 3 EVÜ. Nach Art. 5 Abs. 2 EVÜ wird die freie Rechtswahl zugunsten des Verbraucherschutzes eingeschränkt: der Verbrauchervertrag erfährt eine rechtswahlergänzende objektive Sonderanknüpfung der verbraucherschützenden Normen, wenn diese den Verbraucher im konkreten Fall besserstellen (Günstigkeitsprinzip)[20].

Bereits Art. 9 der Timesharing-Richtlinie weicht auf der Tatbestandsseite von Art. 5 EVÜ hinsichtlich Vertragsgegenstand und Abschlußumständen ab. Weiteres Konfliktpotential geschaffen wurde jedoch mit der deutschen Umsetzung in § 8 TzWrG, also dort, wo sich auf beiden Seiten – im Gegensatz zur Richtlinie – unmittelbar geltendes nationales Recht gegenübersteht. Die deutsche Kollisionsregel schaltete das Günstigkeitsprinzip dadurch aus, daß in bestimmten Fällen die Vorschriften des deutschen Rechts „anzuwenden sind". Dadurch wurde nicht nur die Parteiautonomie als Grundgedanke des EVÜ eingeschränkt und dem Verbraucher ein bestimmter Schutzstandard „aufgedrängt"[21], sondern zudem *jedes* ausländische Vertragsstatut der Anwendung des TzWrG unterworfen, wenn die Immobilie in dem Hoheitsgebiet eines Mitgliedstaates belegen ist[22]. Das deutsche Recht setzte sich damit auch gegen das Recht der anderen EU-Staaten und nicht nur gegen Drittstaaten durch[23] und steht somit in krassem Gegensatz zur Konventionsnorm, die sich nicht auf das deutsche Verbraucherschutzrecht beschränkt, sondern das Recht des jeweiligen gewöhnlichen Aufenthalts des Verbrauchers beruft („*loi uniforme*").

Über Art. 9 der Timesharing-Richtlinie hinaus war das deutsche Recht nach § 8 Nr. 2 TzWrG unter Umständen auch dann anwendbar, wenn es um Teilzeiteigentum an einer außerhalb des EWR belegenen Immobilie geht. Dieser den Anwendungsbereich betreffende Aspekt verstärkt den schon erwähnten „Aufdrängungseffekt" des deutschen Schutzstandards. Auf der anderen Seite war die Regelung des § 8 TzWrG lückenhaft für den Fall, daß beide Vertragspartner in EU-Mitgliedstaaten leben und – ohne daß eine Vertragsanbahnung im

---

20 Vgl. *von Wilmowsky*, ZEuP 1995, S.736 ff.

21 *Jayme* spricht diesbezüglich von einer „*autoritären Verbraucherpolitik der EG*", Das IPR - ein Handelshemmnis in der Europäischen Union? - IPRax 1992, S.339 f.

22 Von der Zielrichtung der EG-Richtlinie her betrachtet hätte es genügt, das Schutzrecht des jeweiligen EU-Belegenheitslandes zu garantieren. Siehe auch *Jayme*, IPRax 1997, S.149, 150.

23 Das *deutsche* Timesharing-Recht kann im Einzelfall auch ungünstiger als das sonst möglicherweise anwendbare Recht der übrigen EU-Mitgliedstaaten sein. Durch dieses Heimwärtsstreben wird unter Umständen der innergemeinschaftliche Wirtschaftsverkehr unverhältnismäßig belastet, da das Teilzeitnutzungsrecht jedes EU-Staates das Schutzniveau der Richtlinie - ihre nationale Umsetzung vorausgesetzt - verwirklicht. Von der Grundkonzeption des Art. 5 EVÜ als universelle Kollisionsnorm (*loi uniforme*) wird dadurch abgewichen.

Sinne des § 8 Nr. 2 TzWrG stattgefunden hat – ein Wohngebäude in einem Drittstaat (zum Beispiel in der Schweiz) Vertragsgegenstand ist. In einem solchen Fall wird der europäische Schutzstandard nicht gewährleistet. Es besteht wiederum Spielraum für eine Rechtswahl nach dem EVÜ[24]. Zuletzt besteht die Gefahr, daß die Mitgliedstaaten Art. 11 der Timesharing-Richtlinie, der es jedem Mitgliedstaat ermöglicht, von den Richtlinienvorgaben abweichende Schutzverstärkungen vorzusehen, auch als Mindeststandardklausel für das kollisionsrechtliche Regelungsgebot mißverstehen. Hieraus folgt eine Zersplitterung in verschiedentliche nationale Umsetzungen, die den durch das EVÜ erreichten Vereinheitlichungseffekt auf dem Gebiet des Kollisionsrechts der Verbraucherverträge teilweise wieder zunichte machen[25].

Art. 9 der Timesharing-Richtlinie und § 8 TzWrG sind nicht die einzigen Quellen des Richtlinienkollisionsrechts, denen es an einer Orientierung am Anknüpfungsmodell des Art. 5 EVÜ mangelt. Anhand dieses Beispiels wird jedoch deutlich, daß künstlich Disharmonien mit dem staatsvertraglichen Kollisionsrecht entstanden sind: Es herrscht ein unkoordiniertes, inkohärentes System an Kollisionsnormen[26]. Diese Inkohärenz beruht auf materiellen Wertungsunterschieden. Vor allem wird das Verhältnis von Rechtswahl und objektiver Regelanknüpfung durch die umgesetzten Richtlinienregeln umgekehrt. Um den Schutzstandard der EG-Richtlinien zugunsten der europäischen Verbraucher auch in Fällen der Rechtswahl eines Drittlandsrechtes durchzusetzen, beansprucht der Gemeinschaftsgesetzgeber, punktuell und direkt auf die Fassung der Kollisionsnormen in verbraucherschützenden Bereichen einzuwirken. Die aus dieser Politik resultierenden Sonderbestimmungen sind einseitig formuliert und am materiellen Zweck der Verwirklichung des Binnenmarktes ausgerichtet.

Die vorliegende Arbeit ist der soeben kurz beschriebenen Problematik der Inkohärenz zwischen den Rechtsquellen des Kollisionsrechts der Verbraucherverträge auf gemeinschaftsrechtlicher Ebene gewidmet. Infolge der anhaltenden Entwicklung neuen Richtlinienkollisionsrechts wächst die Problematik und zugleich der Koordinierungsbedarf. Die auftretenden Fragen bedürfen einer rechtlichen und praktischen Lösung.

II. Offene Fragen

Im Mittelpunkt der Arbeit stehen Fragen, die sich im Zusammenhang mit der bestehenden Inkohärenz unter den Rechtsquellen des Europäischen Kollisionsrechts stellen. Sie sollen innerhalb von vier Problemkomplexen angesprochen

24 *Kappus*, EWS 1996, S.276; *Martinek*, NJW 1997, S.1398.

25 Vgl. z.B. *Kreuzer*, Die Europäisierung des Internationalen Privatrechts, 1.Aufl., S.429 und *Junker*, IPRax 1998, S.65 ff.

26 Siehe dazu *Jayme/Kohler*, (Fn.2) IPRax 1994, S.405, 407 ff.; *Thorn*, IPRax 1994, S.159, 160; *Reich*, EG-Richtlinien und internationales Privatrecht, S.109, 119.

werden, nämlich Fragen nach einer Modernisierung des Art. 5 EVÜ (1.), Fragen nach dem Sinn und der Notwendigkeit einer Koordinierung der Rechtsquellen (2.), Fragen bezüglich der Kompetenz für das Europäische Kollisionsrecht (3.) und – am bedeutsamsten – Fragen nach den Koordinierungsmechanismen zur Herstellung der Kohärenz (4).

1. Modernisierung des Art. 5 EVÜ

Art. 5 EVÜ (Art. 29 EGBGB) regelt – historisch bedingt – ein ganz bestimmtes System des kollisionsrechtlichen Verbraucherschutzes, das die Aufrechterhaltung der Parteiautonomie (Art. 3 EVÜ) als zentral ansieht und dem Verbraucher nur bei Vorliegen eng umgrenzter Voraussetzungen den Schutz seines günstigeren Heimatrechts zukommen läßt[27]. An das Recht des gewöhnlichen Aufenthalts des Verbrauchers soll abweichend vom Vertragsstatut nur bei bestimmten Verbraucherverträgen und nach Art. 5 Abs. 2 EVÜ bei Vorliegen einer von drei abschließend formulierten Vertragsanbahnungs- bzw. -abschlußsituationen, in denen der Verbraucher gegenüber dem Anbieter als „passiv" auftritt[28], angeknüpft werden. Der Interessenausgleich der Norm entspricht dabei den Vorstellungen, die die EVÜ-Vertragspartner in den Jahren bis zur Unterzeichnung des Übereinkommens am 19.6.1980 als gerecht angesehen haben.

Seit der Entstehung des EVÜ konnten infolge der Rechtspraxis gewisse Schutzlücken im Anwendungsbereich des Art. 5 EVÜ festgestellt werden, die insbesondere in der Bundesrepublik zu einer Fülle von gerichtlichen Streitigkeiten geführt haben. Die seit Mitte der achtziger Jahre auftretenden kollisionsrechtlichen Richtlinienanweisungen im Bereich des Verbraucherschutzes konnten diese Lücken zum Teil füllen, allerdings nur für den Preis der Inkohärenz. Schließlich ist in den letzten Jahren der grenzüberschreitende elektronische Geschäftsverkehr (e-commerce) via das Internet gewachsen und stellt auch den kollisionsrechtlichen Verbraucherschutz vor neue Herausforderungen[29]. Der bestehende Art. 5 EVÜ wird durch diese Entwicklungen in mehrfacher Hinsicht in Frage gestellt. Angesichts des Richtlinienkollisionsrechts muß gefragt werden, ob seine Wertungen noch interessengerecht sind und der Rolle des Art. 5 EVÜ als zentraler kollisionsrechtlicher Verbraucherschutznorm in einem sich weiter entwickelnden europäischen Binnenmarkt gerecht werden. Aufgrund der modernen Entwicklungen, insbesondere des Electronic Commerce, ist ferner fraglich, ob die Grenzen des sachlichen und räumlichen Anwendungsbereichs der staatsvertraglichen Norm heute noch zeitgemäß sind und aufrecht erhalten werden können. Zu untersuchen ist daher, ob das Anknüpfungssystem des Art. 5 EVÜ insofern weiterentwickelt und modernisiert werden muß.

---

27 Vgl. Münchner Kommentar/*Martiny*, Art. 29 EGBGB, Rz.3; *ders.*, ZEuP 1993, S.303.

28 Siehe etwa *Leible*, JbJgZivRW 1995, S.256.

29 Statt vieler siehe *Mankowski*, RabelsZ 63 (1999), S.208 ff.; *Kronke*, RIW 1996, S.985.

2. Notwendigkeit einer Koordinierung der Rechtsquellen

Das Ziel, mehrere Rechtsquellen so aufeinander abzustimmen, daß sie als „kohärent“ anzusehen sind, darf kein Selbstzweck, keine „l'art pour l'art“ sein. Es ist nämlich auch der Standpunkt vertretbar, es müsse in erster Linie darum gehen, sachgerechte Lösungen zu finden, das heißt im vorliegenden Zusammenhang, einen hohen Verbraucherschutz zu verwirklichen. Ein kohärentes Rechtssystem sei zwar zu begrüßen, aber nicht unbedingt notwendig. Die Kohärenz bedarf also einer gewissen Rechtfertigung. Ausgangspunkt ist daher die Frage, aufgrund welcher Erwägungen ein Bedürfnis – oder stärker – die Notwendigkeit der Herstellung der Kohärenz im Europäischen Kollisionsrecht besteht.

Der Sinn der Kohärenz könnte sich bereits auf ganz allgemeiner Ebene ergeben, nämlich in der grundsätzlichen rechtsstaatlichen[30] Erkenntnis, eine Rechtsordnung habe idealerweise widerspruchsfrei zu sein. Es fragt sich daher, ob die Beseitigung oder Vermeidung von Widersprüchen im Europäischen Kollisionsrecht zu einem gesteigerten materiellen Gerechtigkeitsgehalt des Normensystems[31] und zu erhöhter Rechtssicherheit[32] führt. Ferner fragt sich, ob ein kohärentes Normensystem innerhalb der Europäischen Union auch dadurch zu rechtfertigen sein kann, daß es zur Herstellung gleicher Bedingungen im Binnenmarkt beiträgt und wichtig für dessen reibungsloses Funktionieren ist. Möglicherweise kann das Europäische Kollisionsrecht die binnenmarktfördernde Wirkung der Rechtsangleichung nach Art. 3 lit.h EG angesichts seiner internationalprivatrechtlichen Funktion[33] nur dann unterstützen, wenn es *seinerseits* einheitlich und in sich stimmig ist[34]. Untersucht werden muß daher, ob die Herstellung einer Kohärenz des gemeinschaftsrechtlichen Kollisionsrechts selbst wettbewerbsfördernd und damit „binnenmarktfinal“ ist. Schließlich könnte eine Berechtigung der Forderung nach Kohärenz auf primärrechtlicher Ebene, nämlich aufgrund des gemeinschaftsrechtlichen Kohärenzgebots, Art. 1 Abs. 3 Satz

---

30 Die EG ist als Rechtsgemeinschaft anzusehen, deren Wesenszüge so weit ausgeformt sind, daß „das von den Mitgliedstaaten verlangte Maß an Rechtsstaatlichkeit erfüllt ist“, so *Zuleeg*, NJW 1994, S.545.

31 Vgl. *Gebauer*, Grundfragen der Europäisierung des Privatrechts, S.4, Fn.7.

32 Der Gesichtspunkt der Rechtssicherheit und Rechtsklarheit spielt vor allem bei staatlichen Normbefehlen eine starke Rolle: für den Einzelnen muß erkennbar sein, woran er sein Verhalten auszurichten hat. Obwohl es sich bei den hier untersuchten Kollisionsregeln nicht um Normbefehle in diesem Sinne handelt, könnte der Gesichtspunkt der Rechtsklarheit auch für sie relevant sein.

33 Wegen der mit den Richtlinien verbundenen „Minimalangleichung“ bleiben Umsetzungsdivergenzen zwischen den Mitgliedstaaten weiterhin bestehen, so daß es zu dem Ziel des Auffindens gleicher Lösungen des IPR bedarf, freilich mit dem positiven Effekt des Erhalts eines Wettbewerbs der Rechte.

34 Vgl. *Lurger*, Zur Umsetzung der Kollisionsnormen von Verbraucherschutzrichtlinien, S.179, 200 f.; vgl. auch *Jayme*, Europäisches Kollisionsrecht: Grundlagen und Grundfragen, S.1, wo er vom IPR als „Integrationsrecht“ spricht.

2, Art. 3 Abs. 2 EU, und in dem Erhalt des mit dem EVÜ erreichten *acquis* zu finden sein.

3. Kompetenz für das Europäische Kollisionsrecht

Bei der Herstellung der Kohärenz spielt die Problematik der Verteilung der Kompetenzen für das Europäische Kollisionsrecht eine wichtige Rolle. Das Internationale Privatrecht ist lange Zeit eine nationale Domäne geblieben, die den jeweiligen nationalen Gesetzgebern und Richtern vorbehalten war. Es folgten multilaterale Konventionen unter den EU-Mitgliedstaaten. Mit der fortschreitenden europäischen Integration verschoben sich jedoch die Zuständigkeiten für dieses Rechtsgebiet schrittweise auf die Europäische Gemeinschaft.

Fest steht, daß bis zum Inkrafttreten des Vertrags von Amsterdam am 1.5.1999 für die Angleichung oder Vereinheitlichung des Internationalen Privatrechts auf europäischer Ebene keine spezielle Kompetenzzuweisungsnorm existierte, allerdings auch kein genereller Kompetenzausschluß. Kollisionsrechtliche Staatsverträge wurden gemeinschaftsnah unter den EU-Mitgliedstaaten aufgrund von Art. 220 EGV (heute Art. 293 EG) abgeschlossen. Der Gemeinschaftsgesetzgeber erließ zudem vereinzelt kollisionsrechtliche Richtlinienregelungen auf der Grundlage von Art. 100, 100a EGV (heute Art. 93, 94 EG), gewissermaßen in Ausübung einer „Annex"-Kompetenz zum Verbraucherschutz. Eine grundlegende Änderung brachte erst der Vertrag von Amsterdam mit sich. Infolge der Vergemeinschaftung der „Zusammenarbeit in den Bereichen Justiz und Inneres" in der ersten Säule der Union wurde ein neuer Titel IV in den EG-Vertrag eingefügt. Dieser sieht erstmals eine ausdrückliche Gemeinschaftszuständigkeit für die „justitielle Zusammenarbeit in Zivilsachen" vor. Dazu zählt unter Art. 65 lit.b EG die „Förderung der Vereinbarkeit der in allen Mitgliedstaaten geltenden Kollisionsnormen und Vorschriften zur Vermeidung von Kompetenzkonflikten", soweit die Maßnahmen „für das reibungslose Funktionieren des Binnenmarktes erforderlich sind". Offen ist, ob den Gemeinschaftsorganen nunmehr ein exklusiver Kompetenztitel zum Erlaß von Kollisionsrecht zusteht. Die Rechtsetzungspraxis weist auf ein weites Verständnis der EU hin, da regelmäßig umfangreiche EG-Verordnungen in Angriff genommen werden. Die systematische Stellung des Art. 65 EG und die verfahrensmäßigen Hürden, die in einem fünfjährigen Übergangszeitraum eingehalten werden müssen (Art. 67 EG[35]), werfen allerdings Fragen bezüglich der Tragfähigkeit der Rechtsgrundlage auf. Offen ist ferner, wie eine Vereinheitlichung des Kollisionsrechts trotz des Ausstiegs von Dänemark (Art. 69 EG) möglich sein kann und ob die EG die Außenkompetenz zum Erlaß universellen Gemeinschaftskollisionsrechts besitzt. Klärungsbedürftig ist auch das Verhältnis des Art. 65 EG zu den verbleibenden an-

[35] Durch den – noch nicht ratifizierten – Vertrag von Nizza, Abl.EG (10.3.2001) Nr. C 80/1 ff., wurde das Einstimmigkeiotserfordernis jedoch in eine Mehrheitsentscheidung überführt und damit der Übergangszeitraum eingeschränkt.

deren Kompetenzvorschriften im EG-Vertrag. Zuletzt ist problematisch, ob ein europäischer Kompetenztitel für das Kollisionsrecht auch die Verantwortung zur Herstellung der Kohärenz umfaßt.

4. Koordinierungsmechanismen zur Herstellung der Kohärenz

Eng mit den aufgeworfenen Kompetenzfragen verknüpft ergeben sich Fragen nach den Mechanismen zur Durchsetzung der Kohärenz. Zu untersuchen ist, wie die EU-Mitgliedstaaten bzw. die Organe der Europäischen Gemeinschaft eine effektive Koordinierung der Rechtsquellen bewerkstelligen können, die Ungereimtheiten im Europäischen Kollisionsrecht auch in Zukunft zu vermeiden hilft.

In Betracht kommen zunächst Angleichungswege, die *de lege lata* einen Ausgleich zwischen Art. 5 EVÜ und dem Richtlinienrecht suchen. Fraglich ist hier unter anderem, ob ein Füllen der Rechtsschutzlücken durch Auslegung oder Analogiebildung zu Art. 5 EVÜ auf mitgliedstaatlicher Ebene bzw. eine verstärkte Rücksichtnahme auf die Konventionsnorm bei der Richtliniengebung zu dem gewünschten Erfolg führen können. Denkbar ist auch, daß die Herausbildung eines Konvergenzsystems nach dem Vorbild der Zusatzprotokolle Nr. 2 und Nr. 3 zum Lugano-Übereinkommen die staatsvertraglichen und sekundärrechtlichen Kollisionsnormen zu koordinieren vermag. Zu untersuchen ist darüber hinaus, inwiefern eine Änderung des EVÜ *de conventione ferenda* durch die EVÜ-Vertragstaaten über Art. 23, 26 EVÜ realistisch ist.

Der deutsche Gesetzgeber hat Art. 12 Abs. 2 der Fernabsatzrichtlinie zum Anlaß genommen, das bisherige Richtlinienkollisionsrecht in einem neuen Art. 29 a EGBGB[36] mit dem Titel „Verbraucherschutz für besondere Gebiete" zusammenzufassen. Diese Vorschrift könnte trotz ihres ausdrücklichen Übergangscharakters von ihrer Methode und ihrem Inhalt her als Transfomationsmodell für die anderen Mitgliedstaaten in Betracht kommen.

Schließlich ist fraglich, ob der Gemeinschaftsgesetzgeber aufgrund des neuen Kompetenztitels in Art. 65 lit.b EG das Übereinkommen von Rom *de lege ferenda* durch eine Rom I-Verordnung ersetzen kann. Dabei muß insbesondere untersucht werden, wie eine revidierte kollisionsrechtliche Verbraucherschutznorm zugleich vergemeinschaftet werden und die Funktion des Richtlinienkollisionsrechts zur Absicherung des Binnenmarktes gegenüber Drittstaaten übernehmen kann, ohne die Wertungen des Art. 5 EVÜ ganz aufzugeben. Problematisch ist ferner, wie eine einheitliche Kollisionsnorm für die besonderen Verhältnisse des elektronischen Geschäftsverkehrs eine interessengerechte Lösung anbieten und die Universalität des Europäischen Kollisionsrechts in diesem Bereich aufrechterhalten kann.

---

[36] Die Einführung des Art. 29 a EGBGB ist Teil des „Gesetzes über Fernabsatzverträge und andere Fragen des Verbraucherrechts sowie zur Umstellung von Vorschriften auf den Euro (FernAbsG)" v. 29.6.2000, BGBl. 2000 I S.25.

III. Aufgabe der Arbeit

Die zentrale Frage, mit der sich die Arbeit beschäftigt, ist methodischer Art. Es geht darum, herauszufinden, auf welche effektive und zugleich rechtlich gangbare Art und Weise die konventionsrechtlichen und sekundärrechtlichen Rechtsquellen des Europäischen Kollisionsrechts der Verbraucherverträge so koordiniert werden können, daß sie ein kohärentes, in seinen Zielen und Wertungen stimmiges System zur Regelung grenzüberschreitender privatrechtlicher Probleme bilden. Nach Möglichkeit soll dabei der Bestand an vereinheitlichtem Europäischen Kollisionsrecht im EVÜ geschont und die wiederhergestellte funktionelle Einheit des Europäischen Kollisionsrechts auch in Zukunft erhalten werden.

IV. Gang der Untersuchung

Die Arbeit gliedert sich in vier Teile. Im ersten Teil wird eine Übersicht über die Grundlagen der Europäisierung des Kollisionsrechts gegeben. Die Entwicklung und die besonderen Eigenheiten des Europäischen Kollisionsrechts, insbesondere der immer differenzierter werdende Pluralismus der Rechtsquellen, sollen zur Problematik der Inkohärenz der Rechtsquellen hinführen und als Grundlage zu ihrem Verständnis dienen.

Der zweite Teil dient der Bestandsaufnahme und Vergegenwärtigung des bestehenden Spannungsverhältnisses zwischen den Rechtsquellen im Bereich des Kollisionsrechts der Verbraucherverträge. Anhand einer Gegenüberstellung von Art. 5 EVÜ und den kollisionsrechtlichen Regelungsgeboten in den verbraucherschützenden EG-Richtlinien bzw. deren mitgliedstaatlichen Umsetzungen wird die Widersprüchlichkeit ihrer Wertungen dargestellt. Das Konfliktverhältnis und die sich aus ihm ergebenden negativen Konsequenzen werden im einzelnen erläutert. Im Anschluß daran soll gezeigt werden, aus welchen Gründen die Herstellung der Kohärenz notwendig ist.

Der dritte Teil geht der Kompetenzfrage nach. Es wird dargestellt, wie sich die Zuständigkeiten für das Europäische Kollisionsrecht schrittweise auf die Gemeinschaftsebene verschoben haben. Genauer untersucht wird, welchen Umfang der mit dem Vertrag von Amsterdam eingeführte Kompetenztitel in Art. 65 lit.b EG hat und welches die Nachteile einer Kompetenzausübung in diesem Bereich sind.

Im vierten Teil der Arbeit werden die verschiedenen denkbaren Lösungswege zur Herstellung der Kohärenz besprochen. Es findet eine einzelne Auseinandersetzung mit den Angleichungsmechanismen *de lege lata*, *de conventione ferenda* und schließlich *de lege ferenda* statt. Dabei werden die Methode und der Inhalt einer Revision des Art. 5 EVÜ ermittelt und abschließend ein Revisionsvorschlag entwickelt, der durch bestimmte Maßnahmen zur zukünftigen Sicherstellung der Kohärenz begleitet wird.

Erster Teil

Grundlagen der Europäisierung des Kollisionsrechts

A. Entwicklung und Quellen des Europäischen Kollisionsrechts

I. Ursprung und Aufgaben gemeinschaftsrechtlicher Kollisionsnormen

Zu Beginn dieser Arbeit ist die „*Raison d'être*“ des Internationalen Privatrechts (IPR) in einem zunehmend integrierten Europa herauszuarbeiten. Die sich hieraus ergebenden Erkenntnisse von der zentralen Bedeutung des Kollisionsrechts für die rechtliche Integration Europas sind grundlegend für das Verständnis der in dieser Arbeit vertretenen Thesen.

Seit der Gründung der Europäischen Gemeinschaften steht der Prozeß der europäischen Integration im Zentrum des Europarechts. Er hat im Vertrag über die Europäische Union an vorderster Stelle in der Präambel seine ausdrückliche Erwähnung gefunden[37]. Auch das Europäische Privatrecht leistet seinen Beitrag zu diesem Integrationsprozeß. Lange Zeit galt die Vereinheitlichung des materiellen Zivilrechts der Mitgliedstaaten als der einzige hierfür gangbare Weg: Durch die Ausarbeitung gleicher materieller Normen für bestimmte Sachverhalte sollten zu entscheidende Fälle „in der Sache“ in allen beteiligten Rechtsordnungen gleich entschieden werden können[38].

Die Privatrechtsvereinheitlichung gehörte jedoch nicht schon von Beginn an zu den Zielen der Europäischen Gemeinschaft. In der Anfangszeit ihres Bestehens konzentrierte sich die EG zunächst auf den Abbau von Zollschranken und mengenmäßigen Beschränkungen sowie die Harmonisierung von technischen Standards. Dabei blieben eine Reihe nationaler, auch privatrechtlicher

[37] „ENTSCHLOSSEN, den mit der Gründung der Europäischen Gemeinschaften eingeleiteten Prozeß der europäischen Integration auf eine neue Stufe zu heben.“, ABl.EG 1992 Nr. C 1991/1.

[38] Vgl. *Jayme*, Europäisches Kollisionsrecht: Grundlagen – Grundfragen, S.5; *Steindorff*, Grenzen der EG-Kompetenzen, S.92; *Paschke*, Begriff und Bedeutung des Europäischen Privatrechts, S.1; Selbst das Verhältnis von Privatrecht und Europäischem Gemeinschaftsrecht war wegen der vor allem auf völkerrechtliche und öffentlichrechtliche Fragen ausgerichteten Beschäftigung mit den europäischen Gemeinschaften in der Wissenschaft lange Zeit ungerechtfertigt vernachlässigt worden, vgl. hierzu *Müller-Graff*, Gemeinsames Privatrecht in der Europäischen Gemeinschaft, S.304.

Vorschriften bestehen, die Beschränkungen des freien Verkehrs darstellten. Diesem Zustand versuchte man mit der Vereinheitlichung des materiellen Privatrechts der Mitgliedstaaten Abhilfe zu leisten[39]. Da jedoch eine geschlossene systematische supranationale Privatrechtskodifikation der EU-Mitgliedstaaten vorerst nicht in Betracht kam und auch das Recht der Europäischen Union nach dem gegenwärtigen Stand der Rechtsentwicklung noch weit davon entfernt ist, wurden und werden nur punktuell und verstreut über die einzelnen Rechtsgebiete des Privatrechts Normen erlassen[40].

An dieser Stelle hat die Entstehung von Kollisionsrecht in seiner „europäischen" Rolle ihren Ursprung. Während das „klassische", rein nationale IPR konzeptionell von autonomen Rechtssystemen einander gegenüberstehender vollständig selbständiger Staaten ausgeht, wird das Kollisionsrecht in seiner europäischen Rolle zusätzlich vor die Herausforderung der fortschreitenden europäischen Integration gestellt[41]. Lange Zeit dachten die Juristen in Europa noch in den Kategorien des traditionellen IPR. Sie schenkten dem Kollisionsrecht im Bezug auf das Europarecht daher wenig Beachtung und konzentrierten sich auf die angestrebte Sachrechtsvereinheitlichung. Während dieser Zeit lebten die beiden Rechtsgebiete des IPR und des Europarechts beziehungslos nebeneinander[42].

Da die Möglichkeit, die Vorteile der kollisionsrechtlichen Methode für die Entwicklung und das Funktionieren des Europäischen Binnenmarktes heranzuziehen, anfangs nicht genügend erkannt worden war, kann von der jüngeren Entwicklung als „Renaissance" im Sinne einer „Wiederentdeckung"[43] des IPR

---

[39] *von Hoffmann*, Richtlinien der Europäischen Gemeinschaft und IPR, ZfRV 1995, S.45; Grundsätzlich differenziert das Gemeinschaftsrecht nicht zwischen Zivil- und Verwaltungsrecht, sondern ist vielmehr funktionsbezogen: Es dient der Errichtung eines Gemeinsamen Marktes und einer Wirtschafts- und Währungsunion sowie der Durchführung gemeinsamer Politiken und Maßnahmen (Art. 2 EGV), vgl. auch *Kieninger/Leible*, EuZW 1999, S.37.

[40] Siehe z.B. *Basedow*, NJW 1996, S.1921.

[41] Vgl. *Michaels/Kamann*, JZ 1997, S.602; *Basedow*, RabelsZ 59 (1995), S.6; *Schwander*, Ein IPR für Europa oder ein europäisches IPR?, S.833.

[42] Siehe *von Hoffmann*, ZfRV 1995, S.45; Auch das 1985 von der EG-Kommission vorgelegte Weißbuch „Vollendung des Binnenmarktes" (*Kommission der Europäischen Gemeinschaften*, Vollendung des Binnenmarktes, Weißbuch der Kommission an den Europäischen Rat vom 14.6.1985) klammerte das Internationale Privatrecht weitgehend aus. Vgl. auch *Roth*, RabelsZ 55 (1991), S.625; *ders.*, IPRax 1994, S.165; *Krebber*, ZVglRWiss 97 (1998), S.126.

[43] *Roth*, IPRax 1994, S.165; *Kreuzer*, Internationales Privatrecht und europäische Integration, S.547: *„Auch für das hier besonders interessierende Gebiet, das Kollisionsrecht, können wir feststellen, daß vom 12.Jh. bis ins 19.Jh. hinein in ganz Europa einheitliche Rechtsgrundsätze für die Entscheidung der collisiones legum anerkannt waren. Man faßte diese Regeln unter dem Begriff Statutentheorie zusammen. Diese war eine eigenständige Schöpfung der gemeineuropäischen mittelalterlichen Jurisprudenz und nicht etwa eine Übernahme oder Weiterentwicklung römische oder kanonistischer Rechtssätze. Die Statutentheorie des Ius Commune hat die Grundlagen gelegt, auf denen sich das IPR nicht nur in Europa, sondern über die ganze Welt verbreitet hat.(...) So war die Ge-*

gesprochen werden. Zunächst bestand dabei die einzige Grundlage des Europäischen Kollisionsrechts aus gemeinschaftsrechtsnahen Staatsverträgen, die noch der Initiative und Verantwortung der Mitgliedstaaten überlassen waren[44]. Seit Ende der achtziger Jahre hat sich eine „Wende“[45] oder ein „Bewußtseinswandel“[46] hin zum IPR jedoch auch in Brüssel und beim Gemeinschaftsrechtsgeber vollzogen: Das Kollisionsrecht wurde zunehmend Gestaltungsgegenstand der Rechtspolitik der EG[47]. Die Entwicklung begann mit der Zweiten Versicherungs-Richtlinie[48] vom 22.6.1988 und der Richtlinie über mißbräuchliche Klauseln in Verbraucherverträgen (Klauselrichtlinie)[49] vom 5.4.1993. Seitdem ist das IPR „ins europarechtliche Gerede gekommen“[50].

Die Entstehungsgründe für vermehrt europäische Kollisionsnormen sind vielfältig und können in vier miteinander zusammenhängende Aspekte aufgeteilt werden: die Eigenheiten der europäischen Privatrechtsvereinheitlichung (1.), das Regelungsinstrument der EG-Richtlinie (2.), die Verwirklichung des Subsidiaritätsprinzips der EU (3.) und das Binnenmarktprogramm der Europäischen Union (4.).

1. Eigenheiten der europäischen Privatrechtsvereinheitlichung

Wohl wichtigster Anlaß für die Kollisionsrechtsharmonisierung war die Erkenntnis, daß die vielbeschworene Sachrechtsvereinheitlichung nicht nur ein schwieriges und langwieriges Unterfangen ist, sondern – wie die Erfahrung gezeigt hat – ihr Ergebnis auch häufig unvollständig ist[51]. Oftmals wurde keine wirkliche Rechtseinheit geschaffen, die auch eine klare Rechtsvereinfachung zur Folge gehabt hätte. Unterschiede zwischen den Mitgliedstaaten blieben bestehen, so daß das Bedürfnis für einen Rückgriff auf ergänzendes nationales Privat-

---

schichte des Kollisionsrechts bis ins 19. Jahrhundert hinein eine gemeineuropäische Geschichte.“

44 *Brödermann/Iversen*, S.30; *Roth*, IPRax 1994, S.165.

45 *Jayme*, Europäisches Kollisionsrecht: Grundlagen – Grundfragen, S.5; siehe auch *Basedow*, RabelsZ 59 (1995), S.6.

46 *Brödermann/Iversen*, S.18; *Taupitz*, Europäische Privatrechtsvereinheitlichung heute und morgen, S.60 spricht von einem „Paradigmenwechsel“.

47 Siehe *Mäsch*, EuZW 1995, S.13 und *Rigaux*, S.341: „*...la Commission semble avoir renoncé à une politique d'harmonisation trop minitieuse*“; vgl. auch *Basedow*, Materielle Rechtsangleichung und Kollisionsrecht, S.18.

48 Zweite Richtlinie über die Schadensversicherung, ABl.EG (4.7.1988) Nr. L 172/1.

49 Richtlinie 93/13/EWG des Rates vom 5.4.1993 über mißbräuchliche Klauseln in Verbraucherverträgen, ABl.EG (21.4.1993) Nr. L 95/29. Erste Verbraucherschutzrichtlinie war die Richtlinie 85/577/EWG vom 20.12.1985 betreffend den Verbraucherschutz im Falle von außerhalb von Geschäftsräumen geschlossenen Verträgen, ABl.EG (31.12.1985) Nr. L 372/31. Siehe auch *Michaels/Kamann*, JZ 1997, S.603.

50 *Heiss*, Die Europäisierung des Internationalen Schuldvertragsrechts, S.91.

51 *Kötz*, RabelsZ 50 (1986), S.7; *Basedow*, NJW 1996, S.1921; *Sonnenberger*, RIW 1999, „Die erste Seite“.

recht nie ganz auszuschließen war. Dies mußte mit Hilfe des Internationalen Privatrechts geschehen[52].

Die Eigenheit der Unvollständigkeit der europäischen Privatrechtsvereinheitlichung kann ihrerseits unterschiedliche Gründe haben. Sie entsteht erstens dort, wo keine Vereinheitlichung möglich ist. Ferner dort, wo eine Vereinheitlichung – zum Beispiel aus Respekt vor den nationalen Rechtsordnungen – nicht wünschenswert erscheint und daher unterbleibt. Schließlich bleibt die Rechtseinheit auch in solchen Rechtsbereichen ungenügend, in denen die mitgliedstaatlichen Rechte lediglich harmonisiert, das heißt angeglichen wurden. So ist beispielsweise im Bereich des Verbraucherschutzes deutlich geworden, daß das Kollisionsrecht nicht entbehrlich geworden ist, da das harmoniserte Recht meist nur einen Mindeststandard gewährleistet, indem es den „kleinsten gemeinsamen Nenner“ als gemeinsame Rechtsbasis bildet[53].

Das Europäische Schuldvertragsrecht ist im Begriff, sich im komplexen Zusammenspiel der Rechtsordnungen als systematisches Rechtsgebiet zu etablieren[54]. Wissenschaftliche Vorarbeiten sind bereits im Gange und auch die Rechtsprechung des EuGH trägt zur Privatrechtsangleichung bei[55]. Die Zivilrechtsvereinheitlichung hat in der Literatur viele Befürworter[56] und selbst das Europäische Parlament hat sich schon im Jahre 1989 für ein einheitliches Europäisches Gesetzbuch ausgesprochen[57]. Der Entstehung eines „Europäischen Zivilgesetzbuchs“ stehen hingegen noch die Unklarheit der Kompetenzgrundlage[58] der EG für ein solches Vorgehen und der uneinheitliche politische Willen in den Mitgliedstaaten entgegen[59]. Offen ist zudem, ob eine solche Kodifikation zur Schaffung des Binnenmarktes überhaupt erforderlich ist[60]. Sie stünde in einem Widerspruch zu dem Engagement für den Erhalt einer Vielfalt von Rechtsregeln und damit für den „Wettbewerb der Rechtssysteme“[61].

---

52 *Kreuzer*, Die Europäisierung des Internationalen Privatrechts, 2. Aufl., S.472; *Schwander*, Ein IPR für Europa oder ein europäisches IPR?, S.833.

53 *Jayme*, Ein internationales Privatrecht für Europa, S.14 f.; *Leible*, Kollisionsrechtlicher Verbraucherschutz im EVÜ und in EG-Richtlinien, S.372.

54 Vgl. *Grundmann*, NJW 2000, S.15.

55 *Hübner*, "Europäisierung des Privatrechts“, S.480 m.w.Nachw.

56 Statt vieler *Grundmann*, NJW 2000, S.23. *Franzen*, Privatrechtsangleichung durch die Europäische Gemeinschaft, Diss., Berlin u.a. 1999.

57 Entschließung des Europäischen Parlaments zu den Bemühungen um eine Angleichung des Privatrechts der Mitgliedstaaten vom 26.5.1989, ABl.EG (28.6.1989) Nr. C 158.

58 *Basedow*, Über Privatrechtsvereinheitlichung und Marktintegration, S.348; *Hübner*, "Europäisierung des Privatrechts“, S.473; *Lurger* hält Art. 95 EGV für eine tragfähige Grundlage für ein solches Projekt, in: Grundfragen der Vereinheitlichung des Vertragsrechts in der Europäischen Union, S.142.

59 *Staudenmayer*, RIW 1999, S.738.

60 *Hübner*, "Europäisierung des Privatrechts“, S.474.

61 *Basedow*, Über Privatrechtsvereinheitlichung und Marktintegration, S.360.

Prinzipiell wird die Vorzugswürdigkeit der Vereinheitlichung bzw. Harmonisierung des Sachrechts gegenüber einer Vereinheitlichung des Kollisionsrechts dennoch weitgehend befürwortet[62]. Auch in dieser Hinsicht ist jedoch ein Wandel zu einer flexibleren Sichtweise erkennbar: Es gibt Überlegungen, die Kollisionsrechtsvereinheitlichung nicht mehr nur als ein „notwendiges Übel"[63] oder als Übergangslösung zum nie aus den Augen zu verlierenden Fernziel der Sachrechtsvereinheitlichung anzusehen, sondern das *Schwergewicht* der Vereinheitlichungsbemühungen auf das Kollisionsrecht zu legen. Funktionell ist das Kollisionsrecht ja bloß eine Alternative zur Sachrechtsvereinheitlichung[64]. Die Grenzen zwischen Sachrechts- und Kollisionsrechtsvereinheitlichung verfließen[65]. Die Anerkennung der kollisionsrechtlichen Methode als eigentliche und endgültige oder die Sachrechtsvereinheitlichung sinnvollerweise flankierende Vorgehensweise bei der modernen privatrechtlichen Integration hat jedenfalls zugenommen[66]. Dies ist nicht zuletzt den beachtlichen Erfolgen und erheblichen Fortschritten zu verdanken, die das Kollisionsrecht vorweisen kann[67].

Die „kollisionsrechtliche Methode" oder Harmonisierung auf der Ebene des Kollisionsrechts bedeutet, die unterschiedlichen nationalen Regelungen des Sachrechts bestehen zu lassen und sich darauf zu beschränken, durch Rechtsangleichung und -vereinheitlichung bestehende Unsicherheiten der Rechtsunterworfenen über das auf den Einzelfall anwendbare Recht zu vermeiden[68]. Mittels eines Verweisungs- und Anerkennungsrechts bleibt unter gleichzeitiger Wahrung der Gleichheit zudem die kulturelle Identität der nationalen Rechtssysteme unangetastet.

---

62 Siehe etwa *Kötz*, RabelsZ 50 (1986), S.12 oder *Paschke,* Regelungsziele des Europäischen Privatrechts, S.13, nach dessen Auffasssung die Kollisionsrechtsvereinheitlichung nur „der zweitbeste Ansatz" ist. Das Ziel des Weges zur europäischen Integration durch Rechtsangleichung könne nicht darin bestehen, Klarheit über die Anwendbarkeit der verschiedenen Rechtsordnungen der Mitgliedstaaten in einen Rechtsfall zu schaffen. Die Kollisionsrechtsvereinheitlichung könne als Zielkonzeption nur einen Teil der Strecke hin zum Integrationsziel bewältigen. Im kompetenziellen Rahmen der Gemeinschaftsverträge sei auch im Bereich des Privatrechts die Herstellung von Rechtseinheit durch Vereinheitlichung des Sachrechts anzustreben. Vgl. *Grundmann*, NJW 2000, S.17, 23.

63 *Basedow*, NJW 1996, S.1922.

64 Siehe *Joerges*, ZEuP 1995, S.197.

65 Vgl. *Lurger*, Zur Umsetzung der Kollisionsnormen von Verbraucherschutzrichtlinien, S.197.

66 Statt vieler *Knöfel*, I.C.L.Q. 1998, S.439; *Jayme*, Harmonisierung des Privatrechts in Europa – die Rolle des IPR, IPRax 2000, S.561 und *Sonnenberger*, IPR im dritten Jahrtausend, ZVglRWiss 2001, S.116. A.A. aber z.B. *Grundmann*, NJW 2000, S.23.

67 Vgl. *Paschke,* Regelungsziele des Europäischen Privatrechts, S.13.

68 *Kohler*, Die Formung europäischen Kollisionsrechts durch den Gerichtshof der Europäischen Gemeinschaften, S.17; *Jayme*, Europäisches Kollisionsrecht: Grundlagen – Grundfragen, S.5.

2. Regelungsinstrument der EG-Richtlinie

Der zweite Entstehungsgrund für Europäisches Kollisionsrecht ist die Tatsache, daß den Schwerpunkt der privatrechtlich erheblichen Gemeinschaftsgesetzgebung EG-Richtlinien ausmachen[69]. Eine echte Rechtsvereinheitlichung durch EG-Verordnungen fand auf dem Gebiet des Privatrechts bis zum Inkrafttreten des Vertrags von Amsterdam am 1.5.1999 nur sehr begrenzt statt.

Richtlinien richten sich gemäß Art. 249 Abs. 3 EG nicht an die einzelnen privaten Rechtssubjekte, sondern an die Mitgliedstaaten, die sie unter Beachtung des verbindlichen Ziels in ihr innerstaatliches Recht transformieren. Das neu entstandene nationale Recht ist für die Marktbürger verbindlich und von den staatlichen Institutionen richtlinienkonform auszulegen. Neben voneinander abweichenden nationalen Umsetzungsformen und -mitteln, deren Wahl Art. 249 Abs. 3 EG den mitgliedstaatlichen Gesetzgebern überläßt, unterscheiden sich die neuen Regeln oft auch im Inhalt. Die meisten Richtlinien stellen lediglich Vorschläge dar, die nationale Sonderwege erlauben oder Lückenfüllung erfordern. Das Recht wird durch EG-Richtlinien – im Gegensatz zu EG-Verordnungen und Konventionen der Mitgliedstaaten – also nicht vereinheitlicht, sondern lediglich angeglichen[70].

Infolge dieser „Minimalangleichung“ sind erheblich divergierende Umsetzungen der mitgliedstaatlichen Sachnormen nicht zu vermeiden. Bei grenzüberschreitenden Fällen bleibt daher, selbst wenn es um die Umsetzungen derselben Richtlinie geht, der Fortbestand alter Kollisionsnormen innerhalb der jeweils nationalen Rechtsordnung bedeutsam[71]. Aber auch neue Kollisionsnormen, die das anwendbare Recht mittels der kollisionsrechtlichen Methode bestimmen und so für internationale Entscheidungsgleichheit sorgen, werden notwendig. Dabei wird Kollisionsrecht in sekundärem Gemeinschaftsrecht eingesetzt, wenn das Sachrecht nicht vereinheitlicht werden kann. Soweit die Rechtsangleichung reicht, ist das Kollisionsrecht also verdrängt. Im Ergebnis schafft das Instrument der Richtlinie daher teilweise sogar neue kollisionsrechtliche Probleme[72].

3. Verwirklichung des Subsidiaritätsprinzips der EU

Die Vereinheitlichung des Kollisionsrechts anstelle der Sachrechtsvereinheitlichung entspricht dem mit dem Unionsvertrag von Maastricht eingeführten Subsidiaritätsgrundsatz der Europäischen Union besser. Nach Art. 5 Abs. 2 EG (frü-

---

69 *von Hoffmann*, ZfRV 1995, S.45: die Richtlinien sind das „bevorzugte Mittel zur Harmonisierung des Privatrechts“.

70 *Heiss*, Die Europäisierung des Internationalen Schuldvertragsrechts, S.103.

71 *von Hoffmann*, ZfRV 1995, S.47.

72 Vgl. zu diesem Komplex *Basedow*, NJW 1996, S.1921; *Seif*, JbJgZivRW 1997, S.231

her Art. 3b EGV) wird die Gemeinschaft in den Bereichen, die nicht in ihre ausschließliche Zuständigkeit fallen, nur tätig, sofern und soweit die Ziele der in Betracht gezogenen Maßnahmen auf Ebene der Mitgliedstaaten nicht ausreichend erreicht werden können und daher wegen ihres Umfangs oder ihrer Wirkungen besser auf Gemeinschaftsebene erreicht werden können.

Während die Herausbildung einer europäischen Zivilrechtskodifikation sämtliche Unterschiede der nationalen Rechte der Mitgliedstaaten beseitigen würde, läßt das Kollisionsrecht sie bestehen und betrachtet die Rechtsordnungen als gleichwertig. Das Recht ist ein wichtiges Kulturgut jedes Mitgliedstaats. In der Vielfalt der Rechte liegt ein eigener Nutzen, eine Dynamik, die der völligen Gleichheit der Rechte überlegen ist, da sie einen „Wettbewerb der Rechte"[73] aufrechterhält und auf diese Weise flexibel auf neue Bedürfnisse der Gesellschaft reagieren kann[74]. Die Rechtsvielfalt in Europa ist daher erhaltenswert[75]. In ihr findet das Internationale Privatrecht seine Daseinsberechtigung[76].

Der große Vorteil einer Vereinheitlichung des Kollisionsrechts liegt demnach nicht nur darin, daß sie mit weniger Aufwand als die Vereinheitlichung des materiellen Rechts durchgeführt werden kann, sondern daß sie weniger stark in die autonomen Rechtsordnungen der Mitgliedstaaten eingreift. Da sie zugleich funktional gleichwertig mit der Sachrechtsvereinheitlichung ist[77], stellt Rechtseinheit im Kollisionsrecht im Hinblick auf das Subsidiaritätsprinzip die vorzugswürdige Regelungsalternative dar[78]. Insofern bekräftigt Art. 5 Abs. 2 EG auch für die Zukunft die Rolle des Europäischen Kollisionsrechts als „indirektes"[79] Integrationsrecht in einer subsidiär tätigen Europäischen Union[80].

4. Verwirklichung des Binnenmarktprogramms der EU

Ein vierter Grund für die Enstehung europäischer Kollisionsnormen macht aus der Not der schwer zu realisierenden Sachrechtsvereinheitlichung eine Tugend: Das Binnenmarkt-programm. Die Gemeinschaft versucht nicht mehr in jedem Fall, die nationalen Märkte durch eine möglichst umfassende Rechtsangleichung oder gar -vereinheitlichung zu integrieren, sondern baut darauf auf, daß die Mitgliedstaaten verstärkt das Wirtschaftsrecht anderer Mitgliedstaaten als gleich-

73 Siehe *Jayme*, Europäisches Kollisionsrecht: Grundlagen – Grundfragen, S.5.

74 *Kötz*, RabelsZ 50 (1986), S.12.

75 Vgl. *Jayme*, Identité culturelle et intégration: le droit international privé postmoderne, S.35: „*...le droit fait partie intégrante de la culture*"; *ders.*, Ein internationales Privatrecht für Europa, S.9.

76 *Jayme*, Identité culturelle et intégration: le droit international privé postmoderne, S.39.

77 Vgl. *Schulze*, ZEuP 1993, S.472.

78 *Roth*, IPRax 1994, S.165; *Schulze*, ZEuP 1993, S.473.

79 Vgl. *Jayme*, Europäisches Kollisionsrecht: Neue Aufgaben, neue Techniken, S.37.

80 *Sonnenberger*, RIW 1999, Heft 4, „Die erste Seite"; *Jayme/Kohler*, IPRax 1992, S.346 und *dies.* in: Europäisches Kollisionsrecht: Neue Aufgaben, neue Techniken, S.130; *Kohler*, IPRax 1992, 278; *Brödermann/Iversen*, S.6.

wertig anerkennen. So sollen die Unternehmen jeweils nach dem Recht ihres Herkunftslandes in der gesamten Gemeinschaft operieren können[81].

Das IPR übernimmt also in einem geeinten Europa die Aufgabe, die kulturelle Identität der Marktbürger durch die Beachtung unterschiedlicher Rechtsregeln zu stärken. Die Überlegungen zeigen, daß ein Internationales Privatrecht, das nationale Unterschiede respektiert und diese grenzüberschreitend durchsetzt, durchaus seinen Sinn in Europa behält. Ein solcher Gedanke ist der eines Wettbewerbs der Rechte. Die EU-weite Vereinheitlichung der mitgliedstaatlichen Kollisionsrechte ist ferner dringend geboten, um den Gefahren eines forum shopping und der Rechtsanwendungsungleichheit zu begegnen[82]. Nur bei Bestehen eines funktionstüchtigen IPR können binnenmarktkonforme und wettbewerbsentzerrende Marktverhältnisse geschaffen werden[83]. Insofern kann die Bedeutung des Europäischen Kollisionsrechts für die Integration und die weitere Verwirklichung des Binnenmarktprogramms kaum überschätzt werden.

II. Quellen des Europäischen Kollisionsrechts

Die Ausführungen zur Entstehung und zu den Ursprüngen des Europäischen Kollisionsrechts haben bereits deutlich gemacht, daß es sich bei diesem Rechtsgebiet bisher nicht um ein homogenes, sorgfältig aufeinander abgestimmtes Gebilde handelt[84]. Diese Rechtsmaterie ist sukzessive entstanden und beruht auf unterschiedlichen europäischen Rechtsquellen. Die Pluralität der Quellen stellt indes ein wesentliches Charakteristikum des Europäischen Kollisionsrechts dar. Die drei wesentlichen Grundlagen werden nachfolgend kurz dargestellt.

Eine erste Grundlage und zugleich Kern des Europäischen Kollisionsrechts stellen zur Zeit noch zwei *Staatsverträge* dar[85]. Dabei handelt es sich um völkerrechtliche Verträge, die auf den Auftrag des Art. 293 EG (früher Art. 220 EGV) hin unter den EU-Mitgliedstaaten ausgehandelt worden sind und deren gemeinsame Anwendung und Auslegung zum Teil durch den Europäischen Gerichtshof (EuGH) garantiert wird. Zu diesen Staatsverträgen zählt auf dem Gebiet des Verfahrensrechts das Brüsseler EWG-Übereinkommen vom 27.9.1968 über die gerichtliche Zuständigkeit und die Vollstreckung gerichtlicher Entscheidungen in Zivil- und Handelssachen (EuGVÜ)[86]. Auf dem Gebiet des materiellen Kolli-

---

[81] Siehe nur *Basedow*, NJW 1996, S.1922.

[82] *Seif*, JbJgZivRW 1997, S.240.

[83] *Hay/Lando/Rotunda*, Conflict of Laws as a Technique for Legal Integration, S.167.

[84] *Lurger*, Zur Umsetzung der Kollisionsnormen von Verbraucherschutzrichtlinien, S.181.

[85] Vgl. etwa *Jayme*, Europäischer Binnenmarkt – Einwirkungen auf das internationale Privatrecht, S.142.

[86] BGBl. 1972 S.774. Das EuGVÜ gilt in der Bundesrepublik seit dem 1.1.1999 in der Fassung des 4. Beitrittsübereinkommens vom 29.11.1996, BGBl.1999 II S.419; Zustimmungsgesetz und Übereinkommen sind abgedruckt in BGBl. 1998 II S.1411. Ab dem 1.3.2002 gilt anstelle des EuGVÜ allerdings – außer für Dänemark – die Verordnung

sionsrechts ist das Römische EWG-Schuldvertragsübereinkommen vom 19.6.1980 (EVÜ)[87] von Bedeutung, das wegen seiner Distanzierung von Art. 220 EGV als „gemeinschaftsrechtsnahe Konvention“ angesehen werden muß. Ziel dieser Abkommen ist eine Vereinheitlichung der nationalen Kollisionsrechte[88].

Die zweite wichtige Grundlage, auf der Internationales Privatrecht in der EG beruht, sind vereinzelte Regelungen im *sekundären Gemeinschaftsrecht*, nämlich in EG-Richtlinien und EG-Verordnungen[89]. In zunehmendem Maße enthalten insbesondere privatrechtsharmonisierende Richtlinien im Bereich des Verbraucherschutzes flankierend zu den Sachnormen gesonderte kollisionsrechtliche Regelungsanweisungen, die den räumlichen Anwendungsbereich festlegen sollen. Hierdurch entsteht mit wachsender Tendenz harmonisiertes Richtlinienkollisionsrecht[90]. In geringerem Maße ist auch durch EG-Verordnungen Kollisionsrecht geschaffen worden. So sehen zum Beispiel die Art. 2 Abs. 1, 6, 12 der Verordnung über die Europäische wirtschaftliche Interessenvereinigung (EWIV)[91] Verweisungen auf die Sachrechte der Mitgliedstaaten vor. Wegen der Verbindlichkeit und unmittelbaren Wirkung von Verordnungen in den Mitgliedstaaten entsteht somit teilweise vereinheitlichtes Gemeinschaftskollisionsrecht. Seit dem Inkrafttreten des Vertrags von Amsterdam am 1.5.1999 zeichnet sich eine Tendenz zu neuen EG-Verordnungen mit dem Ziel der Kollisionsrechtvereinheitlichung ab.

Zuletzt übt das *primäre Gemeinschaftsrecht* Einfluß auf das Internationale Privatrecht in der Europäischen Union aus und bildet als „verstecktes Kollisionsrecht“ dessen dritte Grundlage[92]. Die sich aus den EG-vertraglichen Marktfreiheiten ergebenden Schutzvorschriften, wie etwa Art. 29, 30 EG, und das Diskriminierungsverbot des Art. 12 Abs. 1 EG wirken sich kraft ihrer Existenz und ihres Vorrangs zumindest mittelbar auf die Anwendung nationaler Kollisi-

---

(EG) Nr. 44/2001 des Rates vom 22. Dezember 2000 über die gerichtliche Zuständigkeit und die Anerkennung und Vollstreckung von Entscheidungen in Zivil- und Handelssachen, ABl.EG 2001 Nr. L 12/1 ff. (EuGVVO oder „Brüssel I-Verordnung“).

87 In der Bundesrepublik gilt das Übereinkommen seit dem 1.1.1999 in der konsolidierten Fassung vom 29.11.1996, BGBl.1999 II S.7; Zustimmungsgesetz und Übereinkommen sind abgedruckt in BGBl.1998 II S.1421.

88 *Rudisch*, RabelsZ 63 (1999), S.79: „Einheitskollisionsrecht der EG“.

89 Vgl. etwa *Jayme*, Internationales Privatrecht und Europäischer Binnenmarkt – Eine Skizze –, S.32 ff.

90 *Jayme*, Europäisches Kollisionsrecht: Grundlagen – Grundfragen, S.7.

91 Verordnung Nr. 2137/85 über die Schaffung einer Europäischen Wirtschaftlichen Interessenvereinigung vom 25. Juli 1985 (ABl.EG Nr. L 199/1). Vgl. hierzu *Kegel/Schurig*, § 4, S.192.

92 Siehe nur *Jayme*, Europäisches Kollisionsrecht: Grundlagen – Grundfragen, S.7 ff.. Die Grundverträge enthalten keine expliziten Kollisionsnormen, vgl. *Kegel/Schurig*, § 4, S.190 f.

onsregeln aus, indem sie in erster Linie deren sachlichen Ergebnisse korrigieren[93].

Es gibt folglich keine umfassende Vereinheitlichung des Europäischen Kollisionsrechts im Sinne eines Gesetzbuches[94]. Allein die Konventionen regeln europaweit einen Abschnitt des Internationalen Privat- und Verfahrensrechts zusammenhängend in einem Regelungswerk mit dem Ziel der Schaffung von Einheitskollisionsrecht. Die auf sekundärem Gemeinschaftsrechts beruhenden Kollisionsnormen hingegen sind bruchstückhaft und wirken wegen der Regelung in EG-Richtlinien nur harmonisierend und nicht vereinheitlichend. Die vorliegende Arbeit befaßt sich im wesentlichen mit den beiden erstgenannten Grundlagen des Europäischen Kollisionsrechts, genauer mit dem gemeinschaftsrechtsnahen Konventionskollisionsrecht des EVÜ und den kollisionsrechtlichen Regelungsgeboten in EG-Richtlinien samt deren mitgliedstaatlichen Umsetzungen. Dabei wird in die Überlegungen auch die Perspektive neuen, vereinheitlichenden Sekundärrechts einbezogen.

Die beschriebene Quellenpluralität ist ein rechtshistorisch bedingtes Phänomen: Die einzelnen Normen stammen aus verschiedenen Epochen in der europäischen Integrationsgeschichte und dienen unterschiedliche Zwecken[95]. Erst spät ist der Nutzen des Internationalen Privatrechts für die Herausbildung europäischen Rechts erkannt und die Aufgabe der Schaffung eines gemeinsamen IPR in der EG den Mitgliedstaaten überlassen worden, die daraufhin Konventionen auf diesem Gebiet ausgehandelt haben. Erst spät besannen sich auch die Gemeinschaftsorgane auf die Zweckmäßigkeit der kollisionsrechtlichen Methode zur Erfüllung ihrer Aufgabe der Rechtsvereinheitlichung und begannen damit, selbst vereinzelt Kollisionsregeln zu erlassen.

Die nachteiligen Folgen dieser Entwicklung sind heute spürbar. Aus der Pluralität der Quellen ergeben sich gesetzestechnische und methodische Schwierigkeiten. Dabei beruhen diese Probleme nicht so sehr auf der Tatsache, daß es mehrere Rechtsquellen gibt, die die Normenverarbeitungskapazität der Praxis überfordern[96], denn Quellenpluralismus ist kein völlig neuartiges Phänomen; er kommt auch in nationalen Rechtsordnungen vor. Möglicherweise muß infolge der modernen Europäisierung des Privatrechts sogar soweit umgedacht werden, daß sich der Pluralismus zu einer Konstante entwickelt und sogar zu einem Wert

[93] *Jayme*, Europäisches Kollisionsrecht: Grundlagen – Grundfragen, S.1; *Gebauer*, IPRax 1995, S.152 ff.; *Heiss*, Die Europäisierung des Internationalen Schuldvertragsrechts, S.92; Nach *Pfeiffer*, NJW 1999, S.3681, sind die Einzelheiten in diesem Fragenfeld noch ungeklärt.

[94] *Jayme*, ZfRV 1997, S.236: „Fragmentierung der Quellen“

[95] Vgl. *Lüderitz*, S.151.

[96] Der Rechtsanwender hat bei der Entscheidung konkreter Fälle eine Vielzahl von Normen unterschiedlicher Herkunft und Qualität zu berücksichtigen, deren Hierarchie untereinander oftmals ebenso schwer zu ermitteln ist wie der jeweilige Anwendungsbereich der einzelnen Norm. Siehe hierzu auch *Kötz*, RabelsZ 50 (1986), S.5.

verdichtet hat[97]. Die Rechtsanwender dürfen im Privatrecht unter Umständen nicht mehr erwarten, sich alleine an Rechtsquellen einheitlicher Herkunft orientieren zu können[98].

Die eigentlichen Schwierigkeiten ergeben sich vielmehr aus der Besonderheit, daß hier verschiedene konkurrierende Normenproduzenten mit zum Teil unterschiedlichen Regelungszielen am Werke waren und unter ihnen keine ausreichende Abstimmung stattgefunden hat[99]. Aus der Situation der unterschiedlichen Gesetzgebung folgen nämlich – vornehmlich durch Überlagerungen des EG-spezifischen Gemeinschaftsrechts – Wertungswidersprüche und damit eine „offene Konkurrenz“[100] zwischen den staatsvertraglichen Kollisionsnormen und denen des sekundären Gemeinschaftsrechts. Die Pluralität der Rechtsquellen im internationalen Schuldvertragsrecht ist somit als eigentliche Problematik immer mehr in den Vordergrund der sich um das Europäische Kollisionsrecht drehenden Fragen getreten[101]. Die sich aus ihr ergebenden Schwierigkeiten gilt es daher vorrangig zu meistern[102].

B. Grundstrukturen und Eigenheiten des Europäischen Kollisionsrechts

I. Stellung der gemeinschaftsrechtlichen Kollisionsnormen im System des IPR

Die Entstehung des umschriebenen *Europäischen* Kollisionsrechts aufgrund gesonderter Rechtsquellen wirft die Frage nach dessen Stellung im System des Internationalen Privatrechts sowohl auf der Ebene des nationalen Rechts als auch auf der Ebene des globalen IPR auf. Bei der Suche nach der Antwort muß von der Rolle dieses neuen Rechtsgebiets ausgegangen werden. Diese ist jedoch nicht einheitlich. Während das gemeinschaftsnahe Konventionskollisionsrecht vor allem auf die Rechtseinheit in den Mitgliedstaaten abzielt, sind die sekundärrechtlichen Kollisionsnormen eindeutig binnenmarktbezogen.

---

97 Vgl. *Jayme*, ZfRV 1997, S.231: „*Man sucht weniger das Gemeinsame, sondern betont die Unterschiede.*“

98 Siehe *Gebauer*, Grundfragen der Europäisierung des Privatrechts, S.299.

99 *Taupitz*, Europäische Privatrechtsvereinheitlichung heute und morgen, S.70.

100 So *Jayme*, Europäisches Kollisionsrecht: Neue Aufgaben, neue Techniken, S.47 und *ders.*, Internationales Privatrecht und Europäischer Binnenmarkt – Eine Skizze –, S.38. Bei *Jayme/Kohler*, IPRax 1994, S.407 ist von „offenen Kontrasten“ die Rede.

101 Vgl. *Jayme*, Europäisches Kollisionsrecht: Neue Aufgaben, neue Techniken, S.47; *ders*, ZfRV 1997, S.236: „*Der Inhalt der Normen tritt demgegenüber fast zurück*“; *Jayme/Kohler*, IPRax 1991, S.361.

102 So auch *Gebauer*, Grundfragen der Europäisierung des Privatrechts, S.299, 300.

Das Verhältnis der europäischen Kollisionsnormen zu den allgemeinen Vorschriften des IPR im jeweiligen EG-Mitgliedstaat ist infolgedessen mehrschichtig. Das Konventionsrecht tritt neben das autonome IPR bzw. ersetzt es bei Überschneidungen. Es wird dann abermals von den gemeinschaftsrechtlichen Regeln verdrängt, die sich sowohl gegenüber dem nationalen als auch dem staatsvertraglichen Kollisionsrecht als vorrangig durchsetzten können, wie vor allem Art. 20 EVÜ und Art. 3 Abs. 2 S.2 EGBGB[103] verdeutlichen. Da jedoch nur bestimmte Kernbereiche, wie zum Beispiel das internationale Vertragsrecht, insgesamt und andere Bereiche nur punktuell vereinheitlicht wurden, ist es in allen anderen Materien bisher bei der Geltung des autonomen Kollisionsrechts der Mitgliedstaaten geblieben[104]. Mit der Ankunft neuer Gemeinschaftsrechtsakte nach dem Vertrag von Amsterdam wird sich diese Situation grundlegend verändern[105].

Im Verhältnis zum weltweiten Internationalen Privatrecht, insbesondere den Konventionen der Haager Konferenz für Internationales Privatrecht, wird durch die Entwicklung eines Europäischen Kollisionsrechts streckenweise ein separates, regionales System an Kollisionsnormen geschaffen. Zwar ist im Europäischen Kollisionsrecht zwischen den Regeln zu unterscheiden, die rein binnenmarktbezogene Sachverhalte betreffen, und solchen, die auch zur Anwendung von Drittstaatenrecht führen können. Doch entsteht insgesamt mit dem Europäischen Kollisionsrecht eine dritte, eigene, binnenmarktbezogene Kategorie an Internationalem Privatrecht, die in erster Linie ein Zwischenglied zwischen nationalem und europarechtlichen IPR-Interessen sein möchte[106]. Das Verhältnis dieser Normen zu den Haager Konventionen ist für die Zukunft noch nicht geklärt. Zu befürchten ist jedoch, daß die einzelnen Staaten ihre Außenkompetenz verlieren und das an Gewicht gewinnende Europäische Kollisionsrecht in den europäischen Staaten die Haager Konventionen an den Rand drängt[107].

---

103 Danach bleiben Regelungen in Rechtsakten der Europäischen Gemeinschaften „unberührt", das heißt sie gehen den allgemeinen Vorschriften des Internationalen Privatrechts vor; vgl. *Jayme*, Internationales Privatrecht und Europäischer Binnenmarkt – Eine Skizze –, S.28, 38; *ders.*, Europäisches Kollisionsrecht: Grundlagen – Grundfragen, S.14.

104 *Jayme*, Europäisches Kollisionsrecht: Grundlagen – Grundfragen, S.11; vgl. auch *ders.*, Europäisches Kollisionsrecht: Neue Aufgaben, neue Techniken, S.49.

105 Vgl. etwa *Heß*, NJW 2000, S.23, 30; *Basedow*, CML Rev. 37 (2000), S.690.

106 Siehe *Jayme*, Internationales Privatrecht und Europäischer Binnenmarkt – Eine Skizze –, S.29, 38.

107 *Jayme*, IPRax 2000, S.167.

II. Fragmentierung und Inhomogenität

Das Bild, das sich von den Regelungen des europäischen Kollisionsrecht nach einer Bestandsaufnahme zeigt, ist alles andere als einheitlich[108]. Das europäische IPR ist, wie auch das materielle Privatrecht der EG, oft als „fragmentarisch“[109], „pointillistisch“[110] und „atomisiert“[111] oder ähnlich charakterisiert worden. In der Tat ist bisher schwer vorhersehbar gewesen, „wo, wann und in welcher Dichte“[112] die Vereinheitlichung oder Harmonisierung von Kollisionsrecht stattfindet, da die teilweise versteckten kollisionsrechtlichen Vorschriften meist nur bestimmte Ausschnitte und Bruchstücke von Sachverhalten mit Auslandsbezug regeln.

Für diese Inhomogenität ist außer der Pluralität der Rechtsquellen noch ein zweiter, wichtiger Grund verantwortlich: Die Vorgehensweise des Gemeinschaftsgesetzgebers bei der Regelung privatrechtlicher Fragen unterscheidet sich grundsätzlich von der herkömmlichen nationalen Privatrechtsdogmatik[113]. Mangels eines festen Vereinheitlichungsprogramms oder gar eines gesamteuropäischen Zivilrechtsbuchs, fehlt es an einer Struktur, an der sich der europäische Gesetzgeber orientieren könnte. Aus diesem Grunde geht er bei der Rechtsetzung – entsprechend den marktwirtschaftlichen Zielen der EG – durchweg einzelproblemorientiert vor und greift je nach Bedarf diejenigen wirtschaftliche Sachverhalte auf, die zu gegebener Stunde die Wahrnehmung der Marktfreiheiten erleichtern[114]. Für diese spezifisch integrative Vorgehensweise der Gemeinschaft ist das europarechtliche Ziel des „Verbraucherschutzes“[115] ein gutes Beispiel, denn dabei handelt es sich um einen Regelungskomplex, wie er im deutschen Zivilrecht als solcher nicht ausdrücklich, das heißt als eigener Abschnitt im BGB existiert[116]. Das Kollisionsrecht hingegen hat die Gemeinschaft we-

---

108 Hierüber besteht Einigkeit, wie sämtliche nachfolgenden Fundstellen belegen. Siehe aber auch *Kreuzer*, Die Europäisierung des Internationalen Privatrechts, 1.Aufl., S.373 und *Struycken,* S.267.

109 So beispielsweise *Remien*, RabelsZ 60 (1996), S.8 f. und *Jayme*, ZfRV 1997, S.235, wonach die Fragmentierung und daraus resultierende Verwirrung Teil der postmodernen Entwicklung im Europäischen Kollisionsrecht sind.

110 Vgl. *Coing*, Europäisierung der Rechtswissenschaft, NJW 1990, S.939 und *Kötz*, RabelsZ 50 (1986), S.3.

111 Siehe etwa *Kreuzer*, Die Europäisierung des Internationalen Privatrechts, 1.Aufl., S.373 oder *Struycken,* S.267.

112 *Basedow*, NJW 1996, S.1929.

113 *Remien*, RabelsZ 60 (1996), S.8 f.

114 *Schwartz*, ZEuP 1994, S.570; *Roth*, IPRax 1994, S.173, 174; Die Privatrechtsangleichung wird in einzelnen Gemeinschaftsakten betrieben, die auf meist beliebig als vorrangig und aktuell beurteilte Probleme, vor allem auf die Beseitigung von Freiheitsbeschränkungen und Wettbewerbsverfälschungen, ausgerichtet worden sind, vgl. hierzu *Müller-Graff*, Gemeinsames Privatrecht in der Europäischen Gemeinschaft, S.335 und *Rittner*, JZ 1995, S.851.

115 Art. 3 t, 94 Abs. 3, 153 EG.

116 Siehe *Müller-Graff*, Gemeinsames Privatrecht in der Europäischen Gemeinschaft, S.335.

nigstens bis zum Vertrag von Amsterdam nicht als eine Materie angesehen, die einer umfassenden Vereinheitlichung bedarf, und das IPR der Mitgliedstaaten daher nur vereinzelt auf verschiedenen Gebieten harmonisiert[117].

Hinzu kommt, daß die EG-Kommission als Initiativorgan der Gemeinschaft organisatorisch in verschiedene Generaldirektionen und damit in Sachgebiete aufgeteilt ist. Dabei kann es vorkommen, daß Regelungen erarbeitet werden, die zusammenhanglos oder nicht aufeinander abgestimmt sind, da sie unterschiedlichen Zwecken folgen und aus verschiedenen rechtspolitischen Epochen stammen[118]. Ferner sind auch die sehr differenten Kompetenzen der EG, so etwa für das bereits genannte Beispiel des Verbraucherschutzes, eine nicht zu unterschätzende Ursache für das fragmentarische Auftreten des Gemeinschaftsprivatrechts[119].

Notwendige Folge der ausschnitthaften Vorgehensweise bei der europäischen Privatrechtspolitik war und ist immer noch, daß – neben der Bildung von isolierten gemeinschaftsrechtlichen Einzelakten und damit einhergehender Unvollständigkeit der sekundärrechtlichen Regelungen – infolge der mitgliedstaatlichen Umsetzungen nationale Spezialgesetze entstehen, die zur einer weiteren Zersplitterung führen[120]. *Beitzke* hatte diese Folge schon früh erkannt und seine Besorgnis angesichts der vorwiegenden Angleichung von Randgebieten des Privatrechts geäußert. Er wies insbesondere auf die möglicherweise eher zersetzende und die Angleichung der zivilrechtlichen Grundmaterien erschwerende Wirkung hin, die eine Privatrechtspolitik mit zu vielen Spezialregelungen heraufbeschwöre[121]. Der Hauptkritikpunkt an der Harmonisierung des Privatrechts ist daher aus mitgliedstaatlicher Sicht, daß die Ansätze des Gemeinschaftsprivatrechts wie Fremdkörper erscheinen, die angesichts ihrer Zufälligkeit und Isoliertheit die innerstaatlichen Privatrechtsordnungen vor erhebliche dogmatische Probleme stellen und daher unbefriedigend sind[122]. Es ist von einer „Detailbesessenenheit“ die Rede, die die Einheit der nationalen Rechtsordnungen gefährde[123]. Diese Gefahr sei nur durch Abschied von der Fragmentierung des Einheitsrechts und eine erneute Stärkung der Einheit des nationalen Privatrechtssystems zu überwinden[124].

---

117 Vgl. *Roth*, IPRax 1994, S.165.

118 *Müller-Graff*, Gemeinsames Privatrecht in der Europäischen Gemeinschaft, S.335; siehe auch *Lüderitz*, S.151 und *Kieninger/Leible,* EuZW 1999, S.37.

119 *Rittner*, JZ 1995, S.851.

120 *Müller-Graff*, Gemeinsames Privatrecht in der Europäischen Gemeinschaft, S.335; so auch *Rittner*, JZ 1995, S.851; *Basedow*, NJW 1996, S.1921.

121 Vgl. *Beitzke*, ZfRV 1964, S.93.

122 *Schwartz*, ZEuP 1994, S.570; insbesondere kritisch auch *Müller-Graff*, Privatrecht und Europäisches Gemeinschaftsrecht, S.29; *ders.*, NJW 1993, S.19.

123 Siehe *Micklitz*, ZEuP 1998, S.262 und *Hauschka*, JZ 1190, S.523 f.

124 *Rittner*, JZ 1995, S.851; Dieser Kritik ist – aus gemeinschaftsrechtlicher Sicht – die These entgegengesetzt worden, daß sich in jenem punktualistischen Regulierungsansätzen des Europäischen Wirtschaftsrechts eine „neue“ Systematik verbirgt, die sich zwar nicht notwendig mit dem hergebrachten Verständnis nationaler Privatrechtsordnungen verträgt,

Zweiter Teil

Quellenkonflikte und die Notwendigkeit eines kohärenten Rechtsquellensystems

A. Spannungsverhältnis zwischen den Rechtsquellen im Bereich des Europäischen Kollisionsrechts der Verbraucherverträge

Ausgangslage und Entstehungsgrund für diese Arbeit ist das Spannungsverhältnis zwischen den verschiedenen Rechtsquellen bzw. die hieraus resultierende Situation der Inkohärenz im Bereich des Europäischen Internationalen Privatrechts der Verbraucherverträge. Bevor auf das Spannungsverhältnis und dessen Folgen im einzelnen eingegangen werden kann (III.), bedarf es eines kurzen Überblicks über die verschiedenen kollisionsrechtlichen Verbraucherschutzregelungen in Art. 5 EVÜ (I.) und in den verbraucherschützenden EG-Richtlinien (II.).

I. Verbraucherschutz nach dem EG-Schuldvertragsübereinkommen

Das EVÜ bildet auch nach Inkrafttreten des Vertrags von Amsterdam (noch) den Kern[125] des Europäischen Kollisionsrechts im engeren Sinne. Seine Regelungen finden in den Rechtsordnungen aller Mitgliedstaaten – zum Teil auf unterschiedliche Weise – Anwendung. Eine der praktisch wichtigsten Vorschriften ist Art. 5 EVÜ, der den Verbraucherschutz im europäischen Internationalen

---

die aber Konturen eines europäischen Privatrechts erkennen läßt. Die Gemeinschaft habe zwar kein rechtssystematisches Gesamtkonzept, ginge aber durchaus nach speziellen Programmen bzw. nach einem Katalog marktfördernder oder verbraucherpolitischer Rechtssetzungsmaßnahmen vor, die sich durchaus in den größeren Zusammenhang einer Neustrukturierung des internationalen Wirtschafts- und Wirtschaftsverwaltungsrechts einordnen ließen. Angesichts ihrer funktionsbezogenen, auf die Verwirklichung des Binnenmarktes zielenden Kompetenzen bleibe der Gemeinschaft oft gar nichts anderes übrig, als die Kollisionsregeln lediglich als „Annex" zu den harmonisierten Sachnormen zu formulieren; vgl. hierzu *Roth*, IPRax 1994, S.173, 174; *Remien*, RabelsZ 60 (1996), S.8 f.; *Micklitz*, ZEuP 1998, S.263.

125 Vgl. z.B. *Kohler*, Die Formung europäischen Kollisionsrechts durch den Gerichtshof der Europäischen Gemeinschaften, S.117: „*Das EVÜ bildet gemeinsam mit dem EuGVÜ nach wie vor den Schwerpunkt des vereinheitlichten Kollisionsrechts in der EG.*" Siehe auch *Grundmann*, Das europäische Recht der Unternehmensgeschäfte, 1999, § 1.01, Rz.2.

Schuldvertragsrecht statuiert. Zu dessen besseren Verständnis werden die Entstehungsgeschichte des EVÜ sowie die der Konvention zugrundeliegenden Wertungen besprochen (1.). Danach folgen Ausführungen zu Art. 5 EVÜ, dessen Zielsetzungen und abschließenden Charakter (2.).

1. Entstehungsgeschichte und Wertungen des EVÜ

a) Entstehungsgeschichte des EVÜ

Das Europäische Schuldvertragsübereinkommen ist das Ergebnis von mehr als zehn Jahre andauernden Verhandlungen unter den Mitgliedstaaten der EG. Es geht aus einem Vergleich der IPR-Systeme der Mitgliedstaaten hervor und vereinheitlicht weitgehend deren Internationales Schuldvertragsrecht[126]. Detaillierte Ausführungen zu dem Übereinkommen finden sich in dem amtlichen Bericht von *Giuliano* und *Lagarde*[127].

Seinen Ursprung findet das EVÜ in einer von den Regierungen der Benelux-Länder am 8.9.1967 offiziell lancierten Initiative, das Internationale Privatrecht innerhalb der EG insgesamt zu vereinheitlichen und zu kodifizieren. Der schrittweise Abbau der wirtschaftlichen Grenzen hatte die Zahl der zu entscheidenden grenzüberschreitenden Rechtstreitigkeiten erhöht und einen Bedarf an einheitlichen Kollisionsnormen hervorgerufen. Anstelle eines Gemeinschaftsrechtsakts schwebte den Initiatoren – wie schon für das EuGVÜ[128] – der Abschluß eines Staatsvertrages vor[129].

Die EG-Kommission griff den Vorschlag auf und nahm die Ausarbeitung eines Übereinkommens in Angriff, da sie den positiven Effekt anerkannte, den eine Kollisionsrechtsvereinheitlichung für das Funktionieren des Gemeinsamen Marktes haben könnte. Es sollten die sich aus der Verschiedenheit der Rechtsanwendungsnormen und der Gefahr ihrer weiteren Auseinanderentwicklung in den verschiedenen Mitgliedstaaten, insbesondere im Bereich des Vertragsrechte, ergebenden Nachteile rasch beseitigt werden[130]. Mit einheitlichen Kollisions-

---

[126] *Lagarde*, Die Rom-Konvention und Frankreich, S.101.

[127] *Giuliano/Lagarde*, ABl.EG (31.10.1980), Nr. C 282/1ff.

[128] Das EuGVÜ wurde am 27.09.1968 in Brüssel als Übereinkommen über die gerichtliche Zuständigkeit und die Vollstreckung gerichtlicher Entscheidungen in Zivil- und Handelssachen geschlossen. Es dient der Erleichterung und Beschleunigung grenzüberschreitender Zivil- und Zwangsvollstreckungsverfahren, indem es ein eigenes europäisches System von Gerichtszuständigkeiten aufstellt und dabei die Zuständigkeit für die Vertragsstaaten direkt regelt. Das EuGVÜ wird am 1.3.2002 durch die EG-Verordnung Nr. 44/2001 vom 22. Dezember 2000, ABl.EG 2001 Nr. L 12/1 ff., ersetzt.

[129] Vgl. *Volz*, S.10; *Kronke*, RIW 1996, S.987; *Wagner*, IPRax 2000, S.249.

[130] *Giuliano/Lagarde*, ABl.EG (31.10.1980), Nr. C 282/4.

normen sollten unter den Vertragsstaaten gleiche Bedingungen geschaffen und der Rechtsverkehr erleichtert werden[131].

Ein weiterer wichtiger und zugleich schuldrechtspezifischer Entstehungsgrund für das EVÜ war, daß es eine logische und notwendige Ergänzung des Brüsseler Übereinkommens von 1968 darstellte. Mit dem EuGVÜ wurden nämlich die Voraussetzungen dafür geschaffen, daß ein Kläger unter mehreren als zuständig in Frage kommenden Gerichten weitgehend frei – mit der zusätzlich abgesicherten Urteilsvollstreckung in der ganzen Union – seinen Gerichtsstand wählen und somit indirekt über das jeweilige IPR auch das auf den Sachverhalt anzuwendende ihm günstigere Recht bestimmen konnte. Mit der Einführung einheitlicher komplementärer Kollisionsnormen, die bei jedem mitgliedstaatlichen Gericht zur Anwendung des gleichen materiellen Rechts führen, sollte dieses Phänomen des „forum shopping", das die Rechtssicherheit und Vorhersehbarkeit des anzuwendenden Rechts vermindert und den Grundsatz der Gleichbehandlung aller Wirtschaftsteilnehmer verletzt, beseitigt werden[132]. Es heißt daher in der Präambel des EVÜ: „In dem Bestreben, die innerhalb der Gemeinschaft insbesondere im Bereich der gerichtlichen Zuständigkeit und der Vollstreckung gerichtlicher Entscheidungen bereits begonnene Rechtsvereinheitlichung auf dem Gebiet des internationalen Privatrechts fortzusetzen, in dem Wunsch, einheitliche Normen für die Bestimmung des auf vertragliche Schuldverhältnisse anzuwendenden Rechts zu schaffen (...)"[133].

Vom 26.- 28.1.1969 kam erstmals eine Gruppe von Sachverständigen zusammen, die von der EG-Kommission eingeladen und von den Mitgliedstaaten berufen worden waren. Im Zentrum ihres Interesses standen zunächst sämtliche kollisionsrechtlichen Materien, denen ein enger Zusammenhang mit dem Funktionieren des Gemeinsamen Marktes und eine die Vereinheitlichung rechtfertigende wirtschaftliche Bedeutung zugesprochen wurde. Hierzu zählten neben den allgemeinen internationalprivatrechtlichen Vorschriften (Renvoi, Qualifikation, ordre public, etc.) und dem vertraglichen Internationalen Schuldrecht auch die Kollisionsnormen über Delikt, ungerechtfertigte Bereicherung und Geschäftsführung ohne Auftrag[134]. Die zu vereinheitlichende Materie wurde später jedoch

---

131 *Kohler*, Die Formung europäischen Kollisionsrechts durch den Gerichtshof der Europäischen Gemeinschaften, S.17. Vgl. auch *von Hoffmann*, ZfRV 1995, S.49: „*Die Verträge zur Vereinheitlichung des IPR und IZPR der EU-Staaten dienen unmittelbar dem Binnenmarktziel. Sie schaffen Binnenmarktverhältnisse, da es nunmehr für das materielle Ergebnis und die gemeinschaftsweite Durchsetzung eines Urteils gleichgültig ist, in welchem Mitgliedstaat dieses ausgesprochen worden ist.*"

132 Vgl. *Jayme*, Europäisches Kollisionsrecht: Grundlagen – Grundfragen, S.3; *Kohler*, Die Formung europäischen Kollisionsrechts durch den Gerichtshof der Europäischen Gemeinschaften, S.23; *ders.*, EuR 1984, S.167; *Lando*, CML Rev. 24 (1987), S.160; *Reithmann/Martiny*, Internationales Vertragsrecht, S.42, Rz.30; Münchner Kommentar/*Martiny*, vor Art. 27 EGBGB, Rz.8; *Heß*, NJW 2000, S.24.

133 ABl.EG (9.10.1980) Nr. L 266/1.

134 Vgl. *Giuliano/Lagarde*, ABl.EG (31.10.1980), Nr. C 282/5, rechte Spalte, Ziff. 1-4; siehe auch *Rammeloo*, Das neue EG-Vertragskollisionsrecht, S.240.

auf das Schuldrecht im weiten Sinne eingeengt: Im Dezember 1972 legte die EG-Kommission den „Vorentwurf eines Übereinkommens über das auf vertragliche und außervertragliche Schuldverhältnisse anwendbare Recht“ vor. Erst auf ihrer Sitzung vom März 1978 faßte die Sachverständigengruppe den Beschluß, das Übereinkommen aus Zeitgründen ausschließlich auf die *vertraglichen* Schuldverhältnisse zu beschränken, wobei man sich die Vereinheitlichung der Bestimmungen über das auf außervertragliche Schuldverhältnisse anzuwendende Recht zu einem späteren Zeitpunkt vorbehielt[135]. Der Vereinheitlichungsprozeß fand sein Ende mit der Unterzeichnung des endgültigen Textes der Konvention und der beiden beigefügten gemeinsamen Erklärungen durch die Mitgliedstaaten am 19. Juni 1980 in Rom.

Wegen der späten notwendigen siebten Ratifizierung (Art. 29 Abs. 1 EVÜ), trat das EVÜ erst am 1.4.1991 in Kraft[136]. Die Gerichte einzelner Mitgliedstaaten wendeten es jedoch schon vorher „antizipiert“ an[137] und selbst EFTA-Staaten haben bei eigenen Neuregelungen den Inhalt des EVÜ teilweise übernommen oder zumindest weitgehend berücksichtigt[138]. Obwohl das EVÜ als „self-executing“ Staatsvertrag grundsätzlich keiner weiteren Umsetzung in innerstaatliches Recht bedarf[139], transponierten es manche Vertragsstaaten in ihre nationale Rechtsordnung, während sich andere mit einer wortgleichen Gesetzesgeltung des Übereinkommens oder einer bloßen Verweisung auf dessen materiellen Vorschriften begnügten[140]. Die Bundesrepublik Deutschland befand eine Inkorporierung des EVÜ in die IPR-Kodifikation des EGBGB für nötig[141]. Sie modifizierte den Inhalt und die Systematik des Übereinkommens leicht[142] und schloß überdies die unmittelbare Anwendbarkeit der einheitlichen Regeln, die in ihrem Anwendungsbereich das nationale Kollisionsrecht vollständig verdrängen[143], aus[144]. Nach gewissen Überarbeitungen anläßlich des Beitritts neuer Mit-

---

135 *Giuliano/Lagarde*, ABl.EG (31.10.1980), Nr. C 282/7; vgl. auch *Lando*, CML Rev. 24 (1987), S.161.

136 Bekanntmachung vom 12.7.1991, BGBl. 1991 II S.871. Vgl. auch *Pirrung*, Die Einführung des EG-Schuldvertragsübereinkommens in die nationalen Rechte, S.22 f.

137 Siehe etwa bei *Jayme*, Richterliche Rechtsfortbildung im Internationalen Privatrecht, S.567 ff., 588; *Ebke*, Erste Erfahrungen mit dem EG-Schuldvertragsübereinkommen, S.94; *Gebauer*, Grundfragen der Europäisierung des Privatrechts, S.76. Im Bezug auf Frankreich siehe *Lagarde*, Die Rom-Konvention und Frankreich, S.101.

138 Vgl. die Vorwirkungen in §§ 35 ff. des österreichischen IPR-G und Art. 116 ff. Schweizer IPR-G vom 18.12.1987.

139 *Czernich/Heiss*, ÖJZ 1998, S.682.

140 Umfassend hierzu *Pirrung*, Die Einführung des EG-Schuldvertragsübereinkommens in die nationalen Rechte, S.39ff.

141 Vgl. Artt.27-37 EGBGB; siehe hierzu etwa *Jayme/Kohler*, IPRax 1988, S.137; *Jayme*, The Rome Convention on the Law Applicable to Contractual Obligations (1980), S.37; *Brödermann/Iversen*, S.25; *Boriths Müller*, S.15 ff.

142 Diese Vorgehensweise fand verbreitet Kritik, da sie die beabsichtigte Einheit vereitelt und darüber hinaus zu erneuter Unübersichtlichkeit führt; siehe beispielsweise *Volz*, S.13.

143 Bis zur Entstehung des EVÜ gab es lediglich in Italien bereits gesetzliche Kollisionsregeln, während das schuldvertragliche Internationale Privatrecht in den übrigen Mitglied-

gliedstaaten[145], gilt das Übereinkommen in der Bundesrepublik seit dem 1.1.1999 in der konsolidierten Fassung vom 26.1.1998[146] nach dem dritten Übereinkommen über den Beitritt von Österreich, Finnland und Schweden vom 29.11.1996[147].

Unterschiedlich beurteilt wird auch heute noch das Verhältnis des EVÜ zum europäischen Gemeinschaftsrecht. Überwiegend wird zwar die Distanz des Abkommens zum Gemeinschaftsrecht im formellen Sinne bestätigt, dem EVÜ als „gemeinschaftsnahes"[148] oder „begleitendes"[149] Übereinkommen aber der Charakter als materielles Gemeinschaftsrecht zugebilligt[150].

Die Kritiker eines über den völkerrechtlichen Charakter des Übereinkommens hinausgehenden Zusammenhangs der Konvention mit der EG berufen sich in erster Linie auf die Nichterwähnung des Kollisionsrechts im engeren Sinne in Art. 293 EG (früher Art. 220 EGV) und andererseits auf das Fehlen einer ausdrücklichen Bezugnahme auf diese Bestimmung in der Präambel des EVÜ, wie sie im EuGVÜ vorgenommen wurde[151]. Ihrer Ansicht nach blieben Rechtsangleichungsanstrengungen wie das EVÜ allein „der Initiative und Verantwortung der Mitgliedstaaten überlassen"[152]. Sie verkennen dabei trotz der formalen Autonomie die deutlich hervortretende besondere "*inspiration communautaire*"[153] des EVÜ, das im Rahmen der EG unter jahrelanger Beteiligung der Gemeinschaftsorgane, insbesondere der Kommission, ausgehandelt worden ist[154]. Ferner vernachlässigen sie die Tatsache, daß der EG-Vertrag in Art. 293

---

staaten der Gemeinschaft weitgehend Gewohnheits- und Richterrecht darstellte, *Giuliano/Lagarde*, ABl.EG (31.10.1980) Nr. C 282/8.

144 Vgl. Art. 1 Abs. 2 des Gesetzes zur Neuregelung des Internationalen Privatrechts vom 25.7.1986, BGBl. 1986 II S.809. Münchner Kommentar/*Martiny*, vor Art. 27 EGBGB, Rz.17.

145 Vgl. *Reichelt*, Der Beitrag des Internationalen Privatrechts zur Europäischen Integration, S.116.

146 Konsolidierte Fassung des Übereinkommens von Rom, ABl.EG (26.1.1998) Nr. C 27/24; BGBl. 1999 II S.7; Zustimmungsgesetz und Übereinkommen sind abgedruckt in BGBl. 1998 II S.1421.

147 ABl.EG (15.1.1997) Nr. C 15/10.

148 *Brödermann/Iversen*, S.45.

149 *Czernich/Heiss*, ÖJZ 1998, S.681; *Bröcker*, Verbraucherschutz im Europäischen Kollisionsrecht, S.29.

150 Siehe statt aller *Gebauer*, Grundfragen der Europäisierung des Privatrechts, S.74; *Basedow*, NJW 1996, S.1929 und *Boriths Müller*, S.143 ff., 175 ff.: „*Gemeinschaftskonventionen zwischen Völkerrecht und Gemeinschaftsrecht*".

151 Siehe etwa *Rigaux*, S.343; *von Wilmowsky*, RabelsZ 62 (1998), S.9; *Basedow*, NJW 1996, S.1923; *Boriths Müller*, S.15 ff., 17 f.

152 Siehe *Roth*, IPRax 1994, S.165.

153 *Jayme/Kohler*, L'interaction des règles de conflit, Rev.crit.d.i.p., 84 (1) 1995, S.2.

154 Vgl. die Stellungnahme der Kommission vom 17.3.1980, ABl.EG 1980 Nr. L 94/39 unter I. (1.Absatz) und S.40, rechte Spalte, Absatz 3; *Nolte*, Zur Technik der geplanten Einführung des EG-Schuldvertragsübereinkommens in das deutsche Recht aus völkerrechtlicher

EG zu Staatsverträgen unter den Mitgliedstaaten anregt und letztere den Vertrag in der Präambel des Übereinkommens auch zitieren, das heißt die Konvention mit dem Ziel der Verwirklichung von den im EG-Vertrag genannten Gemeinschaftszielen abgeschlossen haben. Sowohl Unterabsatz 1 als auch 4 des Art. 293 EG (früher Art. 220 EGV) dienten bei der Ausarbeitung des EVÜ als Grundlage, wie nicht zuletzt aus dem engen Zusammenhang des Übereinkommens mit den dort genannten Materien, insbesondere dem EuGVÜ deutlich wird[155]. Über den rechtspolitischen Wunsch nach Vereinheitlichung des Internationalen Privatrechts[156] hinaus, versteht sich das EVÜ ausweislich des Bestrebens, die mit dem Brüsseler Übereinkommen begonnene Rechtsvereinheitlichung auf dem Gebiet des IPR fortzuführen, als „natürliche Fortsetzung"[157] oder „folgerichtige Ergänzung" zum EuGVÜ[158]. Schließlich indiziert auch die Veröffentlichung des EVÜ selbst und des Begleitberichts von *Giuliano* und *Lagarde* im Amtsblatt der EG neben der Ratifizierung und dem Inkrafttreten des Übereinkommens in allen EU-Mitgliedstaaten den Gemeinschaftscharakter des Übereinkommens.

Unabhängig vom Verhältnis des EVÜ zum Gemeinschaftsrecht steht fest, daß dieses Übereinkommen einen „wesentlichen Beitrag zur gesamteuropäischen Rechtskultur"[159] darstellt und neben dem EuGVÜ den bisher bedeutendsten Beitrag zur Vereinheitlichung des IPR aller Mitgliedstaaten der EG geleistet hat[160].

Sicht, IPRax 1985, S.72; *Brödermann/Iversen*, S.10, 45; *Boriths Müller*, S.181 f.; *Sandrock*, ZvglRWiss 98 (1999), S.246 Fn.77.

155 *Pirrung*, Die Einführung des EG-Schuldvertragsübereinkommens in die nationalen Rechte, S.34ff.; *Reithmann/Martiny*, Internationales Vertragsrecht, S.42, Rz.30; *Groeben/Thiesing/Ehlermann-Schwartz*, Art. 220, Rz.65ff., 68; *Martiny*, ZeuP 1999, S.246.

156 Vgl. *Basedow*, NJW 1996, S.1923

157 *Giuliano/Lagarde*, ABl.EG (31.10.1980) Nr. C 282/5.

158 *Ebke*, Erste Erfahrungen mit dem EG-Schuldvertragsübereinkommen, S.77; siehe auch *Jayme*, Internationales Privatrecht und Europäischer Binnenmarkt – Eine Skizze –, S.34; *Tebbens*, Private International Law and the Single European Market: Coexistence or Cohabitation?, S.53: „*... it constitutes a logical next step in the field of unification of private international law, following the Brussels Convention.*".

159 *Reichelt*, Der Beitrag des Internationalen Privatrechts zur Europäischen Integration, S.116. Es wurde sogar bereits in Betracht gezogen, für das EVÜ ein eigenes Parallelübereinkommen nach dem Vorbild des Lugano-Übereinkommens auszuarbeiten („Lugano"II"), vgl. hierzu *Jayme/Geckler*, IPRax 1993, S.132.

160 *Volz*, S.14; *Brödermann/Iversen*, S.45; *Martiny* spricht von dem „sichtbarsten Ausdruck einer zunehmenden Europäisierung des Internationalen Privatrechts" neben dem EuGVÜ, in: ZEuP 1995, S.67 und *Czernich/Heiss* von einem „entscheidenden Schritt zur Erreichung der internationalen Entscheidungsharmonie im IPR", in: ÖJZ 1998, S.688. Siehe ferner *Lord Denning* in *Bulmer Ltd vs. Bollinger SA* [1974] Ch. 401, 418: „*When we come to matters with a European element, the Treaty [of Rome] is like an incoming tide. It flows into the estuaries and up the rivers. It cannot be held back.*"

Einen bedeutenden Vereinheitlichungsmangel stellt hingegen die fehlende Zuständigkeit des Europäischen Gerichtshofs als Auslegungsorgan dar[161]. Eine einheitliche Interpretation ist unerläßliche Voraussetzung für das Funktionieren einer einheitlichen Anwendung der im EVÜ niedergelegten Regelungen und damit für eine effektive Vereinheitlichung[162]. Über Art. 18 EVÜ (Art. 36 EGBGB) hinaus, in dem das Gebot einer einheitlichen europäischen Auslegung festgeschrieben ist, haben die Unterzeichnerstaaten des EVÜ am 19.12.1988 zwei gesonderte Zusatzprotokolle[163] zum EVÜ zwar unterzeichnet, die den EuGH – ähnlich dem in Art. 234 EG vorgesehenen Vorlageverfahren – als zentrales Rechtsprechungsorgan für das Übereinkommen einsetzen. Mangels ausreichender Ratifikationen in Belgien und Dänemark wird das Inkrafttreten dieser Rechtsakte und der damit verbundene Vereinheitlichungseffekt hingegen noch verzögert[164].

b) Wertungen des EVÜ

Dem europäischen Schuldvertragsübereinkommen liegen zwei im vorliegenden Zusammenhang interessierende Wertungen zugrunde. Es handelt sich hierbei um den Grundsatz der Parteiautonomie (aa) und um die Universalität der Regelungen (bb).

aa) Grundsatz der Parteiautonomie

Kern des von den EU-Mitgliedstaaten vereinheitlichten Schuldvertragsrechts und Grundprinzip des IPR[165] ist der Grundsatz der Parteiautonomie[166], das heißt

---

161 Vgl. beispielsweise *Jayme*, The Rome Convention on the Law Applicable to Contractual Obligations (1980), S.49.

162 Siehe etwa *Drobnig*, Ein Vertragsrecht für Europa, S.1142; *Volz*, S.15.

163 *Erstes* Brüsseler Protokoll betreffend die Auslegung des am 19. Juni 1980 in Rom zur Unterzeichnung aufgelegten Übereinkommens über das auf vertragliche Schuldverhältnisse anzuwendende Recht durch den Gerichtshof der Europäischen Gemeinschaften v. 19.12.1988, ABl.EG (20.2.1989) Nr. L 48/1, BGBL. 1995 II S.916; abgedruckt bei *Jayme/Hausmann*, Ordnungsziffer 71; Zweites Brüsseler Protokoll zur Übertragung bestimmter Zuständigkeiten für die Auslegung des am 19. Juni 1980 in Rom zur Unterzeichnung aufgelegten Übereinkommens über das auf vertragliche Schuldverhältnisse anzuwendende Recht auf den Gerichtshof der Europäischen Gemeinschaften v. 19.12.1988, ABl.EG (20.2.1989) Nr. L 48/17, BGBL. 1995 II S.923; abgedruckt bei *Jayme/Hausmann*, Ordungsziffer 72. Das *Zweite* Protokoll begründet die Zuständigkeit für die im Ersten Protokoll geregelte Auslegung.

164 *Jayme/Kohler*, IPRax 1999, S.411; *Volz*, S.15; *Kegel/Schurig*, § 4, S.203. Auf die Dringlichkeit der Ratifizierung wiest hin *Martiny*, ZeuP 1999, S.247.

165 Siehe den zweiten Erwägungsgrund der Resolution des Institut de Droit International – 65. Sitzung in Basel 1991 – L'autonomie de la volonté des parties dans les contrats internationaux entre personnes privées: „*Considérant que l'autonomie de la volonté des par-*

die Möglichkeit der Vertragsparteien, das auf ihren Vertrag anwendbare Recht grundsätzlich frei wählen zu können. Auch Art. 3 Abs. 1 EVÜ lautet:

> **Freie Rechtswahl.** (1) Der Vertrag unterliegt dem von den Parteien gewählten Recht. Die Rechtswahl muß ausdrücklich sein oder sich mit hinreichender Sicherheit aus den Bestimmungen des Vertrages oder aus den Umständen des Falles ergeben. Die Parteien können die Rechtswahl für ihren ganzen Vertrag oder nur für einen Teil desselben treffen.

Art. 3 Abs. 1 EVÜ ist wortgleich in Art. 27 EGBGB übernommen worden. Wie die übrigen Regelungen des EVÜ stellte auch die Rechtswahlfreiheit einen grundlegenden Wert dar, der zum Zeitpunkt der Ausarbeitung der Konvention und auch heute noch im internationalen Vertragsrecht aller EU-Mitgliedstaaten und auch der meisten anderen Länder verankert ist[167]. Den Charakter der Parteiautonomie als Grundprinzip des Internationalen Privatrechts verdeutlicht die exponierte Stellung des Art. 3 an der Spitze der „einheitlichen Bestimmungen" im EVÜ. Die Rechtswahl bewirkt, daß die Vertragsparteien ihren Vertrag ausdrücklich oder stillschweigend auch einem nicht-europäisches Sachrecht unterstellen können, das somit Vertragsstatut wird[168].

Ohne hier im einzelnen auf die Regelungssystematik des EVÜ eingehen zu wollen, sei erwähnt, daß das Übereinkommen im Falle der fehlenden Rechtswahl das anzuwendende Recht nach Art. 4 Abs. 1 (Art. 28 Abs. 1 EGBGB) im Wege der objektiven Anknüpfung bestimmt, nämlich nach dem Grundsatz der „engsten Verbindung" und Vermutungsregeln in Art. 4 Abs. 2 EVÜ, wonach nach einer vertragstypischen Betrachtungsweise die „charakteristische Leistung" die engste Verbindung darstellt[169].

bb) Universelle Geltung der Einheitsregeln

Dem Bericht von *Giuliano* und *Lagarde* zufolge, hat sich die das EVÜ ausarbeitende Sachverständigengruppe von Anbeginn der Arbeiten dafür ausgesprochen, den einheitlichen Vorschriften – anders als die Regeln des EuGVÜ[170] –

---

ties est l'un des principes de base du droit international privé", IPRax 1991, S.430; vgl. auch *Jayme*, Identité culturelle et intégration: le droit international privé postmoderne, S.55.

166 Siehe hierzu ausführlich *Leible*, JbJgZivRW 1995, S.245 ff., *Mäsch*, Rechtswahlfreiheit und Verbraucherschutz, S.19 ff., aber auch *Martiny*, ZEuP 1995, S.74; *Volz*, S.7 ff.; *Jayme*, Identité culturelle et intégration: le droit international privé postmoderne, S.147 ff.; *Lorenz*, RIW 1987, S.569 ff.

167 *Giuliano/Lagarde*, ABl.EG (31.10.1980) Nr. C 282/15; *Jayme*, Droit international privé et procédure internationale après le Traité de Maastricht, S.108.

168 *Martiny*, ZEuP 1995, S.74.

169 Vgl. z.B. *Ebke*, Erste Erfahrungen mit dem EG-Schuldvertragsübereinkommen, S.102.

170 Vgl. hierzu etwa *Tebbens*, Private International Law and the Single European Market: Coexistence or Cohabitation?, S.55.

universelle Geltung zu verleihen. Sie sei der Auffassung gewesen, daß „das Ziel der Arbeiten vor allem darin bestehen müsse, *allgemeine* Vorschriften zu formulieren, wie sie in den gegenwärtig in Italien geltenden gesetzlichen Bestimmungen sowie im Benelux-Vertrag und in dem französischen Gesetzentwurf enthalten sind"[171]. Damit war eine grundlegende Entscheidung über den Charakter und die Tragweite der einheitlichen Kollisionsnormen getroffen, die in Art. 2 EVÜ[172] folgendermaßen festgelegt ist:

> **Anwendung des Rechts von Nichtvertragsstaaten.** Das nach diesem Übereinkommen bezeichnete Recht ist auch dann anzuwenden, wenn es das Recht eines Nichtvertragsstaats ist.

Die universelle Geltung der einheitlichen Kollisionsnormen bedeutet demnach, daß diese nicht nur in Fällen Anwendung finden, in denen Anknüpfungspunkte mit einem Angehörigen eines Vertragsstaats bestehen, sondern als *loi uniforme* auch dann, wenn auf die Rechtsordnung eines Nichtvertragsstaats verwiesen wird. Das Vertragsverhältnis bedarf daher weder eines Bezugs zur Gemeinschaft noch der Staatsangehörigkeit eines EU-Staates einer der Vertragsparteien[173]. Auch der Vertrag, den z.B. ein Australier und ein Amerikaner in Hong Kong schließen, ist daher im EVÜ geregelt. Durch diese Anknüpfung mit „genuin kollisionsrechtlichen Mitteln"[174], steht das EVÜ in *Savignyscher* Tradition: mit Hilfe allseitig- universeller Kollisionsnormen wird internationaler Entscheidungseinklang erstrebt[175]. Gleichzeitig entspricht diese Vorgehensweise der Lösung, die für die Mehrzahl der Haager Übereinkommen über Normenkollisionen gewählt wurde[176]. Das EVÜ verzichtet damit auf eine Differenzierung, die für das EuGVÜ von entscheidender Bedeutung ist[177]. Wegen der universellen Geltung stellt die Konvention in Art. 21 sicher, daß ihre Regeln in den von ihnen erfaßten Bereichen lediglich vorbehaltlich der Anwendung anderer internationalprivatrechtlicher Übereinkommen gelten, insbesondere der Arbeiten der Haager Konferenz für internationales Privatrecht[178].

---

171 *Giuliano/Lagarde*, ABl.EG (31.10.1980) Nr. C 282/9; vgl. auch *Hay/Lando/Rotunda*, Conflict of Laws as a Technique for Legal Integration, S.236.

172 Art. 2 EVÜ wurde bei der Inkorporation des Übereinkommens zwar nicht in das EGBGB übernommen, in Verbindung mit Art. 3 Abs. 1 EGBGB gelten die Vorschriften der Art. 27 ff. jedoch gegenüber allen ausländischen Staaten und für alle in Frage kommenden Sachverhalte, vgl. Münchner Kommentar/*Martiny*, vor Art. 27 EGBGB, Rz.17.

173 Siehe etwa *Gebauer*, Grundfragen der Europäisierung des Privatrechts, S.75; *Czernich/Heiss*, ÖJZ 1998, S.682.

174 *Mankowski*, DZWir 1996, S.276.

175 Siehe *Drobnig*, Unification of National Law and the Uniformisation of the Rules of Private International Law, S.11; *Junker*, IPRax 1998, S.66f.

176 Vgl. *Giuliano/Lagarde*, ABl.EG (31.10.1980) Nr. C 282/14.

177 Siehe vor allem Art. 4 EuGVÜ; *Volz*, S.10.

178 Siehe auch hierzu *Giuliano/Lagarde*, ABl.EG (31.10.1980) Nr. C 282/9.

2. *Art. 5 EVÜ – Zielsetzungen und abschließender Charakter*

a) Anknüpfung von Verbraucherverträgen nach Art. 5 EVÜ

Das Schuldvertragsübereinkommen enthält mit Art. 5 eine spezielle Kollisionsnorm, die in den praktisch wichtigen Fällen der Verbraucherverträge von den in den Art. 3 und 4 EVÜ aufgestellten Prinzipien abweicht: Art. 5 EVÜ stellt sich als Schranke der aus dem Prinzip der Parteiautonomie folgenden freien Rechtswahl dar. Diese zentrale Vorschrift, die mit leicht verändertem Wortlaut in Art. 29 Abs. 1, 2 und 4 EGBGB[179] übernommen worden ist[180], lautet in der konsolidierten Fassung von 1998[181]:

---

179 „Art. 29 EGBGB. Verbraucherverträge.

(1) Bei Verträgen über die Lieferung beweglicher Sachen oder die Erbringung von Dienstleistungen zu einem Zweck, der nicht der beruflichen oder gewerblichen Tätigkeit des Berechtigten (Verbraucher) zugerechnet werden kann, sowie bei Verträgen zur Finanzierung eines solchen Geschäfts darf eine Rechtswahl der Parteien nicht dazu führen, daß dem Verbraucher der durch die zwingenden Bestimmungen des Rechts des Staates, in dem er seinen gewöhnlichen Aufenthalt hat, gewährte Schutz entzogen wird,

1. wenn dem Vertragsabschluß ein ausdrückliches Angebot oder eine Werbung in diesem Staat vorausgegangen ist und wenn der Verbraucher in diesem Staat die zum Abschluß des Vertrages erforderlichen Rechtshandlungen vorgenommen hat,
2. wenn der Vertragspartner des Verbrauchers oder sein Vertreter die Bestellung des Verbrauchers in diesem Staat entgegengenommen hat oder
3. wenn der Vertrag den Verkauf von Waren betrifft und der Verbraucher von diesem Staat in einen anderen Staat gereist ist und dort seine Bestellung aufgegeben hat, sofern diese Reise vom Verkäufer mit dem Ziel herbeigeführt worden ist, den Verbraucher zum Vertragsabschluß zu veranlassen.

(2) Mangels einer Rechtswahl unterliegen Verbraucherverträge, die unter den in Absatz 1 bezeichneten Umständen zustande gekommen sind, dem Recht des Staates, in dem der Verbraucher seinen gewöhnlichen Aufenthalt hat.

(3) Auf Verbraucherverträge, die unter den in Absatz 1 bezeichneten Umständen geschlossen worden sind, ist Artikel 11 Abs. 1 bis 3 nicht anzuwenden. Die Form dieser Verträge unterliegt dem Recht des Staates, in dem der Verbraucher seinen gewöhnlichen Aufenthalt hat.

(4) Die vorstehenden Absätze gelten nicht für

1. Beförderungsverträge,
2. Verträge über die Erbringung von Dienstleistungen, wenn die dem Verbraucher geschuldeten Dienstleistungen ausschließlich in einem anderen als dem Staat erbracht werden müssen, in dem der Verbraucher seinen gewöhnlichen Aufenthalt hat.

Sie gelten jedoch für Reiseverträge, die für einen Pauschalpreis kombinierte Beförderungs- und Unterbringungsleistungen vorsehen."

180 Vgl. *Kohler*, EuR 1984, S.156; *Mäsch*, Rechtswahlfreiheit und Verbraucherschutz, S.22 ff. Art. 29 Abs. 3 EGBGB stammt aus Art. 9 Abs. 5 EVÜ.

181 ABl.EG (26.1.1998) Nr. C 27/37 f.

Art. 5 EVÜ. Verbraucherverträge. (1) Dieser Artikel gilt für Verträge über die Lieferung beweglicher Sachen oder die Erbringung von Dienstleistungen an eine Person, den Verbraucher, zu einem Zweck, der nicht der beruflichen oder gewerblichen Tätigkeit des Verbrauchers zugerechnet werden kann, sowie für Verträge zur Finanzierung eines solchen Geschäfts.

(2) Ungeachtet des Artikels 3 darf die Rechtswahl der Parteien nicht dazu führen, daß dem Verbraucher der durch die zwingenden Bestimmungen des Rechts des Staates, in dem er seinen gewöhnlichen Aufenthalt hat, gewährte Schutz entzogen wird:

- wenn dem Vertragsabschluß ein ausdrückliches Angebot oder eine Werbung in diesem Staat vorausgegangen ist und wenn der Verbraucher in diesem Staat die zum Abschluß des Vertrages erforderlichen Rechtshandlungen vorgenommen hat oder
- wenn der Vertragspartner des Verbrauchers oder sein Vertreter die Bestellung des Verbrauchers in diesem Staat entgegengenommen hat oder
- wenn der Vertrag den Verkauf von Waren betrifft und der Verbraucher von diesem Staat ins Ausland gereist ist und dort seine Bestellung aufgegeben hat, sofern diese Reise vom Verkäufer mit dem Ziel herbeigeführt worden ist, den Verbraucher zum Vertragsabschluß zu veranlassen.

(3) Abweichend von Artikel 4 ist mangels einer Rechtswahl nach Artikel 3 für Verträge, die unter den in Absatz 2 bezeichneten Umständen zustande gekommen sind, das Recht des Staates maßgebend, in dem der Verbraucher seinen gewöhnlichen Aufenthalt hat.

(4) Dieser Artikel gilt nicht für

a) Beförderungsverträge,
b) Verträge über die Erbringung von Dienstleistungen, wenn die dem Verbraucher geschuldeten Dienstleistungen ausschließlich in einem anderen als dem Staat erbracht werden müssen, in dem der Verbraucher seinen gewöhnlichen Aufenthalt hat.

(5) Ungeachtet des Absatzes 4 gilt dieser Artikel für Reiseverträge, die für einen Pauschalpreis kombinierte Beförderungs- und Unterbringungsleistungen vorsehen.

Historisch gesehen war Art. 5 EVÜ nicht von Anfang an in der Konvention vorgesehen[182], sondern sein Regelungsbereich wurde erst im Laufe der Arbeiten insgesamt aus dem Bereich der allgemeinen Sonderanknüpfung zwingender Normen des Art. 7 EVÜ ausgegliedert, da man diese „nicht als passendes Instrument zur Gewährleistung kollisionsrechtlichen Verbraucherschutzes" ansah[183]. Es wurden für Verbraucher- und Arbeitsverträge (Art. 6 EVÜ, Art. 30 EGBGB) eigene Sonderanknüpfungssysteme geschaffen, die der besonderen

---

[182] So enthielt auch der Vorentwurf zum EVÜ von 1972 noch keine eigene Bestimmung für Verbraucherverträge, siehe *Lagarde*, Cour fédérale d'Allemagne – 19 mars 1997, Rev.crit.d.i.p., 1998, S.619 f.; Münchner Kommentar/*Martiny*, Art. 29 EGBGB, Rz.1. Auch die EG-Gründungsverträge vom 25.3.1957 enthielten anfangs noch keine Bestimmungen über den Verbraucherschutz, siehe *Martinek*, Unsystematische Überregulierung und kontraintentionale Effekte im Europäischen Verbraucherrecht, S.512.

[183] Siehe hierzu genauer *Mankowski*, DZWir 1996, S.276f.; *Ebke*, IPRax 1998, S.268 und *Fischer*, S.277.

Schutzbedürftigkeit der Verbraucher und der Arbeitnehmer gerecht werden sollten.

Die Beschreibung des „Verbrauchervertrages“ in Art. 5 Abs. 1 EVÜ – Grundvoraussetzung für dessen Anwendung – als ein Vertrag über Waren oder Dienstleistungen mit einer Privatperson für deren privaten, nicht beruflichen Endverbrauch, entspricht der des Art. 13 Abs. 1 EuGVÜ in der revidierten Fassung des ersten Beitrittsübereinkommens vom 1978[184]. Auf eine genauere Definition des Verbrauchers haben die EVÜ-Vertragsstaaten bewußt verzichtet, um Widersprüche zu den verschiedenen nationalen Definitionen der einzelnen Mitgliedstaatenrechte zu vermeiden[185]. Für die Bestimmung eines Verbrauchervertrages ist jedenfalls die Privatbezogenheit des Vertragszwecks das entscheidende Kriterium[186].

Wie der Wortlaut des Art. 5 Abs. 2 (Art. 29 Abs. 1 EGBGB) und die implizite Verweisung auf Art. 3 EVÜ deutlich machen, stellt diese Sonderanknüpfung keineswegs eine absolute Schranke für die Parteiautonomie oder gar ein Verbot derselben dar[187]. Im Gegenteil: die Bestimmung läßt die freie Rechtswahl, so weit es geht, unberührt und stellt dem gewählten Vertragsstatut lediglich ergänzend eine Alternativanknüpfung in Form des Günstigkeitsvergleichs gegenüber[188]. Das Verbraucherrecht wird zusätzlich angewandt. Vertragsstatut bleibt das von den Parteien gewählte Recht, das nach Art. 3 Abs. 4 i.V.m. Art. 8 Abs. 1 EVÜ (Art. 27 Abs. 4 i.V.m. Art. 31 Abs. 1 EGBGB) auch zur Entscheidung über das Zustandekommen und die Wirksamkeit der Rechtswahl berufen ist[189]. Dem Verbraucher darf jedoch der Schutz, der ihm durch die zwingenden Verbraucherschutzbestimmungen[190] seines gewöhnlichen Aufenthaltsstaates zukommt, nicht durch die Rechtswahl der Vertragsparteien entzogen werden. In-

---

184 *Lagarde,* Le nouveau droit international privé des contrats, Rev.crit.d.i.p. 1991, S.315; *Mankowski,* RIW 1993, S.457 f.

185 *Giuliano/Lagarde*, ABl.EG (31.10.1980) Nr. C 282/23 f. Zum Begriff des „Verbrauchers“ im Kollisionsrecht vgl. *Reinhart*, S.657 ff.

186 Vgl. *Vischer/Huber/Oser*, Internationales Vertragsrecht, Kapitel 5, § 1, Rz.719.

187 So etwa *Lagarde,* Le nouveau droit international privé des contrats, Rev.crit.d.i.p. 1991, S.314; Münchner Kommentar/*Martiny*, Art. 27 EGBGB, Rz.9.

188 Siehe beispielsweise *von Hoffmann,* § 10, Rz.71 und *Schaunig-Kandut*, S.316; *Jayme*, Europäischer Binnenmarkt – Einwirkungen auf das internationale Privatrecht, S.145; Staudinger/*Reinhart*, Art. 29 EGBGB, Rz. 73 ff. *Leible*, JbJgZivRW 1995, S.255. Vor allem wegen des Vorbehalts der Günstigkeit, unter dem die Sonderanknüpfung steht, geht z.B. *von Wilmowsky* davon aus, daß Art. 5 EVÜ den Gestaltungsspielraum für kollisionsrechtlichen Schutz, den das EG-Primärrecht ihm einräumt, nicht ausschöpft, ZEuP 1995, S.753; *Bröcker*, Verbraucherschutz im Europäischen Kollisionsrecht, S.73 ff. Sehr ausführlich auch *Mäsch*, Rechtswahlfreiheit und Verbraucherschutz, S.32 ff.

189 *Mankowski,* RIW 1993, S.459.

190 Hierzu zählen Normen des Aufenthaltsstaates, die von den Parteien sachrechtlich nicht abbedungen werden können. Neben spezifisch verbraucherschützenden Bestimmungen sind auch solche Normen des allgemeinen Vertragsrechts berufen, die auf einen Ausgleich typischer Ungleichgewichtslagen zwischen den Parteien gerichtet sind. Vgl. hierzu *Leible*, Kollisionsrechtlicher Verbraucherschutz im EVÜ und in EG-Richtlinien, S.360.

folge einer „Inhaltskontrolle"[191], eines konkreten Ergebnisvergleichs der Rechte[192], wird ermittelt, ob das gewählte Recht den Verbraucher schlechter stellt als die Schutzbestimmungen des abgewählten Rechts seines gewöhnlichen Aufenthaltsstaates[193]. Wird eine Vereitelung des dort gewährten Schutzes festgestellt, so ist die Rechtswahl insofern unbeachtlich. Das heißt, das gewählte Recht wird bei den Verbraucherverträgen nur insoweit angewendet, als es – *„favor consumatoris"* – für den Verbraucher günstiger ist als die zwingenden Bestimmungen des ohne Rechtswahl maßgeblichen Rechts[194]. Auch bei fehlender Rechtswahl, das heißt bei der objektiven Anknüpfung von Verbraucherverträgen, gelten nach Art. 5 Abs. 3 EVÜ (Art. 29 Abs. 2) – in Abweichung von den Vermutungen des Art. 4 EVÜ (Art. 28 EGBGB) – die Verbraucherschutzbestimmungen des Aufenthaltsstaates des Erwerbers, wenn sie für den Verbraucher günstiger sind[195].

Das hier beschriebene Instrument des kollisionsrechtlichen Günstigkeitsprinzips in Art. 5 EVÜ hat zwei Seiten: einerseits setzt es nicht bei der einzelnen Sachnorm zum Verbraucherschutz an und bestimmt einseitig deren internationalen Anwendungsbereich, sondern geht vom Sachverhalt aus und arbeitet mit einer allseitigen Kollisionsnorm[196]. Insofern bleibt Art. 5 EVÜ in den Kategorien des „traditionellen" IPR. Andererseits – hierin spiegelt sich nach *Roth* ein Paradigmenwechsel im Kollisionsrecht wieder[197] – etabliert dieses Prinzip eine künstliche Grenze der Parteiautonomie, indem es sich an den materiellen Wertungen und Schutzzwecken des Sachrechts, nämlich des Verbraucherschutzrechts orientiert und somit „der Austauschbarkeit der Rechtsordnungen eine Absage erteilt"[198]. Insoweit verläßt Art. 5 EVÜ die Konzeption des von *v. Savigny* geprägten, „gegenüber den Regelungszwecken des Sachrechts als indifferent behaupteten" Internationalen Schuldvertragsrechts[199].

Die Beschränkungen zugunsten des Verbrauchers gelten nicht unbedingt, sondern nur bei alternativem Vorliegen bestimmter Inlandsbezüge, die in Art. 5 Abs. 2 EVÜ (Art. 29 Abs. 1 Nr. 1 - 3 EGBGB) in drei situativen Fallkonstellati-

---

191 Münchner Kommentar/*Martiny*, Art. 27 EGBGB, Rz.9; *Junker*, IPRax 1993, S.8.

192 *Jayme*, Les Contrats conclus par les Consommateurs, S.82; *Mäsch*, Rechtswahlfreiheit und Verbraucherschutz, S.32 ff.

193 Siehe auch *Jayme*, Diskussionsbeitrag, Non-unified legal systems and European Conflicts Law, S.103 ff., 121; *Kaye*, S.210.

194 Die Rechtswahl schlägt also niemals zum Nachteil, sondern nur zum Vorteil des Verbrauchers aus; günstigere Normen eines gewählten Rechts werden nicht ausgeschaltet, vgl. *Schaunig-Kandut*, S.316; *Mankowski*, DZWir 1996, S.276.

195 Siehe auch *Otte*, RabelsZ 62 (1998), S.415f.; *Bröcker*, Verbraucherschutz im Europäischen Kollisionsrecht, S.53.

196 *Jayme*, Klauselrichtlinie und Internationales Privatrecht – Eine Skizze, S.577.

197 *Roth*, Zum Verhältnis von Art. 7 Abs. 2 und Art. 5 der Römer Schuldvertragskonvention, S.36.

198 *Junker*, IPRax 1998, S.67; *Roth*, Zum Verhältnis von Art. 7 Abs. 2 und Art. 5 der Römer Schuldvertragskonvention, S.35f.

199 So *Junker*, IPRax 1993, S.9. Siehe auch *Roth*, Zum Verhältnis von Art. 7 Abs. 2 und Art. 5 der Römer Schuldvertragskonvention, S.36 und *Martinek*, Unsystematische Überregulierung und kontraintentionale Effekte im Europäischen Verbraucherrecht, S.550.

onen exakt umrissen sind[200]. Dort wird ein Tätigwerden des Anbieters in Form einer Anbahnung oder des Abschlusses des Verbrauchervertrages auf dem Vertragsabschlußmarkt des Aufenthaltsstaats des Verbrauchers bzw. auf einer eigens dazu organisierten Reise im Ausland verlangt, um zur Anwendung des Verbraucherschutzrechts zu gelangen[201]. Diese ausgewählten Tatbestände sind demnach durch ein „Zusammenwirken von strategischen Absatzhandlungen der Anbieterseite und durch diese hervorgerufenen Reaktionen der Marktgegenseite, der Verbraucher" gekennzeichnet[202].

Ferner differenziert Art. 5 in Abs. 1, 4 und 5 EVÜ (Art. 29 Abs. 1, 4 EGBGB) auch sachlich nach bestimmten Vertragstypen. Die verbraucherungünstigen Folgen einer Rechtswahl können nur im Falle des Abschlusses einiger wichtiger Vertragstypen, namentlich bei Verträgen über die Lieferung beweglicher Sachen, über die Erbringung von Dienstleistungen sowie bei Verträgen zur Finanzierung der vorgenannten Geschäfte verhindert werden[203]. Für die nicht erfaßten Verträge – Musterbeispiele hierfür sind Mietverträge sowie reine Verbraucherdarlehensverträge[204] – können die Vertragsparteien frei das auf ihren Vertrag anwendbare Recht wählen, obwohl eine Seite Verbraucher ist[205].

b) Zielsetzungen und Wertungen des Art. 5 EVÜ

Die EVÜ-Vertragsstaaten verfolgen mit der Regel des Art. 5 EVÜ im wesentlichen zwei Ziele: neben der weitgehenden Aufrechterhaltung der Parteiautonomie zur Marktöffnung soll ein wirksamer kollisionsrechtlicher Verbraucherschutz verwirklicht werden[206]. Da sich die diesen Zielen zugrundeliegenden Interessen gegenseitig beschränken, muß Art. 5 EVÜ von den in Art. 3 und 4 EVÜ aufgestellten Prinzipien abweichen und einen Ausgleich für den Zielkonflikt von Parteiautonomie und Verbraucherschutz finden[207]. Das soeben beschriebene kollisionsrechtliche Günstigkeitsprinzip in Art. 5 EVÜ ist die mit eigenen Werten angereicherte Lösung, die von den Vertragsstaaten im Laufe der jahrelangen

---

200 Siehe *Lagarde,* Le nouveau droit international privé des contrats, Rev.crit.d.i.p. 1991, S.314: „*...règle limitée à certains types de contrats, conclus avec des consommateurs, et dans des circonstances bien précises*".

201 Vgl. etwa *Mankowski*, DZWir 1996, S.278; *Kronke*, RIW 1996, S.988; *Otte*, RabelsZ 62 (1998), S.415 f.

202 *Mankowski,* RIW 1993, S.457f.

203 Siehe etwa *Ebke*, IPRax 1998, S.268; *Thorn*, IPRax 1999, S.3.

204 Siehe *Czernich/Heiss*, ÖJZ 1998, S.686.

205 Teilweise wird jedoch vertreten, daß sie der Öffnungsklausel des Art. 7 EVÜ (Art. 34 EGBGB) unterfallen können. Vgl. etwa *Jayme*, Les Contrats conclus par les Consommateurs, S.79; *Junker*, IPRax 1998, S.68; *Roth*, Zum Verhältnis von Art. 7 Abs. 2 und Art. 5 der Römer Schuldvertragskonvention, S.47.

206 Siehe Staudinger/*Reinhart*, Art. 29 EGBGB, Rz. 7.

207 Vgl. auch Münchner Kommentar/*Martiny*, Art. 29 EGBGB, Rz.3, *ders.*, ZEuP 1993, S.303.

Verhandlungen als fair und gewissermaßen als „Restatement" eines europäischen *common sense*[208] herausgearbeitet worden ist[209].

Ausgangspunkt für die Bestimmung des Art. 5 EVÜ ist der Verbraucherschutzgedanke, nämlich die Prämisse, daß die Möglichkeit der freien Rechtswahl von dem wirtschaftlich stärkeren Vertragspartner des Verbrauchers mißbraucht werden könnte und damit – in Abweichung vom Idealmodell des Privatrechts von zwei gleichstarken Partnern – ein mutmaßlich höheres Schutzbedürfnis des Verbrauchers entsteht[210]. Die Norm ist daher eine „règle de conflit protectrice"[211] mit einer schutzorientierten Sonderanknüpfung. Durch die mit dem Günstigkeitsprinzip eingeleitete standardisierte Interessenabwägung[212] in Art. 5 EVÜ bleibt die Konvention nicht wertungsneutral, sondern verfolgt das moderne[213], sozialpolitisch motivierte Ziel, das Ungleichgewicht der sozioökonomischen Positionen und des „bargaining power"[214] der Vertragsparteien in ein Gleichgewicht im Sinne der Sachgerechtigkeit zu bringen[215]. Der Verbraucher als schwächere Partei soll geschützt und die für ihn günstigere Rechtslage garantiert werden[216].

Zugrundeliegende Grundwertung des Art. 5 EVÜ ist jedoch die Erwägung, daß die Interessen des Verbrauchers nur in den in Abs. 2 aufgezählten Fällen schützenswert sind und sich eine Einschränkung der Rechtswahl zu seinen Gunsten

---

208 Vgl. Tagungsbericht von *Thorn*, IPRax 1994, S.159.

209 Siehe auch *Kohler*, Die Formung europäischen Kollisionsrechts durch den Gerichtshof der Europäischen Gemeinschaften, S.17. Dem europarechtlichen Legitimationsbedürftigkeit von Beschränkungen der kollisionsrechtlichen Parteiautonomie wird die Regelung des Art. 5 EVÜ gerecht, vgl. *Heiss*, Die Europäisierung des Internationalen Schuldvertragsrechts, S.99.

210 *Junker*, IPRax 1993, S.9.

211 *Lagarde*, Le nouveau droit international privé des contrats, Rev.crit.d.i.p. 1991, S.313.

212 So *Otte*, RabelsZ 62 (1998), S.415f.

213 *Jayme*, Les Contrats conclus par les Consommateurs, S.78.

214 *Mankowski*, RIW 1993, S.459.

215 Der Verbraucherschutz als eigener Politikbereich hat innerhalb der Europäischen Union zusehends zur Herausbildung eines Sonderprivatrechts der Verbraucherverträge, eines „*Europäisches Verbrauchervertragsrechts*", geführt, das neben dem Gesellschaftsrecht und dem Arbeitsrecht als dritte Säule der zielgerichteten Rechtsangleichung in den Mitgliedstaaten der Gemeinschaft betrachtet wird, *Hommelhoff*, Verbraucherschutz im System des deutschen und europäischen Privatrechts, S.2; *Wolf*, RIW 1997, S.899. Spätestens seit Inkrafttreten des Vertrags von Maastricht am 1.11.1993 ist der Verbraucherschutzgedanke als Schutz des Schwächeren ein durch Art. 3 lit.t, 153 EG (früher Art. 3 lit.s, Art. 129 a EGV) "formell abgesegnetes Gemeinschaftsziel", *Michaels/Kamann*, JZ 1997, S.603; *Heiss*, ZfRV 95, S.59; *Hommelhoff*, Verbraucherschutz im System des deutschen und europäischen Privatrechts, S.1ff.; *Kleindiek*, S.297ff.; *Reich*, ZEuP 1994, S.381; *Heiss*, ZfRV 95, S.58. Für weiterführende Hinweise siehe auch *Micklitz*, ZEuP 1998, S.258 ff.; *Ebke*, Erste Erfahrungen mit dem EG-Schuldvertragsübereinkommen, S.97 ff.; *von Wilmowsky*, ZEuP 1995, S.737 ff.

216 *Kronke*, RIW 1996, S.987; *Schaunig-Kandut*, S.316.

nur rechtfertigen läßt, da er sich dort „passiv“[217] oder „rein reaktiv“[218] verhält und auf seine eigene „soziale Umwelt“[219] samt deren Schutzbestimmungen vertrauen kann[220]. Diese Schutzwürdigkeit verliert hingegen der „aktive“ Verbraucher, der sich aus eigenem Antrieb über die Grenzen begibt und im Ausland Waren einkauft oder Dienstleistungen in Anspruch nimmt[221]. Er soll nicht erwarten können, daß ihn das Recht seines Heimatstaates auch im Ausland schützt. In diesem Fall muß er regelmäßig mit den jeweiligen Maßstäben und dem Verbraucherschutzstandard des ausländischen Anbahnungsstaates vorlieb nehmen; er läßt „sein heimisches Verbraucherschutzrecht an der Grenze zurück“[222].

Kennzeichnend für Art. 5 EVÜ als Neuerung gegenüber den alten nationalen Rechten, in denen es an einer besonderen schützenden Kollisionsregel für Verbraucherverträge fehlte, ist die Einsicht, daß der Schutz der schwächeren Vertragspartei wegen der wachsenden Zahl grenzüberschreitender Verbrauchergeschäfte *bereits auf kollisionsrechtlicher Ebene* berücksichtigt werden muß[223]. Das Kollisionsrecht stellt durch die Begrenzung der Rechtswahlfreiheit zugunsten des Verbrauchers auf internationaler bzw. europäischer Ebene eine erste „rechtliche Schleuse“ auf; der eigentliche Verbraucherschutz bleibt dem zu diesem Zweck vom Kollisionsrecht berufenen materiellen Recht der einzelnen Mitgliedstaaten überlassen[224].

c) Abschließender Charakter der Regelung

Angesichts des in Art. 5 EVÜ festgelegten sachlichen Anwendungsbereichs der Norm, insbesondere der nach Vertragstypen differenzierende Regelungsansatz in Abs. 1, werden Fragen hinsichtlich der von den Unterzeichnerstaaten beabsichtigten Reichweite des kollisionsrechtlichen Verbraucherschutzes aufgeworfen. Wie bereits erwähnt, gilt Art. 5 nach seinem zweiten Absatz allein in drei konkreten, enumerativ aufgezählten Vertragsanbahnungs- bzw. -abschlußsituationen, die vom Wortlaut und von der Systematik des EVÜ her eindeutig keine regelbeispielhafte Aufzählung darstellen[225].

---

217 Vgl. *Martiny*, ZEuP 1997, S.121; *Downes/Heiss*, ZVglRWiss 98 (1999), S.39.

218 *Mankowski,* RIW 1993, S.457f.

219 *Rammeloo,* Das neue EG-Vertragskollisionsrecht, S.381.

220 Vgl. *Leible*, JbJgZivRW 1995, S.256.

221 Siehe Staudinger/*Reinhart*, Art. 29 EGBGB, Rz. 9.

222 Münchner Kommentar/*Martiny*, Art. 29 EGBGB, Rz.3; *Thorn*, IPRax 1999, S.4; *Von Wilmowsky*, ZEuP 1995, S.753; *Junker*, IPRax 1993, S.9; *Mankowski,* RIW 1993, S.457 f.; *Vischer/Huber/Oser*, Internationales Vertragsrecht, Kapitel 5, § 1, Rz.735 f.

223 *Otte*, RabelsZ 62 (1998), S.415; *Roth*, Zum Verhältnis von Art. 7 Abs. 2 und Art. 5 der Römer Schuldvertragskonvention, S.48; *Junker*, IPRax 1993, S.9.

224 Münchner Kommentar/*Martiny*, Art. 29 EGBGB, Rz.2; *Bröcker*, Verbraucherschutz im Europäischen Kollisionsrecht, S.39.

225 *Baumert*, Europäischer ordre public S.227; *Bröcker*, Verbraucherschutz im Europäischen Kollisionsrecht, S.76 ff.

Die von Art. 5 EVÜ nicht umfaßten Verträge und Fallkonstellationen lassen erkennen, daß es sich um eine *lückenhafte* Spezialkollisionsregel[226] handelt. Wegen des in Art. 5 Abs. 1 EVÜ festgelegten Kreises von Geschäften werden Verbraucherschutzlücken[227] für andere Verträge als solche über die Lieferung beweglicher Sachen und über Dienstleistungen sichtbar[228]. Zum Beispiel fehlen die Systembegriffe des „Timesharing"[229] und des „Fernabsatzes"[230] völlig, so daß Art. 5 EVÜ hier in den meisten Fällen nur bedingt weiterhilft[231]. Ausdrücklich nicht von Art. 5 EVÜ erfaßt sind ferner grundstücksbezogene Verträge, die keine Dienstleistung betreffen, und solche Finanzierungsgeschäfte, die in keinem Zusammenhang mit der Lieferung einer beweglichen Sache oder einer Dienstleistung stehen[232]. Darüber hinaus ist angesichts der Wertung des Art. 5 EVÜ, vor allem den „passiven" Verbraucher zu schützen, eine kollisionsrechtliche Schutzlücke für all jene Fälle unvermeidbar, in denen der Verbraucher selbst ins Ausland reist und dort Verträge abschließt[233].

Nach allgemeiner Auffassung stellt Art. 5 EVÜ trotz dieser Verbraucherschutzlücken eine *abschließende Regelung* des kollisionsrechtlichen Verbrauchervertragsrechts innerhalb der Europäischen Union dar[234]. Dadurch, daß der Verbraucherschutz bei der Ausarbeitung der Konvention erst später eingefügt worden ist und als „Fremdkörper" die Parteiautonomie beschränkt, wollten die Vertragstaaten ihn bewußt nicht vollkommen ausgestalten und dem Verbraucher über die in Art. 5 EVÜ punktuell normierten Fälle hinaus in allen Lebenslagen den

---

226 *Junker*, IPRax 1993, S.10.

227 *Lagarde,* Le nouveau droit international privé des contrats, Rev.crit.d.i.p. 1991, S.317.

228 *Mäsch*, EuZW 1995, S.13.

229 *Mäsch*, DNotZ 1997, S.205 f.; *Otte*, RabelsZ 62 (1998), S.414; *Martinek*, NJW 1997, S.1398.

230 *Thorn*, IPRax 1999, S.7.

231 Insoweit existieren jedoch Sonderregeln, auf die noch eingegangen wird.

232 *Jayme*, Klauselrichtlinie und Internationales Privatrecht – Eine Skizze, S.579. Die lückenhafte Teilregelung des Art. 5 EVÜ steht einerseits im Gegensatz zu Art. 6 EVÜ, der sämtliche Arbeitsverträge umfaßt, andererseits zu Art. 5 EVÜ vergleichbaren Bestimmungen des schweizerischen IPR-Gesetzes, das in Art. 120 Verbraucherverträge ganz allgemein, das heißt ohne jede Ausdifferenzierung nach Vertragstypen erfaßt, siehe hierzu *Roth*, Zum Verhältnis von Art. 7 Abs. 2 und Art. 5 der Römer Schuldvertragskonvention, S.38f.

233 Hierzu *Baumert*, EWS 1995, S.60; *Roth*, IPRax 1994, S.169; *Martiny*, ZEuP 1997, S.121 und *Rauscher*, EuZW 1996, S.652.

234 Statt vieler siehe *Mankowski*, DZWir 1996, S.278, *Ebke*, IPRax 1998, S.268 und *Baumert*, EWS 1995, S.60; *ders.*, Europäischer ordre public, S.227 f. A.A. ist vor allem *Roth*, der in Art. 5 EVÜ das lückenhafte Ergebnis eines Kompromisses sieht, der keineswegs eine abschließende Regelung des kollisionsrechtlichen Verbraucherschutzes verwirklicht. Von dieser Position ausgehend hält er die Anwendung des Art. 7 EVÜ für unnötig, in: Zum Verhältnis von Art. 7 Abs. 2 und Art. 5 der Römer Schuldvertragskonvention, S.38 f.,40, 42, 44, 50; *ders.*, RIW 1994, S.278.

besonderen kollisionsrechtlichen Schutz gewähren[235]. Sie hatten schon den Eindruck, sich gegenüber dem Verbraucher großzügig zu zeigen[236], und befürchteten, ein Verbraucherschutz würde ohne eine sachliche und räumliche Eingrenzung konturenlos[237]. Die Regelung der verbraucherschützenden Alternativanknüpfung in Art. 5 EVÜ bildet ein „homogenes und klar abgegrenztes Ganzes“[238]. Sie ist als Ausdruck einer „bewußten legislativen Risikoallokation“[239] zu verstehen und der Rechtsanwender „muß diese Entscheidung respektieren“[240]. Daß die Vertreter der Vertragsstaaten neben den empirisch auffälligen Mißbrauchstatbeständen ähnlich praktisch relevante Sachverhaltskonstellationen übersehen hatten, wurde erst nach Inkrafttreten des EVÜ mit den Gran Canaria-Fällen sichtbar[241].

Sind die räumlichen und sachlichen Regelungslücken in Art. 5 EVÜ demnach *nicht planwidrig*, sondern von vornherein gewollt, so ist eine Analogiebildung in Fällen mit gleichem Schutzbedürfnis in der Regel ausgeschlossen[242]. Dennoch waren in Deutschland die Literatur und die Rechtsprechung bemüht, das rechtspolitische Defizit des Art. 5 EVÜ auszugleichen. Die Lückenfüllung geschah auf unterschiedlichste, heftig umstrittene Weise. Zumeist wurde versucht, über Art. 7 Abs. 2 EVÜ, der klarstellt, daß die Vertragsstaaten sogenannte international zwingende, also vom Vertragstatut abweichende Normen erlassen und anwenden können, zu einer Sonderanknüpfung von Verbraucherschutznormen zu kommen und auf diese Weise den abschließenden Charakter des Art. 5 EVÜ zu „umgehen“[243]. Eine andere Methode ist die der analogen Erstreckung des Geltungsbereichs des Art. 5 EVÜ auf die von ihm nicht erfaßten Bereiche[244]. Abgesehen von der Mißachtung der abschließenden Konzeption wird dessen eindeutiges, ausgewogenes System des Verbraucherschutzes im Internationalen Schuldvertragsrecht durch solche Umwege gestört und aus dem von den Mit-

---

235 *Junker*, IPRax 1998, S.69; *ders.*, IPRax 1993, S.8.Ebenso *Ebke*, IPRax 1998, S.267, 269; *ders.*, Erste Erfahrungen mit dem EG-Schuldvertragsübereinkommen, S.100. Siehe auch *Baumert*, EWS 1995, S.58 und *von Wilmowsky*, ZEuP 1995, S.753.

236 Vgl. *Lagarde*, Cour fédérale d'Allemagne – 19 mars 1997, Rev.crit.d.i.p., 1998, S.620.

237 *Martinek*, Unsystematische Überregulierung und kontraintentionale Effekte im Europäischen Verbraucherrecht, S.554.

238 *Junker*, IPRax 1993, S.8f.

239 *Ebke*, Erste Erfahrungen mit dem EG-Schuldvertragsübereinkommen, S.101; siehe auch *Hay/Lando/Rotunda*, Conflict of Laws as a Technique for Legal Integration, S.252 ff.

240 *Ebke*, IPRax 1998, S.267

241 *Fischer*, S.277; *Grundmann*, Das europäische Recht der Unternehmensgeschäfte, 1999, Teil 1, Rz.77.

242 So Palandt/*Heldrich*, Art. 29 EGBGB, Rz. 5; *Ebke*, IPRax 1998, S.267; *Junker*, IPRax 1998, S.69; *Kronke*, RIW 1996, S.989; *Leible*, JbJgZivilRWiss 1995, S.259 f.; Erman/*Hohloch*, Art. 29 EGBGB, Rz. 10.

243 Statt aller siehe *Jayme/Kohler*, IPRax 1997, S.388. Art. 7 EVÜ betrifft allein solche Eingriffsnormen, die außerhalb des Bereichs des Privatrechts liegende öffenliche Interessen verfolgen und berühren daher grundsätzlich nicht den privatrechtlichen Verbraucherschutz, der typischerweise dem Ausgleich von Individualinteressen dient.

244 Vgl. zusammenfassend *Czernich/Heiss*, ÖJZ 1998, S.686.

gliedstaaten in der Konvention hergestellten Gleichgewicht zwischen Parteiautonomie und Verbraucherschutz gebracht[245].

II. Verbraucherschutz durch Richtlinienkollisionsrecht

1. Kollisionsrechtliche Richtlinienanweisungen der EG

a) Grundsätzliches zur Kollisionsrechtsangleichung in verbraucherschützenden EG-Richtlinien

Seit Mitte der achtziger Jahre werden von der Europäischen Gemeinschaft auf der Grundlage der Art. 94, 95 EG (früher Art. 100, 100a EGV)[246] privatrechtsangleichende Richtlinien zum Verbraucherschutz erlassen[247]. Die ersten dieser Gemeinschaftsakte waren die Richtlinie über Haustürgeschäfte[248], die Richtlinie zum Verbraucherkredit[249] und die Richtlinie über Pauschalreisen[250].

Mit Ausarbeitung und Inkrafttreten der sogenannten Klauselrichtline[251] im April 1993 trat in internationalprivatrechtlicher Hinsicht eine bedeutende Neuerung ein, die eine verstärkte Entwicklung sekundären kollisionsrechtlichen Gemeinschaftsrechts in Gang setzte[252]. Die Richtlinie, deren Aufgabe es ist, den Verbraucherschutz für Fälle mißbräuchlicher Klauseln und Geschäftsbedingun-

---

245 Siehe *Baumert*, EWS 1995, S.61; *Ebke*, IPRax 1998, S.267 f.

246 Vgl. zu der kompetenzrechtlichen Rechtsgrundlage die Ausführungen zur „Kompetenzverteilung bei der Herstellung der Kohärenz“ im Teil A I. des dritten Teils dieser Arbeit.

247 Nach *Schwartz* war das nationale Privatrecht bereits bis März 1994 in mindestens fünfzehn Sachgebieten teilweise gemeinschaftsrechtlicher Provenienz. Unter etwa 35 Richtlinien zur privatrechtlichen Rechtsangleichung in den Mitgliedstaaten gehörte das verbraucherrelevante Schuldrecht mit 6 Richtlinien zu einem der Schwerpunkte, in: ZEuP 1994, S.561.

248 Richtlinie 85/577/EWG vom 20.12.1985 betreffend den Verbraucherschutz im Falle von außerhalb von Geschäftsräumen geschlossenen Verträgen, ABl.EG (31.12.1985) Nr. L 372/31. Diese frühen Verbraucherschutzrichtlinien enthalten noch keine kollisionsrechtlich relevanten Bestimmungen. *Fischer* zufolge ist dies nicht auf die mangelnde Notwendigkeit eines kollisionsrechtlichen Schutzes in diesen Bereichen zurückzuführen, sondern auf die mangelnde Wahrnehmung der Möglichkeit einer solchen Absicherung des Verbraucherschutzes, siehe *Fischer*, S.280.

249 Richtlinie 87/102/EWG vom 22.12.1986 zur Angleichung der Rechts- und Verwaltungsvorschriften der Mitgliedstaaten über den Verbraucherkredit, ABl.EG (12.2.1987) Nr. L 42/48, geändert durch Richtlinie 90/88/EWG vom 22.2.1990, ABl.EG (10.3.1990) Nr. L 61/14, die dann allerdings auf Art. 100a EGV beruhte.

250 Richtlinie 90/314/EWG v. 13.6.1990, ABl.EG (23.6.1990) Nr. L 158/59.

251 Richtlinie 93/13/EWG des Rates vom 5.4.1993 über mißbräuchliche Klauseln in Verbraucherverträgen, ABl.EG (21.4.1993) Nr. L 95/29.

252 *Jayme*, Europäisches Kollisionsrecht: Neue Aufgaben, neue Techniken, S. 35; *von Hoffmann*, ZfRV 1995, S.45. *Staudinger*, ZfRV 2000, S.99, spricht vom „Sündenfall“.

gen in den Mitgliedstaaten anzugleichen, enthält zugleich als „Annex“[253] zu den sachrechtlichen Vorschriften einen Art. 6 Abs. 2, der vorsieht:

> „Die Mitgliedstaaten treffen die erforderlichen Maßnahmen, damit der Verbraucher den durch diese Richtlinie gewährten Schutz nicht verliert, wenn das Recht eines Drittlandes als das auf den Vertrag anzuwendende Recht gewählt und der Vertrag einen engen Zusammenhang mit dem Gebiet der Mitgliedstaaten aufweist.“

Diese Regelung ist nicht als kollisionsrechtliche Vorschrift gekennzeichnet. Gleichwohl ist sie dazu gedacht, den durch die sachrechtlichen Vorschriften der Richtlinie etablierten europäischen Verbraucherschutzstandard auch in Fällen mit Berührung zu Drittstaaten durchzusetzen, wenn das Recht dieser Staaten nach den allgemeinen Grundsätzen des Internationalen Privatrechts Anwendung findet[254].
Heute ist unverkennbar, daß Art. 6 Abs. 2 der Klauselrichtlinie Modellcharakter für eine Reihe weiterer kollisionsrechtlicher Schutzvorschriften in den nachfolgenden verbraucher-schützenden EG-Richtlinien[255] hatte[256]. Dies ist namentlich bei Art. 9 der Timesharing-Richtlinie[257], Art. 12 Abs. 2 der Fernabsatzrichtlinie[258] sowie bei Art. 7 Abs. 2 der Verbrauchsgüterkauf-Richtlinie[259] und Art. 11 Abs. 3 des Entwurfs zur Finanzdienstleistungs-Fernabsatzrichtlinie[260] der Fall.

---

253 Diesen Begriff verwenden z.B. *Junker*, IPRax 1998, S.70; *Kreuzer*, Die Europäisierung des Internationalen Privatrechts, 1.Aufl., S.430; Münchner Kommentar/*Sonnenberger*, Einleitung in das IPR, Rz.166; *ders.*, ZVglRWiss 95 (1996), S.31.

254 Statt vieler *Jayme*, Europäisches Kollisionsrecht: Neue Aufgaben, neue Techniken, S. 38.

255 An dieser Stelle darf nicht unerwähnt bleiben, daß es außer den verbraucherschützenden Richtlinien auch andere Gemeinschaftsrechtsakte gibt, die Kollisionsrecht enthalten. Hierzu zählen vor allem die Richtlinien zum internationalen Versicherungsrecht, die eine Ergänzung des EVÜ darstellen (siehe z.B. Art. 7 der Zweiten Schadensversicherungsrichtlinie, ABl.EG (22.6.1988) Nr. L 172/1); vgl. hierzu *Kreuzer*, Die Europäisierung des Internationalen Privatrechts, 1.Aufl., S. 430 und *ders.*, Internationales Privatrecht und europäische Integration, S.552. Aber auch die Kulturgüterschutzrichtlinie 93/7/EG regelt in Artt.5 Abs. 1, 12 kollisionsrechtlich relevante Normen; vgl. *Jayme/Kohler*, L'interaction des règles de conflit, Rev.crit.d.i.p., 84 (1) 1995, S.6.

256 Siehe *Jayme*, Klauselrichtlinie und Internationales Privatrecht – Eine Skizze, S.576.

257 Art. 9 der Richtlinie 94/47/EG des Rates vom 26.Oktober 1994 zum Schutz der Erwerber im Hinblick auf bestimmte Aspekte von Verträgen über den Erwerb von Teilzeitnutzungsrechten an Immobilien, ABl.EG (29.10.1994) Nr. L 280/83: „*Die Mitgliedstaaten treffen die erforderlichen Maßnahmen, damit dem Erwerber unabhängig von dem jeweils anwendbaren Recht der durch diese Richtlinie gewährte Schutz nicht vorenthalten wird, wenn die Immobilie in dem Hoheitsgebiet eines Mitgliedstaates belegen ist.*“

258 Art. 12 Abs. 2 der Richtlinie 97/7/EG des Europäischen Parlamentes und des Rates vom 20. Mai 1997 über den Verbraucherschutz bei Vertragsabschlüssen im Fernabsatz, NJW 1998, S.212 ff.: Unabdingbarkeit. „*(2) Die Mitgliedstaaten ergreifen die erforderlichen Maßnahmen, damit der Verbraucher den durch diese Richtlinie gewährten Schutz nicht verliert, wenn das Recht eines Drittlands als das auf den Vertrag anzuwendende Recht gewählt wurde und der Vertrag einen engen Zusammenhang mit dem Gebiet eines oder mehrerer Mitgliedstaaten aufweist.*“

Der Entscheidung des Gemeinschaftsgesetzgebers, solche „Drittstaatenklauseln" in die „neue Generation" der Verbraucherschutzrichtlinien aufzunehmen, ist zum Teil Verständnis entgegen gebracht worden[261]. Das Ziel der Regeln, den im Binnenmarkt erreichten Verbraucherschutzstandard auch kollisionsrechtlich nach außen hin, das heißt gegen die Gefahr der Rechtswahl eines nichtmitgliedstaatlichen Rechts, abzusichern, sei legitim[262]. Da Art. 5 EVÜ (Art. 29 EGBGB) dies nicht in allen Fällen zu gewährleisten mag, sei die Initiative des Gemeinschaftsgesetzgebers folgerichtig und ein notwendiger Bestandteil gemeinschaftlicher Rechtsangleichung[263]. Die Drittstaatenklauseln ergänzen den staatsvertraglichen kollisionsrechtlichen Verbraucherschutz und füllen die „europäische Lücke"[264] des Art. 5 Abs. 2 EVÜ[265]. Nicht sicher ist allerdings, daß die kollisionsrechtlichen Richtlinienanweisungen tatsächlich die *Reaktion* des Richtliniengebers auf den engen Anwendungsbereich des Art. 5 EVÜ sind[266].

In terminologischer Hinsicht muß geklärt werden, daß es sich bei diesen Regelungen noch nicht um „Kollisionsnormen" im eigentlichen Sinne handelt. Da sie als Teile von Richtlinien gemäß Art. 249 Abs. 3 EG (früher Art. 189 Abs. 3

---

259 Art. 7 Abs. 2 der Richtlinie 99/44/EG des Europäischen Parlaments und des Rates vom 25.5.1999 zu bestimmten Aspekten des Verbrauchsgüterkaufs und der Garantien für Verbrauchsgüter, ABl.EG (7.7.1999) Nr. L 171/12. Das kollisionsrechtliche Regelungsgebot steht in Art. 7 Abs. 2: Unabdingbarkeit. „*(2) Die Mitgliedstaaten treffen die erforderlichen Maßnahmen, damit dem Verbraucher der durch diese Richtlinie gewährte Schutz nicht vorenthalten wird, wenn das Recht eines Nichtmitgliedstaats als das auf den Vertrag anzuwendende Recht gewählt wird, sofern dieser Vertrag einen engen Zusammenhang mit dem Gebiet der Mitgliedstaaten aufweist.*"

260 Art. 11 Abs. 3 des Vorschlags für eine Richtlinie des Europäischen Parlaments und des Rates über den Fernabsatz von Finanzdienstleistungen an Verbraucher und Änderung der Richtlinie 90/619/EWG des Rates und der Richtlinien 97/7/EG und 98/27/EG, KOM (98) 468 endg., ABl.EG 1998 Nr. C 385/10, geändert am 23.7.1999, KOM (99) 385 endg.: Unabdingbarkeit. „*(3) Dem Verbraucher darf der durch diese Richtlinie gewährte Schutz nicht vorenthalten werden, wenn das auf den Vertrag anzuwendende Recht das Recht eines Drittstaates ist, der Verbraucher seinen Wohnsitz in einem der Mitgliedstaaten der Europäischen Gemeinschaft hat und der Vertrag eine enge Verbindung mit ihr aufweist.*" Mit dieser Richtlinie ist eine Erweiterung der Fernabsatzrichtlinie 97/7/EG geplant.

261 *von Hoffmann*, ZfRV 1995, S.52; *Rühl*, RIW 1999, S.322; *Leible*, Kollisionsrechtlicher Verbraucherschutz im EVÜ und in EG-Richtlinien, S.368 ff.; *Martinek*, Unsystematische Überregulierung und kontraintentionale Effekte im Europäischen Verbraucherrecht, S.549.

262 *Rühl*, RIW 1999, S.323.

263 *Basedow*, Materielle Rechtsangleichung und Kollisionsrecht, S.27 ff.; *Freitag/Leible*, ZIP 1999, S.1297; *Staudinger*, ZfRV 2000, S.95 f.

264 So *Rühl*, RIW 1999, S.326.

265 *Pfeiffer*, NJW 1999, S.3684; *Staudenmayer*, Die Richtlinien des Verbraucherprivatrechts, S.71.

266 So aber etwa *Fischer*, S.281; *Mankowski*, BB 1999, S.1225; *Wagner*, IPRax 2000, S.250; *Freitag/Leible*, EWS 2000, S.342. Vgl. auch *Jayme*, Buchbesprechung von *Vischer/Huber/Oser*, Internationales Vertragsrecht, 2.Aufl., Bern 2000; IPRax 2000, S.344; *Siehr*, S.595.

EGV) die Gesetzgeber der Mitgliedstaaten anweisen, ihr Recht der Richtlinie anzupassen und von diesen erst noch in nationales Recht umgesetzt werden müssen, wo dann echtes richtlinienspezifisches Kollisionsrecht entsteht[267], soll hier von „Kollisionsregeln" oder „kollisionsrechtlichen Regelungsgeboten" die Rede sein[268].

b) Gemeinsamkeiten der kollisionsrechtlichen Richtlinienvorgaben

Die einschlägigen Richtlinientexte sollen hier nicht einzeln in den Mittelpunkt der Ausführungen rücken. Stattdessen werden ihre allgemeinen Strukturmerkmale dargestellt. Allen in den genannten Richtlinien bzw. Richtlinienentwürfen enthaltenen kollisionsrechtlichen Regelungsgeboten ist gemeinsam, daß sie den Mitgliedstaaten aufgeben, den Anwendungsbereich der jeweiligen sachrechtlichen Richtlinienregeln und den dem Verbraucher zugebilligten Schutz auch für Drittstaatenfälle abzusichern, sofern der Vertrag einen – nicht weiter konkretisierten – engen Zusammenhang mit dem Gebiet der Mitgliedstaaten aufweist[269]. Mit einer zum Teil unterschiedlichen Wortwahl bzw. Formulierung und manchen auf die jeweilige sachrechtliche Materie angepaßten Anknüpfungsmerkmalen wollen sie die Bestimmung des anwendbaren Rechts bei Sachverhalten regeln, die eine Verbindung zum Recht eines ausländischen Staates aufweisen. Bei der Fernabsatzrichtlinie, der Verbrauchsgüterkauf-Richtlinie und dem Finanzdienstleistungs-Fernabsatzrichtlinienentwurf fallen sie unter die Überschrift „Unabdingbarkeit" des sachrechtlichen Schutzstandards und weisen so auf den absoluten Geltungswillen der Vorschriften im Sinne des Internationalen Privatrechts hin[270].

Charakteristisch für diese besonderen Kollisionsregeln ist, daß sie sozusagen „maßgeschneidert" auf die Wertungen und Schutzzwecke des materiellen Gemeinschaftsprivatrechts ausgerichtet sind; sie folgen damit einem *statutarischen*, das heißt normenbezogene Ansatz und ähneln insofern einer „loi d'application immédiate" im Sinne von Art. 7 Abs. 2 EVÜ (Art. 34 EGBGB)[271].

---

[267] Vgl. *Reich*, EG-Richtlinien und internationales Privatrecht, S.117; Münchner Kommentar/*Martiny*, Art. 29 EGBGB, Rz.4a; *Wägenbaur*, Verbraucherschutz im EG-Recht und seine Bezüge zum Internationalen Privatrecht, S.130.

[268] So auch *Junker*, IPRax 1998, S.70, 73; [268] *Sonnenberger*, ZVglRWiss 95 (1996), S.31.

[269] Münchner Kommentar/*Martiny*, Art. 29 EGBGB, Rz.4a; *Jayme*, Europäisches Kollisionsrecht: Neue Aufgaben, neue Techniken, S.38; *Jayme/Kohler*, IPRax 1995, S.344; *Reithmann/Martiny*, Internationales Vertragsrecht, S.44, Rz.34.

[270] Vgl. *Junker*, IPRax 1998, S.65. Siehe auch *Reich*, Die neue Richtlinie 97/7/EG über der Verbraucherschutz bei Vertragsabschlüssen im Fernabsatz, EuZW 1997, S.587: „*Rechtsdurchsetzung*".

[271] *Leible*, Kollisionsrechtlicher Verbraucherschutz im EVÜ und in EG-Richtlinien, S.364; *Schlechtriem*, ZSchweizR 1999, S.357; *Staudinger*, ZfRV 2000, S.94. Nach *Lurger* erinnert dieser Ansatz an die US-amerikanische *Conflicts Revolution*, namentlich an die *go-*

Die Drittstaatenklauseln sind, ebenso wie das Sachrecht der Richtlinie, das einen kleinen Ausschnitt des materiellen Privatrechts harmonisiert, „punktuell" und stützen nur das „schmale Ziel" der jeweiligen Schutznormen zusätzlich ab[272]. Da es gezielt allein um die Durchsetzung der Zwecke der inländischen Sachnormen europäischen Ursprungs geht, sind die Kollisionsregelungen zudem *einseitig* auf den Binnenmarkt ausgerichtet[273]. Die kollisionsrechtlichen Regelungsgebote gehen also noch einen Schritt weiter als Art. 5 EVÜ: Sie entfernen sich vom „klassischen IPR" nicht nur – wie schon Art. 5 EVÜ – durch eine „Materialisierung"[274], sondern vor allem auch durch ihre einseitigen, auf spezifische Sachnormen begrenzten Sonderanknüpfungen, die deren materiellrechtliche Ergebnisse und Schutzanliegen so mitbestimmend werden lassen[275]. Schließlich unterscheiden die kollisionsrechtlichen Regelungsgeboten in den Richtlinien nicht zwischen „aktiven" und „passiven" Verbrauchern. Gerade auch wenn der Verbraucher aus eigenem Antrieb ins Ausland reist und dort Verträge abschließt, soll er rechtlich geschützt vom Binnenmarkt profitieren können[276].

Die Harmonisierung von Kollisionsrecht spielte bei der Entstehung dieser Regelungen keine Rolle. Anlaß für sie waren stets nur die Befürchtungen, der durch die Richtlinie gewährte Verbraucherschutz könnte durch die Wahl des Rechts eines Drittstaates, einem „Dumping von Standards"[277], unterlaufen werden und somit ins Leere laufen[278]. Art. 5 EVÜ findet keine Erwähnung. Erst

---

vernment interest analysis bzw. ganz allgemein an die immer wieder bemühte *policy behind the rule*, JbJgZivRW 1995, S.39.

272 *Jayme*, ZfRV 1997, S.235; *Junker*, IPRax 1998, S.65; *Martiny*, ZEuP 1997, S.108 f.; *Gebauer*, Grundfragen der Europäisierung des Privatrechts, S.115.

273 *Jayme/Kohler*, L'interaction des règles de conflit, Rev.crit.d.i.p., 84 (1) 1995, S.36; *Jayme*, Europäisches Kollisionsrecht: Grundlagen – Grundfragen, S.5 f.; *von Hoffmann*, IPR, § 4, Rz.15 f.; Münchner Kommentar/*Sonnenberger*, Einleitung in das IPR, Rz.166; *ders.*, ZVglRWiss 95 (1996), S.31.

274 Siehe *Jayme*, Europäisches Kollisionsrecht: Neue Aufgaben, neue Techniken, S.49; *ders.*, Identité culturelle et intégration: le droit international privé postmoderne, S.44 ff.; *Lurger*, JbJgZivRW 1995, S.38 f.

275 Siehe *Junker*, IPRax 1998, S.66; *Jayme*, Klauselrichtlinie und Internationales Privatrecht – Eine Skizze, S.577; *Otte*, RabelsZ 62 (1998), S.415 f.; *Micklitz*, ZEuP 1998, S.254.

276 *Leible*, Kollisionsrechtlicher Verbraucherschutz im EVÜ und in EG-Richtlinien, S.366; *Downes/Heiss*, ZVglRWiss 98 (1999), S.39.

277 So *Reich*, ZEuP 1994, S.396.

278 In der Einleitung zur Klauselrichtlinie steht folgende Begründungserwägung: „*In bestimmten Fällen besteht die Gefahr, daß dem Verbraucher der in dieser Richtlinie aufgestellte Schutz entzogen wird, indem das Recht eines Drittlands zum anwendbaren Recht erklärt wird. Es sollten daher in dieser Richtlinie Bestimmungen vorgesehen werden, die dies ausschließen.*" Siehe *Jayme*, Droit international privé et procédure internationale après le Traité de Maastricht, S.108; *Thorn*, IPRax 1999, S.1, 5. Vgl. auch Nr. 23 der Begründungserwägungen zur Fernabsatz-Richtlinie: „*In bestimmten Fällen besteht die Gefahr, daß dem Verbraucher der in dieser Richtlinie aufgestellte Schutz entzogen wird, indem das Recht eines Drittlands zum auf den Vertrag anwendbaren Recht erklärt wird. Diese Richtlinie sollte deshalb Bestimmungen enthalten, die dies ausschließen.*" Diese Formulierung entspricht derjenigen in Erwägungsgrund 14 des Gemeinsamen Stand-

später ist realisiert worden, daß mit der Regelung des kollisionsrechtlichen Anwendungsbereichs des Verbraucherschutzes bei neuen, „postmodernen Verträgen“[279], wie zum Beispiel bei dem über das Timesharing[280], gleichzeitig die integrationspolitischen Defizite und die verbraucherpolitischen Lücken des Art. 5 EVÜ ausgefüllt werden können[281].

c) Unterschiede zwischen den Drittstaatenklauseln

Bei den bereits existierenden Drittstaatenklauseln kann neben terminologischen Abweichungen auch zwischen verschiedenen Regelungsversionen differenziert werden. Ein Unterschied besteht darin, daß Art. 6 Abs. 2 der Klauselrichtlinie, Art. 12 Abs. 2 der Fernabsatzrichtlinie und Art. 7 Abs. 2 der Verbrauchsgüterkauf-Richtlinie ihren Schutz nur bei einer für den Verbraucher ungünstigen Rechtswahl entfalten[282], während Art. 9 der Timesharing-Richtlinie und Art. 11 Abs. 3 des Entwurfs zur Finanzdienstleistungs-Fernabsatzrichtlinie absoluten Schutz bieten, da sie das günstigere Heimatrecht nicht nur bei einer nachteilhaften Rechtswahl, sondern auch bei einem nachteilhaften objektiven Vertragsstatut zur Anwendung berufen[283]. Zum Teil wird daran gezweifelt, daß der Richtliniengeber diese Trennung absichtlich vollzogen hat[284]. Hierfür spricht die Oberflächlichkeit der Erwägungen zu Art. 6 Abs. 2 in dem geänderten Vorschlag für die Klauselrichtlinie[285] und zu Art. 7 Abs. 2 der Verbrauchsgüterkauf-Richtlinie,

---

punkts der EG Nr. 1 0/94 im Hinblick auf die Annahme der Timesharing-Richtlinie, wo es heißt: „*In einigen Fällen besteht die Gefahr, daß dem Verbraucher der in dieser Richtlinie vorgesehene Schutz vorenthalten wird, indem das Recht eines Drittlandes als das auf den Vertrag anwendbare Recht bestimmt wird. Daher sind Bestimmungen vorzusehen, die dieser Gefahr vorbeugen.*“ Die Gleichheit der Formulierungen bzw. die Umformulierung mit Synoymen fällt auf.

279 *Jayme*, „Timesharing-Verträge", IPRax 1995, S.235. Vgl. auch *Micklitz*, EuZW 1997, S.229.

280 Vgl. auch *Jayme*, Identité culturelle et intégration: le droit international privé postmoderne, S.31, 247 f.

281 Siehe *Joerges*, ZEuP 1995, S.195; *Rauscher*, EuZW 1996, S.653; *Ebke*, IPRax 1998, S.267; *Brödermann/Iversen*, S.399 ff.; *Mäsch*, EuZW 1995, S.13.

282 *Siehr*, S.598 f.

283 *Staudinger*, ZfRV 2000, S.95; *Siehr*, S.596 f.

284 *Jayme*, Klauselrichtlinie und Internationales Privatrecht – Eine Skizze, S.577; *Leible*, Kollisionsrechtlicher Verbraucherschutz im EVÜ und in EG-Richtlinien, S.366 f.; siehe auch *Staudenmayer*, Die Richtlinien des Verbraucherprivatrechts, S.71 f.; vgl. *ders.*, NJW 1999, S.2397.

285 Dort heißt es: „*In bestimmten Fällen besteht die Möglichkeit, dem Verbraucher den in dieser Richtlinie aufgestellten Schutz zu beschneiden, indem das Recht eines Drittstaats zum anwendbaren Recht erklärt wird. Es muß deshalb bestimmt werden, daß die zur Verwirklichung dieser Richtlinie aufgestellten Bestimmungen zwingend auf die von ihnen erfaßten Situationen anwendbar sind*“, geänderter Vorschlag für eine Richtlinie des Rates über mißbräuchliche Klauseln in Verbraucherverträgen, v. 5.3.1992, ABl.EG (24.3.1992) Nr. C 73/7ff.

deren Begründung pauschal auf die Klausel- und Timesharing-Richtlinie verweist[286].

Ferner unterschieden sich die Anforderungen an den Binnenmarktbezug in den Regelungen. Nach Art. 9 der Timesharing-Richtlinie – dieser Aspekt ist auf die sachenrechtliche Natur des Geschäfts zurückzuführen – muß „die Immobilie in dem Hoheitsgebiet eines Mitgliedstaates belegen" sein. In sämtlichen anderen Drittstaatenklauseln muß der Vertrag hingegen lediglich einen „engen Zusammenhang" zum Gemeinschaftsgebiet aufweisen[287]. Nur Art. 11 Abs. 3 des Entwurfs zur Finanzdienstleistungs-Fernabsatzrichtlinie nimmt eine Zwischenposition ein: zusätzlich zur „engen Verbindung" des Vertrags mit der Gemeinschaft muß der Verbraucher seinen Wohnsitz in einem der Mitgliedstaaten haben.

Diese Unterschiede verdeutlichen, daß dem Richtliniengeber bei der Einfügung von Drittstaatenklauseln ein Konzept fehlt[288]. Von einem „erfinderischen Schöpfungsgeist in Brüssel" ist die Rede[289]. Die negativen Auswirkungen der mangelnden Koordinierung manifestieren sich jedoch erst mit den mitgliedstaatlichen Umsetzungen[290].

2. *Nationale Umsetzungen in den einzelnen EU-Mitgliedstaaten*

Bevor kurz auf die Besonderheiten der nationalen Umsetzungen in den Mitgliedstaaten der EU eingegangen wird (b), bedarf es einer knappen Erläuterung der Wirkungsweise von EG-Richtlinien (a).

a) EG-Richtlinie als Integrationsinstrument im verbraucherschützenden Privatrecht

Dir EG-Richtlinie wird von der EG als „föderal-flexibles"[291] Integrationsinstrument zur Harmonisierung des Privatrechts bevorzugt, da sie – im Gegensatz zur unmittelbar anwendbaren und nur selten gewählten EG-Verordnung – vor allem die Souveränität des nationalen Gesetzgebers und dessen Spielraum bei der Ein-

---

286 In der Begründung zu Art. 7 Abs. 2 (damals noch Art. 6 Abs. 2) des Richtlinienvorschlags heißt es schlicht: „*Eine vergleichbare Bestimmung befindet sich bereits in der Richtlinie 93/13/EWG (missbräuchliche Vertragsklauseln) und in der Richtlinie 94/47/EG (Timesharing)*", ZIP 1996, S.1852. Vgl. *Junker*, IPRax 1998, S.73.

287 Siehe etwa *Leible*, Kollisionsrechtlicher Verbraucherschutz im EVÜ und in EG-Richtlinien, S.366.

288 *Schwander*, Ein IPR für Europa oder ein europäisches IPR?, S.835.

289 *Vékás*, IPRax 2000, S.241.

290 Vgl. *Mankowski*, BB 1999, S.1225.

291 *von Hoffmann*, ZfRV 1995, S.46.

passung ins nationale Recht schützt[292]. Außer der Achtung des Subsidiaritätsprinzip auf dem sensiblen Bereich des Privatrechts bringt sie gleichzeitig den Vorteil mit sich, daß die geforderte Lösung in das Regelsystem des nationalen Rechts auf „geschmeidigere Weise"[293] eingefügt werden kann, womit auch die Chancen für ihre effiziente Anwendung steigen[294].

Nach Art. 249 Abs. 3 EG (früher Art. 189 Abs. 3 EGV) ist eine Richtlinie hinsichtlich des zu erreichenden Zieles verbindlich, überläßt jedoch den innerstaatlichen Stellen jedes einzelnen Mitgliedstaats die Wahl der Form und Mittel, mit welchen sie den Richtlinieninhalt innerhalb der gesetzten Frist in nationales Recht umsetzen[295]. Bezüglich des von jedem Mitgliedstaat über den zu verwirklichenden Mindeststandard – den sog. *effet utile* – hinaus gefundenen Lösungen, sollen die Mitgliedstaaten ihre nationalen Regelungen gegenseitig als gleichwertig anerkennen bzw. in einen Wettbewerb der Rechtsordnungen miteinander treten[296]. Es steht ihnen auch frei, strengere Vorschriften zu erlassen, die den Verbrauchern folglich weiterreichenden Schutz bieten. Im einzelnen hängt Entscheidendes davon ab, wie weit das nationale Recht den Richtlinienvorgaben bereits entspricht und wie weit die Vorgaben ins Detail gehen[297].

Das Resultat dieser zweistufigen Richtliniengesetzgebung sind harmonisierte oder angeglichene (im Gegensatz zu vereinheitlichten) europäische Regelungen im nationalen Recht[298]. Diese haben durch die Transposition in rechtstechnischer Hinsicht echte nationale Normqualität erlangt, verbleiben andererseits im Kern gemeinschaftlichen Ursprungs[299]. Auf dieser Grundlage hat sich im Laufe der letzten Jahre ein Sonderprivatrecht für Verbraucher herausgebildet[300].

---

292 *Grundmann*, JZ 1996, S.282; *von Hoffmann*, ZfRV 1995, S.45; *Kreuzer*, Die Europäisierung des Internationalen Privatrechts, 1.Aufl., S.429. Vgl. auch schon *Beitzke*, ZfRV 1964, S.82 f.

293 So *Gebauer*, Grundfragen der Europäisierung des Privatrechts, S.133.

294 *Grundmann*, JZ 1996, S.283.

295 *Basedow* macht darauf aufmerksam, daß die verbindliche Rechtsharmonisierung in der EG mit dem Mittel der Richtlinie rechtsvergleichend betrachtet einmalig ist, da selbst die Modellgesetze der UN (UNCITRAL) über einen Appellcharakter an die Gesetzgeber der beteiligten Staaten nicht hinausgehen und die Souveränität der jeweiligen Gesetzgeber nicht berühren, in: Materielle Rechtsangleichung und Kollisionsrecht, S.15.

296 *Grundmann* stellt die Formel auf: *„Minimumharmonisierung unter gleichzeitiger Anerkennung im Rest"*, in: JZ 1996, S.277, 280 f.

297 So z.B. *Bach*, JZ 1990, S.1109.

298 *Brödermann/Iversen*, S.289.

299 *Brödermann/Iversen*, S.43. Für weitergehende Hinweise bezüglich der Richtlinienumsetzung in das nationale Recht vgl. *Luttermann*, EuZW 1998, 264 ff.; *Dreher*, EuZW 1997, 522 ff.

300 Siehe z.B. *Staudenmayer*, Die Richtlinien des Verbraucherprivatrechts, S.63.

b) Mitgliedstaatliches Richtlinienkollisionsrecht

Die Umsetzungsgesetze der EU-Staaten zum Richtlinienkollisionsrecht sind auffallend unterschiedlich. Jeder gesetzgeberische Eingriff der Gemeinschaftsorgane in die gewachsenen nationalen Rechtssysteme führt zwangsläufig zu notwendigen Anpassungen im nationalen Recht, die nicht immer systemkonform verlaufen können. Zum Teil bereitet die Einfügung der einseitigen Kollisionsnorm in die bestehenden Rechtssysteme den mitgliedstaatlichen Gesetzgebern daher technische Schwierigkeiten[301]. In der Bundesrepublik sind Art. 6 Abs. 2 der Klauselrichtlinie und Art. 9 der Timesharing-Richtlinie wie folgt in deutsches Recht umgesetzt worden:

§ 12 AGB-Gesetz. Internationaler Geltungsbereich.[302]

Unterliegt ein Vertrag ausländischem Recht, so sind die Vorschriften dieses Gesetzes gleichwohl anzuwenden, wenn der Vertrag einen engen Zusammenhang mit dem Gebiet der Bundesrepublik Deutschland aufweist. Ein enger Zusammenhang ist insbesondere anzunehmen, wenn
1. der Vertrag auf Grund eines öffentlichen Angebots, einer öffentlichen Werbung oder einer ähnlichen im Geltungsbereich dieses Gesetzes entfalteten geschäftlichen Tätigkeit des Verwenders zustandekommt und
2. der andere Vertragsteil bei Abgabe seiner auf den Vertragsschluß gerichteten Erklärung seinen Wohnsitz oder gewöhnlichen Aufenthalt im Geltungsbereich dieses Gesetzes hat und seine Willenserklärung im Geltungsbereich dieses Gesetzes abgibt.

§ 8 Teilzeit-Wohnrechtegesetz (TzWrG). Kollisionsregel.[303]

Unterliegt ein Vertrag über die Teilzeitnutzung von Wohngebäuden oder ein Vertrag zur Finanzierung des Erwerbs eines Teilzeitnutzungsrechts (§ 6) ausländischem Recht, so sind die Vorschriften dieses Gesetzes gleichwohl anzuwenden, wenn
1. das Wohngebäude im Hoheitsgebiet eines Mitgliedstaates der Europäischen Union oder eines Vertragsstaates des Abkommens über den Europäischen Wirtschaftsraum belegen ist oder
2. der Vertrag auf Grund eines öffentlichen Angebots, einer öffentlichen Werbung oder einer ähnlichen geschäftlichen Tätigkeit zustandekommt, die der Veräußerer in einem Mitgliedstaat der Europäischen Union oder in einem anderen Vertragsstaat des Abkommens über den Europäischen Wirtschaftsraum entfaltet, und wenn der Erwerber bei Abgabe seiner auf den Vertragsschluß gerichteten Erklärung seinen Wohnsitz oder gewöhnlichen Aufenthalt in einem Mit-

---

301 Vgl. etwa *Jayme*, IPRax 1997, S.152.

302 Eingeführt durch das Gesetz zur Änderung des AGBG, BGBl. I 1996 S.1013 v. 19.7.1996.

303 Eingeführt durch das Gesetz über die Veräußerung von Teilzeitnutzungsrechten an Wohngebäuden (TzWrG), BGBl. I S.2154 v. 20.12.1996.

gliedstaat der Europäischen Union oder in einem anderen Vertragsstaat des Abkommens über den Europäischen Wirtschaftsraum hat.

Beide Vorschriften sind in der Zwischenzeit durch die Einführung des Art. 29 a EGBGB im Zuge des „Gesetzes über Fernabsatzverträge und andere Fragen des Verbraucherrechts sowie zur Umstellung von Vorschriften auf den Euro (FernAbsG)“[304] am 30.6.2000 gleichzeitig mit der Umsetzung des Art. 12 Abs. 2 der Fernabsatzrichtlinie ersetzt worden und außer Kraft getreten. Art. 29 a EGBGB wird in einem späteren Teil der Arbeit detailliert besprochen[305]. Die am 25.5.1999 verabschiedete Verbrauchsgüterkauf-Richtlinie ist nach Art. 11 Abs. 1 bis zum 1.1.2002 umzusetzen[306].

Die Wahl der Richtlinie zur Rechtsangleichung des Privatrechts wirkt sich vor dem Hintergrund der Basisharmonisierung erheblich auf die Einheitlichkeit des sekundären Gemeinschaftskollisionsrechts aus. § 12 AGBG und § 8 TzWrG sind in Ausnutzung des Umsetzungsspielraums vom deutschen Gesetzgeber abweichend vom Text der Richtlinie umgesetzt worden. Die anderen EU-Mitgliedstaaten haben zum Teil erheblich von den Lösungen des deutschen Gesetzgebers abweichende Regelungen geschaffen. Dabei bleiben manche Transpositionen hinter dem von den Richtlinien vorgeschiebenen Mindestmaß an Verbraucherschutz zurück; andere wiederum gehen in einzelnen Punkten über dieses Maß hinaus[307]. Während manche sich allein dem binnenmarktbezogenen Richtlinienziel verpflichtet fühlen[308], versuchen andere mit einer „moderateren“ Umsetzung Art. 5 EVÜ zu berücksichtigen und auch ihrer völkerrechtlichen Pflicht aus dem EVÜ gerecht zu werden[309]. Als negatives Beispiel sei hier § 8 TzWrG genannt, dessen Anknüpfungssystem stets die deutsche lex fori angewendet wissen möchte[310]. Mit dieser Lösung ging der deutsche Gesetzgeber einerseits über das Erfordernis des Art. 9 der Timesharing-Richtlinie hinaus, an-

304 BGBl. 2000 I S.25 v. 29.6.2000.

305 Vierter Teil, C, I.

306 *Hübner*, EuZW 1999, S.481.

307 *von Hoffmann*, ZfRV 1995, S.52.

308 *Downes/Heiss*, ZVglRWiss 98 (1999), S.43.

309 *Jayme/Kohler* zitieren unter anderem eine die Kohärenz fördernde Umsetzung der Klauselrichtlinie in Finnland: „*Die Wahl des Rechts eines Staates, der nicht dem Europäischen Wirtschaftsraum angehört, als auf den Vertrag anwendbares Recht führt nicht dazu, die Bestimmungen über mißbräuchliche Klauseln auszuschließen, welche in einem Staat des Europäischen Wirtschaftsraumes in Kraft sind, wenn diese Bestimmungen beim Fehlen einer Rechtswahl anwendbar wären und wenn sie dem Verbraucher einen besseren Schutz gegen mißbräuchliche Klauseln gewähren als das für den Vertrag gewählte anwendbare Recht.*“, in: *Jayme/Kohler*, IPRax 1999, S.412. Siehe auch *Jayme*, IPRax 2000, S.156; *Sonnenberger*, Die Eingriffsnorm: ein internationalprivatrechtliches σκανδαλον?, S.295 f.

310 Ähnliches gilt auch nach der französischen Umsetzungsvorschrift, Art.L.121-74 und 121-75 des französischen Gesetzes No.98-566 vom 8.7.1998 (Juris Classeur Périodique 1998, III, 1397).

dererseits entfernte er sich von der Anknüpfung des Art. 5 EVÜ an den Aufenthaltsort des Verbrauchers[311].

III. Konfliktverhältnis zwischen Art. 5 EVÜ und dem Kollisionsrecht des sekundären Gemeinschaftsrechts

Das Konfliktverhältnis zwischen Art. 5 EVÜ und dem Richtlinienkollisionsrecht wird angeführt von Wertungswidersprüchen zwischen den Rechtsquellen (1.) und einer verbraucherfeindlichen Rechtszersplitterung (2.). Es wird beherrscht von einem Transparenzdefizit (3.) und dem ungeklärten Verhältnis der Rechtsquellen untereinander (4.). Folgen des Konfliktverhältnisses sind vor allem eine Erosion des EVÜ (5.) und eine Inkohärenz des Europäischen Kollisionsrechts (6.).

1. Wertungswidersprüche

Das Auftauchen der ersten verbraucherschützenden Richtlinienkollisionsregel in der Klauselrichtlinie und auch der anderen ähnlichen Regelungen bzw. Regelungsentwürfe hat zumindest in der Literatur verbreitet Verwunderung und sogar Befremden hervorgerufen[312]. Dies beruhte darauf, daß – wie oben aufgewiesen – Art. 5 EVÜ das Kollisionsrecht der Verbraucherverträge in der EG bereits abschließend regelt. Zu der Tatsache, daß die sekundärrechtlichen Regeln in die Domäne des Art. 5 EVÜ eindringen, kommt hinzu, daß sie nicht selten *dieselben Materien* betreffen, die bereits in der Konvention geregelt sind, zumindest gibt es Überschneidungen in den Anwendungsbereichen der beiden Normenkategorien[313]. Mit dieser Konstellation war vorprogrammiert, daß es zu Widersprüchen zwischen den *verschiedenen materiellen Wertungen* des früheren Art. 5 EVÜ und des hinzukommenden sekundärrechtlichen Kollisionsrechts kommt[314].

Es soll im folgenden nicht darum gehen, genau die Widersprüche jeder einzelnen kollisionsrechtlichen Richtlinienregel und jeder nationalen Umsetzungsvorschrift dieser Regeln mit Art. 5 EVÜ aufzuzeigen. Dies ist an anderer

---

311 *Otte*, RabelsZ 62 (1998), S.407, 433.

312 Vgl. statt aller *Jayme*, Klauselrichtlinie und Internationales Privatrecht – Eine Skizze, S.575.

313 *Jayme/Kohler*, L'interaction des règles de conflit, Rev.crit.d.i.p., 84 (1) 1995, S.36; *dies.*, IPRax 1995, S.343; *Jayme*, Europäisches Kollisionsrecht: Neue Aufgaben, Techniken, S.38; *Gebauer*, Grundfragen der Europäisierung des Privatrechts, S.118; *Junker*, IPRax 1998, S.69; *Bröcker*, Verbraucherschutz im Europäischen Kollisionsrecht, S.136.

314 *Jayme*, Klauselrichtlinie und Internationales Privatrecht – Eine Skizze, S.583; *Kieninger/Leible*, EuZW 1999, S.38.

Stelle zur Klauselrichtlinie[315], zur Timesharing-Richtlinie[316], zur Fernabsatzrichtlinie[317] sowie zur Richtlinie über den Verbrauchsgüterkauf und -garantien[318] in zum Teil sehr ausführlicher Weise geschehen. Vielmehr geht es hier darum, in einem größeren Zusammenhang die Folgen der neueren kollisionsrechtlichen Richtlinienpolitik der Gemeinschaftsorgane zu erläutern. Klargestellt werden muß, daß die direkten Wertungskonflikte mit Art. 5 EVÜ erst nach Umsetzung

---

315 Vgl. *Staudinger*, Artikel 6 Absatz 2 der Klauselrichtlinie und § 12 AGBG; *Jayme*, Klauselrichtlinie und Internationales Privatrecht – Eine Skizze, S.575 ff.; *Baumert*, EWS 1995, S.57 ff.; *Junker*, IPRax 1998, S.70 ff.; *Lurger*, Zur Umsetzung der Kollisionsnormen von Verbraucherschutzrichtlinien, S.185; *Gebauer*, Grundfragen der Europäisierung des Privatrechts, S.106 f.; *von Wilmowsky*, ZEuP 1995, S.759 ff.; *Graf von Westphalen*, EWS 1993, S.167; *Ulmer*, EuZW 1993, S.346; *Remien*, ZEuP 1994, S.64; *Joerges*, ZEuP 1995, S.181; *Krebber*, ZVglRWiss 97 (1998), S.144; *Sonnenberger*, ZEuP 1996, S.387 ff.; *ders.*, ZVglRWiss 95 (1996), S.37ff. Allgemeiner Ausführung sind *Kleindiek*, Aspekte gemeinschaftsweiter Privatrechtsangleichung, S.308. Länderspezifisch sind die Artikel von *Berger-Walliser*, RIW 1996, S.459, 463; *Witz/Wolter*, ZEuP 1995, S.885 ff.; *Brock*, Der Schutz der Verbraucher vor mißbräuchlichen Klauseln im französischen Privatrecht, Berlin 1998; *Fallon*, REDC 1996, S.4; *Micklitz*, ZEuP 1998, S.104 ff. und *Fischer*, RIW 1998, S.689 ff.

316 Siehe insbesondere *Jayme*, „Timesharing-Verträge", IPRax 1995, S.234 ff., *ders.*, IPRax 1997, S.149 ff.; *Jayme/Kohler*, IPRax 1998, S.427; *dies.*, IPRax 1997, S.398; *dies.*, L'interaction des règles de conflit, Rev.crit.d.i.p., 84 (1) 1995, S.29 ff.; *Junker*, IPRax 1998, S.72 ff.; *Lurger*, ZfRV 1992, S.348 ff.; *Rauscher*, EuZW 1996, S.651 f.; *Kappus*, EWS 1996, S.273 ff.; *Mäsch*, DNotZ 1997, S.205 ff.; *ders.*, EuZW 1995, S.9; *Otte*, RabelsZ 62 (1998), S.405 ff.; *von Wilmowsky*, ZEuP 1995, S.761; *Böhmer*, Das deutsche Internationale Privatrecht des timesharing, 1993; *Hildenbrand*, NJW 1998, S.2942; *Martinek*, ZEuP 1994, S.470 ff.; *ders.*, NJW 1997, S.1393 ff., 1398; *Mankowski*, RIW 1995, S.364 ff.; *Krebber*, ZVglRWiss 97 (1998), S.143 f.; *Spörer*, Time-Sharing-Verträge, S.213 ff., 223 ff.; *Schalch*, EG-Gesetzgebung betreffend Time-Sharing an Ferienimmobilien, AJP/PJA 1996, S.679 ff.; *Schomerus*, Das spanische Teilzeit-Wohnrechtegesetz, NJW 1999, S.1067 ff., 1069.

317 Vgl. vor allem Thorn, IPRax 1999, S.1 ff.; Kronke, RIW 1996, S.985 ff.; *Arnold*, CR 1997, S.526 f.; *Bodewig*, DZWir 1997, S.454 f.; *Jayme/Kohler*, IPRax 1996, S.377 f.; *dies.*, L'interaction des règles de conflit, Rev.crit.d.i.p., 84 (1) 1995, S.27 ff.; *Jayme*, Europäisches Kollisionsrecht: Neue Aufgaben, neue Techniken, S.44; Wagner, WM 1995, S.1137; *Reich*, EuZW 1997, S.587. Für allgemeinere Ausführungen vgl. Martinek, NJW 1998, S.207 ff.; Köhler, NJW 1998, S.185 ff.; *Schaunig-Kandut*, S.301 ff.; *Micklitz/Reich*, Die Fernabsatzrichtlinie im deutschen Recht, Baden-Baden 1998; *Micklitz*, La directive 97/7/CE sur les contrats à distance, S.23 ff.

318 Siehe *Micklitz*, EuZW 1997, S.235; *Kircher*, ZRP 1997, S.293; *Junker*, DZWir 1997, S.276 f.; *Tenreiro*, REDC 1996, S.222 f.; *Tebbens*, NILR 1998, S.157; *Jayme/Kohler*, IPRax 1998, S.427 f.; *Junker*, IPRax 1998, S.73. Siehe allgemein zum Richtlinienvorschlag *Medicus*, ZIP 1996, S.1925 ff.; *Schlechtriem*, JZ 1997, S.441 ff.; *Hondius*, ZEuP 1997, S.130 ff.; *Wägenbaur*, EuZW 1998, S.514; *Lörcher*, BRAK-Mitt. 2/1998, S.77 ff.; *Wolf*, RIW 1997, S.899 ff.; *Horak*, Das EG-Grünbuch über Verbrauchsgütergarantien und Kundendienst, S.225 ff.; *Hübner*, EuZW 1999, S.481; *Schlechtriem*, ZSchweizR 1999, S.335.

der Richtlinien mit den mitgliedstaatlichen Kollisionsnormen zum Verbraucherschutz entstehen, die freilich in den Richtlinientexten angelegt sind[319].

Art. 5 EVÜ und den kollisionsrechtlichen Regelungsanweisungen in den Richtlinien ist – grob gesagt – gemeinsam, daß sie die nachteiligen Auswirkungen einer Rechtswahl für den Verbraucher in gewissen Fällen ausschließen und ein bestimmtes Verbraucherschutzniveau durchsetzen wollen[320]. Wann diese Fälle vorliegen, hängt von den Wertungen der jeweiligen Normen ab. Hierin und in ihrem Vorgehen bei der Anknüpfung weichen die beiden Normenkategorien in vielfältiger Art und Weise und zum Teil erheblich voneinander ab[321]. Diese Abweichungen werden im folgenden kurz dargestellt.

a) Aufgabe der Parteiautonomie im Richtlinienkollisionsrecht

Die auffallendste Abweichung von den materiellen Wertungen des Art. 5 EVÜ ist die Abwendung des verbraucherschützenden Richtlinienkollisionsrechts von der internationalen Parteiautonomie und die bedeutend stärkere Hinwendung zum Verbraucherschutz. Während in der Konventionsnorm Rechtswahlfreiheit und Verbraucherschutz noch in – allgemein als „*sinnvoll*“[322], „*vernünftig*“[323] oder „*interessengerecht*“[324] anerkannten – Einklang gebracht wurden, verfolgen die Richtlinienkollisionsregeln einen zum „Verbraucherismus“[325] gesteigerten Verbraucherschutz[326]. Die Parteiautonomie, die im EVÜ als überragendes Prinzip angesehen und nach Art. 5 EVÜ nur in ganz bestimmten Fällen einschränkt wird[327], wird von ergebnisorientierten binnenmarktbezogenen Anknüpfungs-

---

319 Vgl. *Jayme*, Klauselrichtlinie und Internationales Privatrecht – Eine Skizze, S.582.

320 Vgl. hierzu auch *Junker*, IPRax 1998, S.68.

321 *Jayme/Kohler*, L'interaction des règles de conflit, Rev.crit.d.i.p., 84 (1) 1995, S.37; *Fischer*, S.281.

322 *Gebauer*, Grundfragen der Europäisierung des Privatrechts, S.119; *Berger-Walliser*, RIW 1996, S.463.

323 *Jayme/Kohler*, IPRax 1993, S.358; *Martinek*, Unsystematische Überregulierung und kontraintentionale Effekte im Europäischen Verbraucherrecht, S.553 f.

324 So *Leible*, Rechtswahlfreiheit und kollisionsrechtlicher Verbraucher-schutz, JbJgZivRW 1995, S.256.

325 So *Sonnenberger*, ZEuP 1996, S.387. Vgl. auch *Jayme*, Das IPR – ein Handelshemmnis in der Europäischen Union?, IPRax 1992, S.339: „*In einer Zeit aber, in der die autoritäre Verbraucherpolitik der EG immer stärker in die Vertragsfreiheit einzugreifen beginnt, sollte man m.E. die Wertentscheidung des Art. 5 EVÜ beleben*“ und *Martinek*, Unsystematische Überregulierung und kontraintentionale Effekte im Europäischen Verbraucherrecht, S.554: „*Weniger ist oft mehr*“.

326 *Jayme/Kohler*, IPRax 1992, S.346 und *dies.* in: Europäisches Kollisionsrecht, S.130; *Krebber*, ZVglRWiss 97 (1998), S.145; *Martinek*, Unsystematische Überregulierung und kontraintentionale Effekte im Europäischen Verbraucherrecht, S.547.

327 *Jayme*, Das IPR – ein Handelshemmnis in der Europäischen Union?, IPRax 1992, S.339.

merkmalen aus dem Mittelpunkt des Interesses verdrängt[328]. Auf diese Weise wird die Hauptwertentscheidung des EVÜ zugunsten der kollisionsrechtlichen Rechtswahlfreiheit wirkungslos gemacht[329].

Das verbraucherschützende Richtlinienkollisionsrecht klammert teilweise das Art. 5 EVÜ zugrundeliegende Günstigkeitsprinzip, nach dem eine Sonderanknüpfung der zwingenden Verbraucherschutznormen des Aufenthaltstaates nur bei deren Günstigkeit erfolgt, weitgehend aus – entgegen den entsprechenden Richtlinienvorgaben[330]. Dies geschieht durch ein Ersetzen der *Möglichkeit* des Richters, die *lex fori* zugunsten des Verbrauchers anzuwenden, durch eine *Verpflichtung*, sofern der jeweilige enge Zusammenhang mit der EU oder dem EWR besteht[331]. § 12 AGBG zum Beispiel bestimmt, daß die Vorschriften des AGBG in bestimmten Fällen „anzuwenden sind" und nicht, wie es noch in der alten Fassung des § 12 AGBG hieß, nur zu „berücksichtigen" sind. In § 8 TzWrG wird der Aufdrängungseffekt der Bestimmungen des TzWrG ebenfalls durch die Wortwahl „sind die Vorschriften dieses Gesetzes gleichwohl anzuwenden" manifest[332]. Hieraus kann sich mittelbar eine Diskriminierung der mitgliedstaatlichen Vertragspartner des deutschen Verbrauchers im Sinne von Art. 12 Abs. 1 EGV ergeben, da ihre Privatautonomie über Gebühr eingeschränkt wird. Es wird daher teilweise gefordert, daß der Richter das Richtlinienkollisionsrecht in solchen Fällen primärrechtskonform auslegt und die Geltung des Drittstaatenrechts zuläßt[333].

b) Unterschiedliches Verbraucher-Leitbild der Rechtsquellen

Eine weitere offensichtliche Wertungsdivergenz besteht durch die Ausweitung des territorialen Anwendungsbereichs des kollisionsrechtlichen Verbraucherschutzes im Richtlinienkollisionsrecht[334]. Obwohl Art. 5 Abs. 2 EVÜ (Art. 29 Abs. 1 Nr. 1 bis 3 EGBGB) klare Bedingungen aufstellt, die das Eingreifen der zwingenden Schutznormen allein zugunsten des „passiven" Verbrauchers[335] zu-

---

328 *Jayme*, Das IPR – ein Handelshemmnis in der Europäischen Union?, IPRax 1992, S.340; *ders.*, ZfRV 1997, S.232; *Junker*, DZWir 1997, S.276: „*Die Möglichkeit einer Rechtswahl wird empfindlich eingeschränkt.*"

329 *Martiny*, ZEuP 1997, S.111 f.; siehe auch *Jayme*, Europäisches Kollisionsrecht: Neue Aufgaben, neue Techniken, S.43, 49: „*Was auf der Strecke bleibt, ist die Parteiautonomie.*"

330 *Leible*, Kollisionsrechtlicher Verbraucherschutz im EVÜ und in EG-Richtlinien, S.365.

331 *Micklitz*, EuZW 1997, S.235.

332 *Junker*, IPRax 1998, S.72 f.; *Otte*, RabelsZ 62 (1998), S.423; *Rauscher*, EuZW 1996, S.651, 653.

333 *Staudinger*, ZfRV 2000, S.97.

334 *Jayme/Kohler*, IPRax 1997, S.388.

335 Der Begriff „Verbraucher" beschreibt übereinstimmend im EVÜ und in den Richtlinien den privaten Endverbraucher – eine natürliche Person –, der Güter und Dienstleistungen

lassen, weichen die Regelungsaufträge für das Kollisionsrecht und deren nationalen Umsetzungen hiervon ab und gestatten auch dem „aktiven" Verbraucher Schutz zu geben[336]. Die Struktur des Art. 5 Abs. 2 EVÜ, nach der die engen Verbindungen zwischen dem Verbrauchervertrag und dem anzuwendenden Schutzrecht noch durch ganz bestimmte Umstände der Vertragsbegründung hergestellt sein müssen, wird in den neuen Richtlinienregelungen nicht aufrechterhalten. So gibt beispielsweise Art. 6 Abs. 2 der Klauselrichtlinie bloß generalklauselartig das Erfordernis eines „engen Zusammenhangs" vor, der von den nationalen Umsetzungsnormen, beispielweise § 12 AGBG, verglichen mit Art. 5 Abs. 2 EVÜ nur unzureichend konkretisiert wird. Der Nähebezug kann nach dem Richtlinienkollisionsrecht über Art. 5 Abs. 2 EVÜ hinaus daher auch erst bei der Vertragsdurchführung, das heißt der Erfüllung, vorliegen[337].

Das Verbraucher-Leitbild des EVÜ sieht den „aktiven" Verbraucher als autonomen Marktteilnehmer an, der im Rahmen einer selbstverantworteten Privatautonomie handelt und nicht vor dem Verlust der zwingenden Schutzbestimmungen seines Aufenthaltsrechts bewahrt werden muß, wenn er sich aus eigener Initiative ins Ausland begibt und das dort geltende Recht wählt[338]. Die Lücke im räumlichen Geltungsanspruch des Art. 5 EVÜ ist daher beabsichtigt, denn die Unterzeichnerstaaten des EVÜ wollten den „aktiven" Verbraucher gerade nicht schützen, um die Rechtswahlfreiheit nicht unnötig zu beschneiden[339]. Die verbleibenden Lücken sind der Preis der Freiheit, „denn optimaler Schutz und maximale Rechtswahlfreiheit sind nur schwerlich miteinander vereinbar"[340]. Allein der „passive" Verbraucher soll nach Art. 5 EVÜ vor der Wahl eines Drittlandsrechts geschützt werden[341].

Währenddessen geht man rechtspolitisch in der EG davon aus, daß der Verbraucher typischerweise der Marktgegenseite gegenüber in allen Lebenslagen unterlegen ist und in sämtlichen internationalen Sachverhalten des Schutzes bedarf. Das Richtlinienkollisionsrecht drängt daher häufig selbst dem aktiven Verbraucher den europäischen Schutzstandard auf[342]. Dieses Bild des Verbrau-

---

nicht im Rahmen einer beruflichen oder gewerblichen Tätigkeit konsumiert, bei dem betreffenden Geschäft jedoch einem beruflich oder gewerblich handelnden Vertragspartner gegenübersteht. Vgl. etwa *Rudisch,* Grenzüberschreitender Schutz bei Verbrauchergeschäften im Gefüge von internationalem Privatrecht und internationalem Verfahrensrecht, S.219; *Schlechtriem*, JZ 1997, S.443; *Wolf*, RIW 1997, S.899.

336 Siehe auch *Bröcker*, Verbraucherschutz im Europäischen Kollisionsrecht, S.129 f.

337 *Junker*, IPRax 1998, S.71; *Reich*, Die neue Richtlinie 97/7/EG über der Verbraucherschutz bei Vertragsabschlüssen im Fernabsatz, EuZW 1997, S.587; *Staudinger*, ZfRV 2000, S.95.

338 Vgl. auch *Jayme*, Klauselrichtlinie und Internationales Privatrecht – Eine Skizze, S.579.

339 Siehe etwa *Krebber*, ZVglRWiss 97 (1998), S.160; *Roth*, Zum Verhältnis von Art. 7 Abs. 2 und Art. 5 der Römer Schuldvertragskonvention, S.51.

340 *Leible*, JbJgZivRW 1995, S.268.

341 *Müller-Graff*, Gemeinsames Privatrecht in der Europäischen Gemeinschaft, S.336.

342 *Martiny*, ZEuP 1997, S.121; *Jayme*, Klauselrichtlinie und Internationales Privatrecht – Eine Skizze, S.579; *Staudenmayer*, Die Richtlinien des Verbraucherprivatrechts, S.71.

chers ist als weniger durchdacht kritisiert worden: „Teilentmündigung ist die Folge“[343]; „Selbstverantwortlichkeit steht gegen autoritäre Verbraucherschutzpolitik“[344]. Den Anknüpfungsstrukuren der Richtlinien geht es zunächst darum, „den *europäischen* Verbraucher, der sich lediglich innerhalb der EU bewegt, gegen Praktiken zu schützen, die nach einem zwischen den EU-Mitgliedstaaten unstrittigen Schutzmaßstab abzuwehren sind“[345] und ihm überall gleichwertige rechtliche Konditionen zu sichern[346]. Eine Aufgabe der Abgrenzung von „aktivem“ und „passivem“ Verbraucher führt jedoch doch dazu, daß der Verbraucher sein heimisches Recht stets sozusagen „im Reisegepäck“ auch mit sich ins außereuropäische Ausland führt[347]. Dies läßt sich nach *Sonnenberger* „nur als Exzeß bezeichnen“[348], für *Junker* zeugt es bisweilen „von einer Phobie gegenüber Drittstaatenrecht“ und bedeutet in der Evolutionsgeschichte des Internationalen Privatrechts einen Rückschritt[349]. Sogar diejenigen Stimmen, die eine Aufnahme von Kollisionsregelungen in den verbraucherschützenden EG-Richtlinien grundsätzlich als „sinnvolle Ergänzung des EVÜ“ befürworten, sehen diese Wertungsdivergenz von Art. 5 EVÜ als problematisch an[350].

c) Andere „räumliche Gerechtigkeit“ des Richtlinienrecht: Einseitigkeit statt Universalität

Ein weiterer Aspekt führt zur Verminderung der „räumlichen Gerechtigkeit“ im Europäischen Kollisionsrecht[351]. Wie bereits angesprochen, wird im Richtlinienkollisionsrecht dem das klassische IPR prägenden universellen Geltungsgehalt, der sich noch im EVÜ als *loi uniforme* wiederfindet (Art. 2 EVÜ), eine Absage erteilt: Die kollisionsrechtlichen Regelungsgebote sind einseitig formuliert. Die Ursache für diesen strukturellen Unterschied zum EVÜ liegt vor allem in der binnenmarkt-orientierten Inspiration der Richtlinien[352], die gerade nicht das Ziel der Kollisionsrechtsharmonisierung verfolgen. Der Anwendungsbereich der

343 *Hommelhoff*, AcP 192 (1992), S.93; *ders.*, Verbraucherschutz im System des deutschen und europäischen Privatrechts, S.4 f. Weiteres zum Verbraucherbegriff bei *Faber*, ZEuP 1998, S.854 ff; Staudinger/*Reinhart*, Art. 29 EGBGB, Rz. 18 ff.; *Reichert-Facilides*, S.1 ff.; *Micklitz*, ZEuP 1998, 258, 259 f.

344 *Jayme*, Klauselrichtlinie und Internationales Privatrecht – Eine Skizze, S.579; *ders.*, Europäisches Kollisionsrecht: Neue Aufgaben, neue Techniken, S.46.

345 *Rauscher*, EuZW 1996, S.653.

346 *von Hoffmann*, ZfRV 1995, S.49; *Schaunig-Kandut*, S.317.

347 Siehe etwa *Leible*, JbJgZivRW 1995, S.256.

348 *Sonnenberger*, ZvglRWiss 95 (1996), S.31, Fn.151; vgl. auch *Jayme*, Klauselrichtlinie und Internationales Privatrecht – Eine Skizze, S.577: *„Alle Gesichtspunkte, die man unter dem Begriff der „räumlichen Gerechtigkeit“ zusammenfassen kann, entfallen bei der Richtlinie“*.

349 *Junker*, IPRax 1998, S.74.

350 Vgl. etwa *von Hoffmann*, ZfRV 1995, S.54.

351 *Junker*, IPRax 1998, S.66.

352 Vgl. etwa *Junker*, IPRax 1998, S.71.

Kollisionsregeln wird von dem konkreten Zweck der Richtliniensachnormen bestimmt.

Daneben spielen auch rechtstechnische Defizite und eine mangelnde Auseinandersetzung mit dem Internationalen Privatrecht eine Rolle. Die Kollisionsregelungen in den Gemeinschaftsrechtsakten sind nicht einheitlich formuliert und werden zu stark an ihren jeweiligen Funktionen ausgerichtet, ohne im Hinblick auf das Kollisionsrecht klar eigene Motive zu formulieren. Gesichtspunkte der Gerechtigkeit im IPR, wie die Rücksicht auf Parteierwartungen und der „Vertrautheit der Verbraucher mit ihnen bekannten Rechtsinstrumenten"[353] gehen mit einer solchen unilateralen Technik verloren.

d) Gegenständlich unterschiedlicher Anwendungsbereich

Art. 5 EVÜ gilt nach Abs. 1, 4 und 5 nur für ganz bestimmte Vertragstypen. Für andere Verträge besteht weiterhin unbeschränkte Rechtswahlfreiheit. Die Konventionsnorm ist damit gegenständlich enger gefaßt als beispielsweise Art. 6 Abs. 2 der Klauselrichtlinie, der alle Verbraucherverträge, also auch Beförderungsverträge, Mietverträge und reine Finanzierungsgeschäfte erfaßt[354]. Andere Richtlinien oder Richtlinienentwürfe zum Verbraucherschutz gelten für Vertragstypen, die nicht oder nicht ganz in den Anwendungsbereich des Art. 5 EVÜ fallen. Timesharing-Verträge sind zum Beispiel nur soweit erfaßt, als sie als Dienstleistungsverträge zu qualifizieren sind, was zumindest in manchen Fällen zweifelhaft sein kann[355]. Solange der gegenständliche Anwendungsbereich der Drittstaatenklauseln denjenigen des Art. 5 EVÜ zum Teil überlappt und lediglich sporadisch ergänzt, können sie die verbraucherpolitischen „Lücken" des EVÜ nicht beseitigen, sondern nur reduzieren[356].

e) Stellungnahme

Die Widersprüche, in die sich das Europäische Internationale Privatrecht mit Entstehung des Richtlinienkollisionsrechts im Verbraucherschutz begeben hat, sind vielseitig und komplex. Bedauerlich ist, daß sich die Mitgliedstaaten mit Annahme der vom EVÜ abweichenden Normen gewissermaßen selbst widersprechen und die jeweiligen Gesetzgeber einmal getroffene Wertungsentscheidungen nicht konsequent weiterführen[357]. Das Richtlinienrecht steht wegen des

---

353 Siehe *Bröcker*, Verbraucherschutz im Europäischen Kollisionsrecht, S.128.

354 *Junker*, IPRax 1998, S.71; *Baumert*, EWS 1995, S.61.

355 Im Bezug auf Verbrauchsgüterkaufverträge vgl. *Jayme/Kohler*, IPRax 1997, S.388.

356 *Joerges*, ZEuP 1995, S.195.

357 Siehe *Lagarde*, Les limites objectives de la Convention de Rome, S.59 f.; *Martinek*, Unsystematische Überregulierung und kontraintentionale Effekte im Europäischen Verbraucherrecht, S.556.

engen Zusammenhangs der Konventionen auch gleichzeitig mit dem anderen praktisch wichtigen Übereinkommen, dem EuGVÜ, nicht im Einklang. Möglicherweise sind die Wertungsunterschiede und die offene Konkurrenz der Rechtsquellen[358] jedoch Kennzeichen eines postmodernen Kollisionsrechts, das „die Unterschiede nicht verdrängt, sondern aufnimmt“[359].

In das Interessenzusammenspiel von Parteiautonomie und Verbraucherschutz ist Bewegung gekommen. Wegen des sich mit Zunahme des verbraucherschützenden Richtlinienkollisionsrechts ausweitenden Schwächerenschutzes scheint mit den Wertungen des EVÜ zugunsten der Rechtswahlfreiheit das letzte Wort noch nicht gesprochen zu sein. Es fragt sich ernsthaft, ob die „kasuistisch aufgezählten Fälle des Art. 29 EGBGB wirklich der Weisheit letzter Schluß“[360] sind. Doch selbst wenn das Ziel des Gemeinschaftsgesetzgebers, das materielle Verbraucherschutzrecht im Binnenmarkts kollisionsrechtlich umfassender abzusichern, grundsätzlich anerkennt wird, bleibt die Frage nach der Geeignetheit des Mittels[361]. Der „kollisionsrechtliche Regulierungsautomatismus“[362] im verbraucher-schützenden Richtlinienrecht scheint ein Vorgehen zu sein, dessen nachteilige Effekte die positiven überwiegen[363].

2. *Verbraucherfeindliche Rechtszersplitterung*

Mit Inkrafttreten des Übereinkommens von Rom im Jahre 1991 war trotz marginaler Unterschiede zwischen den Inkorporierungen in die nationalen Zivilrechtsordnungen der Mitgliedstaaten[364] ein beachtlicher Vereinheitlichungsstand im internationalen Schuldvertragsrecht Europas erreicht[365], der die Bezeichnung als „Europäisches Kollisionsrecht“ verdient[366]. Er wurde durch die Regeln des internationalen Versicherungsvertragsrechts noch ergänzt[367].

Seit der Regelung von Drittstaatenklauseln in den EG-Richtlinien zum Verbraucherschutz, beginnt sich dieser Vereinheitlichungsstand aufzulösen[368]. Aus der Natur der Richtlinien, nach Art. 249 Abs. 3 EGV durch Zielvorgaben lediglich einen Mindeststandard für verbindlich zu erklären, folgt eine Minimal-

358 *Jayme/Kohler*, IPRax 1993, S.357.
359 Siehe hierzu *Jayme*, ZfRV 1997, S.236.
360 *Martiny*, ZEuP 1993, S.303.
361 *Fallon*, REDC 1996, S.26; *Leible*, Kollisionsrechtlicher Verbraucherschutz im EVÜ und in EG-Richtlinien, S.382.
362 *Martinek*, Unsystematische Überregulierung und kontraintentionale Effekte im Europäischen Verbraucherrecht, S.549.
363 Siehe *Martinek*, Unsystematische Überregulierung und kontraintentionale Effekte im Europäischen Verbraucherrecht, S.549 f.
364 Vgl. hierzu *Rittner*, EuR 1998, S.15.
365 *Sonnenberger*, ZEuP 1996, S.386.
366 *Kohler*, Rev.crit.d.i.p., 88 (1) 1999, S.6.
367 Siehe Münchner Kommentar/*Martiny*, vor Art. 27 EGBGB, Rz.18.
368 Ausführlicher hierzu die Ausführungen unten zur „Erosion des EVÜ“.

harmonisierung, die in Wirklichkeit zu einer postmodernen[369] *Diversifikation* führt[370]. Jeder Mitgliedstaat kann bei der Umsetzung gewisse Spielräume ausnutzen und flexibel auch eine strengere Regelung vorsehen, als der Richtlinientext sie vorgibt. Dennoch gelten sämtliche mitgliedstaatlichen Umsetzungsakte – soweit sie richtlinienkonform sind[371] – aus gemeinschaftsrechtlicher Sicht als gleichwertig[372].

Die Wahl der EG-Richtlinie als Regelungsinstrument für „Annex"-Kollisionsregeln bzw. die Einbeziehung von Drittstaatenklauseln in den Richtlinien hatte die befürchteten verheerenden Folgen: Die Mitgliedstaaten machten jeweils von ihrem Umsetzungsspielraum Gebrauch und kamen zu den unterschiedlichsten Lösungen[373]. Manifest wurde die Rechtszersplitterung anstelle einer Rechtsangleichung insbesondere anhand des unbestimmten Begriffs des „engen Zusammenhangs" in Art. 6 Abs. 2 der Klauselrichtlinie und in Art. 12 Abs. 2 der Fernabsatz-Richtlinie[374]. Durch differenzierende Auslegungen und die Wahl unterschiedlicher Anknüpfungskriterien für die Konkretisierung wurde der Begriff von den mitgliedstaatlichen Gesetzgebern zu unterschiedlichen Zeitpunkten und in voneinander divergierender Weise umgesetzt[375].

Eine weitere Zersplitterung des einheitlichen Europäischen Kollisionsrechts wird dadurch hervorgerufen, daß nunmehr *jede* neue verbraucherschützende Richtlinie eine Drittstaatenklausel enthält, die dann wieder in fünfzehnfacher Unterschiedlichkeit umgesetzt wird oder zu werden droht[376]. Hierdurch entstehen „künstlich neue Binnenkonflikte"[377]. Während sich manche Staaten die Mühe machen, das kollisionsrechtliche Regelungsgebot auch auf Art. 5 EVÜ abgestimmt umzusetzen, findet die Konventionsnorm in anderen Staaten keine Berücksichtigung; sie entfernen sich mit ihren Umsetzungsakten teilweise – aus einem Mißverständnis heraus oder auch motiviert von einem stärkeren „Heimwärtstreben" des Rechts – noch weiter von Art. 5 EVÜ als dies die Richtlinie

---

369 Vgl. *Jayme*, ZfRV 1997, S.235.

370 Siehe *Michaels/Kamann*, JZ 1997, S.608.

371 Aus den den Mitgliedstaaten eingeräumten Umsetzungsspielraum folgt die Notwendigkeit einer Kontrolle durch die Kommission; vgl. nur *Müller-Graff*, Gemeinsames Privatrecht in der Europäischen Gemeinschaft, S.338 f.

372 *Krebber*, ZVglRWiss 97 (1998), S.138.

373 *Jayme* schreibt: *„Das befürchtete Chaos ist eingetreten. Jedes Land hat den Art. 6 Abs. 2 der Klauselrichtlinie anders umgesetzt"*, Zum Stand des IPR in Europa, IPRax 1996, S.65. Siehe auch *Fallon*, REDC 1996, S.4, 26.

374 *Jayme*, Europäisches Kollisionsrecht: Neue Aufgaben, neue Techniken, S.44.

375 *Jayme/Kohler*, IPRax 1993, S.358; *dies.*, IPRax 1994, S.407; *dies.*, IPRax 1996, S.378; *Jayme*, Klauselrichtlinie und Internationales Privatrecht – Eine Skizze, S.582 f.; Münchner Kommentar/*Martiny*, Art. 29 EGBGB, Rz.4a; *Sonnenberger*, ZEuP 1996, S.386.

376 *Junker*, IPRax 1998, S.73; *Jayme/Kohler*, IPRax 1997, S.388; *Jayme*, Europäisches Kollisionsrecht: Grundlagen – Grundfragen, S.7; *Kreuzer*, Die Europäisierung des Internationalen Privatrechts, 1.Aufl., S.429: *„regelmäßig zwölffache Ungleichzeitigkeit"*; *Heiss/Mayr*, IPRax 1999, S.311.

377 *Jayme*, Zum Stand des IPR in Europa, IPRax 1996, S.65; vgl. auch *Fischer*, S.283.

suggeriert[378]. Letzteres ist beispielsweise bei der systemfremden deutschen Umsetzung des Art. 9 der Timesharing-Richtlinie in § 8 TzWrG geschehen[379]. Schließlich tragen noch uneinheitliche Formulierungen unter den Drittstaatenklauseln der verschiedenen Richtlinien[380] und der Aspekt der Sprachenvielfalt[381] zur Verschärfung der Zersplitterung bei.

Die „Drittstaatenklausel-Politik" des europäischen Richtliniengebers führt darüber hinaus zu einem solch verflochtenen Nebeneinander von verschiedenen Texten, daß in einem zentralen Bereich wie dem des internationalen Schuldvertragsrechts die „Normenverarbeitungskapazität der Praxis"[382] allmählich überfordert wird. Die Aufsplitterung des Europäischen Kollisionsrechts rückt unnötigerweise immer stärker ins Zentrum der Betrachtung[383]. So gibt es pro Verbraucherschutzrichtlinie drei verschiedene Texte: den Richtlinientext selbst, die Begründungserwägungen („considérants") sowie die umgesetzte mitgliedstaatliche Kollisionsregel. Normcharakter hat allein die nationale Kollisionsregel[384]; die Richtlinie und die Begründungserwägungen bleiben hingegen bei deren Anwendung und Auslegung zu beachten[385]. Diese Texte des Richtlinienkollisionsrechts stehen ferner in Verbindung mit dem EVÜ-Verbrauchervertragsstatut. Außer zu einer Komplizierung der Rechtsanwendung[386] kann diese Fragmentierung der Texte zu Dysfunktionalitäten führen[387]. Sie nimmt dem Normensystem seine Stimmigkeit und Transparenz und wirkt sich im Endeffekt verbraucherfeindlich aus, da der Rechtsanwender bei der Anwendung vor schwierige (Abgrenzungs-)Probleme gestellt wird[388].

---

378 Siehe etwa *Otte*, RabelsZ 62 (1998), S.435; *Reich*, Die neue Richtlinie 97/7/EG über der Verbraucherschutz bei Vertragsabschlüssen im Fernabsatz, EuZW 1997, S.587; *Bröcker*, Verbraucherschutz im Europäischen Kollisionsrecht, S.130.

379 Siehe *Mankowski*, RIW 1995, S.368; *Jayme*, IPRax 1997, S.152; *Otte*, RabelsZ 62 (1998), S.407.

380 *Junker*, IPRax 1998, S.74.

381 Vgl. *Pfeil*, ZfRV 1996, S.11 ff.; *Jayme*, Ein internationales Privatrecht für Europa, S.12 ff.; *Remien*, RabelsZ 60 (1996), S.35 ; *Luttermann*, JZ 1998, S.880; *Rott*, ZVglRWiss 98 (1999), S.382.

382 So *Kötz*, RabelsZ 50 (1986), S.5; siehe auch *Jayme/Kohler*, IPRax 1997, S.388.

383 *Thorn*, IPRax 1994, S.160.

384 Zu ihr bestehen daher auch die eigentlichen Konflikte mit Art. 5 EVÜ, wenn auf die Konventionsnorm nicht bei der Umsetzung geachtet wurde; vgl. *Jayme*, Klauselrichtlinie und Internationales Privatrecht – Eine Skizze, S.582.

385 Siehe *Jayme/Kohler*, IPRax 1995, S.344.

386 *Martiny*, ZEuP 1995, S.88.

387 Vgl. *Micklitz*, ZEuP 1998, S.271ff.; *Fallon*, REDC 1996, S.27: *„Il est regrettable que le processus de transposition d'une directive ait pu conduire à un éclatement plutôt qu'à un rapprochement des règles nationales d'applicabilité.*"

388 *Jayme*, Klauselrichtlinie und Internationales Privatrecht – Eine Skizze, S.582; *Jayme/Kohler*, IPRax 1997, S.388; *Freitag/Leible*, EWS 2000, S.342.

Zur bildhaften Verdeutlichung der bestehenden und entstehenden Divergenzen sei an dieser Stelle eine Karikatur von *Basedow* zitiert[389]:

> „Eine solche Analyse gestattet es, Kollisionsnormen von ganz unterschiedlicher Eigenart in ein System zu bringen, ihnen im Gebäude des Internationalen Privatrechts einen Raum zuzuweisen. Dieses Gebäude ist eine herrschaftliche Villa des fin de siècle; in ihrem Salon plaudert man angeregt über Vorfrage, Renvoi und Qualifikation und bedient sich gern lateinischer Floskeln. Zum Salon zugelassen werden nur Kollisionsnormen, deren unbefleckt allseitiges Gewand vom Butler des Hauses, regelmäßig einem Lehrbuchautor des IPR, beim Betreten der Halle mit Wohlgefallen begutachtet worden ist. Andere, einseitige und sonst ungewöhnliche Kollisionsnormen, die Einlaß in den Salon begehren, werden vom Butler mißbilligend in kleinere Nebenräume geführt und dort sich selbst überlassen, man möchte eine Störung der kultivierten Runde vermeiden. Die Entwicklung der letzten Jahrzehnte hat es mit sich gebracht, daß sich die Besucher in den Nebenräumen drängen, während man im Salon weiterhin den aufgeräumten Ton einer zivilisierten Konversation pflegt, der nur gelegentlich unterbrochen wird von abfälligen Bemerkungen über die schlechten Manieren der Gäste nebenan."

Aus der Entwicklung, die sich mit den Entwürfen zur Verbrauchsgüterkauf-Richtlinie[390] und zur Richtlinie über den Verbraucherschutz bei Fernabsatzfinanzdienstleistungen immer weiter fortsetzt, ist zu Recht die Folgerung geleitet worden, daß eine Harmonisierung des Europäischen Kollisionsrechts mittels Richtlinien *kontraproduktiv* wirkt[391]. Die Aufnahme von Drittstaatenklauseln in die Richtlinien ist daher als „Irrweg"[392] bezeichnet worden. Zwar sind Richtlinien ein wichtiges Instrument der Rechtsintegration in der EU, zur Weiterentwicklung des Europäischen Kollisionsrechts und zur Vermeidung einer Rechtszersplitterung sollte jedoch eher Rechts*vereinheitlichung* über Staatsverträge oder EG-Verordnungen betrieben werden[393].

---

389 *Basedow*, Materielle Rechtsangleichung und Kollisionsrecht, S.12.

390 Auch Art. 7 Abs. 2 des Entwurfs einer Verbrauchsgüterkauf-Richtlinie enthält den generalklauselartigen Begriff des „engen Zusammenhangs", vgl. die jüngste Fassung des Entwurfs im Gemeinsamen Standpunkt (EG) Nr. 51/98, vom Rat festgelegt am 24. September, ABl.EG (30.10.1998) Nr. C 333/46 und *Jayme/Kohler*, IPRax 1997, S.388.

391 *Junker*, IPRax 1998, S.74 und *Jayme*, Klauselrichtlinie und Internationales Privatrecht – Eine Skizze, S.583 bezeichnen die Richtlinie als unpassendes Instrument für das Kollisionsrecht.

392 So *Jayme*, Klauselrichtlinie und Internationales Privatrecht – Eine Skizze, S.583; *ders.*, Zum Stand des IPR in Europa, IPRax 1996, S.65.

393 Vgl. *Kreuzer*, Die Europäisierung des Internationalen Privatrechts, 1.Aufl., S.430; *Kronke*, RIW 1996, S.987.

3. *Transparenzdefizit und Ausschweigen zu Disharmonien*

Vielfache Reaktionen und Irritationen hat die Tatsache ausgelöst, daß keine der kollisionsrechtlichen Regelungsgebote in den Richtlinien zum Verbraucherschutz, aber auch keine der diese begleitenden Erwägungsgründe den Art. 5 EVÜ erwähnen[394]. Die Existenz des Art. 5 EVÜ bzw. die zu diesem entstehenden Disharmonien werden gewissermaßen „ausgeschwiegen“[395], obwohl es sich um die zentrale verbraucherschützende Norm im Europäischen Kollisionsrecht handelt.

Die erste, das EVÜ ignorierende Richtlinienkollisionsregel, Art. 6 Abs. 2 der Klauselrichtlinie, rief nach dem Entwurf und Erlaß der Richtlinie zunächst Erstaunen unter den Juristen in den Mitgliedstaaten hervor: Der Richtliniengeber scheint Art. 5 EVÜ, der den Verbraucherschutz bereits kollisionsrechtlich absichert, schlicht nicht gekannt bzw. übersehen zu haben[396]. Im Hinblick auf die Gemeinsame Erklärung der EVÜ-Unterzeichnerstaaten[397] wurde in der „Narrativität“ des Art. 6 Abs. 2 Klauselrichtlinie die Erklärung für seine Existenz gesucht: Die Vorschrift weise lediglich auf Art. 5 EVÜ hin[398].

Der anfängliche Eindruck von der Unkenntnis des Art. 5 EVÜ in den Gemeinschaftsorganen verstärkte sich mit jeder weiteren Richtlinienkollisionsregel, die es dem Art. 6 Abs. 2 Klauselrichtlinie nachtat, und das EVÜ einfach vernachlässigte[399]. Hinzu kam ein Gefühl der Enttäuschung, daß die Drittstaatenklauseln unreflektiert und mechanisch in neue verbraucherschützenden Richtlinien übernommen werden[400]. Zum Beispiel verliert die Begründung des Rates zur Fernabsatzrichtlinie zu Art. 12 Abs. 2 kein Wort, während zum „völlig unproblematischen Text“[401] des Art. 12 Abs. 1 der Richtlinie lange Ausführungen erfolgen[402]. In der Kommentierung zu Art. 7 Abs. 2 des Verbrauchsgüterkauf-Richtlinienentwurfes heißt es knapp: „Eine vergleichbare Bestimmung be-

---

394 Statt vieler *Jayme/Kohler*, L'interaction des règles de conflit, Rev.crit.d.i.p., 84 (1) 1995, S.17.

395 *Martiny*, ZEuP 1997, S.111; *Fischer*, S.281.

396 Siehe vor allem *Jayme/Kohler*, IPRax 1994, S.407; *Sonnenberger*, ZEuP 1996, S.385; *Roth*, IPRax 1994, S.169; *Baumert*, EWS 1995, S.58; *Kieninger/Leible*, EuZW 1999, S.38.

397 ABl.EG (9.10.1980) Nr. L 266/14. Siehe hierzu auch weiter unten ausführlich.

398 *Jayme/Kohler*, IPRax 1993, S.358; a.A. *Sonnenberger*, ZEuP 1996, S.385.

399 Bezüglich Art. 8 der Timesharing-Richtlinie siehe *Jayme/Kohler*, L'interaction des règles de conflit, Rev.crit.d.i.p., 84 (1) 1995, S.18; bezüglich Art. 12 Abs. 2 der Fernabsatz-Richtlinie vgl. *Jayme/Kohler*, IPRax 1996, S.377 und *Thorn*, IPRax 1999, S.6; bezüglich Art. 7 Abs. 2 des Verbrauchsgüter-Richtlinienentwurfes vgl. *Jayme/Kohler*, IPRax 1997, S.388 und *Junker*, DZWir 1997, S.276. Siehe auch *Michaels/Kamann*, JZ 1997, S.608; *Jayme*, Die Kollisionsnormen des sekundären Gemeinschaftsrechts und ihre Koordination mit den Übereinkommen von Brüssel und Rom, IPRax 1995, S.60.

400 Siehe *Sonnenberger*, JZ 1998, S.983; *Jayme/Kohler*, IPRax 1997, S.388; *Junker*, IPRax 1998, S.65, spricht von einer Herstellung in „*Massenproduktion*“.

401 *Kronke*, RIW 1996, S.987.

402 Siehe auch *Junker*, IPRax 1998, S.65.

findet sich bereits in der Richtlinie 93/13/EWG über mißbräuchliche Vertragsklauseln und in der Timesharing-Richtlinie 94/47/EG“[403]. Mit einer solch pauschalen Verweisung geht der Richtliniengeber auch über die Abweichungen der Drittstaatenklauseln untereinander ohne Begründung hinweg[404]. Überraschend findet sich erst in der Begründung zum Vorschlag für eine Finanzdienstleistungs-Fernabsatzrichtlinie[405] zu Art. 11 Abs. 3 erstmalig ein ausdrücklicher Hinweis auf Art. 5 EVÜ, auch wenn dieser inhaltlich nicht viel weiterhilft. Dort heißt es:

> „Diese Bestimmung weicht von den durch Artikel 5 des Übereinkommens von Rom festgelegten Grundsätzen ab: Sie gilt nur dann, wenn das Recht eines Drittstaates auf den Vertrag anzuwenden ist, da das Übereinkommen von Rom nicht danach unterscheidet, ob das anzuwendende Recht das Recht eines Drittstaates ist oder nicht. Zur Anwendung gelangen hier andere Kriterien als die in Artikel 5 Absatz 2 des Übereinkommens definierten. Darüber hinaus wird in dieser die Unabdingbarkeit der anzuwendenden Bestimmungen festgeschrieben, wogegen Artikel 5 des Übereinkommens diesen Punkt offen läßt.“

Die Enttäuschung über die (anfängliche) Ignoranz ist insofern verständlich, als die EVÜ-Mitgliedstaaten bei Unterzeichnung des Übereinkommens eine Gemeinsame Erklärung abgegeben haben, nach der sie wünschen, daß Widersprüche zwischen dem EVÜ und noch zu erlassendem Gemeinschaftskollisionsrecht möglichst vermieden werden sollten[406]. Vor diesem rechtspolitischen Hintergrund war zumindest eine Erwähnung des Art. 5 EVÜ zu erwarten gewesen[407]. *Jayme* und *Kohler* folgerten aus der „funktionellen Einheit“ von Richtlinien- und Konventionskollisionsrechts gar das Erfordernis einer klaren Begründung jeder Abweichung von den Bestimmungen des EVÜ:

> „Cette unité fonctionnelle exige notamment que la Communauté, lorsqu'elle légifère en la matière, veille à ce que, d'une part, toute réglementation *complémentaire* respecte l'inspiration et les principes de base des conventions en tant que *leges generales* et, d'autre part, que toute *dérogation* aux règles conventionnelles fasse clairement apparaître pour quelles raisons et dans quelle mesure elle s'éloigne de la réglementation générale dont elle devrait également, autant que possible, observer l'inspiration et les principes“[408].

---

403 Vgl. KOM (95) 520 endg., 17; ähnlich aber auch *Tonner*, BB 1999, S.1771. Siehe auch *Micklitz*, EuZW 1997, S.235; *ders.*, EuZW 1999, S.489.

404 *Thorn*, IPRax 1999, S.6.

405 ABl.EG 1998 Nr. C 385, S.10 ff.

406 Vgl. *Martinek*, Unsystematische Überregulierung und kontraintentionale Effekte im Europäischen Verbraucherrecht, S.554.

407 Ebenso auch *Jayme/Kohler*, IPRax 1993, S.358; *Junker*, DZWir 1997, S.276; *Reithmann/Martiny*, Internationales Vertragsrecht, S.44, Rz.34; Münchner Kommentar/*Sonnenberger*, Einleitung in das IPR, Rz.170; *ders.*, ZVglRWiss 95 (1996), S.33.

408 *Jayme/Kohler*, L'interaction des règles de conflit, Rev.crit.d.i.p., 84 (1) 1995, S.15. Hervorhebungen im Text auch im Original.

Die oben zitierte Begründung des Richtliniengebers zu Art. 11 Abs. 3 des Vorschlag für eine Finanzdienstleistungs-Fernabsatzrichtlinie wird diesen Anforderungen wohl nicht gerecht. Der Appell der Gemeinsamen Erklärung scheint indessen vollkommen untergegangen zu sein[409]. Ferner wird das „Ausschweigen“ aller seit der Klauselrichtlinie geäußerten Kritik zum Trotz bis zur Finanzdienstleistungs-Fernabsatzrichtlinie weitergeführt. Dabei hätte den Verfassern der Richtlinien in der für den Verbraucherschutz zuständigen Generaldirektion der EG-Kommission spätestens nach den teils heftigen Reaktionen in der Fachliteratur die Problematik hinreichend bekannt sein müssen. Auch diese Kritik scheint daher nicht zur Kenntnis bzw. nicht ernst genug genommen worden zu sein[410].

Denkbar ist, daß das selbstbewußte Übergehen des Art. 5 EVÜ durch den europäischen Richtliniengeber auf Art. 20 EVÜ zurückzuführen ist, der es ihm formell erlaubt, vom EVÜ abweichende spezifische Kollisionsregeln aufzustellen[411]. Die Gemeinsame Erklärung der Mitgliedstaaten zur Vermeidung von Quellenaufsplitterungen ist unverbindlich und verpflichtet ihn daher nicht zur Rücksichtnahme. Bei Erwähnung des Art. 5 EVÜ hätten sie sich außerdem mit ihm auseinandersetzen müssen und die Disharmonien trotz Art. 20 EVÜ begründen müssen. Es ist daher nicht ausgeschlossen, daß – wenigstens bei den jüngeren Richtlinien – das Schweigen einer Flucht vor der schwierigen Rechtfertigung der Erklärung gleich kommt. Dabei hätten „die kollisionsrechtlichen Anliegen der Richtlinien (...) durch Beachtung bereits vorhandenen Kollisionsrechts (...) auf weitaus harmonischere und bessere Weise gelöst werden“ können[412].

Abgesehen davon, daß Art. 20 EVÜ keine ausreichende Rechtfertigung für die Nichterwähnung des Art. 5 EVÜ darstellt, ist für diese eine andere Erklärung plausibler: Die Nichtabgestimmtheit und die knappe Begründung zu Art. 11 Abs. 3 des Finanzdienstleistungs-Fernabsatzrichtlinienentwurfs reflektieren nämlich die fehlende Auseinandersetzung mit dem Europäischen Kollisionsrecht. Die Gemeinschaftsorgane hatten sich bei Erlaß der Richtlinien allein das Ziel gesetzt, einen rundum effektiven Verbraucherschutz zu verwirklichen[413]. Zudem sind die Verfasser der Richtlinientexte sehr häufig keine Juristen, die im Idealfall die jeweilige nationale Umsetzung des Art. 5 EVÜ, wie beispielweise Art. 29 EGBGB, hätten kennen können. Aus diesem Grunde sind die Drittstaatenklauseln aus verbraucherschützender Hinsicht zwar gut gemeint, technisch –

---

409 *Jayme*, Europäisches Kollisionsrecht: Neue Aufgaben, neue Techniken, S.48; *ders.*, Klauselrichtlinie und Internationales Privatrecht – Eine Skizze, S.582.

410 Vgl. *Jayme/Kohler*, IPRax 1996, S.389.

411 Vgl. *Baumert*, EWS 1995, S.58; *Jayme/Kohler*, IPRax 1993, S.358.

412 *Lurger*, JbJgZivRW 1995, S.39, Fn.100.

413 *Staudenmayer*, Die Richtlinien des Verbraucherprivatrechts, S.70; *ders.*, EuZW 2001, S.487.

nämlich in kollisionsrechtlicher Hinsicht – aber häufig mißlungen[414]. Hier hat es an einer Überprüfung der Abgestimmtheit anhand juristischer Kriterien und an dem gemangelt, was *Hommelhoff* das „rechtssystematischen Vorherdenken des europäischen Gesetzgebers in der Dimension der gesamten Gemeinschaft" bezeichnet[415].

Schwerwiegender noch als die andauernden Irritationen wegen des Richtlinienkollisionsrechts sind die nachteiligen Folgen der Nichteinbeziehung des Art. 5 EVÜ. Dieses *Transparenzdefizit* ist zumindest mitursächlich für die Quellenkonflikte, die durch klare und nachvollziehbare Erläuterungen des Verhältnisses zu Art. 5 EVÜ hätten vermieden werden können[416]. Nicht zuletzt kann das ungeklärte Nebeneinander von Kollisionsnormen auch in der Praxis für Verwirrung sorgen, welche der Kollisionsnormen anwendbar ist bzw. in welchem Verhältnis sie zueinander stehen[417].

4. Ungeklärtes Verhältnis der Rechtsquellen untereinander

Im Mittelpunkt der Ausführungen zum Rangverhältnis des Richtlinienkollisionsrechts zu Art. 5 EVÜ steht Art. 20 EVÜ (a). Anschließend werden die „Gemeinsame Erklärung" der EVÜ-Unterzeichnerstaaten vom 19.6.1980 (b) und die deutsche (Teil-)Inkorporierung des Art. 20 EVÜ in Art. 3 Abs. 2 S.2 EGBGB (c) besprochen.

a) Art. 20 EVÜ – der Vorrang des Gemeinschaftsrechts

Wegen der inhaltlichen Nähe des EVÜ zum Gemeinschaftsrecht, war sich die Gruppe der Vertragsstaaten bei Ausarbeitung des Übereinkommens bewußt, daß es zu einem Zusammentreffen zwischen seinen Bestimmungen und denjenigen des Gemeinschaftsrechts kommen könnte. Bis zum Schluß der Verhandlungen war auch problematisch, welchen Platz das Übereinkommen innerhalb des

---

414 Siehe *Jayme*, Europäisches Kollisionsrecht: Neue Aufgaben, neue Techniken, S.38.

415 *Hommelhoff*, AcP 192 (1992), S.103 f.; vgl. hierzu auch *Gebauer*, Grundfragen der Europäisierung des Privatrechts, S.119. Siehe auch *Junker*, IPRax 1998, S.74: „*Das Markenzeichen des „modernen" IPR ist offenbar die kurze Halbwertzeit seiner Elaborate, besonders derjenigen der Europäischen Union, wo unermüdlicher Aktionismus dazu drängt, den politischen Willen zur Einheit durch Normenproduktion zu unterstreichen*".

416 *Jayme/Kohler*, L'interaction des règles de conflit, Rev.crit.d.i.p., 84 (1) 1995, S.38: „*Le déficit le plus grave que présentent les textes adoptés ou proposés sur le fondement de l'article 100 A du traité, et qui est soit à la base des difficultés rencontrées soit les augmente, est le manque de prise en considération de la convention de Rome.*"

417 Siehe *Jayme*, Droit international privé et procédure internationale après le Traité de Maastricht, S.104; *Freitag/Leible*, EWS 2000, S.342.

Rechtssystems der Gemeinschaft einnehmen würde[418]. Die zentrale Norm, die hier Abhilfe schaffen sollte, ist Art. 20 EVÜ. Er sieht folgendes vor:

> **Vorrang des Gemeinschaftsrechts.**
> Dieses Übereinkommen berührt nicht die Anwendung der Kollisionsnormen für vertragliche Schuldverhältnisse auf besonderen Gebieten, die in Rechtsakten der Organe der Europäischen Gemeinschaften oder in dem in Ausführung dieser Akte harmonisierten innerstaatlichen Recht enthalten sind oder enthalten sein werden.

Art. 20 EVÜ bestimmt, welche von mehreren Rechtsquellen im Falle eines Kollidierens anwendbar ist; er regelt *Rangkollisionsrecht*[419]. Der Wortlaut dieser Norm ist dem Art. 52 Abs. 2 EuGVÜ in seiner durch das Beitrittsübereinkommen vom 9. Oktober 1978 geänderten Fassung (Art. 57 Abs. 3 EuGVÜ n.F.) nachgebildet[420]. Auf den ersten Blick scheint die Regelung klar: Es sollen potentielle Kollisionen zwischen dem EVÜ und den Gemeinschaftsrechtsakten vermieden werden, indem sie ausdrücklich und großzügig[421] den unbeschränkten Vorrang letzterer anerkennt[422]. Das in die nationalen Kollisionsrechte inkorporierte Übereinkommen von Rom ist völkerrechtlich vereinheitlichtes Internationales Privatrecht und kommt daher als *nationales* IPR zur Anwendung[423]. Der Vorrang des Gemeinschaftsrechts, der gegenüber allem nationalen Recht gilt, folgt bereits aus dem Grundsatz der Gemeinschaftstreue in Art. 10 EGV[424]. Insofern wird Art. 20 EVÜ überwiegend eine rein deklaratorische Bedeutung zugemessen[425].

Trotz dieser anfänglichen Klarheit gibt es im Anwendungsbereich des Art. 20 EVÜ auch Ungewissheiten[426]. Diese betreffen vor allem die hier besprochenen Fälle des Zusammentreffens von punktuellem Richtlinienkollisionsrecht und Art. 5 EVÜ und ihrem Verhältnis untereinander. In Art. 20 EVÜ heißt es, daß das Übereinkommen die Anwendung der Kollisionsnormen für vertragliche Schuldverhältnisse *„auf besonderen Gebieten"* nicht berührt. Fest steht, daß die Vertragsstaaten damit klarstellen wollten, daß sich das EVÜ als „Allgemeiner

---

418 Siehe *Giuliano/Lagarde*, ABl.EG (31.10.1980) Nr. C 282/8.

419 Vgl. *Brödermann/Iversen*, S.8.

420 *Giuliano/Lagarde*, ABl.EG (31.10.1980) Nr. C 282/39.

421 *Jayme*, The Rome Convention on the Law Applicable to Contractual Obligations (1980), S.40 f.; *Rammeloo*, Das neue EG-Vertragskollisionsrecht, S.379.

422 Siehe *Lagarde*, Les limites objectives de la Convention de Rome, S.59: *„La priorité du droit communautaire: (...) A dire vrai, la convention de Rome n'oppose aucune résistance au droit communautaire. Son Art. 20 reconnaît la supériorité de ce droit"*. Siehe auch *Jayme/Kohler*, L'interaction des règles de conflit, Rev.crit.d.i.p., 84 (1) 1995, S.3.

423 Münchner Kommentar/*Sonnenberger*, Art. 3 EGBGB, Rz.9; *Brödermann/Iversen*, S.7.

424 *Brödermann*, MDR 1992, S.90 f.; *Brödermann/Iversen*, S.7.

425 Insbesondere *Reich*, EG-Richtlinien und internationales Privatrecht, S.112; *Staudinger*, VersR 1999, S.405.

426 *Martiny*, ZEuP 1997, S.110.

Teil“ des internationalen Schuldvertragsrechts versteht[427] und daß es den „qualitativen Fortschritt des Vertragskollisionsrechts qua Ausbildung von Spezialregelungen nicht blockieren“[428] möchte.

Fragen ergeben sich jedoch hinsichtlich dessen, was mit den „besonderen Gebieten“ gemeint ist. In ihrem Bericht gehen *Giuliano* und *Lagarde* auf diesen Punkt ein: Bei dieser Formulierung ist konkret an den baldigen Erlaß einer Verordnung über das Kollisionsrecht für Arbeitsverträge gedacht worden, die Vorrang vor Art. 6 EVÜ erhalten sollte[429]. Diese historische bzw. teleologische Betrachtung des Art. 20 EVÜ läßt den Schluß zu, daß allein Gemeinschaftsakte auf speziellen umfangreicheren Gebieten, wie etwa über Arbeits- oder Versicherungsverträge[430], innerhalb des internationalen Schuldvertragsrechts Vorrang vor dem Übereinkommen erhalten sollten[431]. Es sollte Platz für „eigenständige kollisionsrechtliche Regelwerke“[432] gelassen werden. Zwar ist mit den „Rechtsakten“ der Gemeinschaftsorgane auch oder gerade der Erlaß von „flankierenden“ Richtlinien und den sie umsetzenden innerstaatlichen Rechtsvorschriften gemeint[433], doch ist im Jahre 1980 nicht an die Entwicklung eines zusätzlichen, sachrechtsbezogenen Richtlinienkollisionsrechts, wie es die „Annex“-Regeln verkörpern, gedacht worden. Nicht gemeint mit „besonderen Gebieten“ waren damit *punktuelle* Materien, wie zum Beispiel jeweils eine einzelne Kollisionsregel für internationale Timesharing- oder Fernabsatz-Verträge[434], die zu den staatsvertraglichen Regelungen in „offene Konkurrenz“[435] treten. Allerdings kann es im Einzelfall – zum Beispiel im Fall des Verbrauchsgüterkaufs und -garantien – schwierig sein, eine Trennlinie zwischen den „besonderen“ und „sehr speziellen“ Schuldvertragsgebieten zu ziehen[436]. Bezeichnend hierfür ist, daß in Art. 3 Abs. 2 S.2 EGBGB auf eine Konkretisierung der von den Gemeinschaftsrechtsakten geregelte Materie verzichtet worden ist. Im übrigen ändert die Schaffung des Art. 20 EVÜ im Hinblick auf eine bestimmte Arbeitsvertragskollisionsrechtsverordnung nichts daran, daß sie *nach dem Wortlaut* auch dem Richtlinienkollisionsrecht den *formalen Vorrang* vor dem EVÜ einräumt[437].

---

427 *Jayme/Kohler*, L'interaction des règles de conflit, Rev.crit.d.i.p., 84 (1) 1995, S.15, Fn.31.

428 So *Kronke*, RIW 1996, S.992.

429 *Giuliano/Lagarde*, ABl.EG (31.10.1980) Nr. C 282/39; *Kronke*, RIW 1996, S.992.

430 Münchner Kommentar/*Martiny*, vor Art. 27 EGBGB, Rz.18.

431 *Kronke*, RIW 1996, S.987.

432 Siehe *Martiny*, ZEuP 1997, S.108 f.

433 *Giuliano/Lagarde*, ABl.EG (31.10.1980) Nr. C 282/39.

434 Ebenso *Jayme*, Europäisches Kollisionsrecht: Neue Aufgaben, neue Techniken, S.48; *Martiny*, ZEuP 1997, S.108 f.

435 *Jayme*, Europäisches Kollisionsrecht: Grundlagen – Grundfragen, S.15.

436 *Czernich/Heiss*, ÖJZ 1998, S.684.

437 *Jayme*, Europäisches Kollisionsrecht: Neue Aufgaben, neue Techniken, S.47; *Bröcker*, Verbraucherschutz im Europäischen Kollisionsrecht, S.130; *Sonnenberger*, ZEuP 1996, S.385. Nach *Krebber* ließe sich aus der Formulierung andererseits *„aber möglicherweise im Umkehrschluß folgern, daß das EVÜ zum einen dem in Art. 20 EVÜ nicht erwähnten primären Gemeinschaftsrecht generell und sekundärem Gemeinschaftsrecht dann vor-*

Dabei hält Art. 20 EVÜ nicht für jeden Konfliktfall eine Lösung parat. Geht ein nationaler Gesetzgeber nämlich bei der Umsetzung eines kollisionsrechtlichen Regelungsgebots über den Vorschlag der Richtlinie hinaus, so ist er nicht mehr von dieser gedeckt und kann strenggenommen nicht mehr den in Art. 20 EVÜ festgelegten Vorrang des Gemeinschaftsrechts genießen[438]. Es ist heute allgemein anerkannt, daß die Mindeststandardklauseln (zum Beispiel Art. 14 der Fernabsatzrichtlinie) in den verbraucherschützenden EG-Richtlinien die Mitgliedstaaten allein zum Erlaß strengerer sachrechtlicher Bestimmungen, nicht hingegen kollisionsrechtlicher Bestimmungen ermächtigen[439]. „Überschießendes“ Richtlinienkollisionsrecht verstößt somit als autonom gesetztes „aliud“[440] gegen die Richtlinie. Da gleichzeitig eine einseitige Änderung des Kollisionsrechts vorliegt, ohne daß der nationale Gesetzgeber das Verfahren nach Art. 23 EVÜ eingehalten hätte, wird auch gegen völkerrechtliche Verpflichtungen verstoßen[441].

Hinter diesem Verständnis der Mindeststandardklauseln stehen zwei Beweggründe: erstens sollen die einzelnen Mitgliedstaaten nicht dazu „verführt“ werden, durch abweichende Kollisionsnormen im Anwendungsbereich des Art. 5 EVÜ dessen Vereinheitlichungseffekt zu gefährden[442]; zweitens sollen die Staaten ihr strengeres materielles Verbraucherschutzrecht nicht – wie im Falle des § 8 TzWrG mit der *lex fori* Anwendung geschehen – auch gegenüber den anderen Mitgliedstaaten durchsetzen, da in diesem Fall neue Wettbewerbsverzerrungen im Binnenmarkt entstehen[443]. Strengeres Richtlinienkollisionsrecht kann daher nicht nach Art. 20 EVÜ Vorrang vor Art. 5 EVÜ genießen[444].

---

geht, wenn es keine Kollisionsnorm ausdrücklich normiert“, in: ZVglRWiss 97 (1998), S.136.

438 *Jayme/Kohler*, IPRax 1997, S.389. Sie schlagen vor, das Rangproblem dadurch zu lösen, daß den strenger umgesetzten Kollisionsnormen der zwingende Charakter i.S.d. Art. 34 EGBGB (Art. 7 Abs. 2 EVÜ) zugeschrieben wird.

439 Siehe etwa *Mankowski*, BB 1999, S.1229; *Micklitz*, La directive 97/7/CE sur les contrats à distance, S.52 f.; *Heiss/Mayr*, IPRax 1999, S.310; *Pfeiffer*, NJW 1999, S.3679. A.A. *Heinrichs*, NJW 1996, S.2195; *Wagner*, IPRax 2000, S.250.

440 *Staudinger*, IPRax 1999, S.414 f.; *Heiss*, Die Europäisierung des Internationalen Schuldvertragsrechts, S.107; *Freitag/Leible*, ZIP 1999, S.1297 f.

441 *Sonnenberger*, ZEuP 1996, S.393; *Rühl*, RIW 1999, S.321; *Freitag/Leible*, ZIP 1999, S.1297 f.; *Leible*, Kollisionsrechtlicher Verbraucherschutz im EVÜ und in EG-Richtlinien, S.368; *Micklitz*, La directive 97/7/CE sur les contrats à distance, S.52 f.; *Staudinger*, ZfRV 2000, S.98.

442 *Rühl*, RIW 1999, S.323 f.; *Leible*, Kollisionsrechtlicher Verbraucherschutz im EVÜ und in EG-Richtlinien, S.381.

443 Siehe *Staudinger*, ZfRV 2000, S.95; *Pfeiffer*, NJW 1999, S.3678 f.

444 *Pfeiffer*, NJW 1999, S.3679; *Rühl*, RIW 1999, S.323.

b) „Gemeinsame Erklärung" der EVÜ-Unterzeichnerstaaten vom 19.6.1980

Art. 20 EVÜ steht im Zusammenhang des Rangkollisionsrechts im Umfeld des EVÜ indessen nicht alleine. Nicht außer acht gelassen werden darf die von den Vertragsstaaten abgegebene *Gemeinsame Erklärung*[445]. Zum Zeitpunkt der Unterzeichnung des EVÜ am 19.06.1980 „in dem Bestreben, die Aufteilung der Kollisionsnormen auf zahlreiche Rechtsinstrumente und Unterschiede zwischen diesen Normen soweit irgend möglich zu vermeiden", haben diese den Wunsch geäußert

> „..., daß sich die Organe der Europäischen Gemeinschaften in Ausübung der ihnen aufgrund der Verträge zur Gründung der Europäischen Gemeinschaften gegebenen Zuständigkeiten bemühen, gegebenenfalls Kollisionsnormen anzunehmen, die soweit wie möglich mit denen des Übereinkommens in Einklang stehen".

Die Regierungen wollten mit dieser Erklärung solche Situationen vermeiden, in denen sie einerseits gemeinschaftsrechtlich verpflichtet sind, sekundäres Gemeinschaftsrecht innerstaatlich richtlinienkonform umzusetzen, andererseits aber gleichzeitig ihre völkerrechtlichen Pflichten als Vertragsstaaten des EVÜ zu vernachlässigen oder zu mißachten[446]. Indem der Richtliniengeber – vom Denkansatz des Gemeinschaftsrechts ausgehend[447] – Drittstaatenklauseln vorgibt, deren Umsetzungen mit Art. 5 EVÜ kollidieren müssen oder können, sind die EVÜ-Vertragstaaten eben diesen Konflikten ausgesetzt[448]. Das EVÜ wird vom Richtliniengeber folglich nicht in dem gewünschten Maße beachtet[449]. Wegen des „stärkeren" Art. 20 EVÜ können sie eine von der Konventionsnorm abweichende Richtlinienanweisung jedoch nicht unter Berufung auf Art. 5 EVÜ unterlassen[450]. Werden die Normenkonflikte alleine über Art. 20 EVÜ gelöst, so bedeutet dies folglich ein völliges Außerachtlassen der Gemeinsamen Erklärung.

Zusammenfassend kann festgehalten werden, daß Art. 20 EVÜ zwar für die meisten Konfliktfälle eine formelle Lösung darstellt, diese jedoch vor allem im Hinblick auf die Gemeinsame Erklärung inhaltlich unbefriedigend sein kann. Art. 20 EVÜ war ursprünglich für andere Fälle als die des punktuellen Richtlinienkollisionsrechts konzipiert. Ein unbedingter Vorrang des Gemeinschafts-

---

445 ABl.EG (9.10.1980) Nr. L 266/14.

446 Siehe *Jayme/Kohler*, L'interaction des règles de conflit, Rev.crit.d.i.p., 84 (1) 1995, S.12f; Grabitz/Hilf/Wolf-*Pfeiffer*, Band 2, A 5, Art. 6, Rz.21.

447 Siehe das Vorwort von *Borgsmidt*, S.10.

448 Statt aller *Jayme*, Europäisches Kollisionsrecht: Neue Aufgaben, neue Techniken, S.48 und *Leible*, Kollisionsrechtlicher Verbraucherschutz im EVÜ und in EG-Richtlinien, S.381.

449 So auch *Jayme/Kohler*, IPRax 1994, S.415.

450 *Sonnenberger*, ZVglRWiss 95 (1996), S.33. Schließlich gilt, da sowohl das Konventions- als auch das Richtlinienrecht im Ergebnis nationales Recht wird, auch die allgemeine Regel *lex posterior derogat lege anteriori*.

rechts zerstört zudem die Einheit des Europäischen Kollisionsrechts – eine Folge, die auch nicht im Interesse der Gemeinschaftsorgane liegen kann und liegen darf. Wird der Gemeinsamen Erklärung daher die für sie angemessene Bedeutung eingeräumt und der dahinterstehende Wille zur Kohärenz anerkannt, dann besteht in Wirklichkeit keine auf Art. 20 EVÜ gründende endgültige und „abstrakt gültige“[451] Rechtsquellenhierarchie. Durch die schwierigen Abgrenzungsfragen wird die Rechtsanwendung angesichts der Pluralität der Quellen unnötig kompliziert[452].

c) Art. 3 Abs. 2 S.2 EGBGB

Im Zuge der Inkorporierung des EVÜ in die deutsche IPR-Kodifikation im Jahre 1986 ist Art. 20 EVÜ aus dem Unterabschnitt zu den vertraglichen Schuldverhältnissen (Art. 27 ff. EGBGB) ausgelagert worden. Er findet sich in Resten[453] im Rahmen der allgemeinen Verweisungsvorschriften wieder. Dort heißt es in Art. 3 Abs. 2 S.2 EGBGB:

> „Regelungen in Rechtsakten der Europäischen Gemeinschaften bleiben unberührt.“

Wie Art. 20 EVÜ wird auch dieser Satz in erster Linie als nachdrücklicher Hinweis des Gesetzgebers, in diesem Fall des Bundestages[454], an die Gerichte und Rechtsanwender aufgefaßt, ihre Aufmerksamkeit auch auf das Kollisionsrecht europäischen Ursprungs zu richten, das dem autonomen deutschen IPR vorgeht[455]. Der Vorrang des Gemeinschaftsrechts wird hierdurch nicht begründet[456].

Auffallend ist, daß in Art. 3 Abs. 2 S.2 EGBGB die Art. 20 EVÜ entsprechende Rangbestimmung zugunsten des in Ausführung der Rechtsakte harmonisierten innerstaatlichen Kollisionsrechts fehlt[457]. Damit paßt Art. 3 Abs. 2 S.2 EGBGB zwar auf Kollisionsrecht in EG-Verordnungen, die nach Art. 249 Abs. 2 EGV unmittelbar in jedem Mitgliedstaat gelten, nicht jedoch auf kollisions-

---

451 So *Kronke*, RIW 1996, S.987, 992; ebenso *Jayme*, ZfRV 1997, S.236.

452 Vgl. *Leible*, Kollisionsrechtlicher Verbraucherschutz im EVÜ und in EG-Richtlinien, S.379.

453 Vgl. *Jayme*, Europäisches Kollisionsrecht: Neue Aufgaben, neue Techniken, S.47.

454 Vgl. die Bemerkung des Rechtsausschusses in der BT-Drucks. 10/5632 v. 8.6.86, S.39: *„Eine weitere Klarstellung soll der neu vorgesehene Satz 2 bringen, der den in Artikel 20 des EG-Schuldvertragsübereinkommens ausgedrückten Grundsatz übernimmt, daß Regelungen in Rechtsakten der Europäischen Gemeinschaften unberührt bleiben. Hierdurch soll sichergestellt werden, daß Aufmerksamkeit insbesondere auf Regelungen auf der Grundlage des EWG-Vertrages gerichtet wird.*“ Siehe auch BR-Drucks. 222/83, S.36; BT-Drucks. 10/504 v. 20.10.1983, S.36.

455 *Brödermann/Iversen*, S.8; Münchner Kommentar/*Martiny*, vor Art. 27 EGBGB, Rz.18; *von Hoffmann*, IPR, § 1, Rz.83; *Staudinger*, VersR 1999, S.404 f.

456 Münchner Kommentar/*Sonnenberger*, Art. 3 EGBGB, Rz.9.

457 Statt aller *von Hoffmann*, IPR, § 1, Rz.118.

rechtliche Richtlinienanweisungen[458]. Dieses Umsetzungsdefizit beruht offensichtlich auf einem Mißverständnis des Gesetzgebers und hat keinerlei rechtspolitischen Hintergrund. Der Rechtsausschuß des Bundestages ging davon aus, daß es eines ausdrücklichen Hinweises auf das aufgrund von Richtlinien harmonisierte nationale Recht nicht bedarf, „weil derartige Akte, die der Erfüllung einer gemeinschaftsrechtlichen Verpflichtung dienen, dem nationalen Kollisionsrecht gegebenenfalls als spezielles oder späteres Recht vorgehen“[459]. Mit *Jayme* läßt sich diese Überlegung jedoch nur dann plausibel nachvollziehen, wenn das EVÜ ohne eigene innerstaatliche Anwendung als nationales Recht in das EGBGB inkorporiert worden wäre; mit der Teilumsetzung des Art. 20 EVÜ ist verkannt worden, daß Art. 3 Abs. 2 Satz 2 EGBGB damit eigentlich dem Satz 1 der Vorschrift widerspricht, denn Art. 20 EVÜ trifft keine Regelung des Verhältnisses der nationalen Umsetzung, sondern des Staatsvertrages zu dem harmonisierten Kollisionsrecht[460]. Im übrigen beruht Art. 3 Abs. 2 S.2 EGBGB auf Art. 20 EVÜ und muß entsprechend Art. 36 EGBGB (Art. 18 EVÜ) weit ausgelegt und auch auf die deutschen Umsetzungsakte angewendet werden[461].

5. *Erosion des EVÜ und des „acquis communautaire“*

Seit dem vermehrten Auftreten der Drittstaatenklauseln in den verbraucherschützenden EG-Richtlinien wird vielfach auf den *Erosionsprozeß* hingewiesen[462], dem das Übereinkommen von Rom unterliegt. Dadurch, daß das neu entstehende Kollisionsrecht formell vor dem EVÜ Vorrang genießt und sich in der Sache mit diesem streckenweise überschneidet, „erodiert“ der Anwendungsbereich des Übereinkommens in Randbereichen[463]. Vor allem durch die Wertungswidersprüche zwischen Richtlinienkollisionsrechts und EVÜ und durch die

458 Siehe *Staudinger*, VersR 1999, S.404. Keine Abhilfe konnte Art. 3 Abs. 2 S.2 EGBGB daher in dem umstrittenen Verhältnis des § 12 AGBGB zu Art. 29 EGBGB bringen. Zum Teil wurde § 12 AGBGB als lex specialis angesehen, so z.B. *Rauscher*, Internationales Privatrecht, S.236. Überwiegend ist diese Sichtweise jedoch abgelehnt worden, ausführlich *Mankowski*, BB 1999, S.1230; ebenso *Staudinger*, VersR 1999, S.405 f.

459 BT-Drucks. 10/5632 v. 8.6.86, S.39.

460 Siehe *Jayme*, Europäisches Kollisionsrecht: Neue Aufgaben, neue Techniken, S.47, Fn.71.

461 *Jayme*, IPRax 1997, S.151; *ders.*, Europäisches Kollisionsrecht: Grundlagen – Grundfragen, S.16; vgl. *ders.* auch schon in IPRax 1990, S.222. A.A. insbesondere noch Münchner Kommentar/*Sonnenberger*, Art. 3 EGBGB, Rz.13, aber auch *von Hoffmann*, IPR, § 1, Rz.83.

462 Vgl. *Martiny*, ZEuP 1997, S.129; *Jayme*, Klauselrichtlinie und Internationales Privatrecht – Eine Skizze, S.582; *ders.*, Europäisches Kollisionsrecht: Neue Aufgaben, neue Techniken, S.117; *Jayme/Kohler*, IPRax 1997, S.401; *Czernich/Heiss*, ÖJZ 1998, S.682

463 Siehe hierzu *Jayme/Kohler*, IPRax 1997, S.401; *Martinek*, Unsystematische Überregulierung und kontraintentionale Effekte im Europäischen Verbraucherrecht, S.550; *Martiny*, ZeuP 2001, S.311. A.A. *Heiss*, Die Europäisierung des Internationalen Schuldvertragsrechts, S.111.

mit ihm einsetzende Rechtszersplitterung[464] wird die bisher mit dem EVÜ europaweit mühsam erreichte Einheitlichkeit des Europäischen Kollisionsrechts[465], die diesen Namen auch verdient[466], langsam wieder zunichte gemacht[467]. Diese Entwicklung stellt auf dem Weg zur Herausbildung eines umfassenderen Europäischen Kollisionsrechts daher einen gravierenden Rückschritt dar[468].

Der Gemeinschaftsgesetzgeber muß sich gut überlegen, ob er die erreichte Rechtsvereinheitlichung weiterhin leichtfertig riskieren möchte, zumal mehrere Gründe für ihren Erhalt sprechen. Zunächst gehört das EVÜ zum sogenannten „acquis communautaire", zum „Rechtsbesitzstand der EG"[469]. Es bildet – zumindest noch – die wichtigste Quelle des Europäischen Kollisionsrechts im engeren Sinne[470]. Ferner ist das EVÜ das Ergebnis jahrelanger rechtsvergleichender Arbeit mit Konzentration auf das vertragliche Schuldrecht und nicht als „Übergangslösung" konzipiert worden[471]. Sowohl seine genauen Wertungen[472] als auch sein Anknüpfungssystem weisen eine gewisse Kohärenz auf, so daß jede Erosion zu einer Komplizierung der Rechtsanwendung führen muß[473]. Daneben ist der Ansatz des EVÜ potentiell universell, das heißt seine Lösungen tragen eher als das einseitige Richtlinienrecht dazu bei, grenzüberschreitende Sachverhalte weltweit einer gleichen Beurteilung zuzuführen, wofür auch die autonomen Rezeptionen des EVÜ im nicht-mitgliedstaatlichen Ausland sprechen[474].

Die Richtlinien der EG hingegen sind auf punktuelle Interventionen beschränkt[475]. Es ist daher als grotesk[476] bezeichnet worden, daß der wichtige und notwendige Rechtsbestand, dessen Erhalt die Gewähr für die Basis eines sinnvoll durchdachtes Kollisionsrecht gibt, der Erosion ausgesetzt wird. *Sonnenber-*

---

464 *Martiny*, ZeuP 1999, S.249 f.

465 *Jayme/Kohler*, IPRax 1997, S.388; *Jayme*, Europäisches Kollisionsrecht: Grundlagen – Grundfragen, S.7; *Thorn*, IPRax 1999, S.8.

466 *Kohler*, Rev.crit.d.i.p., 88 (1) 1999, S.6.

467 *Jayme/Kohler*, L'interaction des règles de conflit, Rev.crit.d.i.p., 84 (1) 1995, S.18; *dies.*, IPRax 1996, S.377; *Jayme*, Klauselrichtlinie und Internationales Privatrecht – Eine Skizze, S.582, 584; *ders.*, Europäisches Kollisionsrecht: Grundlagen – Grundfragen, S.16; *Kieninger/ Leible,* EuZW 1999, S.38; *Leible*, Kollisionsrechtlicher Verbraucherschutz im EVÜ und in EG-Richtlinien, S.379; *Otte*, RabelsZ 62 (1998), S.436.

468 *Martiny*, ZEuP 1997, S.109; *Jayme*, Klauselrichtlinie und Internationales Privatrecht – Eine Skizze, S.583.

469 *Junker*, IPRax 1998, S.74.

470 *Jayme*, Europäischer Binnenmarkt – Einwirkungen auf das internationale Privatrecht, S.142.

471 *Gebauer*, Grundfragen der Europäisierung des Privatrechts, S.119.

472 *Gebauer*, Grundfragen der Europäisierung des Privatrechts, S.119; *Martiny*, ZEuP 1997, S.115.

473 *Martiny*, ZEuP 1995, S.88; *Gebauer*, Grundfragen der Europäisierung des Privatrechts, S.119.

474 Zum Beispiel in Ungarn, siehe *Vékás*, IPRax 2000, S.242 f. Vorher auch in Finnland, vgl. *Kohler*, Die Formung europäischen Kollisionsrechts durch den Gerichtshof der Europäischen Gemeinschaften, S.18

475 *Kohler*, Rev.crit.d.i.p., 88 (1) 1999, S.6.

476 *Junker*, IPRax 1998, S.74.

ger weist zu Recht darauf hin, daß „die Betroffenen sich erstaunt fragen werden, was das für eine merkwürdige Harmonisierung sei, die die durch das EVÜ erreichte Harmonie abschwächt“[477]. Paradox ist außerdem, daß ausgerechnet Rechtsakte der Europäischen Gemeinschaft, die sich selbst an der Entstehung des EVÜ verdienstvoll beteiligt hat, diese Störungen – zumal ohne Not[478] – verursacht haben[479].

Vor dem geschilderten Hintergrund ist schwerlich etwas anderes zu folgern, als daß das durch das Übereinkommen von Rom erreichte Niveau an Kollisionsrechtsvereinheitlichung erhaltenswert ist. Es darf daher nicht durch Richtlinienrecht gesenkt werden und muß vor einer weiteren Erosion geschützt werden[480]. Ansonsten ist der Weg zu weiterer Inkohärenz im Europäischen Kollisionsrecht vorgezeichnet.

6. Inkohärenz als Folge des Konfliktverhältnisses

„Kohärenz“ bedeutet im Recht, daß ein zusammenhängendes Normensystem über *innere Stimmigkeit*, das heißt Widerspruchsfreiheit verfügt. Das Europäische Kollisionsrecht ist trotz seiner Vielgestaltigkeit[481] ein zusammenhängendes Normensystem. Mit der Einführung von Drittstaatenklauseln in den Richtlinien zum Verbraucherschutz und deren mitgliedstaatlichen Umsetzungen, die nicht auf das bereits bestehende Europäische Kollisionsrecht abgestimmt worden sind[482], hat dieses seine Stimmigkeit eingebüßt[483], es ist nunmehr „inkohärent“[484].

Die Gemeinschaftspolitik, die den Schutz des europäischen Verbrauchers punktuell und ohne ein systematisches Konzept durch Richtlinien verstärkt, hat

---

477 *Sonnenberger*, ZEuP 1996, S.386; ähnlich *Martinek*, Unsystematische Überregulierung und kontraintentionale Effekte im Europäischen Verbraucherrecht, S.552. Siehe auch *Junker*, IPRax 1998, S.74: „*Desintegration durch „Rechtsangleichung“ – ein absurdes Ergebnis!*“

478 *Jayme*, Klauselrichtlinie und Internationales Privatrecht – Eine Skizze, S.582; *Martinek*, Unsystematische Überregulierung und kontraintentionale Effekte im Europäischen Verbraucherrecht, S.553 f.

479 Siehe hierzu *Sonnenberger*, JZ 1998, S.983; *ders.*, Die Eingriffsnorm: ein internationalprivatrechtliches σκανδαλον?, S.296; *Gebauer*, Grundfragen der Europäisierung des Privatrechts, S.117; *Henrich* in dem Vorwort „20 Jahre IPRax“, IPRax 2000, Heft 6.

480 Dies fordern vor allem *Jayme*, Europäisches Kollisionsrecht: Neue Aufgaben, neue Techniken, S.49; *Jayme/Kohler*, IPRax 1997, S.387 und *Kronke*, RIW 1996, S.992.

481 *Lurger*, Zur Umsetzung der Kollisionsnormen von Verbraucherschutzrichtlinien, S.181.

482 *Reithmann/Martiny*, Internationales Vertragsrecht, Rz.34.

483 *Jayme/Kohler*, L'interaction des règles de conflit, Rev.crit.d.i.p., 84 (1) 1995, S.37.

484 Vgl. insbesondere *Jayme*, Klauselrichtlinie und Internationales Privatrecht – Eine Skizze, S.582; *ders.*, Europäisches Kollisionsrecht: Neue Aufgaben, neue Techniken, S.41; *Jayme/Kohler*, IPRax 1997, S.388; *Gebauer*, Grundfragen der Europäisierung des Privatrechts, S.107; *Rittner*, EuR 1998, S.15.

diese Inkohärenz unabsichtlich, aber direkt hervorgerufen[485]. Die Gemeinschaftsorgane haben nicht etwa, was auch denkbar ist, inkohärente Rechtsakte erlassen, sondern durch den Erlaß einzelner Richtlinien – im Hinblick auf die Existenz des EVÜ – „inkohärent gehandelt“[486]. *Kötz* spricht in einem ganz anderen Zusammenhang, für den Status des Europäischen Kollisionsrechts aber passend, von einem „buntgewirkten Flickenteppich, zusammengesetzt aus einzelnen Stücken verschiedensten Materials, zwischen denen häufig große Löcher klaffen, die sich aber auch oft überlappen oder gar mehrfach übereinanderliegen und insgesamt Einheitsrecht darstellen, das mit erheblichen Mängeln belastet ist, die es nur bedingt für seine praktischen Zwecke genügen lassen“[487]. Freilich läßt sich bei einer Pluralität der Rechtsquellen und einer Vielzahl rechtspolitischer Ziele eine Kohärenz und Durchsichtigkeit des Normensystems nur schwerlich erhalten[488]. Kein Zweifel besteht hingegen daran, daß sie zumindest wünschenswert ist[489].

IV. Zusammenfassung

Die Verbraucherschutznormen im Europäischen Kollisionsrecht, Art. 5 EVÜ und die Bestimmungen des verbraucherschützenden Richtlinienkollisionsrechts, haben jeweils einen bestimmten rechtspolitischen Ursprung. Ihnen liegen spezifische Wertungen und Ziele zugrunde. Durch die Kollision beider Quellen im Falle sich überschneidender Anwendungsbereiche entsteht ein Konfliktverhältnis, das durch eine Reihe von Wertungswidersprüchen charakterisiert wird. Die Einführung von Drittstaatenklauseln in den verbraucherschützenden Richtlinien und eine beliebige oder zufällige Umsetzung in den Mitgliedstaaten hat zu einer Rechtszersplitterung geführt, die sich auf die Entwicklung des Europäischen Kollisionsrechts kontraproduktiv auswirkt. Das Konfliktverhältnis kennzeichnet zudem ein Ausschweigen des Richtlinienkollisionsrechts zum betroffenen Art. 5 EVÜ und ein unbefriedigendes Rangverhältnis unter den Quellen. Dieser Zustand führt zu einer Unübersichtlichkeit, die eine klare Rechtsanwendung verhindert. Gleichzeitig fehlt es an der einheitlichen Auslegungskontrolle des EVÜ durch den EuGH. Konsequenzen dieser Entwicklung im Europäischen Kollisionsrecht sind eine fortschreitende Erosion des EVÜ und die Inkohärenz des Normensystems. Beide gilt es aufzuhalten bzw. zu beseitigen.

---

485 Vgl. auch *Kohler*, Rev.crit.d.i.p., 88 (1) 1999, S.30.

486 Vgl. *Jayme/Kohler*, L'interaction des règles de conflit, Rev.crit.d.i.p., 84 (1) 1995, S.31.

487 *Kötz*, RabelsZ 50 (1986), S.5

488 Vgl. hierzu *Basedow*, Materielle Rechtsangleichung und Kollisionsrecht, S.11; *Jayme*, Europäisches Kollisionsrecht: Neue Aufgaben, neue Techniken, S.49; *Sonnenberger*, JZ 1998, S.983; *Rittner*, JZ 1995, S.851.

489 *Jayme/Kohler*, L'interaction des règles de conflit, Rev.crit.d.i.p., 84 (1) 1995, S.39; *dies.*, IPRax 1997, S.386; *Kronke*, RIW 1996, S.987.

B. Theorie der Kohärenz

I. Rechtfertigungsbedürfnis für die Kohärenz

Der soeben beschriebene Zustand der Inkohärenz zwischen den verschiedenen Normen im Europäischen Kollisionsrecht ist ohne Zweifel zumindest als nicht wünschenswert zu bezeichnen. Dennoch ist fraglich, ob er einen derart negativen Einfluß auf die Rechtsanwendung ausübt, daß es den rechtstechnischen Aufwand lohnt, ihn zu beseitigen. Mit anderen Worten wird hier die Frage nach der Notwendigkeit der Herstellung einer Kohärenz im Europäischen Kollisionsrecht aufgeworfen.

Zunächst ist allerdings klarzustellen, in welchem Sinne der Begriff der Kohärenz im vorliegenden Zusammenhang verwendet wird. Das Wort „Kohärenz" stammt aus dem Lateinischen („cohaerentia") und bedeutet bildungssprachlich „Zusammenhang"[490]. In rechtlichen Kategorien gesprochen geht es bei der Herstellung von Kohärenz demnach um die Herbeiführung eines Sinnzusammenhangs oder stimmigen Gesamtzusammenhalts von Normen[491]. In den USA findet zur Zeit eine rechtsphilosophische Diskussion über Formalismus und Kohärenz statt. Die Theorie der Kohärenz wird dabei in vielfältiger Weise umschrieben; meist wird jedoch hervorgehoben, daß rechtliche Kohärenz vom Recht verlangt, daß es „mit einer Stimme spricht" („speak with one voice")[492] und daß sich aus allen Rechtsgrundsätzen, Rechtsquellen und Einzelnormen eine „internal architecture"[493] ergibt, die eine „rational reconstructibility"[494] der Rechtsmaterialien ermöglicht.

---

490 Vgl. Brockhaus, Enzyklopädie, Zwölfter Band, 19.Aufl., Mannheim 1990, S.142.

491 Siehe etwa *Jayme,* Identité culturelle et intégration: le droit international privé postmoderne, S.129 ; *ders.*, Narrative Normen, S.36, und auch *Müller-Graff*, Einheit und Kohärenz der Vertragsziele von EG und EU, S.74.

492 So *Balkin*, Yale Law Review 1993, S.169 und *Raz*, The Relevance of Coherence, Boston University Law Review 1992, S.315. Vgl. auch *Stick*, Formalism as the Method of Maximally Coherent Classification, Iowa Law Review 1992, S.773 ff.; *Kress*, Coherence and Formalism, Harvard Journal for Law & Public Policy 1993, S.639 ff.; *ders.*, Why no Judge should be a Dworkinian Coherentist, Texas Law Reviw 1999, S.1375 ff.; *Edmundson*, The Antinomy of Coherence and Determinacy, Iowa Law Review 1996, S.1 ff.

493 Siehe *Kress*, Texas Law Reviw 1999, S.1384.

494 *Balkin*, Yale Law Review 1993, S.122; *ders.* auch auf S.114 f.: „*Normative coherence is the consistency not of logic but of principle. Values and normative judgments are normatively coherent if they employ distinctions and similarities that are principled and reasonable as opposed to those which are arbitrary and unreasonable. (...) legal coherence is the normative coherence of legal justification. The law (or part of the law) is coherent if the principles, policies, and purposes that could justify it form a coherent set, which in turn means that all conflicts among them are resolved in a principled, reasonable, and nonarbitrary fashion.*"

Wie in der Einleitung zu diesen Ausführungen bereits festgestellt worden ist, darf in der Koordinierung der Rechtsquellen kein Selbstzweck, keine „l'art pour l'art", gesehen werden. Es dürfen nicht allein ästhetische Zwecke im Vordergrund stehen, sondern es müssen auch anerkannte *sachliche* bzw. *rechtliche Interessen* für die Kohärenz sprechen, die sie insoweit legitimieren. Ansonsten könnte nämlich auch der gegenteilige Standpunkt vertreten werden, die Inkohärenz zwischen den Normen sei als historische Entwicklung wohl oder übel hinzunehmen und es müsse in erster Linie darum gehen, sachgerechte Lösungen zu finden. Wertungswidersprüche zwischen den verschiedenen Normen desselben Systems könnten auch über eine strenge Normenhierarchie gelöst werden, die in diesem Fall mit den Regelungen in Art. 20 EVÜ bzw. Art. 3 Abs. 2 S.2 EGBGB sogar etabliert scheint. Kurz: Es reicht nicht aus, eine Kohärenz zwischen den Normen eines Rechtssystems zu fordern, ohne ihre „Daseinsberechtigung" rechtlich zu begründen. Im folgenden soll versucht werden, diese Rechtfertigung zu geben.

II. Notwendigkeit einer Koordinierung der Rechtsquellen

Die Notwendigkeit des Bestehens eines stimmigen Normenzusammenhangs im Europäischen Kollisionsrecht kann auf mehrere Standbeine gestellt werden. Dies sind das allgemeine Ziel der Widerspruchsfreiheit eines Rechtssystems (1.), die Herstellung gleicher Bedingungen im Binnenmarkt (2.), das Kohärenzgebot der Europäischen Union (3.) und der notwendige Erhalt des EVÜ (4.).

1. Allgemeines Ziel der Widerspruchsfreiheit eines Rechtssystems

Der wohl eingängigste und am leichtesten erkennbare Grund für die Notwendigkeit der Koordinierung der Rechtsquellen ist das allgemeine rechtsstaatliche Ziel, ein Rechtssystem von Widersprüchen jeglicher Art freizuhalten. Dieses Ziel muß auch im europäischen Recht verfolgt werden.

a) EG als Rechtsgemeinschaft

Spätestens seit dem Unionsvertrag von Maastricht vom 7.2.1992 ist die Europäische Union weit mehr als nur eine Wirtschaftsgemeinschaft. Mit der nunmehr durch den Vertrag von Amsterdam am 1.5.1999 vergemeinschafteten Zusammenarbeit in den Bereichen Justiz und Inneres, zu denen auch das Zivilrecht gehört, bildet die Gemeinschaft immer mehr auch eine *echte Rechtsgemein-*

schaft[495]. Daß dem EG-Europa dieser Charakter zukommen soll, haben seine Väter von Anfang an betont[496] und auch der Gerichtshof mehrfach festgestellt[497]. Die Proklamation, daß neben den freien Binnenmarkt nunmehr der „Raum der Freiheit, der Sicherheit und *des Rechts*"[498] tritt, weist im übrigen darauf hin, daß sich das europäische Gemeinschaftsrecht als einheitliches Rechtssystem und eigene Rechtsordnung versteht[499].

Speziell für das Zivilrecht ist hervorzuheben, daß der „Aktionsplan des Rates und der Kommission zur bestmöglichen Umsetzung der Bestimmungen des Amsterdamer Vertrags über den Aufbau eines Raums der Freiheit, der Sicherheit und des Rechts"[500] ausdrücklich von einem „europäischen Rechtsraum"[501] spricht. Unter der „Justitiellen Zusammenarbeit in Zivilsachen" heißt es dort:

> „Bürger, die die Gesetze befolgen, können von der Union erwarten, daß sie die rechtlichen Rahmenbedingungen ihres Lebens vereinfacht und erleichtert. Rechtssicherheit und gleicher Zugang zum Recht beispielsweise sind wesentliche Ziele, die es anzustreben gilt. Das bedeutet: Unproblematische Feststellung des zuständigen Gerichts, eindeutige Festlegung des anwendbaren Rechts, zügige und gerechte Verfahren sowie eine wirksame Vollstreckung"[502].

Die eindeutige Festlegung des anwendbaren Rechts ist eigens aufgeführt. Insgesamt sind solche Maßnahmen vorgesehen, die Elemente einer europäischen Rechtsgemeinschaft darstellen.

---

495 *Müller-Graff*, NJW 1993, S.17; *Ulmer*, Vom deutschen zum europäischen Privatrecht, JZ 1992, S.1; *Gündisch*, AnwBl. 1998, S.174 und *Lecheler*, Die Fortentwicklung des Rechts der Europäischen Union durch den Amsterdamer Vertrag, JuS 1998, S.392; siehe auch Neue Zürcher Zeitung (NZZ) v. 29.1.1999, S.5, „Europa und die Idee der Rechtsgemeinschaft".

496 Vgl. nur den ersten Kommissionspräsidenten *Walter Hallstein*, Die Europäische Gemeinschaft, 5.Aufl. 1979, S.51 ff.; *ders.* Angleichung des Privat- und Prozeßrechts in der EWG, RabelzsZ 28 (1964), S.228 ff.

497 Siehe etwa *EuGH* 1991, 6079, 6101, Tz.21: Der EWGV ist „die Verfassungsurkunde einer Rechtsgemeinschaft"; siehe auch *EuGH*, 23.4.1986, Rs.294/83 – Parti écologiste „Les Verts"./. Europäisches Parlament – Slg. 1986, 1357, 1365; vgl. *Ulmer*, Vom deutschen zum europäischen Privatrecht, JZ 1992, S.1 und *Harings*, S.94 m.w.H.

498 Art. 2 Satz 1 Spiegelstrich 4 EUV; Hervorhebungen durch den Verfasser.Vgl. hierzu auch *Gündisch*, AnwBl. 1998, S.173.

499 *Gündisch*, AnwBl. 1998, S.170; vgl. auch *Jayme*, Der Gerechtigkeitsgehalt des EuGVÜ, S.33; *Michaels/Kamann*, JZ 1997, S.604: „einheitlicher europäischer Rechtsraum".

500 Vom Rat (Justiz und Inneres) am 3. Dezember 1998 angenommener Text, ABl.EG (23.1.1999) Nr. C 19/1ff. Der Aktionsplan ist ein Arbeitsplan für die nächsten fünf Jahre nach Inkrafttreten des Vertrags von Amsterdam. Vgl. auch *Betlem/Hondius*, European Review of Private Law 1, 2001, S.12 f.

501 ABl.EG (23.1.1999) Nr. C 19/10.

502 ABl.EG (23.1.1999) Nr. C 19/4.

b) Rechtsstaatsprinzip in der EG

Von der Qualifizierung der EG als Rechtsgemeinschaft ausgehend, wird vermehrt auch von einem Europa als „Rechtsstaat" gesprochen oder die EG zumindest auf dem Weg dorthin gesehen[503]. Zwar ist die Europäische Gemeinschaft kein Staat im eigentlichen Sinne, doch zeigt sich, daß sie sich „an das Modell des Rechtsstaats anlehnt"[504]. *Zuleeg* zufolge sind die Wesenszüge einer Rechtsgemeinschaft infolge der Rechtsprechung des Gerichtshofs, der objektive Grundsätze ins Gemeinschaftsrecht eingeführt hat, die im Rahmen des mitgliedstaatlichen Rechts den Rechtsstaat auszeichnen, bereits soweit ausgeformt, daß „das von den Mitgliedstaaten verlangte Maß an Rechtsstaatlichkeit erfüllt ist"[505]. Hinzu kommt, daß Art. 6 EUV nunmehr erklärt, die Union beruhe „auf dem Grundsatz der Freiheit, der Demokratie, der Achtung der Menschenwürde und Grundfreiheiten sowie *der Rechtsstaatlichkeit*"[506]. Zwar sind dies, wie schon der Wortlaut sagt, selbst keine Ziele, sondern nur Grundsätze, die allen Mitgliedsstaaten gemeinsam sind und auf denen die Union daher beruht. Doch als „Wertorientierung"[507] handelt es sich zugleich um Handlungsgrundsätze für die Verwirklichung der Unionsziele. Auch in der Entschließung des Rats vom 18.12.1997 zur Festlegung der Prioritäten für die Zusammenarbeit im Bereich Justiz und Inneres für den Zeitraum vom 1.1.1998 bis zum Inkrafttreten des Vertrags von Amsterdam war bereits von der Rechtsstaatlichkeit die Rede: „(...) unter Bekräftigung seines [des Rats] Bestrebens, Freiheit, Sicherheit und Gerechtigkeit in der Europäischen Union gemäß den Grundsätzen der Rechtsstaatlichkeit durch die Entwicklung einer engen Zusammenarbeit zwischen den Mitgliedstaaten im Bereich Justiz und Inneres zu fördern, (...)"[508].

Es kann daher festgehalten werden, daß zu dem umfassenden Rechtsschutzsystem in der EG und der Befugnis der Gemeinschaftsorgane zu einer die Mitgliedstaaten in immer stärkerem Maße unmittelbar verpflichtenden Rechtsetzung, nunmehr als drittes typisches Charakteristikum einer Rechtsgemeinschaft – zumindest seit Inkrafttreten des Amsterdamer Vertrags – verstärkt die Geltung des allgemeinen Rechtsgrundsatzes[509] der Rechtsstaatlichkeit tritt[510].

---

503 Siehe z.B. *Schwind*, ZfRV 1997, S.237 ff.; *Gündisch*, AnwBl. 1998, S.170 ff.; *Rittner*, JZ 1995, S.849 ff.; *Zuleeg*, NJW 1994, S.545 ff.

504 *Rittner*, JZ 1995, S.849; Nach *Michaels/Kamann*, JZ 1997, S.602 ist die Europäische Gemeinschaft mit dem Maastrichter EU-Vertrag auf eine neue Integrationsstufe gehoben worden, auf der sie jedenfalls auch „staatsähnliche Züge" aufweist.

505 So *Zuleeg*, NJW 1994, S.545.

506 Hervorhebungen durch den Verfasser.

507 *Müller-Graff*, Einheit und Kohärenz der Vertragsziele von EG und EU, S.69, 74.

508 ABl.EG (15.1.1998) Nr. C 11/2.

509 Neben den Vertragsvorschriften und dem sekundären Gemeinschaftsrecht sind die allgemeinen Rechtsgrundsätze die dritte Art von europäischen Rechtsätzen. Dabei handelt es sich um ungeschriebenes Gemeinschaftsrecht, das der Gerichtshof auf der Grundlage der Rechtsgrundsätze, die den Rechtsordnungen der Mitgliedstaaten gemeinsam sind, entwickelt hat. Vgl. Gündisch, AnwBl. 1998, S.170.

c) *Einheit der Rechtsordnung*

Ein wesentliches Merkmal der Rechtsstaatlichkeit ist die *Einheit der Rechtsordnung*. Damit eine Rechtsordnung diese Bezeichnung verdient, muß sie jedoch – worauf auch schon die Verwendung der Worte „Einheit“ und „Ordnung“ in dem Begriff hindeutet[511] – vor allem eine innere Widerspruchsfreiheit ihrer Normen aufweisen[512]. Daneben muß sie einen bestimmten Sinnzusammenhang erkennen lassen[513]. Die Theorie der Einheit der Rechtsordnung ist eher abstrakt[514] und philosophischen Ausmaßes; es gibt für sie keine niedergeschriebene Regel. Sie ist ein allgemeines Rechtsprinzip, ein „allgemeines rechtsstaatliches Anliegen“[515]. Aus dem Prinzip folgt das Gebot, Widersprüchen innerhalb der Rechtsordnung zu vermeiden bzw. auszuräumen[516]. Jeder Rechtssatz muß stets als Teil einer umfassenderen Regelung gesehen werden und sich in ihr eingliedern[517].

Ebenso, wie das Prinzip der Einheit der Rechtsordnung ganz generell und mit der Rechtsstaatlichkeit in der EG auch für das Gemeinschaftsrecht anerkannt ist, gilt es im Speziellen auch für das Europäische Kollisionsrecht. Dieses stellt trotz seiner mehrspurigen Entstehungsgeschichte und der Pluralität seiner Quel-

---

510 Vgl. *Harings*, S.94; *Brödermann/Iversen*, S.449; siehe auch *Paschke*, Regelungsziele des Europäischen Privatrechts, S.12.

511 Siehe *Jayme*, Identité culturelle et intégration: le droit international privé postmoderne, S.129 : „*Dès lors qu'une règle prescrit un certain comportement et qu'une autre exige le contraire, il manque l'„ordre“, c'est-à-dire une certaine cohérence.*“

512 *Rittner*, EuR 1998, S.15; *Jayme*, Identité culturelle et intégration: le droit international privé postmoderne, S.129; siehe auch *Gebauer*, Grundfragen der Europäisierung des Privatrechts, S.108; Fn.276.

513 *Jayme*, Identité culturelle et intégration: le droit international privé postmoderne, S.129.

514 *Müller-Graff*, Einheit und Kohärenz der Vertragsziele von EG und EU, S.77.

515 So *Pechstein/Koenig*, S.72.

516 *Engisch*, Einführung in das juristische Denken, S.206 ff., Nach der hier vorgenommenen Unterscheidung zwischen primären und sekundären Widersprüchen in der Rechtsordnung, handelt es sich im vorliegenden Zusammenhang wohl um einen *sekundären* Widerspruch, da er erst nachträglich – nämlich erst mit dem Auftreten der Kollisionsnormen im sekundären Gemeinschaftsrecht, das zeitlich nach dem Inkrafttreten des EVÜ erfolgte – in den einheitlichen Komplex von Rechtssätzen des Europäischen Kollisionsrecht eingedrungen ist. Solche Diskrepanzen sind wahrscheinlicher als ein *primärer* Widerspruch, da „ein Gesetzgeber bei Erlaß neuer Normen einen Widerspruch zu einzelnen schon vorhandenen Sätzen des weitläufigen Rechtsganzen, in das er die neue Regelung einfügt, nicht bemerkt.“ Die Nichtbeachtung des Art. 5 EVÜ bzw. das „Ausschweigen“ des europäischen Richtliniengebers zu dem Verhältnis von Art. 5 EVÜ zum Richtlinienrecht kann hierfür als „lebendes Beispiel“ gesehen werden. Vgl. *Gebauer*, Grundfragen der Europäisierung des Privatrechts, S.108; *Vogel*, Juristische Methodik, Berlin, New York 1998, S.58 ff., 123.

517 Siehe hierzu *Engisch*, Die Einheit der Rechtsordnung, Heidelberg 1935. In der Bundesrepublik hat der Einheitsgedanke vor allem im Verfassungsrecht („Einheit der Verfassung“, „praktische Konkordanz“) eine große Bedeutung: Verfassungsnormen müssen so interpretiert werden, daß Widersprüche zu anderen Verfassungsnormen und zu verfassungsrechtlichen Grundentscheidungen vermieden werden. Vgl. auch BVerfG Urteil vom 7.5.1998, NJW 1998, S.2341, 2342.

len sämtlich materielles Gemeinschaftsrecht dar[518]. Es ist als Normenkomplex ein Teil des einheitlichen Rechtssystems „Gemeinschaftsrecht“[519]. *Jayme* weist zusätzlich auf die *Zweiseitigkeit* der Theorie der Einheit der Rechtsordnung im Falle des Internationalen Privatrechts hin: Als Teil des nationalen Privatrechts muß es neben seiner Berufung zum Erhalt der internationalen Ordnung auch zur Einheitlichkeit des nationalen Rechtssystems beitragen[520].

Dennoch muß gefragt werden, aus welchen Gründen das Einheitsprinzip die Widerspruchsfreiheit eines Normensystems fordert. Seine Bezeichnung aus dem „Rechtsprinzip“[521] bzw. als „methodisches Postulat“[522] läßt zum Beispiel das Ausmaß an Notwendigkeit der Widerspruchsfreiheit nur ungenügend erkennen[523]. Um insofern etwas Klarheit zu schaffen, werden nachfolgend für die Widerspruchsfreiheit im Europäischen Kollisionsrecht die Argumente der Rechtssicherheit (aa), der höheren Legitimationswirkung (bb) und der Gerechtigkeitsgarantie (cc) herangezogen.

---

518 Vgl. *Jayme/Kohler*, L'interaction des règles de conflit, Rev.crit.d.i.p., 84 (1) 1995, S.15, wonach unter den verschiedenen europäischen Normen des Kollisionsrechts eine funktionelle Einheit besteht: *„Même si, d'un point de vue formel, règles conventionnelles et dispositions communautaires appartiennent à des ordres juridiques différents, les réglementations respectives forment une unité fonctionnelle dans la perspective de l'établissement et du fonctionnement du marché intérieur. Cette unité fonctionnelle exige notamment que la Communauté, lorsqu'elle légifère en la matière, veille à ce que, d'une part, toute réglementation complémentaire respecte l'inspiration et les principes de base des conventions en tant que leges generales et, d'autres part, que toute dérogation aux règles conventionnelles fasse clairement apparaître pour quelles raisons et dans quelle mesure elle s'éloigne de la réglementation générale dont elle devrait également, autant que possible, observer l'inspiration et les principes.“*

519 *Jayme,* Identité culturelle et intégration: le droit international privé postmoderne, S.130.

520 *Jayme,* Identité culturelle et intégration: le droit international privé postmoderne, S.130.

521 So bei *Müller-Graff,* Gemeinsames Privatrecht in der Europäischen Gemeinschaft, S.336, 337.

522 Vgl. *von Hoffmann*, Richtlinien der Europäischen Gemeinschaft und IPR, ZfRV 1995, S.48, 49. Seiner Ansicht nach ergebe sich aus der Erkenntnis von der materiellen Gemeinschaftsrechtsqualität von EuGVÜ und EVÜ – sie dienen unmittelbar dem Binnenmarktziel – *„das methodische Postulat, daß das Gemeinschaftskollisionsrecht i.e.S. und das gemeinsame Kollisionsrecht der Übereinkommen ein kohärentes widerspruchsfreies System bilden.“* Dieses Prinzip sei schon im Jahre 1980 in der Gemeinsamen Erklärung der Mitgliedstaaten anläßlich der Unterzeichnung des EVÜ in Rom festgehalten worden.

523 Auch der deutsche Gesetzgeber hat den neuen Art. 29 a EGBGB mit Übergangscharakter versehen, da er offensichtlich hofft, es werde im Rahmen der Reform auf EU-Ebene geprüft, *„ob und inwieweit die auf unterschiedlichen Rechtsgrundlagen beruhenden kollisionsrechtlichen Vorschriften im internationalen Recht der Schuldverträge besser aufeinander abgestimmt werden können.“* BR-Drucks. 15/00 S.135 (14.01.2000); BT-Drucks. 14/2658 S.50 (09.02.2000). Vgl. auch BT-Drucks. 14/2920 S.16 (15.03.2000). Hervorhebungen durch den Verfasser.

aa) Rechtssicherheit

Entsprechend der Rechtsprechung des EuGH gilt innerhalb der Gemeinschaftsrechtsordnung der Grundsatz der Rechtssicherheit[524]. Der Gerichtshof hat deutlich gemacht, daß es auch und gerade aus gemeinschaftsrechtlichen Gründen geboten ist, daß der einzelne Bürger seine Rechte und Pflichten klar erkennen kann[525]. Hierzu muß auch die eindeutige Festlegung des anwendbaren Rechts gehören[526].

Die gegenwärtige Rechtslage im Hinblick auf das Europäische Kollisionsrecht ist sehr unübersichtlich[527]. Mit dem zunehmend pointillistischen Charakter nicht nur des Sach- sondern nun auch des Kollisionsrechts in Europa und der Pluralität der Rechtsquellen geht eine erhebliche Verkomplizierung der Rechtsanwendung im internationalen Rechtsverkehr einher[528]. Dadurch wird das erforderliche hohe Maß an *Rechtssicherheit*[529] im Kollisionsrecht der EG, das zunächst mit der Schaffung des EVÜ als erster entscheidender Schritt in Richtung eines einheitliches Rechtsgebiets für alle Mitgliedstaaten erreicht worden war, wenigstens teilweise vereitelt[530]. Durch die Vielzahl an neuen kollisionsrechtlichen Richtlinienanweisungen wurde das Ziel der Kontinuität – im Gegensatz zur traditionellen, eher verallgemeinernden Tendenz des IPR[531] – sehr zu Gunsten einzelfallgerechter Entscheidungen aufgegeben[532]. Zudem bedeutet fehlende Rechtssicherheit im Kollisionsrecht fehlende Sachrechtsbestimmungssicherheit[533]: durch „IPR-Shopping" wird das sogenannte forum shopping und hierdurch eine willkürliche Bevorzugung des Klägers ermöglicht. *Sonnenberger* schreibt, daß man „auf einem so komplizierten Feld wie dem IPR eine orientierungsbedürftige Justiz nicht mit Normschleiern allein lassen"[534] kann. Vor diesem Hintergrund erscheinen die Unübersichtlichkeit und Kompliziertheit des Verhältnisses der Rechtsnormen des Europäischen Kollisionsrechts zueinander als Hindernis und Gefahr für die Rechtssicherheit und daher als nicht wünschenswert[535]. Das Vermeiden von Widersprüchen und die Kohärenz hingegen

---

524 Vgl. etwa *Kohler*, EuR 1984, S.161.

525 Vgl. *Classen*, Zur Bedeutung der EWG-Richtlinien für Privatpersonen, EuZW 1993, S.87; *Schwander*, Ein IPR für Europa oder ein europäisches IPR?, S.845 f.

526 *Tarko*, ÖJZ 1999, S.407.

527 Siehe *Basedow*, NJW 1996, S.1929.

528 *Gebauer*, Grundfragen der Europäisierung des Privatrechts, S.119.

529 *Jayme*, Identité culturelle et intégration: le droit international privé postmoderne, S.129: *„(...) assurer au système une certaine sécurité juridique."*

530 Siehe etwa *Kohler*, EuR 1984, S.160.

531 Siehe *Schwind*, ZfRV 1997, S.243.

532 Siehe *Jayme*, ZfRV 1997, S.232.

533 *Seif*, JbJgZivRW 1997, S.239.

534 *Sonnenberger*, RIW Heft 4/1999, „Die erste Seite". Siehe hierzu auch *Leible*, Kollisionsrechtlicher Verbraucherschutz im EVÜ und in EG-Richtlinien, S.379; *Kegel/Schurig*, § 4, S.192; *Vischer/Huber/Oser*, Internationales Vertragsrecht, Kapitel 5, § 1, Rz.767.

535 *Martinek*, Unsystematische Überregulierung und kontraintentionale Effekte im Europäischen Verbraucherrecht, S.549.

können ein Mehr an Rechtssicherheit gewähren[536] und damit zur Stärkung des Wirtschaftsstandorts Europa beitragen.

bb) Legitimationswirkung

Ein weiterer Grund für das Ziel der Widerspruchsfreiheit und die Stärkung der formalen und konzeptionellen Einheitlichkeit des Rechts in der EU ist, daß sie den Legitimitätsvorsprung der nationalen Rechtsordnungen zu ihren Gunsten abbauen muß. Dies gilt vor allem deshalb, weil das Recht der Europäischen Union als supranationaler Rechtsgemeinschaft nicht nur neben, sondern als vorrangiges Recht „über" den nationalen Rechtsordnungen steht[537]. So weist nach *Steindorff*[538] ein Rechtssystem im ganzen einen höheren Grad von Legitimität auf als einzelne Rechtsnormen. Wegen des „legislativen Stückwerts" der EU und dem auf Einzelfragen zum primären Recht begrenzten Einfluß der Rechtsprechung haben demnach die nationalen Rechtsordnungen in ihrem tradierten Bestand wohl einen Legitimitätsvorsprung. Zwar spricht *Steindorff* von den nationalen Rechtsordnungen, wenn er schreibt, daß allein die Kohärenz „Gerechtigkeitsgarantien" schaffe und ein rationelles, zum Beispiel mit allgemeinen Teilen arbeitendes Rechtssystem ermögliche. Dieser, wie auch der Folgesatz, daß die Kohärenz allein „Privatrecht als Infrastruktur eines Binnenmarkts funktionsfähig"[539] macht, können jedoch auch für die Ordnung des europäischen (Kollisions-)Rechts gelten. Eine rechtsstaatliche Widerspruchsfreiheit der Normen wirkt als wesentliches Element zur *Legitimation* des einheitlichen Rechts in der Europäische Union[540].

Ein weiterer wichtiger Aspekt spielt in diesem Zusammenhang eine Rolle: Das kontinental-europäische Recht – auch das IPR – ist im Gegensatz zum anglo-amerikanischen Common Law stark normbezogen[541]. „*European conflicts law differs from its American counterpart in its drive for clarity of concepts and precision of rules, in its ambition to reach results by logical deduction from them, and in its desire to maintain a logical coherence among them*"[542]. Die Kohärenz des Europäischen Kollisionsrechts ist also Teil der kontinentaleuropäischen Rechtskultur. Soll die EU ihrem Anspruch, eine Rechtsgemeinschaft unter den Mitgliedstaaten zu sein, die unter anderem auf dem in diesen

---

536 Vgl. *Jayme*, Identité culturelle et intégration: le droit international privé postmoderne, S.129.

537 Zuletzt festgestellt vom LG Frankfurt a.M., Urt. v. 29.4.1998 – 2/1 S 45/96. Der erste Leitsatz der Entscheidung des Gerichts lautet: „*Die Grundsätze des europäischen Kollisionsrechts gehen dem deutschen Internationalen Privatrecht vor.*"

538 Vgl. *Steindorff*, EG-Vertrag und Privatrecht, S.51, 52.

539 *Steindorff*, EG-Vertrag und Privatrecht, S.52.

540 *Frowein*, S. 107.

541 Vgl. *Reimann*, Conflict of Laws in Western Europe, S.3 ff.; *North*, Is European Harmonisation of Private International Law a Myth or a Reality?, S.47.

542 *Reimann*, Conflict of Laws in Western Europe, S.9.

Staaten tradierten Rechtsstaatsprinzip beruht, gerecht werden, so muß sie auch die äußeren Rahmenbedingungen dafür schaffen. Es bedarf einer gewissen rechtsformalen und inhaltlichen *Qualität* des Gemeinschaftsrechts[543]. Das Europäische Kollisionsrecht kann – ob vereinheitlicht oder lediglich harmonisiert – als wichtiger und zukunftsträchtiger Teil der europäischen Rechtsgemeinschaft nur dann erfolgreich sein, wenn es an dieser Qualität teilhat und durch Kohärenz überzeugt[544]. „Unkoordinierte Kollisionsrechte (= Koordinationsrechte) sind ein Widerspruch in sich und in einer Rechtsgemeinschaft, wie sie die EG bzw. Europäische Union darstellt, je länger desto weniger hinnehmbar"[545]. Womöglich hat die EU dies erkannt und möchte die Formulierung der „Förderung der Vereinbarkeit der in den Mitgliedstaaten geltenden Kollisionsnormen" in Art. 65 lit.b EG als Bemühung zur Beseitigung der Inkohärenz verstanden wissen[546].

cc) Kohärenz als „Gerechtigkeitsgarantie"

Ein gewisses Bedürfnis nach Kohärenz im Recht ergibt sich ferner aus dem einfachen Grund, daß sich unter einem Rechtssystem eine Normenstruktur vorgestellt wird, in der sämtliche Regeln sowohl systematisch als auch inhaltlich aufeinander abgestimmt sind. Diese Vorstellung kommt nicht von ungefähr, sondern ist mit dem Gerechtigkeitsgedanken verbunden. Bestehen in einem Rechtssystem keine Widersprüche und Unklarheiten über die Geltung und die Anwendbarkeit von Normen, so besteht eine größere Garantie dafür, daß das System für die Rechtsanwender durchschaubar bleibt und von den Gerichten gleiche Fälle auch gleich entschieden werden. Widerspruchsfreiheit garantiert mit anderen Worten Entscheidungsharmonie und dadurch mehr Gerechtigkeit[547].

Ein von sich widersprechenden Wertungen bestimmtes Rechtssystem läßt nicht klar vorhersehen, welche Lösung im Einzelfall zu erwarten ist[548]. Die gleichzeitige Existenz verschiedener „konkurrierender" Rechtsquellen innerhalb einer einzigen Rechtsordnung führt – gerade auch vor dem Hintergrund, daß sich diese Quellen nicht gegenseitig erwähnen – dazu, daß die Systemzusammenhänge zwischen den Rechtsebenen nicht (mehr) eindeutig klärbar sind[549].

---

543 *Kropholler*, Internationales Einheitsrecht, S.10; siehe auch *Basedow*, NJW 1996, S.1929.

544 *Rittner*, EuR 1998, S.17: *„Ein solches Vorgehen vermeidet auch akute Gefahren für Rechtssicherheit und Rechstkultur: Europa braucht ein leistungsfähiges, ausgereiftes, allgemein anerkanntes Recht, das die Erwartungen der Bürger erfüllt, und nicht schöne Texte, die allenfalls eine Alibifunktion haben.*"; siehe auch *Bodewig*, DZWir 1997, S.455.

545 So *Kreuzer*, Die Europäisierung des Internationalen Privatrechts, 2. Aufl., S.542.

546 Vgl. *Staudinger*, ZfRV 2000, S.104.

547 Siehe *Jayme*, Europäischer Binnenmarkt – Einwirkungen auf das internationale Privatrecht, S.142; *Steindorff*, EG-Vertrag und Privatrecht, S.52.

548 *Sonnenberger*, JZ 1998, S.983; vgl. auch *Kayser*, Gegenmaßnahmen im Außenwirtschaftsrecht, S.168 ff.

549 *Steindorff*, EG-Vertrag und Privatrecht, S.51; *Ulmer*, JZ 1992, S.1, 5; *Müller-Graff*, NJW 1993, S.19.

Die Entscheidungen drohen, zufällig getroffen zu werden[550]. Dies kommt einer Schwächung der Rechtsordnung gleich die über eine mangelnde Praktikabilität bis hin zum Verlust der Funktionsfähigkeit führen kann. Die rationelle Basis der Rechtsordnung und das Vertrauen der Rechtsanwender und -betroffenen[551] geht verloren. Es sind daher im Interesse einer funktionsfähigen und zukunftsträchtigen Rechtsordnung „kohärierende Maßnahmen" erforderlich, durch deren Koordinierung des Rechts die Gerechtigkeit wieder garantiert werden kann[552].

2. Herstellung gleicher Bedingungen im Binnenmarkt durch kohärentes Kollisionsrecht

Neben dem allgemeinen Ziel der Widerspruchsfreiheit eines Rechtssystems steht als zweiter Grund für die Notwendigkeit der Kohärenz das konkrete Ziel der Herstellung gleicher Bedingungen im EU-Binnenmarkt. Angesichts der großen Bedeutung des Kollisionsrechts für die Rechtsintegration ist insbesondere die Stimmigkeit der Rechtsanwendungsnormen in den Unionsmitgliedstaaten wichtig.

Grundlage eines einheitlichen Marktes sind Transaktionen zwischen den Personen der verschiedenen Mitgliedstaaten. Auf Dauer bedarf auch der europäische Binnenmarkt daher eines einheitlichen, harmonisierten oder zumindest koordinierten Vertragsrechts[553]. Denn – wie zu Beginn der Arbeit ausgeführt – können Rechtsunterschiede im Privatrecht der Mitgliedstaaten bedeutende Hemmnisse für die Ausübung der Grundfreiheiten im Binnenmarkt darstellen[554]. Solange diese Hemmnisse nicht beseitigt sind, müssen grenzüberschreitende Rechtsstreitigkeiten unionsweit zumindest einheitlich entschieden werden können[555]. Es muß gleichgültig sein, von welchem mitgliedstaatlichen Gericht das materielle Ergebnis der Streitigkeit gefunden wird[556]. Diese europäische Entscheidungsharmonie kann daher nur durch Kollisionsrechtvereinheitlichung er-

---

550 *Gebauer*, Grundfragen der Europäisierung des Privatrechts, S.300.

551 Vgl. hierzu die Mitteilung der *Kommision* zu den „Wegen zu einer effizienteren Erwirkung und Vollstreckung von gerichtlichen Entscheidungen in der Europäischen Union", ABl.EG (31.1.1998) Nr. C 33/7.

552 *Lagarde,* Diskussionsbericht zu dem Referat von *Reich*, EG-Richtlinien und IPR, in: Die Europ. Des IPR, von Hoffmann (Hrsg.), 1993, S.127; *Gebauer*, Grundfragen der Europäisierung des Privatrechts, S.300; *Jayme/Kohler*, IPRax 1997, S.386; *Seif*, JbJgZivRW 1997, S.240.

553 *Drobnig*, Ein Vertragsrecht für Europa, S.1145 ff.; *Kreuzer*, Internationales Privatrecht und europäische Integration, S.544.

554 Vgl. auch Art. 3 lit.h EGV; *Müller-Graff*, EuR 1989, S.118.

555 Statt aller *Drobnig*, Ein Vertragsrecht für Europa, S.1142; *Sonnenberger*, JZ 1998, S.984; *Seif*, JbJgZivRW 1997, S.238.

556 *von Hoffmann*, ZfRV 1995, S.48.

reicht werden[557]. Das IPR übernimmt die Rolle des Integrationsrechts im modernen Binnenmarkt.

Wird demnach die zentrale Aufgabe der Förderung der Rechtsintegration von den Kollisionsnormen übernommen[558], so ist das Augenmerk darauf zu richten, daß diese ihrer Funktion auch konzeptionell gerecht werden und in einem stimmigen System ohne Reibungen funktionieren[559]. Nicht nur die Kollisionsrechtsverschiedenheit in vielen Bereichen, sondern auch die erörterte Aufsplitterung und Inkohärenz des IPR in Europa beeinträchtigen dessen Wirkungsweise. Neue Möglichkeiten für ein forum shopping und damit verbunden eine steigende Rechtsunsicherheit und ein mangelndes Vertrauen in den internationalen Rechtsverkehr[560] wirken sich negativ auf das Funktionieren des Gemeinsamen Marktes aus[561]. Im Ergebnis kann nur über ein kohärentes Europäisches Kollisionsrecht internationaler Entscheidungseinklang gefunden und dadurch gleiche Wettbewerbsbedingungen im Binnenmarkt hergestellt und aufrechterhalten werden[562].

Vor diesem Hintergrund, der dem Europäischen Kollisionsrecht die Rolle des „Komplementärrechts der Wirtschaftsintegration"[563] zuteilt, dessen Kohärenz unmittelbar spezifischen Gemeinschaftsinteressen dient[564], ist der Zustand seiner Normen zu Recht als „Skandal"[565] bezeichnet worden. „Unkoordiniertes Koordinierungsrecht ist nicht nur logisch eine contradictio in adjecto, sondern auch sachlich ein Widersinn. Zwischenstaatliche Koordination divergierender nationaler Sachrechte setzt zwingend koordinierte, das heißt identische Koordinierungsregeln in den betroffenen Staaten voraus"[566]. Im übrigen gilt dasselbe für das Verbraucherrecht der Union, das eng mit dem Kollisionsrecht zusam-

557 *Seif*, JbJgZivRW 1997, S.238 ff. Vgl. auch die Résolutions adoptés par l'Institut de Droit International lors de sa session de Berlin (17.-25.8.1999): „*Taking Foreign Private International Law into Account*: „*(...) Considering that uniformity of decision is only achieved if the relevant choice of law rules of the countries concerned either contain identical choice of law rules interpreted uniformly or if one of the different connecting factors is accorded precedence.*", IPRax 2000, S.51. Siehe hierzu *Jayme*, Tagung des Institut de Droit International in Berlin, IPRax 2000, S.61.

558 *Jayme*, Internationales Privatrecht und Europäischer Binnenmarkt – Eine Skizze –, S.27.

559 Die Erforderlichkeit für ein „reibungsloses Funktionieren des Binnenmarktes" verlangt auch Art. 65 EG von der modernen Kollisionsrechtsvereinheitlichung.

560 Siehe *Heiss*, Die Europäisierung des Internationalen Schuldvertragsrechts, S.103.

561 *Wägenbaur*, Verbraucherschutz im EG-Recht und seine Bezüge zum Internationalen Privatrecht, S.134; *Seif*, JbJgZivRW 1997, S.238.

562 *Jayme*, Europäisches Kollisionsrecht: Neue Aufgaben, neue Techniken, S.36; *ders.*, Europäischer Binnenmarkt – Einwirkungen auf das internationale Privatrecht, S.142; *Lurger*, Zur Umsetzung der Kollisionsnormen von Verbraucherschutzrichtlinien, S.204; *Martiny*, ZEuP 1995, S.88.

563 *Kohler*, Die Formung europäischen Kollisionsrechts durch den Gerichtshof der Europäischen Gemeinschaften, S.17.

564 *Basedow*, NJW 1996, S.1929.

565 *Remien*, ZfRV 1995, S.126 f.

566 *Kreuzer*, Internationales Privatrecht und europäische Integration, S.550.

menhängt: Es bedarf einer kohärenten Schutzpolitik, um die Verbraucher effektiv zu schützen[567].

Fazit dieser Ausführungen ist die Erkenntnis der integrationsfördernden Wirkung eines kohärenten Europäischen Kollisionsrechts. Es liegt daher im Allgemeininteresse, durch die Bereinigung der den Wirtschaftsverkehr behindernden Wertungswidersprüche und die Koordinierung der Rechtsquellen das Funktionieren des Binnenmarktes zu optimieren[568].

3. *Kohärenzgebot im Unionsverbund*

Als eine weitere Stütze für die Berechtigung der Forderung nach Kohärenz im europäischen Recht kann das Kohärenzgebot der Union angesehen werden. Es ist in Art. 3 EU, der Art. 30 Abs. 5 S.1 EEA[569] fortführt, festgeschrieben. Dort heißt es:

> „(1) Die Union verfügt über einen einheitlichen institutionellen Rahmen, der die Kohärenz und Kontinuität der Maßnahmen zur Erreichung ihrer Ziele unter gleichzeitiger Wahrung und Weiterentwicklung des gemeinschaftlichen Besitzstands sicherstellt.
> (2) Die Union achtet insbesondere auf die Kohärenz aller von ihr ergriffenen außenpolitischen Maßnahmen im Rahmen ihrer Außen-, Sicherheits-, Wirtschafts- und Entwicklungspolitik. Der Rat und die Kommission sind für diese Kohärenz verantwortlich. Sie stellen jeweils in ihrem Zuständigkeitsbereich die Durchführung der betreffenden Politiken sicher.“

Ferner enthält auch Art. 1 Abs. 3 S.2 EU für Union und Mitgliedstaaten[570] eine generelle Kohärenzaufgabe, die auf eine „den Zusammenhalt fördernde und inhaltlich abgestimmte Beziehungsgestaltung gerichtet ist“[571]:

> „(...) Aufgabe der Union ist es, die Beziehungen zwischen den Mitgliedstaaten sowie zwischen ihren Völkern kohärent und solidarisch zu gestalten.“

Im Vordergrund stehen die *innere Kohärenz*, die auf den Zusammenhalt von Unionsverbund und Gemeinschaften im Innenverhältnis abzielt (Art. 1 Abs. 3 S.2 EU), und die *äußere Kohärenz*, nach der ein gemeinsames außen-, si-

---

567 *Bergmann/Lenz-Kienle*, S.166.

568 *Jayme/Kohler*, L'interaction des règles de conflit, Rev.crit.d.i.p., 84 (1) 1995, S.39; *Schwartz*, Perspektiven der Angleichung des Privatrechts in der EG, ZEuP 1994, S.568; *Lurger*, Zur Umsetzung der Kollisionsnormen von Verbraucherschutzrichtlinien, S.204.

569 Art. 30 Abs. 5 Satz 1 EEA, der durch den EU-Vertrag aufgehoben wurde, lautete: „*Die auswärtigen Politiken der Europäischen Gemeinschaft und die im Rahmen der Europäischen Politischen Zusammenarbeit vereinbarten Politiken müssen kohärent sein.*“ Siehe hierzu *Koenig* und *Haratsch*, Europarecht, S.304 f.

570 Das Gebot richtet sich nach *Koenig/Haratsch*, Europarecht, S.304 an beide.

571 *Müller-Graff*, Einheit und Kohärenz der Vertragsziele von EG und EU, S.74.

cherheits- und entwicklungspolitisches Auftreten gegenüber Drittstaaten und internationalen Organisationen gewährleistet werden soll (Art. 3 Abs. 2 EU)[572]. Die prominente Stellung dieses Gebots zu Beginn des EU-Vertrages weist darauf hin, wie sehr der Union an der Stimmigkeit und Zusammenhangswahrung ihres grundsätzlichen Politikverhaltens gelegen ist.

Bei genauerem Hinsehen läßt sich aus den Regelungen des EU-Vertrages auch ein Gebot für die dritte Kategorie der *inhaltlichen Kohärenz*, auch „Maßnahmenkohärenz" genannt[573], herleiten[574]. Sie beschreibt das Bemühen der Union um eine konzeptionsgeleitete und widerspruchsfreie Gestaltung ihrer einzelnen Handlungen und Maßnahmen. In diese Kategorie fällt die Kohärenz der Rechtsquellen im Europäischen Kollisionsrecht. Die Herleitung führt über Art. 3 Abs. 1 und Art. 2 EU. Zu den Zielen der Union, auf die Art. 3 Abs. 1 EU hinweist, gehört nach Art. 2 Spiegelstrich 4 EU auch die „Erhaltung und Weiterentwicklung der Union als Raum der Freiheit, der Sicherheit und des Rechts (...)". In Art. B Spiegelstrich 4 des Maastrichter Unionsvertrages war das Ziel der „Entwicklung einer engen Zusammenarbeit in den Bereichen Justiz und Inneres" gesetzt[575]. In Anbetracht der Tatsache, daß es der Union in Art. 3 Abs. 1 EU damit auch um die „gleichzeitige Wahrung und Weiterentwicklung" des *rechtlichen acquis communautaire*, zu dem das EVÜ gehört[576], geht, ergibt sich eine Erstreckung des Kohärenzgebots auch auf die inhaltliche und wertungsmäßige Kohärenz im Europäischen Kollisionsrecht. Dies kommt, wenn dies nicht zu weit hergeholt ist, über die argumentative Rechtfertigung der Kohärenz hinaus einer gewissen primärrechtlichen Rechtsgrundlage gleich.

4. Notwendiger Erhalt des EVÜ

Ein bedeutender letzter Rechtfertigungsgrund für die Kohärenz unter den Rechtsquellen des Europäischen Kollisionsrechts ist nicht zuletzt, daß sie der Erosion des EVÜ, insbesondere des Art. 5 EVÜ, Einhalt gebieten kann. Unabhängig von der gebotenen „Wahrung des gemeinschaftlichen Besitzstands" nach Art. 3 Abs. 1 i.V.m. Art. 2 Spiegelstrich 4 EU sprechen auch weitere Gründe für den Erhalt des EVÜ. Diese sind bereits zum Großteil im Zusammenhang mit der Erosion des EVÜ aufgeführt worden. Hervorzuheben ist noch einmal, daß das

---

572 *Koenig* und *Haratsch*, Europarecht, S.304.

573 So *Müller-Graff*, Fn.91 u. 93 bei *Pechstein/Koenig*, Die Europäische Union, Die Verträge von Maastricht und Amsterdam, 2.Aufl. 1998, S.7; *Koenig* und *Haratsch*, Europarecht, S.305.

574 A.A. sind *Pechstein/Koenig*: *„Daß diese Kategorie allerdings von den unionsvertraglichen Regelungen erfaßt ist, muß bezweifelt werden. Die Forderung nach innerer Widerspruchsfreiheit von Einzelregelungen ist allenfalls ein allgemein rechtsstaatliches Anliegen, welches aber in den hier interessierenden Bestimmungen des Unionsvertrages nicht verfolgt wurde*", S.72.

575 Vgl. hierzu *Pechstein/Koenig*,S.70.

576 *Junker*, IPRax 1998, S.74.

Konventionsrecht nach wie vor als Basis im Europäischen Kollisionsrecht vorherrscht[577]. Allein die Tatsache, daß es sich bewährt hat, macht es schon zu einer erhaltenswerten Rechtsquelle. Ferner ist das EVÜ von seinen Gründern auf Dauer angelegt und mit einem sinnvoll ausgeglichenen Wertungssystem ausgestattet worden[578]. Es hat zudem ein gewisses Niveau an Rechtseinheit etabliert, das mit der Kohärenz wiederhergestellt werden kann[579]. Darüber hinaus sind die EVÜ-Vertragsstaaten auch völkerrechtlich zum Erhalt der Kohärenz zu ihrem Übereinkommen verpflichtet[580]: Das Übereinkommen gilt nach Art. 30 Abs. 1 EVÜ zunächst für die Dauer von zehn Jahren ab Inkrafttreten, kann jedoch stillschweigend um jeweils fünf Jahre verlängert werden, wenn es nicht (einseitig) gekündigt wird, Abs. 2 bis 4[581]. Wegen seines Inkrafttretens am 1.4.1991, läuft das Übereinkommen erst am 31.3.2001 aus. Bis dahin, wenn nicht über diesen Zeitpunkt hinaus, sind die Mitgliedstaaten verpflichtet, einen Weg zur Verhinderung der Erosion des EVÜ zu finden[582].

III. Zusammenfassung

Kernaussage der hier vertretenen „Theorie der Kohärenz" ist, daß die Stimmigkeit der Rechtsnormen im Europäischen Kollisionsrecht mehr als nur eine rechtspolitische Wunschvorstellung ist. Vielmehr sprechen spezifische rechtliche Interessen für ihren Erhalt bzw. ihre Wiederherstellung. Die Kohärenz ist ein integraler Bestandteil des Wesens einer Rechtsordnung, da sie deren Einheit und ein gewisses Maß an Gerechtigkeit garantiert. Die rechtliche Wirklichkeit weist darauf hin, daß eine Normenkohärenz im Europäischen Kollisionsrecht zu einer wertungsstimmigen Gemeinschaftsrechtsordnung und zur Realisierung des Europäischen Binnenmarktes beiträgt. Das Kohärenzgebot in der EU und der Erhalt des EVÜ erfordern ebenfalls eine bessere Koordinierung der europäischen Kollisionsnormen. Die Europäische Gemeinschaft und die Mitgliedstaaten sollten daher das Vorhandensein von Widersprüchen zum Anlaß nehmen und die Kraft aufbringen, das Europäische Kollisionsrecht bewußt in Richtung einer Kohärenz fortzubilden[583]. Dadurch wäre ein weiterer, wichtiger Schritt in Richtung des Aufbaus einer echten europäischen Rechtsgemeinschaft getan.

---

577 *Jayme*, Identité culturelle et intégration: le droit international privé postmoderne, S.67.

578 *Martiny*, ZEuP 1997, S.115 f.; *Gebauer*, Grundfragen der Europäisierung des Privatrechts, S.119.

579 Vgl. *Kronke*, RIW 1996, S.987.

580 *Staudinger*, Artikel 6 Absatz 2 der Klauselrichtlinie und § 12 AGBG, S.258.

581 Vgl. ABl.EG (9.10.1980) Nr. L 266/7.

582 *Thorn*, IPRax 1999, S.8 f.

583 *Sonnenberger*, JZ 1998, S.984.

Dritter Teil

Kompetenzen zur Herstellung der Kohärenz

Mit dem Ergebnis des zweiten Teils der Arbeit, der Bejahung der Notwendigkeit einer Herstellung der Kohärenz im Europäischen Kollisionsrecht, ist noch nichts über konkrete Maßnahmen gesagt. Ein weiteres Ziel dieser Arbeit ist es jedoch, herauszuarbeiten, *wie* die Herstellung einer Kohärenz unter den Rechtsquellen des Europäischen Kollisionsrecht verwirklicht werden kann. In engem Zusammenhang mit der Suche nach dem „rechtlich möglichen" Koordinierungsmechanismus steht die Frage, wer für die Herstellung der Kohärenz zuständig ist. Nur diejenige rechtsgebende Instanz oder Gemeinschaft, die die Kompetenz für die Regelung von Europäischem Kollisionsrecht hat, ist auch befugt, auf die Regelungen dieser Rechtsmaterie so einzuwirken, daß sie ein kohärentes Normensystem bilden. In Betracht kommen die Mitgliedstaaten der EU als völkerrechtliche Subjekte bzw. als Vertragsparteien und die Europäische Gemeinschaft selbst.

Die rechtliche Situation hinsichtlich der Rechtssetzungszuständigkeit für das Europäische Kollisionsrecht war bis zum Inkrafttreten des Vertrags von Amsterdam am 1.5.1999 noch weitgehend ungeklärt. In der Rechtsliteratur zeichneten sich kompetenzrechtliche Ausführungen zum IPR daher häufig durch ein hohes Maß an Zurückhaltung aus[584]. Inzwischen ist die Kompetenz der Gemeinschaftsorgane – zumindest aus Sicht der Organe der Europäischen Union – keine offene Frage mehr. Sie gilt trotz aller Kritik aus Literatur und Lehre in den Mitgliedstaaten als geklärt. Andererseits scheint es zumindest in der nationalen Politik einen gewissen Trend dahin zu geben, eine Rückübertragung von Kompetenzen auf die Mitgliedstaaten zu fordern[585].

A. Allgemeines zur Kompetenzordnung in der EG

Der verglichen mit den Zuständigkeitskatalogen nationaler Rechtsordnungen[586] beinahe auffällige Mangel an klaren, festgeschriebenen Regelungen zur Vertei-

---

584 Vgl. etwa *Sonnenberger*, ZEuP 1996, S.383, 384.

585 Siehe Neue Zürcher Zeitung (NZZ) v. 22.6.2000, S.1: „*Fischers Berufung auf den Nationalstaat mitsamt der Andeutung, dass einige bereits an die EU abgetretene Kompetenzen vielleicht in Zukunft wieder zurück auf den Nationalstaat zu übertragen seien (...)*" und *dies.*, v. 28.6.2000, S.1: „*Unter dem Applaus des deutschen Parlaments forderte Chirac, Europa müsse demokratischer werden und seine Völker müssten wieder zum Souverän werden*".

586 Vgl. etwa Art. 30, 71 ff., 83 GG für die Zuständigkeitsverteilung zwischen dem Bund und den Ländern in der Bundesrepublik Deutschland.

lung der Kompetenzen innerhalb des Gemeinschaftsrechts ist nicht etwa die Folge einer nachlässigen Primärrechtsetzung durch die Gründerstaaten der Europäischen Gemeinschaften. Sondern er ist bedingt durch die der EG eigene Rechtsetzungssystematik, die historische Gründe hat: Die Gründerstaaten der Europäischen Gemeinschaft haben mit dem Abschluß des EG-Vertrages[587] eine supranationale Organisation geschaffen und mußten auf ureigene Kompetenzen verzichten, die sie auf die Gemeinschaft übertrugen. Diese Übertragung erfolgte jedoch nicht in Form von allgemeinen Aufträgen, wie zum Beispiel der Regelung eines Gesetzbuches des Bürgerlichen Rechts als Teil einer umfassenden Privatrechtsordnung[588]. Vielmehr wurden einzelne Politiken, wie die Wettbewerbs-, Verbraucher- oder Sozialpolitik, ausgewählt und auf die Gemeinschaft übertragen[589]. Diese Grundkonzeption der „rechts- bzw. wirtschaftspolitisch bestimmten“ Kompetenzen hat den EG-Vertrag geprägt.

Die sehr differenzierten Rechtsetzungsbefugnisse der Gemeinschaftsorgane im EG-Vertrag sind daher weder nach den Kategorien des Öffentlichen oder des Privatrechts noch gar gegenständlich mit Hilfe eines starren Zuständigkeitskataloges aufgegliedert[590]. Die europäische Kompetenzordnung geht vielmehr vom *Prinzip der begrenzten Einzelermächtigung*[591] (Art. 5 Abs. 1 EG) aus und knüpft *rein funktional* an das „Funktionieren des Gemeinsamen Marktes“ (Art. 94 EG[592]) bzw. die „Errichtung und das Funktionieren des Binnenmarktes“ (Art. 95 Abs. 1 S.2 EG), an die Effektuierung der marktbezogenen Grundfreiheiten und ergänzend an die Verwirklichung der Ziele der Gemeinschaft im Rahmen des Gemeinsamen Marktes (Art. 308 EG) an[593]. Der EG-Vertrag ist als „Planungsverfassung“[594] zu verstehen. Die kompetenzbegründenden Vorschriften wirken zugleich kompetenzbeschränkend, indem sie regelmäßig die Gemeinschaftszuständigkeit von einem *Erforderlichkeitskriterium* abhängig machen[595].

587 Obwohl der Vertrag in der Vorbinnenmarktzeit noch „Vertrag zur Gründung der Europäischen Wirtschaftsgemeinschaft“ (EWGV) hieß, wird hier bereits der Einheitlichkeit wegen die Bezeichnung „EG-Vertrag“ bzw. die Abkürzung „EGV“ verwendet.

588 *Rittner*, JZ 1995, S.850 f.

589 Vgl. *Kötz*, RabelsZ 50 (1986), S.10.

590 *Hauschka*, JZ 1990, S.523; vgl. auch *Engel*, ZfRV 1999, S.122 ff.

591 Das Prinzip der *„attribution des compétences“*, vgl. etwa *Schweitzer/Hummer*, Europarecht, Rn.335; *Engel*, ZfRV 1999, S.122.

592 Mit Inkrafttreten des Vertrages von Amsterdam am 1. Mai 1999 gilt die neue Rechtslage, so daß die Vorschriften des EG-Vertrages hier grundsätzlich nach der verbindlichen neuen Artikelzählung zitiert werden; gelegentlich weist ein Klammerzusatz auf die ehemalige Numerierung hin.

593 *Müller-Graff*, Gemeinsames Privatrecht in der Europäischen Gemeinschaft, S.332; *Gebauer*, Grundfragen der Europäisierung des Privatrechts, S.124; *Paschke*, Regelungsziele des Europäischen Privatrechts, S.10; *von Hoffmann*, The European Community and Private International Law, S.27; *Engel*, ZfRV 1999, S.121.

594 *Boeck*, Die Abgrenzung der Rechtssetzungskompetenzen, S.242.

595 Siehe etwa *Müller-Graff*, Gemeinsames Privatrecht in der Europäischen Gemeinschaft, S.333; vgl. auch *Paschke*, Regelungsziele des Europäischen Privatrechts, S.11: *„In der Rechtspraxis hat sich das Erforderlichkeitskriterium als ein Kriterium erwiesen, das dem*

Darüber hinaus wird auch dem in Art. 5 Abs. 2 EG verankerten *Subsidiaritätsprinzip* eine gewisse kompetenzbegrenzende Bedeutung zugemessen.

Im Ergebnis sind die Rechtsetzungsorgane der Europäischen Union demnach sehr wohl – ähnlich den nationalen Gesetzgebern – an eine Kompetenzordnung des Gemeinschaftsrechts gebunden und können europäisches Recht nicht in beliebiger Weise setzen. Diese Kompetenzordnung ergibt sich jedoch nur indirekt aus den Bestimmungen der Gemeinschaftsverträge und ist durch verschiedene funktionelle, rechts- bzw. marktpolitische Kriterien strukturiert. Dort, wo die Gemeinschaftsorgane keine Zuständigkeit haben, sind nach wie vor die einzelnen Mitgliedstaaten zuständig. Dennoch mehren sich die Stimmen, die dieses System für unzulänglich halten und die Aufstellung eines Kompetenzkataloges im EG-Vertrag zur klaren Abgrenzung der Rechtsetzungszuständigkeiten von Gemeinschaft und Mitgliedstaaten fordern[596].

B. Schrittweise Verlagerung der Zuständigkeit für das Kollisionsrecht auf die EU

Die allgemeinen Ausführungen zur Kompetenzordnung in der EG gelten auch für den Bereich des Internationalen Privatrechts. Zumindest bis zum Inkrafttreten des Vertrags von Amsterdam am 1.5.1999 enthielten weder das primäre Gemeinschaftsrecht[597] noch der EG-Vertrag eine ausdrückliche und allgemeine Kompetenzzuweisungsnorm der EG für die Schaffung gemeinsamen Kollisionsrechts[598]. Wie für das Privatrechts insgesamt[599], schlossen sie eine solche Kompetenz aber ebensowenig generell aus. Aus dieser Unbestimmtheit kann infolgedessen eine gewisse legislatorische Kompetenz der EG auch für internationalprivatrechtliche Normen gefolgert werden, jedoch nur im Rahmen ihrer weiter oben kurz erläuterten Rechtsetzungsbefugnisse. Europäisches Kollisionsrecht konnte demnach – schon mangels einer sachgebietlichen Abgrenzung und wegen des Prinzips der begrenzten Einzelermächtigung – nicht deswegen geschaffen werden, weil es sich um Kollisionsrecht handelt, sondern konnte immer

Gemeinschaftsgesetzgeber einen rechtspolitischen Beurteilungsspielraum für das Bestehen einer Rechtsetzungskompetenz gibt, der vom EuGH inhaltlich nur schwer zu kontrollieren ist".

596 *Boeck*, Die Abgrenzung der Rechtssetzungskompetenzen, S.242 ff.; vgl. auch *Borchmann*, Was kommt nach Amsterdam?, EuZW 1998, S.641.

597 Vgl. etwa *von Hoffmann*, The European Community and Private International Law, S.27.

598 Siehe nur *Kreuzer*, Die Europäisierung des Internationalen Privatrechts, 1.Aufl., S.431 und *Kohler*, Die Formung europäischen Kollisionsrechts durch den Gerichtshof der Europäischen Gemeinschaften, S.15. Auch das dem Europäischen Rat von der EG-Kommission vorgelegte Weißbuch vom 14.6.1985 „Vollendung des Binnenmarktes", klammert das Internationale Privatrecht weitgehend aus; *Roth*, RabelsZ 55 (1991), S.624. Vgl. auch bereits *Zweigert*, S.555.

599 Vgl. *Müller-Graff*, Gemeinsames Privatrecht in der Europäischen Gemeinschaft, S.332; ebenso *Gebauer*, Grundfragen der Europäisierung des Privatrechts, S.124.

schon dann bzw. nur dann geschaffen werden, wenn es eine Grundlage in zumindest einer funktionalen Kompetenznorm fand[600].

Trotz der allgemein ungewissen Kompetenzverteilung im Bezug auf das Kollisionsrecht in der Zeit vor Inkrafttreten des Vertrags von Amsterdam, kann infolge der von der Integrationspolitik angeregten Rechtsentwicklungen doch zumindest eine *schrittweise Verlagerung* der Zuständigkeiten für das Kollisionsrecht von den Mitgliedstaaten auf die Europäische Union festgestellt werden[601]. Anhaltspunkte für diese Verlagerung sind die ausdrücklich verwendeten Rechtsgrundlagen und Ermächtigungsnormen, aufgrund deren Anwendung Europäisches Kollisionsrecht erlassen wurde, bis hin zu Art. 65 lit.b EG in seiner Amsterdamer Fassung. Um etwas mehr Licht in die Kompetenz-„Grauzone" zu bringen, werden diese Vorschriften und ihre Beziehungen zueinander nachfolgend untersucht. Die einschlägigen Normen werden in die zeitliche Kategorie der Entwicklungsstufen der EU eingebunden. Die Zuständigkeitsverlagerung kann daher grob anhand von drei Stufen nachvollzogen werden. Hieraus ergibt sich folgende Gliederung der Ausführungen: die Rechtslage hinsichtlich der IPR-Kompetenzen in der Vorbinnenmarktzeit, das heißt vor Inkrafttreten des Maastrichter Unionsvertrages (I.), der Status der Kollisionsrechtskompetenzen nach dem Vertrag von Maastricht (II.) und – hier schwerpunktmäßig besprochen – die neu eingetretene Kompetenzverlagerung auf die EU nach Inkrafttreten des Vertrags von Amsterdam (III.).

I. IPR-Kompetenzen in der Vorbinnenmarktzeit

Die erste für die Herausbildung von Europäischem Kollisionsrecht betrachtete Phase betrifft die Rechtslage vor Inkrafttreten des Maastrichter Vertrages und der Gründung der Europäischen Union, das heißt die Zeit bis zum 1. November 1993. Relevant für die Setzung von Europäischem Kollisionsrecht in dieser Zeitspanne waren insbesondere Art. 220 EGV (heute Art. 293 EG) (1.), ansatzweise jedoch auch die Ermächtigungs-Generalklauseln der Art. 100, 100a EGV (heute Art. 94, 95 EG) (2.). Beide Kompetenzgrundlagen sind heute noch von Bedeutung.

[600] So *Paschke,* Regelungsziele des Europäischen Privatrechts, S.10
[601] *Joerges*, ZEuP 1995, S.181

1. Art. 220 EGV: Grundlage für gemeinschaftsrechtsnahes Konventions (-kollisions)recht

Das EVÜ war zur Kollisionsrechtsvereinheitlichung in Ausführung von Art. 220 EGV erster und vierter Unterabsatz (heute Art. 293 EG)[602] ausgearbeitet worden, da es einer Ergänzung des EuGVÜ bedurfte und Kommission und Mitgliedstaaten der Auffassung waren, es seien auch kollisionsrechtliche Verschiedenbehandlungen der Angehörigen der Mitgliedstaaten von Art. 220 EGV erfaßt[603]. Später hat man sich jedoch von dieser Grundlage distanziert und – im Gegensatz zum EuGVÜ – auf dessen Erwähnung in der Präambel verzichtet. Das Übereinkommen stellt daher kein Gemeinschaftsrecht im formellen Sinne dar; unbestritten ist jedoch, daß es „gemeinschaftsrechtsnah" oder sogar Gemeinschaftsrecht im materiellen Sinne ist, da unter anderem zwei Zusatzprotokolle vom 19.12.1988 die Zuständigkeit des EuGH für seine Auslegung regeln[604].

Verhandlungen, die aufgrund von Art. 220 EGV geführt werden, betreffen allein die *EU-Mitgliedstaaten untereinander*[605]. Der Gemeinschaft, die allein durch ihre Organe handelt, wird daher keine Rechtssetzungsbefugnis übertragen[606]. Übereinkommen über die Gleichstellung von Staatsangehörigen sollen mittels klassischer völkerrechtlicher Übereinkunft verabschiedet werden, dies jedoch nur „soweit erforderlich". Offenbar gingen die Regierungen der Unterzeichnerstaaten im Jahre 1980 bei ihrer das EVÜ begleitenden „Gemeinsamen Erklärung" bereits davon aus, daß die EG-Gründungsverträge auch für das Kollisionsrecht gewisse Zuständigkeiten der Gemeinschaftsorgane vorsehen, ohne diese jedoch genauer zu konkretisieren. Auf der anderen Seite kann jedoch nach allgemeiner Auffassung auch zugunsten der Mitgliedstaaten nicht von einem „Einräumen" von Zuständigkeiten im Sinne einer Begründung von Rechtsetzungskompetenzen die Rede sein. Art. 220 EGV hält vielmehr die national-

---

602 In der Vorschrift heißt es: „[Verhandlungen über Gleichstellung der Staatsangehörigen] Soweit erforderlich, leiten die Mitgliedstaaten untereinander Verhandlungen ein, um zugunsten ihrer Staatsangehörigen folgendes sicherzustellen:
- der Schutz der Personen sowie den Genuß und den Schutz der Rechte zu den Bedingungen, die jeder Staat seinen eigenen Angehörigen einräumt;
- die Beseitigung der Doppelbesteuerung innerhalb der Gemeinschaft;
- die gegenseitige Anerkennung der Gesellschaften im Sinne des Artikels 58 Absatz 2, die Beibehaltung der Rechtspersönlichkeit bei Verlegung des Sitzes von einem Staat in einen anderen und die Möglichkeit der Verschmelzung von Gesellschaften, die den Rechtsvorschriften verschiedener Mitgliedstaaten unterstehen;
- die Vereinfachung der Förmlichkeiten für die gegenseitige Anerkennung und Vollstreckung richterlicher Entscheidungen und Schiedssprüche."

603 *Groeben/Thiesing/Ehlermann-Schwartz*, Art. 220 Rz.65 ff.; a.A. insoweit Münchner Kommentar/*Martiny*, Band 10, IPR, 3.Aufl.1998, vor Art. 27 Rz.10.

604 Siehe *Jayme/Hausmann*, Ordnungsziffern 71/72.

605 So deutlich auch *Jayme/Kohler*, IPRax 1997, S.386

606 *Groeben/Thiesing/Ehlermann-Schwartz*, Art. 220, Rz.13; *von Hoffmann*, ZfRV 1995, S.48.

staatsrechtliche Befugnis der Mitgliedstaaten, als Subjekte des Völkerrechts untereinander Verhandlungen einzuleiten und Verträge auszuhandeln, für die dort aufgezählten Materien aufrecht[607].

2. Art. 100, 100a EGV – Kollisionsrecht in sekundärem Gemeinschaftsrecht durch Rechtsangleichung beim Verbraucherschutz

Erst gegen Ende der Vorbinnenmarktzeit, nämlich kurz vor Inkrafttreten des Unionsvertrages von Maastricht, haben die Gemeinschaftsorgane damit begonnen, punktuell auf der Grundlage der generalklauselartigen Ermächtigungsvorschrift der Art. 100, 100a[608] EGV (heute Art. 94, 95 EG) harmonisiertes verbraucherschützendes Kollisionsrecht zu schaffen. Insofern ist bereits innerhalb der Vorbinnenmarktzeit eine Entwicklung auszumachen, die sich nach dem Inkrafttreten des Maastrichter Vertrages noch intensiviert: die grundsätzliche Kompetenz der Mitgliedstaaten für das IPR wird durch das punktuelle, wenn auch unbeabsichtigte Vorgehen der EG – irreversibel[609] – gekürzt.

Diese Ermächtigungsgrundlage ist jedoch auf wirtschaftlich relevante Materien – die Errichtung und das Funktionieren des Gemeinsamen Marktes bzw. des Binnenmarktes –, und deshalb funktional (nicht sachlich)[610] auf den verhältnismäßig schmalen Sektor des freien Warenverkehrs beschränkt, so daß sie als Grundlage für eine Angleichung bzw. Vereinheitlichung sämtlicher Bereiche des Kollisionsrechts ausscheidet[611]. Ausgehend vom Ziel der Erreichung eines hohen Verbraucherschutzniveaus ist für das Kollisionsrecht von einer *Annex-Zuständigkeit* der Gemeinschaft auszugehen[612]. Gewissermaßen ist somit die funktional ausgerichtete Vorgehensweise der EG, insbesondere im Bereich des Verbraucherschutzes, ein „Einfallstor"[613] oder eher eine „Seitentür"[614], durch die sie mit spezifischen Schutzanliegen verknüpftes Internationales Privatrecht punktuell vergemeinschaften kann[615]. Von der neben den Art. 94, 95 EG

---

607 Siehe etwa *von Hoffmann*, ZfRV 1995, S.48; *Groeben/Thiesing/Ehlermann-Schwartz*, Art. 220, Rz.17; *Wuermeling*, S.74

608 Eingeführt durch die Einheitliche Europäische Akte (EEA), ABl.EG (29.6.1987) Nr. L 169/1; BGBl. 1986 II S.1102, 1104; EuR 1986, 175; die EEA ist am 1.7.1987 in Kraft getreten. Art. 100a EGV ist *lex specialis* zu Art. 100 EGV.

609 *Israël*, Maastricht Journal of European and Comparative Law 2000, S. 90.

610 *Langeheine*, EuR 1988, S.239.

611 *Kreuzer*, Die Europäisierung des Internationalen Privatrechts, 1.Aufl., S.429.

612 Siehe hierzu *Junker*, IPRax 1998, S.70; *Kreuzer*, Die Europäisierung des Internationalen Privatrechts, 1.Aufl., S.430 und *Sonnenberger*, Europarecht und IPR, ZVglRWiss 95 (1996), S.31; *ders.*, Münchner Kommentar, Einleitung in das IPR, Rz.166; *Roth*, IPRax 1994, S.173, 174.

613 Siehe *Micklitz*, ZEuP 1998, S.254.

614 So *Kohler*, in: *Simmer*, Gemeinschaftsrecht für Zivilrechtler: Gemeinschaftsrecht und Privatrecht, Bericht zu einer Tagung der Europäischen Rechtsakademie Trier vom 1.7. bis 3.7.1998, JuS 1998, Heft 11, S.IX.

615 Siehe auch *Staudenmayer*, RIW 1999, S.733.

denkbaren, insbesondere vor dessen Einführung 1987 wichtigen subsidiären Ermächtigungsgrundlage des Art. 308 EG (früher Art. 235 EGV) hat die Gemeinschaft im Hinblick auf die Regelung kollisionsrechtlicher Fragen keinen Gebrauch gemacht.

II. Status der Kollisionsrechtskompetenzen nach dem Vertrag von Maastricht

Der EG-Vertrag galt bis zum 30.4.1999 in der Fassung, die er durch den seit dem 1. November 1993 in Kraft befindlichen Vertrag über die Europäisches Union (Vertrag von Maastricht)[616] vom 7.2.1992 erhalten hat. Zwei im vorliegenden Zusammenhang wichtige Entwicklungen spielen in dieser genau 5 ½ Jahre andauernden Zeit eine Rolle, erstens die Fortsetzung der gegen Ende der Vorbinnenmarktzeit begonnenen punktuellen Kollisionsrechtsharmonisierung durch die Gemeinschaft (1.), und zweitens die Festschreibung der „justitiellen Zusammenarbeit in Zivilsachen" im sogenannten „dritten Pfeiler" der Union (2.).

1. Kontinuität der punktuellen Richtlinienharmonisierung von IPR

Seit der Unterzeichnung des Unionsvertrags haben die Gemeinschaftsorgane mit Art. 6 Abs. 2 der Klauselrichtlinie[617] begonnen, punktuell sachnormergänzende Kollisionsnormen in verbraucherschützende EG-Richtlinien, die in Ausübung von Gemeinschaftskompetenzen ergangen sind, einzufügen. Mit Einführung von Art. 3 lit.s EGV (heute Art. 3 Abs. 1 lit.t EG) war die Verbesserung des Verbraucherschutzes in den Rang eines Verfassungsziels der neuen Union erhoben worden. Damit war die Grundlage für eine umfassende Verbraucherschutzpolitik in Europa geschaffen[618]. Diese Grundbestimmung wurde ausgefüllt durch Art. 129 a EGV (heute Art. 153 EG), der eine Ermächtigungsgrundlage für spezifische Verbraucherschutzaktionen schuf[619]. Im Rahmen letzterer Vorschrift ist die Union auch verpflichtet worden, durch Maßnahmen der Rechtsangleichung Art. 129 a Abs. 1 lit.a i.V.m. Art. 100a EGV (heute Art. 153 Abs. 3 lit.a i.V.m. Art. 95 EG) vorzugehen.

Mit Zunahme des besonderen Richtlinienkollisionsrechts für bestimmte Vertragstypen findet eine gewisse Verschiebung der Zuständigkeiten für das Europäische Kollisionsrecht auf die Europäische Gemeinschaft statt. Wegen dieser Normen, die nach Art. 20 EVÜ und Art. 3 Abs. 2 Satz 2 EGBGB dem Art. 5 EVÜ (Art. 29 EGBGB) im Rang vorgehen, begann die Kompetenz der Mitglied-

---

616 ABl.EG 1992 Nr. C 1991/1; BGBl. II 1992 S.1253ff.; BGBl. II 1993 S.1947 ff.

617 ABl.EG (21.4.1993) Nr. L 95/29.

618 Mit dieser Einführung im EG-Vertrag erlebte die Verbraucherschutzpolitik in der EU einen massiven Aufschwung. Siehe hierzu auch *Schwartz*, Perspektiven der Angleichung des Privatrechts in der EG, ZEuP 1994, S.571; *Bergmann/Lenz-Kienle,* S.151.

619 So *Dauses/Sturm*, ZfRV 1996, S.133.

staaten für das Europäische Verbraucherkollisionsrecht langsam zu schwinden[620].

2. *Festschreibung der „justitiellen Zusammenarbeit in Zivilsachen" im „dritten Pfeiler" der Europäischen Union*

Neben der vorstehend beschriebenen Entwicklung im Rahmen des EG-Vertrages, der Teil des „ersten Pfeilers" der Europäischen Union ist, fand durch den Vertrag von Maastricht eine zweite bedeutende Entwicklung statt: die langjährige[621] Zusammenarbeit der Mitgliedstaaten in den Bereichen Justiz und Inneres (ZBJI) wurde als sogenannter „dritter Pfeiler" der Union im EU-Vertrag institutionalisiert und völkerrechtlich verbrieft[622]. Dies geschah vor dem Hintergrund der Grundidee, daß mit der Schaffung eines großen Binnenmarktes in Europa ergänzende Maßnahmen zur verstärkten Sicherung der Außengrenzen und zum Ausbau der Asyl- und Einwanderungspolitik einhergehen müssen[623]. Titel VI des EU-Vertrages traf *„Bestimmungen über die Zusammenarbeit in den Bereichen Justiz und Inneres"*. Die dort geregelten Art. K bis K.9 legten vor allem einen verbindlichen Operationskalender[624] fest, dessen Einhaltung gemäß Art. L EUV der Zuständigkeit des EuGH jedoch weitestgehend entzogen war. Von herausragender Bedeutung im vorliegenden Zusammenhang war, daß die Mitgliedstaaten nach Art. K.1 Nr. 6 EUV auch den Bereich der *justitiellen Zusammenarbeit in Zivilsachen* als einen von neun Politikfeldern betrachteten, die Angelegenheiten von gemeinsamem Interesse zur Verwirklichung der Ziele der Union darstellen[625]. Das Kollisionsrecht, insbesondere die Ausarbeitung neuer

620 Vgl. *Mankowski*, RIW 1998, S.287, 288.

621 Die Ursprünge der justitiellen Zusammenarbeit auf dem Gebiet des Zivilrechts gehen auf die Zeit weit vor dem Maastrichter Unionsvertrag zurück: Begonnen wurde die ZBJI in den siebziger Jahren infolge verschiedener Initiativen der polizeilichen Zusammenarbeit, der Zusammenarbeit im Zollwesen und der justitiellen Zusammenarbeit durch eine ständig zunehmende Zahl von Sachverständigengruppen ohne direkte Verbindung zur EG. In der Mitte der achtziger Jahre, angeregt durch das Weißbuch der Europäischen Kommission über die Vollendung des Binnenmarktes (KOM (85) 310 endg. v. 14.06.1985), legten sich die Regierungen der Mitgliedstaaten darauf fest, die für die Vollendung des Binnenmarktes für erforderlich angesehenen Angleichungsmaßnahmen wegen ihrer hohen Sensibilität zunächst lediglich auf intergouvernementaler Ebene und nicht gemeinschaftsrechtlich zu regeln. Durch die ZBJI werden die Justiz- und Innenminister der fünfzehn Mitgliedstaaten der EU sowie ihre Dienststellen zusammengebracht. Vgl. auch *Bergmann/Lenz-Winkler*, S.47.

622 *Bergmann/Lenz-Winkler*, S.172; *Kux*, S.115.

623 Die justitiellen Zusammenarbeit in Zivilsachen ist nach *Müller-Graff* angesichts der Intensität der binnenmarktlichen Verflechtung „sinnvoll und angezeigt", in: Europäische Zusammenarbeit in den Bereichen Justiz und Inneres, S.23. Siehe auch *Gündisch*, AnwBl. 1998, S.172.

624 So *Jayme/Kohler*, IPRax 1994, S.405.

625 *Sandrock*, BB 1999, S.1344.

kollisionsrechtlicher Staatsverträge, stellt ein wichtiges Element dieser Zusammenarbeit dar[626].

Wegen des „intergouvernemental-kooperativen Konzeptes“[627] der ZBJI lagen die Kompetenzen für die Regelung der dort genannten Bereiche letztlich bei den Mitgliedstaaten. Dennoch konnte die Einbindung der Zusammenarbeit in die Europäische Union durch den Vertrag von Maastricht bereits auch als erster, nicht unbedeutender Schritt hin zur Vergemeinschaftung der justitiellen Zusammenarbeit in Zivilsachen und damit des Kollisionsrechts verstanden werden[628]. Durch Art. K.3 Abs. 2 lit.c EUV sollte die Kompetenz der Mitgliedstaaten aufgrund von Art. 220 EGV nicht beschränkt, der Gemeinschaft allerdings eine – im dritten Pfeiler institutionalisierte – konkurrierende Zuständigkeit zur Ausarbeitung von Übereinkommen im selben Anwendungsbereich eingeräumt werden.

III. Kompetenzverschiebung zugunsten der EU mit Inkrafttreten des Vertrags von Amsterdam – die „Vergemeinschaftung“ des Europäischen Kollisionsrechts

Am 1.5.1999[629] ist der Vertrag von Amsterdam[630] in Kraft getreten. Er war auf dem Gipfel der Staats- und Regierungschefs in Amsterdam am 16./17. Juni 1997 vereinbart und am 2.10.1997 in Amsterdam endgültig unterzeichnet worden. Der Vertrag stellt „eine neue Stufe bei der Verwirklichung einer immer engeren Union der Völker Europas“ dar[631]. Neben den freien Binnenmarkt trat der schritt-

626 Die enge Ansicht, daß mit der justitiellen Zusammenarbeit in Zivilsachen lediglich die Rechtshilfe zwischen den Mitgliedstaaten gemeint ist, ist mit der h.M. abzulehnen. Siehe vor allem *Jayme*, Europäisches Kollisionsrecht: Grundlagen – Grundfragen, S.4 und *Jayme/Kohler*, IPRax 1997, S.386; *von Hoffmann*, The European Community and Private International Law, S.29, 30. Vgl. auch die Entschließung des Rates vom 14.10.1996 zur Festlegung der Prioritäten für die Zusammenarbeit im Bereich Justiz und Inneres für den Zeitraum vom 1.7.1996 bis 30.6.1998, ABl. EG Nr. C 191/11 (23.6.1997) und – neuerdings – die Bestätigung hierin in Art. 65 lit.b EG und im *Aktionsplan* des Rates und der Kommission zur bestmöglichen Umsetzung der Bestimmungen des Amsterdamer Vertrages über den Aufbau eines Raums der Freiheit, der Sicherheit und des Rechts vom 3.12.1998, ABl. EG Nr. C 19/1 (23.1.1999). Wichtigstes Projekt im Rahmen der justitiellen Zusammenarbeit in Zivilsachen war die Ausarbeitung eines dem EuGVÜ entsprechenden Abkommens für Ehesachen (Brüssel II).

627 *Müller-Graff*, Europäische Zusammenarbeit in den Bereichen Justiz und Inneres, S.32.

628 *Gündisch*, AnwBl. 1998, S.172.

629 Nach Art. 14 Amsterdamer Vertrag tritt dieser am ersten Tag des zweiten auf die Hinterlegung der letzten Ratifikationsurkunde folgenden Monats in Kraft. Die letzten beiden Urkunden wurden von Irland und Dänemark vorgelegt.

630 Vertrag von Amsterdam zur Änderung des Vertrags über die Europäische Union, der Verträge zur Gründung der Europäischen Gemeinschaften sowie einiger damit zusammenhängender Rechtakte vom 2.10.1997 (ABl.EG 1997 Nr. C 340/1ff.). Es ist ein „Reformvertrag der Verfassungsverträge“, so *Müller-Graff*, Der Vertrag von Amsterdam, S.733.

631 Art. 1 Abs. 2 EUV.

weise Aufbau eines gemeinsamen Binnenraums „der Freiheit, der Sicherheit und des Rechts“[632].

An der Maastrichter Unionsstruktur der drei Säulen hat der Vertrag von Amsterdam grundsätzlich keine Änderung vorgenommen. Das Unions-Vertragswerk wurde jedoch redaktionell überarbeitet und die Artikel-Vorschriften sowohl des EU- als auch des EG-Vertrages umnummeriert[633]. Inhaltlich stellt der Amsterdamer Vertrag einen beachtlichen Integrationsschub dar[634] und bringt einige wichtige Neuerungen mit sich, die sich auch auf die hier besprochenen Fragestellungen einschneidend auswirken. Die wichtigste Entwicklung fand durch die Herauslösung von sieben Politikbereichen[635] – hierunter die *justitielle Zusammenarbeit in Zivilsachen* (bislang Art. K.1 Nr. 6 EUV) – aus der dritten Säule der Union und ihrer *Vergemeinschaftung* durch Überführung in den EG-Vertrag der ersten Säule statt[636]. Die bisherige Task-Force „Justiz und Inneres“ wird zu einer Generaldirektion, der GD „JI“, umgestaltet. Für die neuen Gemeinschaftspolitiken ist ein *Titel IV. Visa, Asyl, Einwanderung und andere Politiken betreffend den freien Personenverkehr* (Art. 61-69 EG) im EG-Vertrag geschaffen worden. Der frühere Art. K.1 Nr. 6 EUV lebt in Art. 61 lit.c EG wieder auf, der einführend bestimmt:

> **Art. 61 [Maßnahmen des Rates]** Zum schrittweisen Aufbau eines Raums der Freiheit, der Sicherheit und des Rechts erläßt der Rat
>
> ...

---

632 Art. 2 Satz 1 Spiegelstrich 4 EUV, Ziel- und Zweckartikel des neuen EU-Vertrages.

633 Siehe Art. 12 des Amsterdamer Vertrages und vgl. *Lecheler*, Die Fortentwicklung des Rechts der Europäuischen Union durch den Amsterdamer Vertrag, JuS 1998, S.395; *Streinz*, EuZW 1998, S.137, 138. Eine Vertragsänderung war bereits im Vertrag von Maastricht in Art.N Abs. 2 EUV durch Einberufung einer Regierungskonferenz vorgesehen und wird zukünftig nach dem Revisionsverfahren nach Art. 48 EUV möglich sein.

634 Vgl. *Kux*, S.107.

635 Dies ist der Großteil der ZBJI. Die ZBJI, die als dritte Säule bisher nur eine unterstützende Funktion hatte, wird aufgespalten und durch die Teileinbeziehung in die Europäischen Gemeinschaften erheblich gestärkt. Ihr bisheriger Umfang wird erheblich reduziert, allerdings mit gewissen institutionellen und verfahrensmäßigen Verbesserungen für die verbliebenen Bereiche. Ausschließlich die polizeiliche und justitielle Zusammenarbeit in Strafsachen bleiben auf der Ebene der Regierungszusammenarbeit und erreichen nicht die Integrationsdichte des Gemeinschaftsrechts. Grund hierfür war, daß die Mitgliedstaaten nach wie vor nicht dazu bereit waren, in diesen für sie besonders sensiblen Bereichen der Innen- und Justizpolitik gegenüber einer supranationalen Einflußnahme durch die Gemeinschaft Einschränkungen ihrer Souveränität hinzunehmen. Siehe hierzu *Lecheler*, Die Fortentwicklung des Rechts der Europäischen Union durch den Amsterdamer Vertrag, JuS 1998, S.395; *Koenig/Haratsch*, Europarecht, S.291, Rn.590; *Bergmann/Lenz-Winkler*, S.50, 61.

636 Siehe vor allem *Jayme/Kohler*, IPRax 1997, S.385; *Besse*, ZEuP 1999, S.108; *Gündisch*, AnwBl. 1998, S.170. *Kux* faßt diesen Schritt so zusammen: „*Aus Völkerrecht wird Gemeinschaftsrecht, aus intergouvernmentaler Zusammenarbeit teilweise Supranationalismus*“, S.111.

a) Maßnahmen im Bereich der justitiellen Zusammenarbeit in Zivilsachen nach Artikel 65;

Die Neuregelung des EG-Vertrages durch den Vertrag von Amsterdam geht weit über die knappe, im früheren Art. K.1 Nr. 6 EUV getroffene Bestimmung hinaus und regelt konkrete Einzelheiten zur justitiellen Zusammenarbeit in Art. 65 EG. Diese neue Kernvorschrift lautet folgendermaßen:

> **Art. 65 [Justitielle Zusammenarbeit in Zivilsachen]** Die Maßnahmen im Bereich der justitiellen Zusammenarbeit in Zivilsachen mit grenzüberschreitenden Bezügen, die, soweit sie für das reibungslose Funktionieren des Binnenmarktes erforderlich sind, nach Artikel 67 zu treffen sind, schließen ein:
> a) Verbesserung und Vereinfachung
> - des Systems für die grenzüberschreitende Zustellung gerichtlicher und außergerichtlicher Schriftstücke;
> - der Zusammenarbeit bei der Erhebung von Beweismitteln;
> - der Anerkennung und Vollstreckung gerichtlicher und außergerichtlicher Entscheidungen in Zivil- und Handelssachen;
>
> b) Förderung der Vereinbarkeit der in den Mitgliedstaaten geltenden Kollisionsnormen und Vorschriften zur Vermeidung von Kompetenzkonflikten;
> c) Beseitigung der Hindernisse für eine reibungslose Abwicklung von Zivilverfahren, erforderlichenfalls durch Förderung der Vereinbarkeit der in den Mitgliedstaaten geltenden zivilrechtlichen Verfahrensvorschriften.

Die – beinahe revolutionäre – Besonderheit dieser Norm liegt darin, daß mit der Regelung in Art. 65 lit.b EG das Internationale Privatrecht erstmals ausdrücklich angesprochen worden ist und zugleich erstmals eine das IPR betreffende Kompetenzregelung im Gemeinschaftsrecht getroffen wurde[637]. Hierin kann ohne Zweifel ein Fortschritt und auch eine stärkere Beachtung des Kollisionsrechts auf europäischer Ebene gesehen werden[638].

Außer Zweifel ist darüber hinaus, daß der *Europäischen Gemeinschaft*, nämlich dem Ministerrat als Gemeinschaftsorgan, mit der Neuschaffung des Titels IV und der Norm des Art. 65 EG zusätzliche Kompetenzen im Bereich des Kollisionsrechts eingeräumt werden[639]. Jeder Kompetenzzugewinn auf Seiten der EG bedeutet zugleich ein Kompetenzverlust auf Seiten der Mitgliedstaaten. Mit der Vergemeinschaftung nach Art. 65 EG geht den Mitgliedstaaten ein Teil ihrer Souveränität im Privatrecht verloren[640]. Aus dieser Erkenntnis ergeben sich eine Reihe von Fragen, die im folgenden erörtert werden. Problematisch ist die Definition der Reichweite der neuen Gemeinschaftskompetenz (a) und die sie

637 *Jayme/Kohler*, IPRax 1997, S.386. Zur „schwierigen" Entstehungsgeschichte des Art. 65 EG siehe *Kohler*, Rev.crit.d.i.p., 88 (1) 1999, S.9 ff. ; siehe auch *Beaumont*, I.C.L.Q. 1999, S.225.

638 *Gündisch*, AnwBl. 1998, S.173; *Basedow*, EuZW 1997, S.609.

639 Allgemeine Meinung, siehe nur *Koenig/Haratsch*, Europarecht, S.21 (Rn.44); *Streinz*, EuZW 1998, S.141 und *von Hoffmann*, The European Community and Private International Law, S.13.

640 Vgl. *Micklitz*, ZEuP 1998, S.254.

begrenzenden „Ausübungshürden“ des Titel IV des EG-Vertrages (b). Es geht ferner um die Frage nach der Natur der Rechtsinstrumente, zu deren Erlaß die neue Kompetenzgrundlage ermächtigt (c), und um die Abgrenzung zu den sonstigen Zuständigkeitsnormen des EG-Vertrages (d).

1. Reichweite der neuen Gemeinschaftskompetenz

a) Sachlicher Umfang des Art. 65 lit.b EG

Die Regelung des Art. 65 lit.b EG ist nicht eindeutig formuliert und wirft Fragen hinsichtlich des sachlichen Umfangs der neu eingeführten Gemeinschaftskompetenz auf[641]. Mangels einer positiven Definition müssen die „Konturen“ der neuen Zuständigkeit anhand ihrer Grenzen und mit Hilfe der klassischen Auslegungsmethoden sichtbar gemacht werden. Dabei liegt zunächst eine Betrachtung des Wortlauts der Vorschrift nahe (aa), sowie des Erforderlichkeitskriteriums (bb) und der europarechtlichen Grundprinzipien (cc). Zuletzt erweist sich die neue Rechtssetzungspraxis der Gemeinschaft im JI-Bereich als aufschlußreich (dd).

aa) Wortlaut des Art. 65 EG

Der Wortlaut des Art. 65 lit.b EG ist undeutlich, läßt die Vorschrift jedoch als eine tendenziell *weit* gefaßte Kompetenzregelung erkennen. Aus der Formulierung „*Förderung der Vereinbarkeit* der in den Mitgliedstaaten geltenden Kollisionsnormen“ ist nicht zu entnehmen, welche Art von Maßnahmen gemeint sind[642]. Zumeist wird davon ausgegangen, daß die „Förderung der Vereinbarkeit“ nicht gleichbedeutend ist mit der „*Vereinheitlichung* des Kollisionsrechts der Mitgliedstaaten“[643], und selbst gegenüber der Rechtsangleichung ein Weniger darstellt[644]. Dies spricht für eine eher restriktiv angelegte Zuständigkeit[645],

---

641 *Jayme* spricht von der deutschen Übersetzung des Art. 65 lit.b EGV als „eher dunkel“, ZfRV 1997, Fn.62, S.236. Siehe auch *Jayme/Kohler*, IPRax 1997, S.386; *Gündisch*, AnwBl. 1998, S.173.

642 *Sonnenberger*, IPR im dritten Jahrtausend, ZVglRWiss 2001, S.117, spricht daher von einer „mysteriösen Formulierung“.

643 *von Hoffmann*, The European Community and Private International Law, S.31: „*The provision does not expressly determine that these rules have to be unified*“; siehe auch *Kohler*, Rev.crit.d.i.p., 88 (1) 1999, S.19, 20 : „*... la formule utilisée indique que les mesures communautaires ne sont pas cencées conduire à une unification des règles de conflit telle qu'elle résulte déjà de certains règlements communautaires ou des conventions adoptées par les Etats membres ou envisagées dans le cadre du troisième plier actuel.*“ *Sandrock*, ZvglRWiss 98 (1999), S.245, Fn.71; *ders.*, BB 1999, S.1345.

644 *Pfeiffer*, NJW 1999, S.3674.

645 *Kohler*, Rev.crit.d.i.p., 88 (1) 1999, S.29.

denn es wären strenggenommen nur Empfehlungen oder höchstens EG-Richtlinien kollisionsrechtlichen Inhalts möglich[646]. Es ist jedoch auch vorgeschlagen worden, daß jede Art von Maßnahme und jeder „Annäherungsgrad" der Kollisionsrechte möglich sei, da die „Förderung der Vereinbarkeit" in dem Sinne verstanden werden muß, daß die inhaltlich inkohärente Situation unter den verschiedenen Rechtsquellen im Europäischen Kollisionsrecht beseitigt werden soll[647]. Zudem ist ganz allgemein von „Kollisionsnormen" die Rede, ohne im einzelnen nach Rechtsgebieten zu spezifizieren. Es scheinen daher *sämtliche* Zivilsachen mit grenzüberschreitendem Bezug gemeint zu sein[648]. Schließlich darf nicht übersehen werden, daß Art. 65 EG nicht abschließend formuliert ist („Maßnahmen...schließen ein"), so daß auch das Ergreifen von Maßnahmen in nicht eigens aufgeführten Bereichen und damit auch im Internationalen Privat- und Verfahrensrecht möglich ist[649].

Anlaß zu Zweifeln hat auch die systematische Stellung des Art. 65 lit.b EG gegeben, der Teil des mit „Politiken betreffend den freien Personenverkehr" überschriebenen Titels IV ist[650]. Teilweise wird vertreten, auf diesen Kompetenztitel könnten nur Maßnahmen auf den Sektoren der Dienstleistungsfreizügigkeit, der Arbeitnehmerfreizügigkeit und der Niederlassungsfreizügigkeit begründet werden[651]. Bei Zugrundelegung eines weiten Verständnisses umfaßt der „freie Personenverkehr" jedoch sämtliche Bereiche des Internationalen Privatrechts[652]. Außerdem wird vermehrt betont, die Überschrift des Titels sei nicht alleine maßgebend, sondern im Zusammenhang mit dem Wortlaut am Anfang des Art. 65 EG zu lesen, in dem ausdrücklich auf das Funktionieren des Binnenmarkts Bezug genommen wird. Eine Rechtsangleichungsmaßnahme der

646 *Leible*, Kollisionsrechtlicher Verbraucherschutz im EVÜ und in EG-Richtlinien, S.389. Siehe auch *Basedow*, CML Rev. 37 (2000), S.705.

647 Siehe *Staudinger*, ZfRV 2000, S.104.

648 Siehe *Jayme*, ZfRV 1997, S.236; *„Die Kompetenz für das gesamte Internationale Privat- und Verfahrensrecht fällt an die Europäische Union und damit an die Organe der Gemeinschaft."*; *ders.*, Europäisches Kollisionsrecht: Grundlagen – Grundfragen, S.18: *„Der Gemeinschaft fällt die Zuständigkeit für das gesamte IPR zu."* Siehe auch *Bergmann/Lenz-Winkler*, S.53; *Sonnenberger*, RIW 4/1999, „Die erste Seite" und *Gündisch*, AnwBl. 1998, S.173, wobei dieser davon spricht, daß die Regelung nur „notfalls" auch Harmonisierungen des Internationalen Privatrechts und des Zivilprozeßrechts umfassen könne.

649 *Basedow*, CML Rev. 37 (2000), S.706.

650 *Jayme*, IPRax 2000, S.167.

651 Siehe *Leible*, Kollisionsrechtlicher Verbraucherschutz im EVÜ und in EG-Richtlinien, S.389 und *Israël*, Maastricht Journal of European and Comparative Law 2000, S.92 ff., 99.

652 *Jayme/Kohler*, IPRax 1997, S.386; *Pfeiffer*, NJW 1999, S.3674. Siehe auch *Kohler*, Rev.crit.d.i.p., 88 (1) 1999, S.15 ff., der hierin eine auffallende „sektorielle" Einschränkung sieht, was jedoch – sollte Art. 65 EG für den Bereich des Kollisionsrechts die generellen Zuständigkeitsvorschriften für die Rechtsangleichung ersetzen – einer Kompeten*zverminderung* gegenüber der Rechtslage vor Inkrafttreten des Amsterdamer Vertrages gleich käme. *Basedow*, CML Rev. 37 (2000), S.701.

Gemeinschaftsorgane muß nach überwiegender Auffassung daher entweder der Freizügigkeit des Personenverkehrs oder dem Funktionieren des Binnenmarktes dienen[653]. Offenbar geht auch die Kommission von diesem weiten Verständnis des sachlichen Kompetenzumfangs aus[654].

bb) Erforderlichkeitskriterium im Art. 65 EG

In Art. 65 EG findet sich das typische, die Kompetenz beschränkende Erforderlichkeitskriterium[655] wieder, das die Norm als „klassische" Gemeinschaftskompetenz auszeichnet: Maßnahmen sind nur zu ergreifen, „soweit sie für das reibungsloses Funktionieren des Binnenmarkts erforderlich sind"[656]. Demzufolge müssen auch neue kollisionsrechtliche Regelungen auf dieser Rechtsgrundlage einen Binnenmarktbezug aufweisen[657].

Neu gegenüber beispielsweise Art. 94, 95 EG ist, daß ein reibungsloses Funktionieren erforderlich ist[658]. Damit geht die Anforderung an die Maßnahmen nach Art. 65 weiter als in den anderen Kompetenzgrundlagen[659]. Eine Angleichung der Kollisionsnormen ist erforderlich, wenn die Unterschiede in den nationalen Rechtsordnungen das Funktionieren des Binnenmarktes beeinträchtigen. Dies ist jedoch der Fall, solange kein vollkommener Entscheidungseinklang innerhalb der Gemeinschaft besteht. Das Erforderlichkeitskriterium wird daher von beinahe jeder neuen Kollisionsnorm erfüllt sein[660].

cc) Beschränkung durch die europarechtlichen Grundprinzipien

Neben dem ausdrücklich in Art. 65 EG enthaltenen Erforderlichkeitskriterium gelten für jede Gemeinschaftskompetenz die Grundsätze des Art. 5 EG. Auch Maßnahmen auf der Grundlage des Art. 65 EG unterfallen daher den Grenzen, die das Prinzip der begrenzten Einzelermächtigung, Art. 5 Abs. 1 EG, der Subsidiarität, Art. 5 Abs. 2 EG, und der Verhältnismäßigkeit, Art. 5 Abs. 3 EG für sie aufstellen.

---

653 *Heß*, NJW 2000, S.27; *Staudinger*, ZfRV 2000, S.104; *Besse*, ZEuP 1999, S.114.

654 *Jayme/Kohler*, IPRax 1999, S.402.

655 *Vgl. hierzu noch einmal* Gebauer, Grundfragen der Europäisierung des Privatrechts, S.127; *Müller-Graff*, Gemeinsames Privatrecht in der Europäischen Gemeinschaft, S.332 f. Anhand dieses Kriterium begründet und begrenzt das Gemeinschaftsrecht zugleich die Kompetenz der Gemeinschaftsorgane.

656 Siehe *Basedow*, EuZW 1997, S.609.

657 So auch zumindest hinsichtlich neuer Regelungen im Bereich des EuGVÜ *Besse*, ZEuP 1999, S.119.

658 *Sandrock*, ZvglRWiss 98 (1999), S.245, Fn.71.

659 Siehe *Schack*, ZeuP 1999, S.808.

660 *Sonnenberger*, RIW 4/1999, „Die erste Seite".

Besonders bedeutsam ist im vorliegenden Zusammenhang das mit dem Maastrichter Unionsvertrag eingeführte *Subsidiaritätsprinzip*: Die Gemeinschaft wird nur tätig, „sofern und soweit die Ziele der in Betracht gezogenen Maßnahmen auf Ebene der Mitgliedstaaten nicht ausreichend erreicht werden können und daher wegen ihres Umfangs oder ihrer Wirkungen besser auf Gemeinschaftsebene erreicht werden können". Das Prinzip ist demzufolge eine „Kompetenz-*ausübungs*regel": Die Organe der Gemeinschaft dürfen eine Rechtsangleichungsmaßnahme – etwa auch Verordnungen im Bereich des Kollisionsrechts – nur dann vorschlagen[661], wenn das mit dem Rechtsakt verfolgte Ziel nicht auch von den Mitgliedstaaten erreicht werden kann[662].

Dieser Grundsatz findet allerdings ausweislich Art. 5 Abs. 2 EG von vornherein nur in Bereichen nichtausschließlicher Zuständigkeiten der EG Anwendung. Es ist also vorab zu klären, ob Art. 65 lit.b EG die Gemeinschaft „ausschließlich" ermächtigt. Solche Zuständigkeiten sind – entgegen der Auffassung der Kommission[663] – äußerst restriktiv zu bestimmen. Sie bestehen grundsätzlich nur dort, wo die Gemeinschaft ohne Bezug zu den Mitgliedstaaten, das heißt nach außen (z.B. Handel mit Drittstaaten) oder nach innen (z.B. EG-Eigenverwaltungsrechts) tätig wird. Daß die EG für die Kollisionsrechtsangleichung keine ausschließliche Kompetenz in diesem Sinne innehat, verdeutlicht die Beibehaltung des früheren Art. 220 EGV ohne Änderungen in Art. 293 EG[664], aber auch Punkt 3 der Kommissionsbegründung zum Brüssel I-Verordnungsvorschlag[665], in dem Subsidiaritäts- und Verhältnismäßigkeitsprinzip ausdrücklich angesprochen werden. Das Subsidiaritätsprinzip findet folglich Anwendung[666]. Freilich sind die Ausführungen der Kommission in der Begründung sehr knapp gehalten: Den Subsidiaritätskriterien werde mit Brüssel I entsprochen, da die angestrebten Ziele von den Mitgliedstaaten weder allein noch gemeinsam erreicht werden könnten und deshalb aufgrund ihres grenzübergreifenden Bezugs auf Gemeinschaftsebene verwirklicht werden müßten. Ferner heißt es, der Verordnungsvorschlag beschränke sich auf das zur Erreichung der Ziele erforderliche Minimum und sei daher im bezug auf die Ziele verhältnismäßig.

Selbst wenn Art. 5 Abs. 2 EG eine Schranke für die aufgrund von Art. 65 lit.b EG ausgeübte Gemeinschaftskompetenz darstellt[667], müssen bei umfassen-

---

661 Das Subsidiaritätsprinzip gilt für *künftiges* Handeln, vgl. Koenig/*Haratsch*, Europarecht, S.29 (Rz.63).

662 Siehe etwa *Schwartz*, Perspektiven der Angleichung des Privatrechts in der EG, ZEuP 1994, S.573.

663 Mitteilung der Kommission an den Rat und an das Europäische Parlament betreffend das Subsidiaritätsprinzip, in: EUROPE/-Dokumente Nr. 1 804/05 vom 30.10.1992).

664 *Kohler*, Rev.crit.d.i.p., 88 (1) 1999, S.22 ff.

665 KOM (1999) 348 endg. (14.7.1999).

666 Vgl. *Koenig/Haratsch*, Europarecht, S.27, Rz.57.

667 Vgl. *Jayme*, ZfRV 1997, S.236; *Grundmann*, JZ 1996, S.286. Vgl. auch *Gebauer*, Grundfragen der Europäisierung des Privatrechts, S.127f. und *Paschke*, Regelungsziele des Europäischen Privatrechts, S.11.

den Angleichungs- bzw. Vereinheitlichungsmaßnahmen die fehlende Effizienz mitgliedstaatlichen Handelns und der Mehrwert europäischen Handelns genau geprüft werden. Obwohl die Kollisionsrechtsvereinheitlichung im Kontext der Privatrechtsangleichung einer Sachrechtsvereinheitlichung vorzuziehen ist und insofern als „Präzisierung des Subsidiaritätsprinzips“[668] verstanden werden kann, ist bei weitgehenden EG-Verordnungen zur Vereinheitlichung von Kollisionsnormen vor allem das Vorliegen der fehlenden Effizienz des mitgliedstaatlichen Handelns zweifelhaft. Auf der anderen Seite bedeutet das Subsidiaritätsprinzip auch eine „Abgabebereitschaft“ von mitgliedstaatlichen Kompetenzen an die Gemeinschaft, soweit dies nötig ist[669]. Das Subsidiaritätsprinzip steht einer europäischen Regelung folglich nur dann entgegen, wenn die Mitgliedstaaten von sich aus entsprechende Rechtsangleichungsmaßnahmen – zum Beispiel in Form einer Konvention – auch vornehmen. Ein durch den Amsterdamer Vertrag eingeführtes, den Art. 5 EG ergänzendes „Protokoll über die Anwendung der Grundsätze der Subsidiarität und der Verhältnismäßigkeit“ soll die Operationalität des Prinzips verbessern. Für das Europäische Kollisionsrecht ist eine nachhaltige Beschränkung durch diese Grundprinzipien im Ergebnis unwahrscheinlich, zumal eine supranationale Absicherung des einwandfreien Funktionierens einheitlicher Rechtsnormen tatsächlich einen wichtigen Beitrag zur Errichtung des Binnenmarkts leisten kann, der von völkerrechtlichen Konventionen zwischen den Mitgliedstaaten so nicht erbracht werden kann[670].

dd) Neue Rechtssetzungspraxis der Gemeinschaft im Bereich „Justiz und Inneres“

Ein gewisses Maß an Erkenntnissen für die Erforschung des Kompetenzumfangs des Art. 65 lit.b EG kann durch die Beobachtung und nähere Betrachtung der bereits im Vorfeld des Amsterdamer Vertrages angekündigten und seit dem Inkrafttreten erfolgten Harmonisierungspraxis der Gemeinschaft im Bereich der justitiellen Zusammenarbeit in Zivilsachen gewonnen werden. Auf diese Weise kann festgestellt werden, wie die Gemeinschaftsorgane, insbesondere die Kommission, ihren Beurteilungsspielraum ausschöpfen. Es wird sich zeigen, daß der Umfang, den sie für die ihnen eingeräumten Zuständigkeiten selbst festlegen, mit den bisher zum sachlichen Umfang erlangten Ergebnisse übereinstimmt.

In einer Entschließung des Rates vom 18.12.1997 „zur Festlegung der Prioritäten für die Zusammenarbeit im Bereich Justiz und Inneres für den Zeitraum vom 1. Januar 1998 bis zum Inkrafttreten des Vertrags von Amsterdam“[671] wurden die vorrangig zu treffenden Maßnahmen für die justitielle Zusammenar-

---

[668] *Sonnenberger*, RIW 4/1999, „Die erste Seite“; *von Hoffmann*, The European Community and Private International Law, S.37.

[669] *Sonnenberger*, JZ 1998, S.988.

[670] *Heß*, NJW 2000, S.27. Siehe aber *Jayme*, IPRax 2000, S.156.

[671] ABl.EG (15.1.1998) 1998 C 11/1ff.

beit in Zivilsachen aufgezählt. Dort figurierten u.a. bereits Maßnahmen im Bereich von Brüssel II (Ehesachen und Sorgerecht)[672] und ein „Übereinkommen über das auf außervertragliche Schuldverhältnisse anzuwendende Recht (Rom II)". Eine weitere wichtige Richtungsangabe gab der „Aktionsplan des Rates und der Kommission zur bestmöglichen Umsetzung der Bestimmungen des Amsterdamer Vertrags über den Aufbau eines Raums der Freiheit, der Sicherheit und des Rechts"[673] (im folgenden „Wiener Aktionsplan"). Dort heißt es nämlich unter „Justitielle Zusammenarbeit in Zivilsachen"[674]:

> „Folgende Maßnahmen sollten binnen zwei Jahren nach Inkrafttreten des Vertrages ergriffen werden:
>
> a) Fertigstellung, soweit noch nicht geschehen, der Arbeiten zur Revision der Übereinkommen von Brüssel und Lugano,
> b) Erstellung eines Rechtsakts betreffend das auf die außervertraglichen Schuldverhältnisse anzuwendende Recht (Rom II),
> c) Erforderlichenfalls Einleitung der Revision einzelner Bestimmungen des Übereinkommens über das auf vertragliche Schuldverhältnisse anzuwendende Recht unter Berücksichtigung spezieller Bestimmungen über Kollisionsnormen in anderen Gemeinschaftsübereinkünften (Rom I)."

Plötzlich war neben der Erstellung eines Rom II-Rechtsakts auch von einer Revision des EVÜ bzw. Teilen hiervon die Rede. Die ausdrückliche Aufnahme dieser Maßnahmen in den Wiener Aktionsplan kann als gewichtiger Anhaltspunkt dazu dienen, daß die Formulierung „Förderung der Vereinbarkeit" der Kollisionsnormen in Wirklichkeit als „Kollisionsrechtsvereinheitlichung" zu verstehen ist[675].

Die Rechtssetzungsaktivität der Gemeinschaftsorgane im JI-Bereich erreichte zunächst ein unerwartet hohes Tempo, das auch viele nationale Gesetzgeber überraschen konnte. Die Zwei-Jahres-Frist sollte wohl eingehalten werden. Bereits wenige Tage nach Inkrafttreten des Vertrags von Amsterdam wurden die ersten Harmonisierungsvorschläge vorgelegt[676]. Dem neu kodifizierten deutschen Internationalen Deliktsrecht ist wegen des baldigen Erlasses einer Rom II-Verordnung voraussichtlich keine lange Lebensdauer beschieden[677], es

---

672 Vgl. auch die Rechtsakte des Rates vom 28. Mai 1998 über die Ausarbeitung des Übereinkommens aufgrund von Artikel K.3 des Vertrags über die Europäische Union über die Zuständigkeit und die Anerkennung und Vollstreckung von Entscheidungen in Ehesachen (98/221/01), ABl.EG 1998 Nr. C 221/1, und das Auslegungsprotokoll, ABl.EG 1998 Nr. C 221/19 samt den erläuternden Berichten, ABl.EG 1998 Nr. C 221/27.

673 Vom Rat (Justiz und Inneres) am 3. Dezember 1998 angenommener Text, ABl.EG (23.1.1999) Nr. C 19/1. Der Aktionsplan ist ein Arbeitsplan für die nächsten fünf Jahre nach Inkrafttreten des Vertrags von Amsterdam.

674 ABl.EG (23.1.1999) Nr. C 19/10, Ziffern 39 und 40 des Textes.

675 Vgl. *Sonnenberger*, RIW 4/1999, „Die erste Seite".

676 *Jayme/Kohler*, IPRax 1999, S.402.

677 Vgl. *Spickhoff*, NJW 1999, S.2214 f.

wird gewissermaßen von der europäischen Rechtswirklichkeit eingeholt[678]. Die Kommission scheint ungeduldig[679]. Schon bald nach Brüssel II, Brüssel I[680] und Rom II soll Rom I – nach einem Grünbuch[681] – auf der Tagesordnung der Kommission stehen[682]. Der Wiener Aktionsplan ist durch die Schlußfolgerungen des Rats von *Tampere* am 15./16.10.1999 noch einmal bekräftigt worden[683], so daß die inhaltliche Revision des EVÜ und ein Formwechsel durch seinen Neuerlaß als EG-Verordnung zu erwarten sind[684].

Die bisherige Untersuchung, insbesondere des Wortlauts des Art. 65 lit.b EG und der jüngsten Rechtsetzungspraxis der EG auf der Grundlage dieser Norm, führt zu dem Resultat, daß ihr *sachlicher* Kompetenzumfang *weit* zu verstehen ist. Die EU versteht Art. 65 EG sogar – unbeschadet aller Bedenken in der Literatur, daß hier eine gefährliche Kompetenzanmaßung stattfindet[685] – als so weitgehenden Kompetenztitel[686], daß sie sämtliches bestehendes Internationales Privat- und Verfahrenrecht inhaltlich revidiert in Form von EG-Verordnungen er-

---

678 *Sandrock*, ZvglRWiss 98 (1999), S.245 f.

679 Siehe *Schack*, ZeuP 1999, S.806; *Heß*, NJW 2000, S.31.

680 In der Begründung des Brüssel I-Verordnungsvorschlages der Kommission vom 14.7.1999 heißt es in Punkt 2.2 knapp: „Seit Inkrafttreten des Vertrags von Amsterdam fällt das Brüsseler Übereinkommen inhaltlich unter Artikel 65 EG-Vertrag. Rechtgrundlage dieses Vorschlags ist daher Artikel 61 Buchstabe c) EG-Vertrag.“ KOM (1999) 348 endg. (14.7.1999).

681 Ein Grünbuch umfaßt schriftliche Vorüberlegungen mit der Perspektive, daß sich hieraus legistische Maßnahme der Gemeinschaft ergeben.

682 Unter Punkt 3.3 „Größere Konvergenz im Bereich des Zivilrechts“ des Anzeigers der Fortschritte bei der Schaffung eines „Raumes der Freiheit, der Sicherehit und des Rechts“ in der Europäischen Union vom 24.3.2000, KOM (2000) 167 endg., war hierfür April 2001 vorgesehen. Inzwischen heißt es, das Grünbuch „Rom I“ werde im Frühjahr 2002 erscheinen, vgl. KOM (2001) 278 endg.

683 Der Text der Schlußfolgerungen von Tampere ist abgedruckt in NJW 2000, S.1925. Das Kollisionsrecht stand bei der Ratstagung nicht im Mittelpunkt der Gespräche. Hingegen wurden der Wiener Aktionsplan und die umfassende Nutzung der um Amsterdamer Vertrag vorgesehenen Möglichkeiten insgesamt bestätigt.

684 Siehe etwa *Junker*, IPRax 2000, S.65; *Heß*, NJW 2000, S.31; *Staudinger*, ZfRV 2000, S.103.

685 Siehe vor allem *Jayme*, IPRax 2000, S.166: *„Die Wissenschaft ist ohnmächtig und harrt der Dinge, die da kommen.“*; *Schack*, ZeuP 1999, S.805 f.; *Jayme/Kohler*, IPRax 1999, S.402; *Sandrock*, ZvglRWiss 98 (1999), S.244.

686 Die Gutachten des Juristischen Dienstes des Rates der EU, die Dokumente 5290/99 und 6683/99 beftreffend die rechtlichen Folgen aus dem Vertrag von Amsterdam für die Revision des Brüsseler Übereinkommens und die Dokumente 11907/99 und 14117/99 betreffend die Rechtsgrundlage des Vorschlages für eine Verordnung des Rates „Brüssel II“, wurden dem Verfasser trotz Anfrage von der für Informationspolitik, Transparenz und Öffentlichkeitsarbeit zuständigen Generaldirektion F des Generalsekretariats des Rates nicht zugänglich gemacht. Begründet wurde dies damit, daß der Rat „jedes Interesse daran verlieren könnte, seinen Juristischen Dienst um schriftliche Stellungnahmen zu bitten“, wenn „die Erörterung und der Meinungsaustausch innerhalb des Rates über die Rechtmäßigkeit und Tragweite des zu erlassendes Rechtsaktes publik gemacht würde“.

lassen kann. Zu diesem „ehrgeizigen Programm“[687] zählt auch die Revision des EVÜ[688]. „Diese Schlußfolgerung bringt die nationalen Kollisionsrechte der Mitgliedstaaten der EU ins Wanken oder sogar zu Fall“[689]. Zudem werden die zu den gleichen Materien ausgearbeiteten Haager Konventionen verdrängt[690].

b) Außenkompetenz der EG für auch Drittstaatensachverhalte regelndes, universelles Kollisionsrecht – Binnenmarktkollisionsrecht als „loi uniforme“?

Aufgrund der bisherigen Ausführungen ist trotz der bestehenden Auslegungsschwierigkeiten davon auszugehen, daß Art. 65 lit.b EG eine in *sachlicher* Hinsicht *umfassende* Kollisionsrechtsangleichung durch Rechtsakte der Europäischen Gemeinschaft deckt. Äußerst heikel ist die in der Wissenschaft zur Zeit diskutierte weitere Frage nach der kollisionsrechtlich-*räumlichen* Reichweite des neuen Kompetenztitels: Ist aus Art. 65 lit.b EG eine Außenkompetenz der EG für „universelles Kollisionsrecht“ herauszulesen, die die Gemeinschaftsorgane auch zur Regelung von Kollisionsnormen für Drittstaatensachverhalte ermächtigt, oder beschränkt sich die Gemeinschaftszuständigkeit auf den Erlaß „interlokaler“, streng binnenmarktbezogener Kollisionsnormen[691]? Diese Frage ist von grundsätzlicher Bedeutung, da den Mitgliedstaaten nur im letztgenannten Fall die Regelungskompetenz für Außenbeziehungen verbliebe, die sie durch den Abschluß von Staatsverträgen mit Drittstaaten oder durch den Erlaß autonomer Kollisionsnormen ausüben könnten[692].

Die Abgrenzungsproblematik zwischen den Kompetenzen der EG und denjenigen der Mitgliedstaaten für den Bereich des universellen Kollisionsrechts wurde insbesondere bei der fortdauernden Debatte deutlich, ob die EU-Mitgliedstaaten noch dafür zuständig sind, die von der Haager Konferenz für Internationales Privatrecht erarbeiteten Konventionen zu ratifizieren oder ob die Gemeinschaftsorgane die Ratifizierung gewissermaßen „kollektiv“ für sämtliche Mitgliedstaaten vornehmen können[693]. Zweifelhaft ist ferner, ob den Mitgliedstaaten im Anwendungsbereich der am 1.3.2001 in Kraft getretenen EG-Verordnung über das internationale Verfahrensrecht in Ehesachen (Brüssel II-

687 *Heß*, NJW 2000, S.31.

688 Siehe EG-Kommission, Übersichtsdokument zur Anhörung „Elektronischer Geschäftsverkehr: gerichtliche Zuständigkeit und anzuwendendes Recht“ am 4./5.11.1999; abrufbar unter <http://europa.eu.int/comm/ justice_home/events/index_de.htm>. Vgl. auch *Boele-Woelki*, Unification and Harmonization of PIL in Europe, S.69.

689 So *Sandrock*, ZvglRWiss 98 (1999), S.244.

690 Siehe *Jayme*, IPRax 2000, S.167.

691 Siehe hierzu vor allem *Jayme/Kohler*, IPRax 2000, S.454 ff. und *von Hoffmann*, The European Community and Private International Law, S.32.

692 *Jayme/Kohler*, IPRax 2000, S.454.

693 Vgl. *Jayme/Kohler*, IPRax 2000, S.454.

Verordnung)[694] gemäß Art. 16 EheVO noch die Abschlußkompetenz für bilaterale Abkommen kollisionsrechtlichen Inhalts mit Drittstaaten zusteht[695]. Bisherige hierauf bezogene Äußerungen des Rates, der Kommission und einzelner Mitgliedstaaten waren nicht eindeutig[696]. Durch die verstärkte Ausübung ihrer konkurrierenden Kompetenz reduziert die Gemeinschaft jedoch zusehends den Spielraum der Mitgliedstaaten, ihre Verhältnisse zu Nicht-EU-Staaten selbständig zu regeln. Es manifestiert sich eine *Tendenz zum universellen Gemeinschaftskollisionsrecht*[697].

Besondere Brisanz erhält die Frage nach der räumlichen Reichweite des Art. 65 lit.b EG auch bei der Schaffung eines das EVÜ ersetzenden Gemeinschaftsrechtsakts[698]. Das Schuldrechtsübereinkommen gilt seit langem als Musterbeispiel eines *loi uniforme*, dessen Kollisionsnormen auch Drittstaatenverhältnisse regeln (Art. 2 EVÜ). Vor dem Hintergrund der genannten Kompetenzschranken zu Art. 61, 65 EG ist indes zweifelhaft, ob die EG eine Rom I-Verordnung mit einem so weitreichenden Anwendungsbereich erlassen könnte oder ob derartige Regelungen nicht weiterhin in die Kompetenz der Mitgliedstaaten fallen[699].

aa) Für eine restriktive, auf den Erlaß interlokaler Kollisionsnormen beschränkte Rechtssetzungsbefugnis der EG spricht zunächst, daß die Rechtsangleichungspolitik in der Europäischen Union wirtschaftlich und funktional auf die Errichtung eines Gemeinsamen europäischen Marktes und auf das reibungslose Funktionieren des Binnenmarktes ausgerichtet ist – ein Ziel, das nicht zuletzt in Art. 65 EG selbst ausdrücklich festgeschrieben wurde[700]. Laut Art. 5 Abs. 3 EG gehen Maßnahmen der Gemeinschaft nicht über das für die Erreichung der Ziele des EG-Vertrages erforderliche Maß hinaus und auch der Europäische Gerichtshof dient nur der Auslegung und Beaufsichtigung der Einhaltung des *gemeinsamen* Rechts[701]. Harmonisierende Rechtsakte der EG dürften daher stets nur Verhältnisse unter den EU-Mitgliedstaaten regeln, nicht auch Drittstaatenverhältnis-

---

694 Verordnung (EG) Nr. 1347/2000 des Rates der EU über die Zuständigkeit und die Anerkennung von Entscheidungen in Ehesachen und in Verfahren betreffend die elterliche Verantwortung für die gemeinsamen Kinder der Ehegatten, ABl.EG (30.6.2000) Nr. L 160/1 ff.

695 Siehe *Kohler*, Die Verordnung „Brüssel II“, NJW 2001, S.14; *Jayme/Kohler*, IPRax 2000, S.454.

696 Vgl. auch *Kohler*, Die Verordnung „Brüssel II“, NJW 2001, S.14; *Jayme/Kohler*, IPRax 2000, S.454 Rz. 6, jeweils m.w.Nachw. In der Erklärung des Rates der EU zu Brüssel II vom 22.5.2000 heißt es unter Anlage 2: „*Die Mitgliedstaaten verpflichten sich, die Kommission über alle Abkommen zu unterrichten, die sie mit Drittstaaten nach Artikel 16 zu schließen beabsichtigen, sowie über die Änderung bzw. die Kündigung solcher Abkommen*“, IPRax 2001, S.62.

697 Siehe auch *Jayme/Kohler*, IPRax 2000, S.454.

698 Vgl. nur *Jayme*, Zur Revision des EVÜ, Tagungsbericht, IPRax 2001, S.65.

699 *Jayme/Kohler*, IPRax 2000, S.463.

700 *Jayme*, Zur Revision des EVÜ, Tagungsbericht, IPRax 2001, S.65.

701 Siehe *von Hoffmann*, The European Community and Private International Law, S.16.

se. Eine Ausweitung des räumlichen Anwendungsbereichs der Binnenmarktkollisionsnormen auf Drittstaatensachverhalte würde unzulässig von der funktionalen Vorgehensweise abweichen und zugleich eine schwere Verletzung nicht nur des Erforderlichkeitskriteriums, sondern ebenso des Prinzips der begrenzten Einzelermächtigung, Art. 5 Abs. 1 EG, und des Subsidiaritätsprinzips, Art. 5 Abs. 2 EG, darstellen[702]. Drittstaatensachverhalte umfassendes IPR könnte hiernach daher nur aus solchen kollisionsrechtlichen Erwägungen geschaffen werden, die außerhalb der Ziele der EU und des EG-Rechts liegen[703]. Zur Verfolgung solcher Ziele sind jedoch nur die Mitgliedstaaten als völkerrechtliche Subjekte berechtigt.

Ein weiteres, gegen eine auch Drittstaatensachverhalte umfassende Regelungskompetenz der EG sprechendes Argument ist, daß die Mitgliedstaaten nur so wenig wie möglich von ihrer Souveränität abzugeben gedachten, woran u.a. die nationalen Widerstände gegen die Teilvergemeinschaftung der ZBJI und das noch zu erörternde – mit intergouvernementalen Rudimenten durchsetzte – Verfahren des Titel IV EGV erinnern[704]. Solange die Europäische Union kein Bundesstaat mit einer eigenen Rechtspersönlichkeit ist, in dem die Kompetenzen der Gemeinschaft und die der Mitgliedstaaten in einem materiellen Kompetenzkatalog abschließend definiert sind[705], kann Art. 65 EG zudem keine „vorrangige Verfassungsbestimmung“[706] darstellen.

Schließlich läßt die vollständige Erhebung der (universellen) Kollisionsrechtsvereinheitlichung zu einer eigenständigen Aufgabe der EG befürchten, daß die Verhandlungen der Mitgliedstaaten im Rahmen der Haager Konferenz für Internationales Privatrecht sowie der damit verbundene und allgemeine Fortschritt des IPR durch aus kollisionsrechtlicher Sicht unbefriedigende Gemeinschaftsrechtsakte erschwert, auf längere Sicht blockiert oder sogar verhindert werden[707].

Nach dieser Auffassung kommt eine Ablösung des EVÜ durch einen inhaltlich übereinstimmenden, auch Art. 2 EVÜ umfassenden Gemeinschaftsrechtsakt auf der Grundlage von Art. 61, 65 lit.b EG nicht in Betracht. Die Rechtssetzungsorgane der EG können nur „regionales Binnenkollisionsrecht“[708]

---

702 So *Joerges*, ZEuP 1995, S.182; *von Hoffmann*, The European Community and Private International Law, S.17 und für den Bereich des Privatrechts *von Borries*, ZEuP 1996, S.198; *Armbrüster*, RabelsZ 60 (1996), S.88.

703 Vgl. *Lurger*, Zur Umsetzung der Kollisionsnormen von Verbraucherschutzrichtlinien, S.200, und *Basedow*, NJW 1996, S.1929.

704 Siehe *Bergmann/Lenz-Winkler*, S.50.

705 Vgl. etwa *Streinz*, EuZW 1998, S.140; *von Borries*, ZEuP 1996, S.198; *von Hoffmann*, The European Community and Private International Law, S.17.

706 Siehe *Jayme*, ZfRV 1997, S.236.

707 Vgl. *Jayme*, Zur Revision des EVÜ, Tagungsbericht, IPRax 2001, S.65 mit Hinweis auf eine Stellungnahme von Frau Prof. Catherine Kessedijan.

708 Siehe *Jayme*, IPRax 2000, S.167 und *Grundmann*, RabelsZ 64 (2000), S.458 ff. Für das Verhältnis der EU zum „Rest der Welt“ könnten die von der Haager Konferenz für IPR ausgearbeiteten Konventionen gelten.

schaffen. Zur Ermächtigung der EG, universelles Gemeinschaftskollisionsrecht zu erlassen, bedürfte es eines weiteren Integrationsschrittes.

bb) Für eine räumlich umfassende Rechtssetzungsbefugnis der EG im IPR kann hingegen angeführt werden, daß durch sie eine erneute Differenzierung zwischen interlokalem und externem Internationalen Schuldvertragsrecht vermieden würde[709]. Steht der EG nämlich die Zuständigkeit zum Erlaß universellen IPR nicht zu, könnte sie einen Rom I-Rechtsakt auch nicht als *loi uniforme* erlassen, mit der Konsequenz, daß die durch die ausschließliche Entstehung binnenmarktinterner Regeln entstandene Lücke für Drittstaatensachverhalte wiederum durch nationales Kollisionsrecht – autonomes IPR der Mitgliedstaaten oder zusätzliche Übereinkommen – gefüllt werden müßte. Die mit dem Gemeinschaftsrechtsakt bezweckte Kollisionsrechtsvereinheitlichung hätte dann – paradoxerweise – eine neue Rechtszersplitterung zur Folge. Wie im Falle der kollisionsrechtlichen Regelungsgebote in den EG-Verbraucherschutzrichtlinien würde die mit dem EVÜ herbeigeführte Rechtseinheit und Kohärenz zerstört.

Der Dualismus[710] von interlokalen Kollisionsnormen, die nur im Verhältnis zu den anderen Mitgliedstaaten gelten, und solchen, die im Verhältnis zu Drittstaaten anzuwenden sind, würde zur weiteren Unübersichtlichkeit des ohnehin komplexen IPR-Normengeflechts beitragen. Er könnte darüber hinaus zu Abgrenzungsproblemen führen bei der Differenzierung zwischen binnenmarktspezifischen Situationen und Situationen, in denen Drittlandsbürger involviert sind. Reine Binnenmarktsachverhalte und reine Drittstaatensachverhalte lassen sich in der Praxis nicht von vornherein klar trennen, oft wird zumindest ein gewisser Bezug zu den EU-Mitgliedstaaten vorliegen, den der Richter aber zunächst einmal feststellen muß[711]. Für solche Fälle muß dann das Funktionieren des Binnenmarktes gesichert werden. Ein neuer Dualismus divergierender Kollisionsrechte drohte zudem, dem Ziel zuwiderzulaufen, gleiche Marktbedingungen zu schaffen: In den EU-Mitgliedstaaten ansässige Unternehmer würden in Drittstaatenfällen gegenüber ihren Konkurrenten z.B. wegen ungünstigerer Verbraucherschutzvorschriften im Wettbewerb benachteiligt[712]. Mit diesem Hinweis könnte sogar die Erforderlichkeit universellen Gemeinschaftskollisionsrechts für das Funktionieren des Binnenmarktes konstruiert werden[713].

Der jüngeren Rechtsprechung des EuGH im Fall *Ingmar GB*[714] kann ferner entnommen werden, daß Regeln des sekundären Gemeinschaftsrechts bei

---

709 Siehe *Remien*, CML Rev. 2001, S.75.

710 Vgl. *Jayme*, Zur Revision des EVÜ, Tagungsbericht, IPRax 2001, S.65.

711 Siehe wiederum *Remien*, CML Rev. 2001, S.75.

712 In ähnlichem Zusammenhang *Freitag/Leible*, Europäisches Handelsvertreterrecht weltweit?, RIW 2001, S.291 f.

713 Siehe *Eidenmüller*, IPRax 2001, S.3.

714 EuGH, Urteil vom 9.11.2000 – Rs. C-381/98 – Ingmar GB Ltd. / Eaton Leonard Technologies Inc.; abgedruckt auch in RIW 2001, S.133 und in BB 2001, S.10 f. mit Kommentar von *Kindler*. Siehe jedoch auch die EuGH-Entscheidung in Sachen *Arblade* v.

Drittstaatensachverhalten grenzüberschreitend Bedeutung erlangen können, soweit dies erforderlich ist, um die Gemeinschaftsziele zu erreichen. Der Gerichtshof entschied im Falle eines Handelsvertreters, der seine Tätigkeit in einem EU-Mitgliedstaat ausübte, während sich der Sitz des Unternehmens in einem Drittstaat befand und der Vertrag vereinbarungsgemäß dem Recht dieses Landes unterlag[715], zugunsten der Rechtswahlfestigkeit des Handelsvertreterausgleichs nach Art. 17, 18 der Handelsvertreter-Richtlinie[716]. Auch hier zeigt sich ein *internationaler Geltungswille* EG-mitgliedstaatlichen Rechts[717] und eine gewisse Tendenz zur *erga omnes*-Geltung europäischer Regelungen.

Für eine EG-Kompetenz im Bereich universellen IPR spricht schließlich, daß der schrittweise Abbau der europäischen Binnengrenzen eine immer engere justitielle Zusammenarbeit erfordert, die bis hin zur in jeder Hinsicht umfassenden Vergemeinschaftung der relevanten Materien führt. Mit dem Amsterdamer Vertrag ist ein bedeutsamer Schritt in Richtung eines gemeinsamen Rechtsraums getan worden; die entstehende Rechtsgemeinschaft muß mit ihren eigenen Instrumenten Recht in demselben weitgehenden Maße schaffen können, wie es ihren Mitgliedern bisher völkerrechtlich zugestanden hat. In dem Willen der Mitgliedstaaten zur Vergemeinschaftung der das Zivilrecht betreffenden Teile der ZBJI mag ein Indiz für die weitgehende Überwindung nationaler Souveränitätsvorbehalte und für die „wachsende Akzeptanz einer Europäisierung dieses Politikbereichs“[718] gesehen werden[719].

Das Ziel der Kollisionsrechtsvereinheitlichung kann nach dieser Auffassung nur erreicht werden, wenn der universelle Geltungsbereich des EVÜ in seinem bisherigen Umfang nicht aufgegeben und den Gemeinschaftsorganen die Kompetenz zum Erlaß universeller Kollisionsregeln zugestanden wird[720].

cc) Der zweiten Auffassung ist insofern zuzustimmen, als sie das Ziel einer globalen Lösung der Kollisionsrechtsharmonisierung und der Herbeiführung eines

---

23.11.1999 – C-369/96 und C-376/96 –, Slg. 1999, I-8453; RIW 2000, S.137; *Jayme*, Postmodernes Arbeitsrecht, IPRax 2000, S.562.

715 *Jayme*, Handelsvertreterausgleich, IPRax 2001, S.190. Siehe auch *Freitag/Leible*, Europäisches Handelsvertreterrecht weltweit?, RIW 2001, S.287 ff.; *Staudinger*, Die ungeschriebenen kollisionsrechtlichen Regelungsgebote, NJW 2001, S.1975; *Thume*, RIW 2001, Heft 4, Die erste Seite; *Jayme/Kohler*, IPRax 2000, S.455; *Michaels/Kamann*, EWS 2001, S.302 f.

716 Richtlinie 86/653/EWG des Rates vom 18.12.1986 zur Koordinierung der Rechtsvorschriften der Mitgliedstaaten betreffend die selbständigen Handelsvertreter.

717 *Michaels/Kamann* sprechen insofern kritisch von der „Amerikanisierung des Gemeinschaftskollisionsrechts“EWS 2001, S.311.

718 Siehe *Kux*, S.109.

719 Vgl. *Czernich/Heiss*, ÖJZ 1998, S.681: „*Durch den (...) Vertrag von Amsterdam wird das EVÜ jedoch in die Kompetenz der Gemeinschaft übergeleitet werden und in Art. 65 EG n.F. seine gemeinschaftsrechtliche Deckung finden*“.

720 Siehe *Heß*, NJW 2000, S.30; *Basedow*, CML Rev. 37 (2000), S.704. Wohl auch *Kropholler*, Internationales Privatrecht, § 10 II, S. 74, § 10 III, S. 76.

möglichst weltweiten Entscheidungseinklangs nicht aus den Augen verliert[721]. Trotz der sich aus einer EG-Kompetenz für universelles Kollisionsrecht ergebenden Zuständigkeits- und Souveränitätseinbuße der Mitgliedstaaten wäre es nur schwer verständlich, wenn durch eine sekundärrechtliche Maßnahme die Errungenschaft des EVÜ kurzerhand aufgegeben würde.

Während die Diskussion über die Kompetenz für den Bereich des universellen IPR in den Mitgliedstaaten auf wissenschaftlicher Ebene noch nicht ausgetragen ist, ist sie auf europäisch-politischer Ebene bereits vorentschieden: Die Kommission hat sich – vom Ergebnis her denkend – *für* eine Kompetenz der EG entschieden: Ein Rechtsakt, der das Schuldvertragsübereinkommen vergemeinschaftet, würde Art. 2 EVÜ mitumfassen. Die Verfechter der gegnerischen Ansicht sind trotz gewichtiger Argumente gegenüber der auf EU-Ebene aufgekommenen Dynamik wehrlos[722]. Sie werden wohl – wie schon zuvor hinsichtlich anderer Materien – vor vollendete Tatsachen gestellt werden. Nichtsdestotrotz wäre es wünschenswert, das angekündigte Grünbuch der Kommission zu einer „Rom I-Verordnung"[723] würde die Kompetenz der EG für Drittstaatensachverhalte sachgerecht definieren. Insgesamt scheint, als seien wir auf dem Weg zu einem universellen Gemeinschaftskollisionsrecht, einem Binnenmarktkollisionsrecht als *loi uniforme*.

2. Hürden für die Kompetenzausübung im Titel IV. EG-Vertrag

Bei den ebenfalls neu in den EG-Vertrag eingeführten Vorschriften, die den Erlaß von Maßnahmen des Rates im Bereich der justitiellen Zusammenarbeit in Zivilsachen beeinflussen können, handelt es sich um das Beschlußfassungsverfahren nach Art. 67 EG (a), um die Zuständigkeit des Europäischen Gerichtshofs nach Art. 68 EG (b) und um das „opt out" von drei Mitgliedstaaten nach Art. 69 EG (c).

a) Beschlußfassungsverfahren, Art. 67 EG – Neuerungen durch den Vertrag von Nizza

Für ein Tätigwerden der Gemeinschaft im Bereich des Titel IV des EG-Vertrages sieht Art. 67 EG ein spezielles Beschlußfassungsverfahren vor, in dem zeitlich differenziert wird. Während eines Übergangszeitraums von fünf Jahren nach Inkrafttreten des Vertrags von Amsterdam wird im Rat das Einstimmig-

---

[721] Siehe auch *Leible*, Kollisionsrechtlicher Verbraucherschutz im EVÜ und in EG-Richtlinien, S.384 f.

[722] Vgl. *Jayme*, IPRax 2000, S.166.

[723] Das Erscheinen des „Rom I-Grünbuchs" ist nun für das Frühjahr 2002 vorgesehen, vgl. KOM (2001) 278 endg.

keitsprinzip aus dem früheren Art. K.4 Ziff.3 Abs. 1 EUV beibehalten[724]. Die Kommission muß das ihr ansonsten ausschließlich zustehende Initiativ-Monopol vorübergehend mit den Mitgliedstaaten teilen und bleibt auch nach Ablauf der Übergangszeit verpflichtet, Vorschläge eines Mitgliedstaats zu überprüfen, Art. 67 Abs. 2 Spiegelstrich 1 EG[725]. Die Stellung des Europäischen Parlaments beschränkt sich auf ein bloßes Anhörungsrecht[726].

Die neue Verfahrensvorschrift trägt deutliche Züge eines politischen Kompromisses[727]. Aus der Zeit der intergouvernementalen ZBJI in der dritten Säule wurden für den EG-Vertrag fremde Verfahrenselemente[728] mitüberführt, die eine wahre Vergemeinschaftung – zumindest für die fünfjährige Übergangszeit, teilweise aber auch darüber hinaus – verhindert haben. Die Entstehung neuer Rechtsakte der Gemeinschaft wird daher vorerst insbesondere durch das Einstimmigkeitserfordernis entscheidend gebremst werden[729]. Jeder Mitgliedstaat kann die Entstehung eines Rechtsakts mit seinem Veto blockieren[730].

Eine Änderung der Vorschrift erfolgt jedoch durch den auf der Regierungskonferenz vom 7. – 11.12.2000 in Nizza vereinbarten und am 26.2.2001 unterzeichneten Vertrag von Nizza[731]. Der Vertrag führt zu keiner grundlegenden Reform, sondern beschränkt sich im wesentlichen auf die Aufarbeitung eher technischer „Left-overs" von Amsterdam zur Vorbereitung der EU auf die bevorstehenden Beitritte neuer Staaten. Zum einen waren die Größe und Zusammensetzung der Europäischen Kommission sowie die Stimmengewichtung im Rat Problemfelder[732], zum anderen wurde aus Furcht vor einer völligen Lähmung bei der Entscheidungsfindung[733] das bisherige Einstimmigkeitserfordernis in bestimmten Politikfeldern in eine qualifizierte Mehrheitsentscheidung im EU-Ministerrat überführt[734]. Auswirkungen auf die Gesetzgebungszuständigkeiten nach Art. 65

---

724 Dies gilt gemäß Absatz 3 erster Spiegelstrich ausnahmsweise nicht für einige Bereiche der Visa-Politik, in denen schon bislang nach dem – nun aufgehobene – Art. 100c Abs. 3 EGV mit qualifizierter Mehrheit zu entscheiden war.

725 *Tarko*, ÖJZ 1999, S.406; *Basedow*, CML Rev. 37 (2000), S.694.

726 *Heß*, NJW 2000, S.28.

727 Siehe *Jayme/Kohler*, IPRax 1997, S.401; *Streinz*, EuZW 1998, S.137, 142; *Sonnenberger*, JZ 1998, S.988.

728 Auch die Bezeichnung der *„Zusammenarbeit"* ist in Art. 61 lit.c und Art. 65 beibehalten worden.

729 *Besse*, ZEuP 1999, S.110; *Bergmann/Lenz-Winkler*, S.63.

730 Vgl. *Basedow*, CML Rev. 37 (2000), S.693.

731 Vertrag von Nizza zur Änderung des Vertrags über die Europäische Union, der Verträge zur Gründung der Europäischen Gemeinschaften sowie einiger damit zusammenhängender Rechtsakte, Abl.EG (10.3.2001) Nr. C 80/1 ff.; siehe hierzu *Fischer*, Der Vertrag von Nizza, 2001; *Theato*, EuZW 2001, S.129; *van Rijn*, EuZW 2001, S.193.

732 Vgl. hierzu ausführlich *Borchmann*, S.171; *Pache/Schorkopf*, NJW 2001, S.1377 f. Darüber hinaus sieht der Vertrag Änderungen bei der europäischen Gerichtsbarkeit vor, siehe *Sack*, EuZW 2001, S.77.

733 Siehe *Pache/Schorkopf*, NJW 2001, S.1382.

734 *Borchmann*, S.172.

EG hat die Einführung des Art. 67 *Abs. 5* EG[735], nach dem abweichend von Art. 67 Abs. 1 Maßnahmen (außer im Bereich des Familienrechts) nach dem Mehrheitsverfahren des Art. 251 EG getroffen werden[736]. Der beschriebene fünfjährige Übergangszeitraum wird damit eingeschränkt[737].

Der Vertrag von Nizza kann allerdings vorerst nicht plangemäß in Kraft treten, da die irischen Stimmbürger die Ratifikation in einem Referendum am 7.6.2001 überraschend abgelehnt haben[738]. Auch das EU-Parlament hat sich gegen eine Abstimmung über den Vertrag ausgesprochen und die Mitgliedstaaten stattdessen dazu aufgerufen, eine Verfassung für Europa zu erarbeiten[739]. Das Parlament kann ein Inkrafttreten des Vertrages zwar nicht verhindern, sein Hinweis darauf, daß das Abkommen nicht zufriedenstellend sei, könnte jedoch Einfluß auf die für die Ratifizierung erforderlichen Abstimmungen in einzelnen Mitgliedstaaten haben. Ein klarer politischer Ausweg aus der Sackgasse liegt – soweit erkennbar – nicht vor; die irische Regierung plant wohl ein neues Referendum. Sobald der Vertrag von Nizza in Kraft getreten ist, kann der Rat Maßnahmen auf dem Gebiet des Europäischen Kollisionsrechts mit qualifizierter Mehrheit durchsetzen[740]. Die Mitgliedstaaten verlieren damit ihr Ko-Initiativrecht[741].

Die Entstehung derartig komplexer „quasi-supranationaler Bestimmungen“[742], wie sie Art. 67 EG (noch) enthält, beruht einerseits auf der Sensitivität des Politikbereichs für die Mitgliedstaaten mit ihren nationalen Souveränitätsvorbehalten, andererseits auf der Dringlichkeit, mit der die Kompromisse getroffen worden sind, um Ergebnisse vorzuweisen[743]. Die politische Verantwortung für die Bereiche des Titel IV bleibt vorerst noch zwischen der Gemeinschaft und ihren Mitgliedern geteilt[744]. Die durch den Vertrag von Amsterdam durchgeführte „Vergemeinschaftung“ von Kompetenzen stellt nur eine formelle und systematische Überführung in den EG-Vertrag und damit erst den „halben Weg“ dar[745].

---

735 Abl.EG (10.3.2001) Nr. C 80/14.

736 *Jayme*, Vertrag von Nizza, IPRax 2001, S.384. Aufrechterhalten wurde das Einstimmigkeitsprinzip hingegen z.B. bei der gemeinsamen Handelspolitik; vgl. *Herrmann*, EuZW 2001, S.269 ff., 273 f.; *Pache/Schorkopf*, NJW 2001, S.1384 f.

737 *Pache/Schorkopf*, NJW 2001, S.1378, 1382. Siehe auch die Erklärung der Regierungskonferenz zu Art. 67 EG, Abl.EG (10.3.2001) Nr. C 80/77 f.

738 NZZ v. 9./10.6.2001, S.1,3: „Referendum in Irland verwirft den EU-Vertrag von Nizza“.

739 NZZ v. 1.6.2001, S.2: „Vertrag von Nizza findet im EU-Parlament keine Gnade“.

740 Siehe schon *Jayme/Kohler*, IPRax 1999, S.401; *Basedow*, CML Rev. 37 (2000), S.694.

741 *Basedow*, CML Rev. 37 (2000), S.692.

742 *Kux*, S.112. Nach *Jayme/Kohler* werden die *„Zuständigkeiten zur Setzung künftigen Rechts durch die Kompromisse und Halbherzigkeiten des Amsterdamer Vertrags in ein institutionelles Zwielicht gerückt“*, IPRax 1997, S.401.

743 So etwa *Kux*, S.119.

744 *Rittner*, EuR 1998, S.9.

745 So vor allem *Sonnenberger*, JZ 1998, S.988; *Gündisch*, AnwBl. 1998, S.174 und *Jayme/Kohler*, IPRax 1997, S.401.

b) Zuständigkeit des Europäischen Gerichtshofs, Art. 68 EG

Die Justitiabilität des neuen Titels sowie der auf ihn gestützten Rechtsakte regelt Art. 68 EG. Hiernach erstreckt sich die Jurisdiktion und damit verbundene Kontrollfunktion des Europäischen Gerichtshofs auch auf den Art. 65 EG. Zudem kann Rechtschutz in Form der Auslegung der Vorschriften bzw. Rechtsakte realisiert werden, Art. 220 EG[746]. Dies bedeutet zunächst eine Ausweitung der Entscheidungszuständigkeit des EuGH gegenüber der Maastrichter Zeit[747].

Verglichen mit den übrigen Bereichen des EG-Vertrages und den Auslegungsprotokollen zum EuGVÜ und zum EVÜ müssen jedoch auch hier – zumindest während der fünfjährigen Übergangszeit[748] – erhebliche Einschränkungen hingenommen werden: Die Vorlagebefugnis für einen Gemeinschaftsrechtsakt nach dem neuen Titel IV steht allein letztinstanzlichen Gerichte zu, die bei der Vorlageentscheidung einen Ermessensspielraum haben, Art. 68 Abs. 1 EG[749]. Zudem stellt Art. 68 EG gegenüber Art. 234 EG eine Sonderregelung dar, die die allgemeine Vorabentscheidungskompetenz des Gerichtshofs auf eine eingeschränkte Vorabentscheidung sowie die Auslegung und Überprüfung von Rechtsakten kürzt[750].

Richtigerweise ist allerdings darauf hinzuweisen, daß bei Rechtssetzungsmaßnahmen im Bereich des EVÜ insofern ein Zuwachs der Entscheidungskompetenz des EuGH stattfinden wird, als die gesonderten Auslegungsprotokolle zum EVÜ bisher nicht in Kraft getreten sind[751]. Positiv fällt zudem auf, daß neben den letztinstanzlichen Gerichten auch der Rat, die Kommission oder ein Mitgliedstaat den EuGH um Auslegung einer Vorschrift des Titels oder einer danach verabschiedeten Maßnahme ersuchen kann, Art. 68 Abs. 3 EG[752]. Diese Neuerung könnte Möglichkeiten eröffnen, den Gerichtshof effektiver als Auslegungsorgan in Anspruch zu nehmen[753]. Sollten nämlich zum Beispiel – im übrigen überaus wünschenswerte – Auslegungsfragen zur rechtlichen Zulässigkeit bestimmter Rechtsakte auf der Grundlage des Art. 65 lit.b EG (und damit zu dessen Kompetenzreichweite) wegen der langen nationalen Verfahrensdauern nicht schnell genug bis zu den vorlageberechtigten einzelstaatlichen Gerichten vordringen bzw. von diesen nicht vorgelegt werden, so könnte die Vorlage der

746 Art. 220 lautet: [Wahrung des Rechts] „*Der Gerichtshof sichert die Wahrung des Rechts bei der Auslegung und Anwendung dieses Vertrages.*“

747 *Kux*, S.111.

748 Nach Art. 67 Abs. 2 Spiegelstrich 2 EGV können durch einstimmigen Ratsbeschluß die Bestimmungen über die Zuständigkeit des Gerichtshofs „angepaßt“ werden, vgl. *Jayme/Kohler*, IPRax 1997, S.386; *Beaumont*, I.C.L.Q. 1999, S.225 f.

749 Siehe *Bergmann/Lenz-Winkler*, S.54; *Jayme/Kohler*, IPRax 1999, S.402; *Heß*, NJW 2000, S.28.

750 *Gündisch*, AnwBl. 1998, S.173; *Kux*, S.113.

751 Siehe *Staudinger*, ZfRV 2000, S.104.

752 *Jayme/Kohler*, IPRax 1999, S.402; *Staudinger*, ZfRV 2000, S.104, Fn.151.

753 *Besse*, ZEuP 1999, S.112.

unabhängigen und gemeinschaftsverpflichteten Kommission oder eines souveränitätsbewußten Mitgliedstaates die erhoffte Klärung schneller bringen.

c) Ausstiegsvorbehalt von drei Mitgliedstaaten, Art. 69 EG

Die dritte Einschränkung im Titel IV, die den Erlaß von Maßnahmen im Bereich der justitiellen Zusammenarbeit in Zivilsachen entscheidend hindern könnte, ist die Einräumung eines „opt out" für Großbritannien, Irland und Dänemark. Art. 69 EG gewährt diesen Mitgliedstaaten das Recht, von den Auswirkungen dieses Titels fernzubleiben[754]. Diese drei Staaten hatten in dem politisch sensiblen Bereich von „Visa, Asyl und Einwanderung" aus Angst vor zu weitgehenden Souveränitätsverlusten auf diesen Vorbehalt gedrängt[755], der sich zugleich auf die justitielle Zusammenarbeit in Zivilsachen erstreckt[756].

Für das Vereinigte Königreich und Irland wird in einem Protokoll betreffend ihre Position[757] die Nichtanwendung von Maßnahmen und Übereinkünften nach dem Titel IV in unterschiedlichem Ausmaß geregelt. Immerhin hatten sich beide Staaten vorbehalten, sich in Ausnahmefällen bereits an der Abstimmung über einen Rechtsakt bzw. zu einem späteren Zeitpunkt auch an den einzelnen Beschlüssen nach dem neuen Titel zu beteiligen[758]. Auf der Ratstagung „Justiz und Inneres" am 12.3.1999 haben sie sich zugunsten eines solchen „opt in", das heißt einer vollumfänglichen Beteiligung an den betreffenden Maßnahmen im Bereich der justitiellen Zusammenarbeit in Zivilsachen entschieden[759] und damit die bindende Wirkung von Maßnahmen nach diesem Titel wieder aufleben lassen[760]. Die starke politische Dimension des Art. 69 EG ist hingegen wieder zu Tage getreten, da das Vereinigte Königreich das Inkrafttreten der Brüssel I-Verordnung (EuGVVO) – trotz Fehlens eines Veto-Rechts im Rat – auf politischer Ebene blockieren konnte. Auf dem Spiel steht der Verlust der Außenkompetenz zur Unterzeichnung des entstehenden Haager Gerichtsstands- und Vollstreckungsübereinkommens[761]. Dabei dürfen das Vereinigte Königreich und Ir-

---

754 *Bergmann/Lenz-Winkler*, S.50.

755 *Heß*, NJW 2000, S.28; *Basedow*, CML Rev. 37 (2000), S.695 f.

756 Hierin liegt neben den Schwierigkeiten bei der Bestimmung des Kompetenzumfangs ein weiterer Nachteil der systematischen Stellung des Art. 65 EG im Titel IV.

757 Protokoll über die Position des Vereinigten Königreichs und Irlands, ABl.EG 1997 Nr. C 340/99 f.

758 *Kux*, S.113f.

759 KOM (1999) 348 endg.

760 *Basedow*, CML Rev. 37 (2000), S.695 f. Siehe auch etwa Erwägungsgrund 20 der Verordnung (EG) Nr. 44/2001 des Rates vom 22. Dezember 2000 über die gerichtliche Zuständigkeit und die Anerkennung und Vollstreckung von Entscheidungen in Zivil- und Handelssachen, ABl.EG 2001 Nr. L 12/2.

761 Siehe IPRax 2000, Heft 2, S.V; *Beaumont*, I.C.L.Q. 1999, S.228; *Jayme*, IPRax 2000, S.167.

land ihr „opt-in" nicht zu dem alleinigen Zweck einer Blockade der Rechtssetzung mißbrauchen.

Dänemark hingegen hat in einem entsprechenden Protokoll[762] aus verfassungsrechtlichen Gründen erklärt, generell nicht an Maßnahmen nach dem neuen Titel teilzunehmen[763]. Es hat daher keine Möglichkeit zu einem „opt-in", kann jedoch nach Art. 7 des Protokolls auf die Anwendung dieser Klausel jederzeit verzichten. Einen dahingehend gerichteten Willen hat Dänemark bisher nicht geäußert[764]. Die Europäische Union verfolgt ihre Harmonisierungsziele weiter, hofft jedoch auf eine baldige Kooperation mit Dänemark, um mit den neuen Rechtsakten tatsächlich gemeinschaftsweit Rechtseinheit zu schaffen[765].

Diese Auswirkungen der Übernahme des Schengen-Acquis in Titel IV des EG-Vertrages ist in der Literatur auf heftige Kritik gestoßen. *Schack* zufolge sind sie ein Hauptgrund dafür, die EG-Kommission „auf dem Holzweg von Amsterdam" zu sehen[766]. Zum ersten Mal wird es möglich, daß Rechtsakte nur in Teilen der Gemeinschaft Rechtskraft erlangen[767]. Es kommt zu einer unvollständigen, abgestuften Harmonisierung, die zudem die kontinentale und Common Law-Rechtsordnungen trennen statt vereinheitlichen könnte[768]. Die Verhandlung neuer, spezieller Parallelabkommen nach Art. 293 EG wird notwendig[769]. Anstelle von Rechtseinheit droht eine Rechtszersplitterung, die zu weiterer Rechtsunsicherheit führe[770]. Neue Wettbewerbsverzerrungen und Diskriminierungen entstehen zu Lasten der Marktteilnehmer[771]. Ein „Europa der zwei (oder drei) Geschwindigkeiten" ist insbesondere im Bereich des Kollisionsrechts schmerzlich,

---

762 Protokoll über die Position Dänemarks, ABl.EG 1997 Nr. C 340/101 f.

763 *Besse*, ZEuP 1999, S.111.

764 *Basedow*, CML Rev. 37 (2000), S.696.

765 Vgl. Stellungnahme des Wirtschafts- und Sozialausschusses zum Brüssel I-Veordnungsvorschlag: CES 233/2000 – 99/0154 CNS v. 1.3.2000.

766 *Schack*, ZeuP 1999, S.807; etwas a.A. *Basedow*, CML Rev. 37 (2000), S.696.

767 Stellungnahme des Wirtschafts- und Sozialausschusses zum Brüssel I-Veordnungsvorschlag: CES 233/2000 – 99/0154 CNS v. 1.3.2000; *Beaumont*, I.C.L.Q. 1999, S.227.

768 *Heß*, NJW 2000, S.28; *Jayme/Kohler*, IPRax 1999, S.402; *Basedow*, CML Rev. 37 (2000), S.695 f.; *Hausmann*, EuLF 2000/01-1, S.41 f.

769 Vgl. Stellungnahme des Wirtschafts- und Sozialausschusses zum Brüssel I-Veordnungsvorschlag: CES 233/2000 – 99/0154 CNS v. 1.3.2000; *Heß*, NJW 2000, S.28; *Schack*, ZeuP 1999, S.808, bezeichnet die Notwendigkeit der Neuverhandlung von Übereinkommen als „geradezu pathologisch".

770 *Schack*, ZeuP 1999, S.807; *Müller-Graff*, Der Vertrag von Amsterdam, in: Forstmoser/von der Crone/Weber/Zobl (Hrsg.), Der Einfluss des europäischen Rechts auf die Schweiz, FS für Roger Zäch, Zürich 1999, S.746: *„Diese komplizierte Lage der Integration des Schengen-Besitzstandes und seiner Entwicklung ist genau der Alptraum und das abschreckende Beispiel einer extremen Differenzierung, die den Gedanken einer Gemeinschaft zerstört, die auf gemeinsamen, rechtlich bindenden Regeln beruht.*" Siehe auch *Jayme*, IPRax 2000, S.156.

771 *Besse*, ZEuP 1999, S.121.

da eine Rechtsvereinheitlichung des Internationalen Privatrechts nur dann Sinn macht, wenn sie auch *gemeinschaftsweit* einheitlich stattfinden kann[772].

Als Zwischenergebnis kann festgehalten werden, daß solche Rechtakte der Gemeinschaftsorgane, die auf der Grundlage von Art. 65 EG erlassen werden und bisherige Übereinkommen der Mitgliedstaaten ersetzen sollen, angesichts der aufgeführten Hemmnisse der Art. 67 bis 69 EG auf Probleme stoßen können. Infolge dieser Erkenntnis wird die „Tragfähigkeit" der neuen Kompetenznorm insgesamt in Frage gestellt[773]. Zumindest wird der Wert einer gemeinschaftsrechtlichen Kollisionsrechtsvereinheitlichung hierduch erheblich gemindert[774].

3. Natur der Rechtsinstrumente, zu deren Erlaß Art. 65 lit.b EG ermächtigt

Art. 61 und Art. 65 EG benutzen für die Handlungen des Rates die beiden Sammelbegriffe, „Maßnahmen" und „Zusammenarbeit", ohne zu spezifizieren, welcher juristischen Qualität die Rechtsakte sein können[775]. Obgleich damit offen bleibt, welche gemeinschaftlichen Rechtsinstrumente im Sinne des Art. 249 EG in Betracht kommen, ist im Ergebnis von der Zulässigkeit sämtlicher Arten auszugehen, das heißt es können sowohl Richtlinien als auch Verordnungen als kollisionsrechliche Maßnahmen der Gemeinschaft erlassen werden[776].

Daß diese Erkenntnis sich dem Beobachter nicht sofort aufdrängt, liegt außer an der Verwendung der beiden Sammelbegriffe in erster Linie an der Wortwahl des Art. 65 lit.b EG und an der Differenzierung innerhalb des Art. 65 EG. In lit.a werden dem Rat konkrete Zielvorgaben gemacht, die die Anwendung des verbindlichen Rechtsinstruments der Verordnung, Art. 249 Abs. 2 EG, ermöglichen. Die Verwendung der Formulierung „Förderung" in lit.b und lit.c läßt jedoch, wie beim sachlichen Umfang der Kompetenz, auch hinsichtlich des zu erlassenden Rechtsaktes Fragen offen. Von der Systematik des EG-Vertrages ausgehend, weist *Besse* darauf hin, daß die Begriffe „*fördern*" und „Zusammenarbeit" dort, wo sie in anderen Zusammenhängen auftauchen, wie zum Beispiel in der Sozialpolitik, Art. 137, 138 EG lediglich auf *unverbindliche* Gemeinschaftsmaßnahmen hinweisen[777]. Andererseits schreibe der EG-Vertrag im allgemeinen auch ausdrücklich vor, daß er die Handlungsmöglichkeit der Organe im Rahmen einer „Zusammenarbeit" auf unverbindliche Maßnahmen beschrän-

---

772 *Kux*, S.114.
773 Siehe auch *Besse*, ZEuP 1999, S.122.
774 *Leible*, Kollisionsrechtlicher Verbraucherschutz im EVÜ und in EG-Richtlinien, S.388.
775 Vgl. *Kohler*, Rev.crit.d.i.p., 88 (1) 1999, S.18.
776 Vgl. *Jayme/Kohler*, IPRax 1997, S.386; *Kux*, S.111.
777 *Besse*, ZEuP 1999, S.115.

ken möchte[778]. Das Fehlen einer ausdrücklichen Beschränkung in Art. 65 lit.b EG könne daher als Indiz für den Nicht-Ausschluß verbindlicher Rechtsakte, das heißt von EG-Verordnungen, gesehen werden[779].

Diese Argumentation ist auch vor dem Hintergrund nachvollziehbar, daß Art. 249 EG die allgemeine, den Begriff der „Maßnahmen" in Art. 65 EG ergänzende bzw. erläuternde Vorschrift ist[780]. Für die Rechtsgrundlage des Art. 95 EG, in dem ebenfalls von „Maßnahmen" die Rede ist, sind die Rechtsinstrumente der Richtlinie und der Verordnung allgemein anerkannt. Gleichzeitig hieße die Heranziehung des Art. 249 EG allerdings den Ausschluß der Rechtsform des Übereinkommens, das dort nicht als potentieller Gemeinschaftsrechtsakt aufgeführt ist.

Daß man mit der Neueinführung des Art. 65 EG eine Grundlage für *umfassendere* Regelungen und damit für EG-Verordnungen schaffen wollte, zeigen wiederum die von der Gemeinschaft geplanten Rechtsakte. Besonders deutlich spricht die Kommission dies im Rahmen der Revision des EuGVÜ folgendermaßen aus[781]:

> „Sie [die Kommission] hält fest, daß der zukünftige Vertrag von Amsterdam erlauben wird, an die Stelle des Instruments der Konvention Gemeinschaftsinstrumente zu setzen, mit den entsprechenden institutionellen Folgen, und ohne daß ein Ratifikationsverfahren für die Mitgliedstaaten und eventuelle Erweiterungskandidaten durchgeführt werden muß."

Allgemeines Ziel der neuen Zuständigkeit scheint es zu sein, der Gemeinschaft eine Möglichkeit einzuräumen, die besonders schwerfälligen und langwierigen Ratifikationsverfahren von Übereinkommen, wie sie noch im Rahmen des früheren Art. K EUV erforderlich waren, zu umgehen. Daß diese Möglichkeit und ihre baldige Verwirklichung von Teilen der Literatur begrüßt wird, darf hier nicht unerwähnt bleiben[782]. Kann somit festgehalten werden, daß Kollisionsrecht

---

778 Vgl. insbesondere Art. 137 Abs. 1, Art. 149 Abs. 1, Art. 150 Abs. 2, 4 EG. Ausdrücklich festgeschrieben wird der Ausschluß rechtsverbindlicher Maßnahmen der Rechtsharmonisierung in Art. 149 Abs. 4, Art. 150 Abs. 4, Art. 151 Abs. 5 und Art. 152 Abs. 4 EG.

779 *Besse* sieht diese Interpretation durch den aktuellen Stand der Rechtswissenschaft bestätigt, die für den Bereich des Kollisionsrechts bereits verbindliche Vorgaben aus dem Gemeinschaftsrecht, insbesondere den Grundfreiheiten und dem gemeinschaftlichen Herkunftsprinzip, herleitet, in: ZEuP 1999, S.115.

780 Siehe auch *Jayme/Kohler*, IPRax 1997, S.386.

781 Siehe die „Mitteilung der Kommission an den Rat und an das Europäische Parlament: „Wege zu einer effizienteren Erwirkung und Vollstreckung in gerichtlichen Entscheidungen in der Europäischen Union", ABl.EG (31.1.1998) Nr. C 33/8.

782 Siehe vor allem *von Hoffmann*, The European Community and Private International Law, S.32: „*All these advantages of the Amsterdam legislative system of judicial cooperation make it advisable to convert the existing Community-related public international law treaties in the field of judicial cooperation into true Community legislation once the Amsterdam Treaty has entered into force.*", aber auch *Sonnenberger*, RIW 4/1999, „Die

in Zukunft auch in Form einer Verordnung erlassen werden kann, so ist damit einerseits zugleich etwas zum Umfang der Kompetenz, andererseits aber auch zu den denkbaren Koordinierungsmechanismen für die Kohärenz gesagt. Zunächst muß jedoch vor dem Hintergrund der Rechtsinstrumente die Frage der Abgrenzung zu den anderen Zuständigkeiten der Gemeinschaft gestellt werden.

4. Abgrenzung zu den sonstigen Zuständigkeitsnormen des EG-Vertrages

Letztlich wirft die neue Kompetenzordnung des Art. 65 EG auch Abgrenzungsfragen zu bereits bestehenden Zuständigkeiten der Gemeinschaft selbst und auch der Mitgliedstaaten auf. Wie bereits von den kollisionsrechtlichen Annex-Regelungen in den verbraucherschützenden Richtlinien bekannt, enthält auch der neu eingeführte Titel IV keine Ausführungen zum Verhältnis zwischen den Kompetenzregelungen[783]. Zwar konnten die Kompetenz-Überschneidungen zwischen der ersten und dritten Säule im Bereich der justitiellen Zusammenarbeit in Zivilsachen (zwischen den früheren Art. K Nummer 2 Spiegelstrich 2 lit.c EUV und Art. 220 EGV) beseitigt werden[784], doch bestehen mit Einführung des Titel IV nun neue Überschneidungen *innerhalb* der ersten Säule.

a) Abgrenzung des Art. 65 EG zu Art. 95 EG

Vor dem Hintergrund der Ausführungen zu den Rechtsinstrumenten fällt zunächst auf, daß Art. 65 EG mit Art. 95 EG konkurriert. Wenn die neue Kompetenznorm, wie weiter oben dargelegt, eine Ermächtigungsgrundlage für die gemeinschaftliche Angleichung von Kollisionsrecht darstellt, so teilt sie diese Funktion mit Art. 95 EG, auf dessen Grundlage bisher Kollisionsrecht geschaffen worden ist. Eine weitere Gemeinsamkeit ergibt sich daraus, daß beide Ermächtigungsnormen auf die Errichtung bzw. das reibungslose Funktionieren des Binnenmarktes begrenzt sind. Ferner können auf der Grundlage beider Vorschriften sowohl Richtlinien als auch Verordnungen erlassen werden.

Trotz dieser Parallelen, kann keine Deckungsgleichheit im Anwendungsbereich der Normen bestehen, denn ansonsten hätte es der Einführung des Art.

---

erste Seite": „*Damit bietet sich die Chance, den ungeregelten kollisionsrechtlichen Wildwuchs anläßlich der Harmonisierung einzelner Rechtsmaterien durch Richtlinien zu stoppen. Die dabei einzusetzenden Instrumente – Konvention, Verordnung, Richtlinie – sollten sorgfältig geprüft werden. Art. 65b EGV enthält keine bindenden Vorgaben. Derzeit scheint man für außervertragliche Schuldverhältnisse ein Übereinkommen nach dem Muster des römischen zu bevorzugen. Eine EG-Verordnung hat aber manches für sich*"; *Besse*, ZEuP 1999, S.120.

783 Kritisch hierzu *Basedow*, EuZW 1997, S.609 und *Jayme*, ZfRV 1997, S.236: „*Auffallend ist die Vervielfältigung der Rechtstexte, die nicht mehr in eine klare Hierarchie zu ordnen sind*".

784 *Kux*, S.111. Siehe auch *Kohler*, Rev.crit.d.i.p., 88 (1) 1999, S.22.

65 EG nicht bedurft. Der frühere Art. 100a EGV reichte einerseits als Ermächtigungsgrundlage für die Ziele der EU nicht aus[785]. Auf der anderen Seite ist angesichts der Umgestaltung und Erweiterung, die an ihm durch den Vertrag von Amsterdam vorgenommen worden ist – in Art. 95 Abs. 3 EG werden jetzt für das hohe Schutzniveau neue Entwicklungen, die auf wissenschaftliche Ergebnisse gestützt sind, berücksichtigt[786] – jedoch auch offensichtlich, daß diese bisherige Zuständigkeitsvorschrift mit der Neueinführung des Art. 65 EG nicht obsolet werden sollte.

Es bedarf demnach einer Klärung der Frage, wann Europäisches Kollisionsrecht auf der Grundlage der einen oder der anderen Norm erlassen werden kann. Erste Anhaltspunkte für eine Abgrenzung könnte die Einteilung der Ermächtigungsgrundlagen in Sachgebiete sein[787]. Art. 65 EG ist als Teil des neuen Titel IV auf den „freien Personenverkehr" spezialisiert. Art. 95 EG hingegen läßt sich keinem genauen Sachgebiet zuordnen; er ist eine *allgemeine* Ermächtigungsgrundlage zur Rechtsangleichung, die sich auf keine bestimmte Marktfreiheit festlegt und noch nicht einmal auf das Gebiet des Zivilrechts beschränkt[788]. Fällt eine Abgrenzung nach Sachgebieten damit weg, so kann Art. 65 EG, der den Rat allein zu Maßnahmen im Bereich der justitiellen Zusammenarbeit in Zivilsachen ermächtigt, doch als eine Art Sonderkompetenztitel gegenüber Art. 95 EG angesehen werden. Fernerhin gilt Art. 95 EG auch nach der neuen Fassung nur „soweit in diesem Vertrag nichts anderes bestimmt ist", und somit – auch gegenüber Art. 65 EG, dem eine solche Klausel fehlt, – subsidiär. Schließlich ist das Kollisionsrecht auf der Grundlage von Art. 95 EG bisher ausschließlich in Form von Richtlinien zum Verbraucherschutz entstanden, während im Rahmen des neuen Art. 65 EG der Schwerpunkt der zu erlassenden Rechtsakte bei umfassenderen Regelungen, wie dem Erlaß von EG-Verordnungen und der Revision von Übereinkommen zu liegen scheint[789].

Ist Art. 65 EG daher nicht anwendbar, kann die bisherige Praxis der Entwicklung punktueller kollisionsrechtlicher Regelungsgebote in EG-Richtlinien auf der Grundlage von Art. 95 EG fortgeführt werden. Nicht ausgeschlossen scheint jedoch, daß infolge der spezielleren Zuständigkeitsnorm des Art. 65 EG künftig Gemeinschaftsrechtsakte in Form von umfassenden Verordnungen zu erwarten sind, die den Erlaß von Richtlinienkollisionsrecht nach Art. 95 EGV überflüssig machen[790]. Auf der anderen Seite wird angesichts der zweifelhaften Tragbarkeit des Art. 65 EG vertreten, umfangreiche Kollisionsrechtsverordnun-

785 Vgl. *Basedow*, EuZW 1997, S.609.

786 Im übrigen sind einige neue Absätze hinzugefügt worden. Vgl. auch *Lecheler*, Die Fortentwicklung des Rechts der Europäuischen Union durch den Amsterdamer Vertrag, JuS 1998, S.397.

787 Siehe *Basedow*, EuZW 1997, S.609.

788 *Basedow*, CML Rev. 37 (2000), S.697 ff.

789 *Jayme/Kohler*, IPRax 1997, S.386.

790 Siehe *Jayme/Kohler*, IPRax 1997, S.386.

gen könnten gegebenenfalls auch auf Art. 95 EG gegründet werden[791]. Art. 95 EG sei inhaltlich breiter angelegt als Art. 65 EG, der in diesem Falle lediglich indirekt als Auslegungshilfe für Art. 95 EG fungiert, so daß dieser zukünftig auch stärker zur Kollisionsrechtsvereinheitlichung herangezogen werden kann[792].

Die durch den Vertrag von Maastricht eingeführte Stärkung des hohen Verbraucherschutzniveaus ist mit dem Vertrag von Amsterdam aufrechterhalten und als *acquis* der Gemeinschaft fortgeführt worden. Der ehemalige Titel XI und Art. 129 EGV sind in Titel XIV und Art. 153 EG neu gefaßt und inhaltlich erweitert worden[793]. Obwohl die punktuellen Regeln des Europäischen Kollisionsrechts zumeist im Bereich des Verbraucherschutzrechts entstanden sind, war der frühere Art. 129 a EGV „neben" Art. 100a EGV bislang niemals ausdrücklich Rechtsgrundlage für Kollisionsnormen. Durch die weitreichenden Neuerungen in Titel IV wird sich die Relevanz des Art. 153 EG für den Erlaß von Europäischem Kollisionsrecht eher noch vermindert haben.

b) Abgrenzung des Art. 65 EG zu Art. 293 EG

Die zweite bedeutende Überschneidung des Art. 65 EG findet im Bereich einer Kompetenznorm der Mitgliedstaaten statt: der frühere Art. 220 EGV ist unverändert als Art. 293 EG übernommen worden[794]. Unklar ist, in welchem Umfang die im EG-Vertrag weiterhin festgeschriebene Möglichkeit der Mitgliedstaaten, unter anderem kollisionsrechtliche Übereinkommen untereinander auszuhandeln, in Anbetracht der neuen Gemeinschaftskompetenz noch bestehen kann[795]. Der neue Titel IV und Art. 65 EG gehen aus der ZBJI hervor, die im früheren Art. K.3 Nummer 2 lit.c EUV bereits konkurrierend zu Art. 220 EGV die Ausarbeitung von Übereinkommen vorsah. Diese Überschneidung „von Maastricht" wird – wenn es in Art. 65 EG auch nicht „unbeschadet des Artikels 293" heißt – beibehalten, ohne daß die Gelegenheit für eine Klärung des Verhältnisses der Zuständigkeitsregelungen zueinander ergriffen worden ist. Es wäre wohl insgesamt vorteilhaft gewesen, „die Norm des Art. 220 EG in eine Reform vollständig einzubeziehen und zusammen mit den in Art. 65 EG enthaltenen Befugnis-

---

791 Siehe hierzu *Basedow*, CML Rev. 37 (2000), S.698 ff.; *Heß*, NJW 2000, S.29; siehe auch IPRax 1999, S.298. A.A. *Leible*, Kollisionsrechtlicher Verbraucherschutz im EVÜ und in EG-Richtlinien, S.389.

792 *Basedow*, CML Rev. 37 (2000), S.699.

793 Siehe *Staudenmayer*, RIW 1999, S.734; *Bergmann/Lenz-Kienle*, S.158 f.

794 *Jayme*, Europäisches Kollisionsrecht: Grundlagen – Grundfragen, S.18; *Jayme/Kohler*, IPRax 1997, S.386.

795 Vgl. *Jayme/Kohler*, IPRax 1997, S.401; *Bergmann/Lenz-Winkler*, S.53.

sen in einer klassischen Gemeinschaftsbefugnis unter Anwendung eines Verfahrens mit Mehrheitsentscheidung zu verankern"[796].

Manch andere, nun überflüssige Norm, wie beispielsweise der frühere Art. 100c EGV wurde bei der Überarbeitung des EG-Vertrages aufgehoben. Das Fortbestehen des Art. 220 EGV in Art. 293 EG weist insofern auf eine gewisse, wenn auch nur beschränkte Daseinsberechtigung im neuen Normen- und Zuständigkeitsgeflecht hin[797]. Untersucht werden muß, worin diese Berechtigung liegen kann. Wie Art. 95 EG enthält nämlich auch Art. 293 EG eine Einschränkung der Rechtsetzung („Soweit erforderlich, ...") und ist somit nach überwiegender Ansicht subsidiär[798]. Sind daher in Zukunft die Voraussetzungen des Art. 65 EG erfüllt, so ist die Ausarbeitung von „mitgliedstaatlichen Übereinkommen" wohl alleine auf Art. 65 EG zu stützen[799]. Für das hier im Mittelpunkt stehende Europäische Schuldvertragsübereinkommen verdeutlicht die Öffnungsklausel des Art. 20 EVÜ eindringlich diesen auch in Zweifelsfällen geltenden Vorrang des Gemeinschaftsrechts[800]. Das bedeutet, daß selbst die Existenz eines völkerrechtlichen Übereinkommens wie des EVÜ die Ausübung der neuen Gemeinschaftskompetenz in Art. 65 lit.b EG als *aktuellere völkerrechtliche Verkörperung des Willens der Mitgliedstaaten* in keiner Weise, zum Beispiel in Form einer politischen Vorgabe, hindert[801]. Die gemeinschaftliche Rechtsetzung aufgrund der neuen Zuständigkeit wäre ansonsten erheblich eingeschränkt.

Völkerrechtliche Übereinkommen, die sich mit neuen Rechtsakten der EG sachlich und räumlich überschneiden, können demnach nicht mehr auf Art. 293 EG abgestützt werden[802]. Es verbleiben jedoch zumindest zwei Bereich, in denen die Kompetenz der Mitgliedstaaten vorerst fortbesteht. Insofern behält Art. 293 EG eine eigenständige Bedeutung als „Restkompetenz" für das Europäische Kollisionsrecht.

Bei einem dieser Bereiche handelt es sich um diejenigen Materien, die nicht von der dritten in die erste Säule überführt worden ist, das heißt die Bestimmungen über die polizeiliche und justitielle Zusammenarbeit in Strafsa-

---

796 *Besse*, ZEuP 1999, S.117.

797 Siehe hierzu ausführlich *Kohler*, Rev.crit.d.i.p., 88 (1) 1999, S.22 ff., 27.

798 Siehe etwa *Seif*, JbJgZivRW 1997, S.235; *Basedow*, NJW 1996, S.1922; *Groeben/Thiesing/Ehlermann-Schwartz*, Art. 220, Rz.24ff.

799 Vgl. *Streinz*, EuZW 1998, S.142.

800 Siehe hierzu *von Hoffmann*, The European Community and Private International Law, S.31.

801 *Besse*, ZEuP 1999, S.118; Die Vorteile dieses Vorrangs stellt *von Hoffmann* dar: es bedürfe in Zukunft keines nationalen Ratifikationsverfahrens mehr mit der Folge eines schnelleren Inkrafttretens der neuen Gemeinschaftsgesetzgebung. Zudem würden die Gemeinschaftsakte im Bereich des Titels IV automatisch Teil des *acquis communautaire*, das heißt im Falle des Beitritts neuer Mitgliedstaaten für diese ohne neue, das Inkrafttreten verzögernde Ratifikationsprozesse verbindlich, *von Hoffmann*, The European Community and Private International Law, S.32.

802 *Markus*, SZW/RSDA 1999, S.220, Fn.131; *Basedow*, CML Rev. 37 (2000), S.687, 701.

chen[803]. Daneben können die Mitgliedstaaten auch Verhandlungen in Steuer- und Verwaltungsfragen nach Art. 293 EG führen[804].

Der andere Bereich betrifft die mit der Nichtteilnahme Dänemarks an den Gemeinschaftsmaßnahmen im Bereich Justiz und Inneres verursachte Harmonisierungslücke. Hier werden neue Maßnahmen, die das Verhältnis zwischen den Mitgliedstaaten und Dänemark regeln, notwendig[805]. Im Ergebnis stehen Art. 65 und 293 EG also in einem Komplementärverhältnis zueinander[806]. Dasselbe gilt im übrigen für die Reservekompetenz des Art. 308 EG[807].

Die Ausführungen zu den konkurrierenden Zuständigkeitsvorschriften lassen erkennen, daß das Europäische Kollisionsrecht „zum Opfer einer Kompetenzvielfalt zu werden“[808] zu werden droht. Durch den Vertrag von Amsterdam ist Art. 65 EG neu ins Spiel gebracht worden, ohne daß vorher klare Verhältnisse geherrscht haben und ohne daß mit der Einführung für klare Verhältnisse gesorgt wurde. Das Ergreifen kollisionsrechtsharmonisierender Maßnahmen in Europa scheint zum Teil eher eine Frage des politischen Willens als der rechtlichen Gegebenheiten zu sein[809]. Die Europäische Gruppe für IPR (GEDIP) hat daher bei ihrer Tagung vom 10.-12.9.1999 in Oslo die folgende Resolution verabschiedet: „*Declaration on the Use of the European Community's Powers in the Field of Private International Law*“[810]:

> *The European Group for Private International Law*
> At its ninth meeting in Oslo on 10 to 12 September 1999,
> Confirming the declaration it adopted at its fifth meeting in Geneva on 29 September to 1 October 1995;
> Noting that the Treaty of Amsterdam, particularly by inserting Articles 61(c) and 65 into the EC Treaty, confers powers on the European Community in the field of private international law;
> Noting that in this field the Member States are engaged in a movement for unification involving third states, especially under the auspices of the Hague Conference on Private International Law;
> Considering that Community powers should be exercised in such a way as not to prejudice the unification of the rules of choice of law and jurisdiction at the international level;

803 Diese Bestimmungen sind in Titel VI des EU-Vertrages enthalten.

804 *Basedow*, CML Rev. 37 (2000), S.699 f.

805 Vgl. *Tarko*, ÖJZ 1999, S.407.

806 *Heß*, NJW 2000, S.29.

807 Siehe *Staudenmayer*, RIW 1999, S.733; *Leible*, Kollisionsrechtlicher Verbraucherschutz im EVÜ und in EG-Richtlinien, S.389.

808 *Jayme/Kohler*, IPRax 1998, S.418.

809 Vgl. *Grundmann*, JZ 1996, S.276.

810 Die Resolution ist abgedruckt in IPRax 2000, S.155. Siehe auch *Jayme*, IPRax 2000, S.155 f. Sämtliche Dokumente der Gruppe sind abrufbar auf ihrer Website unter <www.drt.ucl.ac.be/gedip>.

Invites the European Community, when considering action in the field of choice of law or jurisdiction, to favour a solution developed in a wider international framework; and

Urges the European Community and its Member States to adopt appropriate procedures to ensure the realisation of this objective.

Da die Europäische Kommission die Resolutionen der GEDIP wenigstens zur Kenntnis nimmt[811], ist zu hoffen, daß die hier genannten Gesichtspunkte bei der zukünftigen Rechtssetzung nicht unbeachtet bleiben.

5. Ergebnis zu den Amsterdamer Neuerungen

Die Analyse der Amsterdamer Neuerungen konnte im einzelnen zeigen, daß mit der den Säulenwechsel kennzeichnenden Ausweitung der Regelungskompetenzen zugunsten der EG sichtbar eine sachlich umfassende Kompetenz zur Regelung von Europäischem Kollisionsrecht eingeführt worden ist, die die Verwendung sämtlicher Rechtssetzungsinstrumente zuläßt. Der neue supranationale Kompetenztitel in Art. 65 lit.b EG umfaßt darüber hinaus – zumindest nach Auffassung der Unionsorgane – auch die Schaffung universeller Gemeinschaftskollisionsnormen.

Die Einführung des Art. 65 lit.b EG hat sowohl vom Wortlaut der Norm als von der systematischen Stellung her auch neue Fragen aufgeworfen[812]. Unklarheit herrscht bezüglich der Auslegung des Art. 65 EG und den sich aus den Art. 67 - 69 EG ergebenden Konsequenzen für neu entstehende Rechtsakte. Die geäußerten Bedenken und Skepsis scheinen jedoch unterzugehen im Angesicht der hektischen Verwirklichung von Harmonisierungsmaßnahmen durch die EU. Sie werden von der Rechtswirklichkeit überholt, die klar auf eine Vollkompetenz der EU für das Europäische Kollisionsrecht hindeutet. Trotz einer gewissen Restsouveränität der Mitgliedstaaten[813] können selbst Staatsverträge vom Schlage des EuGVÜ und des EVÜ komplett vergemeinschaftet werden. Dies ist auch mit Zustimmung aufgenommen und als Chance angesehen worden[814]. Sämtliches autonomes und staatsvertragliches Internationales Privat- und Verfahrensrecht in den EU-Mitgliedstaaten steht unumkehrbar unter dem „Damoklesschwert“[815], durch einen EG-Rechtsakt ersetzt zu werden[816]. Hauptmanko blei-

811 Vgl. *Jayme*, IPRax 2000, S.156.

812 *Jayme*, Europäisches Kollisionsrecht: Grundlagen – Grundfragen, S.18.

813 So auch *Kohler*, Rev.crit.d.i.p., 88 (1) 1999, S.15 ; *Bergmann/Lenz-Winkler*, S.63.

814 Siehe etwa *Martiny*, ZeuP 1999, S.270; *Sandrock*, ZvglRWiss 98 (1999), S.245; *ders.*, BB 1999, S.1345; *Heß*, NJW 2000, S.31.

815 *Sandrock*, BB 1999, S.1345.

816 EG-Kommission, General Direktion Justiz und Inneres, <http://www.europa.eu.int/comm /dgs/justice_home/mission/resp_de.htm>. *Heß*, NJW 2000, S.23, 30; *Basedow*, CML Rev. 37 (2000), S.690.

ben freilich die Nichtteilnahme von Dänemark und die Vorbehalte des Vereinigten Königreichs und Irlands.

Daß die Mitgliedstaaten jedoch nicht komplett entmündigt[817] und vor vollendete Tatsachen gestellt werden, zeigt eine nicht zu unterschätzende Gefahr, der sich die Rechtssetzungsorgane der EG gegenübersehen: sollte der EuGH nach Art. 230 EG angerufen werden und befinden, daß Art. 61, 65 lit.b EG die erlassenen Rechtsakte im Europäischen Kollisionsrecht nicht tragen, so kann er sie für nichtig erklären[818].

C. Gesamtergebnis - Kompetenz für die Kohärenz

Die Ausführungen in diesem Teil der Arbeit bezwecken, die Entwicklungen im Bereich der Kompetenzen für das Europäische Kollisionsrecht nachvollziehbar darzustellen. Zusammenfassend ist eine kontinuierliche, schrittweise Verlagerung der Kompetenzen von den EU-Mitgliedstaaten hin zur Gemeinschaft selbst zu konstatieren, die von der Spannungslage zwischen europäischem Einigungszwang und einzelstaatlicher Identitätsbehauptung beeinflußt wird.

Der Schwerpunkt des Europäischen Kollisionsrechts ist im Begriff, sich von den in der Vorbinnenmarktzeit ausgehandelten Staatsverträgen auf das sekundäre Gemeinschaftsrecht zu verlagern. Die zur Zeit des Maastrichter Vertrages verstärkt auftretenden punktuellen Harmonisierungen von verbraucherschützenden Kollisionsnormen durch EG-Richtlinien waren in gewisser Weise richtungsweisend für die mit dem Vertrag von Amsterdam erreichte Stufe einer umfassenderen Gemeinschaftskompetenz für das IPR. Die Entwicklung der Kompetenzverlagerung wird sich mit der Rechtsetzung auf der Grundlage der Art. 61, 65 lit.b EG noch fortsetzen[819].

Mit der Zuständigkeit für das Europäische Kollisionsrecht hat die EG auch die schwierige *Verantwortung* für dieses Rechtsgebiet übernommen[820]. Die Gemeinschaftsorgane dürfen die Mitgliedstaaten und die darin lebenden Rechtsanwender nicht länger dem „Puzzle“[821] der vielschichtigen kollisionsrechtlichen Rechtsquellen überlassen. Die EG hat die Kompetenz für die Kohärenz und ist dazu angehalten, sie auszuüben. Hierzu zählt neben der Setzung neuen Kollisionsrechts auch die gemeinschaftsweite Absicherung der Rechtsvereinheitlichung. Kohärenz kann nur dann entstehen, wenn – sei es durch neue oder „Rest-Staatsverträge“ oder durch die Einrichtung eines Konvergenzsystems – in allen

---

817 *Schack*, ZeuP 1999, S.808.

818 Vgl. *Jayme/Kohler*, IPRax 1999, S.413; *Engel*, ZfRV 1999, S.122. Siehe auch *Junker*, IPRax 2000, S.65; *Boeck*, Die Abgrenzung der Rechtssetzungskompetenzen, S.243.

819 Vgl. *von Hoffmann*, The European Community and Private International Law, S.36; *Rudisch*, RabelsZ 63 (1999), S.81.

820 *Basedow*, CML Rev. 37 (2000), S.691.

821 So *Schwander*, Ein IPR für Europa oder ein europäisches IPR?, S.843.

Mitgliedstaaten einschließlich des Vereinigte Königreichs, Irland und Dänemark gleiches Kollisionsrecht gilt. Eine weitere Zersplitterung infolge der Ausübung des Kompetenztitels in Art. 65 lit.b EG wäre kontraproduktiv[822].

[822] *Jayme/Kohler*, IPRax 1997, S.386.

Vierter Teil

Mechanismen zur Koordinierung der Rechtsquellen

Um die aufgezeigten Wertungswidersprüche unter den Rechtsquellen zu vermeiden und die Kohärenz im Europäischen Kollisionsrecht wiederherzustellen, bedarf es der Entwicklung geeigneter Lösungswege. Dabei sind die Veränderungen im Bereich der Gesetzgebungskompetenzen für das Europäische Kollisionsrecht zu beachten. Grundsätzlich kommen drei Kategorien an Lösungsmethoden in Betracht. Zuerst werden solche Vorgehensweisen besprochen, die die Rechtsquellen *de lege lata* koordinieren möchten (A.). Zu den Lösungswegen *de conventione ferenda* gehört neben einer Modifizierung des Art. 5 EVÜ auch die Einführung eines dem „Luganer Konvergenzsystem" vergleichbaren Koordinierungsmechanismus (B.). In der Hauptsache geht es jedoch um die Maßnahmen, die die Kohärenz im Wege eines gesetzgeberischen Tätigwerdens einführen möchten (C.). Nach Ermittlung des Revisionsbedarfs für Art. 5 EVÜ werden bereits existierende Formulierungsvorschläge besprochen und anschließend ein neuer Revisionsvorschlag entwickelt. Zuletzt folgen Ausführungen zu Maßnahmen, die eine Revision des Art. 5 EVÜ sinnvollerweise begleiten sollten (D.).

A. Lösungswege *de lege lata*

Die Inkohärenz im Europäischen Kollisionsrecht beschäftigt die deutsche Rechtsprechung und Literatur bereits seit mehreren Jahren. Dabei sind im Laufe der Zeit eine Reihe von kontroversen Lösungsvorschlägen erarbeitet worden, die ohne eine Änderung der bestehenden Gesetzeslage, das heißt *de lege lata*, einen Ausweg aus der Problematik suchen. Da in letzter Zeit klar ein Abkehren von diesen Lösungswegen hin zu einem Ausweg *de lege ferenda* festgestellt werden kann, sollen diese Lösungsvorschläge nachfolgend nur kurz dargestellt werden.

I. Festhalten an starrer Normenhierarchie

Bei gleichzeitiger Geltung von sich widersprechenden Normen ist theoretisch jeder Widerspruch mit Hilfe eines Vorrangverhältnisses aufzulösen und dieser Weg daher auch bei dem vorliegenden Widerspruchsverhältnis denkbar. Im zweiten Teil dieser Arbeit ist umfassend auf das normenhierarchische Verhältnis zwischen Art. 5 EVÜ und dem Richtlinienkollisionsrechts eingegangen worden, für das Art. 20 EVÜ eine wichtige Rolle spielt. Ergebnis der dortigen Ausführungen war, daß Art. 20 EVÜ zwar für die meisten Konfliktfälle eine formelle

Lösung darstellt, diese jedoch vor allem im Hinblick auf eine stärkere Beachtung der „Gemeinsamen Erklärung“ inhaltlich unbefriedigend ist.

Angesichts der Widersprüche im Europäischen Kollisionsrecht wird dennoch gelegentlich schlicht auf Art. 20 EVÜ und auf den formalen Vorrang des (sekundären) Gemeinschaftsrechts verwiesen[823]. Durch bloßes Festhalten an der klaren Rangordnung unter den Rechtsquellen, nach der das Recht der Gemeinschaft bei unüberbrückbaren Differenzen „im Zweifel“ immer vorgeht, könne die Konfliktauflösung bewältigt werden[824].

Diese Betrachtungsweise mag zwar in gewissen Fällen von Kollisionen zwischen europäischen und nationalen Rechtsvorschriften zutreffen, im vorliegenden Zusammenhang ist sie zumindest zweifelhaft. Denn sie übergeht zunächst jegliche Wertentscheidung und jeglichen Gerechtigkeitsgehalt der Quellen, was dazu führt, daß Wertungskonflikte zumindest „unterschwellig“ erhalten bleiben[825]. Dazu kommt, daß der Vorrang einer Norm bei voneinander abweichenden Anwendungsbereichen der Normen nicht mehr eingreifen kann, so daß eine Lösung für diese „überschießenden“ Fälle gefunden werden müßte[826]. Ferner kann die Vervielfältigung der Rechtsquellen und Normtexte im Europäischen Kollisionsrecht dazu führen, daß gar keine klare Hierarchie mehr auszumachen ist, unter die sich die Normen einordnen ließen[827]. All diese Gesichtspunkte weisen darauf hin, daß sich über eine starre Normenhierarchie keine Kohärenz erreicht werden kann und es daher angebracht ist, über eine *inhaltliche* Koordination im Sinne eines „Meta-Kollisionsrechts“[828] zu diesem Ziel zu gelangen[829].

Ein weiteres wichtiges Indiz für das Versagen der Normenhierarchie – genauer: des Vorrangs des sekundären Gemeinschaftsrechts vor dem Konventionsrecht – in den vorliegenden Fällen der Wertungswidersprüche, ist die schwache Resonanz, die die „Gemeinsame Erklärung“[830] der EVÜ-Unterzeichnerstaaten vom 19.6.1980 bei der Europäischen Gemeinschaft hervorgerufen hat, obwohl sie den Willen der Staaten klar zum Ausdruck bringt.

Einer der problematischen Diskussionspunkte war bis zum Abschluß der Ausarbeitung des EVÜ nach dem Bericht von *Giuliano* und *Lagarde* die Frage danach, welchen Platz das Übereinkommen innerhalb des Rechtssystems der Gemeinschaft einnehmen würde[831]. Vor diesem Hintergrund entsteht der Eindruck,

---

823 Siehe etwa *Wagner*, IPRax 2000, S.250.

824 Vgl. die Hinweise bei *Jayme*, Identité culturelle et intégration: le droit international privé postmoderne, S.60 f.

825 Siehe *Jayme,* Der Gerechtigkeitsgehalt des EuGVÜ, S.41.

826 *Gebauer*, Grundfragen der Europäisierung des Privatrechts, S.300.

827 *Jayme*, ZfRV 1997, S.236.

828 Vgl. *Jayme,* Der Gerechtigkeitsgehalt des EuGVÜ, S.39 f.

829 Vgl. bei *Jayme*, Identité culturelle et intégration: le droit international privé postmoderne, S.60 f.; *Gebauer*, Grundfragen der Europäisierung des Privatrechts, S.300.

830 ABl.EG (9.10.1980) Nr. L 266/14.

831 *Giuliano/Lagarde*, ABl.EG (31.19.1980) Nr. C 282/8.

die Gemeinsame Erklärung sei womöglich nicht von Anfang an geplant gewesen, sondern einerseits das „Behelfsprodukt“ aus einer zeitlichen Enge heraus, in die die Verhandlungspartner gekommen sind, andererseits eine – aus dem Text des Übereinkommens ausgelagerte – rechtspolitische Lösung, um Art. 20 EVÜ nicht in absoluter Weise stehenzulassen. *Kronke* zufolge ist im Hinblick auf die gemeinsame Erklärung eine Lösung, die ein vollkommenes Zurücktreten des Übereinkommens hinter dem sekundären Gemeinschaftsrecht vorsieht, nicht gemeinschaftsgemäß[832]. Diese Ansicht bestätigt, wie schwierig es ist, im vorliegenden Normengefüge trotz Art. 20 EVÜ eine klare Hierarchie auszumachen[833].

Fest steht jedoch, daß das von den Regierungen angestrebte Ziel nicht verwirklicht und ihr Wunsch von der Gemeinschaft ausgeschlagen bzw. nicht (mehr) zur Kenntnis genommen worden ist. Eingetreten ist genau die Situation, die in weiser Voraussicht[834] der EVÜ-Mitgliedstaaten vermieden werden sollte: eine Aufsplitterung der Quellen[835]. Diese Feststellung führt zu der Erkenntnis, daß es in vergleichbaren Fällen nicht ausreichen kann, sich einerseits an eine Normenhierarchie zu halten, gleichzeitig aber andererseits in einer unverbindlichen „Erklärung“, die in Vergessenheit zu geraten droht, eine – wenn auch ernst gemeinte – Bitte um Rücksichtnahme zum Beispiel bei der Richtliniengebung zu formulieren[836]. Offensichtlich konnte auf diese Weise die Kohärenz des Europäischen Kollisionsrechts nicht erhalten werden, selbst wenn das verfolgte Anliegen „das methodische Postulat, daß das Gemeinschaftskollisionsrecht i.e.S. und das gemeinsame Kollisionsrecht der Übereinkommen ein kohärentes wider-

---

832 Vgl. *Kronke*, RIW 1996, S.992.

833 Siehe *Jayme*, ZfRV 1997, S.236: „*Auffallend ist die Vervielfältigung der Rechtstexte, die nicht mehr in eine klare Hierarchie zu ordnen sind.*“

834 Es ist auffallend, mit welchem Problembewußtsein die EVÜ-Unterzeichnerstaaten bereits im Jahre 1980 die Gefahr der erst später einsetzenden Entwicklung von dem EVÜ widersprechendem kollisionsrechtlichem Sekundärrecht und die „Nicht-Respektierung“ des EVÜ durch die Gemeinschaftsorgane vorausgesehen haben.

835 *Jayme*, Klauselrichtlinie und Internationales Privatrecht – Eine Skizze, S.582; *ders.*, Europäisches Kollisionsrecht: Neue Aufgaben, neue Techniken, S.48; *Jayme/Kohler*, L'interaction des règles de conflit, Rev.crit.d.i.p., 84 (1) 1995, S.16.

836 Siehe *Knöfel*, I.C.L.Q. 1998, S.439.

spruchsfreies System bilden“[837], verkörpert. Zweifelhaft ist, ob eine erneute Berufung auf diese Erklärung den gewollten Effekt erreichen kann[838].

II. „Narrative“ Normen und die Nichtumsetzung der Drittstaatenklauseln

In erster Linie von *Jayme*[839] ist angesichts der überflüssigen und Verwirrung stiftenden[840] Drittstaatenklauseln in den Richtlinien vorgeschlagen worden, diese als „narrative“, das heißt rein klarstellende Normtexte zu verstehen, „als eine Art Merkposten für die EG-Staaten, welcher nur hinweisenden oder beschreibenden Charakter besitzt“[841]. Ebenso wie Art. 3 Abs. 2 S.1 EGBGB, in dessen gesetzgeberischen Begründung es heißt, die Vorschrift erhalte „zur Förderung sachgemäßer Rechtsanwendung einen *ausschließlich klarstellenden Hinweis* auf die vorrangig zu prüfenden völkerrechtlichen Vereinbarungen“[842], könne man die kollisionsrechtlichen Regelungsgeboten in den verbraucherschützenden EG-Richtlinien als Orientierungshilfe für den Rechtsanwender zum Auffinden des Art. 5 EVÜ (Art. 29 EGBGB) ansehen, der – beispielsweise im Falle des Art. 6 Abs. 2 der Klauselrichtlinie – den engen Zusammenhang mit dem Gebiet der Mitgliedstaaten, in Art. 5 Abs. 2 EVÜ (Art. 29 Abs. 1 EGBGB) weiter konkretisiert[843]. Ferner könne die Richtlinienregel möglicherweise auch als Hinweis auf Art. 7 Abs. 2 EVÜ (Art. 34 EGBGB) interpretiert werden, womit die sachlichen Schutzbestimmungen als international zwingende Vorschriften anzusehen wä-

---

837 So *von Hoffmann*, ZfRV 1995, S.49. Siehe zudem *Jayme/Kohler*, L'interaction des règles de conflit, Rev.crit.d.i.p., 84 (1) 1995, S.15: Auch *die Gemeinschaft* muß ihnen zufolge – sozusagen als „andere Seite der Medaille“ des von den Mitgliedstaaten anzuerkennenden Vorrangs des Gemeinschaftsrechts – der Existenz von allgemeinen Regeln Rechnung tragen, wenn sie auf demselben Gebiet in Einzelbereichen tätig werden möchte. Aus der „unité fonctionelle“, der funktionellen Einheit, der verschiedenen Regeln des Europäischen Kollisionsrechts folge für die Gemeinschaftsorgane, daß sie die Konventionsnormen nicht ignorieren dürften, sondern im Gegenteil jeder ihrer komplementären Rechtsakte die Inspiration und die Grundprinzipien der kollisionsrechtlichen Konvention als *leges generales* respektieren und bei Abweichung davon die Gründe hierfür klar erkennen lassen müßte.

838 *Jayme/Kohler*, L'interaction des règles de conflit, Rev.crit.d.i.p., 84 (1) 1995, S.39, die eine nützliche Maßnahmen darin sehen würden, daß die EVÜ-Vertragsstaaten die Gemeinschaftsinstitutionen ernsthaft daran erinnern, daß mit ihrer Erklärung vom 19.6.1980 mehr als nur ein frommer Wunsch gemeint war.

839 Siehe vor allem *Jayme*, Narrative Normen; *ders.*, Identité culturelle et intégration: le droit international privé postmoderne, S.143 f. Für den Bereich der Staatsverträge siehe *Jayme*, Staatsverträge als *ratio scripta* im Internationalen Privatrecht, S.211 ff. Siehe aber auch *Van Dunne*, American Journal of Comparative Law 1996, S.463 ff.

840 Vgl. *Jayme/Kohler*, IPRax 1996, S.378, hier zum neuen kollisionsrechtlichen Regelungsgebot in der Fernabsatzrichtlinie.

841 So *Jayme*, Klauselrichtlinie und Internationales Privatrecht – Eine Skizze, S.583.

842 Hervorhebungen durch den Verfasser; vgl. *Jayme*, Narrative Normen, S.10.

843 *Jayme/Kohler*, IPRax 1993, S.358 f.; *Jayme*, Europäisches Kollisionsrecht: Neue Aufgaben, neue Techniken, S.45 f.

ren[844]. Die Narrativität von Normen sei daher ein „postmoderner"[845] Weg, auf dem über Wertträger Entscheidungshilfen gegeben[846] und vielfältige Widersprüche innerhalb der Rechtsordnung vermieden werden könnten[847]. Für diese Auffassung sprechen vor allem die Gesetzgebungsökonomie[848] und, wie bereits angedeutet, die merkwürdige Überschneidung des kollisionsrechtlichen Richtlinienrechts mit Art. 5 EVÜ.

Diese Lesart der sekundärrechtlichen Kollisionsnormen ist allerdings auf einigen Widerstand gestoßen. Insbesondere *Lurger* setzt sich mit der Theorie von den narrativen Normen auseinander und äußert verschiedene Bedenken[849]. Zunächst hält sie der Auffassung von *Jayme* entgegen, die Texte der Richtlinien-Kollisionsregeln seien nicht narrativ formuliert, sondern scheinen sowohl grammatikalisch als auch logisch auf eine Erweiterung des bestehenden kollisionsrechtlichen Schutzes ausgerichtet. Die Wortwahl der Richtlinien deute eher auf einen eigenen, über den Anwendungsbereich des Art. 5 EVÜ hinausgehenden Regelungsauftrag hin[850]. Im übrigen sei eine Norm im Zweifel so auszulegen, „als hätte sie tatsächlichen Normierungsgehalt und sei nicht überflüssiges Schmuckwerk". In inhaltlicher Hinsicht gehen ihre Bedenken dahin, daß Normen, deren Schutz einseitig und materiell motiviert ist, nicht „narrativ" für die universell-allseitige Anknüpfungsnorm des Art. 5 EVÜ sein können[851]. Schließlich ist fraglich, ob der Richtliniengeber, der nur die Verwirklichung des Verbraucherschutzes vor Augen hat, auf eine Vorschrift aufmerksam machen möchte, deren Existenz er offensichtlich zu ignorieren scheint.

Als Konsequenz des Verständnisses von der Narrativität der Normen ist darauf hingewiesen worden, daß eine Verpflichtung der Mitgliedstaaten zu Umsetzungsmaßnahmen hinsichtlich des kollisionsrechtlichen Regelungsgebots ent-

---

844 Vgl. nur *Jayme*, Europäisches Kollisionsrecht: Neue Aufgaben, neue Techniken, S.42; *Gebauer*, Grundfragen der Europäisierung des Privatrechts, S.118; a.A. *Baumert*, EWS 1995, S.64.

845 Siehe *Jayme*, ZfRV 1997, S.233; *ders.*, Narrative Normen, S.35 f. Zuletzt auch *ders.*, IPRax 2000, S.168.

846 *Jayme*, Narrative Normen, S.16 f.; *ders.*, Der Gerechtigkeitsgehalt des EuGVÜ, S.36; *Van Dunne*, American Journal of Comparative Law 1996, S.465.

847 Siehe *Gebauer*, Grundfragen der Europäisierung des Privatrechts, S.108, Fn.276; *Jayme*, Europäisches Kollisionsrecht: Neue Aufgaben, neue Techniken, S.45 f.

848 *Kronke* fragt: „...;*warum soll ein ohnehin überlasteter und zu einhellig erwünschten Reformvorhaben im allgemeinen Zivilrecht unfähiger Gesetzgeber, der auch im IPR noch Arbeitsrückstände hat und dem IPR traditionell – und politisch gut erklärbar – wenig Aufmerksamkeit schenkt, nun mit diesem (derzeit noch) als Spurenelement erscheinenden Spezialproblem befaßt werden?*", in: RIW 1996, S.987.

849 *Lurger*, Zur Umsetzung der Kollisionsnormen von Verbraucherschutzrichtlinien, S.186 ff. Siehe aber auch *Baumert*, EWS 1995, S.64.

850 Siehe hierzu auch *Baumert*, EWS 1995, S.61.

851 *Lurger*, Zur Umsetzung der Kollisionsnormen von Verbraucherschutzrichtlinien, S.186 ff.

fallen könnte[852]. Diese Folgerung des fehlenden Umsetzungsbedürfnisses ist – vereinzelt auch unabhängig von der Charakterisierung des Richtlinienkollisionsrechts als „narrativ"[853] – insbesondere mit Hinweis auf den in Art. 5 EVÜ bereits *de lege lata* verankerten kollisionsrechtlichen Verbraucherschutz oder auf die mögliche Verwirklichung des Schutzes über eine mittelbare horizontale Wirkung des Art. 7 EVÜ bzw. Art. 34 EGBGB geschlossen worden[854].

Bei dieser Möglichkeit ist jedoch folgendes zu bedenken: Sollte ein Mitgliedstaat dem *bindenden kollisionsrechtlichen Rechtssetzungsauftrag*[855] der Richtlinien nicht nachkommen, so könnte er gegen die Umsetzungsverpflichtung nach Art. 249 Abs. 3 i.V.m. Art. 10 EG (früher Art. 189 Abs. 3 i.V.m. Art. 5 EGV) verstoßen. Damit würde er eine Aufsichtsklage der Kommission gemäß Art. 226 EG (früher Art. 169 EGV) mit der Folge der Staatshaftung auf sich lenken, falls einem Verbraucher bei der Rechtswahl eines nicht-mitgliedstaatlichen Rechts in der Richtlinie vorgesehene und bestimmbare Rechte bedingt durch deren Nichtumsetzung entzogen werden und ihm hierdurch ein kausaler Schaden entsteht[856]. Andererseits kann die weiter oben zitierte Gemeinsame Erklärung der EVÜ-Unterzeichnerstaaten als besondere Legitimierung dafür gesehen werden, ausnahmsweise von der Umsetzung des kollisionsrechtlichen Regelungsauftrags nach Art. 293 Abs. 3 EG zugunsten einer Abstimmung mit dem EVÜ abzusehen bzw. sie in einer die Kohärenz wahrenden Weise umzusetzen und damit den Gemeinschaftsgesetzgeber zu „korrigieren"[857].

Dadurch, daß die kollisionsrechtlichen Richtlinienanweisungen von den Gesetzgebern in allen EU-Mitgliedstaaten – zum Teil mit einiger Verspätung – umgesetzt worden sind, ist die Chance, diese Drittstaatenklauseln als narrative Normen zu verstehen und auf diese Weise eine „narrative Kohärenz"[858] herzustellen, vertan[859]. Die Entstehung der Inkohärenz im Europäischen Kollisionsrecht konnte so demnach nicht verhindert werden.

---

852 Vgl. etwa *Jayme*, Klauselrichtlinie und Internationales Privatrecht – Eine Skizze, S.583; *ders.*, Europäisches Kollisionsrecht: Neue Aufgaben, neue Techniken, S.42, 44.

853 Vgl. *Sonnenberger*, ZEuP 1996, S.386 f.; ausführlich *ders.*, Die Eingriffsnorm: ein internationalprivatrechtliches σκανδαλον?, S.283 ff.; *Leible*, JbJgZivRW 1995, S.264 ff.; *Roth*, IPRax 1994, S.169; *Baumert*, EWS 1995, S.61, 63 ff.

854 *Jayme/Kohler*, IPRax 1994, S.407; *Jayme*, Klauselrichtlinie und Internationales Privatrecht – Eine Skizze, S.576, 582 Fn.25; *Gebauer*, Grundfragen der Europäisierung des Privatrechts, S.120.

855 Vgl. *von Hoffmann*, ZfRV 1995, S.51; *Arnold*, CR 1997, S.527. Nach *Kronke* spricht für die Interpretation als an den Gesetzgeber gerichteten Auftrag der Wunsch nach systematischer Kohärenz, in: RIW 1996, S.987.

856 So z.B. *Baumert*, EWS 1995, S.59, 69; vgl. die Staatshaftungsvoraussetzungen des Europäischen Gerichtshofs nach dem *Frankovich*-Urteil, EuGH Slg.91, S.5357, 5415, 5416.

857 Siehe *Gebauer*, Grundfragen der Europäisierung des Privatrechts, S.108; *Jayme/Kohler*, IPRax 1993, S.359.

858 Siehe *Van Dunne*, American Journal of Comparative Law 1996, S.463.

859 Siehe auch *Roth/Schulze*, RIW 1999, S.933, Fn.81.

III. Rechtsschutzlückenfüllung durch Auslegung, Analogiebildung und Sonderanknüpfung über Art. 7 EVÜ

Ein in der deutschen Rechtsprechung und Literatur breit diskutierter Bereich betrifft die Frage, ob die Rechtsschutzlücken im Bereich des Art. 5 EVÜ durch die methodisch anerkannten Instrumente der Auslegung (1.) und der Analogiebildung (2.) zu füllen sind. Nach wie vor umstritten ist ferner eine Sonderanknüpfung des Verbraucherschutzes über Art. 7 EVÜ (3.).

1. „Koordinierende Auslegung" des Art. 5 EVÜ

Um zu einer Abstimmung von Konventionsrecht und sekundärem Gemeinschaftsrecht im kollisionsrechtlichen Verbraucherschutz zu gelangen, ist vereinzelt vorgeschlagen worden, Art. 5 EVÜ „im Lichte" der Richtlinien erweiternd auszulegen und auf diese Weise den Rechtswahlschutz der Richtlinienkollisionsregeln zumindest teilweise in den Anwendungsbereich der europäischen Konventionsnorm einzubeziehen („koordinierende Auslegung")[860]. Abgesehen davon, daß eine richterliche Auslegung in den nationalen Gerichten ein relativ später Zeitpunkt ist, um eine Koordinierung der Normen vorzunehmen, ist es schwierig, auf diesem Wege zu einer Kohärenz zu gelangen[861]. Für die Auslegung des Art. 5 EVÜ gilt zwar der Grundsatz der einheitlichen Auslegung nach Art. 18 EVÜ[862] (Art. 36 EGBGB), doch muß darauf geachtet werden, daß die Gerichte in allen anderen Mitgliedstaaten dieselbe „koordinierende" Auslegung praktizieren. Die Einsicht in die Unmöglichkeit einer solchen parallelen Rechtsprechung[863] hat gerade dazu geführt, daß in den beiden Zusatzprotokollen zum EVÜ eine *gemeinschaftliche* Auslegung der Vorschriften des Übereinkommens durch den EuGH vorgesehen ist. Die vollständige Ratifizierung dieser Protokolle durch alle Mitgliedstaaten steht derzeit jedoch noch aus. Das auf EG-Richtlinien beruhende nationale Verbraucherschutzkollisionsrecht ist richtlinienkonform und daher nur sehr schwer in Richtung des Art. 5 EVÜ auszulegen.

---

860 Vgl. *Baumert*, EWS 1995, S.62; *Gebauer*, Grundfragen der Europäisierung des Privatrechts, S.301; *Baumert*, EWS 1995, S.62.

861 Siehe auch *Staudinger*, ZfRV 2000, S.99.

862 Dieser lautet: „Bei der Auslegung und Anwendung der vorstehenden einheitlichen Vorschriften ist ihrem internationalen Charakter und dem Wunsch Rechnung zu tragen, eine einheitliche Auslegung und Anwendung dieser Vorschriften zu erreichen."

863 Vgl. auch *Kreuzer*, Die Europäisierung des Internationalen Privatrechts, 2.Aufl., S.517.

2. *Analogiebildung zu Art. 5 EVÜ*

Von einigen deutschen Instanzgerichten[864] und Literaturstimmen[865] ist eine analoge Anwendung des Art. 29 Abs. 1 Nr. 3 EGBGB (Art. 5 Abs. 2 Alt. 3 EVÜ) zugunsten der Verbraucher als zulässiges Vorgehen angesehen worden. Ausgangspunkt für die Analogiebildung waren die sog. Gran Canaria-Fälle, in denen sich die Verbraucher einer inhaltlich unbeschränkten Rechtswahl ausgesetzt sahen und daher die Defizite der Konventionsnorm aus verbraucherrechtlicher Sicht offen zu Tage traten[866]. Es wurden infolgedessen Wege gesucht, den Verbrauchern dennoch den rechtspolitisch gewünschten Schutz zu gewähren. Wie bei der koordinierenden Auslegung soll dabei der Geltungsbereichs des Art. 5 EVÜ auf andere, unter anderem die in den Verbraucherschutzrichtlinien gemeinten Fallgruppen erstreckt werden, die zwar nicht oder nur teilweise in den sachlichen und räumlichen Regelungsbereich des Art. 5 Abs. 2 EVÜ fallen, in denen jedoch vergleichbare Situationen mit einem wertungsmäßig ähnlichen Schutzbedürfnis der Verbraucher vorlagen[867]. Als Begründung wird angeführt, daß es sich bei diesen Situationen um Fallkonstellationen handele, die den EVÜ-Vertragsstaaten bei Ausarbeitung und Unterzeichnung noch nicht bekannt waren, die sie jedoch bei Kenntnis in den Anwendungsbereich des Art. 5 EVÜ miteinbezogen hätten. Im übrigen sei die Analogiebildung ein Weg, den im EVÜ festgeschriebenen kollisionsrechtlichen Verbraucherschutz an den infolge der Richtlinien weiterentwickelten sachrechtlichen Verbraucherschutz anzupassen.

Hiergegen wird von der überwiegenden Meinung richtigerweise eingewandt, Art. 5 EVÜ stelle keine analogiefähige Norm dar. Die Kritik setzt an den Voraussetzungen für den Analogieschluß an. Erstens sei Art. 5 EVÜ eine Ausnahmebestimmung von der allgemeinen Vorschrift des Art. 3 EVÜ, dessen Grundsatz der Parteiautonomie er partiell einschränke, und sei deshalb für eine Erweiterung durch analoge Anwendung nicht empfänglich[868]. Zweitens fehle es an einer planwidrigen Regelungslücke: Art. 5 EVÜ bezwecke nach seinem klaren Wortlaut gerade keinen umfassenden Verbraucherschutz in allen denkbaren Konstellationen und sei ganz bewußt auf einige spezielle Fälle beschränkt und

---

864 Siehe z.B. OLG Stuttgart, NJW-RR 1990, S.1081, 1083; OLG Frankfurt IPRax 1990, S.238; LG Koblenz, NJW-RR 1992, S.1332 f.

865 Vgl. etwa *Mäsch*, Rechtswahlfreiheit und Verbraucherschutz, S.166 ff.; *Michaels/Kamann*, JZ 1997, S.608. Für weitere Nachweise siehe *Borges*, ZIP 1999, S.567.

866 In diesen Fällen hat der ausländische Anbieter die Urlaubsreise des inländischen Verbrauchers nicht mitverursacht, so daß Art. 29 Abs. 1 Nr. 1 - 3 EGBGB nicht eingreifen konnte. Der Anbieter nutzt die Situation jedoch durch gezielte Ansprache des Verbrauchers aus.

867 Vgl. *Michaels/Kamann*, JZ 1997, S.608; *von Hoffmann*, ZfRV 1995, S.50 f.; *Baumert*, Europäischer ordre public, S.224 ff., 228.

868 Statt vieler Münchner Kommentar/*Martiny*, Art. 29 EGBGB, Rz.8.; *Rauscher*, Internationales Privatrecht, S.233.

schon dem eindeutigen Wortlaut nach abschließend[869]. Schließlich drittens mangele es an der Vergleichbarkeit der nichtgeregelten Fälle, da diesen – wie beispielsweise in den Gran Canaria-Fällen – der für Art. 5 Abs. 2 Spiegelstrich 1 - 3 EVÜ (Art. 29 Abs. 1 Nr. 1 - 3 EGBGB) erforderliche enge Zusammenhang zum Aufenthaltsstaat des Verbrauchers fehle[870]. Eine Analogiebildung würde daher im Ergebnis das Wertungskonzept des Art. 5 EVÜ auflösen[871].

Eine gewisse Klarstellung hat der Bundesgerichtshof mit seinem Urteil vom 19.3.1997[872] geliefert, die inzwischen durch eine Entscheidung des Landgerichts Bielefeld vom 27.5.1999[873] fortgeführt wurde. Er entschied darin, „ [e]ine entsprechende Anwendung des Art. 29 Abs. 1 EGBGB ist ausgeschlossen, wenn weder einer der darin aufgeführten Vertragstypen vorliegt, noch der in den Nr. 1 - 3 vorausgesetzte Inlandsbezug gegeben ist", und „wenn übereinstimmende rechtspolitische Wertungen in den anderen Vertragsstaaten [des EVÜ] nicht festzustellen sind"[874]. Sei die einzige Gemeinsamkeit des Falles mit den Voraussetzungen des Art. 29 EGBGB, daß einer der Vertragsparteien Verbraucher ist, dann würden „die Grenzen einer zulässigen Analogie überschritten. Aus Art. 29 EGBGB würde eine umfassende kollisionsrechtliche Verbraucherschutznorm. Daß der Gesetzgeber dies nicht beabsichtigt hat, zeigt bereits die differenzierte Regelung des Art. 29 EGBGB."[875] Das Gericht weist zudem daraufhin, daß wegen Art. 36 EGBGB (Art. 18 EVÜ) eine Analogie nur bei Sicherheit einer einheitlichen Auslegung unter den Mitgliedstaaten möglich sei, was für den Fall einer weiten Auslegung des Art. 5 EVÜ wohl nicht nachgewiesen werden konnte.

Der BGH hat eine entsprechende Anwendung des Art. 29 EGBGB jedoch nicht prinzipiell verneint, sondern in dem Urteil offengelassen, ob eine Analogie zu den Sachverhaltsumständen in Abs. 1 Nr. 1 - 3 möglich ist[876]. Dies kann jedenfalls nur in engen Grenzen möglich sein[877], wird vermehrt jedoch auch gänz-

---

[869] So *Ebke*, IPRax 1998, S.267; *Junker*, IPRax 1998, S.69; *Kronke*, RIW 1996, S.989; *Leible*, JbJgZivilRWiss 1995, S.259 f.; *Brödermann/Iversen*, S.399 ff.; *Baumert*, Europäischer ordre public, S.227; *ders.*, EWS 1995, S.60; *Mehrings*, CR 1998, S.620; *Heiss*, Die Europäisierung des Internationalen Schuldvertragsrechts, S.115.

[870] *Bröcker*, Verbraucherschutz im Europäischen Kollisionsrecht, S.77 f.; *Rudisch*, RabelsZ 63 (1999), S.97.

[871] *Baumert*, EWS 1995, S.60 f.; ders., Europäischer ordre public, S.225 f.

[872] BGHZ 135, 124 = NJW 1997, 1697 ff. = ZIP 1997, 848 ff. = RIW 1997, 875 ff. = JZ 1997, 612 ff.

[873] NJW-RR 1999, S.1282 ff.

[874] So der dritte und vierte Leitsatz der Entscheidung. Der BGH bestätigte damit die Rechtsprechung in OLG Hamm IPRax 1990, S.243; OLG Celle IPRax 1991, S.335 und LG Hildesheim IPRax 1993, S.173.

[875] BGH, RIW 1997, 877 f.; siehe auch *Lagarde*, Cour fédérale d'Allemagne – 19 mars 1997, Rev.crit.d.i.p., 1998, S.621 ff. und *Pfeiffer*, NJW 1999, S.3683.

[876] Siehe hierzu *Lagarde*, Cour fédérale d'Allemagne – 19 mars 1997, Rev.crit.d.i.p., 1998, S.624; *Martiny*, ZeuP 1999, S.258; *Fischer*, S.278.

[877] *Heiss*, Die Europäisierung des Internationalen Schuldvertragsrechts, S.115.

lich abgelehnt[878]. Für den vorliegenden Zusammenhang ist die Erkenntnis bedeutsam, daß die deutsche Rechtsprechung lediglich die Rechtslage im Bezug auf Art. 29 EGBGB beurteilen kann und nicht darüber hinaus. Die rein nationale richterliche Interpretation des Art. 5 EVÜ kann den Mangel der Vorschrift nicht europaweit beheben, sie kann eine einheitliche Auslegung durch den EuGH[879] oder eine *gesamt-europäische* gesetzgeberische Lösung nicht ersetzen.

3. Sonderanknüpfung des Verbraucherschutzes über Art. 7 EVÜ

Das Verhältnis zwischen den Verbraucherverträge nach Art. 5 und den zwingenden Vorschriften nach Art. 7 EVÜ ist eines der ungelösten Probleme im deutschen Internationalen Privatrecht[880]. Im vorliegenden Zusammenhang kann es nur gestreift werden. Es wird nämlich diskutiert, ob in Fällen, in denen Art. 5 EVÜ (Art. 29 EGBGB) wegen seiner Schutzlücken nicht angewendet werden kann, den materiellrechtlichen Verbraucherschutznormen dennoch ein international zwingender Charakter verliehen werden kann. Ihnen könnte so durch Anwendung der *lex fori* über Art. 7 Abs. 2 EVÜ[881] (Art. 34 EGBGB[882]) zur Geltung verholfen werden[883].

Eine der am heftigsten umstrittenen Fragen ist, ob Verbraucherschutzbestimmungen, die in erster Linie Individualinteressen der Vertragsparteien im Sinne eines Schwächerenschutzes dienen, „Eingriffsnormen" nach Art. 34 EGBGB darstellen können. Auf der einen Seite wird vertreten, Art. 5 EVÜ umfasse bereits all jene zwingenden Verbraucherschutzbestimmungen, die dem

878 So vor allem *Mankowski*, RIW 1998, S.288 f.; vgl. schon *ders.*, RIW 1993, S.459 f. Siehe auch *Fischer*, S.283 m.w.Nachw.

879 Das Nichtinkrafttreten der Auslegungsprotokolle insofern bedauernd *Lagarde*, Cour fédérale d'Allemagne - 19 mars 1997, Rev.crit.d.i.p., 1998, S.625; *Leible*, Kollisionsrechtlicher Verbraucherschutz im EVÜ und in EG-Richtlinien, S.378.

880 Zuletzt ausführlich dargestellt bei *Junker*, IPRax 2000, S.65 ff., ebenso bei *Felke*, RIW 2001, S.32 ff.

881 Diese Vorschrift lautet: „Zwingende Vorschriften. (...) (2) Diese Übereinkommen berührt nicht die Anwendung der nach dem Recht des Staates des angerufenen Gerichts geltenden Bestimmungen, die ohne Rücksicht auf das auf den Vertrag anzuwendende Recht den Sachverhalt zwingend regeln."

882 Dort heißt es: „Zwingende Vorschriften. Dieser Unterabschnitt berührt nicht die Anwendung der Bestimmungen des deutschen Rechts, die ohne Rücksicht auf das auf den Vertrag anzuwendende Recht den Sachverhalt zwingend regeln". Die Bundesrepublik Deutschland hat gegen Art. 7 Abs. 1 EVÜ einen nach Art. 22 Abs. 1 lit.a EVÜ zulässigen Vorbehalt eingelegt (BT-Drucks. 10/504, 100, 106; BT-Drucks. 10/5632, 45). Gleiches gilt auch für Irland, Luxemburg sowei das Vereinigte Königreich.

883 Vgl. nur *Jayme/Kohler*, IPRax 1997, S.388; nicht ablehnend auch *Michaels/Kamann*, JZ 1997, S.608.

privaten Interessenausgleich dienen[884]. Eine Anwendbarkeit des Art. 34 EGBGB darüber hinaus scheide aus, um das ausgeglichene Wertungskonzept des Art. 29 EGBGB nicht zulasten der Rechtswahlfreiheit aufzulösen[885]. Zudem wird gegen die Anwendung des Art. 34 EGBGB bzw. Art. 7 Abs. 2 EVÜ ins Feld geführt, sie komme einer mittelbaren horizontalen Wirkung von Richtlinien gleich und umgehe damit die Rechtsprechung des EuGH[886]. Über Art. 34 EGBGB besonders anzuknüpfende Normen müßten überindividuellen, öffentlichen Interessen dienen, was im Fall des Spannungsfeldes von Parteiautonomie und Verbraucherschutz, bei dem es um einen Interessenausgleich zwischen den Vertragsparteien geht, nur sehr selten der Fall sei[887].

Die Gegenseite argumentiert, unter Art. 7 Abs. 2 bzw. Art. 34 EGBGB fielen auch zwingende Normen des Verbraucherschutzes als „Parteischutznormen“[888]. Art. 7 Abs. 2 EVÜ räume den EVÜ-Vertragstaaten gerade die Möglichkeit ein, flexibel ihre nationale Verbraucherschutznormen je nach deren Inhalt und Zweck international zwingend auszugestalten, um auf diese Weise die Schutzlücken des Art. 5 EVÜ – der insofern nicht abschließend sei[889] – schließen und eine effektive kollisionsrechtliche Durchsetzung des Richtlinienrechts gewährleisten zu können[890].

Der BGH hält es in dem Urteil vom 19.3.1997 für einen Wertungswiderspruch, Art. 34 EGBGB im Anwendungsbereich des Art. 29 Abs. 1 EGBGB bei Nichtvorliegen der in Nr. 1 - 3 geforderten Inlandsbezüge zur Anwendung kommen zu lassen. Allerdings hat er ausdrücklich offen gelassen, ob eine verbraucherschützende Bestimmung über Art. 34 EGBGB zur Anwendung kommen kann, wenn eine Nähebeziehung nach Art. 29 I Nr. 1 - 3 EGBGB, nicht hingegen einer der Vertragstypen des Art. 29 Abs. 1 EGBGB gegeben ist[891].

---

884 LG Bielefeld, Urteil v. 27.5.1999; NJW-RR 1999, S.1283; *Mankowski*, DZWir 1996, S.273 ff.; *ders.*, § 12 AGBG im Sytem des Internationalen Verbrauchervertragsrechts, BB 1999, S.1228; *Ebke*, IPRax 1998, S.266; *Staudinger*, RIW 1999, S.919.

885 Vgl. hierzu etwa *Waldenberger*, BB 1996, S.2371; *Pfeiffer*, NJW 1999, S.3679.

886 Siehe *Brödermann/Iversen*, S.429 f.; *Michaels/Kamann*, JZ 1997, S.606.

887 Zuletzt *Rudisch*, RabelsZ 63 (1999), S.97; *Bröcker*, Verbraucherschutz im Europäischen Kollisionsrecht, S.79 ff. *Roth*, der sich ausgiebig mit diesem Fragenkomplex beschäftigt hat, kommt zu folgender Folgerung: *„Rechtspolitische Kritik an Art. 5 EVÜ – so wie sie im Hinblick auf die Gran Canaria-Konstellationen aufgekommen ist – kann sich nicht durch eine vermehrte Berufung auf Art. 7 Abs. 2 EVÜ Luft verschaffen. Der Ansatzpunkt ist vielmehr bei Art. 5 EVÜ zu suchen (...)“*. *Roth*, Zum Verhältnis von Art. 7 Abs. 2 und Art. 5 der Römer Schuldvertragskonvention, S.50.

888 So zuletzt *Jayme*, Buchbesprechung von *Vischer/Huber/Oser*, Internationales Vertragsrecht, 2.Aufl., Bern 2000; IPRax 2000, S.344: *„Das zu enge Verständnis des Art. 7 Abs. 2 EVÜ hat die Fülle der einseitigen Kollisionsnormen in den Verbraucherschutz-Richtlinien geradzu provoziert“*.; *ders.*, IPRax 1995, S.236.

889 *Giuliano/Lagarde*, ABl.EG (31.10.1980), Nr. C 282/23 f.

890 *Fischer*, S.284, 289 ff.; siehe auch *Lagarde*, Cour fédérale d'Allemagne – 19 mars 1997, Rev.crit.d.i.p., 1998, S.627.

891 BGHZ 135, 124 (133 ff.) Urt. v. 19.3.1997 = NJW 1997, S.1697, 1699 m.w.Nachw.

Noch restriktiver sieht das LG Bielefeld in einem Urteil vom 27.5.1999[892] die Anwendung des Art. 34 EGBGB in diesen Fällen.

Unabhängig von den genannten Positionen[893] steht fest, daß der Weg über die Anwendung des Art. 34 EGBGB keine befriedigende Lösung darstellt, die Kohärenz im Europäischen Kollisionsrecht langfristig herbeizuführen[894]. Eine „sauberere“ Lösung im Rahmen des Art. 5 EVÜ, die die Schutzlücken *de lege ferenda* füllt, kann die Problematik des Verhältnisses zu Art. 7 EVÜ für die Zukunft entschärfen oder gar beseitigen[895].

IV. Rücksichtnahme auf Art. 5 EVÜ bei der Richtlinien- und der Umsetzungsgesetzgebung

Schließlich sind noch zwei weitere Lösungswege denkbar, die zwar strenggenommen zur Kategorie der Lösungsmechanismen *de lege ferenda* gehören, wegen ihrer methodischen Nähe zu den Lösungswegen *de lege lata* jedoch an dieser Stelle erörtert werden sollen. Es handelt sich um die verstärkte Rücksichtnahme auf den Gehalt des Art. 5 EVÜ sowohl bei der EG-Richtliniengesetzgebung (1.) als auch bei der Transformation durch den mitgliedstaatlichen Gesetzgeber (2.).

1. Rücksichtnahme auf das EVÜ bei der EG-Richtliniengesetzgebung

Die Gemeinschaftsorgane könnten bei der zukünftigen Richtliniengesetzgebung stärker auf das Anknüpfungssystem des Art. 5 EVÜ Rücksicht nehmen. Dies haben sie in der Vergangenheit versäumt und sich darüber hinaus zu den entstandenen Disharmonien „ausgeschwiegen“[896]. Dabei sind mehrere Verbesserungen beim Erlaß von Drittstaatenklauseln denkbar, die zu einer Annäherung an Art. 5 EVÜ führen können. Zunächst könnte der generalklauselartige „enge Zusammenhang“, der in einigen der bisherigen Drittstaatenklauseln auftaucht, zukünftig konkretisiert werden, um die Entstehung verschiedenartiger räumlicher Anwendungsbereiche in den Mitgliedstaaten zu verhindern[897]. Zur Konkre-

---

892 LG Bielefeld, Urteil v. 27.5.1999; NJW-RR 1999, S.1283.

893 Siehe für weitere Stimmen zu dieser Thematik auch *Waldenberger*, BB 1996, S.2371; *Freitag/Leible*, ZIP 1999, S.1299; *Gruber*, DB 1999, S.1440; *Roth/Schulze*, RIW 1999, S.932; *Borges*, ZIP 1999, S.571; *Rühl*, RIW 1999, S.325 f.

894 So auch *Heiss*, Die Europäisierung des Internationalen Schuldvertragsrechts, S.116; *Felke*, RIW 2001, S.37.

895 Siehe *Felke*, RIW 2001, S.31, 37.

896 Vgl. nochmals *Sonnenberger*, JZ 1998, S.983; *Berger-Walliser*, RIW 1996, S.463.

897 *Leible*, Kollisionsrechtlicher Verbraucherschutz im EVÜ und in EG-Richtlinien, S.390.

tisierung eignen sich vor allem Regelbeispiele im Richtlinientext[898]. Ferner müßte sich der Gemeinschaftsgesetzgeber bei neuen Drittstaatenklauseln auf eine einheitliche Terminologie festlegen, so daß nach außen hin deutlich wird, daß das Richtlinienkollisionsrecht einem System folgt und nicht willkürlich erlassen wird[899]. Soweit dies möglich ist, sollten auch die Wertungen des Art. 5 EVÜ beachtet werden, zum Beispiel durch Gewährung kollisionsrechtlichen Verbraucherschutzes auch im Falle eines ungünstigeren objektiven Vertragsstatuts nach Art. 5 Abs. 3 EVÜ[900]. Zuletzt könnte auch das Mißverständnis der nationalen Gesetzgeber, aufgrund der Mindeststandardklauseln strengeres Richtlinienkollisionsrecht zu erlassen, durch eine ausdrückliche Beschränkung der Klauseln auf das harmonisierte Sachrecht vermieden werden[901].

Ob die hier aufgeführten Maßnahmen jemals ergriffen werden, ist aus mehreren gründen zweifelhaft. Ebenso wie die Mißachtung der Gemeinsamen Erklärung der EVÜ-Mitgliedstaaten, zeigt das bisherige Verhalten des Richtliniengebers, wie wenig ein Vertrauen auf die wünschenswerte Rücksichtnahme ausgereicht hat und wie leicht es der einer Gesamtstrategie mangelnden[902] legislativen Maschinerie der Gemeinschaft und der „mangelnden Sensibilität der Richtliniengeber für Fragen des IPR“[903] zum Opfer fällt. Bedauerlicherweise konnte selbst die nun schon seit einigen Jahren geäußerte Kritik in der Literatur an der mangelnden Rücksichtnahme der staatsvertraglichen Lösung mit Hinweis auf die entstehenden Konflikte[904] und die gelegentlich geforderte Einflußnahme der Dogmatik auf den Richtliniengeber[905] scheinbar keine Reaktion auf Seiten der Gemeinschaft hervorrufen. Vereinzelte Hinweise darauf, die EG-Kommission sei sich des Problems der Kollisionsregeln bewußt und sie befinde sich in einem Prozeß, die Kollisionsregeln in den EG-Verordnungen abzuschaffen bzw. zu unterlassen[906], haben sich als zu optimistisch erwiesen. Auch die

---

898 *Staudinger*, ZfRV 2000, S.103; *Leible*, Kollisionsrechtlicher Verbraucherschutz im EVÜ und in EG-Richtlinien, S.377.

899 *Leible*, Kollisionsrechtlicher Verbraucherschutz im EVÜ und in EG-Richtlinien, S.390; *Staudinger*, ZfRV 2000, S.103: „*[E]ine einheitliche Terminologie (...) bildet den Grundstein für ein in sich stimmiges, systemkonformes „Europäisches Kollisionsrecht“.*“

900 *Leible*, Kollisionsrechtlicher Verbraucherschutz im EVÜ und in EG-Richtlinien, S.389 f.

901 *Staudinger*, ZfRV 2000, S.103; *Leible*, Kollisionsrechtlicher Verbraucherschutz im EVÜ und in EG-Richtlinien, S.390.

902 *Gebauer*, Grundfragen der Europäisierung des Privatrechts, S.113; *Hommelhoff*, AcP 192 (1992), S.103 f.

903 *Thorn*, IPRax 1994, S.160.

904 Statt aller *Jayme/Kohler*, L'interaction des règles de conflit, Rev.crit.d.i.p., 84 (1) 1995, S.37.

905 So z.B. das Diskussionsergebnis bei *Thorn*, IPRax 1994, S.160.

906 *Rodríguez*, Diskussionsbeitrag in: Hommelhoff/Jayme/ Mangold (Hrsg.), Europäischer Binnenmarkt, Internationales Privatrecht und Rechtsangleichung, Beiträge und Diskussionen des Symposiums 1994 in Heidelberg, Heidelberg 1995, S.76.

Änderungen, die nachträglich an der Timesharing-Richtlinie vorgenommen werden sollen, betreffen nicht vornehmlich deren Drittstaatenklausel in Art. 9[907].

Darüber hinaus ist es für einen Sinneswandel bei den Gemeinschaftsorganen wohl zu spät. Erstens sind die soweit letzten beiden Verbraucherschutzrichtlinien, die kollisionsrechtliche Regelungsgebote beinhalten, nämlich die Richtlinie zum Verbraucherschutz beim Verbrauchsgüterkauf und -garantien (Art. 7 Abs. 2) und der Entwurf für eine Fernabsatzfinanzdienstleistungs-Richtlinie (Art. 11 Abs. 3) bereits erlassen, bzw. im Gesetzgebungsverfahren fortgeschritten. Hier sind keine Änderungen mehr zu erwarten. Selbst als Übergangslösung für danachfolgende Verbraucherschutzrichtlinien[908] kommen die genannten Maßnahmen wohl nicht mehr in Betracht, da der rechtliche und politische Boden für den Erlaß von EG-Verordnungen zur umfangreicheren Kollisionsrechtsvereinheitlichung bereits besteht. Sollte es bald zu einer Rom I-Verordnung kommen, so erübrigt sich jedes weitere verbraucherschützende Richtlinienkollisionsrecht[909].

2. Ausrichtung des umgesetzten Richtlinienkollisionsrechts an Art. 5 EVÜ

Ob die vom Richtliniengeber hervorgerufenen Mißstände jeweils durch die Umsetzungsgesetzgeber in den einzelnen Mitgliedstaaten, für die das „Gebot der Harmonie“ ebenso wie für den europäischen Gesetzgeber gilt[910], beseitigt werden sollen[911], ist ebenso zweifelhaft[912]. Viele der mitgliedstaatlichen Umsetzungsformulierungen sind mißglückt[913]. Oftmals haben die Drittstaatenklauseln ihren Weg ohne Rücksichtnahme auf Art. 5 EVÜ in die nationalen Rechtsordnungen gefunden. Trotz einzelner positiver, nämlich die Kohärenz wahrenden Ausnahmen[914], sind die Erfahrungen mit den mitgliedstaatlichen Transformationen insoweit ernüchternd.

---

907 Vgl. hierzu den Berichts des Europäischen Parlaments und des Rates über die Anwendung der Richtlinie 94/47/EG, abrufbar unter <http://europa.eu.int/comm/dg24/consumers/policy/developments/time_shar/time02_de.html>.

908 Siehe *Leible*, Kollisionsrechtlicher Verbraucherschutz im EVÜ und in EG-Richtlinien, S.390.

909 Vgl. *Freitag/Leible*, ZIP 1999, S.1298, Fn.11.

910 *von Hoffmann*, ZfRV 1995, S.49.

911 So etwa bei *Kronke*, RIW 1996, S.993; *Roth*, IPRax 1994, S.174; *Sonnenberger*, Die Eingriffsnorm: ein internationalprivatrechtliches σκανδαλον?, S.296; *Freitag/Leible*, ZIP 1999, S.1301.

912 Siehe aber *Micklitz*, La directive 97/7/CE sur les contrats à distance, S.52: *„Lors de la transposition de l'Art. 12 para.2, il faut veiller à ce que, d'une part, les objectifs de la directive soient atteints et que, d'autre part, la Convention de Rome – dans la mesure où l'Art. 12 para.2 de la directive ne l'emporte en vertu de l'Art. 20 Convention de Rome – ne soit violée.*“

913 Vgl. *Thorn*, IPRax 1994, S.160.

914 Vgl. nochmals *Jayme/Kohler*, IPRax 1999, S.412; *Jayme*, IPRax 2000, S.156; *Sonnenberger*, Die Eingriffsnorm: ein internationalprivatrechtliches σκανδαλον?, S.295 f.

Es ist angesichts der Gefahr großer Umsetzungsdivergenzen mit Sicherheit zu bevorzugen, die Abstimmung so früh wie möglich, das heißt schon auf EU-Ebene vorzunehmen und durch ein problembewußtes und „rechtssystematischen Vorherdenken“[915] des gemeinschaftsrechtlichen Gesetzgebers bereits im Prozeß der Richtliniengebung die Zusammenhänge mit dem EVÜ-Konzept nach dem „principe de conciliation“[916] zu wahren[917]. Meist ist es die rechtsformale und -systematische Qualität der Rechtsnormen, die zu wünschen übrig läßt[918]. Daher sollte nicht jedem Mitgliedstaat die schwierige Aufgabe überlassen werden, zu sehen, wie er auf der einen Seite den innerstaatlichen Konflikt der nationalen, das EVÜ inkorporierenden Vorschriften mit dem transponierten Richtlinienkollisionsrecht nach seinem eigenen System und damit verbunden andererseits den Konflikt von gemeinschaftsrechtlicher und völkerrechtlicher Pflichterfüllung löst[919].

Zuletzt darf nicht vergessen werden, daß eine Ausrichtung des Richtlinienkollisionsrechts bei der Umsetzung, wie die Praxis gezeigt hat, keinen Erfolg verspricht: Unterschiede zwischen den nationalen Umsetzungen würden dennoch verbleiben. Ein einheitliches Umsetzungskonzept konnte bisher nicht hinreichend herausgebildet und von sämtlichen mitgliedstaatlichen Legislativorganen übernommen werden[920]. Außerdem müßten zur Herstellung der Kohärenz die bereits umgesetzten Drittstaatenklauseln teilweise *nachträglich* wieder verändert werden, was angesichts der ohnehin überlasteten nationalen Gesetzgebungsverfahren wohl aussichtslos ist. Erfolgsversprechender ist eine Bündelung des nationalen Richtlinienkollisionsrechts, das die bisherigen punktuellen Transformationen zusammenfaßt und ersetzt, wie dies zuletzt im deutschen Recht mit Art. 29 a EGBGB geschehen ist[921].

V. Zwischenergebnis

Es stellt sich als äußerst schwierig dar, auf der Grundlage des geltenden Rechts einen befriedigenden und rechtsdogmatisch einwandfreien Weg zu finden, auf dem die Quellen des kollisionsrechtlichen Verbraucherschutzes koordiniert wer-

915 Siehe *Hommelhoff*, AcP 192 (1992), S.103 f.; hierzu auch *Gebauer*, Grundfragen der Europäisierung des Privatrechts, S.119 f.

916 *Jayme/Kohler*, L'interaction des règles de conflit, Rev.crit.d.i.p., 84 (1) 1995, S.15 f.

917 *Sonnenberger*, Die Eingriffsnorm: ein internationalprivatrechtliches σκανδαλον?, S.296; *Jayme/Kohler*, IPRax 1993, S.359; *Jayme*, ZfRV 1997, S.233.

918 *Jayme/Kohler*, L'interaction des règles de conflit, Rev.crit.d.i.p., 84 (1) 1995, S.37; *Basedow*, NJW 1996, S.1929.

919 Vgl. *Jayme/Kohler*, L'interaction des règles de conflit, Rev.crit.d.i.p., 84 (1) 1995, S.12f. Vor „große Probleme“ gestellt sehen die nationalen Gesetzgeber auch *Freitag/Leible*, ZIP 1999, S.1301.

920 Siehe *Heiss/Mayr*, IPRax 1999, S.311.

921 Siehe hierzu die Ausführungen zu den Lösungswegen *de lege ferenda*.

den können[922]. Insgesamt stellen die besprochenen Koordinierungsmethoden schon deshalb keine langfristige Lösung dar, da sie jeweils erst relativ spät, das heißt erst bei Vorliegen „vollendeter Tatsachen" eingreifen würden. Außerdem müßte jede Maßnahme, die ein Vorgehen der nationalen Legislativorgane oder Gerichte betrifft, in allen anderen Mitgliedstaaten in demselben Maße ergriffen werden, um unionsweit zu einheitlichen Lösungen und damit zu einer echten Koordinierung der Quellen zu gelangen. Vor diesem Hintergrund scheint es, daß schon auf gesamteuropäischer und nicht erst auf mitgliedstaatlicher Ebene eine klare Lösung gefunden werden muß. Diese hat völkerrechtlich auf staatsvertraglichem bzw. supranational auf legislatorischem Wege zu erfolgen.

B. Lösungswege *de conventione ferenda*

Bevor auf eine Änderung des Übereinkommens von Rom (II.) eingegangen wird, folgen Überlegungen zu der Frage, ob das bereits existierende Konvergenzsystem des Lugano-Übereinkommens, das dessen Parallelität zum EuGVÜ absichern soll, auf die Problematik der Wertungsdifferenzen zwischen Art. 5 EVÜ und dem Richtlinienkollisionsrecht übertragen werden kann (I.).

I. Übertragung des „Luganer Konvergenzsystems"

Ein Vorbild für die Koordinierung der Rechtsquellen könnte das sog. „Luganer Konvergenzsystem"[923] darstellen. Es wurde für das „Parallelübereinkommen"[924] zum EuGVÜ, das Lugano-Übereinkommen (LugÜ)[925] vom 16.9.1988, entwickelt und ist in den Protokollen und Erklärungen zum LugÜ enthalten. Mit die-

922 Vgl. *Staudinger*, ZfRV 2000, S.99.

923 Diesen Begriff gebraucht *Furrer*, AJP/PJA 1997, S.486 ff., aber auch schon *Kohler*, Die Formung europäischen Kollisionsrechts durch den Gerichtshof der Europäischen Gemeinschaften, S.27. Siehe auch *Jayme/Kohler*, IPRax 1997, S.397.

924 *Schack* hält diesen Ausdruck für eher euphemistisch, da das LugÜ das EuGVÜ nicht schlicht wörtlich übernommen, sondern es teilweise auch inhaltlich abgeändert hat; siehe *Schack*, Internationales Zivilverfahrensrecht, § 3 Rz.110. Wegen der Anlehnung an das EuGVÜ sowohl in Form und Inhalt ist die Bezeichnung als „Parallelübereinkommen" oder „convention double" hingegen weitläufig anerkannt, vgl. nur *Heerstrassen*, RIW 1993, S.179; *Aull*, S.39 f. und schon *Jayme/Kohler*, IPRax 1989, S.340. Vgl. zu den Einzelabweichungen des LugÜ vom EuGVÜ siehe *Mayr*, ÖJZ 1997, S.852.

925 Luganer Übereinkommen über die gerichtliche Zuständigkeit und die Vollstreckung gerichtlicher Entscheidungen in Zivil- und Handelssachen, ABl.EG 1988 Nr. L 319/9; BGBl. 1994 II S.2660; vgl. *Jayme/Hausmann*, Ordnungsziffer 160. Mitgliedstaaten des LugÜ sind die Mitgliedstaaten der EU und der Europäischen Freihandelsassoziation (EFTA). Der offizielle Erläuterungsbericht zum LugÜ von *Jenard/Möller*, der auch als Richtschnur für die Auslegung des Übereinkommens dient, ist in ABl.EG (28.7.1990) Nr. C 189/57 ff. abgedruckt.

sem System soll den Gefahren für die Parallelität begegnet werden, die sich aus der Weiterentwicklung des EuGVÜ als „Mutterübereinkommen" ergeben[926]: Die Parallelität wurde hier zur Rechtsfrage[927]. Angesichts der weitgehenden Wortgleichheit der Bestimmungen beider Übereinkommen führen Entwicklungen in der Rechtsprechung und Rechtsetzung zum EuGVÜ zu einer Erosion der Einheit beider Konventionen und zu Gleichgewichtsstörungen[928]. Geeignete Maßnahmen, nämlich die Anpassung des LugÜ an EG-Sekundärrechtsakte, ein System der koordinierten Rechtsprechung und des Informationsaustausches, sowie gegebenenfalls auch Revisionsarbeiten sollen es erlauben, die Parallelität zwischen dem EuGVÜ und dem LugÜ und damit langfristig ein einheitliches, funktionierendes europäisches Zivilprozeßrecht zu erhalten[929].

Das „Luganer Konvergenzsystem" wird vorliegend auf die Frage hin untersucht, ob es dazu geeignet ist, analog auf die Situation des sekundärgemeinschaftsrechtlichen Kollisionsrechts und des Art. 5 EVÜ angewendet zu werden, um so zu einer Koordinierung der Quellen zu gelangen (3.). Vorher ist zu prüfen, worin die Gefährdung der Parallelität der Gerichtsstandsübereinkommen besteht (1.), mit welchen Instrumenten dieses System arbeitet und, ob sie zu dem gewünschten Erfolg geführt haben (2.).

1. Dauernde Gefährdung der Parallelität von EuGVÜ und LugÜ

Zur Absicherung einer einheitlichen Auslegung des Brüsseler Übereinkommens haben die EU-Mitgliedstaaten am 3. Juni 1971 ein Protokoll[930] vereinbart, das dem EuGH die Zuständigkeit zur Entscheidung über die Auslegung der Bestimmungen des EuGVÜ überträgt. Für eine entsprechende Auslegungsbefugnis des EuGH für das Luganer Parallelübereinkommen konnten sich die EFTA-Staaten – damals noch Finnland, Island, Norwegen, Österreich, Schweden und die Schweiz – jedoch nicht durchringen. Sie befürchteten bei Bestehen einer Auslegungskontrolle durch den EuGH Souveränitätseingriffe durch ein Organ

926 Siehe *Jayme/Kohler*, IPRax 1997, S.397; *Jayme,* Der Gerechtigkeitsgehalt des EuGVÜ, S.42 f.: *„System einer gleitenden und abgestuften Paralleliltät"*; *ders.*, ZfRV 1997, S.235.

927 *Jayme/Geckler*, IPRax 1993, S.131 f.; *Jayme/Kohler*, IPRax 1998, S.418; *dies.*, IPRax 1997, 397; *Jayme*, ZfRV 1997, S.236.

928 Vgl. etwa *Furrer*, AJP/PJA 1997, S.501; *Mayr*, ÖJZ 1997, S.849.

929 Vgl. hierzu auch Jayme, ZfRV 1997, S.235 f.: *„Parallelität dürfte sich durchsetzen. Man sieht, die Fragmentierung der Quellen führt zu Konvergenz-Mechanismen, welche ein Eigenleben entfalten. Der Inhalt der Normen tritt demgegenüber zurück."*

930 Luxemburger Protokoll betreffend die Auslegung des Übereinkommens vom 27. September 1968 über die gerichtliche Zuständigkeit und die Vollstreckung gerichtlicher Entscheidungen in Zivil- und Handelssachen durch den Gerichtshof vom 3.6.1971, BGBl. 1972 II S.846 i.d.F. des 3. Beitrittsübereinkommens vom 26. Mai 1989 (BGBl. 1994 II S.531).

der Europäischen Gemeinschaft[931]. Solche Befürchtungen waren hingegen insofern unbegründet, als der EuGH auch bei der Auslegung des EuGVÜ nicht in seiner Funktion als Gemeinschaftsorgan, sondern als völkerrechtlich „geliehenes Rechtsprechungsorgan" für die EG-Vertragsstaaten tätig wird[932]. Die Neuschaffung einer internationalen Gerichtsinstanz zu dem Zweck der Auslegung des LugÜ wurde darüber hinaus wegen der Gefahr damit verbundener Kompetenzkonflikte mit dem EuGH abgelehnt[933].

Das Fehlen einer gemeinsamen, übergeordneten Gerichtsinstanz ist als Hauptproblem des Lugano-Übereinkommens bezeichnet worden[934]. Die Vertragsstaaten des LugÜ waren sich bewußt, daß die Aufrechterhaltung der Parallelität und damit der Gleichlauf mit dem EuGVÜ nur gelingen könne, wenn ein Weg gefunden wird, auch die Rechtsprechung zu den Übereinkommen kontinuierlich und auf lange Sicht aufeinander abzustimmen[935]. Ansonsten drohten beide Übereinkommen sich unkorrigierbar in verschiedene Richtungen zu entwickeln. Dabei würde das Motiv zur Ausarbeitung des Lugano-Übereinkommens – den Rechtsunterworfenen angesichts einer verwirrenden Vielfalt bilateraler Verträge auf dem Gebiet des Gerichtsstands und der Vollstreckung ausländischer Entscheidungen durch parallele Vorschriften zum EuGVÜ Konflikte zu ersparen[936], effektiven Rechtsschutz zu bieten und somit zum Funktionieren des Europäischen Wirtschaftsraumes beizutragen[937] – seinen Sinn verlieren[938]. In der speziellen Situation des EuGVÜ und des LugÜ kann die Parallelität von unterschiedlicher Seite her untergraben werden. Zum einen können vom europäischen Gesetzgeber für das Gebiet der Mitgliedstaaten Rechtsakte erlassen werden, die dem EuGVÜ vorgehen[939] und neue Zuständigkeitsregeln vorsehen. Zum anderen

931 So der Bericht von *Jenard/Möller* über das Lugano Übereinkommen, ABl.EG (28.7.1990) Nr. C 189/57 ff. Rz.110. Siehe auch *Furrer*, AJP/PJA 1997, S.490; *Schack*, Internationales Zivilverfahrensrecht, § 3 Rz.111; *Tebbens*, Die einheitliche Auslegung des Lugano-Übereinkommens, S.49.

932 Siehe *Tebbens*, Die einheitliche Auslegung des Lugano-Übereinkommens, S.49 f., 52; *Kohler*, Integration und Auslegung – Zur Doppelfunktion des Europäischen Gerichtshofes, S.20 f. und *Aull*, S.42 Fn.11.

933 Vgl. *Heß*, NJW 2000, S.25; *Trunk*, S.91; *Aull*, S.42.

934 Siehe *Schack*, Internationales Zivilverfahrensrecht, § 3 Rz.111; *Heerstrassen*, RIW 1993, S.183; *Trunk*, S.91, 160 und auch *Schmidt-Parzefall*, S.57.

935 *Furrer*, AJP/PJA 1997, S.489.

936 Vgl. *Kohler*, Die Formung europäischen Kollisionsrechts durch den Gerichtshof der Europäischen Gemeinschaften, S.17.

937 *Jayme/Geckler*, IPRax 1993, S.132; *Schmidt-Parzefall*, S.1; *Czernich/Tiefenthaler*, Die Übereinkommen von Lugano und Brüssel, Vor Art. 1 Rz.22.

938 Siehe *Jayme/Kohler*, IPRax 1997, S.397. Das Verhältnis der beiden Übereinkommen untereinander ist in einer Konkurrenzregelung in Art. 54 b LugÜ geregelt. Danach läßt das Lugano-Übereinkommen die Anwendung des EuGVÜ grundsätzlich unberührt, Abs. 1 S.1, es sei denn, es greift eine der in Abs. 2 aufgeführten Ausnahmeregelungen ein, denen zufolge das LugÜ „in jedem Fall" anzuwenden ist. Das EuGVÜ selbst enthält keine Aussage bezüglich seines Verhältnisses zum LugÜ. Dazu *Schmidt-Parzefall*, S.14.

939 Siehe Art. 57 Abs. 3 EuGVÜ.

können der EuGH und die mitgliedstaatlichen Gerichte gleichlautende Bestimmungen des EuGVÜ und des LugÜ voneinander abweichend auslegen[940]. Statt einer Auslegungsinstanz haben die Lugano-Vertragsstaaten zur Aufrechterhaltung der Parallelität daher ein völkerrechtliches System entwickelt, das in einer Reihe von Zusatzprotokollen und -erklärungen zum LugÜ enthalten ist[941].

2. Zum Funktionieren des Konvergenzsystems

Untersucht werden die verschiedenen Instrumenten des Luganer Konvergenzsystems (a) und die Probleme, die sich in der Praxis im Umgang mit diesem neuartigen System herausgestellt haben (b). Nur wenn sich das System als praktisch effektiv erwiesen hat, kann es als Mechanismus zur Beseitigung der Inkohärenz im Internationalen Verbrauchervertragsrecht in Betracht kommen. Gegenstand der Untersuchung ist ferner die Herausforderung für die Konvergenz, die die Revision des EuGVÜ in Form eines Gemeinschaftsrechtsakts für sie darstellt (c).

a) Instrumente des Luganer Konvergenzsystems

Das Konvergenzsystem ist vielschichtig und formuliert verschiedene Grundsätze zur Begegnung der genannten Gefahrenquellen für die Parallelität der beiden Übereinkommen. Es sieht in den Zusatzprotokollen Nr. 2 und 3 zum Lugano-Übereinkommen und in den dazugehörigen Erklärungen der EG- und der EFTA-Staaten sowohl für die Situation abweichenden EG-Sekundärrechts (aa) als auch für eine koordinierte Auslegungsrechtsprechung (bb) bestimmte Mechanismen vor.

aa) Absicherung der Parallelität bei sekundärrechtlicher Abänderung des EuGVÜ – Protokoll Nr. 3 zum LugÜ

Der Erlaß neuen Sekundärrechts auf dem Gebiet des internationalen Zivilprozeßrechts durch den Gemeinschaftsgesetzgeber kann den Gleichlauf zwischen den Übereinkommen gefährden[942]. Solches Recht ginge wegen Art. 57 Abs. 3 EuGVÜ den Vorschriften des Brüsseler Übereinkommens, nicht jedoch denjenigen des LugÜ vor. In einem „Protokoll Nr. 3 über die Anwendung von Artikel 57“[943] haben die Vertragsparteien daher das Verhältnis des Lugano-

---

940 Dazu auch *Furrer*, AJP/PJA 1997, S.489.

941 Vgl. *Schlosser*, EuGVÜ, Einleitung Rz.13.

942 *Jayme/Kohler*, IPRax 1997, S.397.

943 „Protokoll Nr. 3 über die Anwendung von Artikel 57 (BGBl. 1994 II S.2699 v. 16.9.1988):
DIE HOHEN VERTRAGSPARTEIEN SIND WIE FOLGT ÜBEREINGEKOMMEN:

Übereinkommens zu EG-Rechtsakten geregelt. Sie haben dort unter Ziff.1 vereinbart, daß gemeinschaftsrechtliche Sekundärrechtsbestimmungen mit zivilprozessualem Gehalt für besondere Rechtsgebiete wie Übereinkommen der Vertragsstaaten mit Drittstaaten nach Art. 28 in Verbindung mit Art. 57 LugÜ anzusehen sind[944]. Für den Fall, daß dennoch eine Diskrepanz von Lugano-Übereinkommen und EG-Sekundärrecht verbleibt, kann das Anpassungsverfahren auf Antrag eines Vertragsstaates auf eine weitere Stufe gestellt werden: in Ziff.2 ist ein *pactum de negotiando*[945] vereinbart, das heißt die Vertragsstaaten streben zur parallelen Weiterentwicklung der Übereinkommen „unverzüglich“ eine Revision des LugÜ nach dessen Art. 66 an.
Auf der anderen Seite bekräftigen gleichzeitig auch die EU-Mitgliedstaaten in einer „Erklärung zum Protokoll Nr. 3 über die Anwendung von Artikel 57 des Übereinkommens“ ihr Bestreben, „die Einheit des mit dem Übereinkommen geschaffenen Rechtssystems nicht zu beeinträchtigen“ und daß sie

> „alles in ihrer Macht Stehende tun werden, um sicherzustellen, daß bei der Ausarbeitung gemeinschaftlicher Rechtsakte im Sinne der Nummer 1 des Protokolls Nr. 3 über die Anwendung von Artikel 57 die in dem Übereinkommen niedergelegten Vorschriften über die gerichtliche Zuständigkeit sowie die Anerkennung und Vollstreckung von Entscheidungen beachtet werden“[946].

Furrer hat anhand eines ausführlichen Beispiels demonstriert, daß sich der Anpassungsmechanismus zur Parallelität in der Rechtssetzung in der Praxis nicht immer bewährt hat[947]. Die Schwierigkeiten vor allem bei der Durchführung der in Protokoll Nr. 3 Ziff.2 vorgesehenen Revisionsverhandlungen der Lugano-Vertragsstaaten sind auf die enge Verflechtung des EuGVÜ mit dem europäischen Gemeinschaftsrecht zurückzuführen. In gemeinschaftlichen Sekundärrechtsakten treten zunehmend zivilprozessiale Sondervorschriften auf, zuletzt ein besonderer Gerichtsstand in Art. 6 der Arbeitnehmer-Entsende-Richtlinie

---

1. Für die Zwecke dieses Übereinkommens werden die Bestimmungen, die für besondere Rechtsgebiete die gerichtliche Zuständigkeit, die Anerkennung oder die Vollstreckung von Entscheidungen regeln und in Rechtsakten der Organe der Europäischen Gemeinschaften enthalten sind oder künftig darin enthalten sein werden, ebenso behandelt wie die in Artikel 57 Absatz 1 bezeichneten Übereinkommen.
2. Ist ein Vertragsstaat der Auffassung, daß eine Bestimmung eines Rechtsaktes der Organe der Europäischen Gemeinschaften mit dem Übereinkommen nicht vereinbar ist, so fassen die Vertragsstaaten unbeschadet der Anwendung des in Protokoll Nr. 2 vorgesehenen Vefahrens unverzüglich eine Änderung entsprechend Artikel 66 ins Auge.“

944 Vgl. *Furrer*, AJP/PJA 1997, S.489.

945 *Furrer*, AJP/PJA 1997, S.490.

946 Erklärung der Vertreter der Regierungen der Unterzeichnerstaaten des Luganer Übereinkommens, die Mitglieder der Europäischen Gemeinschaft sind, zum Protokoll Nr. 3 über die Anwendung von Artikel 57 des Übereinkommens.

947 *Furrer*, AJP/PJA 1997, S.490, 493 ff. m.w.Nachw.

96/71/EG[948] vom 16.12.1996, die dem EuGVÜ nach Art. 57 Abs. 3 EuGVÜ vorgehen[949]. Daß der gemeinschaftliche Gesetzgeber von seiner Möglichkeit der Regelung vorrangingen Sekundärrechts im Anwendungsbereich des LugÜ ohne Bedenken Gebrauch macht, zeigt, daß auch nach der Erklärung der Brüsseler Vertragstaaten zum Protokoll Nr. 3 die Parallelität zum LugÜ nicht oberste Priorität genießt[950]. Die Erklärung erinnert auch stark an die bei Unterzeichnung des EVÜ abgegebene Gemeinsame Erklärung[951] der Vertragsstaaten, die Gemeinschaftsorgane mögen beim Erlaß von Sekundärrecht im Anwendungsbereich des EVÜ den Einklang mit dem Übereinkommen anstreben.

bb) Parallelitätsabsicherung durch parallele Auslegung in der Rechtsprechung – Protokoll Nr. 2 zum LugÜ

Neben neuen Gemeinschaftsrechtsakten können auch voneinander abweichende Rechtsprechungen zu den inhaltsgleichen Bestimmungen der Übereinkommen deren Parallelcharakter beeinträchtigen. Mit dieser Gefahr vor Augen haben die Vertragsparteien ein „Protokoll Nr. 2 über die einheitliche Auslegung des Übereinkommens“[952] ausgearbeitet. Dies geschah in „Anbetracht der sachlichen Verknüpfung“ zwischen dem EuGVÜ und dem LugÜ „in dem Bestreben,

> bei voller Wahrung der Unabhängigkeit der Gerichte voneinander abweichende Auslegungen zu vermeiden und zu einer möglichst einheitlichen Auslegung der Bestimmungen des vorliegenden Übereinkommens einerseits sowie dieser Bestimmungen und derjenigen Bestimmungen des Brüsseler Übereinkommens, die in ihrem wesentlichen Gehalt in das vorliegende Übereinkommen übernommen worden sind, andererseits, zu gelangen“[953].

Das Protokoll Nr. 2 sieht verschiedene Instrumente vor, mit Hilfe derer die Einheit der Gerichtstandsübereinkommen gewahrt werden soll. Dies sind im einzelnen die Koordination der Rechtsprechung bei der Anwendung und Auslegung des LugÜ (1), das System für den gegenseitigen Austausch von Informationen über die Rechtsprechung (2) und ein „Ständiger Ausschuß“ zum Zwecke des Meinungsaustauschs, der auch eine eventuelle Revision des Lugano-Übereinkommens einleiten kann (3).

---

948 Hierzu sind im Rat Verhandlungen über eine richtlinienkonforme Änderung des Lugano-Übereinkommens aufgenommen worden; vgl. *Jayme/Kohler*, IPRax 1997, S.397; *Jayme*, ZfRV 1997, S.235 f.

949 *Furrer*, AJP/PJA 1997, S.493.

950 *Furrer*, AJP/PJA 1997, S.490.

951 ABl.EG (9.10.1980) Nr. L 266/14.

952 ABl.EG (25.1..1988) Nr. L 319/31.

953 So der sechste Absatz der Präambel des Protokoll Nr. 2 zum LugÜ.

(1) Koordination der Rechtsprechung bei der Anwendung und Auslegung des LugÜ

Art. 1 des Protokolls Nr. 2[954] ist die nicht ganz unproblematische Kernvorschrift des Luganer Konvergenzsystems. Dort verpflichten sich die Lugano-Vertragsstaaten dazu, ihre Gerichte bei der Anwendung und Auslegung des Lugano-Übereinkommens dazu anzuhalten, in ihrer Rechtsprechung den Grundsätzen gebührend Rechnung zu tragen, die in maßgeblichen Gerichtsentscheidungen aus anderen Vertragsstaaten zu den parallelen Bestimmungen des EuGVÜ entwickelt worden sind. Welche Entscheidungen maßgeblich im Sinne des Art. 1 sind, ist mittelbar über das Informationsaustauschsystem des Art. 2 zu entnehmen[955].

Viel darüber geschrieben worden ist hingegen, wie der unbestimmte Begriff des „gebührend Rechnung tragen" mit Inhalt gefüllt werden kann[956]. Hiermit haben die Vertragsstaaten versucht, zugleich die Wahrung der Parallelität zwischen den Übereinkommen und die Wahrung der gerichtlichen Unabhängigkeit zu erreichen[957]. Es ist anerkannt, daß sich das berufene Gericht von eventuellen Präzedenzfällen Kenntnis verschaffen und sich – unabhängig von Sitzland und Rang des Gerichts und vom angewandten Übereinkommen – mit deren *ratio decidendi* ernsthaft auseinandersetzen muß[958]. Eine abweichende Interpretation kann – insbesondere bei den Gerichten der EFTA-Staaten auch im Fall besonderer „local circumstances"[959] – nur bei Vorliegen einer diesbezüglichen qualifizierten und überzeugenden Begründung gerechtfertigt sein kann[960]. *Kohler* möchte die Formel des „gebührend Rechnung Tragens" im Bereich der Beurteilung von *persuasive precedents* im Common law ansiedeln. Danach hätten die Gerichte der Lugano-Staaten eine Obliegenheit zur inhaltlichen Auseinandersetzung mit der formal für sie nicht bindenden Rechtsprechung des EuGH zum EuGVÜ[961].

954 Artikel 1 lautet: „Die Gerichte jedes Vertragsstaats tragen bei der Anwendung und Auslegung der Bestimmungen dieses Übereinkommens den Grundsätzen gebührend Rechnung, die in maßgeblichen Entscheidungen von Gerichten der anderen Vertragsstaaten zu den Bestimmungen des genannten Übereinkommens entwickelt worden sind."

955 Gemeint sind danach meistens besonders wichtige, rechtskräftig gewordene Entscheidungen von letztinstanzlichen Gerichten. Vgl. *Kohler*, Integration und Auslegung – Zur Doppelfunktion des Europäischen Gerichtshofes, S.18.

956 Siehe vor allem *Tebbens*, Die einheitliche Auslegung des Lugano-Übereinkommens, S.53 ff.; *Schmidt-Parzefall*, S.62 ff., 69 ff.

957 *Schmidt-Parzefall*, S.74.

958 *Tebbens*, Die einheitliche Auslegung des Lugano-Übereinkommens, S.54; *Schmidt-Parzefall*, S.74 f.

959 *Kohler*, Integration und Auslegung – Zur Doppelfunktion des Europäischen Gerichtshofes, S.23 f.

960 Vgl. *Czernich/Tiefenthaler*, Die Übereinkommen von Lugano und Brüssel, Vor Art. 1 Rz.22, 23; *Furrer*, AJP/PJA 1997, S.492; *Schmidt-Parzefall*, S.76.

961 Vgl. *Kohler*, Integration und Auslegung – Zur Doppelfunktion des Europäischen Gerichtshofes, S.22; *ders.*, Die Formung europäischen Kollisionsrechts durch den Gerichts-

Art. 1 des Protokolls bezieht sich allein auf Gerichtsentscheidungen, die nach der Unterzeichnung am 16.9.1988 ergangen sind. Sie ist daher von der Rechtsprechung des EuGH[962] bis zu diesem Zeitpunkt zu unterscheiden, die – so auch die Präambel des Protokolls Nr. 2[963] – von vornherein als *„acquis conventionnel"*[964] völkerrechtlich bindend für die Gerichte der Vertragsstaaten des LugÜ geworden ist[965].

Es fällt auf, daß Art. 1 nur *einseitig* formuliert ist, da sein Wortlaut allein von einer Verpflichtung zur Ausrichtung der Rechtsprechung des LugÜ an der Auslegungspraxis zum EuGVÜ spricht und – entgegen dem Bestreben zur Koordinierung beider Übereinkommen im letzten Absatz der Präambel – nicht auch umgekehrt[966]. Dies liegt wohl daran, daß die EU-Mitgliedstaaten den EuGH, trotz dessen Unabhängigkeit bei der Auslegung des EuGVÜ, nicht völkerrechtlich zur Berücksichtigung von Gerichtsentscheidungen aus Nicht-EU-Staaten verpflichten wollten[967]. Diese Asymmetrie darf daher nicht überbewertet werden, zumal das Protokoll Nr. 2 durch zwei förmliche, reziproke Erklärungen der EG- und der EFTA Staaten ergänzt wird, die inhaltlich mit Art. 1 in Zusammenhang stehen[968]. Die Brüsseler Staaten erklären hier ihrerseits,

---

hof der Europäischen Gemeinschaften, S.19. Vgl. auch *Tebbens*, Die einheitliche Auslegung des Lugano-Übereinkommens, S.55.

962 Obwohl der EuGH in Art. 1 nicht ausdrücklich genannt ist, wird aus seiner Erwähnung in den Abs. 3 und 4 der Präambel und in der Erklärung der EFTA-Staaten (ABl.EG 1988 Nr. L 319/40) hergeleitet, daß er zu den „Gerichten der anderen Vertragsstaaten" in Art. 1 gehört. Siehe hierzu *Schlosser*, EuGVÜ, Einleitung Rz.15; *Kohler*, Integration und Auslegung – Zur Doppelfunktion des Europäischen Gerichtshofes, S.18.

963 Der vierte und fünfte Absatz der Präambel lauten:
„IN VOLLER KENNTNIS der bis zur Unterzeichnung des vorliegenden Übereinkommens ergangenen Entscheidungen des Gerichtshofs der Europäischen Gemeinschaften über die Auslegung des Brüsseler Übereinkommens,
IN DER ERWÄGUNG, daß bei den Verhandlungen, die zum Abschluß dieses Übereinkommens geführt haben, vom Brüsseler Übereinkommen unter Berücksichtigung der vorgenannten Entscheidungen ausgegangen worden ist".

964 So *Tebbens*, Die einheitliche Auslegung des Lugano-Übereinkommens, S.50.

965 Siehe hierzu *Kohler*, Integration und Auslegung – Zur Doppelfunktion des Europäischen Gerichtshofes, S.19 f., der auf die bemerkenswert starke Bedeutung der EuGH-Rechtsprechung für das LugÜ hinweist; *ders.*, Die Formung europäischen Kollisionsrechts durch den Gerichtshof der Europäischen Gemeinschaften, S.19; *Heerstrassen*, RIW 1993, S.180; *Czernich/Tiefenthaler*, Die Übereinkommen von Lugano und Brüssel, Vor Art. 1 Rz.21. Der *Jenard/Möller*-Bericht enthält daher auch eine Liste aller 55 bis zum 16.9.1988 ergangenen Entscheidungen des EuGH zum EuGVÜ.

966 *Heerstrassen*, RIW 1993, S.183; *Furrer*, AJP/PJA 1997, S.491: „ Ein genauerer Blick in diese Erklärungen offenbart jedoch die Lückenhaftigkeit dieses komplexen Netzwerks."

967 So *Kohler*, Integration und Auslegung – Zur Doppelfunktion des Europäischen Gerichtshofes, S.20 f.; *Furrer*, AJP/PJA 1997, S.492.

968 Vgl. *Aull*, S.42; *Tebbens*, Die einheitliche Auslegung des Lugano-Übereinkommens, S.51; *Trunk*, S.92.

„daß sie es für angezeigt halten, daß der Gerichtshof der Europäischen Gemeinschaften bei der Auslegung des Brüsseler Übereinkommens den Grundsätzen gebührend Rechnung trägt, die sich aus der Rechtsprechung zum Lugano-Übereinkommen ergeben“[969].

Die EFTA-Mitgliedstaaten wiederholen inhaltlich, wozu sie sich bereits in Art. 1 verpflichtet haben, nämlich

„daß sie es für angezeigt halten, daß ihre Gerichte bei der Auslegung des Luganer Übereinkommens den Grundsätzen gebührend Rechnung tragen, die sich aus der Rechtsprechung des Gerichtshofes der Europäischen Gemeinschaften und der Gerichte der Mitgliedstaaten der Europäischen Gemeinschaften zu denjenigen Bestimmungen des Brüssler Übereinkommens ergeben, die in ihrem wesentlichen Gehalt in das Luganer Übereinkommen übernommen worden sind“[970].

Zwar ist richtig, daß allein aus der unterschiedlichen Rechtsnatur des Protokolls Nr. 2 und der beiden einseitigen Erklärungen nicht auf eine unterschiedliche Bindungswirkung der vertragstaatlichen Verpflichtungen geschlossen werden kann[971]. In der Praxis hat sich dennoch herausgestellt, daß die Koordinierung der Rechtsprechung nicht nur auf dem Papier (Art. 1 des Protokolls Nr. 2) einseitig ist. Während die Gerichte der EFTA-Staaten, insbesondere in der Schweiz[972], die Auslegungspraxis des EuGH zum EuGVÜ anstandslos auf Entscheidungen zum LugÜ übertragen, soweit keine triftigen Gründe zur Abweichung vorliegen[973], findet das LugÜ bei den Gerichten der EuGVÜ-Staaten und auch dem EuGH insgesamt nur wenig Beachtung[974]. Wie beim Anpassungsmechanismus an die Sekundärrechtssetzung in der EG, ist auch hier die Einbindung des EuG-

---

969 Erklärung der Vertreter der Regierungen der Unterzeichnerstaaten des Luganer Übereinkommens, die Mitglieder der Europäischen Gemeinschaften sind, ABl.EG 1988 Nr. L 319/37.

970 Erklärung der Vertreter der Regierungen der Unterezichnerstaaten des Luganer Übereinkommens, die Mitglieder der Europäischen Freihandelsassoziation sind, ABl.EG 1988 Nr. L 319/40.

971 So auch *Kohler*, Integration und Auslegung – Zur Doppelfunktion des Europäischen Gerichtshofes, S.20 f. und *Tebbens*, Die einheitliche Auslegung des Lugano-Übereinkommens, S.52 f.; a.A. *Furrer*, AJP/PJA 1997, S.490.

972 Vgl. die Entscheidungen des Schweizer Bundesgerichts vom 26.9.1997 (BGE 123 III 414) und vom 20.8.1998 (BGE 124 II 382). Siehe hierzu auch *Donzallaz*, ZSchweizR 1999, S.11 ff. m.w.Nachw.; *Vogel*, SJZ 1994, S.301, 309 und *Schwander*, Ein IPR für Europa oder ein europäisches IPR?, S.837.

973 Siehe vor allem *Jayme/Kohler*, IPRax 1998, S.424 und *dies.*, IPRax 1999, S.410 f.

974 *Furrer*, AJP/PJA 1997, S.499, spricht von einer „stiefmütterlichen“ Behandlung des Lugano-Übereinkommens als „Anhängsel“ des EuGVÜ. Eine gewisse Rolle spielt dabei gewiss auch die Tatsache, daß die Mehrzahl der Entscheidungen aus den EU-Mitgliedstaaten kommen; vgl. hierzu *Schmidt-Parzefall*, S.91; *Donzallaz*, ZSchweizR 1999, S.11.

VÜ in den Binnenmarkt Quelle der Schwierigkeiten[975]. So hat für den EuGH beispielweise bei den Entscheidungen in *Six Construction/Humbert*[976] und in *Mund & Fester*[977] die Ausrichtung am Gemeinschaftsrecht zur Herstellung der politischen Union eine größere Rolle als die Berücksichtigung des Lugano-Übereinkommens gespielt[978].

Es herrscht ein klares Ungleichgewicht bei der Koordinierung[979]. *Jayme* spricht insofern von einem „System einer *gleitenden und abgestuften Parallelität*“[980]. Verschiedentlich wird jedoch betont, der Parallelismus der Übereinkommen könne nur gewahrt werden, wenn sich *beide* Seiten bemühten, die abweichende Auslegung gleichlautender Bestimmungen zu vermeiden, das heißt, daß auch bei der Auslegung des EuGVÜ die Rechtsprechung der Gerichte von EFTA-Staaten zum LugÜ Beachtung findet[981]. Die Unausgewogenheit des Systems, ein „komplexes Geflecht der sich aus dem Protokoll und den Erklärungen ergebenden Zielvorgaben, Verpflichtungs- und Absichtserklärungen sowie gegenseitigen Bezugnahmen“[982] ist daher verschiedentlich kritisiert worden[983]. Da die Festschreibung einer generellen Rücksichtnahme der EuGH-Rechtsprechung nach dem 16.9.1988 im Protokoll Nr. 2 nicht möglich war, entbehren Art. 1 und die dazugehörigen Erklärungen jedweder formalen und klaren Verbindlichkeit[984]. Die Rede ist von einem schlichten „Appell“ und davon, daß das Protokoll Nr. 2 nichts „juristisch Greifbares zum Umgang mit den Bestimmungen des LugÜ enthält“[985]. Der Erfolg des Konvergenzsystems hängt letztlich – womöglich war dies von vornherein so angelegt – von der Bereitschaft der Gerichte auf beiden Seiten ab, selbst zur Verwirklichung der Parallelität beizutragen[986]. Das Ungleichgewicht wiegt umso schwerer, als die Gerichte der EFTA-Staaten zwar

975 Vgl. *Czernich/Tiefenthaler*, Die Übereinkommen von Lugano und Brüssel, Vor Art. 1 Rz.24; *Furrer*, AJP/PJA 1997, S.496.

976 EuGH, Rs.32/88, Slg.1989, S.341 ff. – *Six Construction/Humbert*.

977 EuGH, Rs. C-398/92, Slg.1994-I – *Mund & Fester*.

978 *Jayme/Kohler*, IPRax 1994, S.415; *Furrer*, AJP/PJA 1997, S.496 ff. m.w.Nachw.

979 *Kohler*, Integration und Auslegung – Zur Doppelfunktion des Europäischen Gerichtshofes, S.24 ff.

980 *Jayme*, Der Gerechtigkeitsgehalt des EuGVÜ, S.43; *Jayme/Geckler*, IPRax 1993, S.132.

981 *Furrer*, AJP/PJA 1997, S.492.

982 So *Kohler*, Integration und Auslegung – Zur Doppelfunktion des Europäischen Gerichtshofes, S.21. Ein *Schema* zur Auslegungskoordinierung findet sich bei *Furrer*, AJP/PJA 1997, S.491 und eine detaillierte *Tabelle* bei *Schmidt-Parzefall*, S.81.

983 Bei *Schmidt-Parzefall*, S.60 heißt es: „Die Regelung zur Interpretation des LugÜ ist wegen der wechselseitigen diplomatischen Rücksichtnahmen etwas unübersichtlich geraten.“

984 *Czernich/Tiefenthaler*, Die Übereinkommen von Lugano und Brüssel, Vor Art. 1 Rz.21, 23.

985 Siehe *Schlosser*, EuGVÜ, Einleitung Rz.15; vgl. auch *Schack*, Internationales Zivilverfahrensrecht, § 3 Rz.111.

986 *Jayme/Kohler*, IPRax 1994, S.413; *Kohler*, Integration und Auslegung – Zur Doppelfunktion des Europäischen Gerichtshofes, S.21; *ders.*, Die Formung europäischen Kollisionsrechts durch den Gerichtshof der Europäischen Gemeinschaften, S.27.

die Rechtsprechung des EuGH zum EuGVÜ beachten müssen, ihnen jedoch keine Möglichkeit offensteht, diesen in Auslegungsfragen anzurufen[987]. *Kohler* schlägt insofern vor, als „Seriositätsanzeichen für die im Rahmen des Luganer Systems mit klingenden Worten erklärten Absichten“[988] in einem ergänzenden Protokoll eine „Interpretationsintervention“ der EFTA-Staaten vorzusehen[989].

Das Luganer Konvergenzsystem befindet sich folglich in dem schwierigen Spannungsfeld[990] zwischen dem „formalen (Eigen-)Wert“[991], die innere Kohärenz der Zuständigkeitsregeln in den Übereinkommen zu erhalten, und den sachlichen Unterschieden, die wegen der integrationsfreundlichen Auslegung des EuGVÜ und der jeweiligen rechtlichen Besonderheiten der EFTA-Staaten zwischen den Übereinkommen als Grenzen der Parallelität bestehen[992]. In diesem Spannungsfeld geht die zur Förderung der Parallelität wichtige Herausarbeitung des Gerechtigkeitsgehalts des EuGVÜ[993] und der gemeinsamen Rechtswerte zwischen den Übereinkommen teilweise verloren[994].

(2) System für den gegenseitigen Austausch von Informationen über Rechtsprechung

Zur besseren Durchführbarkeit des „gebührend Rechnung Tragens“ der anderen Rechtsprechung zu den Übereinkommen, haben die Vertragsparteien des LugÜ mit Art. 2 des Protokolls Nr. 2[995] ein institutionalisiertes *Informationsaustausch-*

---

987 Siehe *Schack*, Internationales Zivilverfahrensrecht, § 3 Rz.111.

988 *Kohler*, Integration und Auslegung – Zur Doppelfunktion des Europäischen Gerichtshofes, S.28.

989 *Kohler*, Integration und Auslegung – Zur Doppelfunktion des Europäischen Gerichtshofes, S.26 f. Vgl. aber auch *ders.*, Die Formung europäischen Kollisionsrechts durch den Gerichtshof der Europäischen Gemeinschaften, S.27 f., wo er das Bedürfnis einer gesonderten völkerrechtlichen Abmachung verneint. Siehe auch *Tebbens*, Die einheitliche Auslegung des Lugano-Übereinkommens, S.60 und *Jayme/Geckler*, IPRax 1993, S.132.

990 *Schmidt-Parzefall*, spricht auf S.57 ff. von einem „Zielkonflikt“ zwischen Einheitlichkeit, Parallelität und Souveränität.

991 Vgl. *Kohler*, Integration und Auslegung – Zur Doppelfunktion des Europäischen Gerichtshofes, S.23.

992 Siehe *Jayme*, Der Gerechtigkeitsgehalt des EuGVÜ, S.42 f. Vgl. auch *Kohler*, Integration und Auslegung – Zur Doppelfunktion des Europäischen Gerichtshofes, S.21: „*Zwischen diesen Extremen soll sich die Bedeutung der fremden Rechtsprechung auswirken.*“

993 Dieser ist auch für die EFTA-Staaten interessengerecht, vgl. *Schmidt-Parzefall*, S.12.

994 Siehe hierzu *Jayme/Geckler*, IPRax 1993, S.132; *Jayme*, Der Gerechtigkeitsgehalt des EuGVÜ, S.43.

995 Artikel 2 lautet folgendermaßen:
(1)„Die Vertragsparteien kommen überein, ein System für den Austausch von Informationen über die in Anwendung dieses Übereinkommens ergangenen Entscheidungen sowie über die in Anwendung des Brüsseler Übereinkommens ergangenen maßgeblichen Entscheidungen einzurichten. Dieses System umfaßt,
- die von den zuständigen Behörden vorzunehmende Übermittlung der Entscheidungen letztinstanzlicher Gerichte und des Gerichtshofs der Europäischen Gemeinschaften

system ins Leben gerufen[996]. Die Kanzlei des EuGH als Zentralstelle (Art. 2 Abs. 2) stellt die Weiterleitung wichtiger Gerichtsentscheidungen zum Brüsseler und zum Lugano-Übereinkommen sicher[997]. Sie sammelt, klassifiziert und übersetzt die Entscheidungen, die sie anschließend an die zuständigen nationalen Behörden aller Unterzeichnerstaaten und an die EG-Kommission weiterleitet[998]. Zusätzlich werden die einschlägigen Dokumente vom Schweizerischen Institut für Rechtsvergleichung unter dem Titel „Sammlung von Entscheidungen des Europäischen Gerichtshofs und der Obersten Gerichte der Mitgliedstaaten betreffend das Lugano-Abkommen" veröffentlicht[999]. Der Informationsaustausch zur Sicherung der Konvergenz scheint zu funktionieren, auch wenn er sich als zeitaufwendig und kostspielig herausgestellt hat[1000].

(3) „Ständiger Ausschuß" zum Zwecke des Meinungsaustauschs und Revision des LugÜ

Über die Informationsweiterleitung hinaus sieht das Protokoll über die einheitliche Auslegung eine weitere Institution vor: Art. 3 setzt einen „Ständigen Ausschuß" aus Vertretern der EG-Staaten und der EFTA-Staaten für die Zwecke des Protokolls ein[1001]. Dieser Ausschuß tritt seit Juni 1994 einmal jährlich oder, nach

---

sowie anderer besonders wichtiger, rechtskräftig gewordener Entscheidungen, die in Anwendung dieses Übereinkommens oder des Brüsseler Übereinkommens ergangen sind, an eine Zentralstelle;
- die Klassifizierung dieser Entscheidungen durch die Zentralstelle, erforderlichenfalls einschließlich der Erstellung und Veröffentlichung von Übersetzungen und Zusammenfassungen;
- die von der Zentralstelle vorzunehmende Übermittlung der einschlägigen Dokumente an die zuständigen nationalen Behörden aller Unterzeichnerstaaten dieses Übereinkommens und aller beitretenden Staaten sowie an die Kommission der Europäischen Gemeinschaften.

(2) Zentralstelle ist der Kanzler des Gerichtshofs der Europäischen Gemeinschaften."

996 Vgl. *Jayme/Kohler*, IPRax 1989, S.340.

997 Hierin besteht, worauf *Schmidt-Parzefall* richtigerweise hinweist, ein formeller Gemeinschaftsbezug des Konvergenzsystems zum LugÜ; *Schmidt-Parzefall*, S.66.

998 Nach *Jayme/Kohler*, IPRax 1999, S.410 Fn.106, ist im Juli 1999 vom Kanzler des EuGH die 8. Lieferung betreffend die Rechtsprechung 1998/1999 an die zuständigen Stellen der Vertragstaaten versandt worden. Siehe auch *Tebbens*, Die einheitliche Auslegung des Lugano-Übereinkommens, S.56.

999 Band I über die Rechtsprechung im Jahre 1992, Zürich 1996; Band II über die Rechtsprechung im Jahre 1993, Zürich 1997; Band III über die Rechtsprechung im Jahre 1994, Zürich 1998 und zuletzt Band IV über die Rechtsprechung im Jahre 1995, Zürich 1999. Siehe *Jayme/Kohler*, IPRax 1997, S.397 Fn.111; *dies.*, IPRax 1999, S.410 Fn.106,

1000 So *Furrer*, AJP/PJA 1997, S.492; *Tebbens*, Die einheitliche Auslegung des Lugano-Übereinkommens, S.55 f.

1001 Art. 3 lautet:
(1) „Es wird ein Ständiger Ausschuß für die Zwecke dieses Protokolls eingesetzt.

Art. 4 Abs. 1[1002], auf Antrag einer Vertragspartei unter Schweizer Vorsitz in der Schweiz zusammen. Er erlaubt einen Meinungsaustausch und die Diskussion über die Anwendung des LugÜ und Verbesserungen am Luganer Konvergenzsystem[1003] und ist damit auch Ausdruck des dem System zugrundeliegenden *Konsultationsprinzips*[1004] im Gegensatz zu einer hierarchischen Lösung.

Nach Art. 4 Abs. 2 des Protokolls Nr. 2 kann der Ausschuß im Falle ernsthafter Abweichungen der Übereinkommen auch „kurzfristig"[1005] die Geeignetheit einer entsprechenden Modifikation oder gegebenenfalls Revision des LugÜ prüfen und Empfehlungen abgeben[1006]. *Gottwald* hält dieses „recht komplizierte Schlichtungssystem" für vereinfachungswürdig[1007]. Insgesamt hat der Ausschuß eine eher schwache Stellung[1008].

b) Praktische Probleme bei der Anwendung des Konvergenzsystems

Das Luganer Konvergenzsystem ist, wie bereits vereinzelt angedeutet, in seiner Durchführung nicht unproblematisch. Verwirrung herrscht vor allem im Bezug auf die Rechtsverbindlichkeit des Protokolls und der Erklärungen[1009]. Das Spektrum der Meinungen reicht hier – je nach adressiertem Gericht (in EFTA-

---

(2) Der Ausschuß besteht aus Vertretern, die von jedem Unterzeichnerstaat und jedem beitretenden Staat bestellt werden.

(3) Die Europäischen Gemeinschaften (Kommission, Gerichtshof und Generalsekretär des Rates) und die Europäische Freihandelsassoziation können an den Sitzungen als Beobachter teilnehmen."

1002 Artikel 4 lautet:

(1) „Auf Antrag eines Vertragspartei beruft der Depositarstaat dieses Übereinkommens Sitzungen des Ausschusses zu einem Meinungsaustausch über die Wirkungsweise des Übereinkommens ein, und zwar insbesondere über

- die Entwicklung der aufgrund von Artikel 2 Absatz 1 mitgeteilten Rechtsprechung und
- die Anwendung von Artikel 57 dieses Übereinkommens.

(2) Der Ausschuß kann im Lichte dieses Meinungsaustausches auch prüfen, ob eine Revision dieses Übereinkommens in Einzelpunkten angebracht ist, und entsprechende Empfehlungen abgeben."

1003 *Jayme/Kohler*, IPRax 1994, S.413; *dies.*, IPRax 1997, S.397; *Aull*, S.42; *Furrer*, AJP/PJA 1997, S.492.

1004 Siehe *Jenard/Möller*-Bericht über das Lugano Übereinkommen, ABl.EG (28.7.1990) Nr. C 189/57 ff. Rz.111; *Möller*, Das Übereinkommen von Lugano und die osteuropäischen Länder, S.237; *Tebbens*, Die einheitliche Auslegung des Lugano-Übereinkommens, S.49.

1005 *Heß*, NJW 2000, S.25 Fn.42.

1006 Hierzu ausführlich *Schmidt-Parzefall*, S.102 f.

1007 So *Gottwald* in Diskussion im Anschluß an *Kohler*, Integration und Auslegung – Zur Doppelfunktion des Europäischen Gerichtshofes, S.11 ff.

1008 *Schmidt-Parzefall*, S.86 f.

1009 Vgl. etwa *Donzallaz*, ZSchweizR 1999, S.24; *Furrer*, AJP/PJA 1997, S.490.

oder in EU-Mitgliedstaat) – von „echter Rechtspflicht"[1010] bis zu bloßen „Absichtserklärungen"[1011]. Bei manchem entsteht der Eindruck, das Protokoll Nr. 2 zum LugÜ sei „eher ein Produkt diplomatischen Geschicks gewesen zu sein, indem man versuchte, eine Bindung abzulehnen und zugleich einzuführen"[1012], um zu einem Konsens zu gelangen[1013]. Die Normen sind daher für die jeweils angesprochenen Richter nur schlecht zu handhaben. Fest steht wohl, daß die Bindung durch die nach der Unterzeichnung ergangenen Entscheidungen geringer ist als die vorherige Rechtsprechung des EuGH[1014]. Insgesamt wird mehrfach der Vorwurf erhoben, das Luganer Konvergenzsystem werde seinem protokollarischen Aufwand nicht gerecht[1015]. Angesichts der Unausgewogenheit des Systems zur Bewahrung der Parallelität ist es auf die einseitigen Bemühungen der Gerichte in den EFTA-Staaten zurückzuführen, daß eine gewisse Kohärenz aufrecht erhalten werden konnte.

c) Überführung des EuGVÜ in einem Gemeinschaftsrechtsakt: eine neue Herausforderung für die Konvergenz

Das EuGVÜ gilt derzeit noch als intergouvernementales Instrumentarium nach Art. 293 EG. Die den Staatsvertrag ersetzende „Brüssel I-Verordnung", die EuGVVO, hat der Rat am 22.12.2000 verabschiedet; sie tritt am 1.3.2002 in Kraft[1016]. Diese Verordnung wurde allerdings nicht losgelöst vom Lugano-Übereinkommen ausgearbeitet, sondern die beim Rat gebildete ad hoc-Arbeitsgruppe, die im April 1999 einen revidierten Text vorgelegt hat, bestand

---

[1010] *Czernich/Tiefenthaler*, Die Übereinkommen von Lugano und Brüssel, Vor Art. 1 Rz.23; *Schmidt-Parzefall*, S.63 ff.

[1011] *Schack*, Internationales Zivilverfahrensrecht, § 3 Rz.111. So im Ergebnis wohl auch *Furrer*, AJP/PJA 1997, S.492; *Heß*, NJW 2000, S.25.

[1012] So *Gottwald* in Diskussion im Anschluß an *Kohler*, Integration und Auslegung – Zur Doppelfunktion des Europäischen Gerichtshofes, S.11 ff. Siehe auch *Schoibl*, ÖJZ 2000, S.485, der von einer „historisch zwar erklärbaren, sprachlich aber unklaren Form eines differenzierten Regel-Ausnahme-Schemas" spricht.

[1013] *Mayr*, ÖJZ 1997, S.853.

[1014] *Kohler*, Integration und Auslegung – Zur Doppelfunktion des Europäischen Gerichtshofes, S.19 f.

[1015] Verordnung (EG) Nr. 44/2001 des Rates vom 22. Dezember 2000 über die gerichtliche Zuständigkeit und die Anerkennung und Vollstreckung von Entscheidungen in Zivil- und Handelssachen, ABl.EG 2001 Nr. L 12/1 ff. Zum vorhergehenden Kommissionsentwurf siehe *Schack*, Internationales Zivilverfahrensrecht, § 3 Rz.111; *Kohler*, Die Formung europäischen Kollisionsrechts durch den Gerichtshof der Europäischen Gemeinschaften, S.27; *Heerstrassen*, RIW 1993, S.184; *Schlosser*, EuGVÜ, Einleitung Rz.15; *Furrer*, AJP/PJA 1997, S.492.

[1016] Verordnung (EG) Nr. 44/2001 des Rates vom 22. Dezember 2000 über die gerichtliche Zuständigkeit und die Anerkennung und Vollstreckung von Entscheidungen in Zivil- und Handelssachen, ABl.EG 2001 Nr. L 12/1 ff.

vielmehr aus Vertretern sämtlicher EU- und EFTA-Mitgliedstaaten[1017]. Den Anstoß zu einer *gemeinsamen* Revision der Übereinkommen hatte zudem der Ständige Ausschuß im September 1996 nach Art. 4 Abs. 2 des Protokolls Nr. 2 zum LugÜ gegeben[1018].

Bei den Revisionsarbeiten gehörten die Aufrechterhaltung und Wiederherstellung der Parallelität zwischen den Übereinkommen zu den vorrangigen Aufgaben[1019]. Sämtliche seit Bestehen des LugÜ entstandenen Ungereimtheiten konnten auf diese Weise beseitigt werden[1020]. Die Wortlaute beider Übereinkommen wurden auch in der neuen Fassung aneinander angepaßt, so daß bei ihrem Inkrafttreten die Parallelität wieder vollständig gegeben wäre[1021]. Zum Beispiel entspricht der im Revisionsvorschlag enthaltene neue Art. 13 LugÜ dem neu aufgenommenen Art. 15 EuGVVO. Bis zum Inkrafttreten der Verordnung am 1.3.2002 ist die Parallelität jedoch noch nicht gesichert[1022]. Das Schicksal beider Übereinkommen ist in gewisser Weise verbunden[1023].

Fraglich ist, ob und inwiefern das Luganer Konvergenzsystem nach dem Inkrafttreten der EuGVVO bzw. des revidierten Lugano-Übereinkommens noch in der bisherigen Form funktionieren kann. Beide Protokolle Nr. 2 und 3 sind beinahe unverändert in das Luganer Revisionsübereinkommen übernommen worden[1024]. Der Konnex des EuGVÜ zum Binnenmarkt wird sich jedoch nach einer Umwandlung von einem Staatsvertrag als „begleitendes Gemeinschaftsrecht" in einen echten Gemeinschaftsrechtsakt erheblich verstärken. Der EuGH wird bei der Auslegung dann nicht mehr als unabhängiges, von den Mitgliedstaaten für diesen Zweck „geliehenes Organ", sondern in seiner Funktion als Gemeinschaftsorgan tätig. Es wird dann vor allem von politischen Entscheiden der EFTA-Staaten abhängen, ob sie auch in Zukunft der Auslegung einer Brüssel I-Verordnung durch den EuGH und eventuellen inhaltlichen – rein europarechtlichen – Änderungen des Rechtsakts folgen wollen. Dies könnte für sie angesichts

---

1017 Vgl. *Jayme/Kohler*, IPRax 1998, S.421; *dies.*, IPRax 1999, S.404; *Tarko*, ÖJZ 1999, S.405; *Hausmann*, EuLF 2000/01-1, S.40.

1018 *Markus*, SZW/RSDA 1999, S.205; *Jayme/Kohler*, IPRax 1997, S.390.

1019 *Markus*, SZW/RSDA 1999, S.206.

1020 Vgl. *Jayme/Kohler*, IPRax 1999, S.410; *Markus*, SZW/RSDA 1999, S.206.

1021 *Jayme/Kohler*, IPRax 1999, S.405, sprechen von „strikter Parallelität". Siehe auch *Tarko*, ÖJZ 1999, S.406.

1022 So *Jayme/Kohler*, IPRax 1999, S.405, 410.

1023 Siehe *Tebbens*, Die einheitliche Auslegung des Lugano-Übereinkommens, S.55.

1024 Vgl. den Text bei *Markus*, SZW/RSDA 1999, S.232. Art. 4 des Protokolls Nr. 2 über die einheitliche Auslegung des LugÜ erhält einen dritten Absatz, der lautet: „Auf Antrag einer Vertragspartei beruft der Verwahrer Sitzungen ein, die zum Zweck haben, einen Meinungsaustausch über den Beitritt eines oder mehrerer der in Artikel 60 Buchstabe c bezeichneten Staaten zu führen. Der Ständige Ausschuß kann dem beitretenden Staat spezielle Fragen zu seinem Gerichtswesen und zur Umsetzung des Übereinkommens stellen." Das Protokoll Nr. 3 über die Anwendung von Artikel 57 wird um zwei Ziffern erweitert, die die Inkorporierung sekundären Gemeinschaftsrechts in nichtmitgliedstaatliches Recht betreffen.

weiterer Souveränitätsverluste kritisch sein: sie hätten kein eigenes Verhandlungspotential mehr und wären auf ein bloßes Nachvollziehen beschränkt. Als ebenso unbefriedigend würde sich auch die sich vertiefende Einseitigkeit des Konvergenzsystems darstellen, da der EuGH und die Gerichte der EU-Mitgliedstaaten bei der Auslegung der Verordnung, einem der Verwirklichung des Binnenmarktes dienenden Gemeinschaftsrechtsakt, noch weniger bereit sein werden, die Rechtsprechung zum LugÜ zu berücksichtigen.

Kann die Parallelität aus diesen Gründen nicht mehr aufrecht erhalten werden, ist das dem LugÜ zugrunde liegende Konzept selbst in Frage gestellt. Das Luganer Konvergenzsystem steht also vor einer neuen Herausforderung. Zumindest scheint der „schleichende Bedeutungsverlust“ des LugÜ wegen des Beitritts von EFTA-Staaten zur EU durch den geplanten Beitritt von Drittstaaten aus Osteuropa schrittweise kompensiert zu werden[1025]. Polen ist am 1. Februar 2000 Vertragsstaat des Lugano-Übereinkommens geworden[1026]. Es ist auch bereits vorgeschlagen worden, die drei EU-Mitgliedstaaten, die sich nur bedingt oder gar nicht an der Vergemeinschaftung der justitiellen Zusammenarbeit beteiligen – vor allem Dänemark, anstelle der partiellen Weitergeltung eines revidierten EuGVÜ in das LugÜ einzubeziehen[1027].

d) Zwischenergebnis zum Funktionieren des Konvergenzsystems

Auch rund zwölf Jahre nach Unterzeichnung des LugÜ können das Lugano- und das Brüsseler Übereinkommen stets als „Parallelübereinkommen“ bezeichnet werden. Die durch neues Sekundärrecht und abweichende Auslegungen der Texte drohenden Divergenzen konnten – neben den bereinigenden Verhandlungen anläßlich neuer Beitritte zum EuGVÜ[1028] – vor allem mit Hilfe des Luganer Konvergenzsystems in Grenzen gehalten werden. Zum Teil hat das Konvergenzsystem gar ein „Eigenleben“ entfaltet, hinter dem der Inhalt der Normen fast zurückgetreten ist[1029]. Allerdings gilt dies nur in eingeschränktem Maße: das Funktionieren ist vor allem auf das einseitige Engagement der Gerichte in den EFTA-Staaten und nicht auf dasjenige der Gerichte in den EU-Mitgliedstaaten zurückzuführen. Die Anpassung des LugÜ an neue Sekundärrechtsakte im Zivilprozeßrecht wird angesichts der fehlenden Beachtung des LugÜ kompliziert.

[1025] *Schoibl*, ÖJZ 2000, S.487. Siehe auch *Tarko*, ÖJZ 1999, S.402; *Schmidt-Parzefall*, S.111 Fn.494; *Heß*, NJW 2000, S.25.

[1026] Siehe IPRax 2000, S.V; BGBl. 2000 II, 1246; ferner vor allem *Martiny/Ernst*, IPRax 2001, S.29 ff.

[1027] Siehe *Markus*, SZW/RSDA 1999, S.220 Fn.135.

[1028] Vgl. zum Beispiel für das EuGVÜ-Beitrittsübereinkommen von San Sebastián *Trunk*, S.137; *Schmidt-Parzefall*, S.21.

[1029] Vgl. *Jayme*, ZfRV 1997, S.236.

Bei der Auslegung der Übereinkommen gibt insgesamt die integrationsfreudige Rechtsprechung des EuGH die Richtung an[1030].

Die in Protokoll Nr. 2 zum LugÜ vorgesehenen Institutionen haben ihre Arbeit aufgenommen: Die Informationen zu den maßgeblichen Gerichtsentscheidungen fließen, und der Ständige Ausschuß hat den parallelen Revisionsprozeß beider Übereinkommen in Gang gebracht. Dennoch ist noch unklar, inwiefern das Konvergenzsystem der unmittelbar bevorstehenden Herausforderung einer Koordinierung von Bestimmungen einer EG-Verordnung und eines Staatsvertrages effektiv begegnen kann.

3. *Geeignetheit einer Übernahme des Systems für die Quellen des Europäischen Kollisionsrecht der Verbraucherverträge*

Vor dem Hintergrund dieser Beurteilung der Funktionstüchtigkeit des Luganer Konvergenzsystems ist zu untersuchen, ob sich dieses System als Lösungsmodell zur Vermeidung von Kohärenzproblemen auf das Europäische Kollisionsrecht der Verbraucherverträge übertragen läßt[1031]. Schließlich geht es in beiden Fällen darum, eine inhaltliche Koordinierung von unterschiedlichen Rechtsquellen zu erreichen. Eine weitere Parallele besteht darin, daß wie für das LugÜ auch für das EVÜ – im Gegensatz zum Richtlinienrecht – keine gemeinsame Auslegungsinstanz existiert, solange die beiden Auslegungsprotokolle zum EVÜ nicht in einer ausreichenden Zahl von Vertragsstaaten ratifiziert worden sind.

Dennoch ist äußerst fraglich, ob die Situationen wirklich vergleichbar sind. Festzustellen ist zunächst, daß die Konvergenzmaßnahmen, wie zum Beispiel die Koordinierung der Rechtsprechung zu den beiden Übereinkommen, eigens für das Lugano-Übereinkommen geschaffen und auf die Doppelstruktur der Übereinkommen angepaßt sind. Auch ist die Gefährdung der Parallelität der Gerichtsstandsübereinkommen von anderer Natur als die sich verbreitende Inkohärenz im Umfeld des Art. 5 EVÜ. Im Falle der Übereinkommen wird die anfangs weitgehend vorhandene Parallelität gefährdet, während die Inkohärenz bei den internationalen Verbraucherverträgen bereits mit Inkrafttreten des ersten kollisionsrechtlich relevanten Richtlinienrechts auftrat, so daß hier von vornherein nie die Situation eines ursprünglichen Parallelismus inhaltsgleicher Bestimmungen bestanden hat. Darüber hinaus geht es nicht um zwei – trotz des Ungleichgewichts zugunsten des EuGVÜ – gleichgeordnet nebeneinander stehende Staatsverträge, sondern um die Kontraste zwischen sekundärem Gemeinschafts-

---

[1030] *Heerstrassen*, RIW 1993, S.182.

[1031] Angesichts der neuen Kompetenzverteilung nach Inkrafttreten des Vertrags von Amsterdam ist davon auszugehen, daß die Mitgliedstaaten die Neuverhandlung eines entsprechenden Konvergenzsystems gar nicht mehr durchführen dürfen; vielmehr müßte die Europäische Union ein solches eigenständig einführen

recht und einem Staatsvertrag, dessen Bestimmungen nach Art. 20 EVÜ nachrangig sind[1032].

Art. 5 EVÜ erodiert angesichts neuer Sekundärrechtsakte in seinem Anwendungsbereich. Das Protokoll Nr. 3 zum LugÜ sieht einen Anpassungsmechanismus an neue Gemeinschaftsrechtsakte vor. Ergebnis der Ziff.1 dieses Protokolls ist jedoch – ebenso wie in Art. 20 EVÜ (Art. 3 Abs. 2 S.2 EGBGB) – der Vorrang des speziellen Gemeinschaftsrechts. Auch die in Ziff.2 des Protokolls geregelte Möglichkeit der parallelen Weiterentwicklung des LugÜ, eventuell in Form einer Revision, besteht für das Römer Schuldrechtsübereinkommen in Art. 23 und 26 EVÜ. Bei den letztgenannten Bestimmungen fehlt es lediglich an dem in Ziff.2 des Protokolls 3 mit dem Wort „unverzüglich" angedeuteten „Automatismus"; dieser hat sich jedoch für das LugÜ nicht als einwandfrei funktionierend erwiesen. Insgesamt würde daher eine Übertragung des Konvergenzinstruments in Protokoll Nr. 3 für den Bereich der internationalen Verbraucherschutzverträge keine Verbesserungen mit sich bringen.

Ähnliches gilt für den Mechanismus des Protokolls Nr. 2 zum LugÜ, das heißt die Parallelitätsabsicherung durch eine koordinierte Auslegung in der Rechtsprechung. Zum einen sind die Gerichte, die das EVÜ anwenden, dieselben, die auch das Richtlinienrecht anwenden und auslegen. Zum anderen ist ein „gebührendes Rechnung Tragen" bei der Anwendung und Auslegung des Art. 5 EVÜ bzw. umgekehrt bei der Anwendung und Auslegung des transformierten Richtlinienkollisionsrechts nicht möglich, da beide Rechtsquellen inhaltlich oft derart weit voneinander entfernt sind, daß eine gerichtliche Annäherung in beide Richtungen keinen Erfolg verspricht. Hier ist eher eine gesetzgeberische Lösung angezeigt. Als nützlich könnte sich allein die Einrichtung eines „Ständigen Ausschusses" nach dem Vorbild des Art. 3 des Protokolls Nr. 2 zum LugÜ erweisen. Dabei darf jedoch nicht vergessen werden, daß sich in diesem Ausschuß die Vertreter der EU-Mitgliedstaaten und EFTA-Staaten, das heißt Vertreter aus zwei unterschiedlichen Wirtschaftsblöcken, zusammenfinden. Im Verhältnis von EG-Richtlinien und EVÜ sind jedoch nur die EU-Mitgliedstaaten betroffen, da sie gleichzeitig auch EVÜ-Vertragsstaaten sind[1033]. Aus diesen Erwägungen scheint ein Ständiger Ausschuß als überflüssig[1034]. Wünschenswert wäre allerdings die Einrichtung eines IPR-Ausschusses auf EU-Ebene, der sich mit der Entwicklung des Europäischen Kollisionsrechts auseinandersetzt[1035].

Wichtigstes Argument gegen eine Übertragbarkeit des Konvergenzsystem ist aber, daß die Form des Konvergenzsystems – die Kombination aus einer Reihe

[1032] Siehe hierzu *Schmidt-Parzefall*, S.93.

[1033] Die Mitgliedstaaten und Vertragsstaaten sind nur theoretisch nicht deckungsgleich, siehe *Kohler*, Integration und Auslegung – Zur Doppelfunktion des Europäischen Gerichtshofes, S.15 f.

[1034] Siehe auch *Schmidt-Parzefall*, S.88.

[1035] Hierzu siehe unten unter D., II.

von Protokollen und Erklärungen – für die Wiederherstellung und anschließende Absicherung einer Kohärenz der Rechtsquellen nicht ausreichen würde. Diese völkerrechtlichen Absichtserklärungen erinnern nämlich in Form und Inhalt stark an die von den EVÜ-Vertragsstaaten abgegebe *Gemeinsame Erklärung* von 1980[1036]. Auch hier trifft eine völkerrechtliche Pflicht auf die „harsche" Wirklichkeit der EU-Gesetzgebung. Die Realität zu dieser Gemeinsamen Erklärung hat noch stärker als im Fall der Protokolle zum LugÜ vor Augen geführt, daß derartige Erklärungen zwar gut gemeint sind, häufig jedoch nicht von beiden Seiten „ernst genommen und mit Leben gefüllt"[1037] werden und daher häufig nicht zu dem gewünschten Erfolg führen. Die Entscheidungsprozesse auf EU-Ebene werden wegen des komplizierten Zusammenspiels einer Vielzahl von Rechtsquellen und -ebenen zunehmend komplexer. Hier können sich vertragsstaatliche Zielvorgaben und Deklarationen, die Kompromißlösungen verkörpern und deren Rechtsverbindlichkeit nicht immer zweifelsfrei ist, immer seltener durchsetzen. Wegen der wachsenden Notwendigkeit eines kohärenten Verbraucherschutzkollisionsrechts kann es auch nicht erst den Gerichten der Vertragsstaaten überlassen werden, bei der Anwendung und Auslegung der Vorschriften die Koordinierung vorzunehmen. Vielmehr ist vor diesem Hintergrund zur Erreichung einer erkennbaren Kohärenz eine verbindlichere und deutlichere, im Idealfall positivrechtlich festgelegte Lösung vonnöten.

4. Ergebnis zur Übertragung des Luganer Konvergenzsystems

Das völkerrechtlich vereinbarte Luganer Konvergenzsystem hat sich für die spezielle Situation der Gerichtsstandsübereinkommen nur zum Teil bewährt. Es funktioniert, weist jedoch gewisse Lücken auf, die in erster Linie auf den fehlenden Willen des Gemeinschaftsgesetzgebers, des EuGH und der EU-mitgliedstaatlichen Gerichte zurückzuführen sind, der Existenz des Lugano-Übereinkommens „gebührend Rechnung zu tragen". Die Fortentwicklung des EuGVÜ gibt eindeutig die Richtung an.

Darüber hinaus sprechen jedoch auch eine Vielzahl anderer Gründe gegen eine Übertragbarkeit des Luganer Konvergenzsystems auf die Problematik des Europäischen Kollisionsrechts im Bereich der Verbraucherverträge. Neben eher technischen Argumenten wegen der unterschiedlichen Konstellationen der Rechtsquellen, spielt auch eine Rolle, daß das Konvergenzsystems als „komple-

---

[1036] ABl.EG (9.10.1980) Nr. L 266/14: *„I. in dem Bestreben, die Aufteilung der Kollisionsnormen auf zahlreiche Rechtsinstrumente und Unterschiede zwischen diesen Normen soweit irgend möglich zu vermeiden, wünschen, daß sich die Organe der Europäischen Gemeinschaften in Ausübung der ihnen aufgrund der Verträge zur Gründung der Europäischen Gemeinschaften gegebenen Zuständigkeiten bemühen, gegebenenfalls Kollisionsnormen anzunehmen, die soweit wie möglich mit denen des Übereinkommens in Einklang stehen;"*

[1037] So *Furrer*, AJP/PJA 1997, S.498.

xes nicht-hierarchisches System, das in den Einzelheiten nur schwer durchschaubar und bei näherer Betrachtung nur unvollständig ausgebildet wurde"[1038], womöglich zu einer weiteren unnötigen Komplizierung der Inkohärenz führen könnte. Es muß auf EU-Ebene ein *einfacheres* System gefunden werden. Bestimmungen müssen von vornherein kompatibel konzipiert und vom Gesetzgeber aus inhaltlich kohärent erhalten werden. Es scheint, daß kein Weg an einer umfassenderen EVÜ-Revision *de lege ferenda* vorbeiführt.

Denkbar ist neben der Herausforderung bei Inkrafttreten der EuGVVO (Brüssel I-Verordnung) am 1.3.2002 zudem eine andere, neue Rolle für das Konvergenzsystem zum Lugano-Übereinkommen: dadurch, daß Dänemark scheinbar endgültig an seinem Ausstiegsvorbehalt festhält, und daher eine revidierte Konvention für diesen Staat weiterbesteht bzw. neuverhandelt wird, wird ein Mechanismus für die Parallelität zwischen der EuGVVO und dem neuen EuGVÜ notwendig. Ein ähnlicher Bedarf wird auch bei Ausarbeitung einer Rom I-Verordnung bestehen. Hier werden funktionierende Systeme zur Wahrung von Parallelität gefordert sein.

II. Revision des EVÜ auf staatsvertraglichem Wege

Die bisherigen Ausführungen zu den Koordinierungsmechanismen haben insgesamt deutlich gemacht, daß Lösungen, die ohne normative Änderungen des EVÜ, insbesondere des Art. 5 EVÜ, auskommen möchten, zu keinem befriedigenden Ergebnis führen können. Zu untersuchen sind daher Wege, die zu Veränderungen am Wortlaut der Kollisionsnormen führen.

Bis zum Inkrafttreten des Vertrags von Amsterdam, aber auch noch darüber hinaus[1039], ist wiederholt die Forderung nach einer Änderung im Rahmen des Römischen Übereinkommens selbst erhoben worden[1040]. Es sollte eine *Revisionskonferenz* einberufen werden, um die Schutzlücken im Bereich des Art. 5 EVÜ zu schließen. Im Hinblick auf die neue Kompetenzsituation für das Internationale Privatrecht in der EU kommen Fragen zur Realisierbarkeit einer solchen staatsvertraglichen Änderung auf. Fraglich ist zunächst, welche Stellung das Instrument des Staatsvertrages insofern innerhalb der Europäischen Union noch einnimmt (1.). Nach einer Darstellung der staatsvertraglich vorgesehenen Verfahren zur Änderung des EVÜ (2.) und dem Hinweis auf die notwendige

---

[1038] *Furrer*, AJP/PJA 1997, S.498; siehe auch *Mayr*, ÖJZ 1997, S.853.

[1039] *Martinek*, Unsystematische Überregulierung und kontraintentionale Effekte im Europäischen Verbraucherrecht, S.555; *Basedow*, CML Rev. 37 (2000), S.689; *Junker*, IPRax 2000, S.73.

[1040] Siehe vor allem *Lagarde*, Cour fédérale d'Allemagne – 19 mars 1997, Rev.crit.d.i.p., 1998, S.630 f.; *Baumert*, Europäischer ordre public, S.226 und *Fischer*, S.283; *Rühl*, RIW 1999, S.326; *Freitag/Leible*, EWS 2000, S.350.

Rolle des EuGH als Auslegungsinstanz (3.), werden die konkreten Realisierungschancen einer staatsvertraglichen Änderung des Art. 5 EVÜ besprochen (4.).

1. Stellung des mitgliedstaatlichen kollisionsrechtlichen Staatsvertrages in der EU

a) Allgemeine gesetzestechnische Vor- und Nachteile der Konvention

Durch Ausarbeitung eines völkerrechtlichen Staatsvertrages entsteht – ähnlich wie im Falle einer EG-Verordnung – Einheitsrecht. Die Konventionslösung wird daher dem Ziel der Kollisionsrechtsvereinheitlichung eher gerecht als beispielsweise die EG-Richtlinie. Zudem bringt sie gegenüber der Verordnung den Vorteil mit sich, daß ein Staatsvertrag nicht „von oben" herab erlassen wird, sondern von den Regierungen der Mitgliedstaaten selbst ausgehandelt wird und deshalb ähnlich dem Falle der Umsetzung einer Richtlinie oder des Erlasses eines nationalen Gesetzes eine größere demokratische Legitimation aufweist und Akzeptanz erwarten kann[1041].

Ein Staatsvertrag bringt jedoch auch einige offenkundige Schwierigkeiten mit sich. Sie liegen insbesondere im Bereich des Ausarbeitungsverfahrens und Inkorporationserfordernisses und halten viele Stimmen davon ab, diesen völkerrechtlichen Weg der Rechtsetzung uneingeschränkt zu empfehlen[1042]. Ein entscheidender Nachteil ist die erfahrungsgemäß lange Dauer und Schwerfälligkeit des Verfahrens. Die beinahe jahrzehntelange Ausarbeitungsdauer des Übereinkommens von Rom und ein gutes weiteres Jahrzehnt bis zu seinem Inkrafttreten sind hierfür beispielhaft. An diesem Gesichtspunkt setzt daher die Hauptkritik an. Ex ante und ex post zur Unterzeichnung einer Konvention besteht Raum für „irrationale Reaktionen"[1043] einzelner Mitgliedstaaten: sie können die Ausarbeitung und durch verzögerte Ratifikationen das Inkrafttreten des Vertragswerks be- und sogar verhindern[1044]. Zudem müssen bei jedem Beitritt neuer Mitgliedstaaten ratifikationsbedürftige Beitrittsübereinkommen vereinbart werden. Mit der wachsenden Zahl von Mitgliedstaaten verlängert sich der Ratifikationsprozeß[1045]. Dabei geht die Dynamik der Vereinheitlichung zum Teil verloren[1046].

1041 *Armbrüster*, RabelsZ 60 (1996), S.89.

1042 Siehe etwa *Tebbens*, Private International Law and the Single European Market: Coexistence or Cohabitation?, S.62.

1043 *Jayme/Kohler*, IPRax 1996, S.389.

1044 *Kreuzer*, Internationales Privatrecht und europäische Integration, S.556; *von Hoffmann*, The European Community and Private International Law, S.32.

1045 *Basedow*, CML Rev. 37 (2000), S.688. Zu den schleppenden Ratifikationsverfahren siehe die jeweiligen Informationen in der alljährlichen Aufsatzreihe zum Europäischen Kollisionsrecht von *Jayme/Kohler*.

1046 *Kropholler*, Europäisches Zivilprozeßrecht , RIW 1999, Heft 7, Die erste Seite.

Darüber hinaus werden bei der Ratifikation häufig Vorbehalte zugelassen (vgl. Art. 22 EVÜ) und den nationalen Regierungen die Option der modifizierten Inkorporierung der Konvention in das eigene Recht zugestanden[1047]. Diese „Schwächen" bergen die Gefahr einer irrtümlich falschen Umsetzung und relativieren den Vereinheitlichungseffekt[1048]. Ferner gilt es die Auslegungskompetenz des EuGH gesondert zu vereinbaren, da Art. 234 EG (früher Art. 177 EGV) für EG-autonome Staatsverträge nicht gilt und dennoch mit Hilfe einer einheitlichen Auslegung der Fortbestand der erreichten Rechtseinheit gewährleistet werden muß[1049]. Auch hier beweist die Praxis – die vollständigen Ratifikationen der Auslegungsprotokolle zum EVÜ stehen nach wie vor aus – die Tragweite dieser Nachteile. Schließlich sei darauf hingewiesen, daß den Konventionsnormen der gemeinschaftsrechtliche Durchsetzungsmechanismus des Vorrangs in der Normenhierarchie fehlt (vgl. zum Beispiel Art. 20, 21 EVÜ)[1050] und bei neuen Mitgliedstaaten der Abschluß von Beitrittsübereinkommen erforderlich wird.

b) Staatsvertragliche Lösungen – ein Anachronismus?

Trotz der genannten Nachteile sind viele Autoren einer staatsvertraglichen Lösung nicht abgeneigt, sondern betrachten die Konvention grundsätzlich als ein der EG-Verordnung gleichwertiges Vereinheitlichungsinstrument[1051]. Für den Bereich des Internationalen Privatrechts scheint jedoch, daß nunmehr zwischen weltweiten und EU-weiten Staatsverträgen differenziert werden muß. Im Rahmen der Haager Konferenz für Internationales Privatrecht stellt die Konvention nämlich stets das einzige völkerrechtlich bindende Mittel zur weltweiten Rechtsangleichung dar[1052] und hat insofern nicht an Bedeutung verloren. Nach einem Beitrag von *Jayme* ist die Bedeutung der Staatsverträge mit der erkannten wichtigen Rolle des IPR als Integrationsrecht gar im Begriff zu wachsen, da häufig sie allein „in einer Zeit pluralistischer Rechtsvorstellungen (...) eine internationale Wertordnung indizieren"[1053].

Ganz anders stellt sich die Situation in der Europäischen Union aufgrund der jüngsten Entwicklungen dar. Im Bereich des Europäischen Kollisionsrechts wird nach dem Inkrafttreten des Vertrages von Amsterdam aufgrund von Art. 61, 65 EG der Erlaß von EG-Verordnungen immer wahrscheinlicher. Die beiden wichtigsten Übereinkommen auf dem Gebiet des Internationalen Privat- und

---

1047 Prominentestes Beispiel hierfür ist die Inkroporierung des EVÜ in das deutsche EGBGB.

1048 *Ebke*, Erste Erfahrungen mit dem EG-Schuldvertragsübereinkommen, S.87.

1049 *Besse*, ZEuP 1999, S.120; *Seif*, JbJgZivRW 1997, S.255.

1050 *von Hoffmann*, The European Community and Private International Law, S.31.

1051 *Jayme/Kohler*, IPRax 1995, S.353; *Armbrüster*, RabelsZ 60 (1996), S.89; *Baumert*, Europäischer ordre public, S.226; *Kronke*, RIW 1996, S.987.

1052 Vgl. zuletzt den Entwurf für ein Übereinkommen über die gerichtliche Zuständigkeit und die Anerkennung und Vollstreckung ausländischer Entscheidungen in Zivil- und Handelssachen; *Schack*, ZeuP 1998, S.931 ff.

1053 Siehe *Jayme*, Staatsverträge als *ratio scripta* im Internationalen Privatrecht, S.220 f.

Verfahrensrechts, das EVÜ[1054] und das EuGVÜ – beide das „Ergebnis mühsam ausgehandelter Kompromisse“[1055] und bestehend aus Lösungen, die als *ratio scripta*[1056] eine besondere Überzeugungskraft entfalten, – sind im Begriff, durch EG-Rechtsakte ersetzt zu werden. Für den Bereich des Kollisionsrecht gesprochen, wird die Rechtsquelle Staatsvertrag somit an den Rand gedrängt[1057]. Zwar ist der vierte Spiegelstrich des Art. 293 EG (früher Art. 220 EGV) in der konsolidierten Version des EG-Vertrages doch beibehalten worden, so daß theoretisch weiterhin intergouvernementale Maßnahmen durch die Mitgliedstaaten als geeignete Mittel zur Rechtsangleichung erhalten bleiben[1058]. Angesichts des Auftrags, Verhandlungen mit dem Ziel des Abschlusses von Staatsverträgen, den Art. 293 EG an die Mitgliedstaaten erteilt, könnte sogar von einer *Pflicht* zum staatsvertraglichen Vorgehen gesprochen werden[1059]. Diese soll sich jedoch lediglich noch auf die nicht in den EG-Vertrag überführten Bereiche des IIIème pilier, das heißt die polizeiliche und justitielle Zusammenarbeit in Strafsachen beziehen. Übereinkommen, deren Ausarbeitung bereits vor dem Inkrafttreten des Vertrags von Amsterdam begonnen hatte, wie zum Beispiel das Rom II-Übereinkommen über das anwendbare Recht für außervertragliche Schuldverhältnisse, werden nach den weitgreifenden Veränderungen der institutionellen Voraussetzungen als EG-Verordnung erlassen werden[1060]. Eine Aufwertung kann der Staatsvertrag hingegen wegen der Nichtbeteiligung einiger Mitgliedstaaten, insbesondere Dänemark, an den Verordnungen erwarten: hier ist sogar von der Neuverhandlung spezieller kollisionsrechtlicher Übereinkommen auszugehen.

Weltweit stellen staatsvertragliche Maßnahmen zur Kollisionsrechtsvereinheitlichung folglich keineswegs einen Anachronismus dar. Auch in Europa bleibt die Rechtsform der völkerrechtlichen Konvention im Internationalen Privatrecht beispielsweise in Form des Lugano-Übereinkommens präsent. Im Eu-

---

[1054] Siehe auch *Kohler*, Rev.crit.d.i.p., 88 (1) 1999, S.29 f. Auf die Aktualität des EVÜ deutet im übrigen seine Vorbildfunktion in EG-Drittstaaten, insbesondere in osteuropäischen Ländern hin, wo es zum Teil als Modell gedient hat und weiterhin dient. So wurde es z.B. als Modell für die Neukodifikation des polnischen IPR empfohlen; *Jayme/Geckler*, IPRax 1997, 66; *Skapski*, The EEC Convention on the Law Applicable to Contractual Obligations of 19 June 1980 as a „Model“ of International Legal Regulations of Obligations in Domestic Legal System, with Special Regard to the Polish Law, in: PolishYearbook of International Law 21 (1994), S. 283 ff.

[1055] Vgl. *Jayme*, Staatsverträge als *ratio scripta* im Internationalen Privatrecht, S.212.

[1056] *Jayme*, Staatsverträge als *ratio scripta* im Internationalen Privatrecht, S.213.

[1057] Siehe *Jayme/Kohler*, IPRax 1999, S.401.

[1058] *Kohler*, Rev.crit.d.i.p., 88 (1) 1999, S.27. Selbst *Kreuzer* akzeptiert Übereinkommen der Mitgliedstaaten als „pragmatische Zwischenlösung bis zur EG-autonomen IPR-Vereinheitlichung“, solange die Auslegungskompetenz des EuGH gesichert sei, in: Internationales Privatrecht und europäische Integration, S.556.

[1059] So *Kohler*, Rev.crit.d.i.p., 88 (1) 1999, S.22 f.

[1060] Von einer Ausrichtung am Muster des EVÜ sprach noch *Sonnenberger*, RIW Heft 4/1999, „Die erste Seite“. Vgl. auch *Kreuzer*, Internationales Privatrecht und europäische Integration, S.558.

ropäischen Kollisionsrecht in der Europäischen Union wird die Konvention – von gewissen „akzessorischen" Ausnahmen abgesehen – jedoch infolge der wichtigen Kompetenzveränderungen peu à peu verdrängt. Dies führt dazu, daß die einzelnen Mitgliedstaaten zukünftig nicht mehr – wie im Rahmen von staatsvertraglichen Negotiationen – auf das Ergebnis Einfluß nehmen und ihren internationalprivatrechtlichen Sachverstand einfließen lassen können.

2. *Staatsvertraglich vorgesehene Verfahren zur Änderung des Übereinkommens von Rom*

Das EVÜ sieht zwei unterschiedliche Verfahren vor, mit Hilfe derer Veränderungen im Übereinkommen vorgenommen werden können[1061]. Über Art. 23 EVÜ können einzelvertragsstaatliche Abweichungen vom Konventionsinhalt eingeführt werden (a). Art. 26 EVÜ regelt die Einberufung einer Revisionskonferenz (b). Ferner können Veränderungen an der Konvention auch im Rahmen von Beitrittsverhandlungen mit neuen Vertragsstaaten vorgenommen werden, wie dies zuletzt von Österreich versucht worden ist (c).

a) Verfahren über Art. 23 EVÜ

Diejenigen Stimmen, die auf die Möglichkeit einer Erweiterung des Art. 5 EVÜ hingewiesen haben, erwähnten in diesem Zusammenhang gelegentlich beiläufig das Verfahren nach Art. 23 EVÜ[1062]. Diese Vorschrift regelt die Möglichkeit der einseitigen Änderung des Übereinkommens durch einen Vertragsstaat[1063]. Während die folgenden Absätze der Vorschrift ausschließlich das Verfahren einer

[1061] Vgl. hierzu *Sonnenberger*, Die Eingriffsnorm: ein internationalprivatrechtliches σκανδαλον?, S.296.

[1062] Siehe z.B. *Baumert*, Europäischer ordre public, S.226, 229; *Mankowski*, RIW 1998, S.288.

[1063] Die Vorschrift lautet (ABl.EG (9.10.1980) Nr. L 266/6):
„(1) Wünscht ein Vertragsstaat, nachdem dieses Übereinkommen für ihn in Kraft getreten ist, eine neue Kollisionsnorm für eine bestimmte Gruppe von Verträgen einzuführen, die in den Anwendungsbereich des Übereinkommens fallen, so teilt er seine Absicht den anderen Unterzeichnerstaaten über den Generalsekretär des Rates der Europäischen Gemeinschaften mit.
(2) Innerhalb von sechs Monaten nach der Mitteilung an den Generalsekretär des Rates kann jeder Unterzeichnerstaat bei diesem beantragen, Konsultationen mit den Unterzeichnerstaaten einzuleiten, um zu einem Einvernehmen zu gelangen.
(3) Hat innerhalb dieser Frist kein Unterzeichnerstaat Konsultationen beantragt oder haben die Konsultationen innerhalb von zwei Jahren nach Mitteilung an den Generalsekretär des Rates nicht zu einem Einvernehmen geführt, so kann der betreffende Vertragsstaat sein Recht ändern. Die von diesem Staat getroffene Maßnahme wird den anderen Unterzeichnerstaaten über den Generalsekretär des Rates der Europäischen Gemeinschaften zur Kenntnis gebracht."

Änderung betreffen, weist der Wortlaut zu Beginn des ersten Absatzes eindeutig darauf hin, welche Änderungen genau gemeint sind. Es geht um die Einführung einer „neuen Kollisionsnorm“ für eine „bestimmte Gruppe von Verträgen“, die in den Anwendungsbereich des Art. 1 EVÜ fallen. Mit einer neuen Vertragsgruppe kann im Hinblick auf Art. 5 und 6 EVÜ nur eine Vertragskategorie wie zum Beispiel die der Verbraucherverträge und der Arbeitsverträge gemeint sein. *Giuliano/Lagarde* erwähnen hierzu „Verträge von Reiseveranstaltern oder für Fernunterrichtsverträge, deren Besonderheit eine derartige Abweichung von der gemeinsamen Norm rechtfertigen würde“ [1064]. Bezweckt sind demnach umfangreiche Erweiterungen, nicht die Einführung eines neuen Vertragstypus, wie beispielsweise den der Timesharing-Verträge, in den bestehenden Art. 5 EVÜ. Diesen Schluß legt auch die Formulierung der Einführung einer „neuen Kollisionsnorm“ nahe. Andererseits stellt eine Erweiterung des von Art. 5 EVÜ erfaßten Kreises an Vertragstypen ein qualitatives „Minus“ zu den in Art. 23 EVÜ ermöglichten Änderungen dar. Fraglich ist dennoch, warum daran gedacht wurde, neue Kollisionsnormen für neue Vertragsgruppen einzuführen, nicht jedoch neue Vertragstypen in die bestehenden Kollisionsnormen einzugliedern. Hier kann, wie bereits an anderer Stelle erwähnt, die mangelnde Weitsicht der EVÜ-Geber eher als der Wille zur absoluten Beschränkung der Vertragstypen maßgebend gewesen sein.

Fest steht, daß Art. 23 EVÜ keine generelle und umfassende Abweichung von den Grundsätzen der Art. 3 und 4 EVÜ erlaubt[1065]. Ferner soll auch der sachliche Anwendungsbereich des Übereinkommens nicht erweitert werden. Vielmehr kann lediglich *innerhalb* des sachlichen Anwendungsbereichs eine Erweiterung vorgenommen werden[1066]. Hier wurde – wie *Giuliano* und *Lagarde* in ihrem Bericht klarstellen – „an den Fall gedacht, in dem sich ein Staat gezwungen sieht, aus politischen, wirtschaftlichen oder sozialen Gründen eine Kollisionsnorm zu ändern. Es wurde eine hinreichend elastische Lösung angestrebt, die es dem Unterzeichnerstaaten ermöglicht, das Übereinkommen zu ratifizieren, ohne verpflichtet zu sein, es zu kündigen, wenn sie eines Tages gezwungen sind, in einem besonderen Punkt von seinen Vorschriften abzuweichen[1067]“. Art. 23 EVÜ stellt mithin in zweierlei Hinsicht eine „politische“ Vorschrift dar: den Vertragsstaaten sollte die Entscheidung zur Unterzeichnung und zur Ratifizierung durch Schwächung des zwingenden Charakters des Übereinkommens erleichtert werden, und es soll auf politische und gesellschaftliche Änderungen in einem Vertragsstaat reagiert werden können. Die mögliche Änderung bzw. Erweiterung des EVÜ im Alleingang eines Vertragsstaates steht jedoch unter dem Vorbehalt der Einhaltung des in Art. 23 EVÜ vorgesehenen Verfahrens.

1064 *Giuliano/Lagarde*, ABl.EG (31.10.1980), Nr. C 282/40.

1065 Siehe *Giuliano/Lagarde*, ABl.EG (31.10.1980), Nr. C 282/40 und *Boriths Müller*, S.216.

1066 Vgl. auch *Baumert*, Europäischer ordre public, S.226.

1067 *Giuliano/Lagarde*, ABl.EG (31.10.1980), Nr. C 282/40.

Im vorliegenden Zusammenhang geht es um die Erweiterung und Öffnung der Vorschrift über Verbraucherverträge, Art. 5 EVÜ, nicht um die Einführung einer neuen Kollisionsnorm. Obwohl sich einzelne Vertragsstaaten angesichts des Richtlinienkollisionsrechts vor Umsetzungsprobleme im Verhältnis zu Art. 5 EVÜ gestellt sahen, und damit vor rechtliche bzw. rechtspolitische Probleme, wurde das Verfahren nach Art. 23 EVÜ bisher von keinem Vertragsstaat, auch nicht von Österreich[1068], angestrengt. Wird argumentiert, die Erweiterung des Art. 5 EVÜ sei ein „Minus" zu der in Art. 23 EVÜ vorgesehenen Neueinführung einer Kollisionsnorm, so hätte das Verfahren nach Art. 23 EVÜ auch für den vorliegenden Fall ein geeignetes Vorgehen dargestellt.

b) Art. 26 EVÜ – Einberufung einer Revisionskonferenz

Art. 24 und 25 EVÜ sehen Regelungen im Falle neuer Übereinkommen vor und sind insofern für die hier besprochene Konstellation nicht einschlägig[1069]. Art. 25 EVÜ regelt die mögliche Einleitung von Konsultationen der Unterzeichnerstaaten, falls ein Vertragsstaat der Auffassung ist, die Rechtsvereinheitlichung des EVÜ werde durch den Abschluß anderer Übereinkommen gefährdet[1070]. Diese Vorschrift für den Fall der Gefährdung des EVÜ durch EG-Richtlinienrecht analog heranzuziehen, muß wohl bereits formell an dem in Art. 20 EVÜ festgeschriebenem Vorrang des Gemeinschaftsrechts scheitern.

Ausdrücklich im EVÜ vorgesehen und daher auch in Betracht gezogen werden muß allerdings eine dritte Vorgehensweise, die Revision oder Teilrevision des EVÜ nach Art. 26 EVÜ, der besagt:

> „Jeder Vertragsstaat kann die Revision dieses Übereinkommens beantragen. In diesem Fall beruft der Präsident des Rates der Europäischen Gemeinschaften eine Revisionskonferenz ein."[1071]

Bei *Giuliano/Lagarde* erfolgt allein der Hinweis darauf, daß Art. 26 EVÜ dem Art. 67 des EuGVÜ entspricht[1072]. Ein Vorgehen über Art. 26 EVÜ stellt jedoch den geeigneteren, da „vollständigeren" Weg dar, Veränderungen der geforderten

---

1068 Siehe hierzu weiter unten die Bemühungen Österreichs, Art. 5 EVÜ im Rahmen der Beitrittsverhandlungen zu modifizieren.

1069 Vgl. auch *Giuliano/Lagarde*, ABl.EG (31.10.1980), Nr. C 282/40 f.

1070 Art. 25 EVÜ lautet: „Ist ein Vertragsstaat der Auffassung, daß die durch dieses Übereinkommen erzielte Rechtsvereinheitlichung durch den Abschluß anderer als in Art. 24 Absatz 1 bezeichneter Übereinkommen gefährdet ist, so kann dieser Staat beim Generalsekretär des Rates der Europäischen Gemeinschaften beantragen, Konsultationen zwischen den Unterzeichnerstaaten dieses Übereinkommens einzuleiten.", ABl.EG (9.10.1980) Nr. L 266/6.

1071 Siehe ABl.EG (9.10.1980) Nr. L 266/6.

1072 Vgl. *Giuliano/Lagarde*, ABl.EG (31.10.1980) Nr. C 282/41.

Art im EVÜ vorzunehmen, als das einseitige Vorgehen eines Vertragstaates nach Art. 23 EVÜ. Über Art. 26 EVÜ kann eine für alle Vertragsstaaten einheitliche und klare Lösung ausgearbeitet werden. Zu demselben Ergebnis einer gesondert einberufenen Regierungskonferenz kann theoretisch auch ein Antrag eines änderungswilligen Vertragsstaats bei neuen Beitrittsverhandlungen zum EVÜ sein.

c) Novellierung im Rahmen eines Beitrittsübereinkommens

In Ziffer III. der Gemeinsamen Erklärung zum EVÜ[1073] vom 19.6.1980 haben sich die Unterzeichnerstaaten darauf geeinigt, daß jeder Staat, der der Europäischen Gemeinschaft neu beitritt, das Übereinkommen von Rom ratifizieren muß. Das EVÜ sollte Teil des *„acquis communautaire“* werden. Die anläßlich eines Beitritts geführten Verhandlungen bieten eine günstige Gelegenheit, nicht nur die Beitrittsmodalitäten der neuen Mitglieder festzulegen, sondern sie auch für notwendigerweise vorzunehmende Änderungen des EVÜ zu nutzen[1074]. Sämtliche Mitgliedstaaten sind vertreten, so daß bei Konsens jede Vereinbarung im Beitrittsübereinkommen selbst festgeschrieben werden könnte. Die aktuelle bzw. konsolidierte Fassung des EVÜ würde den bisherigen Fassungen des Übereinkommens als einzig gültige vorgehen.

Wegen des etappenweisen Beitritts neuer Mitglieder zur EG/EU seit 1980 sind bisher drei Beitrittsübereinkommen zum EVÜ abgeschlossen worden[1075]. In kaum einem der Fälle haben die Mitgliedstaatenstaaten – im Gegensatz zum EuGVÜ[1076] – sachliche Änderungen am EVÜ vorgenommen[1077]. Zuletzt ist auch die Gelegenheit des EVÜ-Beitritts der neuen Mitgliedstaaten Österreich, Finnland und Schweden am 29.11.1996[1078] für eine Änderung nicht genutzt worden[1079]. Interessant im vorliegenden Zusammenhang ist, daß diese Versäumnis keineswegs aus Unkenntnis, sondern „sehenden Auges“ stattgefunden hat. Die Delegation Österreichs, dessen Lehre sich bereits im Vorfeld des EU-Beitritts intensiv mit dem EVÜ und den Folgen eines Beitritts für ihr nationales IPR auseinandergesetzt hat, schlug in den Beitrittsverhandlungen eine Ausweitung des

---

1073 ABl.EG (9.10.1980) Nr. L 266/14: *„III. äußern in Erwägung des Beitrags, den das Übereinkommen über das auf vertragliche Schuldverhältnisse anzuwendende Recht zur Vereinheitlichung der Kollisionsnormen innerhalb der Europäischen Gemeinschaften leistet, die Ansicht, daß jeder Staat, der Mitglied der Europäischen Gemeinschaften wird, diesem Übereinkommen beitreten muß.*“

1074 *Jayme/Kohler*, IPRax 1995, S.353 f.; *Rudisch*, RabelsZ 63 (1999), S.104.

1075 Siehe für genauere Hinweise *Jayme/Hausmann*, Ordnungsziffer 70.

1076 Vgl. *Jayme*, Identité culturelle et intégration: le droit international privé postmoderne, S.69; *ders.*, Klauselrichtlinie und Internationales Privatrecht – Eine Skizze, S.580.

1077 Vgl. jeweils die Hinweise zum EVÜ in der Auftragsreihe von *Jayme/Kohler* in der IPRax zur Entwicklung des Europäischen Kollisionsrechts.

1078 Siehe ABl.EG (15.1.1997) Nr. C 15/10.

1079 *Rudisch*, RabelsZ 63 (1999), S.104.

Art. 5 EVÜ vor[1080]. Der Vorschlag war möglicherweise eher vom Interesse an einer Kohärenz mit dem bisherigen autonomen österreichischen Internationalen Privatrecht im AGBG motiviert, als vom Interesse an systematischer Kohärenz im Europäischen Kollisionsrecht[1081]. Er blieb jedoch in erster Linie aus zeitlichen Gründen erfolglos. Im Vordergrund stand der zügige Abschluß der Beitrittsverhandlungen; Änderungen des Konventionstextes sind sekundär und nur in problemlosen Fällen zu behandeln. In Absatz 5 der Einleitung des am 26. Mai 1997 vom Rat gebilligten Textes des „Erläuternden Berichtes über das Übereinkommen über den Beitritt der Republik Österreich, der Republik Finnland und des Königreichs Schweden zu dem am 19. Juni 1980 in Rom zur Unterzeichnung aufgelegten Übereinkommen über das auf vertragliche Schuldverhältnisse anzuwendende Recht sowie zu dem Ersten und Zweiten Protokoll über die Auslegung des Übereinkommens durch den Gerichtshof“[1082] heißt es daher:

> „Der Vorschlag Österreichs, das Beitrittsübereinkommen zum Anlaß zu nehmen, die Verbraucherschutzregelung des Artikels 5 des Übereinkommens von Rom von 1980 auszuweiten, wurde mit Interesse in der Gruppe aufgenommen. Es zeigte sich jedoch, daß die Prüfung einer solchen Frage relativ komplex ist und eine eingehende Erörterung erforderlich machen und somit den Abschluß der Arbeiten verzögern würde. Die Konferenz der Regierungen der Mitgliedstaaten hat daher bei der Annahme des Beitrittsübereinkommens am 29. November 1996 eine Erklärung der österreichischen Delegation gebilligt, in der auf das Interesse einer baldigen Prüfung dieser Frage hingewiesen wird. Diese Erklärung ist dem Konferenzprotokoll beigefügt worden.“[1083]

Rudisch schreibt hierzu: „Österreich durfte daher zwar seinen Wunsch nach einer Änderung formell einbringen; eine Änderung des EVÜ in dieser Hinsicht ist jedoch wenig wahrscheinlich“[1084]. Mit dieser negativen Bilanz dürfte er – zumindest auf eine staatsvertragliche Änderung bezogen – wohl Recht gehabt haben. Eine wichtige Chance wurde vertan; weitere Beitrittsverhandlungen stehen zur Zeit nicht an[1085]. Hierzu muß erst eine weitere Annäherung zwischen der EU und ihren osteuropäischen Beitrittskandidaten stattfinden. Andererseits ist als positiv zu bewerten, daß die Unzufriedenheit mit Art. 5 EVÜ erstmals unabhän-

---

1080 Das EVÜ ist in Österreich am 19.12.1998 in Kraft getreten (BGBl III 1998/166 i.V.m. BGBl I 1999/18). Siehe auch *Heiss/Mayr*, IPRax 1999, S.308.

1081 Für Österreich war bei seinem Beitritt zum EVÜ insbesondere das Internationales Verbrauchervertragsrecht problematisch, da der sachliche Anwendungsbereich des Art. 5 EVÜ im Vergleich zum vorher geltenden § 41 IPRG deutlich restriktiver ist und sich somit im österreichischen IPR neue Schutzlücken aufgetan haben. Siehe *Rudisch*, RabelsZ 63 (1999), S.92; *Heiss/Mayr*, IPRax 1999, S.310; *Rudisch*, Europäisches Internationales Schuldvertragsrecht für Österreich, S. 150 ff.

1082 ABl.EG (23.6.1997) Nr. C 191/11.

1083 Vgl. hierzu auch *Jayme/Kohler*, IPRax 1997, S.387; vgl. auch *Rudisch*, RabelsZ 63 (1999), S.70 ff.

1084 *Rudisch*, RabelsZ 63 (1999), S.99.

1085 *Pfeiffer*, NJW 1999, S.3684.

gig von Literatur und Lehre vor den versammelten Mitglied- und Vertragsstaaten offen angesprochen und zur Kenntnis genommen worden ist. Das von der österreichischen Delegation in einer Zusatzerklärung geäußerte Interesse an einer baldigen Prüfung dieser Frage könnte auch den Bewußtseinsprozeß auf EU-Ebene in Gang gesetzt haben, an dessen Ende ein gemeinsamer politischer Wille für die notwendige Novellierung des EVÜ – wenn auch durch einen Gemeinschaftsrechtsakt – steht.

3. Notwendigkeit des Europäischen Gerichtshofs als Auslegungsinstanz

Am 19. Dezember 1988 haben die Unterzeichnerstaaten des Übereinkommens von Rom zwei gesonderte Zusatzprotokolle[1086] zum EVÜ unterzeichnet, in denen sie den EuGH die Zuständigkeit für die Auslegung des EVÜ in einer Art. 234 EG entsprechenden Weise übertragen. Anhand der Auslegung durch ein gemeinsames Rechtsprechungsorgan, das von den jeweils obersten Gerichtshöfen der Mitgliedstaaten angerufen werden kann, sollte der Vereinheitlichungseffekt des Übereinkommens auch in Fällen mit Auslegungsschwierigkeiten abgesichert werden.

Die meisten Mitgliedstaaten haben die beiden Auslegungsprotokolle – zwar schleppend[1087] – ratifiziert. Auch wurde stets im Rahmen der Beitrittsübereinkommen die Liste der höchsten Gerichte der Vertragsstaaten, die dem EuGH eine Auslegungsfrage zur Vorabentscheidung vorlegen können (Art. 2 lit.a des Ersten Auslegungsprotokolls), durch Einfügung neuer formell vorlageberechtigter Gerichte ergänzt[1088]. Mangels einiger weniger Ratifikationen wird das In-

---

[1086] *Erstes* Brüsseler Protokoll betreffend die Auslegung des am 19. Juni 1980 in Rom zur Unterzeichnung aufgelegten Übereinkommens über das auf vertragliche Schuldverhältnisse anzuwendende Recht durch den Gerichtshof der Europäischen Gemeinschaften v. 19.12.1988, ABl.EG (20.2.1989) Nr. L 48/1, BGBL. 1995 II S.916; abgedruckt bei *Jayme/Hausmann*, Ordnungsziffer 71; Zweites Brüsseler Protokoll zur Übertragung bestimmter Zuständigkeiten für die Auslegung des am 19. Juni 1980 in Rom zur Unterzeichnung aufgelegten Übereinkommens über das auf vertragliche Schuldverhältnisse anzuwendende Recht auf den Gerichtshof der Europäischen Gemeinschaften v. 19.12.1988, ABl.EG (20.2.1989) Nr. L 48/17, BGBL. 1995 II S.923; abgedruckt bei *Jayme/Hausmann*, Ordnungsziffer 72. Das *Zweite* Protokoll begründet die Zuständigkeit für die im Ersten Protokoll geregelte Auslegung.

[1087] Siehe *Jayme/Kohler*, IPRax 1995, S.354.

[1088] Zuletzt erwähnt im erläuternden Bericht über das Übereinkommen über den Beitritt der Republik Österreich, der Republik Finnland und des Königreichs Schweden zu dem am 19. Juni 1980 in Rom zur Unterzeichnung aufgelegten Übereinkommen über das auf vertragliche Schuldverhältnisse anzuwendende Recht sowie zu dem Ersten und Zweiten Protokoll über die Auslegung des Übereinkommens durch den Gerichtshof, ABl.EG (23.6.1997) Nr. C 191/12.

krafttreten dieser Rechtsakte und der damit verbundene Vereinheitlichungseffekt hingegen derzeit immer noch verzögert[1089].

Für die Fortentwicklung des EuGVÜ war die Rechtsprechung des EuGH, der nach dem 1.12.1994 in Kraft getretenen Luxemburger Protokoll vom 3. Juni 1971[1090] für die Auslegung zuständig ist, grundlegend. Ein Großteil der das EuGVÜ betreffenden Entscheidungen des Gerichtshofs ist als überzeugend und konstruktiv bewertet worden. Auch in anderer Hinsicht hat der Gerichtshof bereits auf das Internationale Privatrecht Einfluß ausgeübt[1091]. Von daher kann die „integrierende Kraft“[1092], die eine einheitliche, konventionskonforme Interpretation für die Effektivität der Vereinheitlichung und auch die Weiterentwicklung des EVÜ haben würde, kaum überbewertet werden[1093]. Als „Begleitmaßnahme“ zu einer staatsvertraglichen Modifizierung des Art. 5 EVÜ müßten daher dessen Auslegungsprotokolle (endlich) ratifiziert werden. Erst mit der Auslegungshoheit des EuGH für das EVÜ wäre das Vereinheitlichungsziel der Konvention vollends erreicht[1094]. Erst dann wäre für das EVÜ der „qualitative Sprung zur Integration in das EG-Rechtssystem getan“[1095].

4. Konkrete Realisierungschancen einer staatsvertraglichen Änderung des Art. 5 EVÜ

Das EVÜ ist noch als Konvention in Kraft. Ein Vorgehen im Sinne der Art. 23 bzw. Art. 26 EVÜ ist daher auf den ersten Blick nach wie vor denkbar. Zweifel ergeben sich hingegen daraus, daß die Kompetenz für das Europäische Kollisionsrecht seit Geltung der neuen Art. 61, 65 EG bereits vollumfänglich bei der EU liegt. Über Art. 293 EG verbleibt den EU-Mitgliedstaaten nur eine gewisse Restkompetenz[1096]. Wendet man diese neue Kompetenzsituation strikt an, sind die Vertragstaaten des EVÜ nun nicht mehr frei, eine staatsvertragliche Lösung

---

[1089] Vgl. beispielsweise *Volz*, S.15; *Jayme*, The Rome Convention on the Law Applicable to Contractual Obligations (1980), S.49; *Lagarde*, Cour fédérale d'Allemagne – 19 mars 1997, Rev.crit.d.i.p., 1998, S.625.

[1090] Luxemburger Protokoll betreffend die Auslegung des Übereinkommens vom 27.September 1968 über die gerichtliche Zuständigkeit und die Vollstreckung gerichtlicher Entscheidungen in Zivil- und Handlessachen durch den Gerichtshof vom 3. Juni 1971, i.d.F. des 3. Beitrittsübereinkommens vom 26. Mai 1989, BGBl. 1972 II S.846; abgedruckt bei *Jayme/Hausmann*, Ordnungsziffer 151.

[1091] Hierzu ausführlich *Kohler*, La Cour de Justice des Communautés Européennes et le Droit International Privé, S.71 ff.

[1092] *Leible*, Kollisionsrechtlicher Verbraucherschutz im EVÜ und in EG-Richtlinien, S.378.

[1093] Siehe auch *Drobnig*, Ein Vertragsrecht für Europa, Baur/Hopt/Mailänder (Hrsg.), S.1142; *Volz*, S.15.

[1094] Z.B. *Jayme*, Identité culturelle et intégration: le droit international privé postmoderne, S.68; *Basedow*, NJW 1996, S.1929.

[1095] So *Reich*, EG-Richtlinien und internationales Privatrecht, S.128; siehe auch *Krebber*, ZVglRWiss 97 (1998), S.159 f.

[1096] *Pirrung*, Übereinkommen zur justiziellen Zusammenarbeit, S.350 f.

über Art. 23, 26 EVÜ zu suchen[1097]. Sie müssen vielmehr von ihrem (konkurrierenden) Initiativrecht Gebrauch machen und auf den Erlaß eines EG-Rechtsaktes hinwirken. Nur insofern kann der „EVÜ-Geber (...) nicht aus der Pflicht entlassen"[1098] werden.

Unabhängig von diesen kompetenzrechtlichen Überlegungen, verspräche eine staatsvertragliche Lösung auch aus anderen Gründen wenig Erfolg. Wie bereits angedeutet, sind neue Verhandlungen anläßlich des Beitritts neuer Mitgliedstaaten vorerst nicht zu erwarten[1099]. Die Chance, die Österreich ergreifen wollte, ist verpaßt worden. Darüber hinaus hat die Reaktion der Vertragsstaaten auf den Antrag der österreichischen Delegation im Jahre 1996 verdeutlicht, daß den Staaten allgemein die „Energie" fehlt[1100], sich mit komplexen Fragen, wie einer Revision des Art. 5 EVÜ, auseinanderzusetzen. Obwohl es zunächst lediglich um die Novellierung eines einzigen Artikels und nicht um die Aushandlung einer komplett neuen Konvention geht – auch wenn sich die Prüfung der Frage als „relativ komplex" darstellt und „eine eingehende Erörterung erforderlich"[1101] macht – ist angesichts der Praktikabilität der genannten Änderungsverfahren Skepsis angebracht[1102]. Diese ist auch deutlich in mehreren Veröffentlichungen geäußert worden: Es müssen diplomatische Konferenzen einberufen werden[1103], langwierige und schwerfällige Verhandlungen und Ratifikationsverfahren in Angriff genommen[1104] und das Einverständnis aller Vertragsstaaten erreicht werden[1105], so daß große Zurückhaltung unter den Vertragsstaaten erwartet wer-

1097 Vgl. *Markus*, SZW/RSDA 1999, S.220.

1098 *Rudisch*, RabelsZ 63 (1999), S.105.

1099 Siehe nochmals *Pfeiffer*, NJW 1999, S.3684. A.A., da optimistischer, *Martinek*, Unsystematische Überregulierung und kontraintentionale Effekte im Europäischen Verbraucherrecht, S.556.

1100 Vgl. *Schwander*, Ein IPR für Europa oder ein europäisches IPR?, S.842; *Staudinger*, ZfRV 2000, S.103.

1101 Siehe den erläuternden Bericht zum Beitrittsübereinkommen, ABl.EG (23.6.1997) Nr. C 191/11.

1102 Der Verfahrensablauf des Art. 23 EVÜ erscheint durchaus „machbar", leidet jedoch unter zwei erheblichen Nachteilen. Es kann nach Art. 23 Abs. 2, 3 EVÜ mangels beantragter Konsultationen über zweieinhalb Jahre bis zu einer Änderung dauern. Zudem stellt diese Änderung dann nur einen nationalen Alleingang des Staates dar, der das Verfahren durchgeführt hat. Die anderen Mitgliedstaaten müßten ihm dann erst nacheifern, was weitere Jahre in Anspruch nehmen kann. Siehe auch *Sonnenberger*, ZEuP 1996, S.393; *Basedow*, CML Rev. 37 (2000), S.689. Keine „unüberwindlichen Hindernisse" angesichts der Identität von Richtlinienadressaten und Vertragsstaaten des EVÜ sieht *Martinek*, Unsystematische Überregulierung und kontraintentionale Effekte im Europäischen Verbraucherrecht, S.555 f.

1103 *Besse*, ZEuP 1999, S.120.

1104 Vgl. *Sonnenberger*, Die Eingriffsnorm: ein internationalprivatrechtliches σκανδαλον?, S.294; *Kronke*, RIW 1996, S.992; *Jayme/Kohler*, IPRax 1996, S.389.

1105 *Jayme*, Identité culturelle et intégration: le droit international privé postmoderne, S.68.

den kann[1106]. Diese praktischen Hindernisse für eine schnelle Lösung haben wohl auch die Gemeinschaftsorgane davon abgehalten, anstelle des Erlasses von kollisionsrechtlichen Drittstaatenklauseln, die EVÜ-Vertragstaaten zu einer Revision des Übereinkommens anzuhalten. Zudem wird darauf hingewiesen, daß im Hinblick auf den in Art. 20 EVÜ geregelten Vorrang die Pflicht der Mitgliedstaaten zur fristgerechten Umsetzung der einschlägigen EG-Richtlinie eine solche Prozedur nicht erlaube[1107].

Es erscheint insofern vorteilhafter, die Änderung des Art. 5 EVÜ durch einen Gemeinschaftsrechtsakt „von oben" herab vorzunehmen, zumal bei einer Revision durch einen EG-Rechtsakt ähnliche Gesichtspunkte wie bei einer völkerrechtlichen Revision eine Rolle spielen werden. Andererseits droht eine EU-Lösung nicht den Vorstellungen sämtlicher Mitgliedstaaten gerecht zu werden, da diese nun nicht mehr – wie im Rahmen von staatsvertraglichen Negotiationen – eigens auf das Ergebnis Einfluß nehmen und ihren internationalprivatrechtlichen Sachverstand einfließen lassen können. Die Zeiten, in denen „die Entwicklung eines einheitlichen europäischen Kollisionsrechts in einigen Mitgliedstaaten derzeit ernster genommen wird als auf Gemeinschaftsebene"[1108] scheinen vorüber. Eine Revision des Art. 5 EVÜ auf staatsvertraglichem Wege hat nur wenig Chancen, realisiert zu werden[1109]. Abhilfe kann nur noch – wie es scheint – *de lege ferenda*, insbesondere durch einen nicht ratifikationsbedürftigen Gemeinschaftsrechtsakt geschaffen werden.

C. Lösungswege *de lege ferenda*

Die bisherigen Ausführungen haben deutlich gemacht, daß sowohl *de lege lata* als auch *de conventione ferenda* keine zufriedenstellende Kohärenzlösung gefunden werden kann[1110]. Die verschiedenen Mechanismen, die für die Koordinierung des geltenden Rechts angewandt werden können, haben sich als ungeeignet für eine einheitliche und langfristige Harmonierung der Rechtsquellen erwiesen. Ähnliches gilt für eine Übertragung des Luganer Konvergenzsystems. Bezüglich der im EVÜ selbst vorgesehenen staatsvertraglichen Revisionsme-

1106 Siehe *Nolte*, Zur Technik der geplanten Einführung des EG-Schuldvertragsübereinkommens in das deutsche Recht aus völkerrechtlicher Sicht, IPRax 1985, S.75; *Kronke*, RIW 1996, S.992.

1107 *Sonnenberger*, Die Eingriffsnorm: ein internationalprivatrechtliches σκανδαλον?, S.294; ebenso *Basedow*, CML Rev. 37 (2000), S.689.

1108 So noch *Jayme/Kohler*, IPRax 1996, S.389.

1109 Allerdings ist nicht ausgeschlossen, daß der Staatsvertrag bald wegen der Nichteilnahme des Vereinigten Königreichs, Irlands und Dänemarks an Gemeinschaftsrechtsakten nach Titel IV. EGV eine „partielle Renaissance" erleben wird; *Jayme/Kohler*, IPRax 1999, S.402.

1110 Ähnlich auch *Kreuzer*, Die Europäisierung des Internationalen Privatrechts, 2.Aufl., S.520.

chanismen steht fest, daß sie nicht nur praktisch schwer durchzusetzen, sondern aufgrund der einschlägigen europäischen Kompetenzverschiebungen auch ins Abseits gestellt worden sind. Es verbleiben diejenigen Lösungswege, die mit Hilfe eines legislatorischen Vorgehens – sei es auf mitgliedstaatlicher (I.) oder auf supranationaler Ebene (II.) – zur wünschenswerten kohärenten Rechtslage im Europäischen Kollisionsrecht für Verbraucherverträge führen können.

I. Bündelung des Richtlinienkollisionsrechts im Umfeld des Art. 5 EVÜ – der neue Art. 29 a EGBGB als „europäisches Modell" für die Mitgliedstaaten?

Der einzelne Vertragsstaat des EVÜ darf ohne weiteres keine einseitigen Veränderungen am staatsvertraglichen Einheitsrecht vornehmen, möchte er seine völkerrechtlichen Pflichten nicht verletzen. Er mußte – zumindest nach der Rechtslage vor Inkrafttreten des Vertrags von Amsterdam – ein Verfahren über Art. 23 oder Art. 26 EVÜ einleiten. Einen größeren Gestaltungsspielraum haben die Vertragsstaaten als EU-Mitgliedstaaten bei der Transformation der verbraucherschützenden EG-Richtlinien. Dies gilt auch im Bezug auf die Drittstaatenklauseln. Insofern bestehen auch keine kompetenzrechtlichen Probleme.

Wie bereits ihre jüngsten Vorgängerrichtlinien zum Verbraucherschutz, weist auch die Fernabsatzrichtlinie[1111] in Art. 12 Abs. 2 eine Anweisung an die mitgliedstaatlichen Richtlinienumsetzer auf, den Verbrauchern den durch die europäische Rechtsangleichung erreichten Schutz im Falle einer Wahl von Drittstaatenrecht zu gewähren. Der deutsche Gesetzgeber ist bei der Umsetzung des Art. 12 Abs. 2 einen neuen, interessanten Weg gegangen: Der kollisionsrechtliche Regelungsauftrag wurde nicht – wie bisher praktiziert – im Zusammenhang mit den sachrechtlichen Vorschriften zur Umsetzung der Richtlinie in ein Sondergesetz integriert (wie beim AGBG) bzw. in einem neuen Sondergesetz umgesetzt (wie beim TzWrG), sondern er gab Anlaß zum Erlaß einer Generalklausel, dem neuen Art. 29 a EGBGB. Art. 29 a EGBGB regelt nicht bloß Art. 12 Abs. 2 der Fernabsatzrichtlinie, vielmehr bündelt er die bisherigen auf Richtlinien zum Verbraucherschutz beruhenden Kollisionsnormen. Die aufgrund der Klauselrichtlinie und der Timesharing-Richtlinie in das deutsche Recht eingefügten Kollisionsregeln, § 12 AGBG und § 8 TzWrG, werden samt einer Regelung zum Fernabsatz im neuen Art. 29 a EGBGB zusammengeführt. Gleichzeitig wurden sie hierdurch entbehrlich und mußten aufgehoben werden[1112].

1111 Richtlinie 97/7/EG des Europäischen Parlaments und des Rates vom 20. Mai 1997 über den Verbraucherschutz bei Vertragsabschlüssen im Fernabsatz, ABl.EG Nr. L 144, S.19 ff. = EuZW 1997, S.596 = NJW 1998, S.212.

1112 Siehe z.B. *Bülow/Artz*, NJW 2000, S.2055; Palandt/*Heldrich*, Art. 29 EGBGB, Rz. 1.

Das Konzept einer Zusammenfassung der Sonderkollisionsnormen für Verbraucherverträge ist nach Veröffentlichung des Referentenentwurfs[1113] zum Fernabsatzgesetz (RefE) in der Literatur grundsätzlich begrüßt worden, meist jedoch verbunden mit dem dringenden Hinweis auf die Notwendigkeit inhaltlicher Änderungen[1114]. Daß der Gesetzgeber ausgerechnet Art. 12 Abs. 2 der Fernabsatzrichtlinie zum Anlaß nahm, eine Bündelung der in deutsches Recht umgesetzten verbraucherschützenden Richtlinienkollisionsregeln vorzunehmen, ist aus zwei Gründen nachvollziehbar; erstens handelt es sich bereits um die dritte umzusetzende Drittstaatenklausel, und zweitens stellen grenzüberschreitenende Verbrauchergeschäften im Fernabsatz einen wichtigen und wachsenden Bereich dar, der einer eingänglichen kollisionsrechtlichen Lösung bedarf[1115].

Nach Aussage des Gesetzgebers sollen mit Art. 29 a EGBGB die „bisher in den einzelnen Verbraucherschutzgesetzen (...) verstreuten Sonderkollisionsnormen (...) in einer Vorschrift im EGBGB" zusammengefaßt werden[1116]. Gleichzeitig – dies wird allerdings in den Begründungen zu der Neuregelung nicht explizit genannt – sollen „bisherige Gesetzesmängel und Umsetzungsdefizite"[1117] der § 12 AGBG und § 8 TzWrG beseitigt werden. Im vorliegenden Zusammenhang interessiert vor allem, inwieweit diese „inhaltliche Bereinigung"[1118] stattgefunden hat. Eine inhaltliche Untersuchung des Art. 29 a EGBGB geht auf den Umsetzungsbedarf und die Entstehungsgeschichte (1.) und auf den Regelungsinhalt der Norm im Vergleich zur alten Rechtslage ein (2.). Es folgen eine Beschreibung des Charakters der Vorschrift (3.) und Ausführungen zum Verhältnis der Norm zu Art. 29 EGBGB (4.). Die abschließende Würdigung des Art. 29 a EGBGB konzentriert sich auf die Frage, inwiefern Art. 29 a EGBGB einen Weg darstellen kann, im deutschen und im Europäischen Kollisionsrecht Kohärenz herzustellen, und ob Art. 29 a EGBGB als „europäisches Modell" für die anderen Mitgliedstaaten gelten kann (5.).

Im Ergebnis kann dabei gezeigt werden, daß Art. 29 a EGBGB – selbst nach den Veränderungen, die er im Gesetzgebungsverfahren erfahren hat – zwar in einzelnen Punkten eine Annäherung des Richtlinienkollisionsrechts zu Art. 5 EVÜ erreicht und insofern vereinzelt Kohärenz herstellt, daß er jedoch weder als Weg zur Herstellung einer Kohärenz im deutschen Internationalen Privatrecht noch als allgemeingültige Lösung zur Herstellung einer Kohärenz im Europäischen Kollisionsrecht dient.

1113 Der Referentenentwurf zu Art. 29 a EGBGB ist abgedruckt in IPRax 1999, Heft 4, VII.

1114 Siehe nur *Freitag/Leible*, ZIP 1999, S.1296 f.

1115 Vgl. *Roth/Schulze*, RIW 1999, S.929, wo auf „die größere Transparenz der Preise mit Einführung des Euro, die ständig vereinfachte Nutzbarkeit der neuen Techniken, die Verringerung von Telekommunikationskosten sowie die angepaßten und verbesserten Distanzvertriebsstrukturen" hingewiesen wird

1116 Siehe BR-Drucks. 25/00 S.76, 134 (14.01.00); BT-Drucks 14/2658 S.28 (09.02.2000).

1117 *Freitag/Leible*, ZIP 1999, S.1297.

1118 So *Roth/Schulze*, RIW 1999, S.929.

1. Art. 29 a EGBGB – Umsetzungsbedarf des Art. 12 Abs. 2 der Fernabsatzrichtlinie und Entstehungsgeschichte der Norm

Mit der Fernabsatzrichtlinie sollen Verbraucher in Europa angesichts der mit der Distanz zum Anbieter bei Fernabsatzverträgen und im elektronischen Geschäftsverkehr[1119] einhergehenden Gefahren ein Mehr an Informationen erhalten und ohne Angabe von Gründen den Vertrag binnen sieben Werktagen widerrufen können[1120]. Da das deutsche Recht derartige Regelungen für den Fernabsatz nicht vorsah, bestand materiellrechtlich übereinstimmend Umsetzungsbedarf[1121]. Ob Gleiches auch für den kollisionsrechtlich relevanten Art. 12 Abs. 2[1122] der Richtlinie gilt, ist lebhaft diskutiert worden. Gegner eines Umsetzungsbedürfnisses führten aus, Art. 29 EGBGB decke – zumindest nach „sachgerechter Auslegung" des Abs. 1 Nr. 1[1123] – die Fälle, auf die Art. 12. Abs. 2 der Richtlinie abziele, bereits ausreichend ab[1124]. Befürworter eines Umsetzungsbedarfs weisen hingegen auf den abschließenden Charakter und begrenzten Anwendungsbereichs des Art. 29 EGBGB hin, der den nach Art. 12 Abs. 2 Fernabsatzrichtlinie zu gewährenden Schutz nicht in vollem Umfang leisten kann[1125]. *Kronke* unter-

---

1119 Dazu, daß die Fernabsatzrichtlinie auch die Rechtsgeschäfte von Verbrauchern im Internet erfaßt, vgl. *Meents*, Verbraucherschutz bei Rechtsgeschäften im Internet, 1998, S.238.

1120 Siehe etwa *Bülow/Artz*, NJW 2000, S.2053.

1121 Vgl. nur *Thorn*, IPRax 1999, S.2 f.

1122 Art. 12 Abs. 2 lautet: „*Unabdingbarkeit.* (2) Die Mitgliedstaaten ergreifen die erforderlichen Maßnahmen, damit der Verbraucher den durch diese Richtlinie gewährten Schutz nicht verliert, wenn das Recht eines Drittlands als das auf den Vertrag anzuwendende Recht gewählt wurde und der Vertrag einen engen Zusammenhang mit dem Gebiet eines oder mehrerer Mitgliedstaaten aufweist." Diesen Wortlaut erhielt Art. 12 Abs. 2 der Richtlinie erst im dritten Kommissionsentwurf. Während der erste Entwurfstext zur Fernabsatzrichtlinie noch keinen kollisionsrechtlichen Regelungsauftrag enthielt, wurde ein solcher in Art. 16 Abs. 2 des zweiten Entwurfs vom 7.10.1993 aufgenommen, allerdings noch ohne das Erfordernis des „engen Zusammenhangs"; vgl. *Thorn*, IPRax 1999, S.6.

1123 Vgl. *Waldenberger*, K&R 1999, S.353.

1124 *Jayme/Kohler*, L'interaction des règles de conflit, Rev.crit.d.i.p., 84 (1) 1995, S.27 ff., weisen auf den Bericht von *Giuliano/Lagarde* hin, in dem es heißt, Art. 5 Abs. 2 „*doit, entre autres, couvrir les ventes par correspondance*", wenngleich hier noch auf die ältere Version des Art. 16 Abs. 2 Fernabsatzrichtlinie Bezug genommen wird. Die deutsche Wortwahl im Bericht zum EVÜ „Versandgeschäfte" deutet hingegen eher auf einen Ausschluß moderner Technik wie den elektronischen Geschäftsverkehr hin. Siehe *Giuliano/Lagarde*, ABl.EG (31.10.1980) Nr. C 282/24. Siehe auch *Borges*, ZIP 1999, 572 f., der auf eine Umsetzung vor allem im Hinblick auf eine weitere Rechtszersplitterung verzichten möchte, obwohl er darauf hinweist, daß das Kriterium des „engen Zusammenhangs" weiter ist als die drei Fallgruppen des Art. 29 Abs. 1 EGBGB. Siehe zuletzt auch *Sandrock*, ZvglRWiss 98 (1999), S.238 f.; *Fischer*, S.281 Fn.31.

1125 So z.B. *Wagner*, IPRax 2000, S.251. Siehe auch *Freitag/Leible*, ZIP 1999, S.1297; *Bodewig*, Die neue europäische Richtlinie zum Fernabsatz, DZWir 1997, S.454. Wohl auch *Mankowski*, RabelsZ 63 (1999), S.256.

sucht eingehend die Frage, ob das Anknüpfungssystem des Art. 5 EVÜ auch neuartige Sachverhalte erfaßt[1126]. Er kommt zu dem Schluß, daß der sachlich und räumlich eher enge Anwendungsbereich von Art. 5 EVÜ die komplexen Konstellationen des modernen elektronischen Geschäftsverkehrs, auf die die Fernabsatzrichtlinie unter anderem abzielt, nicht mehr durchgehend abdeckt[1127]. Eine analoge Anwendung von Art. 5 EVÜ, Art. 29 EGBGB lehnt er darüber hinaus ab[1128]. Zu den gleichen Folgerungen kommt *Thorn*[1129], bei dem ausdrücklich von einer Regelungslücke im Art. 29 EGBGB die Rede ist[1130]. Diese Auffassung hat jedenfalls den deutschen Gesetzgeber überzeugt, der ausdrücklich auf die Ausführungen von *Kronke* verweist[1131]. Seinem Handlungsbedarf hat er mit Art. 29 a EGBGB Rechnung tragen wollen.

Eine erste Version des Art. 29 a EGBGB zur Umsetzung des Art. 12 Abs. 2 der Fernabsatzrichtlinie[1132], die heftig kritisiert wurde und „insgesamt kaum zu überzeugen"[1133] vermochte, enthielt Art. 2 Abs. 2 des Referentenentwurfs des Bundesministeriums für Justiz zum Fernabsatzgesetz vom 31.5.1999. Nach einer Reihe nicht unwichtiger und zum Teil auf die Kritik in der Literatur reagierender Veränderungen, passierte Art. 29 a EGBGB im Rahmen des „Gesetzes über Fernabsatzverträge und andere Fragen des Verbraucherrechts sowie zur Umstellung von Vorschriften auf den Euro (FernAbsG)"[1134] im Juni 2000 das Gesetzgebungsverfahren und ist am 30. Juni 2000 mit folgendem Wortlaut in Kraft getreten[1135]:

> **„Artikel 29 a. Verbraucherschutz für besondere Gebiete.** (1) Unterliegt ein Vertrag auf Grund einer Rechtswahl nicht dem Recht eines Mitgliedstaats der Europäischen Union oder eines anderen Vertragsstaats des Abkommens über

---

1126 *Kronke*, Zur Umsetzung der Fernabsatzrichtlinie, RIW 1996, S.987 ff.

1127 Siehe auch *Kronke*, Applicable Law in Torts and Contracts in Cyberspace, S.84; *Merkel*, S.172 und *Arnold*, CR 1997, S.527.

1128 *Kronke*, Zur Umsetzung der Fernabsatzrichtlinie, RIW 1996, S.988 ff.

1129 *Thorn*, IPRax 1999, S.7 ff.; siehe auch *Staudinger*, IPRax 1999, S.414.

1130 Ebenso *Micklitz/Reich*, BB 1999, S.2098.

1131 *Siehe* BR-Drucks. 25/00 S.76, 134 (14.01.2000); BT-Drucks. 14/2658 S.28 (09.02.2000): „Artikel 12 Abs. 2 FARL wird durch die bestehenden Regelungen des deutschen Internationalen Privatrechts, insbesondere Art. 29 und 34 des Einführungsgesetzes zum Bürgerlichen Gesetzbuche (EGBGB), nicht vollständig umgesetzt."

1132 Siehe IPRax 1999, Heft 4, VII.

1133 So wenigstens zunächst *Staudinger*, IPRax 1999, S.419.

1134 BGBl. 2000 I 25 v. 29.6.2000. Das FernAbsG ist ein „Artikelgesetz", das heißt seine verschiedenen Artikel betreffen unterschiedliche Gesetze, vgl. *Micklitz/Reich*, BB 1999, S.2093.

1135 Nach ihrem Artikel 15 Abs. 1 war die Fernabsatzrichtlinie bis zum Ablauf des 4. Juni 2000 in mitgliedstaatliches Recht umzusetzen. Ursprünglich war das Inkrafttreten des FernAbsG für den 1. Juni vorgesehen. Eine Verzögerung, die jedoch nicht Art. 29 a EGBGB, sondern eine materiellrechtliche Detailregelung des Fernabsatzgesetzes betraf, verursachte die Einberufung des Vermittlungsausschusses durch den Bundesrat. Vgl. hierzu *Wagner*, IPRax 2000, S.249, 258.

den Europäischen Wirtschaftsraum, weist der Vertrag jedoch einen engen Zusammenhang mit dem Gebiet eines dieser Staaten auf, so sind die im Gebiet dieses Staates geltenden Bestimmungen zur Umsetzung der Verbraucherschutzrichtlinien gleichwohl anzuwenden.

(2) Ein enger Zusammenhang ist insbesondere anzunehmen, wenn
1. der Vertrag auf Grund eines öffentlichen Angebots, einer öffentlichen Werbung oder einer ähnlichen geschäftlichen Tätigkeit zustande kommt, die in einem Mitgliedstaat der Europäischen Union oder einem anderen Vertragsstaat des Abkommens über den Europäischen Wirtschaftsraum entfaltet wird, und
2. der andere Teil bei Abgabe seiner auf den Vertragsschluss gerichteten Erklärung seinen gewöhnlichen Aufenthalt in einem Mitgliedstaat der Europäischen Union oder einem anderen Vertragsstaat des Abkommens über den Europäischen Wirtschaftsraum hat.

(3) Das Teilzeit-Wohnrechtegesetz ist auf einen Vertrag, der nicht dem Recht eines Mitgliedstaats der Europäischen Union oder eines anderen Vertragsstaats des Abkommens über den Europäischen Wirtschaftsraum unterliegt, auch anzuwenden, wenn das Wohngebäude im Hoheitsgebiet eines dieser Staaten liegt.

(4) Verbraucherschutzrichtlinien im Sinne dieser Vorschrift sind in ihrer jeweils geltenden Fassung:
1. die Richtlinie 93/13/EWG des Rates vom 5. April 1993 über mißbräuchliche Klauseln in Verbraucherverträgen (ABl. EG Nr. L 95 S. 29);
2. die Richtlinie 94/47/EG des Europäischen Parlaments und des Rates vom 26. Oktober 1994 zum Schutz der Erwerber im Hinblick auf bestimmte Aspekte von Verträgen über den Erwerb von Teilzeitnutzungsrechten an Immobilien (ABl. EG Nr. L 280 S.83);
3. die Richtlinie 97/7/EG des Europäischen Parlaments und des Rates vom 20. Mai 1997 über den Verbraucherschutz bei Vertragsabschlüssen im Fernabsatz (ABl. EG Nr. L 144 S.19)."

Die inhaltliche Vorgabe für Art. 29 a EGBGB stammt aus Art. 12 Abs. 2 der Fernabsatzrichtlinie, dessen Wortlaut beinahe mit dem des Art. 6 Abs. 2 der Klauselrichtlinie übereinstimmt. Der Regelungsauftrag des Art. 12 Abs. 2 Fernabsatzrichtlinie weicht daher gar nicht oder nur wenig von den bisherigen kollisionsrechtlich relevanten Richtlinienregeln ab. Er enthält auch keinen Hinweis auf die Möglichkeit oder Notwendigkeit, bei der Umsetzung dieser Richtlinie eine umfassendere Regelung im nationalen Kollisionsrecht vorzusehen[1136]. Die Anpassung des nationalen Rechts bleibt, wie dies bei EG-Richtlinien „par définition" der Fall ist, weitestgehend dem mitgliedstaatlichen Gesetzgeber überlassen. Es war demnach allein der deutsche Gesetzgeber, der eine umfassendere Lösung für sinnvoll gehalten hat, um der sich fortsetzenden Zersplitterung zuvorzukommen. Das Vorgehen des Gesetzgebers hatte, so *Wagner*, zwei Gründe:

[1136] Siehe auch *Gößmann*, MMR 198, S.92.

„Zum einen sollte der Versuch unternommen werden, die Richtlinien konstruktiv auf dieselbe Weise umzusetzen, soweit sie auf demselben Modell beruhen. Um der (verbraucherfeindlichen) Normenflut Einhalt zu gebieten, sollte zum anderen das in Spezialgesetzen umgesetzte „Detailkollisionsrecht" – soweit möglich – in einer generalklauselartigen Vorschrift zusammengefasst und im EGBGB als der internationalprivatrechtlichen Stammkodifikation verankert werden.[1137]"

Zwei Gesichtspunkte des gesetzgeberischen Vorgehens sollen hier kurz hinterleuchtet werden. Zum einen die Frage, ob Art. 12 Abs. 2 der Fernabsatzrichtlinie eine Generalklausel begründen kann (a), zum anderen, ob der Standort im EGBGB passend ausgewählt worden ist (b).

a) Gründung auf Art. 12 Abs. 2 der Fernabsatzrichtlinie

Nicht ganz offensichtlich ist, ob Art. 12 Abs. 2 der Fernabsatzrichtlinie angesichts seines „unspektakulären" Inhalts die Regelung des neuen Art. 29 a EGBGB auch stützt[1138]. Bedenken diesbezüglich können jedoch wohl mit dem Hinweis darauf ausgeräumt werden, daß Abs. 1 des Art. 29 a EGBGB den Art. 12 Abs. 2 der Fernabsatzrichtlinie umsetzt während Abs. 1 und 3 zugleich an die Stelle von § 12 AGBG bzw. von § 8 TzWrG treten. Der deutsche Gesetzgeber hat lediglich von seinem Gestaltungsspielraum über die Art der Umsetzung Gebrauch gemacht, indem er eine „generalklauselartige"[1139] Umsetzungsvorschrift ins Leben gerufen hat, die Bestehendes zusammenfaßt und auf Geschäfte im Fernabsatz ausweitet. Insofern ist Art. 29 a EGBGB also nicht als richtlinienwidrig anzusehen.

Art. 29 a EGBGB ist allerdings insofern nicht Generalklausel genug, als er zwar in Abs. 1 von „Bestimmungen zur Umsetzung der Verbraucherschutzrichtlinien" spricht, sich dann jedoch in Abs. 4 auf ganz konkrete Richtlinien festlegt[1140]. Ein Hinweis, spätere Regelungen in seinen Anwendungsbereich einbeziehen zu wollen, erfolgt nicht. Daß dem Gesetzgeber der zukünftige Umsetzungsbedarf weiterer Richtlinienbestimmungen mit kollisionsrechtlichem Gehalt nicht entgangen ist, wird in den Begründungen deutlich, wo es heißt, bei Art. 12 Abs. 2 der Fernabsatzrichtlinie handele es sich um ein allgemeines Modell einer Kollisionsnorm, „das auch weiterhin in Verbraucherschutzrichtlinien Anwendung finden wird"[1141]. Auf der anderen Seite ist es gesetzgeberisch ein Leichtes,

---

1137 *Wagner*, IPRax 2000, S.252.

1138 Starke Zweifel äußert insofern *Waldenberger*, K&R 1999, S.353.

1139 *Wagner*, IPRax 2000, S.252.

1140 Vgl. *Freitag/Leible*, EWS 2000, S.343.

1141 BR-Drucks. 25/00, Allgemeine Begründung unter II.5. b), S.76 (14.01.2000); BT-Drucks. 14/2658 S.28 (09.02.2000).

die Auflistung in Abs. 4 zu gegebener Zeit entsprechend zu ergänzen[1142].Art. 2 des Regierungsentwurfs für ein Schuldrechtsmodernisierungsgesetz vom 9. Mai 2001, das zum 1.1.2002 in Kraft treten soll, sieht daher als einzige Änderung des EGBGB auch die Ergänzung des Art. 29 a Art. 4 EGBGB durch eine Ziff. 4 vor, die auf die Verbrauchsgüterkaufrichtlinie 99/44/EG[1143] verweist. Eine vorweggenommene Umsetzung kam wohl aus Rechtssicherheitsgesichtspunkten nicht in Frage[1144]. Im übrigen ist die Liste in Abs. 4 durch die Präzisierung „in ihrer jeweils geltenden Fassung" „dynamisch"[1145] ausgestaltet, eine sinnvolle Regelung angesichts der bereits von Brüssel angekündigter Revision der Timesharing-Richtlinie[1146].

b) Standort des Art. 29 a EGBGB im EGBGB und Novellierungen der Art. 36, 37 EGBGB

Ein gespaltenes Echo hat die Inkorporierung der neuen Regelung im EGBGB hervorgerufen. Auf der einen Seite lag die Wahl des Gesetzgebers nahe, die Generalklausel eines besseren Auffindens willen in der „internationalprivatrechtlichen Stammkodifikation"[1147] festzuschreiben, und wurde deshalb von mancher Seite begrüßt[1148]. Andere Stimmen halten den Standorts des Art. 29 a EGBGB als „richtliniengeprägter Fremdkörper innerhalb eines völkervertraglichen Umfelds"[1149] als nicht geglückt[1150]. Während an einer Regelung im Rahmen des EGBGB an und für sich nichts auszusetzen ist, da dieses ohnehin aus Regeln verschiedener, nämlich autonomer und staatsvertraglicher Herkunft beruht, kommt im vorliegenden Fall eine Besonderheit zu tragen: Mit Art. 29 a EGBGB wurde Richtlinien-, das heißt sekundäres Gemeinschaftsrecht, mitten in den Teil des internationalen vertraglichen Schuldvertragsrechts (Art. 27 bis 37 EGBGB) eingefügt, das auf dem EVÜ, einem Staatsvertrag, beruht. Nach *Wagner* sollte dies kein Hinderungsgrund für die Schaffung des Art. 29 a EGBGB sein[1151].

[1142] Ebenso auch *Staudinger*, RIW 2000, S.419; Palandt/*Heldrich*, Art. 29 a EGBGB, Rz. 2; *Kropholler*, Internationales Privatrecht, § 52 V, S.464.

[1143] Richtlinie 99/44/EG des Europäischen Parlaments und des Rates v. 25.5.1999 zu bestimmten Aspekten des Verbrauchsgüterkaufs und Garantien für Verbrauchsgüter, ABl. Nr. L 171/12; siehe hierzu auch *Freitag/Leible*, ZIP 1999, S.1301.

[1144] *Wagner*, IPRax 2000, S.257.

[1145] *Staudinger*, RIW 2000, S.419; *ders.*, ZfRV 2000, S.101.

[1146] Vgl. hierzu S.22 ff. des Berichts des Europäischen Parlaments und des Rates über die Anwendung der Richtlinie 94/47/EG, abrufbar unter <http://europa.eu.int/comm/dg24/consumers/policy/developments/time_shar/time02_de.html>; *Staudinger*, RIW 2000, S.419.

[1147] Siehe *Wagner*, IPRax 2000, S.252.

[1148] Vgl. etwa *Freitag/Leible*, ZIP 1999, S.1298; *dies.*, EWS 2000, S.350.

[1149] So *Staudinger*, IPRax 1999, S.419; vgl. auch Palandt/*Heldrich*, Art. 29 a EGBGB, Rz. 1.

[1150] Siehe *Jayme/Kohler*, IPRax 1999, S.403.

[1151] Siehe *Wagner*, IPRax 2000, S.252. Vgl. auch *Freitag/Leible*, EWS 2000, S.343.

Die Problematik ergibt sich jedoch für den Rechtsanwender des internationalen Verbrauchervertragsrechts und wird insbesondere im Falle der Auslegung relevant[1152]. Art. 36 EGBGB sieht eine einheitliche, autonome Interpretation und Anwendung für das IPR der vertraglichen Schuldverhältnisse vor. Da Art. 29 a EGBGB jedoch Richtlinienrecht umsetzt und gerade nicht auf dem EVÜ beruht, kann Art. 36 EGBGB nicht für ihn gelten[1153]. Aus diesem Grunde ist Art. 36 EGBGB im Gesetzgebungsverfahren novelliert worden: Nach dem Wort „Kapitel" sind die Wörter „mit Ausnahme von Art. 29 a" eingefügt worden[1154]. Trotz der insofern zutreffenden Klarstellung in Art. 36 EGBGB n.F., besteht die Gefahr, daß ein Rechtsanwender, der sich wenig mit der Materie des IPR befaßt, verkennt, daß Art. 29 a EGBGB ein „Fremdkörper"[1155] mit von den umliegenden Vorschriften abweichender Rechtsqualität ist und „als ein Bündel verschiedener Transformationsnormen im Einklang mit den jeweiligen sekundärrechtlichen Vorgaben"[1156], das heißt richtlinienkonform auszulegen ist[1157]. Art. 36 EGBGB n.F. ist rein negativ formuliert: Er sagt nicht, wie Art. 29 a EGBGB denn ausgelegt werden soll. Der Transparenz wegen ist daher ein Hinweis – etwa als Fußnote im Gesetzestext – notwendig, der auch die im Gegensatz zu den anderen Vorschriften des EVÜ bestehende Auslegungskompetenz des EuGH im Vorabentscheidungsverfahren nach Art. 234 EG deutlich macht[1158]. Diese muß vor allem dem Richter bewußt sein, der berechtigt und in letzter Instanz sogar verpflichtet ist, seine Zweifelsfragen bei der Auslegung dem EuGH vorzulegen[1159]. Insgesamt ist die Inkorporierung des Art. 29 a EGBGB im EGBGB und die Nähe zum Art. 29 EGBGB „gut gemeint", jedoch nicht ohne Komplikationen. Nach der nicht unumstrittenen Inkorporation des EVÜ in das EGBGB hat der deutsche Gesetzgeber hier ein zweites Mal einen schwierigen Alleingang gewagt.

Zur besseren Einfügen des Art. 29 a EGBGB im EGBGB und zur Sicherstellung der Richtlinienkonformität mußte der Gesetzgeber auch eine zweite Folgeänderung im EGBGB vornehmen[1160]. Neben Art. 36 EGBGB war der se-

---

1152 *Roth/Schulze*, RIW 1999, S.932. A.A. und insofern unverständlich *Freitag/Leible*, ZIP 1999, S.1298: Die Inkorporierung im EGBGB „*dürfte insbesondere die einheitliche Auslegung und Anwendung der von gemeinsamen Grundprinzipien getragenen Regelungen fördern*."

1153 *Jayme/Kohler*, IPRax 1999, S.403; *Freitag/Leible*, EWS 2000, S.349.

1154 Siehe die Begründung in BT-Drucks. 14/2658 S.50 (09.02.2000); *Jayme/Kohler*, IPRax 2000, S.456; *Staudinger*, RIW 2000, S.420.

1155 So *Staudinger*, RIW 2000, S.420.

1156 *Staudinger*, IPRax 1999, S.419.

1157 Siehe insofern auch *Freitag/Leible*, ZIP 1999, S.1298. Mit Hilfe von Art. 29 a Abs. 4 EGBGB kann der Rechtsanwender erkennen, um welche der umgesetzten Richtlinien es sich in seinem Falle handelt. *Freitag/Leible*, EWS 2000, S.343.

1158 *Micklitz/Reich*, BB 1999, S.2098; *Roth/Schulze*, RIW 1999, S.932; *Staudinger*, IPRax 1999, S.419. Siehe auch *Tonner*, BB 2000, S.1419.

1159 *Staudinger*, IPRax 1999, S.419; *ders.*, RIW 2000, S.420.

1160 Intertemporal sieht das „Gesetz über Fernabsatzverträge und andere Fragen des Verbraucherrechts sowie zur Umstellung von Vorschriften auf den Euro" keine besondere Überkundärrechtlichen Herkunft des Art. 29 a EGBGB auch insofern Rechnung tragen, als dieser nicht von den Ausnahmen in Art. 37 EGBGB erfaßt ist. Nach Überarbeitung des RefE ist Art. 37 EGBGB folgender Satz angefügt worden: „Artikel 29 a findet auch in den Fällen des Satzes 1 Anwendung"[1161]. Diese Rückausnahme ist insbesondere für die Rechtsbereiche des Gesellschafts- und Vereinsrechts von Bedeutung[1162].

2. Regelungsinhalt der neuen Vorschrift im Vergleich zur alten Rechtslage

Ziel des Art. 29 a EGBGB ist es, neben der Umsetzung des Art. 12 Abs. 2 der Fernabsatzrichtlinie, „die bisherigen unvollständigen oder defizitären Umsetzungen der IPR-Regeln der verschiedenen EG-Richtlinien [zu] konsolidieren und korrigieren"[1163] und einheitlich zusammenzufassen[1164]. Der Normgehalt des Vorschrift orientiert sich dabei, wie noch zu zeigen ist, weitgehend an den Richtlinienvorgaben und an deren Transformationen in das deutsche Recht. Während Art. 29 a EGBGB einige Verbesserungen gegenüber der Rechtslage vor Inkrafttreten des FernAbsG mit sich bringt (a), bleibt die Neuregelung an anderen Stellen kritikwürdig (b).

a) Verbesserungen durch Art. 29 a EGBGB gegenüber der Rechtslage vor Inkrafttreten des FernAbsG

Schrittweise, vor allem über Veränderungen am Referentenentwurf, sind wichtige Neuerungen im Sinne von Verbesserungen erreicht worden. Dies gilt insbesondere gegenüber den von Art. 29 a EGBGB ersetzten Vorschriften, § 12 AGBG und § 8 TzWrG. Die Verbesserungen lassen sich im Hinblick auf den

---

gangsvorschrift vor. In der Begründung heißt es, diese sei entbehrlich, „erforderlichenfalls" könnten die Grundsätze des Art. 220 EGBGB ergänzend herangezogen werden; BR-Drucks. 25/00 S.136 (14.01.2000), BT-Drucks. 14/2658 S.50 (09.02.2000). Vgl. auch *Staudinger*, RIW 2000, S.420.

1161 Siehe auch die Begründung in BT-Drucks. 14/2658 S.50 (09.02.2000) und *Wagner*, IPRax 2000, S.256.

1162 Genauer hierzu *Staudinger*, RIW 2000, S.420; *Freitag/Leible*, EWS 2000, S.350.

1163 So *Micklitz/Reich*, BB 1999, S.2098. Vgl. auch die Ausführungen in den Dokumenten des Gesetzgebungsverfahrens; BR-Drucks. 25/00, S.76 (14.01.2000), wo es heißt: „Es muß daher im Hinblick auf die Regelungen der Fernabsatzrichtlinie eine neue Kollisionsnorm geschaffen werden. Dies soll, da es sich bei der in Artikel 12 Abs. 2 FARL enthaltenen Kollisionsnorm um eine allgemeines Modell handelt, das auch weiterhin in Verbraucherschutzrichtlinien Anwendung finden wird, zum Anlass genommen werden, die bisher in den einzelnen Verbraucherschutzgesetzen (z.B. dem AGB-Gesetz und Teilzeit-Wohnrechtegesetz) verstreuten Sonderkollisionsnormenm die einander sehr ähnlich und fast wortgleich sind, in einer Vorschrift im EGBGB zusammenfassen."

1164 BT-Drucks. 14/2658 S.61 (09.02.2000).

Gemeinschaftsbezug (aa), auf die Rechtswahl (bb) und auf die Rechtsfolge (cc) einordnen.

aa) Verbesserungen im Hinblick auf den Gemeinschaftsbezug

Art. 29 a Abs. 1 EGBGB kommt zur Anwendung, wenn die Verbrauchervertragsparteien nicht das Recht eines Mitgliedstaates der EU oder eines Vertragsstaates des EWR gewählt haben, der Vertrag gleichzeitig jedoch einen „engen Zusammenhang mit dem Gebiet eines dieser Staaten"[1165] aufweist. Positiv aufgenommen worden ist, daß bereits im RefE[1166] vom 31.5.1999 in Art. 29 a Abs. 1 EGBGB richtlinienkonform die Einbeziehung des engen Zusammenhangs mit *anderen* EU-Mitgliedstaaten bzw. EWR-Staaten[1167] geregelt worden ist[1168]. Dies stellt eine Verbesserung gegenüber dem „verfehlten"[1169] § 12 AGBG dar, der den Verbraucherschutz ausschließlich bei einem engen Zusammenhang mit dem Gebiet der Bundesrepublik Deutschland zuließ, obwohl der ihm zugrunde liegende Art. 6 Abs. 2 Klauselrichtlinie eine solche Einschränkung nicht vor-

---

1165 Siehe umfassend *Rusche*, Der „enge Zusammenhang" im Sinne des Art. 29 a EGBGB, IPRax 2001, S. 420 ff.

1166 „Artikel 29 a. Verbraucherschutz für Sondergebiete. (1) Unterliegt ein Vertrag auf Grund einer Rechtswahl nicht dem Recht eines Mitgliedstaates der Europäischen Union oder eines anderen Vertragsstaates des Abkommens über den Europäsichen Wirtschaftsraum, so sind die Vorschriften des AGB-Gesetzes, des Fernabsatzgesetzes, des Fernunterrichtsschutzgesetzes und des Teilzeit-Wohnrechtegesetzes gleichwohl anzuwenden, wenn der Vertrag einen engen Zusammenhang mit dem Gebiet eines oder mehrerer Mitgliedstaaten der Europäischen Union oder anderen Vertragsstaaten des Europäischen Wirtschaftsraumes aufweist. Ein enger Zusammenhang ist insbesondere anzunehmen, wenn
1. der Vertrag auf Grund eines öffentlichen Angebots, einer öffentlichen Werbung oder einer ähnlichen geschäftlichen Tätigkeit zustande kommt, die in einem Mitgliedstaat der Europäischen Union oder einem anderen Vertragsstaat des Abkommens über den Europäsichen Wirtschaftsraum entfaltet wird, und
2. der andere Teil bei Abgabe seiner auf den Vertragsschluss gerichteten Erklärung in einem Mitgliedstaat der Europäischen Union oder einem anderen Vertragsstaat des Abkommens über den Europäsichen Wirtschaftsraum seinen Wohnsitz oder gewöhnlichen Aufenthalt hat.

(2) Das Teilzeit-Wohnrechtegesetz ist auf einen Vertrag, der nicht dem Recht eines Mitgliedstaats der Europäischen Union oder eines anderen Vertragsstaats des Abkommens über den Europäsichen Wirtschaftsraum unterliegt, auch anzuwenden, wenn das Wohngebäude im Hoheitsgebiet eines dieser Staaten liegt."

1167 Die Regelung gilt auch bei einem engen Zusammenhang zu einem anderen Vertragsstaat des Abkommens über den Europäischen Wirtschaftsraum, da die erfaßten Verbraucherschutzrichtlinien nach Anhang XIX des EWR-Abkommens auch für den Europäischen Wirtschaftsraum gelten.

1168 Statt vieler *Pfeiffer*, NJW 1999, S.3680.

1169 So etwa *Pfeiffer*, NJW 1999, S.3683.

sah[1170]. Ein Hauptdefizit des § 12 AGBG, der insofern auch hinter Art. 6 Abs. 2 der Klauselrichtlinie zurückblieb[1171], ist damit beseitigt[1172].

Art. 12 Abs. 2 der Fernabsatzrichtlinie gibt ebensowenig wie Art. 6 Abs. 2 der Klauselrichtlinie vor, unter welchen Voraussetzungen ein „enger Zusammenhang" mit dem Gebiet des aus EU und EWR bestehenden Gemeinsamen Marktes anzunehmen ist. Begrüßenswert ist, daß Art. 29 a EGBGB die weite generalklauselartige Formulierung nicht allein übernommen, sondern in Abs. 2 anhand zweier Regelbeispiele zusätzlich eine gewisse Konkretisierung vorgenommen hat[1173]. Andererseits lehnt sich Art. 29 a EGBGB inhaltlich stark an die Formulierungen der nationalen Richtlinienkollisionsregeln in § 12 AGBG und § 8 Nr. 2 TzWrG an[1174]. Zum Teil positiv aufgenommen worden ist, daß sich Art. 29 a EGBGB nicht an die eher enge kasuistische Aufzählung in Art. 29 Abs. 1 Nr. 1 - 3 EGBGB hält, sondern durch die Übernahme der Formulierungen in § 12 AGBG und § 8 Nr. 2 TzWrG die situativen Voraussetzungen für den „engen Zusammenhang" offener und flexibler gehandhabt werden können. In Art. 29 a Abs. 2 Nr. 1 EGBGB besteht ein Nähebezug auch, wenn „der Vertrag auf Grund eines öffentlichen Angebots, einer öffentlichen Werbung *oder einer ähnlichen geschäftlichen Tätigkeit*" im Gemeinsamen Markt zustande kommt"[1175].

Zum einen sind durch diese Regelbeispieltechnik möglicherweise auch schon andere Vertragsumstände wie zum Beispiel Erfüllungshandlungen im Gebiet eines EU- bzw. EWR-Staates ausreichend[1176], zum anderen umfasst der Begriff der „ähnlichen geschäftlichen Tätigkeit" vor allem auch Verträge im elektronischen Geschäftsverkehr, bei denen das Erfordernis eines „ausdrücklichen Angebots oder einer Werbung" im Sinne des Art. 29 Abs. 1 Nr. 1 EGBGB angesichts der schwierigen Lokalisierung von Website-Angeboten höchst streitig ist[1177]. Daß der „Mittelweg"[1178] des Gesetzgebers in Art. 29 a Abs. 2 EGBGB zwischen der Nicht-Konkretisierung des Nähebezugs und der Formulierung zweier Regelbeispiele, der es vermeidet, den „engen Zusammenhang" neu und abschließend zu definieren, auch Kritik erfährt, wird weiter unten besprochen.

1170 Siehe statt vieler *Rühl*, RIW 1999, S.323 und *Borges*, ZIP 1999, 573.

1171 Keinen Schutz erhielt der Verbraucher durch § 12 AGBG nämlich dann, wenn ein Vertrag im Binnenmarkt, nicht jedoch in Deutschland lokalisiert ist. Vgl. hierzu *Staudinger*, IPRax 1999, S.414.

1172 Siehe *Wagner*, IPRax 2000, S.253.

1173 Vgl. beispielsweise *Freitag/Leible*, EWS 2000, S.345; a.A. *Waldenberger*, K&R 1999, S.353.

1174 So ausdrücklich auch in BR-Drucks. 25/00 S.136 (14.01.2000). Allerdings weicht das Regelbeispielmodell von § 8 TzWrG insofern ab, als letzterer zwei *abschließende* Anknüpfungstatbestände enthält. Vgl. *Staudinger*, IPRax 1999, S.415.

1175 Hervorhebungen durch den Verfasser.

1176 Siehe *Roth/Schulze*, RIW 1999, S.930.

1177 *Micklitz/Reich*, BB 1999, S.2099.

1178 So *Wagner*, IPRax 2000, S.257.

Ferner ist der räumliche Anwendungsbereich des Art. 29 a Abs. 2 EGBGB nicht auf den gewöhnlichen Aufenthaltsstaat des Verbrauchers beschränkt, sondern schützt diesen auch, wenn er sich in einem anderen EU- bzw. EWR-Staat aufhält[1179]. *Freitag/Leible* führen hierzu aus:

> „Wo immer der Verbraucher in der Gemeinschaft kontrahiert, soll er sich bei einem hinreichenden Gemeinschaftsbezug auf die durch die Richtlinie vorgegebenen Mindeststandards verlassen können. [...] Die Vorschrift gewährt nicht nur „deutschen" Verbrauchern, das heißt solchen mit gewöhnlichem Aufenthalt in Deutschland, Schutz, sondern allen in der Gemeinschaft ansässigen Konsumenten. Und dies selbst dann, wenn die zum Vertragsschluss führende Willenserklärung außerhalb des Gebiets der Mitgliedstaaten der EG und der Vertragsstaaten des EWR abgegeben wurde."[1180]

Abweichend von Art. 29 Abs. 1 EGBGB und Art. 5 Abs. 2 EVÜ diente in Art. 29 a Abs. 1 S.2 Nr. 2 EGBGB-RefE neben dem gewöhnlichen Aufenthalt des Verbrauchers auch sein *Wohnsitz* als Konkretisierung des engen Zusammenhangs. Der Wohnsitzbegriff als Anknüpfungsmerkmal war aus den deutschen Richtlinienumsetzungen, § 12 Nr. 2 AGBG und § 8 Nr. 2 TzWrG, übernommen worden. Die Bezugnahme auf den Wohnsitz wurde im endgültigen Art. 29 a Abs. 2 Nr. 2 EGBGB jedoch gestrichen[1181], wohl als Reaktion auf hiergegen gerichtete Kritik in der Literatur, in der auf die Unzeitgemäßheit einer solchen Anknüpfung im deutschen und europäischen Kollisionsrecht[1182] und auf das Fehlen eines anerkannten, einheitlichen internationalprivatrechtlichen Wohnsitzbegriffes und die damit verbundenen Auslegungsschwierigkeiten hingewiesen worden ist[1183]. Insofern kann ein Stück weit Kohärenz mit Art. 29 Abs. 1 EGBGB erreicht werden[1184].

bb) Verbesserungen im Hinblick auf die Rechtswahl

Der Anwendungsbereich sowohl des § 12 AGBG als auch des § 8 TzWrG erstreckte sich noch auf diejenigen Fälle, in denen das Recht eines anderen EU-Mitgliedstaats oder EWR-Vertragsstaats gewählt worden war[1185]. Mangels eines Regelungsauftrages in den entsprechenden Richtlinien war diese Erweiterung auf die Nichtanwendbarkeit von EG-ausländischem Recht jedoch richtlinienwid-

---

1179 *Staudinger*, RIW 1999, S.923.
1180 *Freitag/Leible*, ZIP 1999, S.1297. Ähnlich auch *Micklitz/Reich*, BB 1999, S.2099, die wiederum auf die Vorteile im Electronic Commerce hinweisen.
1181 *Wagner*, IPRax 2000, S.256.
1182 Vgl. hierzu *Wagner*, IPRax 2000, S.256; siehe auch *Staudinger*, IPRax 1999, S.415 f. m.w.Nachw.
1183 *Roth/Schulze*, RIW 1999, S.930.
1184 *Staudinger*, IPRax 1999, S.416; *ders.*, RIW 2000, S.418; *ders.*, ZfRV 2000, S.100.
1185 Bezüglich § 12 AGBG siehe vor allem *Rühl*, RIW 1999, S.323 f.; *Tonner*, BB 2000, S.1419.

rig und insofern unzulässig[1186], als auch die anderen Mitgliedstaaten die Richtlinie umzusetzen haben und „Deutschland richtiger Ansicht nach keine Vorsorge für die Nicht-Umsetzung der Richtlinie in anderen Staaten zu treffen hat“[1187]. Der neue Art. 29 a Abs. 1 EGBGB spricht deshalb nicht mehr von „ausländischem Recht“, sondern von nicht-mitgliedstaatlichem bzw. nicht-EWR-vertragstaatlichem Recht. Ein weiterer Kritikpunkt am bisherigen deutschen Richtlinienkollisionsrecht hat sich damit erledigt[1188].

Freilich ergeben sich neue Fragen für diejenigen Fälle, für die Art. 29 a EGBGB keine Lösung bereithält, nämlich in denen auf das Recht eines Mitgliedstaates verwiesen wird, der die Richtlinie noch nicht bzw. fehlerhaft oder unvollständig umgesetzt hat („Gran Canaria-Problematik“). Während *Pfeiffer* es für sachlich geboten hält, derartigen Situationen aufgrund der schlechten Erfahrungen mit der Umsetzung der Timesharing-Richtlinie in spanisches Recht durch eine ausdrückliche kollisionsrechtliche Regelung[1189] oder durch Berufung der eigenen richtlinienkonformen *lex fori*[1190] abzuhelfen, wird überwiegend argumentiert, diese Lücke im Verbraucherschutz sei von den Richtlinien vorgegeben. Sie sei allein durch richtlinienkonforme Auslegung und – als ultima ratio – mit Hilfe einer Staatshaftungsklage gegen den säumigen Mitgliedstaat zu schließen[1191]. Der Weg über Art. 34 EGBGB bzw. Art. 6 EGBGB ist zumindest nach dem Urteil des BGH vom 19.3.1997[1192] ausgeschlossen. Insofern ist Art. 29 a Abs. 1 EGBGB im Ergebnis sowohl sekundär- als auch – im Hinblick auf die Nichtvorwegnahme des Vertragsverletzungsverfahrens nach Art. 226 ff. EG – primärrechtskonform[1193].

Schließlich beschränkt sich Art. 29 a Abs. 1 EGBGB auch – in Übereinstimmung mit dem Wortlaut des Art. 6 Abs. 2 der Klauselrichtlinie und des Art. 12 Abs. 2 der Fernabsatzrichtlinie – auf Fälle einer Rechtswahl. Fälle einer objektiven Anknüpfung an nicht-mitgliedstaatliches Recht, wie sie § 12 AGBG vorsah („Unterliegt ein Vertrag ausländischem Recht, ...“), sind richtigerweise nicht umfaßt[1194]. Die zum Teil als wünschenswert beurteilte Erweiterung des Anwendungsbereichs auf Fälle einer objektiven Anknüpfung würde unzulässig über den Umsetzungsauftrag der kollisionsrechtlichen Regelungsaufträge in den

---

1186 Nach *Staudinger*, Artikel 6 Absatz 2 der Klauselrichtlinie und § 12 AGBG, S.158 ff., verstößt dies als mittelbare Diskriminierung gegen Art. 12 Abs. 1 EG-Vertrag; *ders.*, IPRax 1999, S.415.

1187 Siehe *Wagner*, IPRax 2000, S.253. Insofern eindeutig auch BR-Drucks. 25/00 S.135 (14.01.2000).

1188 Vgl. hierzu Reich, EuZW 1997, S.587.

1189 *Pfeiffer*, NJW 1999, S.3680.

1190 Siehe Grabitz/Hilf/Wolf-*Pfeiffer*, Band 2, Rz.42.

1191 *Freitag/Leible*, EWS 2000, S.347; *Staudinger*, RIW 2000, S.417 m.w.Nachw.; *ders.*, ZfRV 2000, S.101; siehe auch *Wagner*, IPRax 2000, S.253.

1192 BGHZ 135, 124.

1193 *Staudinger*, RIW 2000, S.417 m.w.Nachw.

1194 Vgl. *Staudinger*, IPRax 1999, S.414; siehe auch *Pfeiffer*, NJW 1999, S.3680.

genannten Richtlinien hinausgehen. Abhilfe kann hier daher nur der europäische, nicht jedoch der mitgliedstaatliche Gesetzgeber schaffen[1195].

cc) Rechtsfolge: Von der deutschen *lex fori* zur „europaweit-allseitigen" Anknüpfung

Bei der Regelung der Rechtsfolge hat Art. 29 a EGBGB seit dem Referentenentwurf eine interessante und wichtige Metamorphose vollzogen. Art. 29 a Abs. 1 S.1 EGBGB-RefE berief noch, wie bereits § 12 AGBG, auch bei ausreichendem Nähebezug des Vertrages zu einem anderen EU-Mitgliedstaat bzw. EWR-Vertragsstaat zwingend die namentlich genannten *deutschen* Umsetzungsgesetze zum Verbraucherschutz zur Anwendung. Eine bedeutende, im Gesetzgebungsverfahren nicht unumstrittene Änderung, strich die Anwendung der *lex fori* und ersetzte sie mit der Rechtsfolge, daß auf die Verbraucherschutzregeln mit Richtlinienursprung desjenigen Staates verwiesen wird, zu dem der enge Zusammenhang besteht.

Art. 6 Abs. 2 der Klauselrichtlinie und Art. 12 Abs. 2 der Fernabsatzrichtlinie geben keine feste Rechtsfolge vor, sondern sprechen lediglich von „erforderlichen Maßnahmen", die von den Mitgliedstaaten zu treffen sind[1196]. Obgleich hier übereinstimmend keine Notwendigkeit einer *lex fori*-Anwendung herausgelesen werden kann[1197], fragt sich, ob die Richtlinien die Mitgliedstaaten hierzu nicht ermächtigen. Hintergrund der einseitigen Formulierung des Art. 29 a Abs. 1 S.1 EGBGB-RefE waren neben dem deutschen Vorbehalt gegen Art. 7 Abs. 1 EVÜ vor allem „Praktikabilitätserwägungen": Die verschiedenen mitgliedstaatlichen Umsetzungen der Richtlinienvorgaben seien nahezu deckungsgleich, so daß die Anwendung der *lex fori* durch den Richter im Regelfall zu dem selben Ergebnis führe wie das Sachrecht des Mitgliedstaates, zu dem der enge(re) Zusammenhang besteht. Es ging dem Gesetzgeber also zunächst darum, dem deutschen Richter das Ermitteln des engsten Zusammenhangs zu einem Mitgliedstaat und die Anwendung ihm fremden mitgliedstaatlichen Sachrechts zu ersparen[1198]. Gleichzeitig sollte das Verfahren durch die Ermittlung ausländischen Rechts nicht verzögert werden, was für die Parteien aus Gründen der Prozeßökonomie vorteilhaft ist[1199].

1195 So auch *Wagner*, IPRax 2000, S.253; ebenso *Micklitz/Reich*, BB 1999, S.2099. Siehe auch *Kronke*, Zur Umsetzung der Fernabsatzrichtlinie, RIW 1996, S.991.

1196 *Staudinger*, IPRax 1999, S.416; *ders.*, ZfRV 2000, S.100.

1197 Siehe etwa *Thorn*, IPRax 1999, S.9; Pfeiffer, NJW 1999, S.3680; *Rühl*, RIW 1999, S.323.

1198 *Wagner*, IPRax 2000, S.254. *Wagner* „verteidigt" eine *lex fori*-Anknüpfung als mögliche Umsetzungsvariante der kollisionsrechtlichen Regelungsgebote, da sie im heutigen undurchschaubaren IPR-Dschungel die schwierige „Ermittlung ins ausländische Sachrecht umgesetzter Richtlinienbestimmungen"vermeidet und zur einer erheblichen Vereinfachung der Rechtsfindung beiträgt.

1199 Siehe *Staudinger*, IPRax 1999, S.416.

Die Rechtsfolgenanweisung im Art. 29 a Abs. 1 S.1 EGBGB-RefE war jedoch Zielscheibe heftiger Kritik[1200]. Überwiegend wird davon ausgegangen, daß die kollisionsrechtlichen Richtlinienvorgaben nicht von einer ausschließlichen Durchsetzung des nationalen Sachrechts auch gegenüber anderem mitgliedstaatlichen Recht sprechen und zu einem solch weitgehenden Vorgehen daher auch nicht ermächtigen[1201]. Während die Praktikabilitätserwägungen zwar als nachvollziehbar hingenommen werden[1202], setzt die Kritik am Argument der „Deckungsgleichheit" an: die durch die Richtlinien veranlasste Mindestharmonisierung (zum Beispiel nach Art. 14 der Fernabsatzrichtlinie) habe gerade den Effekt, daß erhebliche sachliche Unterschiede zwischen den mitgliedstaatlichen Rechten bestehen bleiben oder gar neu entstehen. Die Mitgliedstaaten dürfen „im Interesse des Verbrauchers höhere Schutzstandards einführen als im Gemeinschaftsakt vorgegeben"[1203]. Es ist daher ohne weiteres denkbar, daß das Sachrecht des Staates, zu dem der enge Zusammenhang besteht, für den Verbraucher günstiger ist als die deutsche *lex fori*, und die genaue Auswahl des anwendbaren mitgliedstaatlichen Rechts folglich doch eine wichtige Rolle spielt[1204]. Im übrigen ist es nach Anknüpfung an den engen Zusammenhang mit dem Gebiet eines EU-Mitgliedstaats oder EWR-Vertragsstaats nur konsequent, dem in einem anderen Mitgliedstaat ansässigen europäischen Verbraucher bei *engerem* Zusammenhang zu diesem Land auch den Schutz des dort geltenden, ordnungsgemäß umgesetzten Rechts zu gewähren. Diese Auffassung überzeugt, da nach der Lösung des Art. 29 a Abs. 1 S.1 EGBGB-RefE dem europäischen Konsumenten in bestimmten Fällen, insbesondere bei einem *forum shopping* des Unternehmers, der „ihm zustehende Schutz" vorenthalten werden kann. Nur durch eine allseitig formulierte Kollisionsnorm kann eine einheitliche Rechtsanwendung im Gemeinschaftsgebiet ermöglicht werden[1205].

Eine ähnliche Debatte wurde auch im Gesetzgebungsverfahren geführt. Die einzige kollisionsrechtliche Zweifelsfrage bei Art. 29 a EGBGB bestand in der Wiedereinführung der *lex fori*-Anwendung. In einer Stellungnahme zum Regierungsentwurf bat der Bundesrat die Bundesregierung, noch einmal zu prüfen, ob nicht doch die Wörter „im Gebiet dieses Staates geltenden Bestimmungen zur Umsetzung der Verbraucherschutzrichtlinien" in Art. 29 a Abs. 1 EGBGB-Entwurfs durch die Wörter „Vorschriften des AGB-Gesetzes, des Fernabsatzgesetzes, des Fernunterrichtsschutzgesetzes und des Teilzeit-Wohnrechte-

---

1200 *Freitag/Leible*, ZIP 1999, S.1298 (mit Schilderung eines anschaulichen Beispiels); *Micklitz/Reich*, BB 1999, S.2098 f. und *Roth/Schulze*, RIW 1999, S.933. Zur einseitig formulierten Kollisionsnorm des § 12 AGBG siehe *Rühl*, RIW 1999, S.323.

1201 *Freitag/Leible*, ZIP 1999, S.1299; *Rühl*, RIW 1999, S.323.

1202 *Pfeiffer*, NJW 1999, S.3680.

1203 So *Freitag/Leible*, ZIP 1999, S.1300.

1204 *Wagner*, IPRax 2000, S.256; *Freitag/Leible*, ZIP 1999, S.1300; *Roth/Schulze*, RIW 1999, S.93.

1205 *Freitag/Leible*, ZIP 1999, S.1300; siehe auch *Roth/Schulze*, RIW 1999, S.931.

gesetzes“[1206] ersetzt werden könnten, wie dies im RefE der Fall war[1207]. Als Begründung führte der Bundesrat wiederum Praktikabilitätserwägungen an: Es sei angesichts der Deckungsgleichheit der richtlinienkonform umgesetzten mitgliedstaatlichen Sachrechte zu aufwendig und stelle eine Mehrbelastung für international zuständige deutsche Gerichte dar, wenn diese zur Ermittlung und Anwendung ausländischen Rechts gezwungen würden[1208]. Darüber hinaus müsse Art. 29 a Abs. 1 EGBGB seinem Abs. 3 angepaßt werden, der „zu Recht vor[sehe], das (deutsche) Teilzeit-Wohnrechtegesetz auf einen Vertrag, der nicht dem Recht eines EU-Mitgliedstaats oder eines EWR-Vertragsstaats unterliegt, anzuwenden, wenn das Wohngebäude im Hoheitsgebiet eines dieser Staaten liegt.“ Ein sachlicher Grund für die unterschiedliche Handhabung der Absätze 1 und 3 sei nicht ersichtlich[1209].

Die erbetene Prüfung hat nach Auffassung der Bundesregierung keinen Änderungsbedarf ergeben. In ihrer Gegenäußerung macht sie deutlich, daß die ausschließliche Anwendung der deutschen *lex fori* vor allem in Fällen, in denen „der einzige Bezug zu Deutschland darin liegt, dass das deutsche Gericht beispielsweise nach einem Wohnsitzwechsel des Beklagten ins Inland zuständig ist, (...) zu nicht vorhersehbaren und sachlich gerechtfertigten Ergebnissen“ führt und daher sachlich nicht geboten ist[1210]. Zwar sei das Praktikabilitätsargument nicht ganz von der Hand zu weisen, doch könne es die kollisionsrechtlichen Interessen nur dann verdrängen, wenn unter den auf Verbraucherschutzrichtlinien beruhenden mitgliedstaatlichen Sachrechten wirklich Identität bestünde, was angesichts der Mindeststandards und abweichenden Umsetzungen jedoch nicht der Fall sei[1211]. Daher ist Art. 29 a Abs. 1 EGBGB in der Fassung des Regierungsentwurfs Gesetz geworden.

Nach den Ausführungen *Wagners* ist für die seit dem RefE vollzogene „konzeptionelle Kehrtwende“[1212] hin zur neuen „europäischen Rechtsfolgenanordnung“[1213] der Umstand maßgeblich gewesen, daß *lex fori*-Anknüpfungen in-

---

1206 Das Fernunterrichtsschutzgesetz (FernUSG) ist hier mitgenannt, da die Kollisionsregel in § 11 FernUSG aufgehoben worden ist und eine neue Umsetzung im Rahmen der Umsetzung der Fernabsatzrichtlinie, soweit es um Fernunterrichtsverträge geht, erfolgen sollte. Vgl. auch ausführlich hierzu *Wagner*, IPRax 2000, S.255.

1207 BT-Drucks. 14/2920 S.7 (15.03.2000). Konsequenz wäre dann auch, daß Abs. 4 des Art. 29 a EGBGB gestrichen werden könnte.

1208 Siehe BT-Drucks. 14/2920 S.7 (15.03.2000).

1209 BT-Drucks. 14/2920 S.7 (15.03.2000). Siehe dazu auch *Wagner*, IPRax 2000, S.257 f.

1210 BT-Drucks. 14/2920 S.16 (15.03.2000): *„Ist das deutsche Recht für den Verbraucher ungünstiger als das nach Artikel 29 a Abs. 1 EGBGB berufenen ausländische Recht, würde dem Verbraucher ein Vorteil entzogen. Ist das deutsche Recht günstiger, würde der anderen Vertragspartei ein Nachteil zugefügt, der sachlich nicht zu rechtfertigen ist.“* Siehe hierzu auch *Staudinger*, IPRax 1999, S.417.

1211 BT-Drucks. 14/2920 S.16 (15.03.2000). Siehe zur argumentativen Stärke des lex fori-Prinzips auch *von Hoffmann*, IPR, § 3, Rz.8.

1212 Siehe *Staudinger*, RIW 2000, S.416.

1213 *Staudinger*, RIW 2000, S.418 f.; siehe auch *Tonner*, BB 2000, S.1419.

ternationalprivatrechtlich als Verlegenheitslösung „verpönt" sind[1214]. Ersichtlich sei dies aus den zustimmungswürdigen Ausführungen zum Regierungsentwurf, in denen es heißt, man folge mit der Anknüpfung an das umgesetzte Verbraucherschutzrecht desjenigen Staates, zu dem der engste Zusammenhang besteht, dem „internationalprivatrechtlichen Grundprinzip der engsten Verbindung"[1215].

Nicht durchgesetzt hat sich der Vorschlag *Staudingers* für eine weitere Umsetzungsalternative. Nach seinem „modifizierten" *lex fori*-Modell wendet der Richter das im deutschen Recht umgesetzte Verbraucherschutzrecht nur in dem Ausmaße des von der Richtlinie festgelegten europäischen Mindestschutzniveaus an, unter Ausschluß eventueller strengerer Schutzvorschriften[1216]. Diese Lösung sollte den Aufwand der Ermittlung fremden Umsetzungsrechts vermeiden helfen und der Verlockung des forum shopping durch den Anbieter Abhilfe schaffen. Das vorgeschlagene Modell erweist sich jedoch als praktisch schwer durchführbar, müßte doch der Richter möglicherweise die überobligationsmäßig umgesetzten deutschen Sachvorschriften auf den Richtlinien-Mindeststandard „reduzieren" und mithin „*fiktive*" Vorschriften anwenden[1217], ein vom Standpunkt der Rechtssicherheit aus schwer nachzuvollziehendes Unterfangen. Zudem verlagerte sich das Problem der Rechtsfindung vom Sachrecht des Staates, zu dem der Vertrag den engsten Zusammenhang aufweist, auf das deutsche Recht.

b) Versäumnisse bei der Neuregelung des Art. 29 a EGBGB

Während manchen noch im Referentenentwurf vorhandenen Regelungsdefiziten im endgültigen Art. 29 a EGBGB abgeholfen worden ist, ist es dennoch versäumt worden, weitere wichtige Veränderungen vorzunehmen. Versäumnisse sind im Hinblick auf den Gemeinschaftsbezug (aa), beim Günstigkeitsvergleich (bb) und bei der Rechtsfolge (cc) festzustellen.

aa) Versäumnisse im Hinblick auf den Gemeinschaftsbezug

Weiter oben ist dargelegt worden, daß der Gesetzgeber im Hinblick auf die Konkretisierung des „engen Zusammenhangs" einen Mittelweg zwischen der Nicht-Konkretisierung des Nähebezugs und der Angabe von Regelbeispielen gegangen ist. Während Art. 29 a EGBGB dabei einige kleinere Verbesserungen

---

1214 Siehe hierzu *Wagner*, IPRax 2000, S.256 mit Hinweis auf *Thorn*, IPRax 1999, S.9.

1215 Vgl. BR-Drucks. 25/00, S.135 f. (14.01.2000); BT-Drucks. 14/2658 S.50 (09.02.2000).

1216 *Staudinger*, Artikel 6 Absatz 2 der Klauselrichtlinie und § 12 AGBG, S.221 ff. ; *ders.*, IPRax 1999, S.417: „Richtlinienstandard im Gewande des deutschen Rechts".

1217 So *Wagner*, IPRax 2000, S.256 f. mit weiteren Argumenten gegen das „modifizierte" *lex fori*-Modell.

erfahren hat, so orientiert sich sein Abs. 2 doch sehr an den deutschen Sonderkollisionsnormen, insbesondere an § 12 AGBG. Es fällt auf, daß Art. 29 a Abs. 2 EGBGB als Regelbeispielsnorm *weiter* als die aufgelisteten Vertragssituationen in Art. 29 Abs. 1 Nr. 1 - 3 EGBGB gefaßt ist[1218]. Neben dem von der älteren Vorschrift geschützten „passiven" Verbraucher, erstreckt Art. 29 a EGBGB seinen Anwendungsbereich auch auf den „aktiven" Verbraucher, den aus Eigeninitiative im Ausland Konsuminteresse anzeigt. Art. 29 a EGBGB durchbricht folglich das „Leitbild"[1219] des Art. 5 EVÜ. Es ist daher zu bedauern, daß eine Fortsetzung der Quellen-Kontraste vorprogrammiert ist[1220].

Die enge Orientierung an § 12 AGBG und § 8 TzWrG hat bei Art. 29 a EGBGB im Verhältnis zu Art. 29 EGBGB auch zu sprachlichen Komplikationen geführt. Art. 29 a Abs. 2 EGBGB übernimmt die Formulierung des „öffentlichen" Angebots und der „öffentlichen" Werbung aus § 12 Nr. 1 AGBG und § 8 Nr. 2 TzWrG. Daher ist fraglich, ob sie wirklich darauf abzielt, die Werbung im Internet zu umfassen[1221]. Zur Vermeidung von Unsicherheiten bei der Anwendung und von Mißverständnissen wäre auch hier eine Annäherung an Art. 29 Abs. 1 Nr. 1 EGBGB vorzuziehen gewesen[1222]. Ferner entbehrt Art. 29 a EGBGB jeden Hinweises auf den persönlichen Anwendungsbereich der Vorschrift, wie etwa in Art. 5 Abs. 1 EVÜ. Muß davon ausgegangen werden, daß sich die Neuregelung insoweit auf die Definition der Verbraucherverträge im ihr vorangehenden Art. 29 Abs. 1 EGBGB verläßt oder ist über den Hinweis auf die betroffenen Verbraucherschutzrichtlinien in Art. 29 a Abs. 4 EGBGB deren Verständnis vom geschützten Personenkreis maßgebend[1223]?

Letztlich heißt es in Art. 29 a Abs. 1 EGBGB nur „weist der Vertrag jedoch einen engen Zusammenhang mit dem Gebiet *eines* dieser Staaten auf"[1224] und nicht „eines oder mehrerer Mitgliedstaaten der Europäischen Union oder anderen Vertragsstaaten des Europäischen Wirtschaftsraumes", wie noch im Referentenentwurf. Auf diese Wendung wird in den Gesetzgebungsdokumenten insofern eingegangen, als sie als enger Zusammenhang zum Gebiet von *mindestens* einem EU- oder EWR-Staat gelesen werden muß[1225]. Der Gesetzgeber

---

1218 Diese Inkongruenz ist jedoch durch die umgesetzten Richtlinien gemeinschaftsrechtlich vorgegeben, *Freitag/Leible*, EWS 2000, S.345; *Pfeiffer*, NJW 1999, S.3685.

1219 *Roth/Schulze*, RIW 1999, S.931.

1220 Siehe *Jayme/Kohler*, IPRax 1999, S.403.

1221 So aber *Freitag/Leible*, EWS 2000, S.345.

1222 Ebenso *Roth/Schulze*, RIW 1999, S.930. Ebenso *Staudinger*, IPRax 1999, S.415, Fn.27.

1223 Siehe *Freitag/Leible*, ZIP 1999, S.1301. Geklärt zu sein scheint jedoch inzwischen, daß sich Art. 29 a EGBGB nicht auf Privatverträge *zwischen* Verbrauchern erstreckt. Dazu *Staudinger*, RIW 2000, S.416. Anders noch *ders.*, IPRax 1999, S.416.

1224 Hervorhebung durch den Verfasser.

1225 BR-Drucks. 25/00 S.136 (14.01.2000), BT-Drucks. 14/2658 S.50 (09.02.2000): „Besteht ein enger Zusammenhang zu *mehreren* Mitgliedstaaten der Europäischen Union oder anderen Vertragsstaaten des Abkommens über den Europäischen Wirtschaftsraum, so sind die Bestimmungen zur Umsetzung der Verbraucherschutz-Richtlinien desjenigen Staates anwendbar, zu dem der *engste* Zusammenhang besteht." (Hervorhebungen durch den

wollte daher mit der knapperen Formulierung den räumlichen Anwendungsbereich keineswegs einschränken, sondern stellt klar, daß verschiedene Anknüpfungspunkte in unterschiedlichen Mitgliedstaaten kumulativ zu einem engen Zusammenhang führen können, wie dies auch von den Richtlinien vorgesehen ist[1226]. Eine deutlichere Klarstellung hätte jedoch durch die Belassung des ersten Entwurfswortlauts erreicht werden können[1227].

bb) Kein ausreichender Günstigkeitsvergleich

Der Referentenentwurf des Art. 29 a EGBGB ließ wegen der „Totalanwendung"[1228] deutscher Verbraucherschutzbestimmungen keinen Platz für eine Alternativanknüpfung mit einem Günstigkeitsvergleich. Ein solcher würde vorsehen, daß das subjektive Vertragsstatut nicht stets verdrängt wird, sondern nur, wenn sichergestellt werden muß, daß dem Verbraucher ein günstigerer europäischer Schutz nicht vorenthalten wird. Zwar ist, wie weiter oben dargelegt, von dem ursprünglichen *lex fori*-Ansatz Abschied genommen worden, doch führt die jetzt in Art. 29 a EGBGB vorgesehene Rechtsfolge bei engem Zusammenhang zum EU-/EWR-Gebiet stets zur Anwendung mitgliedstaatlichen Rechts[1229]. Der europäische Mindeststandard setzt sich also auch gegenüber einem *höheren* drittstaatlichen Verbraucherschutzniveau durch, welches das von den Parteien vereinbarte Recht unter Umständen vorsieht. Ein Günstigkeitsvergleich im Sinne des Art. 5 Abs. 2 EVÜ (Art. 29 Abs. 1 EGBGB) findet daher – zumindest im Verhältnis der EU-/EWR-Staaten zu Drittstaaten (wie zum Beispiel der Schweiz) – auch im Rahmen einer Anwendung des Art. 29 a EGBGB nicht statt.

Untersucht werden muß, ob die uneingeschränkte Durchsetzung der europäischen Verbraucherschutzrechte sekundärrechtlich zwingend vorgegeben und sachlich geboten ist. Richtig ist wohl, daß die kollisionsrechtlichen Regelungsgebote vom Wortlaut her den Mitgliedstaaten keine eindeutige Vorgabe machen, einen Günstigkeitsvergleich gesetzlich zu verankern. Andererseits schließen sowohl Art. 6 Abs. 2 der Klauselrichtlinie und Art. 12. Abs. 2 der Fernabsatzrichtlinie („damit der Verbraucher den durch diese Richtlinie gewährten Schutz nicht

---

Verfasser) Die Bestimmung des „engsten" Zusammenhangs ist dem Rechtsanwender überlassen, da die Begründung des Gesetzgebers insofern keine Orientierungshilfe gibt. *Staudinger* schlägt vor, mit Hilfe der Anknüpfungskriterien des EVÜ, insbesondere der Art. 5 Abs. 2 und 3 EVÜ, vorzugehen und sie im Hinblick auf den elektronischen Geschäftsverkehr erforderlichenfalls fortzuentwickeln, *Staudinger*, RIW 2000, S.418; *ders.*, ZfRV 2000, S.100 f.

1226 Vgl. z.B. Art. 12 Abs. 2 Fernabsatzrichtlinie: "engen Zusammenhang mit dem Gebiet eines oder mehrerer Mitgliedstaaten".

1227 So auch *Staudinger*, RIW 2000, S.416, 418.

1228 *Micklitz/Reich*, BB 1999, S.2098.

1229 Zwischen den unterschiedlichen Verbraucherrechten *innerhalb* des EU-/EWR-Gebiets findet ein gewisser Günstigkeitsvergleich statt.

verliert") als auch Art. 9 der Timesharing-Richtlinie („damit dem Erwerber unabhängig von dem jeweils anwendbaren Recht der durch diese Richtlinie gewährte Schutz nicht vorenthalten wird") einen solchen Vergleich auch nicht aus: Bei Sachverhalten mit Drittstaatenberührung soll der Verbraucher durch die Anwendung fremden Rechts lediglich nicht schlechter gestellt werden, als er nach dem in den Richtlinien verankerten Mindeststandard gestellt ist[1230].

Wagner argumentiert, die Festschreibung eines Günstigkeitsvergleichs in Art. 29 a EGBGB sei schon deshalb nicht zwingend, da dieser auf Richtlinienbestimmungen beruhe, die „gerade nicht präzise mit Art. 5 EVÜ (Art. 29 EGBGB) abgestimmt sind"[1231]. Darüber hinaus haben sich in Art. 29 a EGBGB mit dem Ausschluß eines über die EU und den EWR hinausgehenden Günstigkeitsvergleichs offensichtlich Praktikabilitätserwägungen durchgesetzt. *Wagner* weist nämlich darauf hin, daß Art. 29 a Abs. 1 EGBGB auf eine ausdrückliche Festschreibung des Günstigkeitsvergleichs im Gesetzeswortlaut verzichtet, um den Rechtsanwendern den erheblichen zusätzlichen Arbeitsaufwand bei der damit verbundenen „weltweiten" Rechtsfindung zu ersparen[1232]. Seiner Ansicht nach müsse man sich fragen, „ob die Dinge durch den Günstigkeitsvergleich, der in jedem Einzelfall zu einem weiteren Arbeitsschritt führen würde nicht *zu* sehr verkompliziert werden"[1233]. Im übrigen könne ein Günstigkeitsvergleich möglicherweise im Wege der Auslegung in Art. 29 a EGBGB „hineingelesen werden"[1234].

Überwiegend wird in der Literatur hingegen zusätzlich zum Wortsinn auch vom *Zweck* der Richtlinienanweisungen ausgegangen[1235]. Soll die Position des Verbrauchers gegenüber dem ihm wirtschaftlich überlegenen Anbieter so weit als möglich gestärkt werden, erfordere dies zwingend eine Umsetzung der kollisionsrechtlichen Richtlinienbestimmungen „in Form eines Günstigkeitsvergleichs"[1236]: Die Anwendung des Rechts von Drittstaaten soll bei *weitergehendem* Verbraucherschutz nicht ausgeschlossen werden[1237]. Die zwingende Anwendung mitgliedstaatlichen Rechts gehe zu weit, da sie dem „Zweck der Richtlinie, einen Mindeststandard zu garantieren und einen weitergehenden Verbraucherschutz zu ermöglichen"[1238] zuwiderlaufe. Im Ergebnis sehen daher sämtliche kollisionsrechtlichen Richtlinienbestimmungen „ebenso wie Art. 5 EVÜ einem Günstigkeitsvergleich" vor[1239].

1230 Siehe *Freitag/Leible*, ZIP 1999, S.1299.
1231 *Wagner*, IPRax 2000, S.254.
1232 *Wagner*, IPRax 2000, S.254 f., 257.
1233 So *Wagner*, IPRax 2000, S.254 f.
1234 *Wagner*, IPRax 2000, S.255.
1235 Siehe z.B. *Roth/Schulze*, RIW 1999, S.931; *Freitag/Leible*, EWS 2000, S.347.
1236 *Staudinger*, IPRax 1999, S.417 f. m.w. Nachw.; siehe auch *ders.*, RIW 2000, S.418 und *Freitag/Leible*, ZIP 1999, S.1299.
1237 Siehe *Mankowski*, BB 1999, S.1227.
1238 So *Roth/Schulze*, RIW 1999, S.931.
1239 Vgl. *Freitag/Leible*, ZIP 1999, S.1299; *Mankowski*, BB 1999, S.1227; *Staudinger*, RIW 1999, S.922. A.A. *Tonner*, BB 2000, S.1419 Fn.53.

Diese Auffassung überzeugt aus mehreren Gründen. Zunächst besteht die Möglichkeit, daß sich die Rechtsfolge des Art. 29 a EGBGB – einer Verbraucherschutznorm – im Einzelfall verbraucher*feindlich* auswirkt, wenn das gewählte, günstigere Recht des Drittstaates nicht zur Anwendung kommen kann. Die Parteiautonomie wird hierdurch unnötig weit eingeschränkt. Darüber hinaus gebietet – entgegen *Wagner* – der hier eine zentrale Rolle spielende Gedanke der *Kohärenz* zwingend, aus den Richtlinienbestimmungen das Erfordernis eines Günstigkeitsvergleichs herzuleiten. Das Dilemma der fehlenden Abstimmung des sekundären Gemeinschaftsrecht mit dem EVÜ, auf das sich *Wagner* stützt[1240], darf nicht auf Kosten des Verbrauchers als Rechtfertigung für weitere Wertungsunterschiede benutzt werden. Stattdessen sollten diese Unterschiede sollten im Geiste der „Gemeinsamen Erklärung"[1241] überbrückt werden durch eine kohärente Umsetzung des Richtlinienrechts. Der Gedanke der weltweiten Allseitigkeit in Art. 2 EVÜ sollte eine Differenzierung zwischen EU-/EWR-Staatenrecht und Drittstaatenrecht, wie sie in Art. 29 a EGBGB nunmehr angelegt ist, vermeiden helfen[1242]. *Staudinger* ist daher darin zuzustimmen, daß Art. 29 a EGBGB durch seine Einfügung unmittelbar im Anschluß an Art. 29 EGBGB, der einen Günstigkeitsvergleich vorschreibt, einen „Bruch mit den Regelungsprinzipien des EVÜ bzw. EGBGB"[1243] und eine „Abweichung von dem in Art. 5 Abs. 2 EVÜ (bzw. Art. 29 Abs. 1 EGBGB) verankerten völkervertraglichen Günstigkeitsprinzip"[1244] darstellt. Von diesem Blickwinkel aus betrachtet ist der Mangel an einem Günstigkeitsprinzip in Art. 29 a EGBGB, das auch Drittstaatenrecht miteinbezieht, sowohl ein Verstoß gegen Richtlinien- als auch gegen Völkervertragsrecht[1245]. Insofern ist das schlichte Hineinlesen eines Günstigkeitsvergleichs in Art. 29 a EGBGB – wie *Wagner* es vorschlägt[1246] – nicht ausreichend. Es muß Klarheit geschaffen werden; Art. 29 a Abs. 1 EGBGB zumindest um einen Nachsatz „sofern nicht das gewählte Recht für den Verbraucher günstiger ist" zu erweitern[1247], hätte hier die gebotene Abhilfe und Kohärenz zu Art. 29 EGBGB gebracht[1248].

1240 *Wagner*, IPRax 2000, S.254.

1241 ABl.EG (9.10.1980) Nr. L 266/14.

1242 *Staudinger*, IPRax 1999, S.419. Siehe auch *Roth/Schulze*, RIW 1999, S.931.

1243 So *Staudinger*, IPRax 1999, S.418.

1244 *Staudinger*, RIW 2000, S.418; *ders.*, ZfRV 2000, S.101.

1245 *Freitag/Leible*, ZIP 1999, S.1299; *Mankowski*, BB 1999, S.1228; *Staudinger*, RIW 2000, S.418. A.A. ist *Tonner*, BB 2000, S.1419 Fn.53.

1246 *Wagner*, IPRax 2000, S.255.

1247 So der Vorschlag von *Freitag/Leible*, ZIP 1999, S.1298 (Fn.11), 1300.

1248 *Staudinger*, IPRax 1999, S.418: „Art. 29 a EGBGB sollte mithin sprachlich – richtlinien- und völkervertragsrechtskonform – in Anlehnung an Art. 29 EGBGB gefaßt werden".

cc) Versäumnisse bei der Rechtsfolge: Weiterhin Anwendung der deutschen *lex-fori* bei Teilzeitwohnrechten

Ein weiterer Kritikpunkt fällt ins Auge: die *lex fori*-Anwendung des Teilzeit-Wohnrechtegesetzes aus § 8 TzWrG lebt in Art. 29 a EGBGB weiter. § 8 Nr. 1 und Nr. 2 TzWrG sind in Art. 29 a EGBGB getrennt voneinander ersetzt worden. § 8 Nr. 2 TzWrG findet sich in Art. 29 a Abs. 1, 2 Nr. 1 und 2 EGBGB wieder. Eine Abweichung gegenüber der vorigen Rechtslage stellt dabei dar, daß die beiden Sachverhaltskonstellationen in Art. 29 a Abs. 2 Nr. 1 und 2 EGBGB lediglich Regelbeispiele darstellen, während sie in § 8 Nr. 2 TzWrG abschließend formuliert waren[1249]. § 8 Nr. 1 TzWrG ist hingegen kaum verändert in Art. 29 a Abs. 3 EGBGB aufgenommen worden. Gleichgeblieben ist damit auch die Kritik an § 8 Nr. 1 TzWrG, über die Vorgaben des Art. 9 der Timesharing-Richtlinie hinaus das deutsche Recht für Teilzeitwohnrechte zwingend auch gegenüber anderem richtlinienkonformen Mitgliedstaatsrecht durchzusetzen[1250]. Es hätte hier die Gelegenheit bestanden, den Inhalt des Art. 9 der Timesharing-Richtlinie stattdessen – zumindest wie in Art. 29 a Abs. 1 EGBGB geschehen[1251] – so umzusetzen, daß das Teilzeitwohnrechte-Sachrecht desjenigen EU-Mitgliedstaats bzw. EWR-Vertragsstaats zur Anwendung berufen wird, in dessen Hoheitsgebiet das Wohngebäude liegt. Noch weitergeführt hätte die Einführung eines Zusatzes „wenn das ansonsten anwendbare Recht für den Erwerber nicht günstiger ist“[1252], der einen Günstigkeitsvergleich mit Drittstaatenrecht garantiert.

Als Begründung für diesen verfehlten Ansatz des Art. 29 a Abs. 3 EGBGB, der sich noch dazu nicht an den allseitigen Ausbau des Art. 29 a Abs. 1 EGBGB anpaßt, führen die zugrundeliegenden Ausführungen in den Gesetzgebungsdokumenten lediglich aus, Abs. 3 der Vorschrift lehne sich an § 8 Nr. 1 TzWrG an, der ebenso wie Art. 9 der Timesharing-Richtlinie keinen „engen Zusammenhang des Vertrages“ zum Gebiet des Gemeinsamen Marktes voraussetze. Aus diesem Grunde habe eine Regelung für das Timesharingrecht außerhalb von Art. 29 a Abs. 1 EGBGB gefunden werden müssen[1253]. Die Bundesregierung führt aus, daß eine Angleichung der Absätze 1 und 3 nicht, wie vom Bundesrat gewünscht, durch Angleichung des ersten an den dritten Absatz, sondern umgekehrt vollzogen werden müßte. „Noch vorzugswürdiger erscheint es indessen, die Reform auf der Ebene der Europäischen Union abzuwarten (...)“[1254].

[1249] *Staudinger*, IPRax 1999, S.415; siehe auch *ders.*, RIW 2000, S.418. *Wagner*, IPRax 2000, S.257, hält dem die Zielsetzung bei der Regelung des Art. 29 a EGBGB entgegen, „das geltende Umsetzungsrecht nicht generell auf den Prüfstand zu stellen.“

[1250] Ausführlich hierzu *Jayme/Kohler*, IPRax 1996, S.381. *Pfeiffer*, NJW 1999, S.3680; *Staudinger*, RIW 1999, S.922; *Freitag/Leible*, EWS 2000, S.349. Weniger kritisch *Tonner*, BB 2000, S.1419.

[1251] Vgl. *Staudinger*, RIW 2000, S.418 f.

[1252] Vgl. *Freitag/Leible*, ZIP 1999, S.1298, Fn.11; *dies.*, EWS 2000, S.348.

[1253] BR-Drucks. 25/00 S.136 (14.01.2000); BT-Drucks. 14/2920 S.16 (15.03.2000).

[1254] BT-Drucks. 14/2920 S.16 (15.03.2000).

Obwohl dadurch ein „gewisser Systembruch“[1255] innerhalb des Art. 29 a EGBGB zugegeben wurde, ist die erforderliche Angleichung nicht vorgenommen worden[1256]. *Wagner* erklärt hierzu, der Grund für die Inkaufnahme des Systembruches sei die jedenfalls dem Wortlaut nach andersartige Struktur des Art. 9 der Timesharing-Richtlinie von Art. 6 Abs. 2 der Klauselrichtlinie und Art. 12 Abs. 2 der Fernabsatzrichtlinie. § 8 Nr. 1 TzWrG entspreche Art. 9 der Timesharing-Richtlinie und man habe in der Übergangslösung in Art. 29 a Abs. 3 EGBGB hieran inhaltlich nichts ändern wollen[1257].

Fraglich ist allerdings, ob die Berufung auf die unterschiedlichen Modelle von kollisionsrechtlichen Regelungsgeboten eine hinreichende Begründung für diese innere Inkonsistenz des Art. 29 a EGBGB darstellt. Zwar wurde das Problem vom Gesetzgeber gesehen, doch ließ er es bewußt offen. Eine Vorschrift, die sich zu einer *einheitlichen* Zusammenfassung[1258] der bestehenden Sonderkollisionsnormen und zumindest mittelbar zu einer „inhaltlichen Bereinigung“[1259] derselben bekennt, kann sich einen solchen Rechtszustand trotz erklärten Übergangscharakters kaum leisten[1260].

c) Zwischenergebnis

Gegenüber den von ihm ersetzten Vorschriften, § 12 AGBG und § 8 TzWrG, hat Art. 29 a EGBGB tatsächlich eine Reihe von Verbesserungen mit sich gebracht. Gleichzeitig wurden im Ergebnis dieselben Fehler bei der Umsetzung des Art. 12 Abs. 2 der Fernabsatzrichtlinie vermieden. Diese Loslösung von den deutschen Umsetzungsbestimmungen hat inhaltlich Platz geschaffen für eine stärkere Orientierung der Neuregelung an den Vorgaben der Richtlinien selbst – allerdings oft erst als Reaktion auf heftige Kritik in der Literatur: Einigen Regelungsdefiziten, die am Referentenentwurf kritisiert worden sind, ist erst im zweiten Teil des Gesetzgebungsverfahrens abgeholfen worden. Bis auf ein einzelnes Detail – der Wohnsitzbegriff in Art. 29 a EGBGB wurde zugunsten der Beibehaltung des gewöhnlichen Aufenthalts gestrichen – führen die Verbesserungen gegenüber der Rechtslage vor Inkrafttreten des FernAbsG jedoch noch nicht zu der Gleichschaltung mit Art. 5 EVÜ, die für eine Kohärenz erforderlich gewesen wäre.

Die Rechtsfolge des Art. 29 a Abs. 1 EGBGB ist nunmehr zu einer „europaweit-allseitigen“ Kollisionsnorm ausgebaut worden. Hierin liegt gegenüber dem noch in § 12 AGBG vorherrschenden „Heimwärtsstreben“ und der „Phobie

---

[1255] So *Wagner*, IPRax 2000, S.257.
[1256] Vgl. hierzu die Kritik bei *Freitag/Leible*, EWS 2000, S.348 f.
[1257] *Wagner*, IPRax 2000, S.257 f.
[1258] BT-Drucks. 14/2658 S.61 (09.02.2000).
[1259] *Roth/Schulze*, RIW 1999, S.929.
[1260] *Staudinger*, RIW 2000, S.418 f. Siehe auch *ders.*, IPRax 1999, S.415.

gegenüber Drittstaatenrecht“[1261] ein entscheidender Fortschritt. Ein *loi uniforme* im Sinne der Art. 2, Art. 5 Abs. 2 EVÜ ist Art. 29 a EGBGB damit allerdings noch nicht. Inwiefern dieser Ansatz daneben auch für den elektronischen Geschäftsverkehr sachgerechte Lösungen sicherstellt[1262], wird an anderer Stelle erörtert werden[1263].

Art. 29 a EGBGB muß sich inhaltlich am Ziel der Herstellung einer Kohärenz im Europäischen Kollisionsrecht und daher vor allem am Standard des Art. 29 EGBGB (Art. 5 EVÜ) messen lassen, dem er im Gesetz unmittelbar nachfolgt und den er – durch das „29 a“ gekennzeichnet – auch ergänzt. Neben den weniger schwerwiegenden Versäumnissen bei der Regelung des Art. 29 a EGBGB bleibt sein größtes Defizit, daß er "trotz vielstimmiger Kritik"[1264] die Gelegenheit zu einem universell-allseitigen Ausbau des Art. 29 a EGBGB als *loi uniforme* und damit zur Ausrichtung an Art. 29 EGBGB versäumt hat. Die neue Vorschrift bleibt insofern doch seiner Richtlinienherkunft verhaftet und kann nicht zur Herstellung der Kohärenz beitragen.

3. Charakter des Art. 29 a EGBG

Zwei wichtige Charakteristika sind für das Verständnis von Art. 29 a EGBGB unerläßlich: sein Charakter als Übergangslösung (a) und seine Orientierung an den ihm zugrundeliegenden Richtlinien (b).

a) Eindeutiger Charakter als Übergangslösung

Die gesamte Kritik an der neuen Norm muß vor dem Hintergrund relativiert werden, daß Art. 29 a EGBGB explizit nur Übergangscharakter zukommt[1265]. Er wurde vom Gesetzgeber absichtlich ohne eine besonders tiefgreifende Neubefassung mit der komplexen Thematik des internationalen Verbrauchervertragsrechts erlassen. Durch die gesamten Gesetzgebungsunterlagen zu Art. 29 a EGBGB zieht sich der Hinweis darauf, daß es sich bei der Kollisionsnorm um eine *Übergangslösung* handelt. Sie soll im Sinne des Gesetzgebers eine Zwischenlösung sein für die Zeit bis zu einer einheitlichen Regelung durch den europäischen Gesetzgeber:

1261 Junker, IPRax 1998, S.74; Roth/*Schulze*, RIW 1999, S.931.

1262 Kritisch insofern angesichts der mitunter erheblichen Lokalisierungsschwierigkeiten im E-Commerce *Staudinger*, IPRax 1999, S.417.

1263 Siehe unten unter II., 3.

1264 So *Staudinger*, RIW 2000, S.418.

1265 Siehe auch *Wagner*, IPRax 2000, S.255, 257: „Dem kann von vornherein die Zielsetzung des Entwurfs entgegengehalten werden, das geltende Umsetzungsrecht nicht generell auf den Prüfstand zu stellen.“

„Da die Überarbeitung der – in das EGBGB übernommenen – Vorschriften des Übereinkommens vom 19.6.1980 über das auf vertragliche Schuldverhältnisse anzuwendende Recht im Aktionsplan des Rates und der Kommission zur bestmöglichen Umsetzung der Bestimmungen des Amsterdamer Vertrags über den Aufbau eines Raums der Freiheit, der Sicherheit und des Rechts aufgeführt ist, strebt die Neuregelung als *bloße Übergangsregelung* über das dargelegte Ziel hinaus nur wenige Änderungen des geltenden Rechts an. Nach einer Reform auf der Ebene der Europäischen Union wird dann zu prüfen sein, ob und inwieweit die auf unterschiedlichen Rechtsgrundlagen beruhenden kollisionsrechtlichen Vorschriften im internationalen Recht der Schuldverträge besser aufeinander abgestimmt werden können."[1266]

Die eigene Kategorisierung des Art. 29 a EGBGB als Übergangsregelung basiert auf der ernsthaften Erwartungshaltung der Bundesregierung, daß in absehbarer Zeit, wie im „Wiener Aktionsplan" angekündigt, eine Art. 5 EVÜ umfassende gemeinschaftsrechtliche Revision des EVÜ stattfinden wird, die eine grundlegendere Reform auch des (Art. 29) EGBGB nach sich ziehen wird. Es scheint daher angemessen, zu sagen, daß der Gesetzgeber im Hinblick auf den zu erwartenden EG-Rechtsaktes Rom I nicht allzu viel Aufwand in eine Neuregelung stecken wollte, die mit einiger Sicherheit bald wieder außer Kraft treten wird[1267]. Zur relativen „Oberflächlichkeit" der Veränderungen, die an der Rechtslage vor Inkrafttreten des Art. 29 a EGBGB vorgenommen worden sind, hat möglicherweise auch der Umstand beigetragen, daß es sich bei dem Fernabsatzgesetz wegen der Umsetzungsfrist bis zum 4. Juni 2000 um eine „besonders eilbedürftige Vorlage gemäß Art. 76 Abs. 2 S.4 GG"[1268] gehandelt hat. Der Regierungsentwurf mußte das Gesetzgebungsverfahren daher „im Eiltempo durchlaufen"[1269]; Zeit für tiefgreifendere Reformen blieb dabei nicht. Einer eigenständigen Änderung durch den nationalen Gesetzgeber durch Integration des besonderen Richtlinienkollisionsrechts *in* Art. 29 EGBGB hätte aber auch das Verfahren nach den Art. 23 oder 26 EVÜ bzw. die Kompetenzverschiebung auf die Europäische Union entgegengestanden[1270]. Eine Änderung war kompetenzrechtlich nur erlaubt, solange sie die Umsetzung der Verbraucherschutzrichtlinien vollzog.

1266 BR-Drucks. 25/00 S.135 (14.01.2000); BT-Drucks. 14/2658 S.50 (09.02.2000). Vgl. auch BT-Drucks. 14/2920 S.16 (15.03.2000). Hervorhebungen durch den Verfasser.

1267 *Wagner*, IPRax 2000, S.252: *„Sollte es zu einer Neuregelung – gleich welcher Art – kommen, käme der aufgrund der Umsetzung der Fernabsatz-Richtlinie zu schaffenden kollisionsrechtlichen Regelung nur Übergangscharakter zu. Bevor absehbar ist, ob auf europäischer Ebene reformiert wird, sollten am geltenden Recht nur unerlässliche Randkorrekturen vorgenommen werden. Gerade in einem mit vielen Streitfragen befrachteten Rechtsgebiet sollte der Konsistenz der Rechtssetzung der Vorzug vor einem gesetzgeberischen Aktionismus gegeben werden, der vor dem Hintergrund schwer vorherzusehender Reformergebnisse auf europäischer Ebene leicht in einen möglichst zu vermeidenden „gesetzgeberischen Zick-Zack-Kurs" münden könnte.*"

1268 Siehe BR-Drucks. 25/00 S.1 (14.01.2000).

1269 So *Wagner*, IPRax 2000, S.258. Siehe auch *Tonner*, BB 2000, S.1413.

1270 *Tonner*, BB 2000, S.1419.

b) Kontinuität durch Art. 29 a EGBGB: Orientierung an den EG-Richtlinien

Im übrigen zeichnet sich Art. 29 a EGBGB durch Kontinuität aus. Die Parallelen zum Richtlinienkollisionsrecht sind stärker als zum Art. 29 EGBGB[1271]. Es wurde eine Regelung erlassen, die sich § 12 AGBG und § 8 TzWrG anschließt[1272], diese umfaßt und auch hinsichtlich des Art. 6 Abs. 2 der Klauselrichtlinie stark ähnelnden Art. 12 Abs. 2 der Fernabsatzrichtlinie eine einfache Bündelung vornimmt[1273]. Obwohl sich die endgültige Version des Art. 29 a EGBGB zum Teil von den Richtlinienbestimmungen und deren Wortlaut gelöst hat, steht sie „im Geiste" der verbraucherschützenden Drittstaatenklauseln und des bisherigen in deutsches Recht umgesetzten Richtlinienkollisionsrechts: das „Interesse der Konsistenz der Rechtssetzung"[1274] stand zugunsten eines reibungslosen Übergangsprozesses und angesichts zu erwartender Reformen auf EU-Ebene im Vordergrund. „Daß dabei kein Meisterwerk entstehen kann und sogar gewisse Widersprüche hinzunehmen sind, sollte sich angesichts der heterogenen Richtlinienbestimmungen von selbst verstehen"[1275]. Mittelfristig müssen Rechtsanwender des EGBGB vorerst mit einem „richtliniengeprägten Fremdkörper innerhalb eines völkervertraglichen Umfelds"[1276] zurecht kommen.

4. Verhältnis von Art. 29 a EGBGB zu Art. 29 EGBGB (Art. 5 EVÜ)

Mit der Neuregelung des Art. 29 a EGBGB sind eine Reihe neuer Abgrenzungsprobleme entstanden[1277]. Im vorliegenden Zusammenhang interessiert besonders, in welchem Verhältnis Art. 29 a und Art. 29 EGBGB zueinander stehen, zumal das Verhältnis des § 12 AGBG, der von Art. 29 a EGBGB ersetzt worden ist, zu Art. 29 EGBGB nicht unumstritten war. Ausgangspunkt für die Entstehung des Art. 29 a EGBGB ist, daß Art. 29 EGBGB als lückenhaft befunden wurde. Fest steht daher, daß es bei Art. 29 a EGBGB lediglich um die *ergänzen-*

1271 Es sei hier wiederholt, daß hierdurch die Wertungsunterschiede, Spannungen zwischen den Rechtsquellen und der inkohärente Rechtszustand fortbestehen. Vgl. *Jayme/Kohler*, IPRax 1999, S.403.

1272 BR-Drucks. 25/00 S.135 f. (14.01.2000): „ Die Formulierung des Art. 29 a EGBGB geht in mehrfacher Weise auf § 12 Satz 1 des AGB-Gesetzes und § 8 des Teilzeit-Wohnrechtegesetzes (TzWrG) zurück."

1273 Art. 6 Abs. 2 Klauselrichtlinie und Art. 12 Abs. 2 Fernabsatzrichtlinie beruhen auf "demselben kollisionsrechtlichen Modell", so *Wagner*, IPRax 2000, S.250.

1274 *Wagner*, IPRax 2000, S.252, 255.

1275 *Wagner*, IPRax 2000, S.252.

1276 *Staudinger*, IPRax 1999, S.419.

1277 Siehe ausführlich zu den durch das „Herausnehmen" der Kollisionsnormen aus dem AGBG und dem TzWrG entstandenen Konkurrenzverhältnisse: *Staudinger*, IPRax 1999, S.418 f.; *ders.*, RIW 2000, S.419 ff., der auch auf das Verhältnis von Art. 29 a EGBGB zu Art. 6 EGBGB mit dem Ergebnis eingeht, daß der Rückgriff auf den allgemeinen ordre-public-Vorbehalt in Art. 6 EGBGB nicht versperrt ist. Vgl. zu Art. 29 a EGBGB als „spezieller ordre public-Klausel" auch *Freitag/Leible*, ZIP 1999, S.1298.

de Umsetzung und gleichzeitige Zusammenfassung des Sonderkollisionsrechts aus EG-Richtlinien geht, nicht jedoch um die Verdrängung oder das Ersetzen des Art. 29 EGBGB.

Über das Verhältnis der beiden Normen gibt der Gesetzgeber in der Begründung zu Art. 29 a EGBGB nur einen knappen Hinweis: „Art. 29 ist vor Art. 29 a zu prüfen.“[1278] Daß dieser Vorrang des Art. 29 EGBGB im Hinblick auf die insofern ausbleibende Erosion des EVÜ zu begrüßen ist[1279], bleibt außer Frage. Die praktischen Auswirkungen der angesprochenen Versäumnisse bei der Regelung des Art. 29 a EGBGB bleiben damit auf diejenigen Fälle beschränkt, in denen Art. 29 EGBGB sachlich und räumlich nicht anwendbar ist, und auf die Fälle des Art. 37 EGBGB[1280]. Ob allerdings die Ergänzungsfunktion des Art. 29 a EGBGB dennoch noch zum Tragen kommt, wenn über Art. 29 Abs. 1 EGBGB das vereinbarte nicht-mitgliedstaatliche Recht als gegenüber dem mitgliedstaatlichen günstiger zur Anwendung kommt, bleibt fraglich. Ein solchen Rückgriff auf Art. 29 a EGBGB wird zum Teil zu Recht mit dem Hinweis darauf abgelehnt, daß für den Vertrag dann ein dem Verbraucher *ungünstigeres* mitgliedstaatliches Recht zur Anwendung berufen werde – ein Ergebnis, das schon dem Verbraucherschutzgedanken, der beiden Vorschriften zugrundeliegt, zuwiderliefe[1281].

Darüber hinaus ist offen, wie sich der Vorrang des Art. 29 EGBGB mit Art. 20 EVÜ bzw. Art. 3 Abs. 2 S.2 EGBGB vereinbaren läßt. Art. 29 a EGBGB setzt sekundäres Gemeinschaftsrecht um. Kann der deutsche Gesetzgeber sich plötzlich mit dem Vorrang des Art. 29 EGBGB autonom über den in Art. 20 EVÜ geregelten „Vorrang des Gemeinschaftsrechts“ hinwegsetzen[1282]? Wenn er diesen Weg geht, sollte er das Rangkollisionsrecht nicht deutlicher, das heißt im Gesetzestext verankert festlegen? Hier ist – vermutlich ungewollt – neue Verwirrung gestiftet worden[1283]. Es ist nämlich zweifelhaft, ob ein Rechtsanwender, der von der Richtlinienherkunft des Art. 29 a EGBGB weiß, sich nicht von der im Gesetz vorhandenen allgemeinen Verweisungsregel des Art. 3 Abs. 2 S.2 EGBGB leiten läßt, sondern von einem kurzen Hinweis des Gesetzgebers, der versteckt in der Begründung zu Art. 29 a EGBGB nachzulesen ist. Dies gilt umso mehr, als Art. 29 a EGBGB den Anschein einer hinzugefügten Spezialnorm („Verbraucherschutz für besondere Gebiete“) hat, die nach den herkömmlichen

1278 BR-Drucks. 25/00 S.136 (14.01.2000), BT-Drucks. 14/2658 S.50 (09.02.2000); siehe auch Palandt/*Heldrich*, Art. 29 EGBGB, Rz. 1.

1279 So *Staudinger*, RIW 2000, S.419.

1280 Der Vorrang gilt mangels entsprechender Differenzierung in der Begründung sowohl im Verhältnis von Art. 29 Abs. 1 zu Art. 29 a Abs. 1 EGBGB als auch im Verhältnis von Art. 29 Abs. 2 zu Art. 29 a Abs. 3 EGBGB. Siehe *Staudinger*, RIW 2000, S.419 m.w.Nachw. und *Tonner*, BB 2000, S.1419.

1281 *Staudinger*, RIW 2000, S.419. Siehe auch *Freitag/Leible*, EWS 2000, S.346.

1282 *Freitag/Leible* schlagen vor, Art. 29 a EGBGB *nur*, soweit es der Umsetzung der in Abs. 4 genannten Richtlinien dient, Vorrang zu gewähren, EWS 2000, S.349.

1283 So auch *Freitag/Leible*, EWS 2000, S.349.

Normenranggrundsätzen *lex specialis derogat legi generali* und *lex posterior derogat legi priori* vor Art. 29 EGBGB anzuwenden wäre.

5. Abschließende Würdigung des Art. 29 a EGBGB

Es konnte gezeigt werden, daß Art. 29 a EGBGB gewisse inhaltliche und konstruktive Verbesserungen gegenüber der alten Rechtslage mit sich bringt, die der Kritik an den bisherigen Sonderkollisionsnormen abhelfen und manche Änderungsvorschläge aus der Literatur umsetzen. Hervorzuheben ist hier insbesondere die Entscheidung des Gesetzgebers, als Rechtsfolge des Art. 29 a Abs. 1 EGBGB eine europaweit-allseitige Anknüpfung anstelle der *lex fori* vorzusehen und das Richtlinienrecht auf diese Weise dem Art. 5 EVÜ anzunähern.

Diese Verbesserungen reichen jedoch nicht aus, Art. 29 a EGBGB zur „Kohärenzvorschrift" zu machen[1284]. Die Neuregelung weist Defizite auf, die auf die konsequente Nähe zum Richtlinienkollisionsrecht und den erklärten Übergangscharakter der neuen Kollisionsnorm, die „am geltenden Recht nur unerlässliche Randkorrekturen"[1285] vornehmen möchte, zurückzuführen sind[1286]. Es verbleiben mithin fundamentale Abweichungen von Art. 5 EVÜ, die den fehlenden Willen an einer echten Ausrichtung an Art. 29 EGBGB deutlich machen. Bei der Aufrechterhaltung der *lex fori*-Anknüpfung im Bereich der Teilzeitwohnrechte kann gar von einer „Konsolidierung der Inkohärenz" gesprochen werden.

Nicht vergessen werden darf jedoch, daß Ziel der Neuregelung lediglich ist, die verstreuten Sonderkollisionsnormen einheitlich zusammenzufassen bis der europäische Gesetzgeber einen umfassenderen Rechtsakt erlassen hat. Art. 29 a EGBGB ist daher eine Zwischenlösung, die dem Anwender des deutschen internationalen Verbrauchervertragsrecht eine leichter zu handhabende Vorschrift an die Hand gibt, ohne an der Gesamtsituation im deutschen IPR inhaltlich viel zu ändern. Sie nimmt jedenfalls nicht für sich in Anspruch, eine Lösung für das Kohärenzproblem darzustellen.

Art. 29 a EGBGB ist daher auch kein verallgemeinerungsfähiges „Modell für Europa". Aus den Entwurfsbegründungen wird deutlich, daß es allein um eine Bereinigung der Situation der verstreuten Sonderkollisionsnormen im deutschen Recht geht; eine etwaige Vorbildfunktion für andere umsetzungspflichtige Staaten ist nicht angestrebt und aufgrund der beschriebenen Defizite auch nicht möglich[1287]. Obwohl in Österreich daran gedacht wird, das Richtlinienkollisi-

---

[1284] Vgl. etwa *Roth/Schulze*, RIW 1999, S.933.

[1285] *Wagner*, IPRax 2000, S.252: „Rücksichtnahme auf internationale Entwicklungen".

[1286] Vgl. *Freitag/Leible*, EWS 2000, S.350.

[1287] A.A. insoweit *Staudinger*, RIW 2000, S.416, 420. Er sieht im Art. 29 a EGBGB nunmehr *„ein geeignetes Instrument und Vorbild auf dem Weg zu einer EU-weiten Harmonisierung*

onsrecht zukünftig in dem „freigewordenen“ § 41 IPRG einheitlich zusammenzuführen[1288], und *Staudinger* deshalb schon vom Art. 29 a EGBGB als „Berliner Transformationsmodell“ reden möchte[1289], ist fraglich ob die anderen Mitgliedstaaten das Modell des deutschen Gesetzgebers einfach übernehmen würden. Zur Herstellung der Kohärenz wäre die Schaffung einer parallelen, wortgetreuen Vorschrift in den andern Staaten notwendig. Bisher war das Verhalten der Mitgliedstaaten jedoch eher autonomistisch[1290]. Zudem würde dies bedeuten, daß sich die Bundesrepublik zum Gemeinschaftsgesetzgeber „aufschwingt“. Art. 29 a EGBGB ist nach alledem als nationaler Alleingang zu sehen[1291].

Vor diesem Hintergrund fragt sich natürlich, ob die Ausarbeitung des Art. 29 a EGBGB ein sinnvolles Unterfangen war. Hat es den Aufwand gelohnt, eine „halbe Sache“ zu machen? Hätte der Gesetzgeber nicht bis zur europäische Gesamtlösung warten[1292] und an dem bisherigen Umsetzungsmodell der in die jeweiligen Sachnormen eingebetteten Sonderkollisionsnorm festhalten können[1293]? Wäre es andererseits nicht sinnvoller gewesen, im Rahmen der Kompetenzen direkt den „Schritt weiter“ zu gehen und – gegebenenfalls auch über Art. 23 EVÜ oder eine Initiative nach Art. 67 Abs. 1 EG – eine Regelung auszuarbeiten, die in Form einer durchdachten Inkorporierung des Richtlinienkollisionsrechts in Art. 29 EGBGB (Art. 5 EVÜ) ein Vorbild für die nun anstehende Revision des EVÜ hätte darstellen können[1294]? So hätte, welches bei Art. 29 a EGBGB nicht der Fall ist, wenigstens übergangsweise für eine kohärente Gesetzeslage gesorgt werden können. Neben einem fehlenden politischen Willen für dieses eher komplexe Unterfangen stand dem jedoch zumindest die Umsetzungsfrist für die Fernabsatzrichtlinie im Wege.

6. Ergebnis zu Art. 29 a EGBGB

Im Ergebnis steht fest, daß trotz der Neuregelung des Art. 29 a EGBGB weiterhin Reformbedarf im Bereich des Europäischen Kollisionsrechts besteht: das Problem der Koordinierung setzt sich fort. Insbesondere auf EU-Ebene nimmt

---

des Verbraucherschutzrechts“, das „*sogar als Transformationsmodell für andere Mitgliedstaaten dienen*“ mag.

1288 So *Heiss/Mayr*, IPRax 1999, S.311 und vorher schon *Heiss/Rudisch*, ecolex 1997, S.239.

1289 *Staudinger*, ZfRV 2000, S.99.

1290 Ausführlich hierzu *Kreuzer*, Die Europäisierung des Internationalen Privatrechts, 2.Aufl., S.519.

1291 Dem Verfasser ist nicht bekannt, daß andere Mitgliedstaaten eine Art. 29 a EGBGB entsprechende Umsetzungsnorm erlassen haben. *Staudinger*, IPRax 1999, S.419, spricht von einem „rein nationalen Transformationsmodell“, später von einer „Microlösung“, *ders.*, ZfRV 2000, S.99. Ähnlich *Lorenz*, JuS 2000, S.843.

1292 *Waldenberger*, K&R 1999, S.353, spricht von „mehr regulatorischer Zurückhaltung“.

1293 Vgl. *Staudinger*, IPRax 1999, S.419 f.; *Freitag/Leible*, EWS 2000, S.343.

1294 Ähnlich *Freitag/Leible*, EWS 2000, S.350.

Art. 29 a EGBGB als „schnelle Übergangslösung" oder als „Microlösung"[1295] der überfälligen Revision des Art. 5 EVÜ nicht zu viel weg. Übereinstimmung besteht vielmehr darin, daß Art. 29 a EGBGB die sich anbahnende Revision des EVÜ – voraussichtlich im Rahmen eines Sekundärrechtsakts Rom I – nicht ersetzen kann[1296]. Nur eine umfangreichere, tiefgreifendere Reform kann letztlich den Wunsch nach der notwendigen Kohärenz im Europäischen Kollisionsrecht erfüllen[1297].

II. Legislatorische Maßnahmen auf supranationaler Ebene – die Revision des EVÜ in einem Gemeinschaftsrechtsakt

Alles deutet darauf hin, daß eine einheitliche *europäische* Lösung gefunden werden muß[1298]. Die Europäische Union hat mit dem Vertrag von Amsterdam den Weg frei gemacht für Gemeinschaftsrechtsakte im Bereich des Internationalen Privat- und Verfahrensrechts. Ein Sekundärrechtsakt, der das Übereinkommen von Rom ersetzt, ist daher ein weiterer denkbarer Mechanismus, mit dem die Kohärenz im Europäischen Kollisionsrecht hergestellt werden kann[1299]. Methodische Überlegungen betreffen dabei in erster Linie die Wahl der Rechtssetzungsform (1.). Nach allgemeineren Ausführungen zu den inhaltlichen Gesichtspunkten einer Revision des Art. 5 EVÜ (2.) folgt eine Berücksichtigung des kollisionsrechtlichen Verbraucherschutzes im Electronic Commerce (3.). Anschließend folgt eine Darstellung und kritische Auseinandersetzung mit bereits bestehenden Formulierungsvorschlägen für die Modifizierung des EVÜ (4.). Dieser Teil schließt mit einer Empfehlung für eine Neufassung des Art. 5 EVÜ und deren Erläuterung (5.).

1. Rechtsform des EG-Rechtsakts zur Revision des EVÜ

Aufgrund der Überlegungen zu den Gesetzgebungskompetenzen im EG-Vertrag für das Europäische Kollisionsrecht ist davon auszugehen, daß den Gemeinschaftsorganen nach Art. 65 lit.b EG in diesem Bereich sämtliche Maßnahmen und Rechtsetzungsformen zur Verfügung stehen, die Art. 249 EG (früher Art. 189 EGV) vorsieht[1300]. Da es im vorliegenden Zusammenhang um eine tiefgrei-

---

[1295] *Staudinger*, ZfRV 2000, S.99.

[1296] *Freitag/Leible*, ZIP 1999, S.1301; *Staudinger*, RIW 2000, S.420; *Wagner*, IPRax 2000, S.252.

[1297] So auch *Staudinger*, ZfRV 2000, S.102; *Freitag/Leible*, EWS 2000, S.343.

[1298] *Freitag/Leible*, ZIP 1999, S.1301; *Staudinger*, IPRax 1999, S.419 f.

[1299] *Staudinger* spricht insofern von einer „Makrolösung", ZfRV 2000, S.102. Vgl. auch *Freitag/Leible*, EWS 2000, S.350.

[1300] Vgl. *Basedow*, CML Rev. 37 (2000), S.706; *Staudinger*, ZfRV 2000, S.104.

fende Revision des Übereinkommens von Rom geht, scheiden Entscheidungen, Empfehlungen und Stellungnahmen der Gemeinschaftsorgane (Art. 249 Abs. 4, 5 EG) von vornherein als ungeeignet aus. Zur Wahl stehen die EG-Richtlinie und die EG-Verordnung[1301]. Aus Art. 249 EG kann keine Präferenz zugunsten der Anwendung eines bestimmten Rechtsetzungsinstruments gelesen werden[1302] und auch in der Literatur besteht hierzu keine einheitliche Meinung. Die Entscheidung hängt außer von der jeweiligen Kompetenzgrundlage im EG-Vertrag in erster Linie von der Natur der zu regelnden Materie ab[1303].

Das jüngere Europäische Kollisionsrecht beruht auf EG-Richtlinien. Dabei handelt es sich jedoch um Richtlinien, die in erster Linie den sachrechtlichen Verbraucherschutz regeln und die kollisionsrechtlich relevante Regelung lediglich in Form eines Annexes vorsehen. Um diese Art von Richtlinien – die erst zur Inkohärenz geführt haben – geht es hier nicht, sondern um einen Rechtsetzungsakt, der das EVÜ als sekundärrechtliche EG-Maßnahme neu erläßt und daher ausschließlich Kollisionsrecht regelt. Ähnliches gilt für die seltenen EG-Verordnungen, die Kollisionsnormen enthalten, wie zum Beispiel die Verordnung Nr. 2137/85 über die Schaffung einer Europäischen Wirtschaftlichen Interessenvereinigung (EWIV) vom 25. Juli 1985[1304], deren Art. 2 Abs. 1, 6, 12 auch Verweisungen auf die Sachrechte der Mitgliedstaaten vorsieht[1305].

Nachfolgend werden die Eigenheiten der EG-Richtlinie und der EG-Verordnung gegenübergestellt (a), um anschließend zu prüfen, in welcher Gestalt ein EG-Rechtsakt am zweckmäßigsten zur Herstellung der Kohärenz im Europäischen Kollisionsrecht beitragen könnte (b). Zuletzt wird auf die jüngere und jüngste Maßnahmenpraxis der EU im Bereich „Justitielle Zusammenarbeit in Zivilsachen" eingegangen, um die aktuellen Tendenzen aufzuzeigen (c).

a) Eigenheiten der Rechtssetzungsinstrumente

aa) EG-Richtlinie

Die Richtlinie als Rechtsetzungsform der Europäischen Gemeinschaft ist weltweit rechtsvergleichend betrachtet ein europäisches Unikum[1306]. Sie bringt nicht

---

1301 Siehe *Kropholler*, Europäisches Zivilprozeßrecht, RIW 1999, Heft 7, Die erste Seite; *Kreuzer*, Die Europäisierung des Internationalen Privatrechts, 2.Aufl., S.532; *Heß*, NJW 2000, S.28.
1302 Vgl. *Krebber*, ZVglRWiss 97 (1998), S.138.
1303 *Michaels/Kamann*, JZ 1997, S.602.
1304 ABl.EG (25.7.1985) Nr. L 199/1.
1305 Vgl. *Kegel/Schurig*, § 4, S.192.
1306 *Brödermann/Iversen*, S.288.

zu verachtende Vorteile, jedoch auch eine Reihe erheblicher Nachteile[1307] mit sich.

Im Prinzip ist die Richtlinie aus mehreren Gründen eine auf den Binnenmarkt gut angepaßte Maßnahmenform. Art. 249 Abs. 3 EG besagt bekanntlich: „Die Richtlinie ist für jeden Mitgliedstaat, an den sie gerichtet wird, hinsichtlich des zu erreichenden Ziels verbindlich, überläßt jedoch den innerstaatlichen Stellen die Wahl der Form und der Mittel.“ Ihr liegt demnach ein zweistufiger Mechanismus zugrunde, bei dem erst der Richtliniengeber und anschließend die mitgliedstaatlichen Gesetzgeber tätig werden. Dadurch, daß sie lediglich ein verbindliches Ziel vorgibt, ist sie flexibel und erlaubt jedem Mitgliedstaat, die in ihr geregelten Vorgaben mit einem gewissen Spielraum stimmig in das eigene Regelsystem zu transformieren und einzufügen[1308]. Sie hat damit vor allem gegenüber den Staatsverträgen den Vorteil größerer Umsetzungschancen und wurde aus diesem Grund von der EG häufig für die nach dem Binnenmarktkonzept erforderliche Rechtsangleichung gewählt[1309]. Außer einer weitestmöglichen Souveränitätserhaltung[1310] wird mit der Richtlinie zudem dem gemeinschaftsrechtlichen Postulat des geringstmöglichen Eingriffs und dem Subsidiaritätsgrundsatz in der EU, Art. 5 EG (früher Art. 3b EGV), entsprochen[1311]. Die mitgliedstaatlichen Rechtsordnungen gelten aus gemeinschaftsrechtlicher Sicht als gleichwertig, ein „Wettbewerb der Rechte“ bleibt dennoch erhalten[1312].

Die Nachteile der Rechtsetzungsform der Richtlinie liegen, wie bereits ausführlicher dargelegt, in der Gefahr zu starker Divergenzen und einer Zersplitterung des Rechts[1313]. Es ist leicht möglich, daß einzelne Mitgliedstaaten eine Richtlinie verspätet oder fehlerhaft in ihrer nationale Rechtsordnung umsetzen[1314]. Diese infolge des Richtlinienerlasses neu entstehenden Probleme können auch nicht durch „besondere Verfahren ihrer späteren Modifikation“ bzw. „eine zeitliche Beschränkung ihrer Geltungsdauer“[1315] behoben werden. Das Ergebnis von Richtlinien im Privatrecht ist eine Rechtsangleichung, eine Harmonisierung im Sinne eines „rapprochement“ der mitgliedstaatlichen Rechte, nicht jedoch eine Rechtsvereinheitlichung[1316].

[1307] Siehe nochmals *Müller-Graff*, EC Directives as a Means of Private Law Unification, S.71 ff.

[1308] *Brödermann/Iversen*, S.449.

[1309] *Basedow*, Materielle Rechtsangleichung und Kollisionsrecht, S.31; *Kreuzer*, Die Europäisierung des Internationalen Privatrechts, 2.Aufl., S.521.

[1310] *Grundmann*, JZ 1996, S.283.

[1311] *Armbrüster*, RabelsZ 60 (1996), S.84, 89.

[1312] *Krebber*, ZVglRWiss 97 (1998), S.138; *von Hoffmann*, ZfRV 1995, S.46.

[1313] Vgl. nur *Müller-Graff*, Gemeinsames Privatrecht in der Europäischen Gemeinschaft, S.338 f.; *Kreuzer*, Die Europäisierung des Internationalen Privatrechts, 1.Aufl., S.429; *Grundmann*, RabelsZ 64 (2000), S.463.

[1314] *Martiny*, ZeuP 1999, S.249.

[1315] Siehe *Kötz*, RabelsZ 50 (1986), S.13.

[1316] *Krebber*, ZVglRWiss 97 (1998), S.138; *Basedow*, Materielle Rechtsangleichung und Kollisionsrecht, S.31.

bb) EG-Verordnung

Art. 249 Abs. 2 EG (früher Art. 189 Abs. 2 EGV) regelt: „*Die Verordnung hat allgemeine Geltung. Sie ist in allen ihren Teilen verbindlich und gilt unmittelbar in jedem Mitgliedstaat*". In dieser knappen Beschreibung ist der immense Vorteil dieser Art von Rechtsvereinheitlichung festgehalten: Ihre Verbindlichkeit und sofortige, gleichzeitige und unmittelbare *tel quel*-Geltung – auf die sich auch einzelne EU-Bürger berufen können[1317] – macht jeden umständlichen und langwierigen Transformations- bzw. Ratifikationsakt entbehrlich[1318]. Gleichzeitig gilt nach Inkrafttreten einer EG-Verordnung in allen Mitgliedstaaten dasselbe Recht, das heißt sie führt zu „echter", textidentischer Rechtsvereinheitlichung[1319] und erhöhter Transparenz[1320]; Probleme der intertemporalen Anwendung verschiedener Fassungen wird insgesamt vermieden. Weiterhin garantiert Art. 234 EG (früher Art. 177 EGV) ipso iure die ausschließliche Auslegungskompetenz des EuGH für die einheitliche Anwendung der Verordnung.

Dem stehen die verordnungsspezifischen Nachteile des Verlustes an zusätzlicher Legitimation und Akzeptanz[1321] in den einzelnen Mitgliedstaaten gegenüber, die bei einer Richtlinienumsetzung vermieden werden[1322]. Zum Teil auch kann die Durchführbarkeit einer EG-Verordnung auf Bedenken stoßen, insbesondere im Hinblick auf das Subsidiaritätsprinzip[1323] und die kompetenzrechtlichen Grenzen der Gemeinschaft[1324].

1317 *Basedow*, CML Rev. 37 (2000), S.689 f.

1318 *Müller-Graff*, Gemeinsames Privatrecht in der Europäischen Gemeinschaft, S.338 f.; *Besse*, ZEuP 1999, S.120; *von Hoffmann*, The European Community and Private International Law, S.31 f.; *Seif*, JbJgZivRW 1997, S.255; *Tebbens*, Private International Law and the Single European Market: Coexistence or Cohabitation?, S.62; *Hausmann*, EuLF 2000/01-1, S.41.

1319 Siehe *Hoffmann*, Analyse der europäischen Rechtssetzungstechniken im Bereich des Vertragsrechts, S.40.

1320 *Hausmann*, EuLF 2000/01-1, S.41; *Micklitz/Rott*, EuZW 2001, S.326.

1321 *Hoffmann*, Analyse der europäischen Rechtssetzungstechniken im Bereich des Vertragsrechts, S.40.

1322 *Müller-Graff*, Gemeinsames Privatrecht in der Europäischen Gemeinschaft, S.340 f.

1323 Obwohl bereits die Wahl des Kollisionsrechts als Vereinheitlichungsmaterie gegenüber dem Sachrecht ein gewisses Einhalten des Subsidiaritätsprinzip darstellt, bedeutet doch der Erlaß einer EG-Verordnung, daß die Mitgliedstaaten überhaupt nicht mehr tätig werden. Vgl. hierzu auch *Armbrüster*, RabelsZ 60 (1996), S.84, 89 und *von Hoffmann*, ZfRV 1995, S.46.

1324 Siehe *Kropholler*, Internationales Privatrecht, S.6, Fn.23; *Brödermann/Iversen*, S.29; *Hauschka*, JZ 1190, S.530 f. Vorsichtig auch *Müller-Graff*, Gemeinsames Privatrecht in der Europäischen Gemeinschaft, S.342.

b) *Zweckmäßigkeit zur Herstellung der Kohärenz*

Die Prüfung der Geeignetheit der beiden Rechtsetzungsinstrumente zur Herstellung der Kohärenz im Europäischen Kollisionsrecht der Verbraucherverträge setzt an der generellen Eignung zur Regelung von Internationalem Privatrecht an. Die Diskussion zu Beginn dieser Arbeit hat ergeben, daß zur Herausbildung und Weiterentwicklung eines Europäischen Kollisionsrechts strenge Maßstäbe angesetzt werden müssen, wenn es seinem Ideal als gleichwertige Alternative zur Sachrechtsvereinheitlichung[1325] gerecht werden will: Es bedarf zur Gewährleistung der erforderlichen Rechtsanwendungssicherheit der *Identität* der Kollisionsnormen in den Mitgliedstaaten. Kollisionsrechts*vereinheitlichung* in diesem Sinne ist nur mit den Rechtsinstrumenten der EG-Verordnung und der Konvention zu erreichen[1326].

Die Weiterverwendung von Richtlinien stellt „gegenüber der durch das EVÜ erreichten Einheit einen Rückschritt dar“[1327]; dies gilt auch für eine das EVÜ ersetzende Richtlinie. Daß die EG-Richtlinie kein taugliches Mittel gerade zur Vereinheitlichung des Internationalen Privatrechts in Europa sind, ist Tenor der überwiegenden Meinung im Schrifttum, zumal das Instrument der Verordnung gleichzeitig zur Verfügung steht[1328]. Zur Herstellung des internationalen Entscheidungseinklangs reicht die bloße Angleichung des Kollisionsrechts nicht aus[1329].

Als „Musterquelle des gemeinschaftsrechtlichen IPR“[1330] ist hingegen die EG-Verordnung bezeichnet worden. Für den Bereich des Kollisionsrecht plädiert seit langem vor allem *Kreuzer*[1331] dezidiert für eine umfassende Vereinheitlichung der mitgliedstaatlichen Rechte durch das von ihm bevorzugte Mittel der Verordnung – dies auch schon vor Inkrafttreten des Vertrags von Amsterdam[1332]. Zugleich hielten auch zahlreiche andere Autoren den Erlaß einer das

1325 Auch für den Bereich der materiellen Zivilrechtsvereinheitlichung wird das Instrument der Verordnung jenem der Richtlinie vorgezogen; siehe *Lurger*, Grundfragen der Vereinheitlichung des Vertragsrechts in der Europäischen Union, S.142 ff.

1326 Siehe *Seif*, JbJgZivRW 1997, S.255; *Kreuzer*, Internationales Privatrecht und europäische Integration, S.556.

1327 So *Jayme*, Klauselrichtlinie und Internationales Privatrecht – Eine Skizze, S.583; siehe auch *Jayme/Kohler*, IPRax 1995, S.353 f.

1328 *Staudenmayer*, Die Richtlinien des Verbraucherprivatrechts, S.71; *Leible*, Kollisionsrechtlicher Verbraucherschutz im EVÜ und in EG-Richtlinien, S.379 f.; *Kreuzer*, Die Europäisierung des Internationalen Privatrechts, 2.Aufl., S.521 f.

1329 *Martiny*, ZeuP 1999, S.249.

1330 So *Brödermann/Iversen*, S.49. Siehe auch *Hoffmann*, Analyse der europäischen Rechtssetzungstechniken im Bereich des Vertragsrechts, S.40.

1331 Siehe vor allem *Kreuzer*, Die Europäisierung des Internationalen Privatrechts, 1.Aufl., S.430 f.: „*Die ideale Rechtsetzungsform für die IPR-Vereinheitlichung innerhalb der EG stellt zweifellos die Verordnung dar.*“. *Ders.*, *Lex Communis Europaea de Collisione Legum*, S.241ff.; *ders*, Die Europäisierung des Internationalen Privatrechts, 2. Aufl., S.522.

1332 Vor Inkrafttreten des Amsterdamer Vertrags sah er eine ausreichende Rechtsgrundlage für eine kollisionsrechtsvereinheitlichende Verordnung oder gar ein einheitliches euro-

IPR in der Europäischen Union vereinheitlichenden Verordnung für eine spätestens nach Inkrafttreten des Amsterdamer Vertrags gut denkbare Alternative[1333] und befürworteten zum Teil, die bestehenden Konventionen „in echte Gemeinschaftsrechtsakte zu konvertieren“[1334]. Auf der Hand liegen neben der am Ende stehenden Rechtseinheitlichkeit auch die praktischen Vorteile einer Verordnung für eine Kollisionsrechtsvereinheitlichung: Sie läßt sich durch ein beschleunigtes und vereinfachtes Verfahren realisieren, das jegliche Umsetzungsschwierigkeiten und -verzögerungen umgeht[1335]. Im Ergebnis erlangt sie unmittelbar und gleichzeitig in allen Mitgliedstaaten Gültigkeit; für eine einheitliche Anwendung sorgt ohne zusätzliche parallele Übereinkünfte der Mitgliedstaaten der EuGH. Ein deutliches Mehr an Rechtssicherheit[1336] und an vereinfachter Rechtsanwendung für den Richter[1337] würden daher gewährleistet.

Es ist nachvollziehbar, daß das Übereinkommen von Rom, das völkerrechtliche Rechtsvereinheitlichung bewirkt hat, wenn, dann auch durch einen EG-Rechtsakt ersetzt werden soll, der wiederum zu direkt wirkender Rechtsvereinheitlichung führt und hierzu noch Vorteile erhöhter Effizienz mit sich bringt[1338]. Dennoch dürfen im vorliegenden Fall gewisse Schwierigkeiten und Nachteile nicht übersehen werden.

Ein wichtiges Problem bei Erlaß des EVÜ in Form einer EG-Verordnung ist die Reichweite der Außenkompetenz der Gemeinschaftsorgane, nämlich die Frage, ob sie auch allseitig-universelle Regelungen schaffen können, die unter Umständen einen ausschließlich drittstaatlichen Sachverhalt regeln. Wie im Abschnitt über die Gesetzgebungskompetenzen für das Gemeinschaftskollisions-

---

päisches IPR-Gesetzbuch in Art. 308 EGV i.V.m. Art. 293 EGV (Art. 235 EGV i.V.m. Art. 220 1. Spiegelstrich EGV a.F.) und Art. K.3 Abs. 2 EUV a.F. Siehe *Kreuzer* nach *Ruffert*, Bericht über die Tagung „Gemeinsames Privatrecht in der Europäischen Gemeinschaft“ in Trier, EuR 1992, S.325; vgl. auch *ders.*, *Lex Communis Europaea de Collisione Legum*, S.225 ff.; *ders.*, Internationales Privatrecht und europäische Integration, S.557. Siehe auch *Seif*, JbJgZivRW 1997, S.255f.

1333 *Sonnenberger*, RIW Heft 4/1999, „Die erste Seite“; *Kronke*, RIW 1996, S.987; *Jayme/Kohler*, IPRax 1995, S.353 f.; *Boriths Müller*, S.17; *Remien*, ZfRV 1995, S.126.

1334 So *von Hoffmann*, The European Community and Private International Law, S.32; *ders.*, IPR, § 10, Rz.73b. Bzgl. des EuGVÜ siehe *Besse*, ZEuP 1999, S.120; *Kreuzer*, Die Europäisierung des Internationalen Privatrechts, 1.Aufl., S.445. Diesen Punkt offenlassend *Sonnenberger*, RIW Heft 4/1999, „Die erste Seite“.

1335 *Kropholler*, Europäisches Zivilprozeßrecht, RIW 1999, Heft 7, Die erste Seite; *Basedow*, CML Rev. 37 (2000), S.688; *Wagner*, IPRax 2000, S.252; *Heß*, NJW 2000, S.28; *Hausmann*, EuLF 2000/01-1, S.41; *Micklitz/Rott*, EuZW 2001, S.326.

1336 Stellungnahme des Wirtschafts- und Sozialausschusses zum Brüssel I-Verordnungsvorschlag: CES 233/2000 – 99/0154 CNS v. 1.3.2000.

1337 *Staudinger*, ZfRV 2000, S.105.

1338 Vgl. *Basedow*, CML Rev. 37 (2000), S.707: „*It is not in dispute that the regulation in fact is the only form of Community legislation which guarantees the same direct effect as an international convention*“. Siehe auch *Heß*, NJW 2000, S.31.

recht beschrieben, wird in akademischen Kreisen heftig hierüber diskutiert[1339], während auf Seiten der EG bereits die – eher nach politischen als rechtlichen Aspekten – getroffene Entscheidung gefallen ist, bei einer Umwandlung des Übereinkommens von Rom in eine Verordnung auch dessen Charakter als *loi uniforme* zu übernommen. Hierdurch soll möglichst vermieden werden, das Europäische Kollisionsrecht aufzuspalten in verschiedene Regeln für „intragemeinschaftliche“ und für „trans-gemeinschaftliche“ Sachverhalte[1340].

Ferner zeichnet sich bei Erlaß einer Rom I-Verordnung die Entstehung eines wichtigen Nachteils ab, der den Erfolg der Rechtsvereinheitlichung auf lange Sicht trüben könnte: Zumindest für Dänemark, möglicherweise jedoch auch für das Vereinigte Königsreich und Irland[1341], wird ein solcher Gemeinschaftsrechtsakt als Teil des Schengen-Acquis nicht gelten (Art. 69 EG)[1342]. Dieser Nachteil bestünde allerdings auch bei Erlaß einer EG-Richtlinie, nicht aber im Falle eines Staatsvertrages. Ergänzend zu einer neuen Verordnung müßte daher durch Aufrechterhalten oder Neuverhandlung des EVÜ eine inhaltsgleiche staatsvertragliche Abrede getroffen werden[1343].

Im Ergebnis sprechen für den Bereich des Internationalen Privatrechts die Vorteile der in allen Mitgliedstaaten verbindlichen und unmittelbaren Wirkung deutlich für die „Musterquelle“ EG-Verordnung. Sie ist aus den genannten Gründen nicht nur der beste Garant für eine Vereinheitlichung des Europäischen Kollisionsrechts, sondern auch für die Herstellung der Kohärenz im kollisionsrechtlichen Verbraucherschutz, da in allen Mitgliedstaaten „auf einen Schlag“, das heißt von demselben Zeitpunkt an, wieder ein kohärentes Normensystem gelten würde. Der Vorteil, ein Rechtsinstrument zur Hand zu haben, das diese Ziele zu verwirklichen mag, sollte nicht ungenutzt bleiben. Freilich wird dieses Ergebnis durch die Nichtwirkung einer Rom I-Verordnung in einigen Mitgliedstaaten, zumindest in Dänemark, nicht unerheblich relativiert.

[1339] Siehe nur *Jayme/Kohler*, IPRax 2000, S.454 ff.

[1340] Diese Begriffe stammen von *Kreuzer*, Die Europäisierung des Internationalen Privatrechts, 1.Aufl., S.444; *ders.*, Internationales Privatrecht und europäische Integration, S.557. Siehe hierzu jedoch auch *Brödermann/Iversen*, S.26: *„Je weiter die Eingriffe des Gemeinschaftsrechts in das IPR reichen, desto größer wird die mögliche Kluft zwischen dem innergemeinschaftlichen IPR-System und den traditionellen IPR-Regeln, die im Verhältnis zu den über 170 anderen Staaten der Erde gelten“*.

[1341] Vgl. IPRax 2000, Heft 2, S.V.

[1342] *Jayme/Kohler*, IPRax 1999, S.402; *Tarko*, ÖJZ 1999, S.404 f.; *Hausmann*, EuLF 2000/01-1, S.41 f.

[1343] IPRax 2000, Heft 4, S.V.

c) Maßnahmenpraxis der EU im Bereich der „Justitiellen Zusammenarbeit in Zivilsachen"

Für den Bereich des Europäischen Internationalen Privat- und Verfahrensrechts ist heute eine eindeutige Tendenz hin zum Erlaß von EG-Verordnungen zu vermerken. Seit dem Inkrafttreten des Vertrags von Amsterdam hat sich gezeigt, daß die Gemeinschaftsorgane darauf dringen, in diesem früher vernachlässigten Rechtsbereich nun „Nägel mit Köpfen" zu machen[1344]. Die im Wiener Aktionsplan angekündigten Maßnahmen wurden meist zumindest in Angriff genommen: Nach der Brüssel II-Verordnung in Ehesachen[1345] vom 30.6.2000, die seit dem 1. März 2001 in Kraft ist, ist das EuGVÜ („Brüssel I") am 22.12.2000 in die Verordnung (EG) Nr. 44/2001 des Rates über die gerichtliche Zuständigkeit und die Anerkennung und Vollstreckung von Entscheidungen in Zivil- und Handelssachen (EuGVVO), überführt worden[1346], die am 1.3.2002 in Kraft tritt. Die Brüssel II-Verordnung wurde begleitet von einer – zunächst als Richtlinie vorgesehenen[1347] – „Zustellungs-Verordnung"[1348] und einer „Insolvenz-Verordnung"[1349], die ab dem 31.5.2001 bzw. dem 31.5.2002 gelten.

„Rom II", das noch als „Übereinkommen über das auf außervertragliche Schuldverhältnisse anzuwendende Recht" zur Vervollständigung des EVÜ ausgearbeitet worden ist[1350], soll auch in die Form einer EG-Verordnung gegossen werden. Zuletzt ist auf Initiative der französischen Ratspräsidentschaft am 26.6.2000 eine „Verordnung (EG) des Rates über die gegenseitige Vollstreckung von Entscheidungen über das Umgangsrecht" vorgeschlagen worden[1351].

1344 Siehe *Kropholler*, Europäisches Zivilprozeßrecht, RIW 1999, Heft 7, Die erste Seite; *Jayme/Kohler*, IPRax 2000, S.454, 457 ff.; *Boele-Woelki*, Unification and Harmonization of PIL in Europe, S.66.

1345 Verordnung (EG) Nr. 1347/2000 des Rates vom 29. Mai 2000 über die gerichtliche Zuständigkeit und die Anerkennung und Vollstreckung von Entscheidungen in Ehesachen und in Verfahren betreffend die elterliche Verantwortung für die gemeinsamen Kinder , ABl.EG Nr. L (2000) 160/18 ff. = FamRZ 2000, S.1140 ff.; siehe Kohler, Verordnung Brüssel II, NJW 2001, S.10 ff.

1346 ABl.EG 2001 Nr. L 12/1 ff.

1347 Vorschlag für eine Richtlinie des Rates über die Zustellung gerichtlicher Schriftstücke in Zivil- und Handelssachen in den Mitgliedstaaten v. 4.5.1999 – KOM (1999) 219 endg. – 99/0102 (CNS), ABl.EG Nr. C 247 E, S.11; siehe auch *Kropholler*, Europäisches Zivilprozeßrecht, RIW 1999, Heft 7, Die erste Seite.

1348 Verordnung (EG) Nr. 1348/2000 des Rates vom 29. Mai 2000 über die Zustellung gerichtlicher und außergerichtlicher Schriftstücke in Zivil- oder Handelssachen in den Mitgliedstaaten, ABl.EG (30.6.2000) Nr. L 160/37. Siehe auch *Heß*, NJW 2001, S.15 ff.

1349 Verordnung (EG) Nr. 1346/2000 des Rates vom 29. Mai 2000 über Insolvenzverfahren, ABl.EG (30.6.2000) Nr. L 160/1. Siehe *Eidenmüller*, IPRax 2001, S.2 ff.

1350 Siehe *Fallon*, European Review of Private Law 1, 1999, S.45 ff.; Groupe européen de droit international privé, Proposition pour une convention européenne sur la loi applicable aux obligation non contractuelles, (Texte adopté lors de la réunion de Luxembourg du 25-27 septembre 1998), IPRax 1999, S.286 ff.; *Martiny*, ZeuP 1999, S.270.

1351 Der Text ist abgedruckt in IPRax 2000, S.444 ff.

Es ist wahrscheinlich, daß auch kollisionsrechtliche Regeln für das Eherecht (Rom III) folgen werden[1352].

Daß die beschriebenen Vorteile der EG-Verordnung auch Beweggründe für die EG-Kommission sind, sich dieses Instruments zu bedienen, heben die Ausführungen in der Vorschlagsbegründung für Brüssel I vom 14.07.1999 hervor. Dort heißt es:

> „Für die Wahl der Rechtsform (Verordnung) gibt es mehrere Gründe. So darf den Mitgliedstaaten kein Ermessensspielraum bleiben; weder für die Festlegung der Zuständigkeitsvorschriften, die die Rechtssicherheit der Bürger und Unternehmen gewährleisten sollen, noch für die Anerkennungs- und Vollstreckungsverfahren, die in allen Mitgliedstaaten unbedingt einheitlich und transparent sein müssen.
>
> Transparenz ist in diesem Bereich von grundlegender Bedeutung. Die in der Europäischen Gemeinschaft geltenden Vorschriften müssen ohne Zwischenschaltung des innerstaatlichen Rechts, das den Gemeinschaftsrechtsakt inhaltlich umsetzt und das dem Antragsteller sehr häufig fremd ist, unmittelbar zugänglich und einheitlich formuliert sein. Die Rechtsform der Verordnung gibt dem Gerichtshof überdies die Möglichkeit, die einheitliche Anwendung der Bestimmungen in allen Mitgliedstaaten zu gewährleisten.“

Weitere Hinweise unter Punkt 2.1 der Begründung und in Erwägungsgrund 6 verdeutlichen, daß es die EG-Kommission „leid war“, die Ratifizierungsverzögerungen nach den Beitrittsverhandlungen zum EuGVÜ hinzunehmen. Es scheint also, als habe der Gemeinschaftsgesetzgeber nur auf den neuen Kompetenztitel in Titel IV des EG-Vertrages gewartet, um die veränderte institutionelle Situation dazu zu nutzen, sämtliche als Übereinkommen bereits existierenden, neu ausgearbeiteten oder geplanten Rechtstexte in EG-Rechtsakte, vorzüglich in Gestalt von Verordnungen zu gießen[1353]. Der weiter oben beschriebene Nachteil einer Gefahr eines „Zwei-Klassen-Europas“ in diesem Bereich wird anscheinend hingenommen.

d) Ergebnis

Für die Vereinheitlichung des Europäischen Kollisionsrechts und die Herstellung der Kohärenz im kollisionsrechtlichen Verbraucherschutz durch einen Gemeinschaftsrechtsakt ist die EG-Verordnung, nicht hingegen die EG-Richtlinie, das geeignete Mittel. Allein durch Erlaß einer Verordnung kann sichergestellt werden, daß der Binnenmarkt „reibungslos“ im Sinne des Art. 65 EG funktio-

---

[1352] *Jayme/Kohler*, IPRax 1999, S.401.

[1353] Von der “Abendstunde der Staatsverträge” sprechen daher *Jayme/Kohler*, IPRax 1999, S.401. Siehe auch *Jayme*, IPRax 2000, S.165 f.; *Kropholler*, Europäisches Zivilprozeßrecht, RIW 1999, Heft 7, Die erste Seite.

niert[1354]. Falls es zum Erlaß eines sekundären Rechtsakts kommt, spricht vor dem Hintergrund der aktuellen Maßnahmenpraxis des Gemeinschaftsgesetzgebers sehr viel dafür, daß eine es sich um eine „Verordnung (EG) über das auf vertragliche Schuldverhältnisse anzuwendende Recht (Rom I)“[1355] handeln wird[1356]. Neu beitretende Mitgliedstaaten müßten den Inhalt dieser Verordnung als *acquis communautaire* und ohne neue Beitrittsverhandlungen akzeptieren[1357].

2. Inhaltliche Modifizierung des Art. 5 EVÜ

Die Rufe nach Reformen im kollisionsrechtlichen Verbraucherschutzrecht Europas sind nicht mehr zu überhören[1358]. Fast übereinstimmend wird Art. 5 EVÜ heute als *zu eng* empfunden, und das in mehrerer Hinsicht. Ausgangspunkt waren die „Gran Canaria-Fälle“, die die ersten Schutzlücken in der Vorschrift offenbarten[1359]. Ferner machten die punktuellen kollisionsrechtlichen Richtlinienanweisungen des EG-Gesetzgebers und die Problematik der Timesharing-Fällen auf die sachliche Enge des Art. 5 EVÜ aufmerksam[1360]. Diese Unzulänglichkeiten, die die Praxis aufgezeigt hat, sind zu korrigieren. Zugleich muß auf der Basis der bisherigen Erfahrungen eine für die Zukunft ausreichend gerüstete Vorschrift entstehen.

a) Erweiterung des Art. 5 EVÜ durch „Modernisierung“ und „Europäisierung“

Der kollisionsrechtliche Verbraucherschutz im Übereinkommen von Rom befindet sich trotz zwischenzeitlicher Beitrittsverhandlungen noch auf dem Stand von 1980, dem Zeitpunkt seines Inkrafttretens. Ein gewisser Wandel im internationalen Schuldvertragsrecht ist – nicht zuletzt gefördert durch den Binnenmarkt und die sich in ihm eröffnenden Möglichkeiten für den Handel – für den Zeitraum der letzten zwanzig Jahre nicht zu verleugnen. Auch die Gesellschaft in

---

1354 *Staudinger*, ZfRV 2000, S.104.

1355 Vgl. auch *Leible*, Kollisionsrechtlicher Verbraucherschutz im EVÜ und in EG-Richtlinien, S.387: „Verordnung über das auf Schuldverhältnisse anzuwendende Recht“.

1356 *Staudenmayer*, Die Richtlinien des Verbraucherprivatrechts, S.71; *Jayme/Kohler*, IPRax 1999, S.401; *Leible*, Kollisionsrechtlicher Verbraucherschutz im EVÜ und in EG-Richtlinien, S.387; *Wagner*, IPRax 2000, S.252; *Staudinger*, ZfRV 2000, S.104.

1357 Vgl. *Staudinger*, ZfRV 2000, S.104.

1358 Siehe nur *Freitag/Leible*, ZIP 1999, S.1301; *Heiss/Mayr*, IPRax 1999, S.310: „ *Seine [des Art. 5 EVÜ] Reformbedürftigkeit steht außer Zweifel*“. Vgl. *Heiss*, Die Europäisierung des Internationalen Schuldvertragsrechts, S.116; *Leible*, Kollisionsrechtlicher Verbraucherschutz im EVÜ und in EG-Richtlinien, S.391; *Lagarde*, Cour fédérale d'Allemagne – 19 mars 1997, Rev.crit.d.i.p., 1998, S.630; *Rühl*, RIW 1999, S.326.

1359 *Junker*, IPRax 2000, S.71; *Fischer*, S.277; *Lagarde*, Cour fédérale d'Allemagne – 19 mars 1997, Rev.crit.d.i.p., 1998, S.620.

1360 *Fischer*, S.283; *Freitag/Leible*, ZIP 1999, S.1298, Fn.11.

Europa hat sich in den letzten Jahren immer mehr in Richtung einer „Informationsgesellschaft“ entwickelt. Vom Anwendungsbereich und Verständnis des Art. 5 EVÜ werden die modernen und postmodernen Verträge daher nicht oder nicht vollständig kollisionsrechtlich abgedeckt[1361].

Die Idee der *Modernisierung*[1362] soll hier im Mittelpunkt stehen. Daß Änderungen von Zeit zu Zeit nötig sind, kann auch am Verständnis der Rechtsangleichung in der Europäischen Union erkannt werden. Nach Art. 3 lit.h EG geht es nicht nur um die Errichtung, sondern auch um das *Funktionieren* des Gemeinsamen Marktes und des Binnenmarktes. Es handelt sich dabei um einen *ständigen Auftrag*, die innerstaatlichen Rechtsvorschriften der Mitgliedstaaten auf die aktuellen Verhältnisse anzupassen und das Recht insofern weiterzubilden[1363]. Gleiches muß für das EVÜ als Schritt zur europäischen Kollisionsrechtsvereinheitlichung gelten: Das Übereinkommen darf nicht bei seinem ursprünglichen Ergebnis stehenbleiben. Ansonsten hätten die Mitgliedstaaten sich auch nicht auf die Änderungsmöglichkeiten in den Art. 23 bis Art. 26 EVÜ einigen können. Diese Auffassung wird auch von der „Europäischen Gruppe für Internationales Privatrechts“ geteilt: „The Committee considered it desirable that Article 5 of the Convention, and in particular, its second paragraph, be revised in accordance with more recent views on the required consumer protection"[1364]. *Jayme* hat diesen Gedanken 1995 an der Haager Akademie folgendermaßen ausgedrückt: „Les conventions doivent être adaptées aux besoins, en perpétuelle évolution, d'une communauté internationale“[1365]. Um die Verbraucherschutzlücken zu schließen, muß Art. 5 EVÜ daher „modernisiert“ werden. Die damit verbundene Neufassung der Vorschrift zieht gleichzeitig eine „Europäisierung“ ihres Anwendungsbereichs nach sich.

[1361] Vgl. auch *Kronke*, RIW 1996, S.987.

[1362] *Baumert* spricht von der „Aktualisierung“ des Art. 5 EVÜ, in: Europäischer ordre public, S.228.

[1363] Vgl. *Schwartz*, Perspektiven der Angleichung des Privatrechts in der EG, ZEuP 1994, S.568.

[1364] So *Tebbens*, NILR 1998, S.157. Vergleich auch den Vorschlag der selben Gruppe von 1996: *„Le Groupe suggère par conséquent à la Commission de réexaminer la proposition de directive à la lumière des présentes conclusions. Il souligne par ailleurs l'intérêts d'envisager dans les meilleurs délais une modification de l'article 5 de la Convention de Rome elle-même afin d'élargir la protection du consommateur, notamment lorsque la situation est localisée à l'intérieur de la Communauté“*, ABl.EG (16.10.1996) Nr. C 307/8 = IPRax 1998, S.139 f.; ebenfalls abgedruckt im Netherlands International Law Review (NILR) 1998, S.158 f.

[1365] *Jayme*, Identité culturelle et intégration: le droit international privé postmoderne, S.69.

aa) Modernisierung des Art. 5 EVÜ durch Ausweitung des sachlichen Anwendungsbereichs

Die Umsetzungsprobleme der kollisionsrechtlichen Regelungsgebote, vor allem des Art. 6 Abs. 2 der Klauselrichtlinie, haben den Anstoß dazu gegeben, über Art. 29 EGBGB und damit über Art. 5 EVÜ neu nachzudenken. Zwar waren die Drittstaatenklauseln in den jüngsten Verbraucherschutzrichtlinien vor allem Zielscheibe heftiger Kritik, doch haben sie zugleich Entwicklungen sichtbar gemacht, die man sich im staatsvertraglich geprägten Europäischen Kollisionsrecht bis dorthin nicht bewußt gemacht hatte[1366]. Es handelt sich um das Aufkommen neuer, modernerer Vertragstypen und die Herausbildung eines stärkeren Verbraucherschutzes.

Die konventionsschließenden Staaten haben sich bei der Ausarbeitung des Übereinkommens in Art. 5 Abs. 1, 4 und 5 EVÜ (Art. 29 Abs. 1, 4 EGBGB) auf einen Schutz des Verbrauchers bei bestimmten Vertragstypen festgelegt. Es ist heute jedoch anerkannt, daß sie dabei nur die ihnen evidenten und unmittelbar als verbraucher-gefährdend vorschwebenden Vertragstypen regelten; sie beabsichtigten daher nicht, den Verbraucher bei Abschluß eines der nicht geregelten Vertragstypen von jeglichem Schutz auszuschließen[1367]. Vielmehr dürften die Diplomaten der EVÜ-Staaten die Rechtsfortbildung im Internationalen Vertragsrecht und die Entwicklung neuer Vertragsformen, insbesondere der Timesharing-[1368] und Fernabsatzverträge, nicht vorhergesehen und die Vorschrift deshalb abschließend formuliert haben. Es ist daher davon auszugehen, daß sie den Neuerungen bei Kenntnis durch eine weitere und offenere Fassung des Anwendungsbereichs in Art. 5 EVÜ Rechnung getragen hätten[1369]. Wie *Fischer*

1366 Es soll hier nicht darüber spekuliert werden, ob der Richtliniengeber mit den einseitigen kollisionsrechtlichen Richtlinienklauseln wirklich die Schutzlücken des Art. 5 EVÜ hat auffüllen wollen. Für ein solch gezieltes Auffüllen sind die Drittstaatenklauseln zu punktuell und folgen keinem System. Objektiv gesehen haben sie jedoch dazu geführt, daß „die Defizite des Art. 5 EVÜ durch Rechtsharmonisierung etwas zurückgenommen worden" sind – dies allerdings für den Preis einer „Durchlöcherung" und Erosion des Konventionsrechts. Siehe *Legerer* in Diskussion im Anschluß an *Heiss*, Die Europäisierung des Internationalen Schuldvertragsrechts, S.123 und *Rudisch*, RabelsZ 63 (1999), S.97; *Joerges*, ZEuP 1995, S.195; *Gebauer*, Grundfragen der Europäisierung des Privatrechts, S.120.

1367 Siehe etwa *Fischer*, S.283 f.

1368 Vgl. hierzu *Lagarde*, Cour fédérale d'Allemagne – 19 mars 1997, Rev.crit.d.i.p., 1998, S.624, 630: „*Tout d'abord, en ce qui concerne le domaine matériel de la protection du consommateur, on ne peut que se réjouir de voir cette protection étendue par la directive de 1994 au contrat de timesharing.*"

1369 Für diese subjektiv-historische Ansicht der konventionsschließenden Staaten sehr aufschlußreich *Lagarde*, Cour fédérale d'Allemagne – 19 mars 1997, Rev.crit.d.i.p., 1998, S.627: „*La limitation de l'article 5 aux contrats ayant pour objet la fourniture d'objets mobiliers corporels ou de services – et donc l'exclusion des contrats portant sur les immeubles – fut décidée par les négociateurs de la convention de Rome parce qu'il avaient*

richtig feststellt, könne folglich nicht eingewandt werden, der Verbraucher bedürfe in den Fällen der nicht in Art. 5 EVÜ erfaßten Verträgen nur des sachrechtlichen und keines kollisionsrechtlichen Schutzes[1370].

Roth macht anhand eines Vergleichs deutlich, daß eine in gegenständlicher Hinsicht allgemeinere Fassung des Art. 5 EVÜ keineswegs allein stünde. Die vergleichbaren Bestimmungen des kollisionsrechtlichen Verbraucherschutzes in Art. 120 Schweizer IPRG und im früheren § 42 des österreichischen IPRG regeln bzw. regelten nämlich das, worauf eine Modifizierung des Art. 5 EVÜ hinausliefe: ihre Anwendungsbereiche erfassen „Verbraucherverträge ganz allgemein, ohne jede Ausdifferenzierung nach Vertragstypen“[1371]. Im Ergebnis kommt dort in jedem Fall das Recht des Aufenthaltsstaates der Verbrauchers zur Anwendung. Ferner weist Roth an selber Stelle darauf hin, daß eine dem Art. 5 EVÜ vergleichbare Teilregelung auch in Art. 6 EVÜ, über den der internationale Arbeitnehmerschutz sonderangeknüpft wird, nicht enthalten ist. Art. 6 EVÜ regelt die internationalen Arbeitsverträge allumfassend[1372].

Zumindest aus heutiger Sicht sind aus den genannten Gründen die sachlichen Einschränkungen des Art. 5 EVÜ durch die Differenzierung von Vertragstypen nicht mehr gerechtfertigt[1373]. Die logische Konsequenz hieraus ist, Art. 5 EVÜ aufgrund seiner *ratio legis* weiterzuentwickeln[1374]. Er muß sozusagen *modernisiert* werden, um den Entwicklungen der letzten zwanzig Jahre zu begegnen[1375]. *Hommelhoff* hat im Hinblick auf den sachrechtlichen Schwächerenschutz die „Zusammenfassung aller Verbraucherschutz-Richtlinien in einer einheitlichen Kategorie zur rechtsdogmatischen Durchdringung“ vorgeschlagen[1376]. Dieser Gedanke könnte für das Kollisionsrecht nutzbar gemacht werden. Praktisch bedeutet dies, daß das gesamte Kollisionsrecht der Verbraucherverträge „jenseits von Art. 5 EVÜ“[1377], das heißt sämtliche internationalprivatrechtlichen Richtlinienbestimmungen des Verbraucherschutzrechts, einheitlich in die „Haupt-

---

pensé qu'un contrat portant sur l'immeuble, même conclu par un consommateur, n'était pas par son objet un contrat de consommation qui se conclut à la légère. Ils n'avaient pas prévu le développement du timesharing et moins encore les pratiques contestables qui accompagnentsa commercialisation. Mieux informés, ils auraient peut-être élargi le domaine de l'article 5.“

1370 *Fischer*, S.280, 283.

1371 *Roth*, Zum Verhältnis von Art. 7 Abs. 2 und Art. 5 der Römer Schuldvertragskonvention, S.38 f.; vgl. auch *Leible*, JbJgZivRW 1995, S.255.

1372 Freilich ist die Differenzierungsmöglichkeit nach Vertragstypen im Arbeitsrecht weniger groß als im Verbrauchervertragsrecht.

1373 *Heiss*, Die Europäisierung des Internationalen Schuldvertragsrechts, S.115.

1374 *Fischer*, S.283 f.

1375 Vgl. *Jayme/Kohler*, IPRax 1997, S.401; *Sonnenberger*, Die Eingriffsnorm: ein internationalprivatrechtliches σκανδαλον?, S.294.

1376 *Hommelhoff*, AcP 192 (1992), S.103; *Gebauer*, Grundfragen der Europäisierung des Privatrechts, S.114. Siehe hierzu auch *Lurger*, Zur Umsetzung der Kollisionsnormen von Verbraucherschutzrichtlinien, S.204.

1377 So heißt es im Titel des Beitrags von *Fischer*, S.277.

Rechtsquelle“ des Art. 5 EVÜ eingefügt wird[1378]. Die vorzunehmende Änderung hat die klar definierte Aufgabe, ein „homogenes Ganzes“[1379] zu erreichen und so zur Wahrung der Rechtseinheit beizutragen. Das punktuell umgesetzte Richtlinienkollisionsrecht erübrigt sich dann[1380].

bb) Relativierung des Verständnisses vom „passiven“ Verbraucher und „Europäisierung“ des Art. 5 EVÜ

Den Ausführungen *Lagardes* in seiner Besprechung des BGH-Urteils vom 19.3.1997 ist zu entnehmen, daß die EVÜ-Vertragsstaaten bei der Ausarbeitung des Übereinkommens die drei in Art. 5 Abs. 2 Alt. 1 - 3 EVÜ (Art. 29 Abs. 1 Nr. 1 - 3 EGBGB) aufgezählten Vertragsanbahnungssituationen festlegten, ohne sich des Einfallsreichtums professioneller Anbieter bewußt zu sein[1381]. Letztere haben jedoch, wie in den Gran Canaria- und Isle of Man-Fällen deutlich wurde, schnell Wege durch die „Maschen eines zu lockeren Verbraucherschutznetzes“ gefunden[1382]. Die Schutzlosigkeit mancher deutscher Verbraucher auf Gran Canaria hat vor Augen geführt, daß das Konzept des „passiven“ Verbrauchers in Art. 5 Abs. 2 EVÜ lückenhaft ist. Aus heutiger Sicht erscheint die präzise kasuistische Aufzählung der Anwendungsfälle in Art. 5 Abs. 2 EVÜ als zu restriktiv[1383]; fraglich ist darüber hinaus, ob die Wahl einer Enumeration als Methode wegen ihres abschließenden Charakters überhaupt geglückt war[1384].

Soll in einen revidierten Art. 5 EVÜ sämtliches Richtlinienkollisionsrecht integriert werden, so hat dies auch Konsequenzen für das Bild des „passiven“ Verbrauchers. Die Drittstaatenklauseln in den Richtlinien des Verbraucherpri-

---

1378 *Mankowski*, RIW 1998, S.288; *Otte*, RabelsZ 62 (1998), S.436; *Reich*, EG-Richtlinien und internationales Privatrecht, S.119. Zuletzt auch *Rudisch*, RabelsZ 63 (1999), S.104; *Rühl*, RIW 1999, S.326; *Freitag/Leible*, ZIP 1999, S.1298, Fn.11.

1379 *Wagner*, IPRax 2000, S.252.

1380 Vgl. vor allem *Basedow*, NJW 1996, S.1926, 1929; *ders.*, Materielle Rechtsangleichung und Kollisionsrecht, S.34; *Czernich/Heiss*, ÖJZ 1998, S.686; *Roth*, IPRax 1994, S.169; *ders.*, Zum Verhältnis von Art. 7 Abs. 2 und Art. 5 der Römer Schuldvertragskonvention, S.50; *Gebauer*, Grundfragen der Europäisierung des Privatrechts, S.120; *Ebke*, IPRax 1998, S.269; *Lurger*, Zur Umsetzung der Kollisionsnormen von Verbraucherschutzrichtlinien, S.204. - *Kronke*, RIW 1996, S.987, und *Jayme/Kohler*, IPRax 1993, S.359, sehen dies als *eine* Möglichkeit an. *Armbrüster* weist zusätzlich auf die Überzeugungskraft von Regelmodellen hin, die von unverbindlichen, privat erarbeiteten Gruppen (z.B. der sog. Lando-Kommission) erarbeitet worden sind, in: RabelsZ 60 (1996), S.89. Siehe zuletzt auch *Martinek*, Unsystematische Überregulierung und kontraintentionale Effekte im Europäischen Verbraucherrecht, S.555.

1381 *Lagarde*, Cour fédérale d'Allemagne – 19 mars 1997, Rev.crit.d.i.p., 1998, S.620.

1382 Vgl. *Leible*, Kollisionsrechtlicher Verbraucherschutz im EVÜ und in EG-Richtlinien, S.376.

1383 *Tonner*, BB 2000, S.1418 f.; *Lagarde*, Cour fédérale d'Allemagne – 19 mars 1997, Rev.crit.d.i.p., 1998, S.630 f.

1384 *Lagarde*, Cour fédérale d'Allemagne – 19 mars 1997, Rev.crit.d.i.p., 1998, S.623.

vatrechts dienen neben dem Verbraucherschutz auch der Förderung des Binnenmarktes („doppelter Begründungsstrang“)[1385]. Insofern möchten sie vor dem Hintergrund der Personenfreizügigkeit und Dienstleistungsfreiheit vor allem auch den „aktiven“ Verbraucher schützen[1386]. Dies gilt zumindest, solange sich dieser aus eigener Initiative *innerhalb* der EU bzw. des EWR frei bewegt und grenzüberschreitende Verbraucherverträge abschließt. Ein solcher, im „heimischen Binnenmarkt“ statt im „heimischen Markt“ handelnder europäisch-dynamischer Verbraucher wird von Art. 5 EVÜ nicht geschützt[1387].

Zieht man seine Lehren aus der subjektiv-historischen Auffassung der EVÜ-Staaten und aus dem Urteil des BGH vom 19.3.1997[1388], so müßte die Aufzählung in Art. 29 Abs. 1 Nr. 1 - 3 EGBGB (Art. 5 Abs. 2 EVÜ) ergänzt oder abgeschafft werden. Zumindest muß Art. 5 EVÜ insofern „europäischer“ werden, als er die Binnenmarktausrichtung der Drittstaatenklauseln aufnehmen und auch den „aktiven“ Verbraucher im Binnenmarkt schützen muß[1389]. Der sachrechtliche verbraucherschützende Binnenmarktstandard muß daher auch in Art. 5 EVÜ – wie vom Gemeinschaftsgesetzgeber in den Drittstaatenklauseln gewollt – marktbezogen gegenüber dem Recht dritter Staaten abgesichert werden[1390]. Problematisch ist, wo hier die Grenze gezogen werden soll. Offensichtlich kann das heimatliche bzw. europäische Verbraucherschutzrecht nicht einfach in allen Fällen eines Verbrauchervertrages automatisch zur Anwendung kommen. Es bedarf einer gewissen Begrenzung, um ausreichend Raum für die Parteiautonomie zu lassen.

Nach der weiter oben zitierten Karikatur von *Basedow*[1391] fährt dieser fort: „*Dieses Bild vom Haus des Internationalen Privatrechts ist eine Karikatur. Mit der ihr eigenen Überzeichnung weist sie jedoch auf ein zentrales Problem des IPR und seiner Wissenschaft hin: die Antiquiertheit des Systems. Wir müssen uns mehr um die Gäste in den Nebenzimmern kümmern, müssen ihnen vielleicht auch andere Plätze zuweisen. Vor allem müssen wir uns fragen, warum sie nicht dem traditionellen Leitbild der allseitigen Verweisungsnorm entsprechen*“[1392]. Führte man dieses Bild weiter, so würde die Modernisierung des Art. 5 EVÜ

1385 *Staudenmayer*, Die Richtlinien des Verbraucherprivatrechts, S.71; *ders.*, RIW 1999, S.733.

1386 Vgl. Jayme, IPRax 2000, S.167: „*In der EU steht jetzt die Freizügigkeit im Vordergrund. (...) Freizügigkeit erscheint als Wert an sich. Wer reist, wird belohnt. Der Zaudernde hat das Nachsehen.*“ Siehe auch, RabelsZ 63 (1999), S.104.

1387 *Tonner*, BB 2000, S.1418 f.

1388 *Lagarde*, Cour fédérale d'Allemagne – 19 mars 1997, Rev.crit.d.i.p., 1998, S.630.

1389 Siehe *Staudenmayer*, Die Richtlinien des Verbraucherprivatrechts, S.71; *Basedow*, CML Rev. 37 (2000), S.689: „*The need for a clarification and a comprehensive conflict legislation taking into account the exictence of Community law as such becomes evident.*“

1390 Vgl. *Rudisch*, RabelsZ 63 (1999), S.104; *Leible*, Kollisionsrechtlicher Verbraucherschutz im EVÜ und in EG-Richtlinien, S.391.

1391 Siehe oben im 2. Teil der Arbeit, unter A, III., 2.

1392 *Basedow*, Materielle Rechtsangleichung und Kollisionsrecht, S.12.

bedeuten, daß sich die Mitgliedstaaten und die EU um die „Gäste in den Nebenzimmern“ kümmern und ihnen im Salon, das heißt im vorliegenden Fall *im EVÜ* einen Platz zuweisen.

b) Öffnung des Art. 5 EVÜ für die Zukunft

Neben den Veränderungen, die an Art. 5 EVÜ infolge einer Inkorporierung des bestehenden Richtlinienkollisionsrechts vorgenommen werden, muß auch aus den bisherigen Erfahrungen gelernt werden: Es ist sicherzustellen, daß die neue Vorschrift nicht zu schnell wieder „veraltet“. Soweit dies möglich ist, sollte für Art. 5 EVÜ daher ein Kohärenzmodell entwickelt werden, das ihn so *offen* formuliert, daß er auch künftige Entwicklungen im Vertragsrecht aufnehmen kann, ohne neue Koordinierungen oder gar Änderungen erforderlich zu machen. *Basedow* drückt diesen Gedanken in einer Diskussionsrunde wie folgt aus: „I think the conflict of laws must be open to the future. We know so little about the situations that may arise e.g. in international consumer transactions (...), that we should refrain from conceiving exhaustive conflict rules“[1393].

Eine solche Öffnung des Art. 5 EVÜ bedeutet zugleich jedoch auch eine inhaltliche *Vereinfachung* der Regel. Die Vereinfachung betrifft sowohl den sachlichen als auch den räumlichen Anwendungsbereich. Ansonsten müßte die Regel bei jeder neuen Technologiegeneration neu gefaßt werden[1394], womit praktisch ein Modernisierungsmechanismus erforderlich würde. Die Norm würde zudem ständig komplizierter und hinkte dennoch immer hinter der gerade aktuellen Entwicklung hinterher, ohne die jeweiligen neuen Bedürfnisse des Wirtschaftsverkehrs ausreichend befriedigen zu können.

c) Neuordnung der Wertestruktur

Die „Mission“ der Modernisierung des Art. 5 EVÜ stößt dort auf Schwierigkeiten, wo es um den Ausgleich der Interessen von Parteiautonomie und Verbraucherschutz geht. Wird das EVÜ weiterentwickelt, drohen die traditionellen Werte, auf die sich die Vertragsstaaten gemeinsam festgelegt haben, aufgegeben und der Moderne geopfert zu werden[1395]. Dabei soll die Wahl des Weges über eine Modifizierung des Art. 5 EVÜ gerade dazu beitragen, daß bereits Erreichtes gesichert werden kann. Gefährdet ist vor allem ein wesentliches Charakteristi-

---

[1393] *Basedow*, Diskussionsbeitrag in einem Colloquium, in: Principios, objetivos y métodos del Derecho internacional privado – Balance y perspectivas de una década, Cuartas Jornadas de Derecho internacional privado, Madrid 1995, S.120; vgl. aber auch *ders.*, Materielle Rechtsangleichung und Kollisionsrecht, S.28. Kritisch zu dieser Position *Michaels/Kamann*, JZ 1997, S.609.

[1394] Vgl. hierzu *Kronke*, Applicable Law in Torts and Contracts in Cyberspace, S.85.

[1395] Siehe hierzu auch *Kronke*, RIW 1996, S.992.

kum des EVÜ: die weitestgehende Aufrechterhaltung der Parteiautonomie. Hier sind gewisse Änderungen jedoch unerläßlich.

aa) Gutes Wertungssystem des Art. 5 EVÜ

Mehrfach ist bereits festgehalten worden, daß das EVÜ ein ausgeglichenes System an kollisionsrechtlichen und materiellen Wertentscheidungen enthält. Auch die Interessen einer internationalen Parteiautonomie und des Verbraucherschutzes werden im Anknüpfungssystem des Art. 5 EVÜ in einen bestimmten Einklang gebracht, der allgemein als sinnvoll und gerecht bewertet wird[1396]. Dieser Einklang stellt eine bewußte Entscheidung der EVÜ-Vertragsstaaten dar und kann den europäischen Verbrauchern in den meisten Fällen adäquaten kollisionsrechtlichen Schutz bieten[1397]. Die staatsvertraglich ausgearbeiteten Wertentscheidungen des Art. 5 EVÜ verdienen daher Respekt und sollten nicht leichtfertig aufgegeben werden[1398].

Dennoch muß nach einem Zeitraum von zwanzig Jahren seit Unterzeichnung des Übereinkommens gefragt werden, ob dieses Wertungssystem noch in allen Aspekten zeitgemäß ist. Sicher ist, daß es den Anforderungen des harmonisierten Sachrechts im Verbraucherschutz nicht mehr genügen kann[1399]. Die Gewichtung der Interessen muß zur Herstellung einer Kohärenz der Rechtsquellen daher neu überdacht werden. Eine Rechtsfortbildung ist auch im Bereich des Europäischen Kollisionsrechts nicht ausgeschlossen und von den EVÜ-Mitgliedstaaten in Art. 23 bis Art. 26 EVÜ sogar vorgesehen.

bb) Verlagerung in Richtung Verbraucherschutz

Das in Art. 5 EVÜ enthaltene Günstigkeitsprinzip hält die Rechtswahlfreiheit der Vertragsparteien so weit es geht aufrecht. Die moderne Entwicklung im Europäischen Kollisionsrecht hat jedoch gezeigt, daß diese Wertestruktur nicht der Weisheit letzter Schluß ist. Das Richtlinienkollisionsrecht versucht nämlich, die Parteiautonomie so weit es geht zugunsten eines stärkeren Verbraucherschutzes einzuschränken. Durch die Einbeziehung des Richtlinienkollisionsrecht in Art. 5

[1396] Vgl. noch einmal z.B. *Jayme/Kohler*, IPRax 1993, S.358; *Gebauer*, Grundfragen der Europäisierung des Privatrechts, S.119; *Leible*, JbJgZivRW 1995, S.256.

[1397] Beweis für die anhaltende Akzeptanz des Art. 5 EVÜ ist, daß er auch heute noch in Nichtmitgliedstaaten rezipiert wird, vgl. § 28a Abs. 1 des ungarischen IPRG; siehe *Vékás*, IPRax 2000, S.242 f.

[1398] *Jayme*, Das IPR – ein Handelshemmnis in der Europäischen Union?, IPRax 1992, S.339; *Jayme/Kohler*, IPRax 1993, S.359; Münchner Kommentar/*Martiny*, Art. 36 EGBGB, Rz.23.

[1399] Siehe *Lurger*, Zur Umsetzung der Kollisionsnormen von Verbraucherschutzrichtlinien, S.189.

EVÜ muß sich dessen Verbraucherschutz generell zu Lasten der Rechtswahlfreiheit verstärken[1400].

Die Verbraucherschutzpolitik Europas ist seit Unterzeichnung des Übereinkommens von Rom im Jahre 1980, erheblich ausgebaut worden. Seit der Einführung des Art. 95 EG (früher Art. 100a EGV) durch die Einheitliche Europäische Akte 1987 und der Einführung des Art. 153 EG (früher Art. 129 a EGV) mit dem Vertrag von Maastricht 1993 wird beim Verbraucherschutz ein „hohes Schutzniveau" angestrebt. Die Verbesserung des Verbraucherschutzes ist als Gemeinschaftsziel in Art. 3 lit.g EG (früher Art. 3 lit.s EGV) festgeschrieben. Die EG ist diesem Ziel unter anderem mit dem Erlaß zahlreicher verbraucherschützender Richtlinien gefolgt. Der stärkere Verbraucherschutz, der von denselben Mitgliedstaaten stammt, die das EVÜ unterzeichnet bzw. ihm beigetreten sind, stellt gewissermaßen den *neuen europäischen Konsens* dar.

Auf der anderen Seite wird im Zusammenhang mit den Richtlinien zum Verbraucherschutz davor gewarnt, nicht in „einen blinden verbraucherpolitischen Aktionismus [zu] verfallen"[1401]. Der Verbraucherschutz müsse „auf ein funktionsgerechtes Maß zurückgeschnitten"[1402] werden, damit dem Verbraucher nicht statt des beabsichtigten Nutzens gar Schaden zugefügt wird[1403]. Die „Ausbeutungstheorie" sei überholt[1404].

Ferner ist zu beachten, daß die Einräumung von Parteiautonomie im internationalen Vertragsrecht vom EG-Vertrag verlangt wird[1405]. Die Einschränkung der kollisionsrechtlichen Rechtswahlfreiheit zugunsten eines Verbraucherschutzes ist zwar von der EuGH-Rechtsprechung als legitim anerkannt; dies galt jedoch zunächst nur für den Schutz des „passiven" Verbrauchers nach Art. 5 EVÜ[1406]. Eine Ausweitung des Anwendungsbereichs der Norm unter Einschluß eines Schutzes des „aktiven" Verbrauchers bedeutet eine weitere Einschränkung der Parteiautonomie und ist daher legitimationsbedürftig. Diesem Bedürfnis dürfte jedoch allein durch die Existenz der Verbraucherschutzrichtlinien gegeben sein.

1400 Siehe auch *Junker*, IPRax 1993, S.1.

1401 *Martinek*, Unsystematische Überregulierung und kontraintentionale Effekte im Europäischen Verbraucherrecht, S.557.

1402 *Martinek*, Unsystematische Überregulierung und kontraintentionale Effekte im Europäischen Verbraucherrecht, S.557.

1403 Kritisch gegenüber einem überzogenen Verbraucherschutz ist *Schäfer*: „*Verbraucherschutz ist keine um jeden Preis erstrebenswerte rechtspolitische Zielsetzung. Übermäßiger oder fehlgerichteter Schutz des Konsumenten kann vielmehr zu adversen Entwicklungen auf Märkten und auch zu nachteiligen Konsequenzen für die Konsumenten selbst führen.*" Schäfer, S.559. Als Beispiel für überzogenen Konsumentenschutz nennt er die Nichtabdingbarkeit der Verjährungsfrist nach der Verbrauchsgüterkauf-Richtlinie, S.564 f.

1404 *Schäfer*, S.560, 564.

1405 Ausführlich hierzu *Heiss*, Die Europäisierung des Internationalen Schuldvertragsrechts, S.96.

1406 Vgl. *Heiss*, Die Europäisierung des Internationalen Schuldvertragsrechts, S.99.

Der „goldene Mittelweg“ zwischen Modernisierung des Art. 5 EVÜ und Beibehaltung der alten Struktur ist schwierig zu finden und gleicht einer Gratwanderung. Es gilt, Art. 5 EVÜ in einer Weise zu modifizieren und zu modernisieren, die zugleich die festgeschriebenen Wertentscheidungen respektiert[1407] und für wünschenswert erachtete Wertungen neu festschreibt[1408]. Dieser Art von Zielkonflikten ausgeliefert und gezwungen zu sein, hierin einen Ausgleich zu suchen, ist hingegen charakteristisch für das (post)moderne Internationalen Privatrechts[1409]. Wenn eine stimmige Koordination zwischen den Quellen möglich sein soll, müssen beide von ihren Positionen im Wege einer „praktischen Konkordanz“[1410] abrücken. Dadurch, daß der erwähnte „neue Konsens“ eher in Richtung eines stärkeren Verbraucherschutzes tendiert, und diese Tendenz im EVÜ noch nicht festgelegt ist, muß Art. 5 EVÜ wohl weiter von seiner Position abrücken[1411]. Diese Verlagerung der Werteordnung des Art. 5 EVÜ ist eine weitere Konsequenz seiner notwendigen „Europäisierung“[1412]. Um der Kohärenz willen, muß auch der aktive Verbraucher nach dem EVÜ Schutz erfahren können[1413] und das Kollisionsrecht – wie schon mit dem Günstigkeitsgrundsatz begonnen – verstärkt „als ein an materiellen Interessen orientiertes System“[1414] begriffen werden[1415]. Gleichzeitig ist „das mit dem Übereinkommen Erreichte zu bewahren und mit dem Neuen sinnvoll zu verbinden. *Mit der Konvention über die Konvention hinaus*[1416]!“

1407 Siehe etwa Münchner Kommentar/*Martiny*, Art. 36 EGBGB, Rz.23.

1408 *Ebke*, IPRax 1998, S.269.

1409 *Jayme*, Identité culturelle et intégration: le droit international privé postmoderne, S.55. Siehe *ders.*, ZfRV 1997, S.236: „*So ist das IPR gekennzeichnet durch bewußte Gegensätze. Es ist Teil der postmodernen Kultur, weil es die Unterschiede nicht verdrängt, sondern aufnimmt. Das gehört im übrigen zur Tradition des Internationalen Privatrechts. In seinen Mechanismen paßt sich das Kollisionsrecht der Komplexität der heutigen Kultur an. (...) Was die Methoden angeht, so ist ein pluralistisches Nebeneinander die Regel. Die Postmoderne bedeutet keine Revolution. Die gesamte Vergangenheit ist präsent. Bruchstücke des Klassischen kommen wieder zum Vorschein. Die starke Betonung der kulturellen Identität der Person findet ihren Widerhall im Internationalen Privatrecht. In dieser Hinwendung zum Individuum und seinen Empfindungen liegt vielleicht der wichtigste Beitrag der postmodernen Kultur*“.

1410 *Jayme*, Europäisches Kollisionsrecht: Grundlagen – Grundfragen, S.13; *Jayme/Kohler*, IPRax 1995, S.343.

1411 Vgl. *Ebke*, IPRax 1998, S.269.

1412 Daß beispielsweise im weltweiten Haager Kollisionsrecht ganz andere Werte als im Europäischen Kollisionsrecht im Vordergrund stehen, nämlich die Bewahrung der kulturellen Identität der Person, macht *Jayme* deutlich, IPRax 2000, S.167 f.

1413 Siehe *Jayme*, IPRax 2000, S.167: „*Freizügigkeit erscheint als Wert an sich. Wer reist, wird belohnt. Der Zaudernde hat das Nachsehen.*“

1414 *Lurger*, Zur Umsetzung der Kollisionsnormen von Verbraucherschutzrichtlinien, S.204. Siehe auch *Vischer/Huber/Oser*, Internationales Vertragsrecht, Kapitel 5, § 1, Rz.715.

1415 *Jayme*, Identité culturelle et intégration: le droit international privé postmoderne, S.44 ff., 47; *Baumert*, Europäischer ordre public, S.229.

1416 So *Martiny*, ZEuP 1997, S.129. Hervorhebungen durch den Verfasser.

d) Erhalt der Universalität der Kollisionsnormen (Art. 2 EVÜ)

Das Übereinkommen von Rom stellt noch Kollisionsrecht „*Savignyscher* Prägung“[1417] dar, da es dem klassischen Ideal entspricht, *universelle* Geltung zu haben, d.h. zur gleichberechtigten Anwendung in- und ausländischen Privatrechts zu führen[1418]. Dieser in Art. 2 EVÜ festgehaltene internationalprivatrechtliche Gerechtigkeitsgrundsatz führt zu internationalem Entscheidungseinklang sowie zu vorhersehbaren Ergebnissen und darf deshalb nicht aufgegeben werden[1419]. Er muß vielmehr durch eine „*Multilateralisierung*“[1420] im Rahmen des Art. 5 EVÜ auf das neue Richtlinienkollisionsrecht erstreckt werden[1421]. Auf diese Weise entstünde eine neue, universell anknüpfende Verbraucherschutzkollisionsnorm[1422].

Eine Problematik besonderer Art stellt jedoch die Frage nach dem Erhalt der Universalität des Art. 5 EVÜ nach einer Revision in Form eines EG-Rechtsakts dar. Wie bereits im Abschnitt über die Gesetzgebungskompetenzen für das Europäische Kollisionsrecht dargelegt, ist der Erlaß universellen Kollisionsrechts auf der Grundlage der Art. 61, 65 lit.b EG heftig umstritten[1423]. Die EG-Kommission hat scheinbar jedoch die Absicht, im Falle des Erlasses einer Rom I-Verordnung auch Art. 2 EVÜ – sozusagen akzessorisch – beizubehalten. Außer der Bejahung einer entsprechenden Außenkompetenz der EU[1424] liegen dem wohl eher praktische als theoretische Gesichtspunkte zugrunde: Der Erlaß einer Verordnung ohne Art. 2 EVÜ würde zu Komplikationen führen, denn mangelte es an einer Regelung für die überregionalen Fälle, so würden neue Übereinkommen oder autonome Kollisionsregeln in den Mitgliedstaaten notwendig, die zu neuen, die mit dem EVÜ erreichte Rechtseinheit gefährdenden Divergenzen führen könnten. Darüber hinaus ist im einzelnen Fall von vornherein nicht vorhersehbar, zu welchem Ergebnis der Richter kommt, ob mitgliedstaatliches oder nicht-mitgliedstaatliches Recht angewendet werden muß. Die ausreichende Verbindung zum Binnenmarkt muß von ihm erst festgestellt werden. Die Fälle, in denen gar kein Bezug zum Binnenmarkt besteht, sind zudem eher selten.

1417 *Junker*, IPRax 1998, S.66f.

1418 *von Hoffmann*, ZfRV 1995, S.49; *Jayme*, Europäisches Kollisionsrecht: Grundlagen – Grundfragen, S.13.

1419 Siehe *Junker*, IPRax 1998, S.66f.

1420 Vgl. *Lurger*, Zur Umsetzung der Kollisionsnormen von Verbraucherschutzrichtlinien, S.204.

1421 *von Hoffmann*, ZfRV 1995, S.49.

1422 Vgl. *Sonnenberger*, Die Eingriffsnorm: ein internationalprivatrechtliches σκανδαλον?, S.294.

1423 Bejahend z.B. *Freitag/Leible*, EWS 2000, S.350. Siehe auch *Leible*, Kollisionsrechtlicher Verbraucherschutz im EVÜ und in EG-Richtlinien, S.370; *Jayme/Kohler*, IPRax 2000, S.454 ff.; *Jayme*, Zur Revision des EVÜ, Tagungsbericht, IPRax 2001, S.65.

1424 *Jayme*, IPRax 2000, S.167.

Die Europäische Union möchte den universellen Charakter des EVÜ daher nicht aufgeben und sich auf den Erlaß interlokalen Gemeinschaftskollisionsrechts beschränken[1425]. Im Ergebnis ist dies insofern begrüßenswert, als bei einer Änderung des Art. 5 der Geist des EVÜ erhalten bliebe. Die Drittstaatenklauseln in den Richtlinien wurden aus einer rein materiellrechtlich-verbraucherschützenden Perspektive heraus formuliert und sind daher sehr stark allein auf Europa und den Schutz des europäischen Verbrauchers fixiert[1426]. Eine schlichte Implementierung der Richtlinienmaterien in Art. 5 EVÜ würde daher zu einer stärkeren Ausrichtung der Kollisionsnorm auf den europäischen Verbraucherschutz führen. Sie würde vermehrt einseitig. Eine Kohärenz ließe sich auf diese Weise nicht erreichen.

Im Gegenzug zur stärkeren Ausrichtung auf den Verbraucherschutz und zur Materialisierung des jetzigen Art. 5 EVÜ, könnte dieser – zur „Metakollisionsnorm"[1427] mutiert – das einseitige Richtlinienkollisionsrecht wieder an die traditionellen Idealvorstellungen des IPR heranführen. Auf diese Weise könnte die Universalität des Richtlinienkollisionsrechts und mit ihr auch die Kohärenz im Europäischen Kollisionsrecht besser hergestellt werden. Die Souveränität der Mitgliedstaaten im kollisionsrechtlichen Bereich und ihre Möglichkeiten, auf die Entwicklung des IPR entscheidend Einfluß zu nehmen, würden unter einer solchen Maßnahme leiden, nicht jedoch die Effektivität des Verbraucherschutzes und damit auch die Förderung der Binnenmarktziele, da sie lediglich einen universellen Geltungsanspruch erhielten[1428].

3. Anpassung des Art. 5 EVÜ an die modernen Verhältnisse im internationalen Schuldvertragsrecht: Die Einbeziehung des Verbraucherschutzes in den „Electronic commerce"

Eine weitere Entwicklung gibt Anlaß dazu, an einer Aufrechterhaltung des bisherigen Art. 5 EVÜ zu zweifeln: das Internet. Beinahe zeitgleich zur inkohärenten, durch den Quellenpluralismus geprägten Entwicklung des Europäischen Kollisionsrechts hat es sich weltweit als neues Medium etabliert und kann im vorliegenden Zusammenhang aus zu erläuternden Gründen nicht unerwähnt bleiben. Dem Wachstum globaler Computervernetzungen folgte ein sich rasant entwickelnder elektronischer Geschäftsverkehr oder Electronic Commerce (e-

[1425] Siehe *Jayme*, IPRax 2000, S.167.

[1426] *Micklitz*, ZEuP 1998, S.254 f.; *Sonnenberger* und *Lurger* halten § 12 AGBG und § 8 TzWrG aus diesem Grunde für mißglückt; sie hätten die Lücken des Art. 5 EVÜ bzw. Art. 29 EGBGB sachgerechter durch *allseitige* Anknüpfungen schließen können; *Sonnenberger*, Die Eingriffsnorm: ein internationalprivatrechtliches σκανδαλον?, S.294; *Lurger*, Zur Umsetzung der Kollisionsnormen von Verbraucherschutzrichtlinien, S.204.

[1427] Vgl. *Jayme*, Droit international privé et procédure internationale après le Traité de Maastricht, S.112.

[1428] *Lurger*, Zur Umsetzung der Kollisionsnormen von Verbraucherschutzrichtlinien, S.204.

commerce): immer mehr Menschen schließen Verträge online, das heißt via Internet oder e-mail[1429]. Diese Entwicklung hat auch auf der Ebene der Europäischen Union zu gesetzgeberischer Aktivität veranlaßt[1430]. Nach einer ersten Mitteilung der Kommission von 1997 über den elektronischen Geschäftsverkehr[1431] ist nunmehr neben der bereits verabschiedeten Fernabsatzrichtlinie 97/7/EG am 17.7.2000 die Richtlinie über bestimmte rechtliche Aspekte der Dienste der Informationsgesellschaft, insbesondere des elektronischen Geschäftsverkehrs, im Binnenmarkt („Richtlinie über den elektronischen Geschäftsverkehr")[1432] in Kraft getreten. In Erwägungsgrund 5 der Richtlinie heißt es:

> „Die Weiterentwicklung der Dienste der Informationsgesellschaft in der Gemeinschaft wird durch eine Reihe von rechtlichen Hindernissen für das reibungslose Funktionieren des Binnenmarktes behindert, die die Ausübung der Niederlassungsfreiheit und des freien Dienstleistungsverkehrs weniger attraktiv machen. *Die Hemmnisse bestehen in Unterschieden der innerstaatlichen Rechtsvorschriften sowie in der Rechtsunsicherheit hinsichtlich der auf Dienste der Informationsgesellschaft jeweils anzuwendenden nationalen Regelungen.*"[1433]

Dieser kurze Text macht auf den Binnenmarkt bezogen klar, was weltweit gilt: das Internationale Privatrecht spielt im internationalen Medium des Internet eine ganz entscheidende Rolle[1434]. Die Frage nach dem anwendbaren Recht hat durch das Internet eine neue, sehr praxisrelevante Dimension erfahren[1435]. Für die rechtlichen Aspekte von Vertragsschlüssen, die problemlos über nationale Grenzen hinweg stattfinden können, bildet das IPR gar den „archimedischen Punkt"[1436]. Die deutsche Literatur beschäftigt sich mit der Thematik „IPR und Internet" erst seit Mitte der 1990er Jahre[1437], verstärkt seit dem Jahre 1998. Die Diskussion entfachte sich unter anderem an der Umsetzung von Art. 12 Abs. 2

1429 Vgl. The Economist, "The Internet – At your service", September 3, 1999, S.49.

1430 Siehe hierzu etwa *Graf von Bernstorff*, RIW 2000, S.14.

1431 Mitteilung der Kommission "Europäische Initiative für den elektronischen Geschäftsverkehr" v. 16.4.1997, KOM (97) 157 endg.

1432 Richtlinie 2000/31/EG des Europäischen Parlaments und des Rates vom 8.6.2000 über bestimmte rechtliche Aspekte der Dienste der Informationsgesellschaft, insbesondere des elektronischen Geschäftsverkehrs, im Binnenmarkt („Richtlinie über den elektronischen Geschäftsverkehr"), ABl.EG (17.7.2000) Nr. L 178/1.

1433 ABl.EG (17.7.2000) Nr. L 178/1. Hervorhebungen durch den Verfasser.

1434 Vgl. etwa *Mankowski*, RabelsZ 63 (1999), S.206 f.; *Gößmann*, MMR 198, S.92.

1435 "The vexed question of internet jurisdiction – who can sue where and using what country's laws – is proving a serious headache for industry and governments across the globe"; Web of confusion, Financial Times vom 9.9.1999, S.13; Siehe auch *Bachmann*, Internet und IPR, S.170; *Pichler*, JbJgZivRW 1998, S.231.

1436 Siehe *Junker*, RIW 1999, S.809 und *Mankowski*, RabelsZ 63 (1999), S.207.

1437 Angeführt von *Kronke*, RIW 1996, S.985 ff. und *Waldenberger*, BB 1996, S.2365 ff.

der Fernabsatzrichtlinie, setzte sich darüber hinaus jedoch zunehmend auch mit dem Gesamtproblem des anwendbaren Rechts im „Cyberspace“ auseinander[1438].

Die Frage nach dem anwendbaren Recht im problematischen Fall eines im Internet geschlossenen Verbrauchervertrages ist in den Vordergrund des Interesses gerückt[1439]. Daß die neue Fernkommunikationstechnik nicht nur Vorteile bietet, ist kein Geheimnis: während im Internet ein grenzüberschreitender Vertrag zwar auf äußerst bequeme Art von zu Hause aus geschlossen werden kann[1440], sind die Möglichkeiten des Verbrauchers, die angebotene Ware zu sehen und ausreichend über sie informiert zu werden, oft beschränkt[1441]. Zudem muß der Verbraucher mit der Anwendung eines ihm unbekannten Rechts und damit auch niedrigeren Verbraucherstandards rechnen[1442]. Obwohl das Verhältnis vom kollisionsrechtlichen Verbraucherschutz zum Electronic Commerce nicht im Mittelpunkt dieser Arbeit steht[1443], kann es daher nicht ganz außen vor gelassen werden. Es hat sich nämlich herausgestellt, daß die spezifischen Gefahren für den Konsumenten im elektronischen Geschäftsverkehr eine weitere zu beachtende Komponente bei einer Revision des Art. 5 EVÜ sind[1444].

Die in der deutschen Literatur kontrovers diskutierte Kernfrage lautet: Bieten der jetzige „technikneutrale“[1445] Anwendungsbereich und das herkömmliche Anknüpfungssystem des Art. 5 EVÜ (Art. 29 EGBGB) für Verbraucherverträge im elektronischen Geschäftsverkehr – unabhängig vom Art. 12 Abs. 2 der Fernabsatzrichtlinie umsetzenden Art. 29 a EGBGB – bereits bzw. noch eine hinreichende, interessengerechte Lösung[1446]? Hieran schließen sich wichtige Folgefragen an: Wie muß im Falle der Verneinung der ersten Frage eine Neugestaltung des kollisionsrechtlichen Verbraucherschutzes – etwa im Rahmen einer Modernisierung des Art. 5 EVÜ – aussehen? Sollte eine Orientierung am neuen Art. 15 EuGVVO, dem Nachfolger des Art. 13 EuGVÜ, stattfinden? Im Ergebnis kann es sein, daß gerade die notwendige Rücksichtnahme auf die technischen Veränderungen im Handel mit Verbrauchern zu den entsprechenden Re-

---

1438 Die Fragen beschränken sich nicht auf den Verbraucherschutz, sondern betreffen so allgemeine Bereiche wie den Vertragsschluß überhaupt, Erklärungen der Vertragsparteien, ihre Unterschriften, etc.; vgl. *Tettenborn*, K&R 1999, S.252, 257.

1439 Vgl. *Gruber*, DB 1999, S.1437; *Borges*, ZIP 1999, S.565.

1440 Siehe hierzu *Mehrings*, CR 1998, S.614; *Taupitz/Kritter*, JuS 1999, S.843.

1441 *Gößmann*, MMR 198, S.89; vgl. auch *Thorn*, IPRax 1999, S.1.

1442 *Borges*, ZIP 1999, S.565.

1443 Dieser Themenbereich wäre wohl eine eigene Arbeit wert.

1444 *Arnold*, CR 1997, S.526; *Sonnenberger*, IPR im dritten Jahrtausend, ZVglRWiss 2001, S.131.

1445 *Mankowski*, RabelsZ 63 (1999), S.208.

1446 Siehe *Mankowski*, RabelsZ 63 (1999), S.206 f.: *„Technische Veränderungen stellen auch das Recht auf immer neue Proben. Sie sind ein Prüfstein dafür, ob bisher bewährte Lösungen für die Zukunft noch taugen. [...] Zwingt das Internet das IPR zur Abdankung, weil das IPR das Internet nicht mehr bewältigen kann? Welcome, Internet – good bye, conflicts law? Oder erfährt, genau umgekehrt, das IPR durch das Internet einen erheblichen Bedeutungszuwachs?“* Siehe auch *Kronke*, RIW 1996, S.988; *ders.*, Applicable Law in Torts and Contracts in Cyberspace, S.83 f.; *Junker*, RIW 1999, S.809; *Merkel*, S.172.

formen im internationalen Vertragsrecht herausfordert und deren Dringlichkeit noch weiter erhöht[1447]. Es scheint, als sei die kollisionsrechtliche Bewältigung von Verbraucherverträgen im e-commerce ein „Baustein" auf dem Weg zur Kohärenz geworden.

Die folgenden Ausführungen dienen dazu, die Problematik des kollisionsrechtlichen Schutzes der Verbraucher, die am elektronischen Handel teilnehmen, soweit als nötig zu durchdringen. Dazu wird zunächst die Diskussion zur Subsumtion von „elektronischen" Verbraucherverträgen unter Art. 29 EGBGB dargestellt (a). Es folgen Ausführungen zur EG-Richtlinie über den elektronischen Geschäftsverkehr und zu der Frage des kollisionsrechtlichen Gehalts des Herkunftslandprinzips (b). Ferner werden das Problem, ob sich eine Revision des Art. 5 EVÜ an den neuen Verbrauchergerichtsstand in Art. 15 der vorgeschlagenen Brüssel I-Verordnung anzupassen hat (c), und weitere Lösungsvorschläge für eine Einbeziehung der Besonderheiten des e-commerce in den kollisionsrechtlichen Verbraucherschutz besprochen (d).

a) Art. 29 EGBGB – Deckt der jetzige kollisionsrechtliche Verbraucherschutz auch Verträge im e-commerce ab?

Während die Anwendung der – den Vorschriften des CISG nachrangigen[1448] – allgemeinen gesetzlichen Regelungen in Art. 27, 28 EGBGB auf im elektronischen Geschäftsverkehr geschlossene Verträge mangels internetspezifischer Besonderheiten nur geringe Schwierigkeiten aufweist[1449], ist die Anwendbarkeit des Art. 29 EGBGB bei online geschlossenen Verbraucherverträgen unklar. Die vielen verschiedenen Auslegungsrichtungen in der Literatur erinnern zum Teil

---

1447 *Reich*, Der Vorschlag der EG-Kommission für eine E-Commerce-Richtlinie, S.79.

1448 Das Vertragsstatut wird nur dann gemäß Art. 27, 28 EGBGB bestimmt, wenn es um ein Geschäft unter Privatleuten geht, das heißt das vorrangige Einheitsrecht des UN-Übereinkommen über Verträge über den internationalen Warenkauf vom 11.4.1980 nicht einschlägig ist. Nach Art. 2 a) CISG ist das Wiener-Kaufrechtsübereinkommen bei Verbraucherverträgen, das heißt beim Kauf von Waren für den persönlichen Gebrauch oder den Gebrauch in der Familie oder im Haushalt nicht anwendbar, es sei denn, daß der Verkäufer vor oder bei Vertragsschluß weder wußte noch wissen mußte, daß die Ware für einen solchen Gebrauch gekauft wird. Siehe hierzu etwa *Junker*, RIW 1999, S.814; *Kronke*, Applicable Law in Torts and Contracts in Cyberspace, S.75 ff.; *Ernst*, VuR 1997, S.259; *Mehrings*, CR 1998, S.614 f.

1449 Siehe ausführlich hierzu *Mankowski*, RabelsZ 63 (1999), S.209 ff.; *Mehrings*, CR 1998, S.615 ff.; *Müller*, S.279; *Taupitz/Kritter*, JuS 1999, S.843. Nach *Reich* erweist sich die Rechtswahlfreiheit bei näherem Hinsehen für den elektronischen Geschäftsverkehr als weitgehend irrelevant, Rechtswahlklauseln seihen daher im E-Commerce zu vernachlässigen, *Reich*, Der Vorschlag der EG-Kommission für eine E-Commerce-Richtlinie, S.96 f., a.A. *Kronke*, Applicable Law in Torts and Contracts in Cyberspace, S.75; *Sandrock*, ZvglRWiss 98 (1999), S.235 f.

an die extensiven Interpretationen in den Gran-Canaria-Fällen[1450]. Auch im vorliegenden Fall hat die Problematik ihren Ursprung wiederum in der Begrenztheit des durch Art. 29 Abs. 1 Nr. 1 - 3 EGBGB abgesteckten räumlichen Anwendungsbereichs. Die dort eng vorgegebenen Fallgruppen sind im klassischen IPR-Sinne territorial und national geprägt[1451], während den elektronischen Geschäftsverkehr technisch bedingte Lokalisierungsschwierigkeiten[1452] charakterisieren, die Rede ist von der „Ubiquität" und „Deterritorialisierung" des e-commerce[1453].

Grob gesehen gibt es zwei Lager. Auf der einen Seite wird darauf verwiesen, daß Geschäftsverkehr im Internet keine grundlegend neue Art sei, Verträge abzuschließen[1454]. Es habe schon in der Vergangenheit Fälle mit ähnlichen Lokalisierungsschwierigkeiten gegeben, deren Lösungen man nun auf den elektronischen Geschäftsverkehr übertragen sollte[1455]. Das andere Lager hält den e-commerce für zu unkonventionell, als daß in diesem Bereich ohne weiteres die klassischen IPR-Regeln abgewendet werden könnten[1456].

Es muß unterschieden werden zwischen den drei Fallgruppen des Art. 29 Abs. 1 Nr. 1 - 3 EGBGB, dem Fall eines Angebots oder einer Werbung des Unternehmers im Verbraucherstaat (aa), dem Fall einer Tätigkeit des Unternehmers auf dem Markt des Verbraucherstaats (bb) und dem Fall einer vom Unternehmer veranlaßten Verkaufsfahrten in das Ausland (cc).

aa) Fallgruppe 1: Angebot oder Werbung des Unternehmers im Verbraucherstaat

Am umfangreichsten diskutiert worden ist die Frage, ob der Abschluß eines Verbrauchervertrages im Internet unter die erste Fallgruppe der Sonderkollisionsnorm für Verbraucherverträge subsumiert werden kann. Nach Art. 29 Abs. 1 Nr. 1 EGBGB (Art. 5 Abs. 2 1. Alt. EVÜ) muß dem Vertragsschluß im Aufenthaltsstaat des Verbrauchers zunächst ein ausdrückliches Angebot oder eine Werbung des ausländischen Verkäufers vorausgegangen sein. Zudem muß der Verbraucher in diesem Staat die zum Vertragsabschluß erforderlichen Rechtshandlungen vorgenommen haben. Im Rahmen dieser Fallgruppe stellen sich we-

---

1450 *Reich* spricht wegen des fehlenden „Austestens" des EVÜ hinsichtlich der Besonderheiten des elektronischen Geschäftsverkehrs von „interpretatorischen Unsicherheiten", die durch den Mangel einer einheitlichen Gerichtsinstanz noch verschärft werden, *Reich*, Der Vorschlag der EG-Kommission für eine E-Commerce-Richtlinie, S.80. Siehe auch *Müller*, S.282.

1451 Siehe *Schack*, MMR 2000, S.59.

1452 *Kronke*, RIW 1996, S.985.

1453 Vgl. *Müller*, S.259; *Pichler*, JbJgZivRW 1998, S.232 f.; *Reich*, Der Vorschlag der EG-Kommission für eine E-Commerce-Richtlinie, S.96.

1454 *Taupitz/Kritter*, JuS 1999, S.839.

1455 *Müller*, S.259.

1456 Siehe etwa *Merkel*, S.173.

gen der schwierigen Lokalisierung der Vertragsanbahnung im elektronischen Geschäftsverkehr zwei Subsumtionsprobleme: die Charakterisierung des Verbrauchers im Internet als „passiv" (1) und das ungeschriebene Kriterium der Zielgerichtetheit (2).

(1) „Passiver" Verbraucher im Internet?

Die Tatbestandsmerkmale des „ausdrücklichen Angebots" und der „Werbung" werden allgemein *weit* ausgelegt. Auch eine *invitatio ad offerendum ad incertas personas* gilt als Angebot, so daß Websites, denen ein Rechtsbindungswillen des Anbieters nicht zu entnehmen ist, ebenfalls unter diesen Begriff fallen[1457]. Werbung ist jede Form von Produktinformation, auch solche in Massenmedien wie Zeitungen, Rundfunk- und Fernsehsendungen[1458]. Übereinstimmend ist daher die typische Website eines Unternehmers, auf der bestimmte Produkte angepriesen werden und dem Verbraucher die Möglichkeit gegeben wird, durch Ausfüllen eines entsprechenden Formulars am Bildschirm oder Lossenden einer e-mail eine Bestellung aufzugeben, als Absatzstrategie im Sinne des Art. 29 Abs. 1 Nr. 1 zu verstehen[1459].

Art. 29 EGBGB liegt der Gedanke zugrunde, daß dem Verbraucher allein in solchen Fällen Schutz vor ungünstigerem fremden Recht gewährt werden soll, in denen er in seinem Aufenthaltsort verbleibt und von dort aus auf die Absatzbestrebungen des Unternehmers aus dem Ausland reagiert. Nur für den „passiven" Verbraucher soll es legitim sein, weiterhin auf den Schutzstandard der ihm vertrauten Rechtsordnung vertrauen zu dürfen. Fraglich ist, wie sich dieser „orts- und grenzengebundene" Gedanke bei Vertragsschlüssen im elektronischen Geschäftsverkehr auswirkt. Unzweifelhaft verbleibt der Käufer passiv, wenn ihm unaufgefordert ein Angebot des Verkäufers per e-mail zugeht und er hierauf eingeht („provozierte Bestellung"). Wie aber ist der Fall zu beurteilen, in dem der Verbraucher von sich aus die Verbindung mit dem Internet herstellt, dort eigenständig „surft" und sich auf diese Weise Zugang zu den Angeboten und der Werbung verschiedener Anbieter verschafft[1460]? Reicht diese Situation allein schon dazu aus, ihn als „aktiven" Verbraucher zu bezeichnen, der sein heimi-

---

1457 *Waldenberger*, BB 1996, S.2365; *Borges*, ZIP 1999, S.567 f.; Münchner Kommentar/*Martiny*, Art. 29 EGBGB, Rz.19.

1458 Vgl. auch *Mankowski*, RIW 1993, S.458; *ders.*, RabelsZ 63 (1999), S.234.

1459 Siehe etwa *Waldenberger*, BB 1996, S.2371; *Mankowski*, RabelsZ 63 (1999), S.234.

1460 Vgl. zu den verschiedenen Vertragsschlußmöglichkeiten im Internet von einem gezielten Anwählen einer Website zum Vertragsabschluß über ein gezieltes Anwählen einer Website zur unverbindlichen Information bis hin zum zufälligen Anwählen einer Website: *Meents*, K&R 1999, S.60 f.

sches Verbraucherschutzrecht an der Grenze zurückläßt, und ihm daher den Schutz des Art. 29 Abs. 1 EGBGB vorzuenthalten[1461]?

Teilweise wird argumentiert, der potentielle Käufer begebe sich „virtuell" zum Geschäftssitz des Anbieters ins Ausland und werde insofern zum „aktiven" Verbraucher[1462]. Es sei beim Internet-Shopping üblich, daß der Verbraucher online nach einer bestimmten Ware suche und seine Bestellung spontan abgebe, ohne durch vorangegangene Werbeaktivitäten des ausländischen Verkäufers im seinem Aufenthaltsstaat hierzu veranlaßt worden zu sein[1463]. Als solche Aktivitäten könne man unspezifische Homepages mit Produktinformationen auch nicht qualifizieren[1464]. Jeder Nutzer des Internet sei sich der Internationalität des Mediums und des damit verbundenen Bezugs seines Geschäfts zum Ausland bewußt und verzichte daher gewissermaßen auf die Anwendung des ihm günstigeren Heimatrechts[1465]. Eine Ausnahme läßt diese Auffassung wegen der Vergleichbarkeit zur gewöhnlichen Werbung im Inland nur bei einer Werbungs-email und dann zu, wenn ein Vertragsschluß auf die Einblendung einer ausländischen Werbung auf einer vom Inhalt her inländischen Website hin erfolgt[1466].

Aus mehreren Gründen wird jedoch auf anderer Seite die Nichtanwendung des Art. 29 Abs. 1 Nr. 1 EGBGB selbst bei der genannten aktiven Beteiligung des Verbrauchers abgelehnt. Hauptargument ist, daß der Grenzübertritt rein technisch ist[1467]. Der Verbraucher verbleibe trotz seines grenzenlosen Online-Einkaufs *physisch* in seinem Heimatstaat, womit ein starker Inlandsbezug vorläge[1468]. Wegen seines physischen Verbleibs im Inland, erwarte der Verbraucher zudem auch weiterhin den Schutz „seines" Rechts: Für ihn stelle sich der Vertragsschluß als Inlandsgeschäft dar, da er sich des Verlassens seiner Rechtsordnung häufig nicht ausreichend bewußt werde[1469]. Selbst wenn er im Internet aktiv nach Angeboten sucht, mache der Konsument ferner durch die Internet-Nutzung lediglich den „zweiten Schritt", denn ein Vertrag käme nicht zustande, hätte der Unternehmer nicht vorher eine entsprechende Verkaufs-Website im Internet zugänglich gemacht[1470]. Auch bei den traditionelleren Medien, wie beispielsweise der Zeitung, hat der Verbraucher das Medium, in dem er dann auf die Werbung stößt, aktiv ausgewählt, nicht jedoch die kommerzielle Betätigung

---

[1461] Vgl. hierzu *Mehrings*, CR 1998, S.618 f.

[1462] Vgl. *Junker*, RIW 1999, S.815; *Reich*, Der Vorschlag der EG-Kommission für eine E-Commerce-Richtlinie, S.99; *Powell/Turner-Kerr*, I.C.C.L.R. 1999, S.364.

[1463] *Borges*, ZIP 1999, S.568; *Müller*, S.282.

[1464] Siehe *Reich*, Der Vorschlag der EG-Kommission für eine E-Commerce-Richtlinie, S.99.

[1465] *Müller*, S.282; *Junker*, RIW 1999, S.815; *Powell/Turner-Kerr*, I.C.C.L.R. 1999, S.364.

[1466] *Müller*, S.282.

[1467] *Thorn*, IPRax 1999, S.4 f.; siehe auch *Martiny*, ZeuP 1999, S.259.

[1468] Siehe *Mankowski*, RabelsZ 63 (1999), S.243.

[1469] *Thorn*, IPRax 1999, S.4 f.

[1470] Siehe *Junker*, RIW 1999, S.811, 815, der auch darauf hinweist, daß nach dem Wortlaut des Art. 13 Abs. 1 Nr. 3a EuGVÜ der Verbrauchergerichtsstand nicht ausgeschlossen ist, wenn der Kunde von dem grenzüberschreitenden Angebot oder der grenzüberschreitenden Werbung selbst Initiative ergriffen hat.

eingeleitet[1471]. Der Verkäufer hingegen hat „Schritte unternommen, um seine beweglichen Sachen oder Dienstleistungen in dem Land zu verkaufen, in dem sich der Verbraucher aufhält“[1472].

Es wird evident, daß die Art. 29 EGBGB (Art. 5 EVÜ) zugrundeliegende Unterscheidung zwischen „passivem“ und „aktivem“ Verbraucher bei Verträgen im elektronischen Geschäftsverkehr Probleme bereitet[1473]. Die Unterscheidung „verschwimmt“ angesichts der Tatsache, daß sich der Verbraucher gewissermaßen aktiv an der Herstellung des Kontaktes beteiligt und die Initiative mithin nicht allein vom Unternehmer ausgeht[1474]. Obergerichtliche Entscheidungen hierzu liegen bislang nicht vor[1475]. Das Leitbild vom passiven Verbraucher, kann – wie auch im neuen Art. 29 a EGBGB gesehen – im Zeitalter der modernen Fernkommunikationstechnik scheinbar nicht aufrecht erhalten werden.

(2) Ungeschriebenes Kriterium der Zielgerichtetheit in Art. 29 Abs. 1 Nr. 1 EGBGB

Eng mit der Problematik des „passiven“ Verbrauchers verbunden ist der Fragenkreis um das in der Literatur überwiegend geforderte Kriterium der *Zielgerichtetheit* der Absatzstrategien[1476]. Auch hier kommt wieder die territoriale Anknüpfung des Art. 29 Abs. 1 Nr. 1 EGBGB zum Tragen, die im Electronic Commerce besonders schwer nachzuvollziehen ist. Das Erfordernis eines zielgerichteten Angebots oder einer zielgerichteten Werbung ist dem Wortlaut des Art. 29 Abs. 1 Nr. 1 EGBGB (Art. 5 Abs. 2 1. Alt EVÜ) nicht direkt zu entnehmen; es hat seinen Ausgangspunkt in den Ausführungen von *Giuliano/Lagarde* im amtlichen Bericht über das EVÜ. Zum ersten Gedankenstrich von Art. 5 Abs. 2 EVÜ heißt es dort folgendermaßen:

> „Der Kaufmann muß also bestimmte Handlungen vorgenommen haben, wie beispielsweise Werbung in Presse, Rundfunk, Fernsehen oder Filmtheatern oder mittels *speziell in das betreffende Land versandter* Kataloge oder Abgabe persönlicher Verkaufsangebote über einen Handelsvertreter oder Reisenden. Schließt beispielsweise ein Deutscher aufgrund einer Anzeige, die von einer französischen Gesellschaft in einer deutschen Zeitung veröffentlicht wurde, einen Vertrag ab, dann fällt dieser Vertrag unter diese Sondervorschrift. Antwortet hingegen ein Deutscher auf eine in einer amerikanischen Zeitung erschienene Anzeige, selbst wenn diese Zeitung in Deutschland verkauft wird, dann fin-

---

1471 *Mankowski*, RabelsZ 63 (1999), S.240 ff.

1472 Siehe *Giuliano/Lagarde*, ABL.EG (31.10.1980) Nr. C 282/24.

1473 *Lagarde*, Cour fédérale d'Allemagne – 19 mars 1997, Rev.crit.d.i.p., 1998, S.623.

1474 *Thorn*, IPRax 1999, S.2.

1475 Siehe auch *Reich*, Der Vorschlag der EG-Kommission für eine E-Commerce-Richtlinie, S.99.

1476 *Mankowski*, RIW 1993, S.458; *ders.*, RabelsZ 63 (1999), S.234 f.; *Thorn*, IPRax 1999, S.4.

det die genannte Vorschrift keine Anwendung, es sei denn, die Anzeige wäre in einer für die europäischen Länder bestimmten Sonderausgabe dieser Zeitung erschienen. Im letzteren Falle hätte der Verkäufer eine speziell für das Land des Käufers bestimmte Sonderwerbung durchgeführt.“[1477]

Das Angebot oder die Werbung sollte also – zumindest auch – auf den bestimmten Staat, in dem der Verbraucher lebt, gerichtet sein. Diese Konstellation ist im weltweit zugriffbaren Medium des Internet indes selten, denn es liegt gerade in seiner Natur, Nutzern aller Staaten als Kommunikationsweg zu dienen. Übereinstimmend wird das Zielgerichtetheitskriterium daher auch kaum in seiner engen Form der „speziell in das betreffende Land versandten“ Angebote oder Werbung gefordert. Streitig ist hingegen, inwiefern es dennoch einer gewissen Zielrichtung der Unternehmer-Website bedarf.

Teilweise wird eine minimale Zielrichtung des Internet-Angebots oder der Internet-Werbung in Form eines *aufgelockerten* Zielgerichtetheitskriteriums gefordert[1478]. Es könne nicht notwendigerweise davon ausgegangen werden, daß außer-europäische Anbieter, die ihre Ware oder Dienstleistungen via Internet anböten, dies auch gleichzeitig mit Blick auf den europäischen oder einen bestimmten mitgliedstaatlichen Markt täten[1479]. Die Annahme der Wirkung von Angeboten und Werbung in sämtlichen Staaten würde für den Unternehmer eine übermäßige Belastung bedeuten, da sich dieser „einer unüberschaubaren Menge der unterschiedlichsten verbraucherschützenden Normen je nach den Herkunftsländern seiner Kunden gegenüber[sähe]“[1480]. Daher bedürfe es des Nachweises eines gewissen Willens des ausländischen Anbieters, seine Website auch auf den Markt des Verbraucherstaates auszurichten. Vorgeschlagen werden sowohl geographische als auch inhaltliche[1481] Merkmale des Abzielens. Als Anhaltspunkte hierfür können vor allem domain-names mit Ländererkennung (Bsp: „.de“), Währungsangaben[1482] und die verwendete Sprache dienen[1483], wobei sich englische Websites wohl auch an deutsche Verbraucher wenden[1484]. Abzustellen sei auf den objektiven Verbraucherhorizont[1485]. Der Absatzwille für ein bestimmtes Land liege zumindest dann *nicht* vor, wenn der Anbieter auf der Website deutlich macht, daß er aus einem bestimmten Staat keine Bestellungen annehmen will[1486]. Die Durchführbarkeit dieser Auffassung ist schon insoweit kri-

---

1477 *Giuliano/Lagarde*, ABL.EG (31.10.1980), Nr. C 282/24; BT-Drucks. 10/503, S.56. Hervorhebungen durch den Verfasser.

1478 *Kronke*, RIW 1996, S.988; *Mehrings*, CR 1998, S.619.

1479 Vgl. hierzu *Kronke*, Applicable Law in Torts and Contracts in Cyberspace, S.83 f.

1480 *Merkel*, S.172. Siehe auch *Kronke*, Applicable Law in Torts and Contracts in Cyberspace, S.83 f.

1481 *Borges*, ZIP 1999, S.569 f., 573.

1482 Kritisch hierzu *Mankowski*, RabelsZ 63 (1999), S.247 f.

1483 Siehe etwa *Borges*, ZIP 1999, S.570; a.A. *Mankowski*, RabelsZ 63 (1999), S.239.

1484 *Pfeiffer*, NJW 1997, S.1214.

1485 *Borges*, ZIP 1999, S.570.

1486 *Kronke*, RIW 1996, S.988; *Müller*, S.281.

tisiert worden, als die Sprache eines Angebots oder einer Werbung im Internet angesichts des international weitläufigen Gebrauchs von Englisch kein effektives Abgrenzungskriterium für den Anbieterwillen sei[1487]. Zudem seien domainnames mit Länderkennung selten, meistens wird die internationale Endung „.com" verwendet[1488].

Zum Teil wird das Zielgerichtetheitskriterium als im elektronischen Geschäftsverkehr sinnlos eingestuft, da dort jedes Angebot „weltweit präsent" oder „gebietsneutral" sei und daher auch ungezielt im Aufenthaltsstaat des europäischen Verbrauchers erfolge[1489]. Das Kriterium der Zielgerichtetheit finde im Wortlaut des Art. 29 Abs. 1 Nr. 1 EGBGB (Art. 5 Abs. 2, 1. Alt. EVÜ) keinen Anhalt[1490]. Während der Unternehmer keinen Einfluß darauf habe, wer sich seine Angebote oder Werbung ansieht, könne der Verbraucher bei einem auf die ganze Welt abzielenden Angebot nicht erkennen, ob es ihm gelte. Die Situation im Internet ähnele insoweit derjenigen bei anderen modernen Massenkommunikationsmitteln, wie zum Beispiel Zeitschriften und Fernsehsendungen, die international erscheinen oder ausgestrahlt werden und bei denen die Werbeaktivität nur schwierig einem bestimmten nationalen Gebiet zugeordnet werden könne. Nach dieser Auffassung wird es daher als für Art. 29 Abs. 1 Nr. 1 EGBGB ausreichend angesehen, wenn das Angebot oder die Werbung im Aufenthaltsstaat des Verbrauchers abrufbar ist[1491]. Diese Ansicht übersieht jedoch, daß Art. 29 Abs. 1 EGBGB die Verwirklichung des Verbraucherschutzes nur in den Fällen bezweckt, in denen der Anbieter den Verbrauchermarkt auch „werbemäßig für sich erschließt"[1492].

Letztlich gibt es auch einen Mittelweg zwischen den Positionen. Nach „zeitgemäßer Interpretation" des amtlichen Berichts von *Giuliano/Lagarde* sei hiernach ein Angebot oder eine Werbung im Internet weder speziell auf ein bestimmtes Staatsgebiet gerichtet, noch „gebietsneutral", sondern adressiere sich vielmehr „an die ganze Welt", das heißt an alle privaten Internet-Nutzer, sofern sich diese individuell, das heißt als typische Adressaten angesprochen fühlen[1493]. Diese Meinung basiert auf dem Gedanken, daß ein Anbieter, der sich des Internets zur Erschließung neuer Märkte bedient und dadurch von der immensen Er-

---

1487 Vgl. *Gruber*, DB 1999, S.1437 f.; *Merkel*, S.172; *Mankowski*, RabelsZ 63 (1999), S.246 f. und *Borges*, ZIP 1999, S.570.

1488 Siehe *Kronke*, RIW 1996, S.985; *Borges*, ZIP 1999, S.570, der auch auf die geringe Aussagekraft einer solchen Länderkennung hinweist.

1489 *Waldenberger*, BB 1996, S.2371; *Kronke*, RIW 1996, S.988; *Borges*, ZIP 1999, S.568 f. m.w.Nachw.

1490 *Mehrings*, CR 1998, S.619.

1491 *Junker*, RIW 1999, S.816.

1492 *Borges*, ZIP 1999, S.569.

1493 Siehe insbesondere *Junker*, RIW 1999, S.815 f.; *Mankowski*, RabelsZ 63 (1999), S.235 ff.; *Thorn*, IPRax 1999, S.4 f.; *Mehrings*, CR 1998, S.619; *Bachmann*, Internet und IPR, S.177; *Taupitz/Kritter*, JuS 1999, S.844. Siehe auch *Buchner*, EWS 2000, S.151; Soergel/*von Hoffmann*, Art. 29 EGBGB, Rz.18; *ders.*, IPR, § 10, Rz.73a. Gegen eine „globale Präsenz" der Werbung im Internet ist *Borges*, ZIP 1999, S.569.

weiterung seiner Absatzmöglichkeiten profitiert, technisch auf den Verbraucher zugeht bzw. sich dessen Entgegenkommen zurechnen lassen muß[1494]. Dieser Ansatz überzeugt. Er bietet eine interessengerechte Lösung an, ohne auf das Kriterium der Zielgerichtetheit in Art. 29 Abs. 1 Nr. 1 EGBGB vollends zu verzichten. Dem im Internet werbenden Unternehmer ist es als wirtschaftlicher Ausgleich für die schnelle und kostengünstige globale Vermarktung seiner Produkte oder Dienstleistungen *zumutbar*, das Risiko, einer großen Menge ihm unbekannter Verbraucherschutzstandards ausgesetzt zu sein („overspill-Risiko"), zu tragen[1495]. Meist wird es ihm gerade darauf ankommen, Kunden in aller Welt bequem erreichen zu können[1496]. Auch rechtspolitisch führt diese Meinung zu dem richtigen Ergebnis, denn ansonsten könnte sich jeder Anbieter durch die Berufung auf mangelnde Zielgerichtetheit den Konsequenzen der für den Verbraucher günstigeren ausländischen Verbrauchschutznormen entziehen[1497]. Dies soll er nach dieser Auffassung nur können, wenn er sein Angebot oder seine Werbung im Internet durch einen entsprechenden Vorbehalt („rechtsgeschäftliche Abschlußkontrolle")[1498] ausdrücklich räumlich begrenzt hat[1499].

Die zweite Voraussetzung des Art. 29 Abs. 1 Nr. 1 EGBGB, die Vornahme des Verbrauchers der zum Vertragsschluß erforderlichen Rechtshandlungen von seinem Aufenthaltsstaat aus, ist nur scheinbar unproblematisch. Übereinstimmend liegt sie vor, wenn der Verbraucher sein Angebot oder seine Annahmeerklärung über einen Computer mit Internetanschluß im Staate seines gewöhnlichen Aufenthalts abgibt[1500]. Der Standort des Servers soll dabei keine Rolle spielen[1501]. Wie ist jedoch der Fall zu beurteilen, in dem der Verbraucher den vertragschließenden „mouse-click" in einem anderen Land oder unterwegs „mobil" tätigt? Je nach Ort des tatsächlichen Absendens der Bestellung sind dann unterschiedliche Rechtsfolgen denkbar[1502]. Muß hier – wie *Kronke* fordert – auf andere Kriterien als den räumlichen „mouse-click" abgestellt werden[1503] oder kann Art. 29 Abs. 1 Nr. 1 EGBGB teleologisch reduziert werden[1504]? Kommt es gar nur darauf an,

---

1494 *Thorn*, IPRax 1999, S.4 f.; *Sandrock*, ZvglRWiss 98 (1999), S.238; *Mehrings*, CR 1998, S.619; *Mankowski*, RabelsZ 63 (1999), S.238; Palandt/*Heldrich*, Art. 29 EGBGB, Rz. 5; *Spindler*, NZG 2000, S.1062.

1495 Hierzu ausführlich *Mankowski*, RabelsZ 63 (1999), S.235 ff., 239.

1496 *Mehrings*, CR 1998, S.619.

1497 *Junker*, RIW 1999, S.815 f.

1498 *Mankowski*, RabelsZ 63 (1999), S.243 ff., 248 f., 292.

1499 Vgl. *Mehrings*, CR 1998, S.617, 619 f.; *Fallon*, La protection internationale de l'acheteur sur l'interréseau, S.271; *Borges*, ZIP 1999, S.568; *Powell/Turner-Kerr*, I.C.C.L.R. 1999, S.364.

1500 *Gruber*, DB 1999, S.1437 f.; *Borges*, ZIP 1999, S.571; *Mankowski*, RabelsZ 63 (1999), S.250 f.; *Martiny*, ZeuP 1999, S.259; *Lehmann*, EuZW 2000, S.517.

1501 *Mehrings*, CR 1998, S.619.

1502 *Merkel*, S.172.

1503 *Kronke*, RIW 1996, S.988; a.A. *Taupitz/Kritter*, JuS 1999, S.844 und *Ernst*, VuR 1997, S.259 f.

1504 Dieses Lösung befürwortet *Borges*, ZIP 1999, S.571.

daß der europäische Verbraucher irgendeinen mitgliedstaatlichen Verbraucherschutz genießt[1505]? Abgesehen davon, daß ein Aufenthalt des Verbrauchers im Ausland, wenn sich dieser für die Übermittlung seiner Erklärung des heimischen Servers bedient hat, in einem Rechtsstreit nicht leicht nachzuweisen sein wird, ist die Abschlußhandlung eines reisenden Verbrauchers auch praktisch ein eher seltener Fall[1506].

bb) Fallgruppe 2: Tätigkeit des Unternehmers auf dem Markt des Verbraucherstaats

Art. 29 Abs. 1 Nr. 2 EGBGB regelt eine weitere Sachverhaltsvariante, die bestimmte Vertragsschluß-Konstellationen im e-commerce abdecken könnte. Der Verbraucher bedarf hiernach des Verbraucherschutzes seines heimischen Rechts, wenn der Anbieter oder dessen Vertreter die Bestellung des Verbrauchers „in" seinem Heimatstaat „entgegengenommen" hat. Ausgangspunkt soll auch hier der amtliche Bericht über das EVÜ von *Giuliano/Lagarde* sein. Zum zweiten Gedankenstrich von Art. 5 Abs. 2 EVÜ heißt es dort unter anderem:

> „Der erste und der zweite Gedankenstrich überschneiden sich zum großen Teil, jedoch nicht vollständig. Der zweite Gedankenstrich gilt zum Beispiel für Fälle, in denen sich der Verbraucher in seinem Heimatland selbst an den Stand einer ausländischen Firma auf einer Messe oder Ausstellung oder an eine in seinem Heimatland gelegene feste Filiale oder Agentur einer ausländischen Firma gewandt hat, selbst wenn die ausländische Firma im Heimatland des Verbrauchers keine Werbung im Sinne des ersten Gedankenstrichs betrieben hat."[1507]

Auf Grund dieser Beispiele ist das Erfordernis einer *physischen Präsenz* des Verkäufers oder seines Vertreters im Aufenthaltsstaat des Verbrauchers hergeleitet worden[1508]. Auffallend ist jedenfalls die *örtliche* Komponente, die dem Merkmal der „Entgegennahme" anhaftet[1509]. Damit ist auch die Anwendbarkeit des Art. 29 Abs. 1 Nr. 2 EGBGB auf Verbraucherverträge im elektronischen Geschäftsverkehr fraglich[1510]. Begibt sich ein ausländischer Anbieter mit seiner Website auf den Markt des Verbrauchers und nimmt im Falle einer Bestellung diese auch *dort* entgegen[1511]?

1505 *Müller*, S.281.

1506 Siehe *Mankowski*, RabelsZ 63 (1999), S.252.

1507 *Giuliano/Lagarde*, ABL.EG (31.10.1980) Nr. C 282/24; BT-Drucks. 10/503, S.56. Hervorhebungen durch den Verfasser.

1508 *Gruber*, DB 1999, S.1437; *Borges*, ZIP 1999, S.567.

1509 *Reich*, Der Vorschlag der EG-Kommission für eine E-Commerce-Richtlinie, S.100 f.

1510 Siehe *Merkel*, S.172; *Reich*, Der Vorschlag der EG-Kommission für eine E-Commerce-Richtlinie, S.100 f.

1511 Siehe *Kronke*, RIW 1996, S.988 f. Nach *Bachmann*, Internet und IPR, S.177, soll dies der Fall sein, wenn der ausländische Anbieter im Aufenthaltsstaat des Verbrauchers eine

Einerseits wird darauf hingewiesen, daß *Giuliano/Lagarde* lediglich die zur Zeit des amtlichen Berichts üblichen Verkaufsmodalitäten, die unter Art. 5 Abs. 2 2.Alt EVÜ fallen sollten, beschrieben haben[1512]. Auf die heutige Zeit bezogen nehme der Anbieter die Bestellung des Verbrauchers nicht am Zugangs-ort, sondern am Aufenthaltsort des Verbrauchers über das ausgefüllte elektronische Bestellformular „am Bildschirm" entgegen[1513]; die körperliche Anwesenheit des Anbieters sei somit entbehrlich. Oder aber es wird der Verzicht auf das Merkmal der Entgegennahme vorgeschlagen: abzustellen sei allein auf den Art. 5 EVÜ zugrunde liegenden Gedanken des Vertrauens des Verbrauchers, wie im Falle eines reinen Inlandsgeschäfts den Schutz seines Heimatrechts zu erfahren[1514]. Diese Meinung hat den Nachteil, daß sie sich über das Tatbestandsmerkmal der Entgegennahme hinwegsetzt[1515]. Auch hat der BGH im Jahre 1997 klargestellt, daß unter diesem Merkmal der Erhalt oder Zugang der Willenserklärung beim Vertragspartner des Verbrauchers zu verstehen ist, nicht hingegen der Absendeort[1516]. Zugangsort der Bestellung ist daher regelmäßig außerhalb des Heimatstaats des Verbrauchers. Ansonsten wäre Art. 29 Abs. 1 Nr. 2 EGBGB auf beinahe alle Verbraucherverträge im elektronischen Geschäftsverkehr anwendbar. Überwiegend wird die Anwendbarkeit dieser Alternative im Internet daher mit Hinweis darauf, daß der ausländische Online-Verkäufer im Ausland ansässig und auch nicht über einen im Staate des Verbrauchers belegenen Server dort körperlich anwesend ist, abgelehnt[1517].

cc) Fallgruppe 3: Vom Unternehmer veranlaßte Verkaufsfahrt in das Ausland

Irrelevant für im elektronischen Geschäftsverkehr geschlossene Verträge ist übereinstimmend Art. 29 Abs. 1 Nr. 3 EGBGB, der Verbraucherschutz im Falle einer „Kaffeefahrt" vorschreibt, das heißt bei Vertragsschluß anläßlich einer vom Verkäufer zu diesem Zweck durchgeführten Reise. Das Erfordernis einer *räumlichen* Deplazierung des Verbrauchers in einen anderen Staat nach Art. 5

Zweigniederlassung oder Tochtergesellschaft mit eigener Internet-Adresse besitzt, an die der Verbraucher seine Erklärung sendet.

1512 So *Mehrings*, CR 1998, S.620.

1513 *Waldenberger*, BB 1996, S.2371; a.A. *Mankowski*, RabelsZ 63 (1999), S.253.

1514 *Mehrings*, CR 1998, S.620.

1515 *Gruber*, DB 1999, S.1437.

1516 BGH, Urteil v. 19.3.1997, BGHZ 135, 132; NJW 1997, S.1698 f. Vgl. auch *Reich*, Der Vorschlag der EG-Kommission für eine E-Commerce-Richtlinie, S.100 f.

1517 Siehe *Gruber*, DB 1999, S.1437; *Reich*, Der Vorschlag der EG-Kommission für eine E-Commerce-Richtlinie, S.100 f.; *Borges*, ZIP 1999, S.567, der auch darauf hinweist, daß das Nichteingreifen des Art. 29 Abs. 1 Nr. 2 EGBGB bei einer telefonischen Bestellung, selbst bei vorigem Besuch des Unternehmers im Heimatstaat des Verbrauchers, anerkannt ist; *Mankowski*, RabelsZ 63 (1999), S.254.

Abs. 2 3.Alt EVÜ ist zu eindeutig, als daß man „virtuelle Reisen" hierunter subsumieren könnte[1518].

dd) Zwischenergebnis

Die Ausführungen zeigen, daß das klassische Anknüpfungssystem des Art. 29 Abs. 1 EGBGB bzw. des Art. 5 Abs. 2 EVÜ nur schlecht zum Internet paßt und daher im elektronischen Geschäftsverkehr nur begrenzt verbraucherschützend wirkt[1519]. Als Sondervorschrift ist diese Regelung zudem eng auszulegen und folglich nicht ohne weiteres auf „moderne" Verträge anwendbar. Dennoch ist eine Subsumtion von Verbraucherverträgen im Internet unter Art. 29 Abs. 1 Nr. 1 EGBGB[1520] noch denkbar und wird in der Literatur als in Betracht kommender Regelfall bezeichnet[1521]. Insofern steht fest, daß das Internet zwar im Bereich des Kollisionsrechts kein „rechtsfreier und verbraucherschutzfreier Cyberspace" ist[1522], daß der Schutz jedoch weder zweifelsfrei noch vollumfänglich besteht[1523].

b) EG-Richtlinie über den elektronischen Geschäftsverkehr[1524]

aa) Ziele der Richtlinie für den Binnenmarkt

Mit der am 8.6.2000 erlassenen Electronic-Commerce-Richtlinie möchte die Kommission „den elektronischen Geschäftsverkehr voll in den Genuß des Bin-

---

1518 *Gruber*, DB 1999, S.1437; *Mehrings*, CR 1998, S.620.

1519 Eine analoge Anwendung des Art. 29 Abs. 1 EGBGB wegen einer vergleichbar engen Beziehung zum Verbraucherstaat kommt spätestens seit BGHZ 135, 133 ff., nicht mehr in Frage. Nach allgemeiner Auffassung ist die Regelung abschließend, so daß es bereits an einer planwidrigen Gesetzeslücke fehlt. Siehe auch *Mehrings*, CR 1998, S.620; *Borges*, ZIP 1999, S.567; *Lehmann*, EuZW 2000, S.517; *Schwander*, Ein IPR für Europa oder ein europäisches IPR?, S.840. A.A. *Mankowski*, RabelsZ 63 (1999), S.293.

1520 Fehlt es bei Vorliegen der in Art. 29 Abs. 1 Nr. 1 EGBGB genannten Umstände an einer Rechtswahl, so unterliegt der Verbrauchervertrag dem Recht des Staates, in dem der Verbraucher seinen gewöhnlichen Aufenthalt hat, Art. 29 Abs. 2 EGBGB.

1521 Siehe nur *Gruber*, DB 1999, S.1437 f., 1442; *Arnold*, CR 1997, S.527; *Taupitz/Kritter*, JuS 1999, S.843 f. Siehe auch *Borges*, ZIP 1999, S.573.

1522 Siehe vor allem *Meents*, Verbraucherschutz bei Rechtsgeschäften im Internet, 1998, S.239; *Schack*, MMR 2000, S.59 f.; vgl. auch *Heckmann*, NJW 2000, S.1370.

1523 Vgl. noch einmal *Reich*, Der Vorschlag der EG-Kommission für eine E-Commerce-Richtlinie, S.100 f.; *Merkel*, S.172.

1524 Richtlinie 2000/31/EG des Europäischen Parlaments und des Rates vom 8.6.2000 über bestimmte rechtliche Aspekte der Dienste der Informationsgesellschaft, insbesondere des elektronischen Geschäftsverkehrs, im Binnenmarkt („Richtlinie über den elektronischen Geschäftsverkehr"), ABl.EG (17.7.2000) Nr. L 178/1.

nenmarkts kommen lassen"[1525]. Art. 1 Abs. 1 des Rechtsakts, der von der Generaldirektion XV (Binnenmarkt) ausgearbeitet worden ist, lautet: „Diese Richtlinie soll einen Beitrag zum einwandfreien Funktionieren des Binnenmarktes leisten, indem sie den freien Verkehr von Diensten der Informationsgesellschaft zwischen den Mitgliedstaaten sicherstellt." Zwar geht es auch um die Stärkung des Vertrauens der Verbraucher durch vermehrte Rechtssicherheit[1526], im Vordergrund stehen jedoch eindeutig *wirtschaftliche* Gesichtspunkte. In Erwägungsgrund 2 ist von den erheblichen Beschäftigungsmöglichkeiten in der Gemeinschaft und der Anregung des Wirtschaftswachstums sowie der Investitionen in Innovationen der europäischen Unternehmen durch die Entwicklungen des elektronischen Handels in der Informationsgesellschaft die Rede[1527].

Mit Hilfe der Richtlinie soll also der elektronische Geschäftsverkehr durch einen Mindestrechtsrahmen gefördert werden[1528]; nur gelegentlich wird deklaratorisch auf die verbraucherschützenden Auswirkungen hingewiesen[1529]. Jedenfalls handelt sich nicht um eine „klassische" Verbraucherschutzrichtlinie. Die bisherigen Richtlinien zum Verbraucherschutz, insbesondere die Klausel- und die Fernabsatzrichtlinie, bilden nach Erwägungsgrund 11 „wichtige Errungenschaften für den Verbraucherschutz im Bereich des Vertragsrechts"[1530]. Sie behalten daher für die Dienste im elektronischen Geschäftsverkehr ihre volle Gültigkeit und sollen durch die Richtlinie lediglich ergänzt werden. Die Ergänzungsfunktion für das Gemeinschaftsrecht wird auch in Art. 1 Abs. 3 des Richtlinienvorschlags[1531] ausdrücklich festgeschrieben[1532].

Als gemeinschaftlicher Rechtsakt ohne primäres Verbraucherschutzziel enthält die Richtlinie auch keine der für die EU-Verbraucherschutzrichtlinien inzwischen üblichen Drittstaatenklauseln. Im Gegenteil, denn in Art. 1 Abs. 4 der Richtlinie heißt es:

> „Diese Richtlinie schafft weder zusätzliche Regeln im Bereich des internationalen Privatrechts, noch befaßt sie sich mit der Zuständigkeit der Gerichte."[1533]

1525 Siehe *Bender/Sommer*, RIW 2000, S.261; *Fezer/Koos*, IPRax 2000, S.349.

1526 *Bender/Sommer*, RIW 2000, S.261. Siehe auch Art. 1 Abs. 3 der Richtlinie.

1527 ABl.EG (17.7.2000) Nr. L 178/1.

1528 Siehe *Tettenborn*, K&R 1999, S.253.

1529 Siehe Erwägungsgründe 7, 10, Art. 1 Abs. 3; ABl.EG (17.7.2000) Nr. L 178/2, 8; vgl. auch *Hoeren*, MMR 1999, S.193; *Tettenborn*, K&R 1999, S.254.

1530 ABl.EG (17.7.2000) Nr. L 178/2.

1531 Dort heißt es: "Diese Richtlinie ergänzt das hinsichtlich der Dienste der Informationsgesellschaft anwendbare Gemeinschaftsrecht und lässt dabei das Schutzniveau insbesondere für die öffentliche Gesundheit und den Verbraucherschutz, wie es sich aus Gemeinschaftsrechtsakten und einzelstaatlichen Rechtsvorschriften zu deren Umsetzung ergibt, unberührt, soweit die Freiheit, Dienste der Informationsgesellschaft anzubieten, dadurch nicht eingeschränkt wird."

1532 Siehe auch *Tettenborn*, K&R 1999, S.254.

1533 Im Erwägungsgrund 7 des ursprünglichen Richtlinienvorschlags hieß es ähnlich: "Diese Richtlinie zielt nicht darauf ab, spezifische Regeln des Internationalen Privatrechts

Gewisse Zweifel am Fehlen einer kollisionsrechtlichen Relevanz hatte vorübergehend jedoch das Herkunfts- oder Ursprungslandprinzip verursacht, das in Art. 3 Abs. 1 und 2 der Richtlinie verankert ist.

cc) Art. 3 der Richtlinie: Das Herkunftslandprinzip – kollisionsrechtlicher Gehalt?

(1) Inhalt des sekundärrechtlichen Herkunftslandprinzips

Für diese Richtlinie, die zur Verwirklichung des Binnenmarkts beitragen soll, wurde ein Prinzip gewählt und in Art. 3 der Richtlinie[1534] festgeschrieben, das bereits primärrechtlich[1535] und in der Rechtsprechung des EuGH[1536] als „euro-

---

betreffend das anwendbare Recht oder der Zuständigkeit der Gerichte einzuführen und lässt die einschlägigen internationalen Übereinkommen daher unberührt." Vorschlag für eine Richtlinie des Europäischen Parlaments und des Rates über bestimmte rechtliche Aspekte des elektronischen Geschäftsverkehrs im Binnenmarkt v. 18.11.1998, KOM (1998) 586 endg., ABl.EG (5.2.1999) Nr. C 30/4; Rats-Dok.-Nr. 5123/99. Dieser Vorschlag ist durch einen zweiten Vorschlag vom 1.9.1999, KOM (1999) 427 endg., geändert worden. Siehe auch *Jayme/Kohler*, IPRax 2000, S.456; *Mankowski*, Herkunftslandprinzip, ZVglRWiss. 2001, S.154.

1534 Der Text dieses Artikels lautet:
Art. 3. Binnenmarkt.
(1) Jeder Mitgliedstaat trägt dafür Sorge, dass die Dienste der Informationsgesellschaft, die von einem in seinem Hoheitsgebiet niedergelassenen Diensteanbieter erbracht werden, den in diesem Mitgliedstaat geltenden innerstaatlichen Vorschriften entsprechen, die in den koordinierten Bereich fallen.
(2) Die Mitgliedstaaten dürfen den freien Verkehr von Diensten der Informationsgesellschaft aus einem anderen Mitgliedstaat nicht aus Gründen einschränken, die in den koordinierten Bereich fallen.
(3) Absatz 1 und 2 finden keine Anwendung auf die im Anhang genannten Bereiche.
(4) Die Mitgliedstaaten können Maßnahmen ergreifen, die im Hinblick auf einen bestimmten Dienst der Informationsgesellschaft von Abs. 2 abweichen, wenn die folgenden Bedingungen erfüllt sind:
a) Die Maßnahmen
i) sind aus einem der folgenden Gründe erforderlich:
- (...)
- Schutz der Verbraucher, einschließlich des Schutzes von Anlegern
ii) betreffen einen bestimmten Dienst der Informationsgesellschaft, der die unter Ziffer i) gennanten Schutzziele beeinträchtigt oder eine ernsthafte und schwerwiegende Gefahr einer Beeinträchtigung dieser Ziele darstellt;
iii) stehen in einem angemessenen Verhältnis zu diesen Schutzzielen.
(5) (...)

1535 Hierzu ausführlich *Fezer/Koos*, IPRax 2000, S.350 ff.

1536 Ein klassisches Beispiel für das Herkunftslandprinzip ist der im Markenrecht vom EuGH praktizierte Erschöpfungsgrundsatz. Näheres hierzu bei *Schack*, MMR 2000, S.62. Siehe

päisches Prinzip" seinen Ausdruck gefunden und sich „in der Praxis der EU-Kommission zu einem konstituierenden Bestandteil des Binnenmarktes entwickelt"[1537] hat. Nach dem *Herkunftslandprinzip* ist der elektronische Geschäftsverkehr eines Diensteanbieters lediglich den innerstaatlichen Vorschriften und der Aufsicht des Mitgliedstaates unterworfen, in dem er niedergelassen ist; gleichzeitig ist es den anderen Mitgliedstaaten verboten, den freien Verkehr der vom Niederlassungsstaat aus rechtmäßig erbrachten Dienste durch zusätzliche Regeln einzuschränken.

Artikel 3 trägt die Überschrift „Binnenmarkt" und stellt damit klar, daß die Absicherung der Grundfreiheiten – hier des freien Dienstleistungsverkehrs und die Niederlassungsfreiheit – im Mittelpunkt steht[1538]. Das Herkunftslandprinzip bringt klare Vorteile für den Online-Diensteanbieter in der Informationsgesellschaft mit sich: Er muß seine Website allein nach dem an seinem Sitz geltenden Recht ausrichten und kann von dort aus gemeinschaftsweit tätig werden[1539]. Dem liegt – ebenso wie etwa bei den Werberegelungen der Fernsehrichtlinie[1540] – die Wertung zugrunde, daß es ihm nicht zuzumuten ist, sich über sämtliche Rechtsordnungen in den fünfzehn Mitgliedstaaten zu informieren und seine Leistungen insofern zu überprüfen, da er nicht wissen kann, wo und von wem seine Dienste abgerufen werden[1541]. Durch weitestgehende Rechtssicherheit soll ein Anreiz geschaffen werden, sich auf den „elektronischen Binnenmarkt" zu wagen[1542]. Insbesondere soll verhindert werden, daß zu hohe Kosten die innovative Kraft sogenannter Internet Start-up Companies dämmen[1543].

---

vor allem auch *Drasch*, Das Herkunftslandprinzip im internationalen Privatrecht, Baden-Baden 1997.

1537 *Tettenborn*, K&R 1999, S.256.

1538 Vgl. *Fezer/Koos*, IPRax 2000, S.349.

1539 Als Begründung hierfür heißt es in Erwägungsgrund 8 des Vorschlags: „Da die Aufsicht über Dienste der Informationsgesellschaft am Herkunfstort erfolgen muss, um einen wirksamen Schutz der Ziele des Allgemeininteresses zu gewährleisten, muss dafür gesorgt werden, dass die zuständige Behörde diesen Schutz nicht allein für die Bürger ihres Landes, sondern für alle Bürger der Gemeinschaft sichert. Um den freien Dienstleistungsverkehr und die erforderliche Rechtssicherheit für Anbieter und Nutzer zu gewährleisten, dürfen die Dienste der Informationsgesellschaft lediglich dem Rechtssystem desjenigen Mitgliedstaats unterworfen werden, in dem der Anbieter niedergelassen ist. Um das gegenseitige Vertrauen der Mitgliedstaaten zu fördern, muß die Verantwortlichkeit des Mitgliedstaats dem Herkunftsortes der Dienste klar herausgestellt werden."

1540 Vgl. Art. 2 Abs. 1 der Richtlinie des Rates zur Koordinierung bestimmter Rechts- und Verwaltungsvorschriften der Mitgliedstaaten über die Ausübung der Fernsehtätigkeit (89/552/EWG) v. 3.10.1989, ABl.EG (17.10.1989) Nr. L 298/23, geändert durch die Richtlinie 97/36/EG des Europäischen Parlaments und des Rates, ABl.EG (30.7.1997) Nr. L 202/60. Vgl. hierzu *Tettenborn*, K&R 1999, S.256.

1541 *Bender/Sommer*, RIW 2000, S.261; *Tettenborn*, K&R 1999, S.255.

1542 Vgl. *Schack*, MMR 2000, S.62.

1543 Siehe *Powell/Turner-Kerr*, I.C.C.L.R. 1999, S.361.

Die Verankerung des Herkunftslandprinzips im Richtlinienvorschlag hat – nicht zuletzt von der Business Lobby – Zustimmung erfahren[1544] und ist als „mutig" bezeichnet worden[1545]. Nicht umsonst ist sie dennoch in den Mittelpunkt der Diskussionen um den Rechtsakt gerückt. Auch wenn es der Kommission lediglich darum geht, eine erprobte Binnenmarktregel auf Online-Dienste zu übertragen, wird kritisiert, daß die Anwendung des Prinzips zu einer Harmonisierung auf niedrigstem Level („race to the bottom") führen wird[1546]. Es ist nämlich zu erwarten ist, daß Internet-Diensteanbieter ihren Sitz in den Mitgliedstaat mit den geringsten rechtlichen Beschränkungen verlegen. Damit hätte sich auch die Gefahr eines *forum shopping* verwirklicht[1547].

(2) Einfluß des Herkunftslandprinzips auf das Kollisionsrecht?

Vor dem geschilderten Hintergrund ist während der Entstehungszeit der Richtlinie die Frage nach der IPR-Relevanz des Herkunftslandprinzips in den Vordergrund gerückt[1548]. Wie bereits erläutert, geht es der Kommission ausweislich Art. 1 Abs. 4 gerade nicht um die Neueinführung von Kollisionsregeln für den Bereich des e-commerce[1549]. Dennoch legt sich der Vorschlag mit dem Ursprungslandprinzip in Art. 3 Abs. 1 gewissermaßen auf eine objektive Anknüpfung an das mitgliedstaatliche „Heimatrecht" des Diensteanbieters fest[1550], was dem im kollisionsrechtlichen Verbraucherschutz zum Beispiel durch Art. 5 Abs. 3 EVÜ (Art. 29 Abs. 2 EGBGB) – bei Vorliegen bestimmter Vertragsanbahnungs- und Abschlußhandlungen im Aufenthaltsstaat des Verbrauchers – berufenen „Bestimmungslandprinzip" auf den ersten Blick geradezu diametralisch entgegenläuft.

Ein kollisionsrechtlich wirkendes Herkunftslandprinzip hätte daher schwerwiegende Folgen für das Europäische Kollisionsrecht. Die Konkurrenz der beiden Ideologien „Herkunftslandprinzip" und „Bestimmungslandprinzip",

---

1544 *Tettenborn*, K&R 1999, S.252.

1545 *Hoeren*, MMR 1999, S.194.

1546 *Hoeren* zufolge verbirgt sich hinter der Wahl des Herkunftslandprinzips „eine latente Angst vor materieller Harmonisierung". Das Prinzip bringt die Verpflichtung der EU-Mitgliedstaaten mit sich, ihre Regelungen und Standards gegenseitig anzuerkennen. Eine Vollharmonisierung findet nicht statt, stattdessen ist es Sache der einzelnen Mitgliedstaaten, strengere Regeln für die in ihrem Territorium niedergelassenen Diensteanbieter zu erlassen; *Hoeren*, MMR 1999, S.194; vgl. auch *Tettenborn*, K&R 1999, S.255; *Lehmann*, EuZW 2000, S.518; *Spindler*, NZG 2000, S.1059.

1547 Vgl. *Hoeren*, MMR 1999, S.194; *Tettenborn*, K&R 1999, S.256.

1548 Siehe *Hoeren*, MMR 1999, S.195; *Leible*, Kollisionsrechtlicher Verbraucherschutz im EVÜ und in EG-Richtlinien, S.386; *Dethloff*, Kommerzielle Kommunikationen, S.15; *Schack*, MMR 2000, S.63. Siehe auch *Fezer/Koos*, IPRax 2000, S.349, 352 m.w.Nachw.; *Thünken*, IPRax 2001, S. 17 ff.

1549 Vgl. auch *Nickels*, Der elektronische Geschäftsverkehr und das Herkunftslandprinzip, DB 2001, S.1922.

1550 So *Bender/Sommer*, RIW 2000, S.261; *Heckmann*, NJW 2000, S.1370.

spielt auch bei der gemeinschaftsrechtlichen Neuregelung des EuGVÜ und des EVÜ und deren Einbeziehung des e-commerce eine wichtige Rolle[1551]. Teilweise wird nämlich für das zögerliche Wachstum des e-commerce in Europa gerade das mangelnde Vertrauen der Verbraucher verantwortlich gemacht, das auf der Ungewißheit über das anwendbare Recht bzw. über die Anwendung *ihres* Heimatrechts bei Online-Verträgen beruht[1552]. *Reich* hat darauf hingewiesen, daß während eine konsequente Anwendung des Art. 5 EVÜ den Regelungsansatz des Art. 3 der Electronic-Commerce-Richtlinie unterliefe und die Einheitlichkeit des Binnenmarktes in Frage stelle, die „radikale" Verwirklichung des Herkunftslandprinzips ohne Rücksicht auf den kollisionsrechtlichen Verbraucherschutz umgekehrt zur vollständigen Risikoverlagerung auf den Verbraucher führe[1553]. Diese zweite Alternative ist zumindest im Falle des vom heimischen Computer aus vertragschließenden oder nur „virtuell mobilen"[1554] Verbraucher sehr fraglich, zumal dieser auch nichteuropäischen Schutzstandards ausgeliefert sein könnte.

Zuletzt wies auch Art. 3 Abs. 3 in der Fassung des Richtlinienvorschlags darauf hin, daß mit den „innerstaatlichen Vorschriften", die nach Art. 3 Abs. 1 für „elektronische Verträge" verbindlich sind, die über das mitgliedstaatliche Internationale Privatrecht berufenen Sachnormen gemeint sind[1555]. *Hoeren* folgerte aus dieser „dunklen" Normensituation, daß „die Kommission entweder keine Ahnung von IPR hat oder eine solch große Kenntnis hat, daß einem angst und bange wird"[1556].

Ex post nach Erlaß der Richtlinie ist wohl davon auszugehen, daß ersteres der Fall gewesen ist: die Kommission hat die „potentiell" internationalprivatrechtliche Dimension der Electronic-Commerce-Richtlinie unterschätzt und daher vernachlässigt[1557]. Sie hat sich mit dem Hinweis in Erwägungsgrund 7 des Vorschlags absichern wollen, dabei jedoch neue Verwirrung gestiftet[1558]. Inzwischen scheint ausreichend geklärt zu sein, daß das Herkunftslandprinzip allein materiell-rechtlich von Bedeutung ist und als kollisionsrechtlich irrelevant angesehen werden muß[1559]. Insofern ist Art. 1 Abs. 4 der Richtlinie beim Wort zu

---

1551 Siehe insbesondere *Powell/Turner-Kerr*, I.C.C.L.R. 1999, S.361, aber auch *Bender/ Sommer*, RIW 2000, S.264; *Jayme/Kohler*, IPRax 1999, S.405.

1552 Siehe insbesondere *Powell/Turner-Kerr*, I.C.C.L.R. 1999, S.361.

1553 *Reich*, Der Vorschlag der EG-Kommission für eine E-Commerce-Richtlinie, S.97 f.

1554 *Reich*, Der Vorschlag der EG-Kommission für eine E-Commerce-Richtlinie, S.97 f.

1555 Siehe *Schack*, MMR 2000, S.63.

1556 *Hoeren*, MMR 1999, S.195. Siehe auch *Dethloff*, Kommerzielle Kommunikationen, S.15; *Mankowski*, Herkunftslandprinzip, ZVglRWiss. 2001, S.153; *Thünken*, IPRax 2001, S. 16.

1557 So auch *Dethloff*, Kommerzielle Kommunikationen, S.16.

1558 Nach *Hoeren* bedarf es hier daher einer „grundsätzlichen europarechtlichen Reflektion", *Hoeren*, MMR 1999, S.195.

1559 Siehe vor allem *Fezer/Koos*, IPRax 2000, S.349, 352; *Glöckner*, ZvglRWiss 99 (2000), S.305 f.

nehmen[1560]. Dies wird im ersten Halbsatz der Begründungserwägung 23 noch einmal klargestellt[1561].

Für die Irrelevanz des Herkunftslandprinzips und die Aufrechterhaltung des Bestimmungslandprinzips[1562] im kollisionsrechtlichen Verbraucherschutz sprechen zudem zwei weitere Regelungen in der Elektronic-Commerce-Richtlinie. Gemäß Art. 3 Abs. 4 lit.a Ziff. i 4. Spiegelstrich kann aus Gründen des Verbraucherschutzes vom Herkunftslandprinzip abgewichen werden[1563]. Die Bedingungen, die in Art. 3 Abs. 4 lit.a aufgestellt sind, werden im Fall des Art. 5 EVÜ regelmäßig erfüllt sein. Ferner finden Art. 3 Abs. 1 und 2 der Richtlinie nach Art. 3 Abs. 3 i.V. mit dem Anhang „Ausnahmen von Art. 3" (Spiegelstrich 6) zu der Richtlinie keine Anwendung auf „vertragliche Schuldverhältnisse im bezug auf Verbraucherverträge"[1564]. In beiden Fällen handelt es sich um Regelungen, die in Art. 3 den vorbereitenden Richtlinienvorschlägen noch nicht vorhanden waren und erst nachträglich eingefügt worden sind.

cc) Ergebnis zur Electronic-Commerce-Richtlinie

Ziel der Richtlinie über den elektronischen Geschäftsverkehr ist die Verwirklichung des Binnenmarktes. Der Gemeinschaftsgesetzgeber hat in der endgültigen Version klargestellt, daß der Richtliniengehalt sowohl am Europäischen Kollisionsrecht als auch am Verbraucherschutzrecht keine Veränderungen vornehmen möchte. Obwohl die neue Richtlinie für den elektronischen Geschäftsverkehr einschlägig ist, ist das Europäische Kollisionsrecht der Verbraucherverträge und damit insbesondere Art. 5 EVÜ folglich „doppelt abgesichert" gegen den Einfluß des Herkunftslandprinzips. Letzteres kann folglich bei einer Neuregelung des EVÜ außer Acht gelassen werden[1565].

1560 *Fezer/Koos*, IPRax 2000, S.352.

1561 Dort heißt es: "Diese Richtlinie zielt weder darauf ab, zusätzliche Regeln im Bereich des internationalen Privatrechts hinsichtlich des anwendbaren Rechts zu schaffen, noch befaßt sie sich mit der Zuständigkeit der Gerichte."

1562 Vgl. *Fezer/Koos*, IPRax 2000, S.349.

1563 Als „Notbremse" bezeichnet dies *Lehmann*, EuZW 2000, S.521. Daß Rechtswahlbeschränkungen für Verbraucherverträge wie in Art. 5 Abs. 2 EVÜ mit dem Herkunftslandsprinzip vereinbar sind, schreibt auch *Drasch*, Das Herkunftslandprinzip im internationalen Privatrecht, S.364. Siehe auch Erwägungsgrund 24, ABl.EG (17.7.2000) Nr. L 178/4.

1564 Hierzu heißt es in Erwägungsgrund 55 der Richtlinie, ABl.EG (17.7.2000) Nr. L 178/7: „Diese Richtlinie läßt das Recht unberührt, das für die sich aus Verbraucherverträgen ergebenden vertraglichen Schuldverhältnisse gilt. Dementsprechend kann diese Richtlinie nicht dazu führen, daß dem Verbraucher der Schutz entzogen wird, der ihm von den zwingenden Vorschriften für vertragliche Verpflichtungen nach dem Recht des Mitgliedstaates, in dem er seinen gewöhnlichen Wohnsitz hat, gewährt wird." Siehe auch *Jayme/Kohler*, IPRax 2000, S.456; *Mankowski*, Herkunftslandprinzip, ZVglRWiss. 2001, S.154.

1565 Vgl. *Mankowski*, Herkunftslandprinzip, ZVglRWiss. 2001, S.154, 180 f.

In Erwägungsgrund 65 der Electronic-Commerce-Richtlinie wird eine Untersuchung durch die Kommission angekündigt, „in welchem Umfang die bestehenden Regeln des Verbraucherschutzes im Zusammenhang mit der Informationsgesellschaft unzulänglich sind“[1566]. Die Kommission möchte Lücken in der bestehenden Gesetzgebung aufzeigen und gegebenenfalls Änderungsvorschläge unterbreiten. Der Anschein, daß es hier neuer Lösungen bedarf, verdichtet sich[1567]. Die am 1.3.2002 in Kraft tretende EuGVVO geht hingegen in eine ganz andere Richtung als die Electronic-Commerce-Richtlinie. Dadurch, daß es ihr weniger um die Herstellung eines Binnenmarktes für den elektronischen Geschäftsverkehr geht, scheint sie das Herkunftslandprinzip zu untergraben[1568]. Das Bestimmungslandprinzip hat sich scheinbar gegenüber dem Herkunftslandprinzip durchgesetzt[1569].

c) Anpassung des Art. 5 EVÜ an den neuen Verbrauchergerichtsstand in Art. 15 EuGVVO?

aa) Erweiterter Verbrauchergerichtsstand in der Brüssel I-Verordnung

(1) Inhalt des erweiterten Verbrauchergerichtsstands

Mit Wirkung vom 1. März 2002 wird das EuGVÜ für 14 der 15 Mitgliedstaaten[1570] durch die EuGVVO[1571] ersetzt und inhaltlich aktualisiert[1572]. Ein völlig neu gefasster Art. 15 Abs. 1 c) EuGVVO dehnt das internationale Verbraucherprozeßrecht sachlich erheblich aus[1573].

Bei Vorliegen der situationsbezogenen Voraussetzungen des bisherigen Art. 13 EuGVÜ sieht Art. 14 Abs. 1 EuGVÜ abweichend vom allgemeinen Beklagten-

---

1566 ABl.EG (17.7.2000) Nr. L 178/8.

1567 Vgl. *Reich*, Der Vorschlag der EG-Kommission für eine E-Commerce-Richtlinie, S.97 f.

1568 *Powell/Turner-Kerr*, I.C.C.L.R. 1999, S.365.

1569 Siehe auch *Powell/Turner-Kerr*, I.C.C.L.R. 1999, S.361.

1570 Der Vorbehalt Dänemarks erfordert eine abweichende Definition des Begriffs „Mitgliedstaat“: Nach Art. 1 Abs. 3 EuGVVO umfaßt dieser alle Mitgliedstaaten der EU mit Ausnahme Dänemarks.

1571 Verordnung (EG) Nr. 44/2001 des Rates vom 22. Dezember 2000 über die gerichtliche Zuständigkeit und die Anerkennung und Vollstreckung von Entscheidungen in Zivil- und Handelssachen, ABl.EG 2001 Nr. L 12/1 ff. Dem Rechtsakt waren der Verordnungs-Vorschlag vom 14.7.1999, KOM (1999) 348 endg. sowie ein erster, auf der Grundlage von Artikel K.3 Abs. 2 EU-Vertrag ausgearbeiteter Entwurf, ABl.EG (31.1.1998) Nr. C 33/20, vorausgegangen.

1572 Die EuGVVO bringt inhaltlich freilich nur wenige Änderungen. Der Text des Verordnung ist in weiten Teilen wortgleich mit dem Text des EuGVÜ. Das Wort „Übereinkommen“ ist durch „Verordnung“ und das Wort „Vertragsstaat“ durch „Mitgliedstaat“ ersetzt worden. Die Numerierung der Artikel wird insgesamt verschoben.

1573 Siehe *Hausmann*, EuLF 2000/01-1, S.45.

gerichtsstand nach Art. 2 Abs. 1 EuGVÜ (actor sequitur forum rei) vor, daß der Verbraucher zwischen den Gerichten in seinem Heimatstaat und den Gerichten im Wohnsitzstaat seines Vertragspartners wählen kann. Art. 15 Abs. 1 c) EuGVVO hat von der eng formulierten Anknüpfung an die Umstände des Vertragsabschlusses Abschied genommen und sieht jetzt bereits einen Verbrauchergerichtsstand vor

> „in allen anderen Fällen, wenn der andere Vertragspartner in dem Mitgliedstaat, in dem der Verbraucher seinen Wohnsitz hat, eine berufliche oder gewerbliche Tätigkeit betreibt oder eine solche auf irgend einem Wege auf diesen Mitgliedstaat oder auf mehrere Staaten, einschließlich dieses Mitgliedstaats, ausrichtet und der Vertrag in den Bereich dieser Tätigkeit fällt."

Gegenüber Art. 13 Abs. 1 Nr. 3 EuGVÜ bringt dieser neue Text radikale inhaltliche Veränderungen mit sich[1574]. Zum einen ist die sachliche Beschränkung des Art. 13 auf „andere Verträge, wenn sie die Erbringung einer Dienstleistung oder die Lieferung beweglicher Sachen zum Gegenstand haben" gestrichen worden[1575]. Art. 15 Abs. 1 c) EuGVVO ist erheblich weiter gefaßt, denn *jede* („in allen anderen Fällen") berufliche oder gewerbliche Tätigkeit des Unternehmers reicht aus. Fast noch weiter geht, daß nach Inkrafttreten der Brüssel I-Verordnung ein Verbrauchervertrag nicht mehr durch vorausgehende, zielgerichtete und ausdrückliche Absatzaktivitäten im Wohnsitzstaat mit darauffolgender Vornahme der zum Abschluß des Vertrages erforderlichen Rechtshandlungen durch den Verbraucher geschlossen werden muß. Es wird dann vielmehr ausreichen, wenn der Anbieter seine Tätigkeit „auf irgendeinem Wege" (unter anderem) auf den Wohnsitzstaat des Verbrauchers „ausrichtet"[1576].

Diese erhebliche, beinahe generalklauselartige Ausweitung des Verbrauchergerichtsstands umfaßt den Großteil aller Verbraucherverträge[1577]. Sie zielt insbesondere auf die Einbeziehung von im elektronischen Geschäftsverkehr geschlossenen Verbraucherverträgen ab[1578], wie in der Begründung der Kommission[1579]

[1574] Neben der vorgeschlagenen Änderung des Art. 5 des EuGVÜ ist die Neufassung der Zuständigkeit für Verbrauchersachen in Art. 15 die zentrale Neuerung der EuGVVO. Dies kommt auch in der Länge der Kommissionserläuterungen zu dieser Vorschrift zum Ausdruck.

[1575] Auch Timesharing-Verträge werden daher von dem revidierten Art. 15 Abs. 1 EuGVÜ umfaßt. Erläuterung der Kommission zu Art. 15 des Verordnungsvorschlags, KOM (1999) 348 endg.; vgl. ferner *Staudinger*, RIW 1999, S.923; *Markus*, SZW/RSDA 1999, S.213; *Micklitz/Rott*, EuZW 2001, S.330; *Hausmann*, EuLF 2000/01-1, S.45.

[1576] Ebenfalls erweitert wurde der Anwendungsbereich des Art. 13 Abs. 3 EuGVÜ, dessen Ausschluß für Beföıderungsverträge nach Art. 15 Abs. 3 EuGVVO nicht für Reiseverträge gelten soll, die für einen Pauschalpreis kombinierte Beföderungs- und Unterbringungsleistungen vorsehen.

[1577] Vgl. *Micklitz/Rott*, EuZW 2001, S.331.

[1578] So auch *Powell/Turner-Kerr*, I.C.C.L.R. 1999, S.363.

und in Erwägungsgrund 13 des Verordnungsvorschlags[1580] deutlich zum Ausdruck kommt[1581]. Der „Ubiquität" und „Delokalisierung" des e-commerce soll dadurch Rechnung getragen werden, daß einziger örtlicher Anknüpfungspunkt die Ausrichtung der gewerblichen Tätigkeit auf den Wohnsitzstaat des Verbraucher ist[1582]. Als Ausrichtung „auf irgend einem Wege" ist demnach auch die Website eines Online-Anbieters zu verstehen[1583]. Zudem könnte der Verbraucher die Vertragsabschlußhandlungen auch außerhalb seines Wohnsitzstaates vornehmen, da Art. 13 Abs. 1 Nr. 3 lit.b) EuGVÜ nicht übernommen worden ist: Der „aktive" Verbraucher wird voll geschützt[1584].

(2) Reaktionen auf Art. 15 Abs. 1 c) EuGVVO

Die Einführung dieser Änderung war äußerst umstritten. Sie hat nicht nur zu Protesten von Seiten der Industrie-Lobby geführt, sondern auch innerhalb der Kommission gab es Meinungsverschiedenheiten bezüglich dieser Ausweitung des Verbraucherschutzes auf internationalverfahrensrechtlicher Ebene[1585]. Obschon Art. 15 EuGVVO am 1.3.2002 in der geschilderten Form in Kraft treten wird, ist fraglich, ob ein derart weitreichender Klägergerichtsstand rechtspolitisch wünschenswert ist.

Die Ausweitung des prozessualen Verbraucherschutzes war Bestandteil eines einstimmig am 27.5.1999 erzielten politischen Kompromisses im Rat[1586]. Die

1579 Erläuterung der Kommission zu Art. 15 des Verordnungsvorschlags, KOM (1999) 348 endg.: "Die in Art. 13 Abs. 3 EuGVÜ aufgeführten Kriterien wurden neu gefaßt, um der Entwicklung der Vermarktungstechniken Rechnung zu tragen."

1580 Dieser lautet: „Der zunehmende Einsatz neuer Kommunikationstechniken muß insbesondere in bezug auf den Verbraucherschutz berücksichtigt werden. Die Vermarktung von Waren und Dienstleistungen mit Hilfe elektronischer Mittel, die in einem Mitgliedstaat zugänglich sind, stellt eine auf diesen Staat ausgerichtete Tätigkeit dar. Hat der Verbraucher seinen Wohnsitz in diesem Staat, so muß er den ihm von der Verordnung gebotenen Schutz in Anspruch nehmen können, wenn er als Verbraucher einen Vertrag auf elektronischem Wege von seinem Wohnsitz aus geschlossen hat."

1581 In der die EuGVVO begleitenden Gemeinsamen Erklärung des Rates und der Kommission zu Artikel 15, abgedruckt in IPRax 2001, S.259, 261, heißt es unter II. 1.: „(...) die Zugänglichkeit einer Website allein nicht ausreicht, um die Anwendbarkeit von Artikel 15 zu begründen; vielmehr ist erforderlich, daß diese Website auch zum Vertragsabschluß im Fernabsatz auffordert, und daß tatsächlich ein Vertragsabschluß im Fernabsatz erfolgt ist, mit welchem Mittel auch immer. Dabei sind auf einer Website die benutzte Sprache oder die Währung nicht von Bedeutung."

1582 Vgl. *Markus*, SZW/RSDA 1999, S.213; *Pichler*, JbJgZivRW 1998, S.244.

1583 So *Bender/Sommer*, RIW 2000, S.264; *Jayme/Kohler*, IPRax 1999, S.405; *Powell/Turner-Kerr*, I.C.C.L.R. 1999, S.363.

1584 *Markus*, SZW/RSDA 1999, S.213; *Hausmann*, EuLF 2000/01-1, S.45.

1585 Siehe *Powell/Turner-Kerr*, I.C.C.L.R. 1999, S.362; *Jayme/Kohler*, IPRax 1999, S.405.

1586 Siehe die Erläuterung der Kommission zu Art. 15 des Verordnungsvorschlags, KOM (1999) 348 endg. und das Übersichtsdokument der Kommission zur Anhörung „Elektro-

Kommission orientierte sich weitgehend an dieser Einigung. Sie geht davon aus, daß es der Anbieter ist, der durch Ausrichtung seiner Tätigkeit auf den Staat des Verbrauchers die notwendige Verbindung schafft[1587]. Er könne durch entsprechende Präzisierungen, daß Waren oder Dienstleistungen nicht auf Verbraucher mit Wohnsitz in bestimmten Mitgliedstaaten gerichtet sind, die Gefahr der Rechtsunsicherheit auch besser als der Verbraucher bewältigen[1588].

Dennoch war die Kommission sich der Besorgnis auf der Anbieterseite, vor allem der kleinen und mittleren Unternehmen, bewußt und hatte daher am 4./5. November 1999 in Brüssel eine öffentliche Anhörung „*Elektronischer Geschäftsverkehr: gerichtliche Zuständigkeit und anzuwendendes Recht*“ veranstaltet[1589]. Zu diesem Hearing wurden die verschiedensten betroffenen Parteien, insbesondere Vertreter der Industrie und Verbraucher mit dem Ziel eingeladen, „die juristischen Folgen und die Erfordernisse des elektronischen Handels, insbesondere in Bezug auf die Zuständigkeitsregeln und das anwendbare Recht klarzustellen, die die grenzüberschreitende Entwicklung von elektronischem Handel mit sich bringt“[1590]. Im Mittelpunkt der Kritik, die in zahlreichen Stellungnahmen verschiedener Unternehmen und Interessenverbände deutlich wurde[1591], steht das Verständnis des Satzteils „eine Tätigkeit auf irgend einem Wege auf diesen Mitgliedstaat ausrichtet“[1592]. Die Vertreter der Industrie hielten den weitgehenden Verbraucherschutz in Art. 15 Abs. 1 c) angesichts der Realitäten im Internet für zu stark und wollten den Gerichtsstand zu ihren Gunsten umkehren[1593]. Die Verlagerung der Regelung in Richtung Verbraucherschutz stelle ihrer Meinung nach eine Gefährdung des wachsenden Online-Marktes dar.

Am 1.3.2000 hat sich der Wirtschafts- und Sozialausschuß der EU (WSA) zu dem Vorschlag der Brüssel I-Verordnung geäußert[1594]. Auch er ging schwerpunktmäßig der Frage nach, wie die neue Verordnung an die Erfordernisse des elektronischen Handels angepaßt werden könne (Punkt 4.2 der Stellungnahme). Der Ausschuß war der Auffassung, die vorgeschlagene Formulierung des Art. 15 Abs. 1 c) sei „nicht ausreichend klar, um ein Klima des Vertrauens zwischen

---

nischer Geschäftsverkehr: gerichtliche Zuständigkeit und anzuwendendes Recht“ am 4./5.11.1999; abrufbar unter <http://europa.eu.int/comm/justice_home/events/index_de.htm>.

1587 Siehe Erläuterung der Kommission zu Art. 15 des Verordnungsvorschlags, KOM (1999) 348 endg.

1588 Erläuterung der Kommission zu Art. 15 des Verordnungsvorschlags, KOM (1999) 348 endg.

1589 Wichtige Informationen zu diesem Hearing sind auf folgender Website abrufbar: <http://europa.eu.int/comm/justice_home/events/index_de.htm>.

1590 Erläuterung der Kommission zu Art. 15 des Verordnungsvorschlags, KOM (1999) 348 endg.

1591 Das unter <http://europa.eu.int/comm/justice_home/events/index_de.htm> abrufbare Dokument enthält Stellungnahmen auf über 400 Seiten.

1592 *Markus*, SZW/RSDA 1999, S.214.

1593 Vgl. auch *Buchner*, EWS 2000, S.148.

den Parteien herbeiführen zu können." Er äußerte daher die Empfehlung, sich verstärkt auf die Schaffung und Inanspruchnahme neuer vertrauensbildenden Mechanismen auf internationaler Ebene zu konzentrieren. Mit Hilfe von Verhaltenskodizes, „Cyber-Gerichten" und außergerichtlichen Schlichtungsverfahren könne das notwendige Vertrauen zwischen den Vertragsparteien gefördert werden, ohne jedoch auf das existierende Gerichtssystem zu verzichten. Der WSA schlug vor, Art. 13 in seiner bisherigen EuGVÜ-Fassung bis zur Wirksamkeit solcher Mechanismen aufrechtzuerhalten und Problemfälle der Justiz zu überlassen. Zudem sollten die Unternehmen die Möglichkeit nutzen „ihren Einzugsbereich über eine aktive Informationspolitik gegenüber den Verbrauchern auf bestimmte Staaten zu beschränken".

Auch in der Literatur wurde davor gewarnt, mit exzessivem Verbraucherschutz die Dynamik der Entwicklung im e-commerce zu bremsen und damit wichtige Chancen für eine wirtschaftliche Weiterentwicklung zu verpassen[1595]. *Staudinger* wies darauf hin, daß das in Art. 29 a EGBGB verankerte lex-fori-Prinzip, das in der endgültigen Fassung allerdings nur für Timesharing-Fälle gilt, „im Zusammenspiel mit dieser Zuständigkeitsregel eine besorgniserregende Durchschlagskraft [erlangt], da deutsche Schutzstandards im gesamten „virtuellen" Binnenmarkt uneingeschränkt zur Anwendung gelangen"[1596]. Der besondere Gerichtstand des Schwächerenschutzes drohe, sich von der Ausnahme zur Regel zu entwickeln[1597]. *Buchner* hält den Verbraucher im Internet nicht für die schwächere und damit schützenswertere Partei[1598]. Das Internet sei seiner Ansicht nach eher ein „neutraler Marktplatz im Cyberspace"[1599], auf dem bei beiderseitiger gezielter Nutzung des Internet eine „Patt-Situation" zwischen den Vertragsparteien herrsche[1600]. Vorzügswürdig seien daher alternative Online-Streitbeilegungsmechanismen, die in den USA bereits effektiv eingesetzt würden (z.B. „clickNsettle.com" und „cybersettle.com")[1601]. Bis zu deren Implementierung seien Gerichtsstandsvereinbarungen und eine subsidiäre Auffangzuständigkeit am Wohnort des Verbrauchers interessengerecht[1602].

1594 Stellungnahme des Wirtschafts- und Sozialausschusses zum Brüssel I-Verordnungsvorschlag: CES 233/2000 – 99/0154 CNS v. 1.3.2000, <http://europa.eu.int/relex/detail_dossier_real.cfm?CL=de&DosId=147038>; ABl.EG 2000 Nr. C 117/6.

1595 Hierzu ausführlich *Buchner*, EWS 2000, S.147 ff.

1596 *Staudinger*, IPRax 1999, S.420.

1597 *Powell/Turner-Kerr*, I.C.C.L.R. 1999, S.364.

1598 *Buchner*, EWS 2000, S.151 f.

1599 So *Buchner*, EWS 2000, S.152, der auch von einem „virtuellen Niemansland" spricht.

1600 *Buchner*, EWS 2000, S.153.

1601 Siehe *Buchner*, EWS 2000, S.153; *Jayme/Kohler*, IPRax 2000, S.457.

1602 *Buchner*, EWS 2000, S.154 f.

Zuletzt hat am 21.9.2000 das Europäische Parlament über den Verordnungsvorschlag abgestimmt[1603]. Dabei wurde der Verordnungsvorschlag einschließlich des neuen Art. 15 gebilligt, allerdings verbunden mit einer Reihe von Änderungsanträgen, die auf eine Beschränkung des Verbrauchergerichtsstands auf „aktive" Websites und die gleichzeitige Einführung von alternativen Streitschlichtungsmechanismen drängen. Das Parlament schlug damals vor, den Erlaß der EuGVVO bis zu einer Revision des EuGVÜ zu verschieben, damit im Verhältnis zu Dänemark, sollte es an seinem Ausstiegsvorbehalt festhalten, insofern kein „rechtsfreier Raum" entsteht. Die Änderungswünsche des Europäischen Parlaments wurden letztlich nicht berücksichtigt[1604]. Der Rat stimmte dem Verordnungsvorschlag der EG-Kommission zu; es blieb daher bei dem Verbrauchergerichtsstand im Aufenthaltsstaat des Verbrauchers, auch im Falle von Internetvertragsabschlüssen.

(3) Zwischenergebnis

Die Europäische Union befindet sich gegenwärtig in einem schwierigen Zielkonflikt zwischen der Gewährleistung effektiven Rechtsschutzes für den Verbraucher im Internet und dem Herstellen erleichterter Rahmenbedingungen für den elektronischen Handel[1605]. Sie wird herausgefordert, ein international konsensfähiges Gleichgewicht zu finden, das diese Interessen nicht nur im Binnenmarkt, sondern auch darüber hinaus, vereint[1606]. Dabei muß von bekannten Strukturen zugunsten neuer Lösungen, die mit den technischen Gegebenheiten Schritt halten, Abschied genommen werden[1607]. Der Wirtschaftsverkehr fordert klare Regeln und eine Vorhersehbarkeit des anwendbaren Rechts. Die Einführung außergerichtlicher Streitbeilegungsmechanismen, wie zum Beispiel von Online-Schiedsgerichten, stellt eine sehr wichtige Begleitmaßnahme dar, die eine Anpassung des internationalen Privat- und Verfahrensrechts an die modernen Bedürfnisse jedoch nicht ersetzt. Die Komplexität der Herausforderung darf

1603 Protokoll vom 21.9.2000, Legislative Entschließung des Europäischen Parlaments zu dem Vorschlag für eine Verordnung (EG) des Rates über die gerichtliche Zuständigkeit und die Anerkennung und Vollstreckung von Entscheidungen in Zivil- und Handelssachen, <http://www.europarl.eu.int/dg3/sdp/pointses/de/ps000920_deb.htm#8>.

1604 Doch erkennen Rat und Kommission alternative Streitbeilegungsverfahren ausdrücklich als mögliche und nützliche Ergänzung an; siehe die Gemeinsame Erklärung des Rates und der Kommission zu Artikel 15, IPRax 2001, S.261.

1605 *Buchner*, EWS 2000, S.147 f.

1606 *Fallon*, La protection internationale de l'acheteur sur l'interréseau, S.243; *Staudenmayer*, RIW 1999, S.738.

1607 Siehe hierzu *Jayme*, IPRax 2000, S.170.

nicht unterschätzt werden[1608]; freilich bedeutet sie jedoch keine vollständige Revolutionierung des Rechts[1609].

Daß nicht nur auf europäischer Ebene, sondern auch weltweit nach neuen Lösungen gesucht wird, zeigt die Entwicklung im Rahmen der Haager Konferenz für Internationales Privatrecht. Dort wurde angesichts des elektronischen Geschäftsverkehrs im Internationalen Vertragsrecht zunächst kein Handlungsbedarf gesehen[1610]. Art. 7 (Verbraucherverträge) des Entwurfs für ein weltweites Gerichtsstands- und Vollstreckungsübereinkommen[1611] vom 30.10.1999 enthält daher auch noch keine spezifisch den elektronischen Geschäftsverkehr betreffende Formulierung. Allerdings ist dort das Bestimmungslandprinzip verankert[1612]. Vom 28.2. bis zum 1.3.2000 hat sich in Ottawa eine Expertengruppe zusammengefunden, um über „Electronic Commerce and International Jurisdiction" zu sprechen. Ergebnis der Gespräche war, daß alles Mögliche getan werden muß, um das Übereinkommen auf die Bedürfnisse des e-commerce nach Rechtssicherheit und Vorhersehbarkeit anzupassen[1613].

bb) „Orientierungshilfe" für eine Revision des Art. 5 EVÜ?

Eine Revision des Art. 5 EVÜ bietet die passende Gelegenheit, diese wichtige Kollisionsnorm auch zugleich an die Bedürfnisse des elektronischen Handels anzupassen. Die jüngste Entwicklung der Zunahme an Verbraucherverträgen im Electronic Commerce hat gezeigt, daß dieser die Dringlichkeit der ohnehin schon unerläßlichen Änderung des Art. 5 EVÜ weiter erhöht. Es fragt sich, ob sich ein neuer Art. 5 EVÜ analog an Art. 15 Abs. 1 c) EuGVVO auszurichten hat, der den elektronischen Handel bereits miteinbezieht.

Das Römische Schuldrechtsübereinkommen war 1980 aus dem Bestreben entstanden, das EuGVÜ durch materielle Kollisionsregeln zu ergänzen und zu vervollständigen, um so der Gefahr eines forum shopping vorzubeugen[1614]. Art. 5

1608 *Reich*, Der Vorschlag der EG-Kommission für eine E-Commerce-Richtlinie, S.79.

1609 *Mankowski*, RabelsZ 63 (1999), S.293 f.; *Thorn*, IPRax 1999, S.1; *Müller*, S.284; *Fallon*, La protection internationale de l'acheteur sur l'interréseau, S.244; *Jayme*, IPRax 2000, S.171.

1610 *Mankowski*, RabelsZ 63 (1999), S.293.

1611 Entwurf für ein Übereinkommen über die gerichtliche Zuständigkeit und die Anerkennung und Vollstreckung ausländischer Entscheidungen in Zivil- und Handelssachen, abrufbar unter <http://www.hcch.net/e/workprog/jdgm.html>; vgl. hierzu auch *Schack*, ZeuP 1998, S.931 ff.; *Jayme*, IPRax 2000, S.167; zuletzt *Grabau/Hennecka*, RIW 2001, S.569 ff.

1612 Vgl. *Powell/Turner-Kerr*, I.C.C.L.R. 1999, S.365.

1613 Siehe die Texte unter <http://www.hcch.net/e/workprog/jdgm.html>.

1614 Siehe Abs. 1 der Präambel zum EVÜ, wo es heißt: "In dem Bestreben, die innerhalb der Gemeinschaft insbesondere im Bereich der gerichtlichen Zuständigkeit und der Vollstreckung gerichtlicher Entscheidungen bereits begonnene Rechtsvereinheitlcihung auf dem

EVÜ ist die Regelung, die den internationalverfahrensrechtlichen Verbraucherschutz des bisherigen Art. 13 EuGVÜ auf den Bereich der Bestimmung des anwendbaren Rechts verlängert. Die Voraussetzungen des Art. 5 Abs. 1, 2 1. Alt. EVÜ (Art. 29 Abs. 1 Nr. 1 EGBGB) entsprechen daher auch weitgehend denjenigen des Art. 13 Abs. 1 Nr. 3 lit.a), b) EuGVÜ[1615]. Der einzige für den grenzüberschreitenden elektronischen Geschäftsverkehr in Betracht kommende Fall des Art. 5 Abs. 2 1.Alt EVÜ war somit mit dem Internationalen Zivilprozeßrecht abgestimmt[1616].

Vor dem Hintergrund der nun vollzogenen Revision des EuGVÜ in Form der EuGVVO kann es deshalb als naheliegend angesehen werden, erneut die Herstellung der Parallelstruktur zu fordern und in einen revidierten Art. 5 EVÜ ebenfalls eine weite, den e-commerce umfassende Regel einzuführen[1617]. Dies würde zu einer erheblichen Ausweitung des Bestimmungslandprinzips führen. Der Anbieter sähe sich, sobald er im Internet auftritt und eine Vertragschlußmöglichkeit bereithält, den 15 Verbraucherschutzrechten sämtlicher Mitgliedstaaten gegenüber[1618]. Daß die Angleichung des Art. 5 EVÜ an Art. 15 EuGVVO zur Diskussion steht, zeigen dahingehende Fragen, welche die Kommission anläßlich der Anhörung „Elektronischer Geschäftsverkehr: gerichtliche Zuständigkeit und anzuwendendes Recht“ am 4./5.11.1999 in Brüssel in einem Übersichtsdokument[1619] aufgeworfen hat, um auch hierüber eine öffentliche Diskussion aller interessierten Parteien abzuhalten[1620].

Unternehmer, die ihre Waren und Dienste auch im Internet anbieten, wehren sich gegen eine Anpassung des EVÜ an die EuGVVO; sie befürchten jedoch, die Einführung übereinstimmender Verbraucherschutzregeln könne als „bloße Formalität“ gehandhabt werden[1621]. Es ist insbesondere kritisiert worden, eine solche Anpassung des Art. 5 EVÜ führe wegen der großen Rechtsunsicher-

---

Gebiet des internationalen Privatrechts fortzusetzen", ABl.EG (9.10.1980) Nr. L 266/1. Bezüglich der Vorbeugung des „forum shopping“ vgl. den Bericht von *Giuliano/Lagarde*, ABl.EG (31.10.1980) Nr. C 282/5.

1615 Art. 5 Abs. 2 EVÜ sieht über Art. 13 Abs. 1 Nr. 3 lit.a), b) EuGVÜ hinaus zwei weitere Sachverhaltsvarianten vor.

1616 *Junker*, RIW 1999, S.815.

1617 Siehe hierzu insbesondere *Powell/Turner-Kerr*, I.C.C.L.R. 1999, S.364.

1618 Siehe „Web of confusion“, Financial Times vom 9.9.1999, S.13.

1619 Übersichtsdokument der Kommission zur Anhörung „Elektronischer Geschäftsverkehr: gerichtliche Zuständigkeit und anzuwendendes Recht“ am 4./5.11.1999; abrufbar unter <http://europa.eu.int/comm/justice_home/events/index_de.htm>.

1620 Punkt 24 des Dokuments lautet: „Welche wirtschaftlichen Folgen hat Artikel 5 des Übereinkommens von Rom in seiner gegenwärtigen Fassung auf die Entwicklung des elektronischen Geschäftsverkehrs? Welche Auswirkungen hätte die Änderung dieser Bestimmung analog Artikel 15 des Vorschlags der Kommission für die Revision des Brüsseler Übereinkommens? Sollte bei Verträgen mit Unternehmen, die im grenzüberschrietenden elektronischen Geschäftsverkehr tätig sind, von der Sonderregelung für Verbraucherverträge abgewichen werden?“

1621 Vgl. *Powell/Turner-Kerr*, I.C.C.L.R. 1999, S.364 f. und *Felke*, RIW 2001, S.37.

heit zu einem potentiell untragbaren Risiko für die Anbieter[1622]: Während große Unternehmen die Rechtsanwendungsunsicherheit für sich durch entsprechende Mechanismen als tragbar gestalten könnten, sei die Belastung für kleine und mittlere Unternehmen womöglich zu groß[1623]. Eine solche Rechtslage würde die wirtschaftliche Entwicklung des elektronischen Geschäftsverkehrs übermäßig hemmen[1624]. Schließlich könne der Verbraucher auch frei wählen, ob er online einen Vertrag eingehen möchte oder nicht[1625].

Daß eine minutiöse Ausrichtung des EVÜ am EuGVÜ nicht zwingend ist, haben die Abweichungen des Art. 5 EVÜ von Art. 13 EuGVÜ gezeigt. Im materiellen Kollisionsrecht stellen sich zum Teil auch separate Wertungsfragen, die einen eigenen Weg des EVÜ rechtfertigen. Allerdings nützt ein materieller Verbraucherschutz wenig ohne den entsprechenden Gerichtsstand. Außerdem besteht in beiden Fällen beim elektronischen Handel dieselbe Problematik der Lokalisierbarkeit der Parteiaktivitäten[1626].

Die vielseitige Kritik an der extensiven Formulierung des Art. 15 Abs. 1 c) EuGVVO hat gezeigt, daß die „Ausrichtung" der beruflichen oder gewerblichen Tätigkeit des Anbieters „auf irgendeinem Wege" womöglich nur schwer für die Vorhersehbarkeit des anwendbaren Rechts und damit für Rechtsfrieden sorgen kann. *Powell* und *Turner-Kerr* glauben, die Kommission habe die Industrie mit der Brüssel I-Verordnung als *fait accompli* konfrontiert[1627], so daß die Regelung in Art. 15 Abs. 1 c) keineswegs eine ausgewogene, europäische Lösung darstellt, die es ohne weiteres auf das EVÜ zu übernehmen gälte.

Vor diesem Hintergrund scheint eine wortgleiche Anpassung des Art. 5 EVÜ unvorteilhaft. Es müßte daher ein politisch akzeptabler Weg gefunden werden, seinen Inhalt zwar an Art. 15 Abs. 1 c) der Verordnung auszurichten und so die wünschenswerte Parallelität zu wahren oder herzustellen[1628], ohne jedoch dessen nach wie vor umstrittene Formulierung und die damit bedingte schlechte Vorhersehbarkeit des anwendbaren Rechts zu übernehmen. Gleichzeitig sollte einen revidierten Art. 5 EVÜ ein klarer Wortlaut auszeichnen, der das Eingreifen kollisionsrechtlichen Verbraucherschutzes auch für den elektronischen Handel eindeutig festlegt.

[1622] *Bender/Sommer*, RIW 2000, S.264.
[1623] Siehe hierzu auch *Powell/Turner-Kerr*, I.C.C.L.R. 1999, S.364 f.
[1624] Vgl. *Roth/Schulze*, RIW 1999, S.924.
[1625] *Powell/Turner-Kerr*, I.C.C.L.R. 1999, S.364.
[1626] Vgl. *Pfeiffer*, NJW 1999, S.3684.
[1627] *Powell/Turner-Kerr*, I.C.C.L.R. 1999, S.365.
[1628] Siehe *Jayme/Kohler*, IPRax 2000, S.463; *Martiny*, ZeuP 2001, S.333.

d) *Weitere Lösungsvorschläge für eine Einbeziehung der Besonderheiten des e-commerce in den kollisionsrechtlichen Verbraucherschutz*

Reich zweifelt daran, daß Art. 5 EVÜ die passende Norm zur Lösung der sich im elektronischen Handel ergebenden Rechtsanwendungsfragen ist[1629]. Er hat stattdessen vorgeschlagen, das auf den EG-Richtlinien beruhende materielle Verbraucherschutzniveau – trotz der Vorbehalte gegen eine horizontale Direktwirkung von Richtlinien – sozusagen als „mandatory rules of the forum" in Europa gegenüber sämtlichen weltweit im elektronischen Handel aktiven Anbietern durchzusetzen[1630]. Hierzu wollte er die Electronic-Commerce-Richtlinie um eine Drittstaatenklausel nach dem Vorbild des Art. 11 Abs. 3 des Entwurfs für eine Richtlinie über den Fernabsatz von Finanzdienstleistungen ergänzen. Diese sichert den Gemeinschaftsstandard sowohl bei subjektiver als auch bei objektiver Anknüpfung ab[1631]. Gleichzeitig müsse insoweit der Grundsatz der Mindestharmonisierung aufgegeben werden.

Abgesehen davon, daß es für eine solche Ergänzung nach Erlaß der Richtlinie über den elektronischen Geschäftsverkehr am 8.6.2000 nunmehr zu spät ist, sprechen auch weitere Gründe gegen eine solche Lösung. Drittstaatenklauseln waren bisher als „Annex" zum sachrechtlichen Gehalt einer Verbraucherschutz-Richtlinie aufgetreten. Die Electronic-Commerce-Richtlinie gehört nicht zu den verbraucherschützenden Richtlinien; das Einfügen einer Drittstaatenklausel, die aus bereits dargelegten Gründen ohnehin sehr problematisch ist, wäre daher in systematischer Hinsicht zweifelhaft. Zudem verweist Erwägungsgrund 11 der Richtlinie ausdrücklich auf die bestehenden Verbraucherschutzrichtlinien der EG. Ferner ist von einer Ergänzung mit einer kollisionsrechtlichen Richtlinienanweisung im Hinblick auf die weitere Zersplitterung der Quellen im Europäischen Kollisionsrecht abzuraten. Hier kann auch das Aufgeben des Grundsatzes der Mindestharmonisierung keine Abhilfe leisten.

Fallon hält für denkbar, zwischen dem im Internet „aktiven" Verbraucher, der beim „Surfen" auf eine ihn interessierende Website trifft und sich gegenüber dem Anbieter zu erkennen gibt, und dem „passiven" Verbraucher, der lediglich auf e-mail des Anbieters mit seiner Bereitschaft zum Vertragsschluß reagiert, zu differenzieren[1632].

1629 *Reich*, Der Vorschlag der EG-Kommission für eine E-Commerce-Richtlinie, S.100.

1630 *Reich*, Der Vorschlag der EG-Kommission für eine E-Commerce-Richtlinie, S.101 f.

1631 Dieser lautet: „Dem Verbraucher darf der durch diese Richtlinie gewährte Schutz nicht vorenthalten werden, wenn das auf den Vertrag anzuwendende Recht das Recht eines Drittstaates ist, der Verbraucher seinen Wohnsitz in einem der Mitgliedstaaten hat und der Vertrag eine enge Verbindung mit der Gemeinschaft aufweist". Ein weiterer Unterschied zu den bisherigen Drittstaatenklauseln besteht darin, daß der Vertrag nicht eine enge Verbindung zu dem „Gebiet der Mitgliedstaaten", sondern nur noch „mit der Gemeinschaft" zu haben braucht.

1632 *Fallon*, La protection internationale de l'acheteur sur l'interréseau, S.270.

Wie bereits ausgeführt, sind die Übergänge der Kategorien zwischen „aktivem“ und „passivem“ Verbraucher im elektronischen Handel fließend. Möglich sind auch „Mischfälle“, in denen der Verbraucher beispielsweise durch Werbung auf einer anderen Website zum Angebot des Unternehmers „gelockt“ wird. Generell bringt jedoch die Unterscheidung danach, wer die *Initiative* für den Vertragsschluß ergriffen hat[1633], weiter. Sie bedarf zusätzlicher Konkretisierung. Ansonsten hängt es von der Zufälligkeit und Beliebigkeit der Vertragspartner ab, ob Verbraucherschutzvorschriften zur Anwendung kommen oder nicht[1634].

Zuletzt darf nicht vergessen werden, daß über die Fernabsatzrichtlinie bereits ein Einstieg in die Problematik des elektronischen Handels stattgefunden hat. Art. 12 Abs. 2 der Richtlinie, die auch den Verbraucherschutz im e-commerce umfaßt[1635], ist in Art. 29 a EGBGB umgesetzt worden. Weiter oben ist festgestellt worden, daß diese deutsche Kollisionsnorm nicht als „europäisches Modell“ zur allgemeinen Transformation des Richtlinienkollisionsrechts in allen anderen Mitgliedstaaten herangezogen werden kann. Möglicherweise kann jedoch Art. 29 a Abs. 2 Nr. 1 EGBGB als Modell für die Einbeziehung des elektronischen Handel in den Anwendungsbereich des Art. 5 EVÜ dienen. Der deutsche Gesetzgeber hat sich dort schon vom Konzept eines engen räumlichen Anwendungsbereichs gelöst. Für einen engen Zusammenhang reicht auch eine dem öffentlichen Angebot oder der öffentlichen Werbung „ähnliche geschäftliche Tätigkeit“ der Anbieters aus, die in einem EU- oder EWR-Mitgliedstaat „entfaltet“ wird. Von dieser offenen Formulierung werden auch Verträge im elektronischen Geschäftsverkehr erfaßt. Sie erinnert an die „Ausrichtung“ der beruflichen oder gewerblichen Tätigkeit des Anbieters „auf irgendeinem Wege“ in Art. 15 Abs. 1 c) EuGVVO, ohne indessen den Eindruck des „Allumfassenden“ zu erwecken und damit für die Anbieter die Vorhersehbarkeit des anwendbaren Rechts zu verschlechtern. Insofern bringt auch sie im vorliegenden Zusammenhang weiter; eine uneingeschränkte Übernahme kommt hingegen wegen der Beschränkung auf Fälle der Rechtswahl, der einseitigen Formulierung und der Zielsetzung, das Richtlinienkollisionsrecht lediglich zur Ergänzung des Art. 29 EGBGB zusammenzufassen, nicht in Betracht.

[1633] *Fallon*, La protection internationale de l'acheteur sur l'interréseau, S.271.

[1634] Siehe *Reich*, Der Vorschlag der EG-Kommission für eine E-Commerce-Richtlinie, S.100; *Pichler*, JbJgZivRW 1998, S.233.

[1635] Ursprünglich war die Richtlinie für den Verbraucherschutz beim Versandhandel und beim Teleshopping konzipiert, wurde dann jedoch ausdrücklich auf Rechtsgeschäfte von Verbrauchern im Internet und per e-mail ausgeweitet; vgl. die Presserklärung IP/97/495 der Kommission vom 5.6.1997, abrufbar unter <http://europa.eu.int/comm/consumers/policy/developments/dist_sell/dist02_en.html>. Siehe auch *Meents*, Verbraucherschutz bei Rechtsgeschäften im Internet, 1998, S.238 f.; *Kronke*, Applicable Law in Torts and Contracts in Cyberspace, S.84; *Reich*, Der Vorschlag der EG-Kommission für eine E-Commerce-Richtlinie, S.80; *Lehmann*, EuZW 2000, S.518.

e) Ergebnis zum kollisionsrechtlichen Verbraucherschutz im elektronischen Geschäftsverkehr

Die Untersuchungen zur Anwendbarkeit des Art. 29 EGBGB (Art. 5 EVÜ) auf Verbraucherverträge im elektronischen Handel haben gezeigt, daß diese Regelung *de lege lata* nur bedingt eine Lösung für Verbraucherverträge im Internet bereit hält[1636]. Die Komplexität des Streitstandes und die große Anzahl verschiedener Auffassungen in diesem Bereich unterstreichen, daß diese Vorschrift als „klassisches Instrumentarium des Verbraucherschutzrechts"[1637] zumindest *nicht zweifelsfrei* auf Verträge im elektronischen Handel anwendbar ist; wegen seiner Anknüpfung an lokalisierbare Merkmale kann sich der jetzige kollisionsrechtliche Verbraucherschutz nur unter erheblichen Auslegungsbemühungen auf die modernen Aspekte des e-commerce erstrecken. Obwohl das Internet das Recht an sich und auch das Kollisionsrecht nicht zu revolutionieren vermag, muß seiner wachsenden Bedeutung im internationalen Handel doch ausreichend Rechnung getragen werden. Aus diesen Gründen ist eine neue Lösung erforderlich, die Klarheit schafft[1638] und ein Gleichgewicht unter den Verbraucher- und Unternehmerinteressen herstellt[1639].

Diese neue Lösung muß im Rahmen einer Revision des Art. 5 EVÜ stattfinden. Hier besteht eine hervorragende Möglichkeit, die Norm an die moderne Kommunikationstechnik anzupassen und für Rechtsklarheit zu sorgen. Bei der kollisionsrechtlichen Behandlung von Verbraucherverträgen im Internet ist an der grundsätzlichen Geltung des Bestimmungslandprinzips festzuhalten. Erste Entwürfe einer Rom II-Verordnung über das auf nichtvertragliche Schuldverhältnisse anzuwendende Recht gehen ebenfalls in diese Richtung[1640]. Insofern ist eine gewisse Ausrichtung an Art. 15 Abs. 1 c) der vorgeschlagenen Brüssel I-Verordnung ratsam. Die im Rat zugunsten eines erweiterten Verbraucherschutzes erzielte Einigung beinhaltet eine rechtspolitische Entscheidung, die auch hier respektiert werden muß. Die Konsequenzen, die sich hieraus für die kleinen und mittleren Unternehmen im elektronischen Handel ergeben, sind angesichts ihrer Möglichkeiten, die Vertragsschlüsse mit Verbrauchern in bestimmten Staaten durch entsprechende Vorbehalte zu begrenzen, hinzunehmen[1641].

1636 *Reich*, Der Vorschlag der EG-Kommission für eine E-Commerce-Richtlinie, S.99.

1637 Der Begriff stammt von *Meents*, Verbraucherschutz bei Rechtsgeschäften im Internet – Anwendung und Wirkung klassischer Instrumentarien des Verbraucherschutzrechts und der europäischen Fernabsatzrichtlinie.

1638 Siehe *Fallon*, La protection internationale de l'acheteur sur l'interréseau, S.244; *Staudenmayer*, Die Richtlinien des Verbraucherprivatrechts, S.71.

1639 A.A. insofern *Meents*, Verbraucherschutz bei Rechtsgeschäften im Internet, Köln 1998, S.239, der den maßvollen Umgang mit den bestehenden Vorschriften für ausreichend und den Erlaß zusätzlicher neuer „Cyber-Gesetze" oder das grundlegende Neuverständnis bereits bestehender Normen für unnötig hält.

1640 Vgl. *Powell/Turner-Kerr*, I.C.C.L.R. 1999, S.364.

1641 Siehe *Jayme*, IPRax 2000, S.171.

4. Bestehende Formulierungsvorschläge für die Modifizierung des EVÜ

Im einschlägigen Schrifttum sind bereits eine ganze Reihe von Lösungsvorschlägen vorgebracht worden. Diese beschränkten sich jedoch nicht auf Überlegungen zu Art. 5 EVÜ, sondern bringen auch Art. 3 EVÜ und sogar Art. 19 EVÜ in die Diskussion ein. Ziel der Formulierungen ist es stets, den Erlaß von Drittstaatenklauseln als Annex zu den Verbraucherschutzrichtlinien letztlich überflüssig zu machen. Die verschiedenen Lösungsvorschläge werden zunächst nach dem je betroffenen Artikel des EVÜ aufgeführt; eine Stellungnahme zu den Vorschlägen folgt unter d).

a) Ergänzung des Art. 19 EVÜ

Michaels und *Kamann* haben angesichts der „Vernachlässigung der europäisch-gemeinschaftsrechtlichen Komponente“[1642] in Art. 5 EVÜ eine gesetzliche Änderung im Rahmen des Art. 19 EVÜ[1643] bzw. Art. 4 EGBGB vorgeschlagen. Sie möchten – gewissermaßen als Kodifizierung einer analogen Anwendung der Art. 3 Abs. 3 und Art. 5 Abs. 2 EVÜ (Art. 27 Abs. 3 und Art. 29 Abs. 1 EGBGB) – Art. 19 EVÜ um einen Abs. 3 bzw. Art. 4 EGBGB um einen Abs. 4 ergänzen, der folgendermaßen aussehen könnte[1644]:

> „Als Recht eines Staates gelten auch die Richtlinien der Europäischen Gemeinschaft, soweit sie im Gebiet der Europäischen Union bereits umgesetzt worden sind.“

b) Ergänzung des Art. 3 Abs. 3 EVÜ

Mehrere Autoren haben anstelle einer Ausweitung des Art. 5 EVÜ eine Ergänzung des Art. 3 Abs. 3 EVÜ[1645] (Art. 27 Abs. 3 EGBGB) vorgeschlagen[1646]. Sie

---

1642 *Michaels/Kamann*, JZ 1997, S.601 f., 608.

1643 Diese Vorschrift lautet: „Staaten ohne einheitliche Rechtsordnung. (1) Umfaßt ein Staat mehrere Gebietseinheiten, von denen jede für vertragliche Schuldverhältnisse ihre eigene Rechtsnormen hat, so gilt für die Bestimmung des nach diesem Übereinkommen anzuwendenden Rechts jede Gebietseinheit als Staat.
(2) Ein Staat, in dem verschiedene Gebietseinheiten ihre eigenen Rechtsnormen für vertragliche Schuldverhältnisse haben, ist nicht verpflichtet, dieses Übereinkommen auf Kollisionen zwischen den Rechtsordnungen dieser Gebietseinheiten anzuwenden.“

1644 *Michaels/Kamann*, JZ 1997, S.609.

1645 Dieser lautet: „(3) Sind alle anderen Teile des Sachverhalts im Zeitpunkt der Rechtswahl in ein und demselben Staat belegen, so kann die Wahl eines ausländischen Rechts durch die Parteien – sei sie durch die Vereinbarung der Zuständigkeit eines ausländischen Gerichtes ergänzt oder nicht – die Bestimmungen nicht berühren, von denen nach dem Recht jenes Staates durch Vertrag nicht abgewichen werden kann und die nachstehend „zwingende Bestimmungen“ genannt werden.“

möchten diese Vorschrift über die freie Rechtswahl so gestalten, daß das Anknüpfungskonzept des Abs. 3 bei Belegenheit aller anderen Sachverhaltsteile im Inland ausgeweitet wird auf das Gebiet der Europäischen Union, das quasi das „europäische Inland" darstellt. Selbst bei der Wahl eines drittländischen Rechts, mit oder ohne entsprechender Gerichtsstandsvereinbarung, soll das europäische Verbraucherschutzrecht zur Anwendung kommen, wenn alle anderen Anknüpfungspunkte des Falles mit dem Unionsgebiet verbunden sind[1647]. Als Begründung wird angeführt, daß wegen der sachrechtlichen Rechtsangleichung im Verbraucherschutz europaweit ein einheitlicher Schutzstandard entstanden ist und folglich verhindert werden muß, daß der „Spaltkeil der Rechtswahl"[1648] in reine Binnenmarktfälle getrieben werden kann[1649]. Ein Vorgehen, das das Binnenland- in ein Binnenmarktkriterium umwandelt, könne folglich dazu beitragen, einen der Gründe für die Schaffung des kollisionsrechtlichen Richtlinienrechts zu beseitigen und dieses somit überflüssig werden zu lassen[1650].

Baumert zum Beispiel möchte die kollisionsrechtliche Abgrenzung gegenüber Drittstaaten bei grenzüberschreitenden binnenmarktinternen Fällen *de lege ferenda* durch die Hinzufügung des folgenden Unterabsatzes nach Art. 3 Abs. 3 EVÜ erreichen[1651]:

> „Durch Wahl einer Rechtsordnung eines Staates, der nicht Mitglied der Europäischen Union ist, kann nicht von denjenigen Bestimmungen der abgewählten Rechtsordnung eines Mitgliedstaates der Europäischen Union abgewichen werden, deren Schutz bei einer solchen Rechtswahl durch Richtlinien der Europäischen Union (Art. 189 Abs. 3 EGV) vorgesehen ist."

Auch *Basedow* schlägt mit Zustimmung von *Rudisch*[1652] die Zusammenfassung der Richtlinienkollisionsregeln durch einen Zusatz zu Art. 3 Abs. 3 EVÜ wie folgt vor[1653]:

> „Sind alle anderen Teile des Sachverhalts im Zeitpunkt der Rechtswahl in der Europäischen Union belegen, so kann die Wahl des Rechts eines Nichtmitgliedstaates durch die Parteien die Bestimmungen nicht berühren, die auf Rechtsakte

---

1646 Siehe vor allem *Basedow*, Materielle Rechtsangleichung und Kollisionsrecht, S.34; *ders.*, CML Rev. 37 (2000), S.689.

1647 Vgl. *Lagarde*, Cour fédérale d'Allemagne – 19 mars 1997, Rev.crit.d.i.p., 1998, S.631; *Staudinger*, ZfRV 2000, S.96.

1648 *Basedow*, Materielle Rechtsangleichung und Kollisionsrecht, S.34.

1649 *Rudisch*, RabelsZ 63 (1999), S.104.

1650 *Basedow*, CML Rev. 37 (2000), S.688 f.

1651 *Baumert*, EWS 1995, S.69.

1652 *Rudisch*, RabelsZ 63 (1999), S.104.

1653 *Basedow*, Materielle Rechtsangleichung und Kollisionsrecht, S.34; zuletzt bestätigt durch *ders.*, CML Rev. 37 (2000), S.689. Noch weiter gehen möchte *Staudinger*, ZfRV 2000, S.96: auch für Fällen, in denen nur ein enger Zusammenhang und keine ausschließlicher Bezug zum Binnenmarkt vorliegt, sollte eine solche Klausel eingeführt werden.

der Europäischen Gemeinschaft zurückgehen und von denen nach dem Gemeinschaftsrecht durch Vertrag nicht abgewichen werden kann."

Einen beinahe wortgleichen Vorschlag formuliert *Leible*[1654], der jedoch auch darauf hinweist, daß eine solche Ergänzung des Art. 3 Abs. 3 EVÜ „die Einhaltung des durch Richtlinien vorgegebenen verbraucherschutzrechtlichen Mindeststandards freilich nicht bei Sachverhalten mit einem substantiellen Drittstaatsbezug"[1655] absichert.

c) Änderung des Art. 5 EVÜ

In den meisten Fällen, in denen von der Änderung des EVÜ die Rede ist, wird eine Neuregelung des Art. 5 EVÜ verlangt. Auch insoweit gibt es bereits einige einschlägige Formulierungsvorschläge, die sich stark voneinander unterscheiden.

Baumert schlägt – neben der oben bereits erwähnten Ergänzung des Art. 3 EVÜ – auch eine Änderung des Art. 5 EVÜ vor. Zur Ausweitung des für zu eng befundenen räumlichen Anwendungsbereichs des Art. 5 Abs. 2 EVÜ möchte er nach dem dritten Spiegelstrich den folgenden Zusatz anfügen[1656]:

> „oder wenn sich aus der Gesamtheit der Umstände ergibt, daß der Vertrag noch engere Beziehungen mit diesem Staat aufweist".

Auch *Basedow* weist zusätzlich zur Ausweitung des Art. 3 Abs. 3 EVÜ auf Binnenmarktsachverhalte auf die Möglichkeit einer Änderung des Art. 5 EVÜ hin. Seiner Ansicht nach könnten die Drittstaatenklauseln in den Richtlinien zum Verbraucherschutz gänzlich überflüssig gemacht werden, wenn Art. 5 EVÜ durch folgende unilaterale Sonderanknüpfung für Fälle, die „aufgrund ihrer engen Beziehung mit der Union beim Verbraucher den Eindruck eines Binnenmarktgeschäfts erwecken", ergänzt würde[1657]:

> „Bei Verträgen, die eine Person, der Verbraucher, zu einem Zweck schließt, der nicht ihrer beruflichen Tätigkeit zugerechnet werden kann, darf die Rechtswahl nicht dazu führen, daß dem Verbraucher der durch zwingende Vorschriften der Europäischen Gemeinschaft gewährte Schutz entzogen wird, wenn der Vertrag

---

1654 *Leible*, Kollisionsrechtlicher Verbraucherschutz im EVÜ und in EG-Richtlinien, S.383: „Sind alle anderen Teile des Sachverhalts im Zeitpunkt der Rechtswahl in der Europäischen Union belegen, so kann die Wahl des Rechts eines Staates, der nicht Mitglied der Europäischen Union ist, durch die Parteien die Bestimmungen nicht berühren, die auf Rechtsakten der Europäischen Gemeinschaft beruhen und von denen nach dem Gemeinschaftsrecht durch Vertrag nicht abgewichen werden kann."

1655 *Leible*, Kollisionsrechtlicher Verbraucherschutz im EVÜ und in EG-Richtlinien, S.383.

1656 *Baumert*, Europäischer ordre public, S.229.

1657 *Basedow*, Materielle Rechtsangleichung und Kollisionsrecht, S.34.

einen engen Zusammenhang mit dem Gebiet der Mitgliedstaaten der Europäischen Gemeinschaft aufweist."

Lurger möchte in einer einheitlichen Umsetzungsbestimmung für alle Verbraucherschutzrichtlinien die Geltung des *Marktort-Prinzips* im EWR in den Mittelpunkt stellen[1658]. Ihr Formulierungsvorschlag, lautet folgendermaßen [1659]:

(1) Sind alle Teile des Sachverhalts im Zeitpunkt der Rechtswahl innerhalb des EWR belegen oder liegen die in Abs. 2 genannten Anknüpfungspunkte zu einem EWR-Staat vor, so kann die Wahl eines Drittstaatenrechts durch die Parteien das nach Abs. 2 und 3 anwendbare Richtlinienrecht nicht berühren, soweit es für den Verbraucher (mit gewöhnlichem Aufenthalt im EWR) günstiger ist als das gewählte Recht.
(2) Es ist das Recht des Marktortes im EWR (hinsichtlich eines Verbrauchers mit gewöhnlichem Aufenthalt im EWR) anzuwenden,
a) wenn dem Vertragsschluß ein ausdrückliches Angebot oder einer Werbung in diesem Staat vorausgegangen ist (und dort auf den Verbraucher traf) und wenn der Verbraucher in diesem Staat die zum Abschluß des Vertrages erforderlichen Rechtshandlungen vorgenommen hat, oder
b) wenn der Unternehmer oder sein Vertreter die Bestellung des Verbrauchers in diesem Staat entgegengenommen hat, oder
c) wenn (der Vertrag den Verkauf von Waren betrifft und) der Verbraucher vom Marktortstaat im EWR aus in den Drittstaat gereist ist und dort seine Bestellung aufgegeben hat, sofern diese Reise vom Unternehmer mit dem Ziel herbeigeführt worden ist, den Verbraucher zum Vertragsabschluß zu veranlassen,
d) oder das Recht des Lageortes, wenn im Falle eines Timesharing-Vertrages die Immobilie im Gebiet eines EWR-Staates belegen ist.

Haben der Unternehmer und der Verbraucher ihre Niederlassung bzw. ihren gewöhnlichen Aufenthalt in Staaten des EWR und erfolgte die in den Punkten a bis c beschriebene Marketingtätigkeit des Unternehmers in einem Drittstaat außerhalb des EWR, so ist das Recht der Unternehmerniederlassung im EWR anzuwenden, wenn die Richtlinie dem Verbraucher einen höheren Schutz gewährt als das Drittstaatenrecht.

Gewährt das Marktortrecht oder das nach Abs. 3 anwendbare Recht dem Verbraucher mit gewöhnlichem Aufenthalt im EWR keinen besonderen Schutz gegenüber dem sonst (etwa nach EVÜ) anwendbaren Drittstaatenrecht, so gilt letzteres.
(3) Wurde in dem EWR-Staat, dessen Recht nach Abs. 2 zur Anwendung kommt, die Richtlinie trotz Fristablaufs noch nicht oder fehlerhaft umgesetzt, so ist alternativ das Recht des Verbraucherstaats, der Unternehmerniederlassung oder des Forumstaats im EWR bzw., wenn auch dort eine Umsetzung nicht bzw. fehlerhaft erfolgte, das Recht eines anderen EWR-Staates anzuwenden, mit dem der Sachverhalt einen nicht bloß flüchtigen Zusammenhang aufweist.
(4) Für Binnensachverhalte ist bei divergierendem Ausnutzungen des Mindestschutzstandards durch die beteiligten Staaten eine Abwahl des günstigeren Standards des nach Abs. 2 anwendbaren Rechts unwirksam. Bei fehlender

[1658] Siehe *Lurger*, Zur Umsetzung der Kollisionsnormen von Verbraucherschutzrichtlinien, S.204.
[1659] *Lurger*, Zur Umsetzung der Kollisionsnormen von Verbraucherschutzrichtlinien, S.202 f.

Rechtswahl orientiert sich die Rechtsanwendung ohne Günstigkeitsprüfung nach Abs. 2 bzw.3.

Zuletzt hat auch *Leible* einen Vorschlag formuliert, der den zur Zeit geltenden Art. 5 EVÜ wie folgt ersetzen soll[1660]:

> (1) Dieser Artikel gilt für Verträge, die zwischen einer Person, dem Verbraucher, und einem Unternehmer zu einem Zweck geschlossen werden, der nicht einer beruflichen oder gewerblichen Tätigkeit des Verbrauchers zugerechnet werden kann (Verbraucherverträge).
> (2) Ungeachtet des Artikels 3 darf die Rechtswahl der Parteien nicht dazu führen, daß dem Verbraucher der durch die zwingenden Bestimmungen des Rechts des Staates, in dem der Vertrag angebahnt wurde, gewährte Schutz entzogen wird. Erweckt die Art der Absatztätigkeit des Unternehmers beim Verbraucher den berechtigten Eindruck, daß der Vertrag eine engere Beziehung zu einem anderen Staat als dem der Vertragsanbahnung aufweist, darf der durch dessen zwingende Bestimmungen gewährte Schutz nicht entzogen werden.
> (3) Mangels einer Rechtswahl ist abweichend von Artikel 4 für Verbraucherverträge das Recht des Staates maßgebend, in dem sie gemäß Absatz 2 angebahnt worden sind.

d) Bewertung der Lösungsmodelle

aa) Stellungnahme zu dem Vorschlag einer Ergänzung des Art. 19 EVÜ

Der Vorschlag von *Michaels* und *Kamann* ist in mehrfacher Hinsicht problematisch. Zunächst mag der Ort einer Veränderung im EVÜ zu verwundern. Art. 19 EVÜ regelt das Kollisionsrecht bei Staaten mit Rechtsspaltung. Zwar mag der Europäischen Union der Vergleich mit einem „Staat ohne einheitliche Rechtsordnung" schmeicheln[1661], doch paßt die vorgeschlagene Ergänzung systematisch nicht in den Art. 19 EVÜ. Es geht vorliegend um eine Problematik, die den kollisionsrechtlichen Verbraucherschutz betrifft; ein Richter wird daher im Umfeld des Art. 5 EVÜ suchen, nicht aber weiter hinten im EVÜ und in einer Vorschrift mit dem Titel „Staaten ohne einheitliche Rechtsordnung". Im deutschen Recht stellt sich die Situation zwar insofern anders dar, als Art. 4 Abs. 3 EGBGB sich in der Nähe des Art. 5 befindet, doch gehört er immerhin zur Vorschrift über „Rück- und Weiterverweisung; Rechtsspaltung".

Die vorgeschlagene Ergänzung des Art. 19 EVÜ, die *Michaels* und *Kamann* einer Änderung des Art. 5 EVÜ ausdrücklich vorziehen[1662], kann auch inhaltlich nicht überzeugen. Eine EG-Richtlinie als Recht eines Mitgliedstaates zu bezeichnen, wenn sie in mindestens einem anderen Mitgliedstaat bereits umgesetzt worden ist, ist schon europarechtlich bedenklich. Zudem wird hierdurch

---

1660 *Leible*, Kollisionsrechtlicher Verbraucherschutz im EVÜ und in EG-Richtlinien, S.385.
1661 Siehe aber *Michaels/Kamann*, JZ 1997, S.603.
1662 *Michaels/Kamann*, JZ 1997, S.609.

nur *ein* Aspekt der gesamten Problematik im kollisionsrechtlichen Verbraucherschutz, nämlich die Lösung der Gran Canaria-Fälle angesprochen; die Herstellung der Kohärenz zwischen EVÜ und Richtlinienkollisionsrecht kann diese Lösung nicht leisten. Aus diesem Grunde hat sie – soweit ersichtlich – in der Literatur auch keine Resonanz gefunden.

bb) Stellungnahme zu den Vorschlägen einer Ergänzung des Art. 3 Abs. 3 EVÜ

Die von *Baumert*, *Basedow* und *Leible* vorgeschlagene und von *Lagarde* und *Rudisch* unterstützte Ausweitung des Art. 3 Abs. 3 EVÜ auf Binnenmarktsachverhalte ist als Lösungsmuster sinnvoll, um das kollisionsrechtliche Richtlinienrecht in das EVÜ zu inkorporieren. Sie kann jedoch, wie bereits angedeutet, nur *eine* von mehreren Maßnahmen *de lege ferenda* darstellen, um die Kohärenz der Rechtsquellen herzustellen[1663]. Der Einheitlichkeit wegen ist jedoch, wie *Lurger* dies auch vorgeschlagen hat[1664], eine Lösung mit ähnlichem Inhalt in Art. 5 EVÜ selbst zu bevorzugen. Art. 3 Abs. 3 EVÜ ist eine Bestimmung, die für das gesamte internationale Schuldvertragsrecht gilt; im vorliegenden Zusammenhang geht es jedoch um die Vermeidung der Drittstaatenklauseln in *verbraucherschützenden* EG-Richtlinien. Daher sollte die Ausweitung auch auf den kollisionsrechtlichen Verbraucherschutz im EVÜ begrenzt sein[1665]. Auf diese Weise kann der „Binnenmarktvorbehalt“ besser auf die Besonderheiten des Art. 5 EVÜ, wie zum Beispiel durch Vorsehen einer Alternativanknüpfung nach dem Günstigkeitsprinzip, ausgerichtet werden.

cc) Stellungnahme zu den Vorschlägen einer Änderung des Art. 5 EVÜ

Der Vorschlag *Baumerts*, Art. 5 Abs. 2 EVÜ lediglich durch einen generalklauselartigen vierten Spiegelstrich zu ergänzen, ist am konservativsten, da er von allen Vorschlägen an Art. 5 EVÜ die geringsten Änderungen vornehmen möchte. Er geht insofern in die richtige Richtung, als er den räumlichen Anwendungsbereich des Art. 5 EVÜ zu erweitern vermag. Dabei hält er jedoch an den drei anderen Sachverhaltsalternativen fest, die insgesamt für zu eng und veraltet empfunden werden. Keine Abhilfe bringt er für den sachlich zu engen Anwendungsbereich des Art. 5 EVÜ.

1663 Die Ergänzung des Art. 3 Abs. 3 EVÜ vermag den Richtlinien-Mindeststandard bei Sachverhalten mit einem *substantiellen* Drittstaatsbezug nicht zu sichern; vgl.*Leible*, Kollisionsrechtlicher Verbraucherschutz im EVÜ und in EG-Richtlinien, S.383.

1664 *Lurger*, Zur Umsetzung der Kollisionsnormen von Verbraucherschutzrichtlinien, S.202.

1665 Für möglich hält dies *Lagarde*, Cour fédérale d'Allemagne – 19 mars 1997, Rev.crit.d.i.p., 1998, S.631.

Auch der Änderungsvorschlag zu Art. 5 EVÜ von *Basedow* ist auf den ersten Blick konservativ. Richtig verstanden möchte er die Vorschrift des Art. 5 EVÜ selbst nicht berühren. Er ist jedoch insofern weitergehend, als er die Schaffung einer *zweiten* Kollisionsnorm für Verbraucherverträge anregt[1666]. Während die erste, ursprüngliche Norm allseitig ausgestaltet ist und zur Anwendung nationaler Verbraucherschutznormen führt, soll die zweite Norm einseitig sein, das heißt nur zur Anwendung von Verbraucherschutz gemeinschaftlichen Ursprungs führen. Die zweite Norm stellt daher eine von Art. 5 EVÜ separate, allgemeine Zusammenfassung des verbraucherschützenden Richtlinienkollisionsrechts dar. Sie kann mithin, wie von *Basedow* beabsichtigt, zur Entbehrlichkeit der Drittstaatenklauseln in den Richtlinien führen.

Darüber hinaus trifft sie jedoch auf einige Bedenken[1667]. Zunächst ist unvorteilhaft, daß hier die Schaffung einer zweiten Regelung vorgeschlagen wird; Ziel muß es der Rechtsklarheit wegen sein, eine einheitliche Kollisionsnorm für Verbraucherverträge vorzusehen. Eine zweite Norm nach dem vorgeschlagenen Modell würde darüber hinaus Abgrenzungsschwierigkeiten nach sich ziehen. Entgegen *Basedows* Formulierung sind es ja nicht die Vorschriften der Europäischen Gemeinschaft, die verbraucherschützend wirken, sondern die in den jeweiligen Mitgliedstaaten umgesetzten Bestimmungen zum Verbraucherschutz[1668]. Das transformierte Recht ist auch nationales Recht, wenngleich europäischen Ursprungs. Hier gäbe es Konflikte bei der Anwendung der beiden Kollisionsnormen zum „nationalen" Verbraucherschutz. Ferner erstreckt sich die vorgeschlagene Ergänzungsvorschrift abweichend von den Wertungen des Art. 5 Abs. 3 EVÜ auch nicht auf die Fälle der objektiven Anknüpfung des Verbraucherschutzrechts. Zulasten des Verbrauchers würde eine Schutzlücke für die Fälle entstehen, in denen die Parteien das anwendbare Recht nicht gewählt haben[1669].

Hauptkritikpunkt an *Basedows* Vorschlag ist jedoch, daß er inmitten des EVÜ, einem gemäß Art. 2 EVÜ *universellen* Staatsvertrages, eine unilateral anknüpfende Kollisionsnorm einstellen möchte. Hintergrund hierfür ist, daß das unilaterale Richtlinienkollisionsrecht integriert werden soll. Doch wäre eine solche Vorschrift schwer mit Art. 2 EVÜ und der Ratio des Übereinkommens zu vereinen. Das EVÜ ist völkerrechtlich vereinbartes Kollisionsrecht – freilich „gemeinschaftsnah"[1670] –, das nicht zur einseitigen Anwendung von Europäischem Gemeinschaftsrecht führen darf. Davon abgesehen sind im modernen In-

---

1666 *Basedow*, Materielle Rechtsangleichung und Kollisionsrecht, S.34.

1667 Siehe auch *Leible*, Kollisionsrechtlicher Verbraucherschutz im EVÜ und in EG-Richtlinien, S.383.

1668 Vgl. *Leible*, Kollisionsrechtlicher Verbraucherschutz im EVÜ und in EG-Richtlinien, S.384.

1669 *Leible*, Kollisionsrechtlicher Verbraucherschutz im EVÜ und in EG-Richtlinien, S.384.

1670 Staudinger/*Magnus*, Einl. zu Art. 27 ff. EGBGB, Rz. 7 spricht von „*tertiärem Gemeinschaftsrecht*".

ternationalen Privatrecht, wie *Leible* in diesem Zusammenhang betont[1671], einseitige Anknüpfungen grundsätzlich zu vermeiden, um den internationalen Entscheidungseinklang nicht zu gefährden. Eine Kohärenz der Quellen des europäischen kollisionsrechtlichen Verbraucherschutzes kann dieser Vorschlag folglich nicht erreichen.

Der Text des Vorschlags für einen revidierten Art. 5 EVÜ von *Lurger* ist umfangreich; damit ist zweifelhaft, ob er die angekündigte „größere Übersichtlichkeit und bessere Handhabbarkeit"[1672] leisten kann. Andererseits ist begrüßenswert, daß eine *einheitliche* Kollisionsnorm für Verbraucherverträge vorgeschlagen wird, die nicht nur den Inhalt des Drittstaatenkollisionsrechts umsetzt und Schutzlücken des bisherigen Art. 5 EVÜ beseitigt, sondern auch in Abs. 1 die Ausweitung des Art. 3 Abs. 3 EVÜ auf reine binnenmarktinterne Fälle – zudem mit einem Günstigkeitsvergleich versehen – in einen erweiterten Art. 5 EVÜ integriert. Bemerkenswert hierbei ist, daß „aus international-privatrechtlichen Gründen und zugunsten der Übersichtlichkeit, Allseitigkeit und Einheitlichkeit der Regel"[1673] eine explizite Ausweitung auf das Gebiet des EWR vorgenommen wird. Diese Ausweitung ist nicht ganz unproblematisch. Zwar wird gemäß Art. 72 des EWR-Abkommens[1674] (Verbraucherschutz) für die EFTA-Staaten, die insofern als „Mitgliedstaaten" gelten, auf die in Anhang XIX des Abkommens verzeichneten Verbraucherschutzrichtlinien Bezug genommen. Doch haben nur die EU-Mitgliedstaaten, die zugleich auch EVÜ-Vertragsstaaten sind, die kollisionsrechtlichen Regelungsgebote in den EG-Richtlinien, um deren Inkorporierung es hier geht[1675], umzusetzen.

Der Vorschlag hält an der abschließenden Enumeration der Vertragsanbahnungssachverhalte fest; Abs. 2 lit. a-c entspricht Art. 5 Abs. 2 Spiegelstrich 1 - 3 EVÜ weitgehend. Dieser Beibehaltung des engen räumlichen Anwendungsbereichs steht jedoch eine Erweiterung des sachlichen Anwendungsbereichs gegenüber: Art. 9 der Timesharing-Richtlinie wird in Abs. 2 lit.d umgesetzt und auf eine Art. 5 Abs. 1, 4 und 5 EVÜ entsprechende Beschränkung auf bestimmte Vertragstypen wird vollständig verzichtet. Das objektive Vertragsstatut ist in Abs. 2 miteinbezogen. Nicht ganz verständlich ist, wieso es trotz der gewünschten Erstreckung der Allseitigkeit auf das Drittstaatenkollisionsrecht[1676]

[1671] Siehe *Leible*, Kollisionsrechtlicher Verbraucherschutz im EVÜ und in EG-Richtlinien, S.384 f.: *„Nicht nur dem eigenen Recht Unterworfenen, sondern jedermann muß Gerechtigkeit werden."*

[1672] So *Lurger*, Zur Umsetzung der Kollisionsnormen von Verbraucherschutzrichtlinien, S.202.

[1673] *Lurger*, Zur Umsetzung der Kollisionsnormen von Verbraucherschutzrichtlinien, S.202, Fn.102.

[1674] Abkommen über den Europäischen Wirtschaftsraum vom 2. Mai 1992 (BGBl. II 1993 S.267, in der Fassung des Anpassungs-Protokolls vom 17.3.1993, BGBl. II S.1294 und BGBl. 1994 II S.515).

[1675] Vgl. auch *Baumert*, EWS 1995, S.69.

[1676] *Lurger*, Zur Umsetzung der Kollisionsnormen von Verbraucherschutzrichtlinien, S.201 f.

zu Beginn des Abs. 2 Satz 1 nur heißt: „Es ist das Recht des Marktortes im EWR anzuwenden, wenn…“. Zudem verzichtet *Lurger* in Abs. 2 und Abs. 4 Satz 2 aus Bedenken „im Hinblick auf die Grundfreiheiten des EG-V“[1677] auf die notwendige Günstigkeitsprüfung nach dem Vorbild des Art. 5 Abs. 2 EVÜ, sieht sie in Abs. 2 Satz 3 jedoch in gewissem Umfange wieder vor.

Anstelle des gewöhnlichen Aufenthaltsstaates des Verbrauchers ist zentrales Anknüpfungskriterium des Formulierungsvorschlags der *Marktort* im EWR, Abs. 2 Satz1. Dieses Kriterium ist insofern unbestimmt, als das Recht des Marktortes neben dem Recht des gewöhnlichen Aufenthalts des Verbrauchers auch zum Beispiel das Recht der Niederlassung des Unternehmers sein kann[1678]. Schließlich ist in Abs. 3 des Vorschlags für den Fall, daß ein Mitgliedstaat seiner Umsetzungspflicht nicht rechtzeitig oder fehlerhaft nachgekommen ist, ein unsicheres alternatives Anknüpfungssystem vorgesehen. Dabei ist anerkannt, daß der Verbraucher in solchen Fällen eher staatshaftungsrechtlich vorzugehen hat; der nationale Gesetzgeber ist nicht dazu verpflichtet, gesetzlich eine Vorsorge für den Fall der verspäteten Umsetzung der anderen Mitgliedstaaten zu schaffen. Der Vorschlag von *Lurger* kann streckenweise überzeugen, insgesamt jedoch nicht eine die Kohärenz herstellende Lösung darstellen.

Im Vorschlag von *Leible* ist zu begrüßen, daß die dort gewählte Formulierung sowohl die Allseitigkeit als auch das Günstigkeitsprinzip des Art. 5 EVÜ vollständig beibehält. Die Neuformulierung ist im Bezug auf den sachlichen und räumlichen Anwendungsbereich erheblich offener gefaßt: es findet keine Beschränkung auf bestimmte Vertragstypen oder detaillierte Vertragsanbahnungssachverhalte statt. Damit entfernt sich der Vorschlag weit vom ehemaligen Art. 5 EVÜ[1679].

Interessant ist insbesondere Abs. 2 des Reformvorschlags. Wie bei *Lurger* sollen Verbraucherverträge auch hier strikt *marktorientiert* angeknüpft werden[1680]. Maßgebend für die Vertragsanbahnung ist danach nicht mehr allein der Staat des gewöhnlichen Aufenthalts des Verbrauchers, sondern der Marktort. Dies ist derjenige Ort, „an dem Angebot und Nachfrage zum Leistungsaustausch aufeinander treffen“[1681]. Zwar ist richtig, daß durch eine solche Formulierung auch jeder „aktive“ Verbraucher den Schutz des zwingenden Rechts des Marktorts geniessen kann. Ebenso wie bei der von *Lurger* formulierten Anknüpfung entstehen jedoch in komplizierten grenzüberschreitenden Fällen erhebliche

---

1677 *Lurger*, Zur Umsetzung der Kollisionsnormen von Verbraucherschutzrichtlinien, S.201, Fn.97.

1678 Siehe *Lurger*, Zur Umsetzung der Kollisionsnormen von Verbraucherschutzrichtlinien, S.202, Fn.103.

1679 *Leible* weist hingegen auf die Möglichkeit entsprechender Ergänzungen seines Vorschlags hin; *Leible*, Kollisionsrechtlicher Verbraucherschutz im EVÜ und in EG-Richtlinien, S.387.

1680 Vgl. *Leible*, Kollisionsrechtlicher Verbraucherschutz im EVÜ und in EG-Richtlinien, S.391.

1681 *Leible*, Kollisionsrechtlicher Verbraucherschutz im EVÜ und in EG-Richtlinien, S.386.

Schwierigkeiten bei der Lokalisierung des Staates, „in dem der Vertrag angebahnt wurde“. Diese Schwierigkeiten bei Ermittlung des anwendbaren Rechts verstärken sich noch im Hinblick auf die „Delokalisierung“ von Verträgen, die im elektronischen Handel abgeschlossen werden[1682]. So mag das Marktortprinzip zwar theoretisch dem Anliegen des Gemeinschaftsgesetzgebers entsprechend für den Schutz des Unionsbürgers vor ungünstigerem drittstaatlichen Recht sorgen und zugleich zu einem vernünftigen Ausgleich der Interessen zwischen Anbieter und Verbraucher führen[1683], in seiner Handhabbarkeit ist es hingegen problematisch. Eine solche Lösung ist daher der Rechtssicherheit abträglich[1684].

dd) Zwischenergebnis

Auf Grund der bisherigen Ausführungen kann keiner der aufgeführten Vorschläge ohne weiteres in ein revidiertes EVÜ übernommen werden. Allen Lösungsvorschlägen ist zudem gemeinsam, daß sie die besonderen Umstände des Vertragsschlusses von Verbraucherverträgen im elektronischen Geschäftsverkehr nicht berücksichtigen, teilweise wohl wegen der Aktualität der hiermit verbundenen Problematik[1685]. Insbesondere setzen sie sich nicht mit der wünschenswerten Ausrichtung an Art. 15 Abs. 2 c) EuGVVO auseinander.

Im Ergebnis ist eine einheitliche Lösung über Art. 5 EVÜ selbst und nicht über eine der anderen Vorschriften des EVÜ zu befürworten. Auf diese Weise finden die für die Kohärenz im Europäischen Kollisionsrecht notwendigen Änderungen auch an derjenigen Norm statt, deren Wertentscheidungen durch das Richtlinienkollisionsrecht hauptsächlich gestört werden. Es geht darum, dieses Wertungssystem möglichst zu erhalten, insbesondere die Allseitigkeit in eine neue, umfassende Kollisionsnorm zu überführen, die neuerdings auch den Binnenmarkt kollisionsrechtlich absichert. Art. 5 EVÜ (Art. 29 EGBGB) ist eine in der Praxis relevante Vorschrift; eine Änderung an ihr selbst ist daher auch für die nationalen Richter und Rechtsanwender schneller erkennbar.

1682 Dies wird – nicht nur im Hinblick auf den elektronischen Geschäftsverkehr – vom Autor des Vorschlags zugegeben; *Leible*, Kollisionsrechtlicher Verbraucherschutz im EVÜ und in EG-Richtlinien, S.386. Es ist hingegen nicht ersichtlich, wie sich für das Problem der Marktortermittlung im E-Commerce eine geeignete Lösung finden ließe.

1683 Siehe *Leible*, Kollisionsrechtlicher Verbraucherschutz im EVÜ und in EG-Richtlinien, S.385 mit Hinweis auf *Thorn*, IPRax 1999, S.9.

1684 Der kollisionsrechtliche Verbraucherschutz im Falle der *objektiven* Vertragsanknüpfung ist in Abs. 3 des Vorschlags integriert, orientiert sich jedoch ebenfalls am zweifelhaften Marktort.

1685 Siehe aber *Leible*, Kollisionsrechtlicher Verbraucherschutz im EVÜ und in EG-Richtlinien, S.386.

5. Empfehlung für die Formulierung eines revidierten Art. 5 EVÜ

Folgender Wortlaut wird als Vorlage für die Revision des Art. 5 EVÜ in einer neuen „Verordnung über das auf vertragliche Schuldverhältnisse anzuwendende Recht" (Rom I-Verordnung, „EVVO") vorgeschlagen (sichtbare Änderungen am Wortlaut sind mit kursiver Schrift gekennzeichnet):

> **Art. 5. Verbraucherverträge.** (1) Dieser Artikel gilt für Verträge über die Lieferung beweglicher *und über die Übertragung unbeweglicher* Sachen oder die Erbringung von Dienstleistungen an eine Person, den Verbraucher, zu einem Zweck, der nicht der beruflichen oder gewerblichen Tätigkeit des Verbrauchers zugerechnet werden kann.
>
> (2) *Das nach Artikel 3 oder 4 anwendbare Recht* darf nicht dazu führen, daß dem Verbraucher der durch die zwingenden Bestimmungen des Rechts des Staates, in dem er *im Zeitpunkt des Vertragsschlusses* seinen gewöhnlichen Aufenthalt hat, gewährte Schutz entzogen wird, *wenn der Anbieter die Initiative, die den Verbraucher zum Vertragsschluß veranlaßt hat, ergriffen hat, vorausgesetzt der Anbieter kannte den Ort des gewöhnlichen Aufenthalts des Verbrauchers oder hätte ihn kennen können.*
>
> *Eine Initiative des Anbieters zum Vertragsschluß liegt schon dann vor, wenn der Anbieter seine geschäftliche Tätigkeit auch auf dem Markt des Staates, in dem der Verbraucher im Zeitpunkt des Vertragsschlusses seinen gewöhnlichen Aufenthalt hat, entfaltet und der Verbraucher diese Tätigkeit nach den Umständen billigerweise als Initiative zum Vertragsschluß verstehen durfte.*
>
> (3) *Sind alle anderen Teile des Sachverhalts im Zeitpunkt der Rechtswahl mit einem oder mehreren Mitgliedstaaten der Europäischen Union verbunden, so kann die Wahl des Rechts eines Nichtmitgliedstaates durch die Parteien – sei sie durch die Vereinbarung der Zuständigkeit eines nichtmitgliedstaatlichen Gerichtes ergänzt oder nicht – die zwingenden Bestimmungen der abgewählten Rechtsordnung nicht berühren, die auf Rechtsakte der Europäischen Gemeinschaft zurückgehen, soweit sie für den Verbraucher günstiger als das gewählte Recht sind.*

a) Erläuterung zu Absatz 1

Keine Änderung wurde am persönlichen Anwendungsbereich des Art. 5 Abs. 1 EVÜ vorgenommen. Insbesondere wurde auf eine weitergehende Definition des Verbrauchervertrages oder eine ausdrücklichere Klarstellung durch Hinweis auf die Unternehmereigenschaft des Vertragspartners des Verbrauchers, wie dies in Absatz 1 des Vorschlags von *Leible* der Fall ist, verzichtet. Grund hierfür ist, daß die vorhandene Formulierung in Art. 5 Abs. 1 EVÜ ausreicht, um Verbraucherverträge von anderen Verträgen abzugrenzen.

Von größerer Bedeutung ist, daß der empfohlene Text Abweichungen von Art. 5 Abs. 1, 4 und 5 EVÜ vorsieht. Er trägt damit der Erweiterung des sachlichen Anwendungsbereichs des Art. 5 EVÜ Rechnung. Im geltenden Art. 5 Abs. 1 EVÜ ist der kollisionsrechtliche Verbraucherschutz auf „Verträge über die Lieferung beweglicher Sachen oder die Erbringung von Dienstleistungen, ... sowie für Verträge zur Finanzierung eines solchen Geschäfts“ beschränkt. Mit Blick auf den *effet utile* des Art. 5 EVÜ und der Einfachheit halber kann zunächst auf den Zusatz über die Finanzierungsgeschäfte verzichtet werden, da diese unter die „Erbringung von Dienstleistungen“ subsumiert werden können[1686]. Um ferner klarzustellen, daß insbesondere Timesharingverträge und auch andere zukünftige, Immobilien betreffende Verbraucherverträge einbezogen sein sollen, könnte es stattdessen heißen: „Verträge über die Lieferung beweglicher *und über die Übertragung unbeweglicher* Sachen oder die Erbringung von Dienstleistungen“.

Auch die Bestimmungen in Art. 5 Abs. 4 und 5 EVÜ sind reformbedürftig. In Art. 5 Abs. 4 ist geregelt, daß der kollisionsrechtliche Verbraucherschutz nicht gelten soll im Falle von Beförderungsverträgen und von „Verträgen über die Erbringung von Dienstleistungen, wenn die dem Verbraucher geschuldeten Dienstleistungen ausschließlich in einem anderen als dem Staat erbracht werden müssen, in dem der Verbraucher seinen gewöhnlichen Aufenthalt hat“. Von dem Ausschluß von ausschließlich im Ausland stattfindenden Dienstleistungen sieht Art. 5 Abs. 5 EVÜ eine Ausnahme vor für „Reiseverträge, die für einen Pauschalpreis kombinierte Beförderungs- und Unterbringungsleistungen vorsehen“.

Dem amtlichen Bericht von *Giuliano/Lagarde* ist zu entnehmen, daß sich der Schutz des Art. 5 Abs. 2 und 3 EVÜ angeblich nicht für Beförderungsverträge eignet; bei im Ausland erbrachten Dienstleistungen, wie beispielsweise einer Hotelunterkunft oder einem Sprachkurs, soll der Verbraucher zudem nur dann schützenswert sein, wenn sie im Rahmen einer „package tour“, deren Beförderungsteil zumindest teilweise bereits im Aufenthaltsort des Verbrauchers erfolgt ist, stattfinden[1687]. Zunächst ist der kategorische Ausschluß der Anwendung des Art. 5 Abs. 2 und 3 EVÜ im Falle von Beförderungsverträgen zu eng. Denn der inländische Verbraucher wird hiernach auch bei grenzüberschreitenden Beförderungsverträgen innerhalb der Europäischen Union schutzlos gestellt – eine wohl nur schwierig mit den Grundfreiheiten des Binnenmarktes zu vereinende Rechtslage. Die die Dienstleistungsverträge betreffende Regel-Ausnahme-Konstellation scheint umständlich und nicht mehr zeitgemäß. Einerseits legt sie sich zu stark fest und läßt keine nicht absehbaren Sachverhalts-

---

[1686] So im Ergebnis wohl auch *Fallon*, La protection internationale de l'acheteur sur l'interréseau, S.268.

[1687] Siehe amtlicher Bericht zum EVÜ, ABl.EG (31.10.1980) Nr. C 282/25.

konstellationen zu, in denen der Verbraucher für schützenswert erachtet werden könnte[1688]. Neue Problemfälle vom Format der Gran Canaria-Fälle sind daher bei der heutigen Formulierung nicht auszuschließen. Darüber hinaus ist auch sie im Hinblick auf den sich frei im europäischen Binnenmarkt bewegenden Verbraucher veraltet. Es wird hier daher vorgeschlagen, auf Art. 5 Abs. 4 und 5 EVÜ – entgegen Art. 15 Abs. 3 des Brüssel I-Verordnungsvorschlags, der eine entsprechende Bestimmung enthält – gänzlich zu verzichten.

Der sachliche Anwendungsbereich eines revidierten Art. 5 EVÜ sollte aufgrund der bisherigen Erfahrungen „offen" formuliert sein, das heißt alle modernen und sogar zukünftigen Verbrauchervertragstypen einbeziehen. Insgesamt ist die hier vorgeschlagene Version des Abs. 1 offen in diesem Sinne, ohne den sachlichen Anwendungsbereich über Gebühr auszudehnen und damit allzu viel von der alten Struktur des Art. 5 EVÜ aufzugeben.

b) Erläuterung zu Absatz 2

Abs. 2 Satz 1 des Reformvorschlags enthält, wie auch Abs. 2 des bisherigen Art. 5 EVÜ, die Kernaussage der Vorschrift. Der empfohlene Wortlaut „modernisiert" den kollisionsrechtlichen Verbraucherschutz, das heißt, er paßt ihn an die neuen Verhältnisse im internationalen Schuldvertragsrecht an. Insbesondere wird versucht, eine Lösung anzubieten, die die Besonderheiten des elektronischen Geschäftsverkehrs berücksichtigt. Wichtigste Neuerung des Vorschlags ist, daß empfohlen wird, den engen, da abschließenden Katalog der drei Vertragsanbahnungssachverhalte im geltenden Art. 5 Abs. 2 EVÜ zu streichen. An seine Stelle sollte ein alternatives Anknüpfungssystem treten, daß sich – vor allem im Hinblick auf die Einbeziehung von im e-commerce geschlossenen Verbraucherverträgen – soweit es geht von räumlichen Anknüpfungspunkten trennt. Zur Vermeidung von Wertungswidersprüchen gelten für alle Vertragstypen dieselben Anknüpfungskriterien[1689].

An den völkerrechtlich errungenen Wertungen des Art. 5 EVÜ, dem Günstigkeitsprinzip und der Allseitigkeit der Anknüpfung, wurde festgehalten. Abs. 2 ist allseitig neuformuliert, das heißt, es können nicht nur europäische Verbraucherschutznormen, sondern die des jeweiligen Aufenthaltsstaats auch von Drittland-Verbrauchern über den so revidierten Art. 5 EVÜ zur Anwendung gelangen. Die eine Alternativanknüpfung nach dem Günstigkeitsprinzip verkörpernde Formulierung „darf nicht dazu führen, daß dem Verbraucher...der gewährte

[1688] Vgl. auch *Leible*, Kollisionsrechtlicher Verbraucherschutz im EVÜ und in EG-Richtlinien, S.376.
[1689] Siehe hierzu *Leible*, Kollisionsrechtlicher Verbraucherschutz im EVÜ und in EG-Richtlinien, S.375.

Schutz entzogen wird", ist aus Art. 5 Abs. 2 EVÜ übernommen worden. Auf diese Weise wird die Privatautonomie so weit es geht aufrechterhalten[1690].

Die traditionelle Unterscheidung zwischen räumlich „passivem" und „aktivem" Verbraucher in Art. 5 Abs. 2 EVÜ ist in diesem Vorschlag nicht mehr enthalten. Um den für den Verbraucher erheblichen Vorteil der Anwendung seines Heimatrechts interessengerecht auszugleichen, muß das anwendbare Recht für den Unternehmer trotz jeder „Delokalisierung" *vorhersehbar* bleiben[1691]. Der Unternehmer bedarf insoweit des kollisionsrechtlichen Schutzes. Sein mangelndes Vertrauen in den internationalen Rechtsverkehr könnten der Herstellung und dem Funktionieren des Binnenmarktes schaden[1692].

Im Internet besteht allerdings die Schwierigkeit, daß dem Anbieter zunächst keine andere Information über den Verbraucher als dessen „elektronische Adresse" zur Verfügung steht, und diese zudem nur in seltenen Fällen ausreichend aussagekräftig ist[1693]. Angeknüpft werden muß daher an ein objektives vorhandenes Kriterium[1694]. Da die einzige räumliche Konstante im Falle des im Binnenmarkt „aktiven" Verbrauchers der *Staat seines gewöhnlichen Aufenthalts* ist, soll dieser als wichtigster Anknüpfungspunkt herangezogen werden[1695]. Der Aufenthaltsstaat ist nicht notwendigerweise der Anbahnungsmarkt des Verbrauchervertrages. Er hat gegenüber dem Marktort[1696] den entscheidenden Vorteil, daß er sich präzise ermittelt läßt. Zur weiteren Präzisierung des Aufenthaltsstaates soll darüber hinaus zeitlich gesehen der gewöhnliche Aufenthalt im Zeitpunkt des Vertragsabschlusses relevant sein; damit wird zugleich der wachsenden Mobilität des modernen Verbrauchers Rechnung getragen. Ein weiterer Vorteil der Anknüpfung an das Verbraucherschutzrecht des Staates des gewöhnlichen Aufenthalts des Verbrauchers ist, daß auf diese Weise das Vertrauen des Verbrauchers in sein „Heimatrecht" berücksichtigt wird. So wird einer weiteren Grundwertung des bisherigen Art. 5 EVÜ entsprochen: nicht irgendein Marktrecht soll bei Günstigkeit zur Anwendung berufen werden, sondern dieje-

---

1690 *Kronke*, Applicable Law in Torts and Contracts in Cyberspace, S.84.

1691 Zur Vorhersehbarkeit auch *Leible*, Kollisionsrechtlicher Verbraucherschutz im EVÜ und in EG-Richtlinien, S.387.

1692 *Heiss*, Die Europäisierung des Internationalen Schuldvertragsrechts, S.103.

1693 *Fallon*, La protection internationale de l'acheteur sur l'interréseau, S.267, 270.

1694 *Fallon*, La protection internationale de l'acheteur sur l'interréseau, S.268.

1695 Siehe auch *Mankowski*, RabelsZ 63 (1999), S.249; *Jayme*, IPRax 2000, S.171; Thorn, IPRax 1999, S.5.

1696 Dem Marktortprinzip wird in Art. 3 Abs. 6 des internen Entwurfs einer EG-Verordnung über das auf außervertragliche Schuldverhältnisse anzuwendende Recht vom 21.6.1999 (Rom II) gefolgt; siehe IPRax 1999, 286 ff., dazu Jayme, Entwurf eines EU-Übereinkommens über das auf außervertragliche Schuldverhälntisse anzuwendende Recht, Tagung der Europäischen Gruppe für IPR in Luxemburg, IPRax 1999, S.298; *Glöckner*, ZvglRWiss 99 (2000), S.306. Das Marktortprinzip ist wettbewerbsspezifisch und eignet sich besser für Lauterkeitsfälle; *Fezer/Koos*, IPRax 2000, S.351.

nigen Schutzbestimmungen, die dem Verbraucher im Regelfall am vertrautesten sind.

Um in dem vorgeschlagenen Abs. 2 Satz 1 sicherzustellen, daß der Aufenthaltsstaat für den Unternehmer vorhersehbar bleibt, ist hier ein interessanter Vorschlag von *Lagarde* aufgegriffen und weiterentwickelt worden, der auch bei anderen Autoren auftaucht[1697]. *Lagarde* überlegt, ob der kollisionsrechtliche Verbraucherschutz nicht immer dann eingreifen könnte, wenn die Initiative des Unternehmers zum Vertragsschluß geführt hat und der Unternehmer *Kenntnis* vom Staat des gewöhnlichen Aufenthalts des Verbrauchers hatte[1698]. Kennt der Unternehmer den Aufenthaltsstaat des Verbrauchers, mit dem er kontrahiert, so ist für ihn auch das Eingreifen des für den Verbraucher heimischen Verbraucherschutzrechts *erkennbar*. Ähnliche subjektive Elemente sind vor allem in Art. 11 EVÜ, aber auch in Art. 2 lit.a CISG und Art. 8 Abs. 2 EVÜ (Art. 31 Abs. 2 EGBGB) enthalten.[1699]

Zweifelhaft ist aber, ob dieses Modell, in dem von der Kenntnis des Anbieters vom Staat des gewöhnlichen Aufenthalts des Verbrauchers die Rede ist, das Vorliegen *positiver* Kenntnis erfordert. Eine solche Bedingung ginge zulasten des Verbrauchers, da der Anbieter im Falle eines Rechtsstreits auf seine fehlende Kenntnis verweisen und somit das Eingreifen des Abs. 2 verhindern könnte. Um ein solches „Schlupfloch" zu verhindern, bietet es sich an, das Modell – analog Art. 11 EVÜ – um die fahrlässige Nichtkenntnis („hätte kennen können") zu ergänzen. Auf diese Weise wird der Anbieter zugunsten seiner Vorhersehbarkeit des anwendbaren Rechts dazu angehalten, sicherzustellen, daß er Kenntnis vom gewöhnlichen Aufenthaltsort des Verbrauchers bei Vertragsschluß nimmt. Dies kann er zum Beispiel dadurch bewerkstelligen, daß er den Verbraucher beim „elektronischen Vertragsschluß" dazu verpflichtet, Angaben über seinen gewöhnlichen Aufenthaltsstaat zu machen[1700]. Der Fahrlässigkeitsmaßstab müßte objektiv angelegt werden, das heißt es kommt darauf an, was von einem durchschnittlichen Anforderungen entsprechenden Anbieter im jeweiligen Einzelfall erwartet werden kann. Der Verbraucher auf der anderen Seite sollte diese Information wahrheitsgemäß geben. Denn täuscht er vorsätzlich über den Staat seines gewöhnlichen Aufenthalts, so geht dies im Falle eines

---

[1697] Siehe vor allem *Kronke*, RIW 1996, S.993; *ders.*, Applicable Law in Torts and Contracts in Cyberspace, S.83 f.; *Arnold*, CR 1997, S.527.

[1698] *Lagarde*, Cour fédérale d'Allemagne – 19 mars 1997, Rev.crit.d.i.p., 1998, S.631: „*On peut donc se demander si la règle de conflit protectrice ne devrait pas s'appliquer dans toutes les hypothèses où c'est le professionel qui, en sollicitant le consommateur, a pris l'initiative du contrat, à la condition que ce professionel ait connu l'etat de résidence habituelle de ce consommateur.*"

[1699] *Junker*, RIW 1999, S.815.

[1700] *Spindler*, NZG 2000, S.1062, spricht in ähnlichem Zusammenhang von der vorherigen Erkundigung des Anbieters nach der „residence" eines möglichen Vertragspartners, etwa durch Abfrage von Telefonnummern, Postleitzahlen, Orten, etc.

Rechtsstreits zu seinen Lasten; in einem solchen Fall greift der vorgeschlagene Abs. 2 nicht[1701].

Neben dem gewöhnlichen Aufenthaltsort des Verbrauchers und der diesbezüglichen Kenntnis des Unternehmers, ist weiteres Tatbestandsmerkmal des vorgeschlagenen Abs. 2 die *Initiative* des Unternehmers, einen Vertrag mit dem Verbraucher abzuschließen[1702]. Dieses Merkmal ist zugegebenermaßen unbestimmter als die drei Sachverhaltsalternativen der bisherigen Fassung des Art. 5 Abs. 2 EVÜ, die es ersetzen möchte. Dies liegt daran, daß es von räumlichen Elementen gelöst ist. Es verfolgt das Ziel, Offenheit zu garantieren, um auch bei ähnlichen Marketingaktivitäten und zukünftigen Entwicklungen kollisionsrechtlichen Verbraucherschutz leisten zu können[1703].

Um zugleich ein ausreichendes Maß an Rechtsklarheit zu gewährleisten und dem Rechtsanwender einen Anhaltspunkt zur Bestimmung der Unternehmerinitiative zu geben, wird das Merkmal in einem zweiten Satz des Abs. 2 konkretisiert. Dabei wurde keine strenge Ausrichtung an dem umstrittenen Wortlaut des Art. 15 Abs. 1 c) EuGVVO vorgenommen. Die Konkretisierung der Initiative als „Entfaltung der geschäftlichen Tätigkeit auf dem Markt"[1704] des Aufenthaltsstaates des Verbrauchers nähert sich der „Ausrichtung" des Art. 15 Abs. 1 c) EuGVVO inhaltlich zwar an, übernimmt indessen nicht die unbestimmte Formulierung „auf irgendeinem Wege". Dennoch wird eine Beschränkung auf sogenannte „aktive" Websites gewährleistet. Die Parallelität von Art. 5 Abs. 2 einer Rom I-Verordnung und Art. 15 Abs. 1 c) EuGVVO wird daher in ausreichendem Maße gewahrt. Die Gefahr eines forum shopping innerhalb der Europäischen Union ist bei Inkrafttreten einer rechtsvereinheitlichenden Rom I-Verordnung ohnehin weitgehend gebannt. Unter die „Initiative" im Sinne des empfohlenen Abs. 2 Satz 2 soll jedenfalls sowohl das Anbieten von Waren oder Dienstleistungen im Internet als auch diesbezügliche Werbung subsumiert werden können, solange sie sich „aktiv" auch auf dem Markt des Verbrauchers entfalten. Diese Voraussetzungen müssen in jedem Fall einzeln festgestellt werden. Zwar findet in Satz 2 wieder eine gewisse räumliche Rückbindung statt, doch ist diese Regelung lediglich als Hilfestellung für den Rechtsanwender gedacht („schon dann") und nicht als abschließendes Merkmal. Maßgebend zur Beurteilung der Initiative ist ferner der *Empfängerhorizont des Verbrauchers* („diese Tätigkeit nach den Umständen billigerweise als Initiative zum Vertragsschluß verstehen durfte").

Zuletzt bedarf es der *Kausalität* zwischen der Initiative des Anbieters und dem Vertragsschluß. Hat der Verbraucher die alleinige Initiative ergriffen, einen Vertrag mit einem ausländischen Anbieter abzuschließen, so soll ihn sein Hei-

---

1701 Vgl. hierzu *Mankowski*, RabelsZ 63 (1999), S.249.

1702 Siehe *Fallon*, La protection internationale de l'acheteur sur l'interréseau, S.271.

1703 Den Verzicht auf allzu präzise Anknüpfungskriterien begrüßt auch *Leible*, Kollisionsrechtlicher Verbraucherschutz im EVÜ und in EG-Richtlinien, S.376.

1704 Diese Formulierung lehnt sich an Art. 29 a Abs. 2 Nr. 1 EGBGB an.

matrecht nicht schützen. Die Unternehmerinitiative, die Kausalität für den Vertragsschluß und die Kenntnis des Anbieters vom Aufenthaltsstaat des Verbrauchers müssen *kumulativ* gegeben sein, um den Schutz des günstigeren Heimatrechts des Verbrauchers auszulösen.

Der Vorschlag sieht ferner vor, den kollisionsrechtlichen Verbraucherschutz des heutigen Art. 5 Abs. 2 und Abs. 3 EVÜ, das heißt die Verdrängung des subjektivem und des objektiven Vertragsstatuts nach Art. 3 bzw. Art. 4 EVÜ, zusammenzuziehen. Im Bericht von *Giuliano/Lagarde* wird zu Art. 5 Abs. 3 EVÜ mit Hinweis auf dessen klaren Wortlaut keine zusätzliche Erläuterung gegeben[1705]. Der eindeutige Inhalt und die Wertung der Vorschrift bleiben jedoch auch dann erhalten, wenn – wie in dem vorgeschlagenen Abs. 2 Satz 1 – außer auf Art. 3 EVÜ auch auf Art. 4 EVÜ Bezug genommen wird und klar ist, daß das mangels Rechtswahl anzuwendende Recht nur im Falle der Voraussetzungen des Abs. 2 und bei fehlender Günstigkeit für den Verbraucher verdrängt wird.

Abschließend ist darauf hinzuweisen, daß die in Art. 5 Abs. 2 EVÜ verwandten Begriffe „Vertragspartner" und „Verkäufer" einheitlich ersetzt werden durch den auch für Geschäfte im elektronischen Handel geläufigen Begriff des „Anbieters", der eine größere Anzahl von Vertragsarten umfaßt.

c) Erläuterung zu Absatz 3

Die empfohlene Hinzufügung des Abs. 3 an einen revidierten Art. 5 EVÜ soll eine entsprechende Ergänzung von Art. 3 Abs. 3 EVÜ ersetzen. Dabei übernimmt die Formulierung inhaltlich verschiedene Ansätze der weiter oben vorgeschlagenen Modelle, orientiert sich jedoch auch am bestehenden Art. 3 Abs. 3 EVÜ.

Es ist notwendig, den verbraucherschützenden Binnenmarktstandard von einem gewählten Drittstaatenrecht abzugrenzen, wenn alle übrigen Sachverhaltsteile einen Bezug zum Gebiet der Europäischen Union haben[1706]. Entsprechend Art. 3 Abs. 3 EVÜ wird der „Binnensachverhalt" zum „Binnenmarktsachverhalt". Eine solche Maßnahme fordern die kollisionsrechtlichen Regelungsgebote in den Richtlinien, die insofern den Wunsch der EG verkörpern, ihren Bürgern den „bestmöglichen" Verbraucherschutz zukommen zu lassen. Damit das Ideal einer weitgehend aufrechterhaltenen Parteiautonomie unter der Abwahl des Drittstaatenrechts nicht leidet, soll diese Sonderanknüpfung nur im Falle eines *günstigeren* Binnenmarktrechts gelten. In dem empfohlenen Vorschlag wird die Geltung des Günstigkeitsprinzips daher – wie in Abs. 1 des Vor-

---

[1705] Vgl. den amtlichen Bericht, ABl.EG (31.10.1980) Nr. C 282/24.

[1706] Vgl. noch einmal *Lagarde*, Cour fédérale d'Allemagne – 19 mars 1997, Rev.crit.d.i.p., 1998, S.631; *Basedow*, Materielle Rechtsangleichung und Kollisionsrecht, S.34; *ders.*, CML Rev. 37 (2000), S.689; *Rudisch*, RabelsZ 63 (1999), S.104.

schlags von *Lurger* – durch den Zusatz „soweit sie für den Verbraucher günstiger als das gewählte Recht sind" ausdrücklich klargestellt.

Der hier vorgeschlagene Abs. 3 verwendet die Formulierung „Sind alle anderen Teile des Sachverhalts...*verbunden*" und orientiert sich dabei am Wortlaut des Art. 27 Abs. 3 EGBGB. Die „Belegenheit" der anderen Sachverhaltsteile in Art. 3 Abs. 3 EVÜ und in den Vorschlägen von *Basedow*, *Lurger* und *Leible*, erinnert zu sehr an räumliche Gesichtspunkte, von denen sich der vorliegende Reformvorschlag zu lösen sucht. Das Wort „verbunden" ist eher „delokalisiert" und erinnert darüber hinaus an die „close connection", dem „engen Zusammenhang mit dem Gebiet der Mitgliedstaaten", wie ihn die Drittstaatenklauseln vorsehen. Andererseits übernimmt Abs. 3 die Ausweitung des Art. 3 Abs. 3 EVÜ auf die Fälle, in denen die Rechtswahl durch die Vereinbarung eines nichtmitgliedstaatlichen Gerichtsstands ergänzt wird. Auch in einem solchen Fall soll bei einem mehr als substantiellen Unionsbezug der Binnenmarktstandard durchgesetzt werden können.

Gegenüber den Vorschlägen von *Basedow*, *Lurger* und *Leible* („in der Europäischen Union bzw. innerhalb des EWR belegen") präzisiert Abs. 3 – ähnlich dem ursprünglichen Referentenentwurf zu Art. 29 a Abs. 1 EGBGB – daß die Verbindung zum Unionsgebiet aus einer Verbindung zu *einem oder mehreren* Mitgliedstaaten bestehen kann. Ferner wird in Anlehnung an den Vorschlag von *Baumert* klargestellt, daß die auf EG-Rechtsakte zurückgehenden zwingenden Bestimmungen im Falle ihres Eingreifens in der Form ihrer Umsetzung *in der abgewählten Rechtsordnung* gelten sollen.

Dem Ansatz von *Lurger*, die Durchsetzung des in mitgliedstaatliches Recht umgesetzten sekundären Gemeinschaftsrechts zum Verbraucherschutz – ähnlich Art. 29 a EGBGB – ausdrücklich auf reine „EWR-Sachverhalte" auszuweiten[1707], wird in Abs. 3 nicht gefolgt. Wie bei der Stellungnahme zum Vorschlag von *Lurger* ausgeführt, ist eine derartige Ausweitung des Art. 3 Abs. 3 EVÜ aus europarechtlichen Gründen trotz des Anhangs XIX zum EWR-Abkommen zweifelhaft. Darüber hinaus ist hier aus Gründen der besseren Übersichtlichkeit auf sie verzichtet worden. Sollte eine Ausweitung auf die EWR-Vertragsstaaten dennoch gewünscht sein, so ließe sie sich ohne größere Formulierungsprobleme hinzufügen.

d) Ergebnis

Eine zur Kohärenz im Europäischen Kollisionsrecht führende Neuregelung des Art. 5 EVÜ benötigt vier Schritte:

[1707] Vgl. *Lurger*, Zur Umsetzung der Kollisionsnormen von Verbraucherschutzrichtlinien, S.202, Fn.102.

- Zuerst bedarf es einer Ausweitung des sachlichen Anwendungsbereichs, so daß nicht nur die Vertragstypen der Verbraucherrichtlinien, sondern auch zukünftige Entwicklungen im internationalen Schuldvertragsrecht umfaßt sind. Dies bedeutet eine weitere Einschränkung der Rechtswahlfreiheit, die hingegen für einen lückenlosen kollisionsrechtlichen Verbraucherschutz unerlässlich ist.

- Zweitens muß der räumliche Anwendungsbereich der Norm aufgelockert werden, um andere Verbraucherschutzlücken zu schließen und im e-commerce geschlossene Verbraucherverträge einzubeziehen.

- Drittens ist der universelle Geltungsanspruch des (verbraucherschützenden) Kollisionsrechts im EVÜ (Art. 2 EVÜ) möglichst beizubehalten und auf die unilateralen Sonderanknüpfungen im Bereich des bisherigen Richtlinienkollisionsrechts zu erstrecken. Mit der Einbuße bei der Parteiautonomie ginge also eine Rückkehr zum klassischem Internationalen Privatrecht als *loi uniforme* einher.

- Viertens wird infolge der Inkorporierung der kollisionsrechtlichen Richtlinienvorgaben für manche Fälle eine gewisse Abgrenzung zum Recht von Nichtmitgliedstaaten notwendig, die am besten in einer Regel für „Binnenmarktsachverhalte“ festgeschrieben wird.

Diese vier Schritte sind in der empfohlenen Formulierung für einen revidierten Art. 5 EVÜ berücksichtigt. Damit entspricht diese Lösung sowohl internationalprivatrechtlich als auch gemeinschaftsrechtlich den gegenwärtigen Forderungen und Bedürfnissen. Sie kann daher politisch akzeptiert werden. Erst die Erfahrungen der Praxis könnten hingegen zeigen, ob sich ein solches Modell bewähren kann.

Eine Revision des Art. 5 EVÜ in Form einer Rom I-Verordnung würde weitere Änderungen *de lege ferenda* erforderlich machen. Zum einen würde sämtliches verbraucherschützendes Richtlinienkollisionsrecht überflüssig und müßte aufgehoben werden. Dies beträfe sowohl diejenigen Texte der verbraucherschützenden EG-Richtlinien, die eine Drittstaatenklausel enthalten, als auch deren Transformationsvorschriften in den Rechtsordnungen der einzelnen Mitgliedstaaten (z.B. Art. 29 a EGBGB). Zum anderen würde eine Änderung des Art. 5 EVÜ bedeuten, daß sämtliche nationalen Inkorporationen des Übereinkommens, so zum Beispiel die Art. 27-37 EGBGB, ebenfalls revidiert werden müßten. Bei Inkrafttreten einer Rom I-Verordnung würden diese Inkorporationen nämlich angesichts des Vorrangs der Verordnung ihre Gültigkeit verlieren und müßten aus Gründen der Rechtsklarheit in dem Maße aufgehoben werden, in dem sie durch die Verordnung ersetzt werden. Dies brächte das Erfordernis weiterer gesetzgeberischer Tätigkeit in den Mitgliedstaaten mit sich, die hingegen den Aufwand lohnt.

Hat sich aufgrund der Kompetenzverschiebungen zugunsten der EU eine Möglichkeit eröffnet, die Kohärenz im Europäischen Kollisionsrecht auf effektive Weise mittels eines EG-Rechtsakts herzustellen, so sollte diese Chance auch genutzt werden. Dabei ist jedoch darauf zu achten, daß sich die Mitgliedstaaten an der Entstehung eines Rom I-Rechtsaktes beteiligen und auf diese Weise ihren auf viel Erfahrung beruhenden internationalprivatrechtlichen Sachverstand einfließen lassen können.

D. Begleitende Maßnahmen

Eine tiefgreifende Revision des Art. 5 EVÜ stellt den bei weitem wichtigsten Beitrag zur Herstellung der Kohärenz im Europäischen Kollisionsrecht dar. Damit das Ziel einer unionsweiten Rechtseinheit in diesem Bereich jedoch vollends Wirklichkeit werden kann und auf Dauer gesichert ist, bedarf es zweier begleitender Maßnahmen. Für die sich nicht an einer EG-Verordnung beteiligenden Mitgliedstaaten sind ergänzend Staatsverträge abzuschließen (I.). Ein institutionalisierter IPR-Ausschuß könnte in Zukunft an der Bewahrung der Rechtseinheit arbeiten und den kollisionsrechtlichen Sachverstand auf Kommissionsebene bündeln (II.). Für den Zeitraum bis zum Erlaß einer EG-Verordnung sollte wie bisher vorgegangen werden, wobei eine stärkere Ausrichtung des Richtlinienrechts an Art. 5 EVÜ wünschenswert ist[1708]. In erster Linie müssen sich die Kräfte jedoch auf den schnellen Erlaß eines revidierten Art. 5 EVÜ konzentrieren.

I. Abschluß neuer Staatsverträge mit den „opt-out"-Staaten

Die vom Vereinigten Königreich, Irland und Dänemark genutzte opt-out-Möglichkeit nach Art. 69 EG ist das größte Problem, dem sich eine Rechtsvereinheitlichung des Kollisionsrechts aufgrund von Art. 65 EG gegenübersieht. Um den damit verbundenen Nachteil der Entstehung eines „Europas der zwei Geschwindigkeiten" so weit es geht auszugleichen, müssen mit den nichtteilnehmenden Mitgliedstaaten zusätzlich Staatsverträge abgeschlossen werden[1709].

[1708] Siehe *Staudinger*, IPRax 1999, S.419 f.

[1709] Vgl. die Stellungnahme des Wirtschafts- und Sozialausschusses zum Brüssel I-Verordnungsvorschlag: CES 233/2000 – 99/0154 CNS v. 1.3.2000; *Heß*, NJW 2000, S.28; *Schack*, ZeuP 1999, S.808. *Jayme/Kohler* weisen auf das Paradox hin, die mit den Staatsverträgen erreichte Rechtseinheit erst aufzugeben, um sie dann erneut herzustellen, IPRax 1999, S.402.

Hierfür bietet Art. 293 EG eine geeignete Rechtsgrundlage. Denkbar ist auch, daß das bisherige EVÜ aufrechterhalten wird. Problematisch ist dabei, daß es nach Erlaß einer Rom I-Verordnung inhaltlich veraltet sein wird, eine Parallelkonvention jedoch inhaltlich möglichst genau mit der Verordnung übereinstimmen sollte.

Zusätzlich sollten Protokolle, die eine Auslegungszuständigkeit des EuGH regeln und eine Art Konvergenzsystem einführen, vorgesehen werden, um die Parallelität auf Dauer absichern. Offen ist freilich, ob sich die abseitsstehenden Mitgliedstaaten zur Verhandlung eines solchen Staatvertrages bereit erklären werden, da dies praktisch einer Umgehung ihres opt-out gleichkommt. Auf der anderen Seite darf nicht vergessen werden, daß diese Staaten den Vorbehalt des Art. 69 EG in erster Linie wegen des politisch sensibleren Bereichs von Visa, Asyl und Einwanderung und nicht wegen der politischen Zusammenarbeit in Zivilsachen in den EG-Vertrag einfügen ließen[1710]. Darüber hinaus sind sie bereits jetzt völkerrechtlich in das EVÜ eingebunden. Zugegebenermaßen stellt der Abschluß zusätzlicher Staatsverträge eine aufwendige Begleitmaßnahme dar; sie sind hingegen unerläßlich, um die Rechtseinheit unionsweit herzustellen. Abhilfe kann letztlich nur die Entscheidung der betroffenen Mitgliedstaaten schaffen, doch noch an den Rechtsakten der Art. 61, 65 lit.b EG teilzunehmen.

II. Institutionalisierter IPR-Ausschuß auf EU-Ebene

Parallel zur Revision des Art. 5 EVÜ bedarf es der Einrichtung einer zentralen Stelle auf EU-Ebene, die sich schwerpunktmäßig mit der Kollisionsrechtsvereinheitlichung befaßt. Die Institution – zu denken ist an eine „Ständige Arbeitsgruppe für IPR" oder einen „IPR-Ausschuß" – sollte unabhängig von der Auslegungsfunktion des EuGH die Rolle eines Koordinators übernehmen, um zu verhindern, daß die Gemeinschaftsorgane Kollisionsrecht „im Alleingang" kreieren und auf diese Weise neue Kohärenzprobleme entstehen. Sie sollte insofern bereits bei der Ausarbeitung neuer kollisionsrechtlicher Gemeinschaftsrechtsakte beratend herangezogen werden. Dies ist nicht zuletzt im Hinblick auf die weite Gemeinschaftskompetenz nach Art. 65 lit.b EG notwendig und sinnvoll.

1. Generaldirektion „Justiz und Inneres" und die GEDIP

Mit der Überführung der Zusammenarbeit in den Bereichen Justiz und Inneres in den EG-Vertrag ist eine neue Generaldirektion „Justiz und Inneres" (GD JI) gegründet worden. Sie ist unter anderem für die Kollisionsrechtsvereinheitlichung zuständig, arbeitet jedoch primär aus der europarechtlichen Sichtweise

[1710] *Heß*, NJW 2000, S.28; *Basedow*, CML Rev. 37 (2000), S.695 f.

der EG-Kommission heraus. Neue Rechtsakte im Bereich der komplexen Materie des Internationalen Privatrechts drohen daher, losgelöst vom Sachverstand in den Mitgliedstaaten erlassen zu werden. Dieser externe, auf viel Erfahrung beruhende kollisionsrechtliche Sachverstand sollte hingegen bereits in die Phase der Rechtssetzung einbezogen werden[1711], wie dies etwa in der Bundesrepublik mit dem „Deutschen Rat für IPR“[1712] oder in den Vereinigten Staaten mit dem „American Law Institute“[1713] der Fall ist.

Erwähnung finden muß in diesem Zusammenhang die „Europäische Gruppe für Internationales Privatrecht“ (GEDIP). Sie ist eine private Vereinigung von IPR-Professoren aus allen EU-Staaten sowie aus der Schweiz und Norwegen und wurde anläßlich des Treffens einer Gruppe von herausragenden europäischen Spezialisten vom 3.-5.10.1991 in Louvain-la-Neuve ins Leben gerufen. Ziel des Treffen war es, Informationen auszutauschen und gemeinsam Rechtsprobleme, die an der Nahtstelle des Europäischen Gemeinschaftsrechts entstehen, wissenschaftlich zu durchdringen. Aus dieser konstituierenden Sitzung ist die „Europäische Gruppe für Internationales Privatrechts“ hervorgegangen[1714], die seitdem einige Male getagt hat. Für den vorliegenden Zusammenhang ist von Bedeutung, daß die GEDIP bei ihren Zusammenkünften vom 29.9.-1.10.1994 in Barcelona und vom 26.-28.9.1997 in Den Haag jeweils auch das problematische Nebeneinander von Richtlinien-Kollisionsnormen und Art. 5 EVÜ angesprochen, bedauert und kritisiert hat[1715]. Der Standpunkt der Gruppe wurde in Form sogenannter „Conclusions“, die in erster Linie an den Gemeinschaftsgesetzgeber adressiert sind, öffentlich wiedergeben. Zuletzt hat die Gruppe vom 15.-17.9.2000 in Rom/Castelgandolfo getagt[1716]. Positiv ist, daß sich ei-

1711 *Jayme*, IPRax 2000, S.167; *Basedow*, CML Rev. 37 (2000), S.704.

1712 Siehe vor allem *Basedow*, NJW 1996, S.1929; *Zweigert*, S.562; *Sonnenberger,* RIW Heft 4/1999, „Die erste Seite“; *Leible*, Kollisionsrechtlicher Verbraucherschutz im EVÜ und in EG-Richtlinien, S.390.

1713 Siehe hierzu *Kreuzer*, Die Europäisierung des Internationalen Privatrechts, S.519 f.

1714 *Furtak,* IPRax 1992, S.128 ff.

1715 Vgl. die am 1.10.1994 in Barcelona verfasste „*Conclusion concernant l'interaction du droit communautaire dérivé et des Conventions de Bruxelles du 27 septembre 1968 et de Rome du 19 juin 1980*“, IPRax 1995, S.58; hierzu auch *Jayme/Kohler*, L'interaction des règles de conflit, Rev.crit.d.i.p., 84 (1) 1995, S.39 f. Ferner die von der Gruppe verabschiedete „*Conclusion sur la proposition de directive du Parlement européen et du Conseil sur la vente et les garanties des biens de consommation, présentée par la Commission le 23 août 1996*“, abgedruckt im Netherlands International Law Review (NILR) 1998, S.158 f.

1716 Vgl. *Jayme*, IPRax 2000, S.156; *ders.*, Zur Revision des EVÜ, Tagungsbericht, IPRax 2001, S.65 f. Die Gruppe hat bei dieser Tagung folgenden eigenen Vorschlag für einen revidierten Art. 5 EVÜ abgegeben:
„1. Le présent article s'applique aux contrats ayant pour objet la fourniture d'un bien mobilier ou immobilier ou d'un service à une personne, le consommateur, pour un usage pouvant être considéré comme étranger à son activité professionnelle, par une personne agissant dans le cadre de son activité professionnelle.

ne so hoch qualifizierte Vereinigung von Wissenschaftlern wie die GEDIP um die Problematik der mangelnden Kohärenz kümmert und „Conclusions“ abgibt, die der Kommission eine Überarbeitung des Art. 5 EVÜ nahelegen.

Die GD JI arbeitet eng mit der GEDIP zusammen[1717]. Dies hat jedoch in der Vergangenheit zu Kritik geführt, die GD JI habe sich bei der Ausarbeitung des Rom II-Übereinkommens zu stark an den Anregungen und dem Vorschlag der GEDIP orientiert und dabei den Meinungsbildungsprozeß auf EU-Ebene vernachlässigt[1718]. Diese Erfahrung zeigt, daß die Informationsquellen für einen institutionalisierten IPR-Ausschuß unter Umständen breiter gestreut sein müssen. Der Ausschuß könnte neben der GEDIP seine komplette Arbeitskraft darauf konzentrieren, den Sachverstand der Mitgliedstaaten zu bündeln und für die weitere Entwicklung des Europäischen Kollisionsrechts nutzbar zu machen. Gleichzeitig ist auf diese Weise die wichtige Beteiligung der Mitgliedstaaten an der Entstehung neuer Gemeinschaftsrechtsakte möglich.

2. Bündelung der Arbeitsergebnisse unabhängiger Expertengruppen

Die Bildung eines europäischen „IPR-Ausschusses“ oder einer „Ständigen Arbeitsgruppe für Internationales Privatrecht“ darf und soll die Arbeit unabhängiger Expertengruppen, wie der GEDIP, nicht obsolet machen. Er soll sie im Gegenteil dazu anregen, konstruktive Lösungen zu erarbeiten und sie dem Ausschuß zur Verarbeitung zugängig zu machen. Die von Rechtsexperten auf Tagungen zu bestimmten Themen erarbeiteten Ergebnisse genießen angesichts ihrer Unverbindlichkeit und institutionellen Unabhängigkeit häufig eine besondere Überzeugungskraft[1719]. Der Ausschuß könnte als institutionalisiertes und koordinierendes Bindeglied zwischen diesen Gruppen und der jeweils mit der Ausarbeitung eines privatrechtsrelevanten Rechtsaktes befaßten Dienststelle der EG-Kommission, insbesondere der GD JI, agieren[1720].

---

2. La loi applicable en vertu des articles 3, 4 et 9 ne peut priver le consommateur de la protection que lui assurent les dispositions impératives de la loi du pays dans lequel il a sa résidence habituelle au moment de la conclusion du contrat, lorsque le fournisseur connaissait le lieu de cette résidence ou ne l'a ignoré qu'en raison d'une négligence de sa part.

L'alinéa précédent n'est pas applicable :

a) lorsque le consommateur s'est rendu dans le pays du fournisseur et y a conclu le contrat, ou

b) lorsque le bien ou le service a été ou devait être fourni dans le pays où était situé l'établissement en charge de cette fourniture, à moins que, dans l'un ou l'autre cas, le consommatuer ait été incité par le fournisseur à se rendre dans ledit pays en vue d'y conclure le contrat.“ (Text abgedruckt in IPRax 2001, S.65).

[1717] Siehe *Jayme*, IPRax 2000, S.156.

[1718] Vgl. *Kreuzer*, Die Europäisierung des Internationalen Privatrechts, 2.Aufl., S.484 f.

[1719] Siehe *Armbrüster*, RabelsZ 60 (1996), S.89.

[1720] *Kieninger/Leible*, EuZW 1999, S.39 f.

3. Bildung eines „Forums" für den wissenschaftlichen Austausch

Die Entwicklung des Europäischen Kollisionsrechts darf nicht vollkommen unabhängig von der Wissenschaft und Lehre in den Mitgliedstaaten erfolgen. Selbst bei Verstärkung des kollisionsrechtlichen Sachverstandes in den Gemeinschaftsorganen bedürfen neue legislatorische Maßnahmen einer Vorbereitung und Begleitung durch die Wissenschaft als Instrument der Rechtsvereinheitlichung[1721]. Insbesondere obliegt der Wissenschaft die Aufgabe, Fehlentwicklungen zu vermeiden[1722]. Ähnlich dem erörterten Miteinander oder „Dialog" der verschiedenen Quellen[1723] mit dem Ziel, zu einer Konfliktlösung zu gelangen, ist auch ein Dialog[1724] zwischen den verschiedenen mitgliedstaatlichen und gemeinschaftlichen Instanzen nötig, die jeweils ihre Vorstellungen einfließen lassen und somit aufeinander abstimmen können[1725]. Wären mitgliedstaatliche wissenschaftliche Instanzen stärker in den Entstehungsprozeß der Richtlinien zum Verbraucherschutz einbezogen worden, dann wären die kollisionsrechtlichen Regelungsgebote voraussichtlich nicht bzw. nicht in derselben Form erlassen worden. Die wissenschaftliche „Partizipation" hätte somit eine gewisse Balancefunktion[1726]. Es erscheint sinnvoll, die Koordinierungsfunktion des europäischen „IPR-Ausschusses" zusätzlich als „Forum" für diesen Dialog und wissenschaftlichen Austausch oder zumindest als Anlaufstelle zu nutzen[1727]. Auf diese Weise kann außer den mitgliedstaatlichen Regierungen im Europäischen Rat auch die Wissenschaft und sogar einzelne Rechtsanwender in den Mitgliedstaaten ihre Erkenntnisse ohne Umwege bereits in den Rechtsetzungsprozeß einfließen lassen[1728].

1721 *Jayme*, Ein internationales Privatrecht für Europa, S.18; *Kötz*, RabelsZ 50 (1986), S.13, 15.

1722 *Ulmer*, Vom deutschen zum europäischen Privatrecht, JZ 1992, S.7.

1723 Siehe *Jayme/Kohler*, IPRax 1995, S.343.

1724 *Ulmer*, Vom deutschen zum europäischen Privatrecht, JZ 1992, S.7.

1725 Vgl. *Jayme*, Internationales Privatrecht und Europäischer Binnenmarkt – Eine Skizze –, S.38 f.; *ders.*, Europäisches Kollisionsrecht: Grundlagen – Grundfragen, S.11, 13.

1726 *Wuermeling*, S.5

1727 *Jayme/Kohler* schreiben, daß überlegt werden muß, ob die Mitgliedstaaten sich nicht Gedanken über einen Mechanismus zur justiziellen Zusammenarbeit in zivilrechtlichen Materien machen müssen, in: L'interaction des règles de conflit, Rev.crit.d.i.p., 84 (1) 1995, S.39.

1728 Siehe hierzu auch *Sonnenberger*, ZEuP 1996, S.384; *Kieninger/Leible,* EuZW 1999, S.40.

4. Verbesserung der Qualität der Rechtsnormen

Ein wichtiger Schwachpunkt im Gemeinschaftsrecht, der zu der häufigen und weitreichenden Forderung nach institutionellen Neuerungen geführt hat[1729], ist der in dieser Arbeit bereits mehrfach angeklungene qualitative Mangel[1730] der Rechtsnormen. Ohne die „Koordinationsmängel und technische Schwächen"[1731] der Richtlinien zum Verbraucherschutz hätte sich die Schaffung von Richtlinienkollisionsrecht zu einer ernsthaften Quelle für das Europäische Kollisionsrecht entwickeln können. Wie *Jayme* und *Kohler* in anderem Zusammenhang festgestellt haben, standen hier „mangelnde Weitsicht und politische Interessen des Tages [...] einer sachgerechten Lösung im Wege"[1732]. Die mangelnde Qualität der Rechtsakte ist auf ein mangelndes „rechtssystematischen Vorherdenken des europäischen Gesetzgebers in der Dimension der gesamten Gemeinschaft" zurückzuführen[1733]. Die Rechtssetzungspolitik der EU war bisher häufig sehr einzelfallbezogen und kurzsichtig auf das „nächste Projekt" hin angelegt. Auch wenn es aus der Sicht des Gemeinschaftsgesetzgebers keine leichte Aufgabe ist, Recht zu schaffen, das sich reibungslos in alle nationalen Rechtsordnungen einfügen läßt, so sollte doch zumindest die Berücksichtigung des bestehenden materiellen Gemeinschaftsrecht, zu dem das EVÜ zählt, in den Gesetzgebungsprozeß einbezogen werden[1734]. Denn soll das Recht europäischer Herkunft auf lange Sicht die nationalen Rechtsordnungen mehr oder weniger überlagern und ersetzen, so muß es auch von seiner formalen und inhaltlichen Qualität her diesem Anspruch genügen.

Hier ist ein Wandel erforderlich: Von Beginn des Rechtsetzungsprozesses an müssen die neuen Rechtsakte auf ihre Kompatibilität hin sorgfältig überprüft werden, um neue „rechtstechnische Unzulänglichkeiten"[1735] zu vermeiden. Die Rechtsakte sind als Teil eines langfristig angelegten, gut durchdachten Rechtssystems zu gestalten. Diese Aufgabe obliegt dem neuen europäischen „IPR-Ausschuß" als „dauerndes wissenschaftliches Beratungsgremium"[1736]. In diesem ist sowohl europarechtlicher als auch internationalprivatrechtlicher Sachverstand gefragt, um den Mangel an sachkundigem Personal in den Gemeinschaftsorganen auszugleichen. Die „Erklärung für die Schlußakte zur redaktionellen Quali-

---

[1729] Siehe insbesondere *Kieninger/Leible,* EuZW 1999, S.37 f.; *Basedow*, NJW 1996, S.1929; *Sonnenberger,* RIW Heft 4/1999, „Die erste Seite".

[1730] Allgemein hierzu *Müller-Graff*, EuZW 1998, S.325 ff.; im einzelnen vgl. *Kieninger/Leible,* EuZW 1999, S.37 f.

[1731] *Jayme/Kohler*, IPRax 1995, S.353; vgl. hierzu auch *Kieninger/Leible,* EuZW 1999, S.37 f.

[1732] *Jayme/Kohler*, IPRax 1985, S.70.

[1733] *Hommelhoff*, AcP 192 (1992), S.103 f.; vgl. auch *Müller-Graff*, Privatrecht und Europäisches Gemeinschaftsrecht, S.41, der von einem „Vorausdenken" spricht.

[1734] Siehe *Gebauer*, Grundfragen der Europäisierung des Privatrechts, S.119 f.

[1735] *Kieninger/Leible,* EuZW 1999, S.37 f.

[1736] *Sonnenberger,* RIW Heft 4/1999, „Die erste Seite".

tät der gemeinschaftlichen Rechtsvorschriften“[1737] muß in die Praxis umgesetzt werden[1738].

Zuletzt muß ein solcher Wandel auch zu einer stärkeren Transparenz des Gesetzgebungsverfahrens der Gemeinschaft führen. Nach der Amsterdamer Neufassung des Art. 1 Abs. 2 EUV stellt der EU-Vertrag „eine neue Stufe bei der Verwirklichung einer immer engeren Union der Völker Europas dar, in der die Entscheidungen möglichst offen und möglichst bürgernah getroffen werden.“ Hintergrund für die Festlegung dieses allgemeinen Transparenzgrundsatzes waren das uneinsichtige Beschlußverfahren der Gemeinschaft und der schwierige Zugang zu Dokumenten und sonstigen Informationen[1739]. Dabei ist die Offenheit des Rechtsetzungsprozesses unabdingbare Voraussetzung für das Verständnis der Unionsbürger und der Wissenschaft und für die ordnungsgemäße Anwendung der gemeinschaftlichen Rechtsvorschriften[1740].

1737 Entschließung des Rates vom 8.6.1993, ABl.EG (17.6.1993) Nr. C 166/1.
1738 Vgl. *Jayme/Kohler*, IPRax 1997, S.387.
1739 Vgl. *Lenz*, Transparenz, Kapitel 10 in: Der Amsterdamer Vertrag, S.217 f.
1740 *Lenz*, Transparenz, Kapitel 10 in: Der Amsterdamer Vertrag, S.232.

Schlußbetrachtung

> „Das IPR der europäischen Staaten, wenn es sich seiner Aufgabe stellt, verspricht in den nächsten Jahrzehnten ein hochinteressantes, von kleineren Explosionen nicht immer verschontes *Labor für den Umgang mit modernem Wirtschaftsrecht* zu werden.“
>
> *Ivo Schwander, 1999*[1741]

Gegenstand der Untersuchung war die Frage nach der Herstellung der Kohärenz im zersplitterten Europäischen Kollisionsrecht der Verbraucherverträge. Ziel der Arbeit ist es, einen Beitrag zur Klärung der Zusammenhänge in diesem Bereich zu leisten und verschiedene denkbare Wege zu einer funktionellen Einheit der Rechtsquellen aufzuzeigen. Wegen der starken rechtspolitischen Dimension des Verbraucherschutzes in der Europäischen Union und angesichts der mit dem Inkrafttreten des Vertrags von Amsterdam wachsenden Aktualität der Materie ist nicht genau absehbar, in welche Richtung sich das Internationale Schuldvertragsrecht in Europa entwickelt. Nichts desto trotz wächst die Dringlichkeit einer Lösung für die Inkohärenz, damit das Europäische Kollisionsrecht seiner Rolle im Binnenmarkt und den nicht zuletzt durch die Entwicklung des elektronischen Geschäftsverkehrs entstehenden neuen Herausforderungen gerecht werden kann.

In einer kurzen Darstellung der Entwicklung und besonderen Eigenheiten des Kollisionsrechts in der Europäischen Union konnte zunächst gezeigt werden, daß der internationalprivatrechtlichen Methode bei der Annäherung der mitgliedstaatlichen Rechtsordnungen im Binnenmarkt eine wichtige integrative Rolle zukommt. Es folgte eine Erörterung des Spannungsverhältnisses zwischen den Rechtsquellen im Bereich des Kollisionsrechts der Verbraucherverträge. Insbesondere durch eine Gegenüberstellung von Art. 5 EVÜ und dem punktuellen Richtlinienkollisionsrecht konnte im einzelnen dargelegt werden, daß mangels einer Abstimmung der kollisionsrechtlichen Richtliniengebote und deren mitgliedstaatlichen Transformation mit Art. 5 EVÜ nur schwer zu überbrückende Wertungswidersprüche zwischen diesen Rechtsquellen entstanden sind. Die mit dem Übereinkommen von Rom zwischen den Mitgliedstaaten erreichte

[1741] *Schwander*, Ein IPR für Europa oder ein europäisches IPR?, in: Forstmoser/von der Crone/Weber/Zobl (Hrsg.), Der Einfluss des europäischen Rechts auf die Schweiz, FS für Roger Zäch, 1999, S.845. Hervorhebungen im Text auch im Original.

Rechtseinheit wird schrittweise abgebaut. Das Konfliktverhältnis hat zur Folge, daß das verbraucherschützende Kollisionsrechts schwer zu handhaben ist und sich daher verbraucherfeindlich entwickelt.

Ein Zustand der Inkohärenz im Recht ist weder wünschenswert noch hinnehmbar. Dies gilt insbesondere für das Europäische Kollisionsrecht, das unionsweit zu einer einheitlichen Rechtsanwendung führen soll. Das dringende Bedürfnis einer Herstellung der Kohärenz in diesem Bereich wird zum einen dadurch legitimiert, daß die Europäische Union nicht mehr nur eine Wirtschaftsgemeinschaft, sondern zugleich eine Rechtsgemeinschaft mit dem Gebot der Rechtsstaatlichkeit darstellt. Zum anderen wird ein kohärentes Europäisches Kollisionsrecht dem Auftrag, zur Herstellung eines reibungslos funktionierenden Binnenmarkts beizutragen, besser gerecht. Die Notwendigkeit der Koordinierung der Rechtsquellen gebieten ferner das primärrechtlich bestehende Gebot zu kohärentem inhaltlichen Handeln der Gemeinschaftsorgane und ein Erhalt des mit dem EVÜ erreichten *acquis*.

Das Bestehen ausreichender Kompetenzen stellt eine wichtige Voraussetzung für die effektive Herstellung der Kohärenz im Europäischen Kollisionsrecht dar. Im Zuge der Entwicklung der Europäischen Union haben sich die Zuständigkeiten für diese Rechtsmaterie schrittweise von den Mitgliedstaaten auf die Organe der Europäischen Gemeinschaft verlagert. Der vorerst letzte Schritt fand mit der Vergemeinschaftung der Zusammenarbeit in den Bereichen Justiz und Inneres im Vertrag von Amsterdam statt. Es konnte genauer herausgearbeitet werden, daß die Gemeinschaftsorgane durch die Einfügung des Art. 65 lit.b EG in den EG-Vertrag nunmehr mit einer Vollkompetenz ausgestattet sind. Sie können daher auch EG-Rechtsakte erlassen, die die bisherigen kollisionsrechtlichen Staatsverträge und damit auch das EVÜ ersetzen. Freilich bestehen hier gewisse Hürden, die vor allem in dem Beschlußfassungsverfahren während einer fünfjährigen Übergangszeit nach Art. 67 EG[1742] und dem Ausstiegsvorbehalt des Vereinigten Königreichs, Irlands, vor allem aber Dänemarks nach Art. 69 EG bestehen. Die Entwicklung des Europäischen Kollisionsrecht, die in der Vergangenheit nicht entlang klaren Strukturen verlief, ist infolge des neuen supranationalen Kompetenztitels nicht mehr in demselben Maße ein „Weg ins Ungewisse“[1743].

Von den verschiedenen denkbaren Wegen zur Herstellung der Kohärenz im Europäischen Kollisionsrecht hat sich die Revision des EVÜ im Rahmen einer „*EG-Verordnung über das auf vertragliche Schuldverhältnisse anzuwendende Recht (Rom I)*“ als der effektivste und daher geeignetste Koordinierungsweg herausgestellt. Die Entstehung einer solchen Verordnung scheint angesichts der sich auf EU-Ebene abzeichnenden Tendenz zum Neuerlaß sämtlichen mitgliedstaatlichen Kollisionsrechts in Form von EG-Verordnungen zudem kaum aufzu-

---

1742 Durch den – noch nicht ratifizierten – Vertrag von Nizza, Abl.EG (10.3.2001) Nr. C 80/1 ff., wurde das Einstimmigkeiotserfordernis jedoch in eine Mehrheitsentscheidung überführt.

1743 So noch *Jayme/Kohler*, IPRax 1997, S.401.

halten zu sein. Die Gemeinschaftsorgane sollten bei der Revision des EVÜ darauf achten, daß eine an den modernen Wirtschaftsverkehr angepaßte und in die Zukunft gerichtete Norm entsteht, die auch eine interessengerechte Lösung für die im elektronischen Geschäftsverkehr geschlossenen Verbraucherverträge bereithält. Dabei sollte Art. 5 EVÜ die Rolle als zentrale kollisionsrechtliche Verbraucherschutznorm in Europa beibehalten, die ihr bereits seit zwanzig Jahren zukommt.

Wünschenswert wäre eine Absicherung der mit der Revision erreichten kohärenten Rechtseinheit in den Mitgliedstaaten durch die Institutionalisierung eines IPR-Ausschusses in der EG-Kommission, der den kollisionsrechtlichen Sachverstand aus den Mitgliedstaaten in die Gemeinschaftsgesetzgebung einfließen läßt. Darüber hinaus sollte sichergestellt werden, daß der Europäische Gerichtshof als gemeinschaftliche Auslegungsinstanz voll genutzt wird. Hierzu könnten die Kompetenzen des EuGH ausgeweitet werden. Schließlich ist auch der Wille der mitgliedstaatlichen Gerichte notwendig, eine funktionstüchtige Rechtsgemeinschaft aufzubauen und zu erhalten.

Die Revision des Art. 5 EVÜ und die Chance zur Entstehung eines neuen, kohärenten Europäischen Kollisionsrechts ist in greifbare Nähe gerückt. Vor dem Hintergrund der Erfahrungen bei der Überführung des EuGVÜ in die Brüssel I-Verordnung verspricht auch diese Revision, eine umfangreiche Diskussion auszulösen. Die vorliegende Arbeit versteht sich als ein Beitrag zu der bevorstehenden Debatte.

Literaturverzeichnis

In der Regel wird mit dem Namen des Verfassers und der Abkürzung der jeweiligen Fachzeitschrift zitiert, bei Verwechslungsmöglichkeit jedoch auch ein abgekürzter Titel angegeben.

Armbrüster, Christian — Ein Schuldvertragsrecht für Europa?, RabelsZ 60 (1996), S. 72 ff.

Arnold, Dirk — Verbraucherschutz im Internet, Anforderungen an die Umsetzung der Fernabsatz-Richtlinie, CR 1997, S. 526 ff.

Aull, Jacques Matthias — Der Geltungsanspruch des EuGVÜ: „Binnensachverhalte“ und Internationales Zivilverfahrensrecht in der Europäischen Union, Diss., Frankfurt a.M. u.a. 1996.

Bach, Albrecht — Direkte Wirkung von EG-Richtlinien, JZ 1990, S. 1108 ff.

Bachmann, Birgit — Internet und IPR, in: Lehmann (Hrsg.), Internet- und Multimediarecht (Cyberlaw), Stuttgart 1997, S.169 ff.

Balkin, J.M. — Understanding Legal Understanding: The Legal Subject and the Problem of Legal Coherence, Yale Law Review 1993, S. 105 ff.

Basedow, Jürgen — Der kollisionsrechtliche Gehalt der Produktfreiheiten im europäischen Binnenmarkt: favor offerentis, RabelsZ 59 (1995), S. 1 ff.

\- — Materielle Rechtsangleichung und Kollisionsrecht, in: Schnyder/Heiss/Rudisch (Hrsg.), Internationales Verbraucherschutzrecht, Tübingen 1995, S. 11 ff.

\- — Europäisches Internationales Privatrecht, NJW 1996, S. 1921 ff.

\- — Über Privatrechtsvereinheitlichung und Marktintegration, in: Immenga/Möschel/Reuter (Hrsg.), Festschrift für Mestmäcker, Baden-Baden 1996, S. 347 ff.

\- — Die Harmonisierung des Kollisionsrechts nach dem Vertrag von Amsterdam, EuZW 1997, S. 609

- The Communitarization of the Conflict of Laws under the Treaty of Amsterdam, CML Rev. 37 (2000), S. 687 ff.

- EC Regulations in European Private Law, in: Basedow/Meier/Schnyder/Einhorn/Girsberger (Hrsg.), Festschrift für Kurt Siehr, Zürich 2000, S. 17 ff.

Baumert, Andreas Europäischer ordre public und Sonderanknüpfung zur Durchsetzung von EG-Recht unter besonderer Berücksichtigung der sog. mittelbaren horizontalen Wirkung von EG-Richtlinienbestimmungen, Diss., Freiburg i.Br. 1993

- Die Umsetzung des Art. 6 Abs.2 der AGB-Richtlinie im System des europäischen kollisionsrechtlichen Verbraucherschutzes, EWS 1995, S. 57 ff.

Beaumont, Paul European Court of Justice and Jurisdiction and Enforcement of Judgments in Civil and Commercial Matters, I.C.L.Q. 1999, S. 223 ff.

Beitzke, Günther Probleme der Privatrechtsangleichung in der Europäischen Wirtschaftsgemeinschaft, ZfRV 1964, S. 80 ff.

Bender, Gunnar/ Sommer, Christian E-Commerce-Richtlinie: Auswirkungen auf den elektronischen Geschäftsverkehr in Deutschland, RIW 2000, S.260 ff.

Berger-Walliser, Gerlinde Mißbräuchliche Klauseln in Verbraucherverträgen nach Inkrafttreten des Code de la consommation und Umsetzung der EG-Richtlinie 93/13 in Frankreich, RIW 1996, S. 459 ff.

Bernstorff, Christoph Graf von Ausgewählte Rechtsprobleme im Electronic Commerce, RIW 2000, S. 14 ff.

Besse, Dirk Die justitielle Zusammenarbeit in Zivilsachen nach dem Vertrag von Amsterdam und das EuGVÜ, ZEuP 1999, S.107 ff.

Betlem, Gerrit/ Hondius, Ewould European Private Law after the Treaty of Amsterdam, European Review of Private Law 1, 2001, S. 3 ff.

Boeck, Ilka Die Abgrenzung der Rechtssetzungskompetenzen von Gemeinschaft und Mitgliedstaaten in der Europäischen Union, Diss., Baden-Baden 1999

Boele-Woelki, Katharina Unification and Harmonization of Private International Law in Europe, in: Basedow/Meier/Schnyder/Einhorn/Girsberger (Hrsg.), Festschrift für Kurt Siehr, Zürich 2000, S. 61 ff.

Böhmer, Martin Das deutsche Internationale Privatrecht des timesharing, Diss., Tübingen 1993

Bodewig, Theo Die neue europäische Richtlinie zum Fernabsatz, DZWir 1997, S. 447 ff.

Borchmann, Thomas Der Vertrag von Nizza, EuZW 2001, S. 170 ff.

Borges, Georg Weltweite Geschäfte per Internet und deutscher Verbraucherschutz, ZIP 1999, S. 565 ff.

Boriths Müller, Helene Die Umsetzung der europäischen Übereinkommen von Rom und Brüssel in das Recht der Mitgliedstaaten, Diss., Frankfurt a.M. 1997

Borries, Reimer von Die Regierungskonferenz 1996 und das Privatrecht, ZEuP 1996, S. 193 ff.

Bröcker, Marion Verbraucherschutz im Europäischen Kollisionsrecht, Diss., Frankfurt a.M. 1998

Brödermann, Eckart Europäisches Gemeinschaftsrecht versus IPR: Einflüsse und Konformitätsgebot, MDR 1992, S. 89 ff.

Brödermann, Eckart/ Iversen, Holger Europäisches Gemeinschaftsrecht und Internationales Privatrecht, Tübingen 1995

Buchner, Benedikt E-Commerce und effektiver Rechtsschutz – oder: Wer folgt wem wohin?, EWS 2000, S. 147 ff.

Bülow, Peter/ Artz, Markus Fernabsatzverträge und Strukturen eines Verbraucherprivatrechts im BGB, NJW 2000, S. 2049 ff.

Czernich, Dietmar/ Heiss, Helmut Das Europäische Schuldvertragsübereinkommen: Neues internationales Vertragsrecht für Österreich, ÖJZ 1998, S. 681 ff.

Czernich, Dietmar/ Tiefenthaler, Stefan Die Übereinkommen von Lugano und Brüssel, Europäisches Gerichtsstands- und Vollstreckungsrecht, Kurzkommentar, Wien 1997

Dauses, Manfred/ Sturm, Michael — Rechtliche Grundlagen des Verbraucherschutzes im EU-Binnenmarkt, ZfRV 1996, S. 133 ff.

Dethloff, Nina — Europäisches Kollisionsrecht des unlauteren Wettbewerbs, Kommerzielle Kommunikationen, Heft 22 (April 2000), S. 14 ff.

Dittrich, Alfred — Der Schutz der Unionsbürger durch die justitielle Zusammenarbeit, in: Müller-Graff (Hrsg.), Europäische Zusammenarbeit in den Bereichen Justiz und Inneres, Der dritte Pfeiler der Europäischen Union, Baden-Baden 1996, S. 101 ff.

Donzallaz, Yves — L'interpretation de la Convention de Lugano (CL) par le Tribunal fédéral: étude de jurisprudence, ZSchweizR 1999, S. 11 ff.

Drasch, Wolfgang — Das Herkunftslandprinzip im internationalen Privatrecht, Diss., Baden-Baden 1997

Dreher, Meinrad — Richtlinienumsetzung durch Exekutive und Judikative?, EuZW 1997, S. 522 ff.

Drobnig, Ulrich — Unification of National Law and the Uniformisation of the Rules of Private International Law, in: L'influence des Communautés européennes sur le droit international privé des Etats membres, Bruxelles 1981, S. 1 ff.

\- — Ein Vertragsrecht für Europa, in: Baur/Hopt/ Mailänder (Hrsg.), Festschrift für Ernst Steindorff, Berlin 1990, S. 1141 ff.

Downes, Noemi/ Heiss, Helmut — Sprachregulierungen im Vertragsrecht: Europa- und internationalprivatrechtliche Aspekte, ZVglRWiss 98 (1999), S. 28 ff.

Ebke, Werner F. — Erste Erfahrungen mit dem EG-Schuldvertragsübereinkommen, in: von Bar (Hrsg.), Europäisches Gemeinschaftsrecht und Internationales Privatrecht, Tagung Osnabrück April 1990, 1991, Köln u.a. 1991, S. 77 ff.

\- — Schuldrechtliche Teilzeitwohnrechte an Immobilien im Ausland und kein Widerrufsrecht: Zum Ende der Altfälle, IPRax 1998, S. 263 ff.

Eidenmüller, Horst — Europäische Verordnung über Insolvenzverfahren und zukünftiges deutsches internationales Insolvenzrecht, IPRax 2001, S. 2 ff.

Engel, Arno Johannes — Ein Europäisches Zivilrechtsgesetzbuch? – Zukunftsperspektiven aus dem Blickwinkel der Gemeinschaftskompetenz, ZfRV 1999, S. 121 ff.

Engisch, Karl — Die Einheit der Rechtsordnung, Heidelberg 1935

\- — Einführung in das juristische Denken, 9.Aufl., Würtenberger/Otto (Hrsg.), Stuttgart, Berlin, Köln 1997

Erman/Bearbeiter — BGB-Kommentar, 10. Aufl., Münster, Köln 2000

Ernst, Stefan — Verbraucherschutzrechtliche Aspekte des Internets, VuR 1997, S. 259 ff.

Everling, Ulrich — Probleme der Rechtsangleichung zur Verwirklichung des europäischen Binnenmarktes, in: Festschrift für Ernst Steindorff, Berlin 1990, S. 1155 ff.

Faber, Wolfgang — Elemente verschiedener Verbraucherbegriffe in EG-Richtlinien, zwischenstaatlichen Übereinkommen und nationalem Zivil- und Kollisionsrecht, ZEuP 1998, S. 854 ff.

Fallon, Marc — Le droit applicable aux clauses abusives après la transposition de la directive n° 93/13 du 5 avril 1993, REDC 1996, S. 3 ff.

\- — La protection internationale de l'acheteur sur l'interréseau dans le contexte communautaire, in: Stauder (Hrsg.), La protection des consommateurs acheteurs à distance, Studien zum Verbraucherrecht, Band 6, Zürich 1999, S. 241 ff.

\- — Proposition pour une convention européenne sur la loi applicable aux obligations non contractuelles, European Review of Private Law 1, 1999, S. 45 ff.

Felke, Klaus — Internationale Konsumentenkredite: Sonderanknüpfung des VerbrKrG über Art. 34 EGBGB?, RIW 2001, S. 30 ff.

Fezer, Karl-Heinz/ Koos, Stefan Das gemeinschaftsrechtliche Herkunftslandprinzip und die e-commerce-Richtlinie, IPRax 2000, S. 349 ff.

Fischer, Ana Katharina Das neue Gesetz über Allgemeine Geschäftsbedingungen in Spanien und die Umsetzung der EU-Richtlinie über mißbräuliche Klauseln in Verbraucherverträgen, RIW 1998, S. 689 ff.

Fischer, Gerfried Das Kollisionsrecht der Verbraucherverträge jenseits von Art. 5 EVÜ, in: Hübner/Ebke (Hrsg.), Festschrift für Großfeld, Heidelberg 1999, S. 277 ff.

Fischer, Klemens H. Der Vertrag von Nizza, Baden-Baden 2001.

Freitag, Robert/ Leible, Stefan Von den Schwierigkeiten der Umsetzung kollisionsrechtlicher Richtlinienbestimmungen – Einige Anmerkungen zum Entwurf eines Art. 29a EGBGB, ZIP 1999, S. 1296 ff.

\- Ergänzung des kollisionsrechtlichen Verbraucherschutzes durch Art. 29a EGBGB, EWS 2000, S. 342 ff.

\- Internationaler Anwendungsbereich der Handelsvertreterrichtlinie – Europäisches Handelsvertreterrecht weltweit?, RIW 2001, S. 287 ff.

Frowein, Jochen Legitimation und Wirkung des Rechts der Europäischen Union/Gemeinschaft, in: Müller-Graff (Hrsg.), Perspektiven des Rechts in der Europäischen Union, Heidelberg 1998, S. 105 ff.

Furrer, Andreas Das Lugano-Übereinkommen als europarechtliches Instrument – Das Luganer Konvergenzsystem auf dem Prüfstand von Praxis und Politik, AJP 1997, S. 486 ff.

Furtak, Oliver Konstituierende Sitzung der europäischen Gruppe für internationales Privatrecht in Louvain-la-Neuve, IPRax 1992, S. 128 ff.

Gebauer, Martin Internationales Privatrecht und Warenverkehrsfreiheit in Europa, IPRax 1995, S. 152 ff.

- Grundfragen der Europäisierung der Privatrechts, Eine Untersuchung nationaler Ansätze unter Berücksichtigung des italienischen und des deutschen Rechts, Diss., Heidelberg 1998

Giuliano, Mario/ Lagarde, Paul Bericht über das Übereinkommen über das auf vertragliche Schuldverhältnisse anzuwendende Recht, ABl.EG Nr.C 282/1 ff. (31.10.1980) und BT-Drucksache10/503/47 ff. (20.10.1983)

Glöckner, Jochen Wettbewerbsverstöße im Internet – Grenzen einer kollisionsrechtlichen Problemlösung, ZVglRWiss 99 (2000), S. 278 ff.

Göẞmann, Christine Electronic Commerce – Die EU-Fernabsatzrichtlinie und ihre Auswirkungen auf den Handel über neue Medien, MMR, 1998, S. 88 ff.

Grabau, Fritz-René/ Hennecka, Jürgen Entwicklung des weltweiten Zuständigkeits- und Anerkennungsübereinkommens – Aktueller Überblick, RIW 2001, S. 569 ff.

Groeben, Hans von der/ Thiesing, Jochen/ Ehlermann, Claus-Dieter Kommentar zum EU-/EG-Vertrag, 5.Aufl., Baden-Baden 1997

Gruber, Joachim Vertragsschluß im Internet unter kollisionsrechtlichen Aspekten, DB 1999, S. 1437 ff.

Grundmann, Stefan EG-Richtlinie und nationales Privatrecht, JZ 1996, S. 274 ff.

- Europäisches Schuldvertragsrecht, Das europäische Recht der Unternehmensgeschäfte, Berlin, New York 1999

- Europäisches Schuldvertragsrecht, NJW 2000, S. 14 ff.

- Binnenmarktkollisionsrecht – vom klassischen IPR zur Integrationsordnung, RabelsZ 64 (2000), S. 457 ff.

Gündisch, Jürgen Die Europäische Union als Rechtsgemeinschaft – Recht und Inneres im Amsterdamer Vertrag –, AnwBl. 1998, S. 170 ff.

Guiliano, Mario/ Lagarde, Paul — Bericht über das Übereinkommen über das auf vertragliche Schuldverhältnisse anzuwendende Recht, Amtsblatt der Europäischen Gemeinschaften Nr. C 282/1 (31.10.1980).

Harings, Lothar — Die Zusammenarbeit in den Bereichen Justiz und Inneres, in: von Bogdandy/Ehlermann (Hrsg.), Europarecht, Baden-Baden 1998, S. 81 ff.

Hauschka, Christoph — Grundprobleme der Privatrechtsfortbildung durch die Europäische Wirtschaftsgemeinschaft, JZ 1990, S. 521 ff.

Hausmann, Rainer — Die Revision des Brüsseler Übereinkommens von 1968, EuLF 2000/01 (D), S. 40 ff.

Hay, Peter/ Lando, Ole/ Rotunda, Ronald D. — Conflict of Laws as a Technique for Legal Integration, in: Cappelletti/Seccombe/Weiler (Hrsg.), Integration Through Law, Vol.1, Book 2 (1986), S. 161 ff.

Heckmann, Dirk — E-Commerce: Flucht in den virtuellen Raum?, NJW 2000, S. 1370 ff.

Heerstrassen, Frank — Die künftige Rolle von Präjudizien des EuGH im Verfahren des Luganer Übereinkommens, RIW 1993, S. 179 ff.

Heinrichs, Helmut — Umsetzung der EG-Richtlinie über mißbräuchliche Klauseln in Verbraucherverträgen durch Auslegung, NJW 1995, S. 153 ff.

Heiss, Helmut — Europäisches Vertragsrecht: in statu nascendi?, ZfRV 1995, S. 54 ff.

\- — Verbraucherschutz im Binnenmarkt: Art. 129a EGV und die wirtschaftlichen Verbraucherinteressen, ZEuP 1996, S. 625 ff.

\- — Die Europäisierung des Internationalen Schuldvertragsrechts, Grundlagen – Bewertung – Konsequenzen, in: Reichert-Facilides (Hrsg.), Recht und Europa 2, Wien 1998, S. 91 ff.

Heiss, Helmut/ Mayr, Peter — Neuerungen im österreichischen internationalen Verfahrens- und Vertragsrecht, IPRax 1999, S.305 ff.

Herrmann, Christoph — Vom misslungenen Versuch der Neufassung der gemeinsamen Handelspolitik durch den Vertrag von Nizza, EuZW 2001, S. 269 ff.

Heß, Burkhard — Die „Europäisierung" des internationalen Zivilprozeßrechts durch den Amsterdamer Vertrag – Chance und Gefahren, NJW 2000, S. 23 ff.

\- — Die Zustellung von Schriftstücken im europäischen Justizraum, NJW 2001, S. 15 ff.

\- — Aktuelle Perspektiven der europäischen Prozessrechtsangleichung, JZ 2001, S. 573 ff.

Hildenbrand, Thomas — Effizienter Verbraucherschutz durch das Teilzeit-Wohnrechtegesetz?, NJW 1998, S. 2940 ff.

Hoeren, Thomas — Vorschlag für eine EU-Richtlinie über E-Commerce – Eine erste kritische Analyse, MMR 1999, S. 192 ff.

Hoffmann, Dieter — Analyse der europäischen Rechtssetzungstechniken im Bereich des Vertragsrechts aus der Sicht der Europäischen Kommission, in: Heusel (Hrsg.), Neues europäisches Vertragsrecht und Verbraucherschutz, Schriftenreihe der Europäischen Rechtsakademie Trier, Band 25, Köln 1999, S. 39 ff.

Hoffmann, Bernd von — Internationales Privatrecht einschließlich der Grundzüge des Internationalen Zivilverfahrensrechts, 6. Aufl., München 2000

\- — Richtlinien der Europäischen Gemeinschaft und Internationales Privatrecht, ZfRV 1995, S. 45 ff.

\- — The European Community and Private International Law, in: von Hoffmann (Hrsg.), European Private International Law, Nijmegen 1998, S. 13 ff.

Hommelhoff, Peter — Zivilrecht unter dem Einfluß europäischer Rechtsangleichung, AcP 192 (1992), S. 71 ff.

\- — Verbraucherschutz im System des deutschen und europäischen Privatrechts, Heidelberg 1996

Hondius, Ewoud — Kaufen ohne Risiko: Der europäische Richtlinienentwurf zum Verbraucherkauf und zur Verbrauchergarantie, ZEuP 1997, S. 130 ff.

Horak, Michael Das EG-Grünbuch über Verbrauchsgütergarantien und Kundendienst, in: Schermaier (Hrsg.), Reform des Gewährleistungsrechts und europäische Rechtsangleichung, Europäische Hochschulschriften, Frankfurt a.M. 1998, S. 225 ff.

Hübner, Ulrich Der Verbrauchsgüterkauf: ein weiterer Schritt in Richtung Europäisierung des Privatrechts, EuZW 1999, S. 481

\- „Europäisierung des Privatrechts", in: Hübner/Ebke (Hrsg.), Festschrift für Großfeld, Heidelberg 1999, S. 471 ff.

Israël, Jona Conflicts of Law and the EC after Amsterdam – A Change for the Worse?, Maastricht Journal of European and Comparative Law 2000, S. 81 ff.

Jayme, Erik Richterliche Rechtsfortbildung im Internationalen Privatrecht, in: Richterliche Rechtsfortbildung, Erscheinungsformen, Auftrag und Grenzen, Festschrift der Juristischen Fakultät zur 600-Jahr-Feier der Ruprecht-Karls-Universität Heidelberg, Heidelberg 1986, S. 567 ff.

\- Ein internationales Privatrecht für Europa, Reden zur Verleihung des Landesforschungspreises Baden-Württemberg 1989, Heidelberger Forum 70, Heidelberg 1991, S. 5 ff.

\- Haustürgeschäfte deutscher Urlauber in Spanien: Horizontale Wirkungen der EG-Richtlinien und internationales Vertragsrechts, IPRax 1990, S. 220 ff.

\- The American Conflicts Revolution and its Impact on European Private International Law, in: Forty Years On: The Evolution of Postwar Private International Law in Europe, Deventer 1990, S. 15 ff.

\- The Rome Convention on the Law Applicable to Contractual Obligations (1980), in: Petar Šarcevic, International Contracts and Conflicts of Law, A Collection of Essays, London 1990, S. 36 ff.

- Internationales Privatrecht und Europäischer Binnenmarkt – Eine Skizze –, in: Ein internationales Privatrecht für Europa, Reden zur Verleihung des Landesforschungspreises Baden-Württemberg 1989, Heidelberger Forum 70, Heidelberg 1991, S. 25 ff.

- Les Contrats conclus par les Consommateurs et la Convention de Rome sur la Loi applicable aux Obligations Contractuelles, in: Droit International et Droit Communautaire, Actes du Colloque, Fondation Calouste Gulbenkian, Centre Culturel Portugais, Paris 1991, S. 77 ff.

- Das IPR – ein Handelshemmnis in der Europäischen Union?, Heidelberg-Montpellier-Seminar 1992, IPRax 1992, S. 339 f.

- Narrative Normen im Internationalen Privat- und Verfahrensrecht, Tübingen 1993

- Der Gerechtigkeitsgehalt des Europäischen Gerichtsstands- und Vollstreckungsübereinkommens (EuGVÜ), in: Gerte Reichelt (Hrsg.), Europäisches Kollisionsrecht, Die Konventionen von Brüssel, Lugano und Rom, Ausländische Erfahrungen und österreichische Perspektiven, Frankfurt a.M.1993, S. 33 ff.

- Droit international privé et procédure internationale après le Traité de Maastricht, in: Die Direktwirkung europäischer Richtlinien, Bericht über das fünfundzwanzigste Gemeinsame Seminar der Juristischen Fakultäten von Montpellier und Heidelberg, Heidelberg 1994, S. 103 ff.

- Europäischer Binnenmarkt – Einwirkungen auf das internationale Privatrecht, in: Rozprawy z polskiego i europejskiego prawa prywatnego, Festschrift für Skapski, Krakau 1994, S. 141 ff.

- „Timesharing-Verträge" im Internationalen Privat- und Verfahrensrecht, IPRax 1995, S. 234 ff.

- Non-unified legal systems and European Conflicts Law, Spanish law applied abroad, in: Principios, objetivos y métodos del Derecho internacional privado – Balance y perspectivas de una década, Cuartas Jornadas de Derecho internacional privado, Madrid 1995, S. 103 ff.

- Europäisches Kollisionsrecht: Neue Aufgaben, neue Techniken, in: Hommelhoff/Jayme/ Mangold (Hrsg.), Europäischer Binnenmarkt, Internationales Privatrecht und Rechtsangleichung, Beiträge und Diskussionen des Symposiums 1994 in Heidelberg, Heidelberg 1995, S. 35 ff.

- Die Kollisionsnormen des sekundären Gemeinschaftsrechts und ihre Koordination mit den Übereinkommen von Brüssel und Rom, Tagung der Europäischen Gruppe für IPR in Barcelona, IPRax 1995, S. 60

- Klauselrichtlinie und Internationales Privatrecht – Eine Skizze, in: Festschrift für Reinhold Trinkner, Heidelberg 1995, S. 575 ff.

- Identité culturelle et intégration: le droit international privé postmoderne, Cours général de droit international privé, Recueil des Cours de l'Académie de droit international 251 (1995), Den Haag 1996, S. 9 ff.

- Zum Stand des IPR in Europa, Tagung der „Europäischen Gruppe für Internationales Privatrecht" in Genf, IPRax 1996, S. 65

- Neues Internationales Privatrecht für Timesharing-Verträge – zum Teilzeit-Wohnrechtegesetz vom 20.12.1996 –, IPRax 1997, S. 149 ff.

- Internationales Privatrecht und postmoderne Kultur, ZfRV 1997, S. 230 ff.

- Staatsverträge als *ratio scripta* im Internationalen Privat-recht, in: Collisio Legum, Beiträge zum Internationalen Privatrecht für Gerardo Broggini, Meiland 1997, S. 211 ff.

- Europäisches Kollisionsrecht: Grundlagen – Grundfragen, in: Müller-Graff (Hrsg.), Perspektiven des Rechts in der Europäischen Union, Heidelberg 1998, S. 1 ff.

- Registrierte Partnerschaften und neue Vorhaben der EU im Internationalen Privat- und Verfahrensrecht, Mitteilung über die Tagung der Europäischen Gruppe für IPR in Oslo, IPRax 2000, S. 155 f.

- Nationaler ordre public und europäische Integration – Betrachtungen zum Krombach-Urteil des Europäischen Gerichtshofs, Ludwig Boltzmann Institut für Europarecht (Hrsg.), Wien 2000

- Zum Jahrtausendwechsel: Das Kollisionsrecht zwischen Postmoderne und Futurismus, IPRax 2000, S. 165 ff.

- Harmonisierung des Privatrechts in Europa – die Rolle des IPR, Tagung in Triest, IPRax 2000, S. 561.

- Postmodernes Arbeitsrecht und Internationales Privatrecht, IPRax 2000, S. 562.

- Zur Revision des Europäischen Schuldvertragsübereinkommens, Tagung der Europäischen Gruppe für Internationales Privatrecht in Rom und Castelgandolfo, IPRax 2001, S. 65 f.

- Zum internationalen Geltungswillen der europäischen Regeln über den Handelsvertreterausgleich, IPRax 2001, S. 190 ff.

- Die Charta und der Vertrag von Nizza: Auswirkungen im Internationalen Privatrecht – Tagung in Ferrara, IPRax 2001, S. 384 f.

Jayme, Erik/ Geckler, Alexander Österreich und das Europäische Kollisionsrecht: Die Parallelität als Rechtsfrage, IPRax 1993, S. 131 f.

- Polen und das Europäische Kollisionsrecht, IPRax 1997, S. 66 f.

Jayme, Erik/ Hausmann, Rainer Internationales Privat- und Verfahrensrecht, 10.Aufl., München 2000

Jayme, Erik/ Kohler, Christian Zum Stand des internationalen Privat- und Verfahrensrechts der Europäischen Gemeinschaft, IPRax 1985, S. 65 ff.

- Das Internationale Privat- und Verfahrensrecht der Europäischen Gemeinschaft – Jüngste Entwicklungen, IPRax 1988, S. 133 ff.

- Das Internationale Privat- und Verfahrensrecht der EG - Stand 1989, IPRax 1989, S. 337 ff.

- Das Internationale Privat- und Verfahrensrecht der EG auf dem Wege zum Binnenmarkt, IPRax 1990, S. 353 ff.

- Das Internationale Privat- und Verfahrensrecht der EG 1991 – Harmonisierungsmodell oder Mehrspurigkeit des Kollisionsrechts, IPRax 1991, S. 361 ff.

- Das Internationale Privat- und Verfahrensrecht der EG nach Maastricht, IPRax 1992, S. 346 ff. und in: Reichelt (Hrsg.), Europäisches Kollisionsrecht, Die Konventionen von Brüssel, Lugano und Rom, Ausländische Erfahrungen und österreichische Perspektiven, Frankfurt a.M. 1993, S. 129 ff.

- Das Internationale Privat- und Verfahrensrecht der EG 1993 – Spannungen zwischen Staatsverträgen und Richtlinien, IPRax 1993, S. 357 ff.

- Europäisches Kollisionsrecht 1994: Quellenpluralismus und offene Kontraste, IPRax 1994, S. 405 ff.

- Europäisches Kollisionsrecht 1995 – Der Dialog der Quellen, IPRax 1995, S. 343 ff.

- L'interaction des règles de conflit contenues dans le droit dérivé de la Communauté européenne et des conventions de Bruxelles et de Rome, Rev.crit.d.i.p., 84 (1) 1995, S. 1 ff.

- Europäisches Kollisionsrecht 1996 – Anpassung und Transformation der nationalen Rechte, IPRax 1996, S. 377 ff.

- Europäisches Kollisionsrecht 1997 – Vergemeinschaftung durch „Säulenwechsel"?, IPRax 1997, S. 385 ff.

- Europäisches Kollisionsrecht 1998: Kulturelle Unterschiede und Parallelaktionen, IPRax 1998, S. 417 ff.

- Europäisches Kollisionsrecht 1999 – Die Abendstunde der Staatsverträge, IPRax 1999, S. 401 ff.

- Europäisches Kollisionsrecht 2000: Interlokales Privatrecht oder universelles Gemeinschaftsrecht?, IPRax 2000, S. 454 ff.

Joerges, Christian Die Europäisierung des Privatrechts als Rationalisierungsprozeß und als Streit der Disziplinen, ZEuP 1995, S. 181 ff.

Junker, Abbo Die freie Rechtswahl und ihre Grenzen – Zur veränderten Rolle der Parteiautonomie im Schuldvertragsrecht, IPRax 1993, S. 1 ff.

- Vom Bürgerlichen zum kleinbürgerlichen Gesetzbuch – Der Richtlinienvorschlag über den Verbrauchsgüterkauf, DZWir 1997, S. 271 ff.

- Internationales Privatrecht, München 1998

- Vom Citoyen zum Consommateur – Entwicklungen des internationalen Verbraucherschutzrechts, IPRax 1998, S. 65 ff.

- Neuere Entwicklungen im Internationalen Privatrecht, RIW 1998, S. 741 ff.

- Internationales Vertragsrecht im Internet – Im Blickpunkt: Internationale Zuständigkeit und anwendbares Recht, RIW 1999, S. 809 ff.

- Empfiehlt es sich, Art. 7 EVÜ zu revidieren oder aufgrund der bisherigen Erfahrungen zu präzisieren?, IPRax 2000, S. 65 ff.

Kappus, Andreas EU-Time-Sharing-Richtlinie und deutsche Umsetzungsgesetzgebung, EWS 1996, S. 273 ff.

Kaye, Peter The New Private International Law of Contract of the European Community, Aldershot u.a. 1993

Kayser, Joachim Gegenmaßnahmen im Außenwirtschaftsrecht und das System des Europäischen Kollisionsrechts, Frankfurt a.M. 2001

Kegel, Gerhard/ Schurig, Klaus Internationales Privatrecht, 8.Aufl., München 2000

Kieninger, Eva-Maria/ Leible, Stefan Plädoyer für einen „Europäischen wissenschaftlichen Ausschuß für Privatrecht“, EuZW 1999, S. 37 ff.

Kienle, Thomas Verbraucherschutz, in: Bermann/Lenz, Der Amsterdamer Vertrag, Eine Kommentierung der Neuerungen des EU- und EG-Vertrages, Kapitel 7, Köln 1998

Kircher, Wolfgang Zum Vorschlag für eine Richtlinie über den Verbrauchsgüterkauf und -garantien, ZRP 1997, S.290 ff.

Klauer, Stefan Kommission zur Reform des europäischen Zivilverfahrensrechts, ELR 1998, S. 132 ff.

Kleindiek, Detlef Aspekte gemeinschaftsweiter Privatrechtsangleichung: Ein Sonderprivatrecht für Verbraucher?, in: Hommelhoff/Jayme/Mangold (Hrsg.), Europäischer Binnenmarkt, Internationales Privatrecht und Rechtsangleichung, Beiträge und Diskussionen des Symposiums 1994 in Heidelberg, Heidelberg 1995, S. 297 ff.

Knöfel, Susanne EC Legislation on Conflicts of Laws: Interactions and Incompatibilities between Conflict Rules, I.C.L.Q. 1998, S. 439 ff.

Kohler, Christian Kein Weg zur Rechtsvereinheitlichung – Zur Übernahme des EG-Übereinkommens vom 19. Juni 1980 über das auf vertragliche Schuldverhältnisse anzuwendende Recht –, EuR 1984, S. 155 ff.

\- Einheit, Vielfalt und Relativität im Kollisionsrecht der EG-Mitgliedstaaten, IPRax 1992, S. 277 ff.

\- Integration und Auslegung – Zur Doppelfunktion des Europäischen Gerichtshofes, in: Jayme (Hrsg.), Ein internationales Zivilverfahrensrecht für Gesamteuropa, Heidelberg 1992, S. 11 ff.

\- Die Formung europäischen Kollisionsrechts durch den Gerichtshof der Europäischen Gemeinschaften, in: Reichelt (Hrsg.), Europäisches Kollisionsrecht, Die Konventionen von Brüssel, Lugano und Rom, Ausländische Erfahrungen und österreichische Perspektiven, Frankfurt a.M. 1993, S. 15 ff.

- La Cour de Justice des Communautés Européennes et le Droit International Privé, in: Droit international privé, Travaux du comité français de droit international privé, années 1993-1995, Paris 1996, S. 71 ff.

- Interrogations sur les sources du droit international privé européen après le traité d'Amsterdam, Rev.crit.d.i.p., 88 (1) 1999, S. 1 ff.

- Internationales Verfahrensrecht für Ehesachen in der Europäischen Union : Die Verordnung „Brüssel II", NJW 2001, S. 10 ff.

Köhler, Helmut Die Rechte des Verbrauchers beim Teleshopping (TV-Shopping, Internet-Shopping), NJW 1998, S. 185 ff.

Kötz, Hein Rechtsvereinheitlichung – Nutzen, Kosten, Methoden, Ziele, RabelsZ 50 (1986), S. 1 ff.

Koenig, Christian/ Haratsch, Andreas Europarecht, Kommentar, 2. Aufl. 1998

Krebber, Sebastian Die volle Wirksamkeit von Richtlinien in länderübergreifenden Sachverhalten, ZVglRWiss 97 (1998), S. 124 ff.

Kress, Ken Why no Judge should be a Dworkinian Coherentist, Texas Law Reviw 1999, S. 1375 ff.

Kreuzer, Karl Friedrich Die Europäisierung des Internationalen Privatrechts - Vorgaben des Gemeinschaftsrechts -, in: Müller-Graff (Hrsg.), Gemeinsames Privatrecht in der Europäischen Gemeinschaft, 1. Aufl., Baden-Baden 1993, S. 373 ff.; 2. Aufl., Baden-Baden 1999, S.457 ff.

- *Lex Communis Europaea de Collisione Legum*: Utopie ou nécessité?, in: España y la codificación internacional del Derecho internacional privado, Madrid 1993, S. 225 ff.

- Internationales Privatrecht und europäische Integration, in: Brieskorn/Mikat/Müller/Willoweit (Hrsg.), Vom mittelalterlichen Recht zur neuzeitlichen Rechtswissenschaft, Paderborn u.a. 1994, S. 543 ff.

Kronke, Herbert Electronic Commerce und Europäisches Verbrauchervertrags-IPR, RIW 1996, S. 985 ff.

\- Applicable Law in Torts and Contracts in Cyberspace, in: Boele-Woelki/Kessedjian (Hrsg.), Internet – Which Court Decides? Which Law Applies?, The Hague, London, Boston 1998, S. 65 ff.

Kropholler, Jan Internationales Einheitsrecht, Tübingen 1975

\- Internationales Privatrecht, 4. Aufl., Tübingen 2001

\- Europäisches Zivilprozeßrecht – neue Dimensionen, RIW 1999, Heft 7, Die erste Seite

Kux, Stephan Die Zusammenarbeit im Bereich Justiz und Inneres, in: Kirt (Hrsg.), Der Vertrag von Amsterdam – ein Vertrag für alle Bürger, Analysen und Kommentare, Wien 1998, S. 107 ff.

Lagarde, Paul Le nouveau droit international privé des contrats après l'entrée en vigueur de la Convention de Rome du 19 juin 1980, Rev.crit.d.i.p. 1991, S. 311 ff.

\- Die Rom-Konvention und Frankreich, in: Reichelt (Hrsg.), Europäisches Kollisionsrecht, Die Konventionen von Brüssel, Lugano und Rom, Ausländische Erfahrungen und österreichische Perspektiven, Frankfurt a.M. 1993, S. 101 ff.

\- Les limites objectives de la Convention de Rome (Conflits des lois, Primauté du droit communautaire, Rapports avec les autres conventions), in: Ballarino (Hrsg.), La Convenzione di Roma sulla legge applicabile alle obbligazioni contrattuali, Meiland 1994, S. 53 ff.

\- Besprechung des Urteils: Cour fédérale d'Allemagne (8e Ch. civ.). – 19 mars 1997, Rev.crit.d.i.p., 1998, S. 610 ff.

Lando, Ole The EEC Convention on the law applicable to contractual obligations, CML Rev. 24 (1987), 159 ff.

Langeheine, Bernd Rechtsangleichung unter Art. 100a EGWV – Harmonisierung vs. nationale Schutzinteressen –, EuR 1988, S. 235 ff.

Lehmann, Michael — Electronic Commerce und Verbraucherschutz in Europa, EuZW 2000, S. 517 ff.

Leible, Stefan — Rechtswahlfreiheit und kollisionsrechtlicher Verbraucherschutz, JbJgZivRW 1995, Privatautonomie und Ungleichgewichtslagen, Stuttgart 1996, S. 245 ff.

\- — Kollisionsrechtlicher Verbraucherschutz im EVÜ und in EG-Richtlinien, in: Schulte-Nölke/Schulze (Hrsg.), Europäische Rechtsangleichung und nationale Privatrechte, Baden-Baden 1999, S. 353 ff.

Leible, Stefan/ Staudinger, Ansgar — Art. 65 EGV im System der EG-Kompetenzen, EuLF 4-2001 (D), S. 225 ff.

Lobkowicz, Wenceslas de — Der „dritte Pfeiler" des Unionsvertrages in der Perspektive der Regierungskonferenz 1996, in: Müller-Graff (Hrsg.), Europäische Zusammenarbeit in den Bereichen Justiz und Inneres, Der dritte Pfeiler der Europäischen Union, Baden-Baden 1996, S. 41 ff.

Lörcher, Heike — Ein neues Gewährleistungsrecht für Verbraucher – EG-Richtlinie über den Verbrauchsgüterkauf und -garantien, BRAK-Mitt. 2/1998, S. 77 f.

Lorenz, Egon — Die Rechtswahlfreiheit im internationalen Schuldvertragsrecht, Grundsatz und Grenzen, RIW 1987, S. 569 ff.

Lorenz, Stephan — Im BGB viel Neues: Die Umsetzung der Fernabsatzrichtlinie, JuS 2000, S. 833 ff.

Lüderitz, Alexander — „Verbraucherschutz" im internationalen Vertragsrecht – ein Zuständigkeitsproblem, in: Jayme/Kegel/Lutter (Hrsg.), Ius inter nationes, Festschrift für Stefan A. Riesenfeld, Heidelberg 1983, S. 147 ff.

Lurger, Brigitta — Der Timesharing-Vertrag im Internationalen Privatrecht und im Konsumentenschutzrecht, ZfRV 1992, S. 348 ff.

\- — Vertragstheorie und Verfassungswirkungen, JbJgZivRW 1995, Privatautonomie und Ungleichgewichtslagen, Stuttgart 1996, S. 30 ff.

- Zur Umsetzung der Kollisionsnormen von Verbraucherschutzrichtlinien, in: Terlitza/Schwarzenegger/Boric (Hrsg.), Die internationale Dimension des Rechts, Festschrift für Willibald Posch, Wien 1996, S. 179 ff.

- Grundfragen der Vereinheitlichung des Vertragsrechts in der Europäischen Union, in: Martiny/Witzleb (Hrsg.), Auf dem Wege zu einem Europäischen Zivilgesetzbuch, Berlin u.a. 1999

Luttermann, Claus Die „mangelhafte" Umsetzung europäischer Richtlinien, EuZW 1998, S. 264 ff.

- Der Sinn für das Europäische Recht, JZ 1998, S. 880 ff.

Mankowski, Peter Strukturfragen des internationalen Verbrauchervertragsrechts, RIW 1993, S. 453 ff.

- Timesharingverträge und Internationales Vertragsrecht, RIW 1995, S. 364 ff.

- Keine Sonderanknüpfung deutschen Verbraucherschutzrechts über Art. 34 EGBGB, DZWir 1996, S. 273 ff.

- Strukturfragen des internationalen Verbrauchervertragsrechts, Zugleich Anmerkung zu BGH, 19.3.1997, RIW 1998, S. 287 ff.

- Das Internet im Internationalen Vertrags- und Deliktsrecht, RabelsZ 63 (1999), S. 203 ff.

- § 12 AGBG im Sytem des Internationalen Verbrauchervertragsrechts, BB 1999, S. 1225 ff.

- E-Commerce und internationales Verbraucherschutzrecht, MuR 2000, S. 22 ff.

- Das Herkunftslandprinzip als Internationales Privatrecht der e-commerce-Richtlinie, ZVglRWiss 2001, S. 137 ff.

Markus, Alexander R. Revidierte Übereinkommen von Brüssel und Lugano: Zu den Hauptpunkten, SZW/RSDA 1999, S. 205 ff.

Martinek, Michael — Das neue Teilzeit-Wohnrechtegesetz – mißratener Verbraucherschutz bei Time-Sharing-Verträgen, NJW 1997, S. 1393 ff.

\- — Unsystematische Überregulierung und kontraintentionale Effekte im Europäischen Verbraucherschutzrecht oder: Weniger wäre mehr, in: Grundmann (Hrsg.), Systembildung und Systemlücken in Kerngebieten des Europäischen Privatrechts, Tübingen 2000, S. 511 ff.

Martiny, Dieter — Das Römische Vertragsrechtsübereinkommen vom 19. Juni 1980, ZEuP 1993, S.298 ff.

\- — Internationales Vertragsrecht zwischen Rechtsgefälle und Vereinheitlichung, ZEuP 1995, S. 67 ff.

\- — Europäisches Internationales Vertragsrecht – Erosion der Römischen Konvention, ZEuP 1997, S. 107 ff.

\- — Europäisches Internationales Vertragsrecht – Ausbau und Konsolidierung, ZEuP 1999, S. 246 ff.

\- — Internationales Vertragsrecht im Schatten des Europäischen Gemeinschaftsrechts, ZEuP 2001, S. 308 ff.

Martiny, Dieter/ Ernst, Ulrich — Der Beitritt Polens zum Luganer Übereinkommen, IPRax 2001, S. 29 ff.

Mäsch, Gerald — Rechtswahlfreiheit und Verbraucherschutz, Eine Untersuchung zu den Art. 29 I, 27 III und 34 EGBGB, Diss., Berlin 1993

\- — Die Time-Sharing-Richtlinie, EuZW 1995, S. 8 ff.

\- — Das deutsche Time-Sharing-Gesetz nach dem neuen Teilzeit-Wohnrechte-Gesetz, DNotZ 1997, S. 180 ff.

Mayr, Peter G. — Das „Europäische Zivilprozeßrecht" und Österreich, ÖJZ 1997, S. 847 ff.

Medicus, Dieter — Ein neues Kaufrecht für Verbraucher?, ZIP 1996, S. 1925 ff.

Meents, Jan Geert Verbraucherschutz bei Rechtsgeschäften im Internet – Anwendung und Wirkung klassischer Instrumentarien des Verbraucherschutzrechts und der europäischen Fernabsatzrichtlinie, Köln 1998

\- Verbraucherschutz bei Haustürgeschäften im Internet, K&R 1999, S.53 ff.

Mehrings, Josef Internet-Verträge und internationales Vertragsrecht, CR 1998, S. 613 ff.

Merkel, Ruth Verbraucherschutz im Internet, in: Hoeren/Queck (Hrsg.), Rechtsfragen der Informationsgesellschaft, Berlin 1999, S. 167 ff.

Michaels, Ralf/ Kamann, Hans-Georg Europäisches Verbraucherschutzrecht und IPR, JZ 1997, S. 601 ff.

\- Grundlagen eines allgemeinen gemeinschaftlichen Richtlinienkollisionsrechts – „Amerikanisierung" des Gemeinschafts-IPR?, EWS 2001, S. 301 ff.

Micklitz, Hans-W. Ein einheitliches Kaufrecht für Verbraucher in der EG?, EuZW 1997, S. 229 ff.

\- Perspektiven eines Europäischen Privatrechts – Ius commune praeter legem?, ZEuP 1998, S. 253 ff.

\- Die Verbrauchsgüterkauf-Richtlinie, EuZW 1999, S. 485 ff.

\- La directive 97/7/CE sur les contrats à distance, in: Stauder (Hrsg.), La protection des consommateurs acheteurs à distance, Studien zum Verbraucherrecht, Band 6, Zürich 1999, S. 23 ff.

Micklitz, Hans-W./ Reich, Norbert Umsetzung der EG-Fernabsatzrichtlinie, BB 1999, S. 2093 ff.

Micklitz, Hans-W./ Rott, Peter Vergemeinschaftung des EuGVÜ in der Verordnung (EG) Nr. 44/2001, EuZW 2001, S. 325 ff.

Möller, Gustaf Das Übereinkommen von Lugano und die osteuropäischen Länder, in: Jayme (Hrsg.), Ein internationales Zivilverfahrensrecht für Gesamteuropa, Heidelberg 1992, S. 233 ff.

Müller, Carsten Internationales Privatrecht und Internet, in: Hoeren/Queck (Hrsg.), Rechtsfragen der Informationsgesellschaft, Berlin 1999, S. 259 ff.

Müller-Graff, Peter-Christian Die Rechtsangleichung zur Verwirklichung des Binnenmarktes, EuR 1989, S. 107 ff.

- Privatrecht und Europäisches Gemeinschaftsrecht, 2.Aufl., Baden-Baden 1991

- Gemeinsames Privatrecht in der Europäischen Gemeinschaft: Ebenen und gemeinschaftsprivatrechtliche Grundfragen, in: Europarecht, Energierecht, Wirtschaftsrecht, FS für Bodo Börner, Köln, Berlin, Bonn, München 1992, S. 303 ff.

- Europäisches Gemeinschaftsrecht und Privatrecht, NJW 1993, S. 13 ff.

- Europäische Zusammenarbeit in den Bereichen Justiz und Inneres – Funktion, Ausgestaltung und Entwicklungsoptionen des dritten Pfeilers der Europäischen Union –, in: Müller-Graff (Hrsg.), Europäische Zusammenarbeit in den Bereichen Justiz und Inneres, Baden-Baden 1996, S. 11 ff.

- Einheit und Kohärenz der Vertragsziele von EG und EU, in: von Bogdandy/Ehlermann (Hrsg.), Europarecht, Konsolidierung und Kohärenz des Primärrechts nach Amsterdam, Baden-Baden 1998, S. 67 ff.

- EC Directives as a Means of Private Law Unification, in: Hartkamp/Hesselink/Hondius/du Perron/Vranken (Hrsg.), Towards a European Civil Code, Nijmegen 1998, S. 71 ff.

- The Quality of European and National Legislation, EuZW 1998, S. 325 ff.

- Der Vertrag von Amsterdam, in: Forstmoser/von der Crone/Weber/Zobl (Hrsg.), Der Einfluss des europäischen Rechts auf die Schweiz, FS für Roger Zäch, Zürich 1999, S. 733 ff.

Münchner Kommentar/Bearb. BGB-Kommentar, Band 10, Internationales Privatrecht, 3.Aufl., München 1998

Nickels, Sven — Der elektronische Geschäftsverkehr und das Herkunftslandprinzip, DB 2001, S. 1919 ff.

North, Peter — Is European Harmonisation of Private International Law a Myth or a Reality? A British Perspective, in: Forty Years On: The Evolution of Postwar Private International Law in Europe, Deventer 1990, S. 29 ff.

Otte, Karsten — Anwendbares Recht bei grenzüberschreitendem Timesharing, Das neue Teilzeit-Wohnrechte-Gesetz strebt heimwärts, RabelsZ 62 (1998), S. 405 ff.

Pache, Eckhard/ Schorkopf, Frank — Der Vertrag von Nizza, NJW 2001, S. 1377 ff.

Palandt/Bearbeiter — BGB-Kommentar, 60. Aufl., München 2001

Paschke, Marian — Begriff und Bedeutung des Europäischen Privatrechts, in: Paschke/Iliopoulos (Hrsg.), Europäisches Privatrecht, Hamburg 1998, S. 1 ff.

\- — Regelungsziele des Europäischen Privatrechts, in: Paschke/Iliopoulos (Hrsg.), Europäisches Privatrecht, Hamburg 1998, S. 9 ff.

Pechstein, Matthias/ Koenig, Christian — Die Europäische Union, Die Verträge von Maastricht und Amsterdam, 2.Aufl., Tübingen 1998

Pfeiffer, Thomas — Die Entwicklung des Internationalen Vertrags-, Schuld- und Sachenrechts in den Jahren 1995/96, NJW 1997, S. 1207 ff.

\- — Die Entwicklung des Internationalen Vertrags-, Schuld- und Sachenrechts 1997-1999, NJW 1999, S. 3674 ff.

\- — Das Recht der Europäischen Union, Grabitz/Hilf/ Wolf (Hrsg.), Band 2, Sekundärrecht, München 2000

Pfeil, Werner — Der Aspekt der Mehrsprachigkeit in der Union und sein Einfluß auf die Rechtsfortbildung der Europäischen Gemeinschaftsrechts, ZfRV 1996, S. 11 ff.

Pichler, Rufus — Internationale Gerichtszuständigkeit im Online-Bereich, JbJgZivRW 1998, S.229 ff.

Pirrung, Jörg — Die Einführung des EG-Schuldvertragsübereinkommens in die nationalen Rechte, in: von Bar (Hrsg.), Europäisches Gemeinschaftsrecht und Internationales Privatrecht, Tagung Osnabrück April 1990, 1991, Köln u.a. 1991, S. 21 ff.

\- — Übereinkommen zur justitiellen Zusammenarbeit, in: Schulte-Nölke/Schulze (Hrsg.), Europäische Rechtsangleichung und nationale Privatrechte, Baden-Baden 1999, S. 341 ff.

Plender, Richard — The European Contracts Convention, The Rome Convention on the Choice of Law for Contracts, London 1991

Powell, Mark D./ Turner-Kerr, Peter M. — Putting the e- in Brussels and Rome, I.C.C.L.R. 1999, S.361 ff.

Rammeloo, Stephan — Das neue EG-Vertragskollisionsrecht, Die Artt.4, 5 und 6 des Übereinkommens über das auf vertragliche Schuldverhältnisse anzuwendende Recht vom 19.6.1980, Köln u.a. 1992

Rauscher, Thomas — Gran Canaria – Isle of Man – Was kommt danach?, Plädoyer für einen europäischen Ordre Public, EuZW 1996, S. 650 ff.

\- — Internationales Privatrecht, Heidelberg 1999

Raz, Joseph — The Relevance of Coherence, Boston University Law Review 1992, S. 273 ff.

Reich, Norbert — Zur Theorie des Europäischen Verbraucherrechtes, ZEuP 1994, S. 381 ff.

\- — EG-Richtlinien und Internationales Privatrecht, in: von Hoffmann/Lagarde (Hrsg.), Die Europäisierung des IPR, Série de Publications de l'Académie de droit Européen de Trèves, Volume 8, 1995, S. 109 ff.

\- — Die neue Richtlinie 97/7/EG über den Verbraucherschutz bei Vertragsabschlüssen im Fernabsatz, EuZW 1997, S. 581 ff.

\- — Der Vorschlag der EG-Kommission für eine Richtlinie des Europaparlaments und des Rates über bestimmte rechtliche Aspekte des elektronischen Geschäftsverkehrs im Binnenmarkt vom 23.12.98 und seine Auswirkungen auf das Vertragsrecht, in: Schulte-Nölke/Schulze (Hrsg.), Europäische Rechtsangleichung und nationale Privatrechte, Baden-Baden 1999, S. 79 ff.

Reichelt, Gerte — Der Beitrag des Internationalen Privatrechts zur Europäischen Integration – Die Rom-Konvention und Österreich, in: Reichelt (Hrsg.), Europäisches Kollisionsrecht, Die Konventionen von Brüssel, Lugano und Rom, Ausländische Erfahrungen und österreichische Perspektiven, Frankfurt a.M. 1993, S. 115 ff.

Reichert-Facilides, Fritz — Einführung in die Thematik „Internationales Verbraucherschutzrecht", in: Schnyder/Heiss/Rudisch (Hrsg.), Internationales Verbraucherschutzrecht, Tübingen 1995, S. 1 ff.

Reimann, Mathias — Conflict of Laws in Western Europe – A Guide through the Jungle, New York 1995

Reinhart, Gert — Zur Auslegung des Begriffs „Verbraucher" im Kollisionsrecht, in: Festschrift für Reinhold Trinkner, Heidelberg 1995, S. 657 ff.

Reithmann, Christoph/ Martiny, Dieter — Internationales Vertragsrecht, Das internationale Privatrecht der Schuldverträge, 5.Aufl., Köln 1996

RGRK/Bearbeiter — BGB-Kommentar, Band VI, Internationales Privatrecht, 12. Aufl., Berlin 1981

Remien, Oliver — AGB-Gesetz und Richtlinie über mißbräuliche Verbrauchervertragsklauseln in ihrem europäischen Umfeld, ZEuP 1994, S. 34 ff.

\- — Denationalisierung des Privatrechts in der Europäischen Union? – Legislative und gerichtliche Wege, ZfRV 1995, S. 116 ff.

\- — Über den Stil des europäischen Privatrechts, RabelsZ 60 (1996), S. 1 ff.

\- — European Private International Law, the European Community and its Ermerging Area of Freedom, Security and justice, CML Rev. 38 (2001), S. 53 ff.

Rigaux, François — Droit international privé et droit communautaire, in: L'internationalisation du droit, Mélanges en l'honneur de Yvon Loussouarn, Paris 1994, S. 341 ff.

Rittner, Fritz — Das Gemeinschaftsprivatrecht und die europäische Integration, JZ 1995, S.849 ff.

\- Wieviel Europa braucht Europa?, EuR 1998, S. 3 ff.

Roth, Wulf-Henning — Der Einfluß des Europäischen Gemeinschaftsrecht auf das Internationale Privatrecht, RabelsZ 55 (1991), S. 623 ff.

\- Angleichung des IPR durch sekundäres Gemeinschaftsrecht, IPRax 1994, S. 165 ff.

\- Verbraucherschutz über die Grenze, Anmerkungen zu BGH, 26.10.1993, RIW 1994, S. 275 ff.

\- Zum Verhältnis von Art. 7 Abs.2 und Art. 5 der Römer Schuldvertragskonvention, in: Schnyder/Heiss/Rudisch (Hrsg.), Internationales Verbraucherschutzrecht, Tübingen 1995, S. 35 ff.

\- Europäischer Verbraucherschutz und BGB, JZ 2001, S. 475 ff.

Roth, Birgit/ Schulze, Götz — Verbraucherschutz im Electronic Commerce, Schutzmechanismen und grenzüberschreitende Geschäfte nach dem Referentenentwurf eines Fernabsatzgesetzes, RIW 1999, S. 924 ff.

Rott, Peter — Informationspflichten in Fernabsatzverträgen als Paradigma für die Sprachenproblematik im Vertragsrecht, ZVglRWiss 98 (1999), S. 382 ff.

Rudisch, Bernhard — Grenzüberschreitender Schutz bei Verbrauchergeschäften im Gefüge von internationalem Privatrecht und internationalem Verfahrensrecht, in: Schnyder/Heiss/Rudisch (Hrsg.), Internationales Verbraucherschutzrecht, Tübingen 1995, S. 191 ff.

\- Der Beitritt Österreichs zum Römer Schuldvertragsübereinkommen: Gründe, Hintergründe und Konsequenzen, RabelsZ 63 (1999), S. 70 ff.

- Europäisches Internationales Schuldvertragsrecht für Österreich: Zur Inkorporation des Römer Übereinkommens, in: Österreichisches und europäisches Wirtschaftsprivatrecht, Koppensteiner (Hrsg.), Teil 7: Internationales Privatrecht, Wien 2000.

Rühl, Christiane § 12 AGBG im System des internationalen Verbraucherschutzrechts – Im Blickpunkt: Unzureichende Umsetzung von Art. 6 Abs.2 AGB-Richtlinie und das Verhältnis zu Art. 5 Abs.2 EVÜ (Art. 29 Abs.1 EGBGB), RIW 1999, S. 321 ff.

Rusche, Tim Der „enge Zusammenhang" im Sinne des Art. 29 a EGBGB, IPRax 2001, S. 420 ff.

Sack, Jörg Zur künftigen europäischen Gerichtsbarkeit nach Nizza, EuZW 2001, S. 77 ff.

Sandrock, Otto Centros: ein Etappensieg für die Überlagerungstheorie, BB 1999, S. 1337 ff.

- Neue Herausforderungen an das Internationale Wirtschaftsrecht – durch Digitalisierung, Europäisierung, Globalisierung, Erschöpfung der öffentlichen Finanzen, Streben nach Kosteneffizienz und Spezialisierung, ZVglRWiss 98 (1999), S. 227 ff.

Schack, Haimo Internationales Zivilverfahrensrecht, Ein Studienbuch, 2.Aufl., Münschen 1996.

- Entscheidungszuständigkeiten in einem weltweiten Gerichtsstands- und Vollstreckungsübereinkommen, ZEuP 1998, S. 931 ff.

- Die EG-Kommission auf dem Holzweg von Amsterdam, ZEuP 1999, 805 ff.

- Internationale Urheber-, Marken- und Wettbewerbsrechtsverletzungen im Internet, MMR 2000, S.59 ff.

Schalch, Stefan EG-Gesetzgebung betreffend Time-Sharing an Ferienimmobilien, Die Time-Sharing Richtlinie (Richtlinie 94/47/EG), AJP/PJA 1996, S. 679 ff.

Schäfer, Hans-Bernd	Grenzen des Verbraucherschutzes und adverse Effekte des Europäischen Verbraucherrechts, in: Grundmann (Hrsg.), Systembildung und Systemlücken in Kerngebieten des Europäischen Privatrechts, Tübingen 2000, S. 559 ff.
Schaunig-Kandut	Verbraucherschutz im österreichischen Internationalen Privatrecht, illustriert am Beispiel Teleshopping, in: Terlitza/Schwarzenegger/Boric (Hrsg.), Die internationale Dimension des Rechts, Festschrift für Willibald Posch, Wien 1996, S. 301 ff.
Schlechtriem, Peter	Verbraucherkaufverträge – ein neuer Richtlinienentwurf, JZ 1997, S. 441 ff.
-	Die Anpassung des deutschen Rechts an die Klausel-Richtlinie und den Richtlinienvorschlag zum Verbraucherkaufrecht, ZSchweizR 1999, S. 335 ff.
Schlosser, Peter F.	EuGVÜ, Europäisches Gerichtsstands- und Vollstreckungsübereinkommen mit Luganer Übereinkommen und den Haager Übereinkomme über Zustellung und Beweisaufnahme, Kommentar, München 1996.
Schmidt-Parzefall, Tillmann	Die Auslegung des Parallelübereinkommens von Lugano, Diss., Tübingen 1995.
Schoibl, Norbert A.	Zum zeitlichen Anwendungsbereich und zum Ratifikationsstand des Brüsseler Übereinkommens und zum Konkurrenzverhältnis der beiden Europäischen Gerichtsstands- und Vollstreckungsübereinkommen EuGVÜ-LGVÜ, ÖJZ 2000, S. 481 ff.
Schomerus, Andreas	Das spanische Teilzeit-Wohnrechtegesetz, NJW 1999, S. 1067 ff.
Schulze, Reiner	Allgemeine Rechtsgrundsätze und europäisches Privatrecht, ZEuP 1993, S. 442 ff.
Schwander, Ivo	Ein IPR für Europa oder ein europäisches IPR?, in: Forstmoser/von der Crone/Weber/Zobl (Hrsg.), Der Einfluss des europäischen Rechts auf die Schweiz, FS für Roger Zäch, Zürich 1999, S. 833 ff.
Schwartz, Ivo E.	Perspektiven der Angleichung des Privatrechts in der Europäischen Gemeinschaft, ZEuP 1994, S. 559 ff.

Schweitzer, Michael/ Hummer, Waldemar — Europarecht, Das Recht der Europäischen Union mit Schwerpunkt EG, 5.Aufl, Neuwied u.a. 1996

Schwind, Fritz — Recht und Gesetz im Rahmen der EU, Ein Weg vom Gesetzesstaat zum Rechtsstaat, ZfRV 1997, S. 237 ff.

Seif, Ulrike — Das Spannungsverhältnis zwischen Kollisionsrecht und Europarecht, JbJgZivRW 1997, Europäisierung des Privatrechts, Zwischenbilanz und Perspektiven, Stuttgart 1998, S. 225 ff.

Siehr, Kurt — Drittstaatenklauseln in Europäischen Richtlinien zum Verbraucherschutz und die Schweiz, in: Forstmoser/von der Crone/Weber/Zobl (Hrsg.), Der Einfluss des europäischen Rechts auf die Schweiz, FS für Roger Zäch, Zürich 1999, S. 593 ff.

Sonnenberger, Hans Jürgen — Europarecht und Internationales Privatrecht, ZVglRWiss 95 (1996), S. 3 ff.

\- — Die Umsetzung kollisionsrechtlicher Regelungsgebote in EG-Richtlinien, ZEuP 1996, S. 382 ff.

\- — Der Ruf unserer Zeit nach einer europäischen Ordnung des Zivilrechts, JZ 1998, S. 982 ff.

\- — Die Eingriffsnorm: ein internationalprivatrechtliches σκανδαλον?, Beobachtungen und Betrachtungen, in: Festschrift für Wolfgang Fikentscher, Tübingen 1998, S. 283 ff.

\- — Europäisches Internationales Privatrecht im Dienst freien Personenverkehrs, RIW 1999, „Die erste Seite“

\- — Das Internationale Privatrecht im dritten Jahrtausend – Rückblick und Ausblick, ZVglRWiss 2001, S. 107 ff.

Soergel/Bearbeiter — BGB-Kommentar, Band 10, Einführungsgesetz, Stuttgart u.a. 1996

Spickhoff, Andreas — Die Restkodifikation des Internationalen Privatrechts: Außervertragliches Schuld- und Sachenrecht, NJW 1999, S. 2209 ff.

Spindler, Gerald — Emissionen im Internet: Kapitalmarktrecht und Kollisionsrecht, NZG 2000, S. 1058 ff.

Staudenmayer, Dirk Europäisches Verbraucherschutzrecht nach Amsterdam – Stand und Perspektiven, RIW 1999, S. 733 ff.

- Die EG-Richtlinie über den Verbrauchsgüterkauf, NJW 1999, S.2393 ff.

- Die Richtlinien des Verbraucherprivatrechts – Bausteine für ein europäisches Privatrecht?, in: Schulte-Nölke/Schulze (Hrsg.), Europäische Rechtsangleichung und nationale Privatrechte, Baden-Baden 1999, S. 63 ff.

- Die Mitteilung der Kommission zum Europäischen Vertragsrecht, EuZW 2001, S. 485 ff.

Staudinger/Bearbeiter BGB-Kommentar, 12. Aufl., Internationales Vertragsrecht, Berlin 1998

Staudinger, Ansgar Artikel 6 Absatz 2 der Klauselrichtlinie und § 12 AGBG – Der Internationale Geltungsbereich der deutschen Klauselkontrolle auf dem Prüfstand des Europäischen Gemeinschaftsrechts, Düsseldorfer Rechtswissenschaftliche Schriften, Diss., Baden-Baden 1998

- Die Kontrolle grenzüberschreitender Versicherungsverträge anhand des AGBG, VersR 1999, S. 401 ff.

- Art. 29a EGBGB des Referentenentwurfs zum Fernabsatzgesetz, IPRax 1999, S. 414 ff.

- Das Zusammenspiel von HaustürWG, VerbrKrG, TzWrG und AGBG bei verbundfinanzierten Timesharing-Verträgen im Binnenmarkt, RIW 1999, S.915 ff.

- Internationales Verbraucherschutzrecht made in Germany – Im Blickpunkt: der neue Art. 29a EGBGB, RIW 2000, S. 416 ff.

- Rom, Brüssel, Berlin und Amsterdam: Chiffren eines Europäischen Kollisionsrechts für Verbraucherverträge, ZfRV 2000, S.93 ff.

- Die ungeschriebenen kollisionsrechtlichen Regelungsgebote der Handelsvertreter-, Haustürwiderrufs- und Produkthaftungsrichtlinie, NJW 2001, S. 1974 ff.

- Systemwechsel im europäischen Kollisionsrecht nach Amsterdam und Nizza: Internationales Wirtschafts- und Verfahrensrecht, IPRax 2001, S. 492

Steindorff, Ernst Grenzen der EG-Kompetenzen, Heidelberg 1990

- EG-Vertrag und Privatrecht, Baden-Baden 1996

Streinz, Rudolf Der Vertrag von Amsterdam, Einführung in die Reform des Unionsvertrages von Maastricht und erste Bewertung der Ergebnisse, EuZW 1998, S. 137 ff.

Struycken, Antoon Victor Marie Les conséquences de l'Intégration européenne sur le développement du droit international privé, Cours général de droit international privé, Recueil des Cours de l'Académie de droit international 232 (1992-I), Den Haag 1993, S. 257 ff.

Tarko, Ihor Ein Europäischer Justizraum: Errungenschaften auf dem Gebiet der justitiellen Zusammenarbeit in Zivilsachen, ÖJZ 1999, S. 401 ff.

Taupitz, Jochen Privatrechtsvereinheitlichung durch die EG: Sachrechts- oder Kollisionsrechtsvereinheitlichung?, JZ 1993, S. 533 ff.

- Europäische Privatrechtsvereinheitlichung heute und morgen, Tübingen 1993

Taupitz, Jochen/ Kritter, Thomas Electronic Commerce – Probleme bei Rechtsgeschäften im Internet, JuS 1999, S. 839 ff.

Tebbens, Duintjer Private International Law and the Single European Market: Coexistence or Cohabitation?, in: Forty Years On: The Evolution of Postwar Private International Law in Europe, Deventer 1990, S. 49 ff.

- Die einheitliche Auslegung des Lugano-Übereinkommens, in: Reichelt (Hrsg.), Europäisches Kollisionsrecht, Die Konventionen von Brüssel, Lugano und Rom, Ausländische Erfahrungen und österreichische Perspektiven, Frankfurt a.M. 1993, S. 49 ff.

- European Group für Private International Law, NILR 1998, p. 157

Tenreiro, Mário La proposition de directive sur la vente et les garanties des biens de consommation, REDC 1996, S. 187 ff.

Tettenborn, Alexander Europäischer Rechtsrahmen für den elektronischen Geschäftsverkehr, K&R 1999, S. 252 ff.

Thorn, Karsten Europäisierung des Internationalen Privatrechts, IPRax 1994, S. 159 f.

- Verbraucherschutz bei Verträgen im Fernabsatz, IPRax 1999, S. 1 ff.

Thünken, Alexander Die EG-Richtlinie über den elektronischen Geschäftsverkehr und das internationale Privatrecht des unlauteren Wettbewerbs, IPRax 2001, S. 15 ff.

Thume, Karl-Heinz Achtung: Auslegungsmonopol des EuGH, RIW 2001, Heft 4, Die erste Seite.

Tonner, Klaus Verbrauchsgüterkauf-Richtlinie und Europäisierung des Zivilrechts, BB 1999, S. 1769 ff.

- Das neue Fernabsatzgesetz – oder: System statt „Flickenteppich", BB 2000, S. 1413 ff.

Trunk, Alexander Die Erweiterung des EuGVÜ-Systems am Vorabend des Europäischen Binnenmarktes, Das Lugano-Übereinkommen und das EuGVÜ-Beitrittsübereinkommen von San Sebastián, Diss., München 1991

Ulmer, Peter Vom deutschen zum europäischen Privatrecht?, JZ 1992, S. 1 ff.

- Zur Anpassung des AGB-Gesetzes an die EG-Richtlinie über mißbräuchliche Klauseln in Verbraucherverträgen, EuZW 1993, S. 337 ff.

Van Dunne, Jan M. Narrative Coherence and its Function in Judicial Decision Making and Legislation, American Journal of Comparative Law 1996, S. 463 ff.

Vékás, Lajos Autonome Angleichung an das Gemeinschaftsprivatrecht und das EU-IPR in Ungarn, IPRax 2000, S. 240 ff.

Vischer, Frank/ Huber, Lucius/ Oser, David — Internationales Vertragsrecht, 2. Aufl., Bern 2000

Vogel, Oscar — Der Eintritt der Rechtshängigkeit nach Art. 21 und 22 des Lugano-Übereinkommens, Eine Entgegnung, SJZ 1994, S. 301 ff.

Volz, Gerhard — Harmonisierung des Rechts der Individuellen Rechtswahl, der Gerichtsstandsvereinbarung und der Schiedsvereinbarung im Europäischen Wirtschaftsraum (EWR), Konstanz 1993

Wägenbaur, Rolf — Verbraucherschutz im EG-Recht und seine Bezüge zum internationalen Privatrecht, in: von Hoffmann/ Lagarde (Hrsg.), Die Europäisierung des IPR, Série de Publications de l'Académie de droit Européen de Trèves, Volume 8 1995, S. 129 ff.

\- — Gewährleistung und Garantie – die Verbrauchsgüter-Richtlinie bald verabschiedungsreif, EuZW 1998, S. 514

Wagner, Rolf — Verfahrens- und internationalprivatrechtliche Fragen beim Teleshopping, WM 1995, S. 1129 ff.

\- — Die geplante Reform des Brüsseler und des Lugano-Übereinkommens, IPRax 1998, S. 241 ff.

\- — Zusammenführung verbraucherschützender Kollisionsnormen aufgrund EG-Richtlinien in einem neuen Art. 29a EGBGB - Ein Beitrag zur internationalprivatrechtlichen Umsetzung der Fernabsatz-Richtlinie -, IPRax 2000, S. 249 ff.

Waldenberger, Arthur — „Alles schwebend unwirksam" – Distanzgeschäfte nach dem Referentenentwurf eines Fernabsatzgesetzes, K&R 1999, S. 345 ff.

\- — Grenzen des Verbraucherschutzes beim Abschluß von Verträgen im Internet, BB 1999, S. 2365 ff.

Westphalen, Friedrich Graf von — AGB-Richtlinie und AGB-Gesetz, EWS 1993, S. 161 ff.

Wilmowsky, Peter von — Der internationale Verbrauchervertrag im EG-Binnenmarkt, ZEuP 1995, S. 735 ff.

- EG-Vertrag und kollisionsrechtliche Rechtswahlfreiheit, RabelsZ 62 (1998), S. 1 ff.

Winkler, Sebastian Justiz und Inneres, in: Bergmann/Lenz, Der Amsterdamer Vertrag, Eine Kommentierung der Neuerungen des EU- und EG-Vertrages, Kapitel 2, Köln 1998

Witz, Claude/ Wolter, Gerhard Frankreich: Die Umsetzung der EG-Richtlinie über mißbräuchliche Klauseln in Verbraucherverträgen, ZEuP 1995, S. 885 ff.

Wolf, Sabine Reform des Kaufrechts durch EG-Richtlinie – ein Vorteil für die Wirtschaft?, RIW 1997, S. 899 ff.

Wuermeling, Joachim Kooperatives Gemeinschaftsrecht, Die Rechtsakte der Gesamtheit der EG-Mitgliedsstaaten, insbesondere die Gemeinschaftskonventionen nach Art. 220 EWGV, Diss., Kehl am Rhein 1988

Zuleeg, Manfred Die Europäische Gemeinschaft als Rechtsgemeinschaft, NJW 1994, S. 545 ff.

Zweigert, Konrad Einige Auswirkungen des Gemeinsamen Marktes auf das Internationale Privatrecht der Mitgliedstaaten, in: Probleme des Europäischen Rechts, Festschrift für Walter Hallstein, Frankfurt a.M. 1966, S. 555 ff.

STUDIEN ZUM VERGLEICHENDEN UND INTERNATIONALEN RECHT

Herausgeber: Bernd von Hoffmann und Erik Jayme

Band 1 Ferdinand Henke: Die Datenschutzkonvention des Europarates. 1986.

Band 2 Peter Czermak: Der express trust im internationalen Privatrecht. 1986.

Band 3 Peter Kindler: Der Ausgleichsanspruch des Handelsvertreters im deutsch-italienischen Warenverkehr. Eine rechtsvergleichende und kollisionsrechtliche Untersuchung. 1987.

Band 4 Wilhelm Denzer: Stellung und Bedeutung des Engineers in den FIDIC-Bauvertragsbedingungen. 1988.

Band 5 Marijan-Maximilian Lederer: Die internationale Enteignung von Mitgliedschaftsrechten unter besonderer Berücksichtigung der französischen Enteignungen 1982. 1989.

Band 6 Rainer Esser: Klagen gegen ausländische Staaten. 1990.

Band 7 Chang Jae-Ok: Auf dem Weg zu einer Materialisierung des Immateriellen ? Personen-, Persönlichkeitsschutz und Geldersatz des immateriellen Schadens in rechtsvergleichender Hinsicht am Beispiel des koreanischen und japanischen Zivilrechts unter besonderer Berücksichtigung des deutschen Rechts. 1990.

Band 8 Paul-Frank Weise: Lex mercatoria. Materielles Recht vor der internationalen Handelsschiedsgerichtbarkeit.1990.

Band 9 Werner Born: Der Auftrittsvertrag für Musikgruppen im Bereich der Rock- und Popmusik. 1990.

Band 10 Ralf Erich Jürgens: IPR und Verfassung in Italien und in der Bundesrepublik Deutschland. 1990.

Band 11 Rainer Gildeggen: Internationale Schieds- und Schiedsverfahrensvereinbarungen in Allgemeinen Geschäftsbedingungen vor deutschen Gerichten. 1991.

Band 12 Klaus Grabinski: Die kollisionsrechtliche Behandlung des Durchgriffs bei rechtlich verselbständigten Unternehmen in privater oder öffentlicher Hand. 1991.

Band 13 Dieter Stummel: Konkurs und Integration. Konventionsrechtliche Wege zur Bewältigung grenzüberschreitender Insolvenzverfahren. 1991.

Band 14 Joachim Güntzer: Die Rechtsstellung des Geschäftsführers im spanischen Aktienrecht. Die Neuregelung des spanischen Aktienrechts nach dem Beitritt Spaniens zur EG. 1991.

Band 15 Sabine Isenburg-Epple: Die Berücksichtigung ausländischer Rechtshängigkeit nach dem Europäischen Gerichtsstands- und Vollstreckungsübereinkommen vom 27.9.1968. Untersuchungen zum Anwendungsbereich von Art. 21 EuGVÜ unter schwerpunktmäßiger Behandlung der Frage nach der Bestimmung eines europäischen Streitgegenstandsbegriffs. 1992.

Band 16 Ulrich Nickl: Die Qualifikation der culpa in contrahendo im Internationalen Privatrecht. 1992.

Band 17 Theo Rauh: Leistungserschwerungen im Schuldvertrag. Eine rechtsvergleichende Untersuchung des englischen, US-amerikanischen, französischen und deutschen Rechts unter besonderer Berücksichtigung der gerichtlichen Praxis. 1992.

Band 18 Bernadette Chaussade-Klein: Vorvertragliche "obligation de renseignements" im französichen Recht. 1992.

Band 19 Josef Sievers: Verbraucherschutz gegen unlautere Vertragsbedingungen im französischen Recht. Vom Code civil zum "Code de la consommation" – die Entstehung eines Sonderprivatrechts für Verbraucher. 1993.

Band 20 Achim Schäfer: Grenzüberschreitende Kreditsicherung an Grundstücken, unter besonderer Berücksichtigung des deutschen und italienischen Rechts. 1993.

Band 21 Eugenio Hernández-Breton: Internationale Gerichtsstandsklauseln in Allgemeinen Geschäftsbedingungen. Unter besonderer Berücksichtigung des deutsch-südamerikanischen Rechtsverkehrs (dargestellt am Beispiel Argentinien, Brasilien und Venezuela). 1993.

Band 22 Ingo Reng: Unterhaltsansprüche aufgrund nichtehelicher Lebensgemeinschaft – Internationales Privatrecht und ausländisches materielles Recht. 1994.

Band 23 Stefanie Roloff: Die Geltendmachung ausländischer öffentlicher Ansprüche im Inland. 1994.

Band 24 Katharina Ludwig: Der Vertragsschluß nach UN-Kaufrecht im Spannungsverhältnis von Common Law und Civil Law. Dargestellt auf der Grundlage der Rechtsordnungen Englands und Deutschlands. 1994.

Band 25 Malte Diesselhorst: Mehrparteienschiedsverfahren. Internationale Schiedsverfahren unter Beteiligung von mehr als zwei Parteien. 1994.

Band 26 Manfred Kost: Konsensprobleme im internationalen Schuldvertragsrecht. 1995.

Band 27 Wolff-Heinrich Fleischer: Das italienische Wettbewerbsrecht und die Probleme des selektiven Parfümvertriebs unter Berücksichtigung der Rechtslage in Frankreich und Deutschland. 1995.

Band 28 Angelika Fuchs: Lateinamerikanische Devisenkontrollen in der internationalen Schuldenkrise und Art. VIII Abschn. 2 b) IWF-Abkommen. 1995.

Band 29 Jacques Matthias Aull: Der Geltungsanspruch des EuGVÜ: "Binnensachverhalte" und Internationales Zivilverfahrensrecht in der Europäischen Union. Zur Auslegung von Art. 17 Abs. 1 S. 1 EuGVÜ. 1996.

Band 30 Hartmut Ost: EVÜ und fact doctrine. Konflikte zwischen europäischer IPR-Vereinheitlichung und der Stellung ausländischen Rechts im angelsächsischen Zivilprozeß. 1996.

Band 31 Stefan Wagner: Die Testierfähigkeit im Internationalen Privatrecht. 1996.

Band 32 Wolfgang Jakob Hau: Positive Kompetenzkonflikte im Internationalen Zivilprozeßrecht. Überlegungen zur Bewältigung von *multi-fora disputes*. 1996.

Band 33 Markus Schütz: UN-Kaufrecht und *Culpa in contrahendo*. 1996.

Band 34 Volker Geyrhalter: Das Lösungsrecht des gutgläubigen Erwerbers. Ein "vergessener" Kompromiß und die Auswirkungen auf das heutige deutsche Recht unter besonderer Berücksichtigung des internationalen Sachenrechts. 1996.

Band 35 Andreas Kramer: Abwicklungsstörungen bei Kaufverträgen. Die Lieferung vertragswidriger Sachen im deutschen und italienischen Recht. 1996.

Band 36 Petra Krings: Erfüllungsmodalitäten im internationalen Schuldvertragsrecht. 1997.

Band 37 Tonja Gaibler: Der rechtsgeschäftliche Irrtum im französischen Recht. 1997.

Band 38 Dirk Otto: Rechtsspaltung im indischen Erbrecht. Bedeutung und Auswirkungen auf deutsch-indische Nachlaßfälle. 1997.

Band 39 Gregor W. Decku: Zwischen Vertrag und Delikt. Grenzfälle vertraglicher und deliktischer Haftung dargestellt am Beispiel der Berufs- und Expertenhaftung zum Schutze des Vermögens Dritter im deutschen und englischen Recht. 1997.

Band 40 Ulrike Höpping: Auswirkungen der Warenverkehrsfreiheit auf das IPR unter besonderer Berücksichtigung des Internationalen Produkthaftungsrechts und des Internationalen Vertragsrechts. 1997.

Band 41 Andreas Bartosch: Die vermögensrechtlichen Beziehungen der Ehegatten bei bestehender Ehe im englischen Recht – Eigentum, Besitz, Schuldvertrag. 1997.

Band 42 Helene Boriths Müller: Die Umsetzung der europäischen Übereinkommen von Rom und Brüssel in das Recht der Mitgliedstaaten. Dargestellt am Beispiel Deutschlands und Dänemarks. 1997.

Band 43 Bernd von Hoffmann / Myong-Chang Hwang (eds.): The Public Concept of Land Ownership. Reports and Discussions of a German-Korean Symposium held in Seoul on October 7-9, 1996. 1997.

Band 44 Oliver Heeder: Fraus legis. Eine rechtsvergleichende Untersuchung über den Vorbehalt der Gesetzesumgehung in Deutschland, Österreich, der Schweiz, Frankreich und Belgien unter besonderer Berücksichtigung des Internationalen Privatrechts. 1998.

Band 45 Heinrich Schütt: Deliktstyp und Internationales Privatrecht. Dargestellt an grenzüberschreitenden Problemen der Arzthaftung. 1998.

Band 46 Axel Steiner: Die stillschweigende Rechtswahl im Prozeß im System der subjektiven Anknüpfungen im deutschen Internationalen Privatrecht. 1998.

Band 47 Martina Schulz: Der Eigentumsvorbehalt in europäischen Rechtsordnungen. Rechtsvergleichende Untersuchung des deutschen, englischen und französischen Rechts unter besonderer Berücksichtigung von Erweiterungen und Verlängerungen. 1998.

Band 48 Karin Dreher: Die Rechtswahl im internationalen Erbrecht. Unter besonderer Berücksichtigung des italienischen IPR-Reformgesetzes N. 218 vom 31. Mai 1995. 1999.

Band 49 Giuliano Gabrielli: Das Verhältnis zwischen der Anfechtung wegen Eigenschaftsirrtums und den Gewährleistungsansprüchen im deutschen, österreichischen und italienischen Recht. 1999.

Band 50 Bernd von Hoffmann / Myong-Chan Hwang (eds.): Developments in Land Law. Reports and Discussions of a German-Korean Symposium held in Berlin and Trier on July 21-24, 1997. 1999.

Band 51 Volker Heidbüchel: Das UNCITRAL-Übereinkommen über unabhängige Garantien und Standby Letters of Credit. Vergleiche mit den Richtlinien der Internationalen Handelskammer, dem deutschen, englischen und US-amerikanischen Recht. 1999.

Band 52 Jan Christoph Nordmeyer: Pflichtteilsansprüche und Wiedervereinigung. Eine systematische Analyse der Ausgleichsansprüche nach BGB-Pflichtteilsrecht unter besonderer Berücksichtigung der durch den Wiedervereinigungsprozeß eingetretenen Wertveränderungen. 1999.

Band 53 Bettina Linder: Vertragsabschluß beim grenzüberschreitenden Verbraucherleasing. 1999.

Band 54 Almontasser Fetih: Die zivilrechtliche Haftung bei Vertragsverhandlungen. Eine rechtsvergleichende Studie zum deutschen, französischen, ägyptischen und islamischen Recht. 2000.

Band 55 Sona Rajani: Die Geltung und Anwendung des Gemeinschaftsrechts im Vereinigten Königreich von Großbritannien und Nordirland. Der Grundsatz der Parlamentssouveränität im Wandel. 2000.

Band 56 Joachim Kayser: Gegenmaßnahmen im Außenwirtschaftsrecht und das System des europäischen Kollisionsrechts. Eine Analyse der EU-Abwehrverordnung gegen die Auswirkungen extraterritorialer Rechtserstreckung eines Drittlandes. 2001.

Band 57 Albrecht Conrad: Qualifikationsfragen des Trust im Europäischen Zivilprozeßrecht. 2001.

Band 58 Bernd Borgmann: Die Entsendung von Arbeitnehmern in der Europäischen Gemeinschaft. Wechselwirkungen zwischen Kollisionsrecht, Grundfreiheiten und Spezialgesetzen. 2001.

Band 59 Aleksandar Jakcis: Arbitration and Human Rights. 2001.

Band 60 Islamisches und arabisches Recht als Problem der Rechtsanwendung. Symposium zu Ehren von Professor Emeritus Dr. iur. Omaia Elwan. Veranstaltet vom Institut für ausländisches und internationales Privat- und Wirtschaftsrecht der Universität Heidelberg und der Gesellschaft für Arabisches und Islamisches Recht e.V. Herausgegeben von Herbert Kronke, Gert Reinhart und Nika Witteborg. 2001.

Band 61 Patrick Fiedler: Stabilisierungsklauseln und materielle Verweisung im internationalen Vertragsrecht. 2001.

Band 62 Werner Mangold: Die Abtretung im Europäischen Kollisionsrecht. Unter besonderer Berücksichtigung des spanischen Rechts. 2001.

Band 63 Eike Dirk Eschenfelder: Beweiserhebung im Ausland und ihre Verwertung im inländischen Zivilprozess. Zur Bedeutung des US-amerikanischen discovery-Verfahrens für das deutsche Erkenntnisverfahren. 2002.

Band 64 Bernd Ehle: Wege zu einer Kohärenz der Rechtsquellen im Europäischen Kollisionsrecht der Verbraucherverträge. 2002.

Kolibri 360 GmbH
Ferdinand-Jühlke-Straße 7
99095 Erfurt, Deutschland
produktsicherheit@kolibri360.de

Druck:
CPI Druckdienstleistungen GmbH
im Auftrag der
Kolibri 360 GmbH
Ferdinand-Jühlke-Str. 7
99095 Erfurt